现代集装箱港区规划设计与研究

中交水运规划设计院　编

人民交通出版社

图书在版编目（CIP）数据

现代集装箱港区规划设计与研究/中交水运规划设计院编. -北京：人民交通出版社，2007.5
ISBN 978-7-114-06523-1

Ⅰ.现… Ⅱ.中… Ⅲ.集装箱码头-设计-中国 Ⅳ.U656.102

中国版本图书馆CIP数据核字（2007）第059268号

书　　名：现代集装箱港区规划设计与研究
著 作 者：中交水运规划设计院
责任编辑：钱悦良
出版发行：人民交通出版社
地　　址：(100011)北京市朝阳区安定门外外馆斜街3号
网　　址：http://www.chinasybook.com(中国水运图书网)
销售电话：(010)64981400,64960094
总 经 销：北京中交盛世书刊有限公司
经　　销：各地新华书店
印　　刷：中国电影出版社印刷厂
开　　本：787×960　1/16
印　　张：33.5
插　　页：2
字　　数：551千
版　　次：2006年12月第1版
印　　次：2006年12月第1次印刷
书　　号：ISBN 978-7-114-06523-1
印　　数：0001—3000册
定　　价：118.00元

《现代集装箱港区规划设计与研究》主要编撰人员

主　　　编:宋海良

常务副主编:吴　澎

副　主　编:张志明

主　审　人:刘济舟

高 级 顾 问:刘济舟　洪承礼

策划编辑、总校:袁永华

篇章主要执笔人

前　言:宋海良

第一篇

第一章:张志平　吴　澎　王玥葳

第二章:陈云飞

第三章:彭玉生

第四章:曲长志　陈　兴　苏君利

第五章:钱立明

第六章:郑小楠　吴　澎

第七章:王海霞　张志明　吴　澎

第二篇

第一章:吴　澎

第二章:苏君利

第三章:苏君利

第四章:张志明

第五章:吴　澎

第六章:吴　澎

第七章:吴　澎　钱立明　陈云飞　赵有明

第八章:王荣明　苏君利　吴　澎　张国维

第九章:牛恩宗　方爱东　胡家顺　刘连生　董华纲

第 十 章:王淑敏　陈　韬

第十一章:王淑敏　陈　韬

第十二章:吴　澎　周　强

回顾与展望:宋海良

电子合成:袁永华　王荣明　苏君利　陈云飞　钱立明
董华纲　王淑敏　陈　兴　郑小楠　陶书东
潘金霞　王海霞　王玥葳　龙　友　李　斌
崔馨元　赵广申　王　琳　宋景霞

鸣　　谢:蔡长泗　孟乙民　王　刚　邓　磊　赵有明
苏逢春　李　超　陈华林　刘　樱　黄根朴
韩巍巍

蛇口招商港务前总工程师罗新华

上海国际港务(集团)有限公司、深圳市交通局(港务管理局)及所有集装箱码头公司、青岛港(集团)有限公司、宁波港集团有限公司、大连港集团有限公司、日照港(集团)有限公司等,给予的大力支持。

前　言

近10年来我国港口集装箱运量节节攀升,成为全球港口集装箱吞吐量增长最快的地区,集装箱码头建设在数量快速增多的同时,也加快了大型化、现代化建设步伐,集装箱码头的综合实力水平已达到国际先进水平,适应了我国经济和对外贸易发展的需要,体现了港口发展面向世界、面向未来,服务于全国经济社会发展的总体要求。

我国港口集装箱吞吐量在“九五”(1996～2000年)期间以年均30%高速增长的基础上,进入“十五”(2001～2005年)期间年均净增箱量在接近千万TEU量级的增幅快速发展,2005年全国港口完成集装箱吞吐量7564万TEU,比上年增长22.8%,“十五”期间年均增长率26.4%。沿海港口2005年完成集装箱吞吐量7002万TEU,比上年增长23.7%,“十五”期间年均增长率25.3%。2005年港口集装箱通过能力与吞吐量比值约为0.82,能力缺口18%。

2001～2005年我国港口新建集装箱泊位94个,新增通过能力3478万TEU,年均投产泊位19个。建成千万TEU通过能力一般需要20～25个泊位。预计“十一五”(2006～2010年)期间我国港口集装箱吞吐量年均净增量仍会在千万TEU的量级波动,即2010年我国港口集装箱通过能力需要达到1.3亿TEU的量级才能适应经济发展需要。因此,“十一五”期间我国港口预计还需建设150个左右的大、中、小型相结合的专用集装箱泊位,需投资千亿元人民币,使新增通过能力达到7000万TEU的量级。我们必须研究运用高科技手段和设计新理念设计建设这些新码头,使港口沿着质量效益型、科技先导型和环境友好型的方向发展,有力地支撑我国经济和对外贸易的发展,保障国家参与国际经济合作和竞争的顺利进行。

未来我国集装箱码头设计业仍面临巨大的挑战和广阔的发展空间。

近10多年来我国集装箱码头设计水平、装备系统和运营管理技术水平,在许多方面已接近或达到国际先进水平。为了总结经验成果,提高我院设计人员水平,我们组织参加过集装箱码头设计的主要工程师们参加本书编写。本书内容、结构以我院设计的集装箱港区典型选介和集装箱港区设计主题选述两部分组成,前者属客观、实际;后者属主观、理论,共同构成我院近10多年来在集装箱港区设计领域的"缩影"。

集装箱港区典型选介中的港区,大体上可以反映"世纪之交"我国集装箱港区发展的"缩影";是我国集装箱港区建设历史的里程碑,代表着进步与繁荣,如果没有这些高效运行与自然和谐的集装箱港区,中国改革开放的港口记录也许就不那么完美。在这个意义上,我们不仅写我国集装箱港区的今天和展望明天,同时也是保护我国集装箱港区昨天发展的历史足迹、保护集装箱港区记忆的延续性和中国集装箱港区的可读性。这是本书采用不同于一般编书结构的重要着眼点。

庆祝建院55周年,最好的行动是以科学发展观统领我院发展,坚持以人为本,依靠科技进步。规划设计是工程建设的灵魂与龙头,必须对行业与项目具有全局性、长期性、竞争性、创新性、风险性进行全面、系统、深度思考的理念。有人说,工程师或者职业人的特征有二:一是有宽泛的视觉,建立了科学有效的体系;二是有足够的信息与经验积累,并能转化为细节、精细与个性化。有人说:工程师的能力"大于"学历;而工程师的素质"大于"能力。静下心来,对过去自己的设计进行比较系统的从客观到主观、从实际到理论、从物质到精神的推敲、升华,这是培养工程师素质的重要方法。这也是在我院落实以人为本的科学发展观的重要内容。这是本书采用不同于一般编书结构的另一着眼点。

我们特别期望本书对那些运筹帷幄、奔驰在港航业的企业家们、行业领导和政府官员们，对关注我国集装箱港区发展动态的大学生、研究生们以及想了解中国集装箱港区发展的国内外朋友们，能从本书汲取丰富的营养。当然更希望与设计业同行们借鉴本书共同提高我国集装箱港区的设计水平。

在本书出版之际，我们要特别感谢洪承礼教授在本书编写过程中给予我们的指导、帮助和支持；特别感谢刘济舟院士对本书的认真审阅。

由于编者的水平所限，书中的谬误和不当之处在所难免，敬请读者不吝赐教。

目 录

第一篇 典型集装箱港区选介

第二篇 设计主题选述

第一篇　典型集装箱港区选介

第一章　上海港外高桥集装箱港区

第一节　上海港概况

上海港位于我国18000km大陆海岸线中部，背靠6300km的长江，地处“黄金水道”——长江东西运输通道与“黄金海岸”——海上南北运输通道的交汇点，属河口型沿海港口。上海港地理和自然条件十分优越，腹地经济发达，集疏渠道畅通。

上海港外高桥港区位于长江口南港南岸，上距吴淞口灯桩15.5km，下距长江入海口约75km。港区北面与长兴岛隔江相望（图1-1-1）。

上海港是我国第一大港，也是世界大港之一，在全国和上海市的经济发展中起着十分重要的作用。上海进出物资总量的60%和外贸进出口物资的99%都通过上海港。此外，上海港还承担了占总吞吐量30%以上的国内中转货物。1984年，上海港的货物吞吐量首次超过1亿t，居世界大港之列。2005年总吞吐量达4.43亿t，位居世界第一。作为国际大港重要标志的集装箱业务自1978年起步，每年以近30%的速度增长。2005年集装箱吞吐量达1808万TEU，位居世界第三。

上海港港区总面积3619.6km^2，其中：长江口水域3580km^2，黄浦江港区水域33km^2。黄浦江港区内的岸线长120km。

上海港的码头分布在长江口、黄浦江两岸以及大小洋山等地区，主要包括外高桥、张华浜、军工路、宝山、龙吴、罗泾、民生路、塘桥、北票、朱家门和洋山等港区。2005年上海国际港务（集团）股份有限公司现有生产用码头长度21.43km，共有生产用泊位137个，其中万吨以上泊位82个，集装箱泊位26个。

上海港在距上海芦潮港17n mile的大洋山和小洋山岛屿上规划了集装箱深水港区——洋山港区，2002年4月开工，2005年底建成一期工程，设计

图1-1-1 上海国际航运中心主副港区位置图

年通过能力 300 万 TEU，码头岸线长 1600m、水深 -16 m、陆域纵深 900 ~ 1000m，可停靠载箱量 8000TEU 级的超大型集装箱船。港区距国际航线约 37n mile。

港区通过东海大桥与上海市区连接，东海大桥全长 34.675km，由芦潮港 2.3km 的陆上段（含海堤）、海堤至大乌龟岛 25.5km 海上段、大乌龟岛至小洋山 3.5km 的港桥连接段等组成。大桥按双向 6 车道加紧急停车带的高速公路标准设计，桥面宽 31.5m，时速 80km/h。海上大跨度斜拉桥通航净空高 50m，可通航 5 万 DWT 船舶。

洋山港区规划分四期工程建设，最终可形成 1500 万 TEU 的年设计通过能力。

洋山港区一期工程建成投产，标志上海港从黄浦江沿岸，到 20 世纪 90 年代长江口外高桥港区，再到 2005 年底洋山港区开港，上海港实现了从黄浦江、长江到海洋的港口布局的历史性跨越，为提高上海港集装箱吞吐能力、提升港口核心竞争力和加速上海国际航运中心建设完成了基础性布局。

近年来，上海港从多方面致力于提高港口核心竞争力，在集装箱物流装备与过程的自动化、智能化和信息化方面均取得了较好地进展，外高桥港区一期码头的数字化、二期码头自动化堆场、集装箱电子标签等技术的成功运用，在国内均属首例。

上海市临港新城（含物流园区）规划建设和北外滩地区的航运 CBD 建设都将会有力地支撑上海港竞争力的提升。

上海港经营管理部门已形成了“一个中心、两篇文章、三大战略、四大支柱”的发展战略，即围绕建设上海国际航运中心，做好集装箱优势产业发展和老港区功能转换两篇文章，实施“长江、东北亚、国际化”战略，发展集装箱、散杂货、港口物流、港口服务等四大支柱产业，远景目标成为全球卓越的码头营运商。

第二节　集装箱运输发展状况

1978 年 9 月 26 日，上海港在军工路码头开辟了至澳大利亚的我国国轮第一条集装箱班轮航线，引发了集装箱运输的热潮。1980 年上海港全年的集装箱吞吐量仅 3 万标准箱。进入 90 年代以后，上海港的集装箱吞吐量以平均每年增长 27% 以上的速度突飞猛进。1995 年是上海港集装箱运输发展的分水岭，1995 年以前，上海港是境外枢纽港的喂给港，以近洋航线为主,与国内其他港口在航线设置上缺乏横向联系。自1995年以后,上海港集装箱运输形式发生了巨大变化,从以资源所在地的港口就近开辟近洋直达,境外中转,向以上海港为中心组织运输转变。以上海港为枢纽组织远洋直达运输的格局逐步形成。上海港远洋及内支线航班数呈跳跃式增长,近洋航班数持续下降,往来于上海的内支线航班数迅速增加,长江中、下游及沿海港口喂给量大幅增长。

1998年,上海港集装箱年吞吐量达到306万TEU,跻身于世界前十名的行列;1999年达到421.6万TEU,在世界主要集装箱港口中排名第七位,并实现了年集装箱吞吐量递增百万箱的历史性记录。现在,上海港已成为我国主要的集装箱枢纽港,集装箱吞吐量约占沿海港口集装箱总量的四分之一。从上海港始发的国际集装箱定期班轮航线有14条,每月约3000个航班驶向国内外各大港口。

1.航线

目前,上海港已开辟遍布全球、国际直达的美洲、欧洲、澳洲、非洲以及东北亚、东南亚等地的班轮航线200多条,其中主要航线包括:西北欧航线、地中海航线、澳洲航线、波斯湾航线、红海航线、美国东部航线、美国西部航线、南美南非航线、西非航线、黑海航线、东南亚航线、日本航线、香港航线、韩国航线、台湾航线。具体航线分布见图1-1-2。集装箱月航班密度已达1967班,内支线集装箱航班达到1007班,成为中国大陆集装箱航线最多、航班密度最高、覆盖面最广的港口。全球最大的20家船公司均已进驻上海,在上海设立子公司或办事处的外国航运公司已逾80多家。上海港航线分布见图1-1-2和表1-1-1。

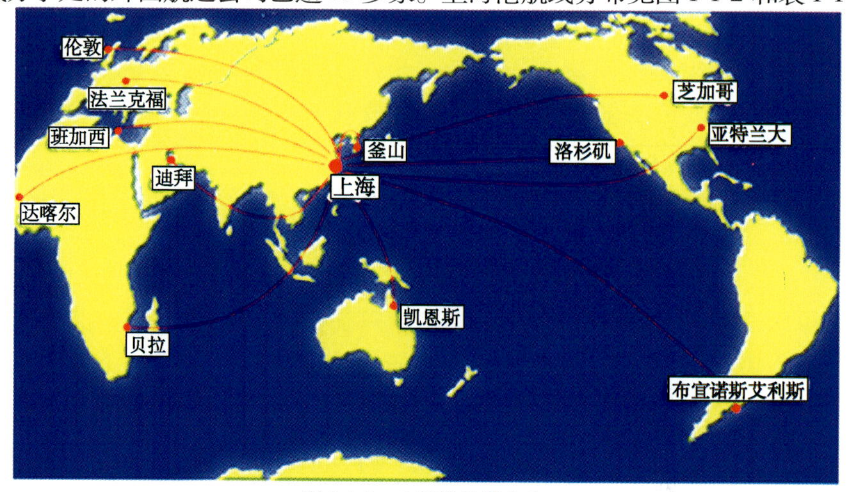

图1-1-2 上海港航线分布

上海港集装箱远洋、近洋航线分布表　　　表 1-1-1

航线		经营公司	备注
远洋	西北欧航线	COSCO、新世界联盟（NOL&APL，MOSK，HYUNDAI）、韩进海运阳明、韩进 12、意大利邮船、中海集运、马士基、伟大联盟（日本邮船，东方海外，赫伯罗特，马来西亚，铁行渣华）、川崎汽船、中海6、北欧亚、ZIM2、万海太平、MSC	
	地中海航线	MSC、川崎阳明 COSCO、韩进、中海（9 艘）、北欧亚（2 艘）、以星轮船北欧亚、达飞北欧亚、伟大联盟	
	澳洲航线	COSCO、C-P、COSCO 三井 NYK 铁渣川崎、APL PIL ZIM、长荣赫伯 韩进、东方海外中海集运以星轮船、中海 CMA OOCL	
远洋	波斯湾航线	COSCO 立荣、万海、伊朗航运、铁行渣华日本邮船、美国总统、达飞以星北欧亚韩进、东方海外、阳明、川崎、太平、马来西亚、马士基	
	红海航线	太平	
	美国东部航线	伟大联盟、马士基、达飞铁行渣华中海、韩进、意大利邮船以星、CMA 渣华、新世界联盟、长荣	
	美国西部航线	C-P PIL、以星轮船北欧亚、COSCO、COSCO 阳明、伟大联盟、意大利邮船、马士基、外运、川崎汽船、新世界联盟（NOL & APL，MOSK，YUNDAI）、新世界联盟、现代、韩进海运、中海、万海 达飞北欧亚、地中海、英之杰美国总统、中海北欧亚、北欧亚 ZIM 中海、阳明 川崎 韩进	
	南美南非航线	NYK、南美轮船（北欧亚）CMA、汉堡南美 华林、汉堡南美 NYK、马鲁巴航运 CMA	
	西非航线	法国达贸、马士基地中海、中海达飞、铁渣 MOL	
	黑海航线	达飞、意邮达飞	
近洋	东南亚航线	中海、环球 RCL、万海、正利、川崎、万海宏海新加坡海运、以星轮船 PIL、以星轮船高丽海运、COSCO 韩进、高丽海运、外运、萨姆达拉长荣、日本邮船现代商船、太平川崎东拿马印度航运、德利航运	
	日本航线	COSCO、上海快航、锦江、中外运、天海、海华、上海轮渡、中日轮渡、民生轮船、神原汽船、中海集团、烟台海运、山东海丰、泛州海运、天敬海运、NYK	
	香港航线	东航、海华轮船、香港长荣、天海	
	韩国航线	长锦、新东船务、高丽海运、东瑛海运、兴亚、中海集运、南星海运、京汉、韩国东进商船株式会社、中海集运	
	台湾航线	锦江、海华、志晓、山东海丰、COSCO（香港友航）、民生轮船、天海、台湾航业	

上海港在沿海和内河开辟了国际集装箱内支线 22 条，拥有冷藏箱、超大箱运输的特种服务。从上海始发，沿途挂靠常熟、南通、张家港、江阴、泰州、镇江、扬州、南京、芜湖、铜陵、安庆、九江、武汉、长沙、重庆等港口城市。通过先进的计算机网络系统，为船公司和客户提供个性化的优质服务。

2. 吞吐量发展

上海港的集装箱运输始于 20 世纪 70 年代末。进入 90 年代,在经济建设快速发展的推动下,上海地区国际集装箱的生成量迅猛增长。另外,上海港作为长江三角洲地区的中心港口,长江沿线及沿海其他港口的内支线喂给量也逐年加大,给上海港集装箱增长提供了充沛的货源。上海国际航运中心已逐步形成。上海港在世界集装箱港口排名自 2003 年起已连续三年保持第三位。2005 年,集装箱吞吐量达到 1808 万 TEU。2006 年将突破 2000 万 TEU。上海港集装箱吞吐量的发展见表 1-1-2 及图 1-1-3。

上海港集装箱吞吐量统计表　　单位:万 TEU　　表 1-1-2

年份	1990	1993	1995	1996	1997	1998	1999
总吞吐量	46	93	152.65	197.14	252.73	306.6	420.6
年份	2000	2001	2002	2003	2004	2005	
总吞吐量	561.2	633.4	861.5	1128	1455	1808	

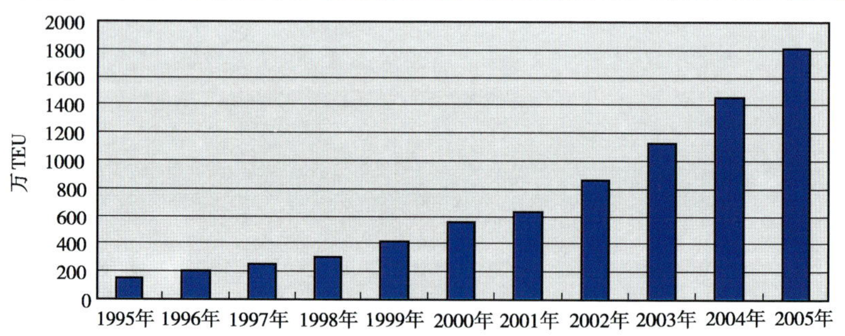

图 1-1-3　上海港年吞吐量增长趋势图

与世界其他集装箱枢纽港相比,从 1995 年至 2005 年,上海港集装箱运量平均增长速度最快(表 1-1-3)。

外高桥港区大型集装箱码头分批及时投入使用,不仅缓解了上海港集装箱码头吞吐能力不足的矛盾,还促进了上海港集装箱运输的发展。

上海港集装箱泊位情况和年吞吐量见表 1-1-4。

世界各大集装箱码头运量增长速度　　表 1-1-3

港口	1995 年运量(万 TEU)	2005 年运量(万 TEU)	平均增长速度
香港	1255	2242	5.42%
新加坡	1185	2320	6.30%
釜山	450	1184	9.19%
高雄	505	947	5.88%
鹿特丹	479	930	6.22%
洛杉矶	256	750	10.27%
汉堡	289	810	9.82%
上海港	153	1808	25.17%

上海港集装箱码头年吞吐量表　　单位:万 TEU　　表 1-1-4

<table>
<tr><th colspan="2" rowspan="2">港区</th><th rowspan="2">泊位数</th><th rowspan="2">码头岸线长度(m)</th><th rowspan="2">码头前沿水深(m)</th><th rowspan="2">设计能力</th><th colspan="7">实际完成吞吐量(万 TEU)</th></tr>
<tr><th>1999 年</th><th>2000 年</th><th>2001 年</th><th>2002 年</th><th>2003 年</th><th>2004 年</th><th>2005 年</th></tr>
<tr><td colspan="2">全港合计</td><td>33(2)</td><td>9297</td><td></td><td>1433</td><td>421.6</td><td>561.2</td><td>604.3</td><td>852.1</td><td>1115.6</td><td>1439.5</td><td>1808.4</td></tr>
<tr><td colspan="2">外高桥一期</td><td>3</td><td>900</td><td>-12.0</td><td>180</td><td>93.8</td><td>120.9</td><td>114.1</td><td>178.9</td><td>202.7</td><td>230.4</td><td>250</td></tr>
<tr><td colspan="2">外高桥二期</td><td>3</td><td>900</td><td>-12.0/-14.2</td><td>175</td><td>5.6</td><td>63.4</td><td>145.1</td><td>284.4</td><td>302.5</td><td>330.7</td><td>340.2</td></tr>
<tr><td colspan="2">外高桥三期</td><td>2</td><td>665</td><td>-12.0/-14.2</td><td>138</td><td></td><td></td><td></td><td></td><td>58.9</td><td>100.4</td><td>146.7</td></tr>
<tr><td colspan="2">外高桥四期</td><td>4(2)</td><td>1250</td><td>-12.0/-14.2</td><td>250(18.7)</td><td></td><td></td><td></td><td></td><td>100.1</td><td>281.7</td><td>363.8</td></tr>
<tr><td colspan="2">外高桥五期</td><td>3(2)</td><td>1110</td><td>-12.0/-14.2</td><td>220(19)</td><td></td><td></td><td></td><td></td><td></td><td></td><td>171.8</td></tr>
<tr><td rowspan="3">SCT</td><td>张华浜</td><td>3</td><td>784</td><td>10.5/-12.5</td><td>86</td><td rowspan="3">259.5</td><td rowspan="3">295.1</td><td rowspan="3">261.4</td><td rowspan="3">303.5</td><td rowspan="3">335.8</td><td rowspan="3">366.1</td><td rowspan="3">360</td></tr>
<tr><td>军工路</td><td>4</td><td>857</td><td>-10.0</td><td>86</td></tr>
<tr><td>宝山</td><td>3</td><td>640</td><td>-9.4</td><td>48</td></tr>
<tr><td colspan="2">龙吴等其他</td><td>3</td><td>591</td><td>-8.5/-10.0</td><td>30</td><td>62.7</td><td>81.8</td><td>83.7</td><td>85.3</td><td>115.6</td><td>130.2</td><td>141.6</td></tr>
<tr><td colspan="2">洋山</td><td>5</td><td>1600</td><td>-15.5/-1.60</td><td>220</td><td></td><td></td><td></td><td></td><td></td><td></td><td>34.3</td></tr>
</table>

备注:括号中数字指长江驳泊位。

3. 集疏运特点

上海背靠长江、面向海洋,具有优越的地理位置。以上海港为中心,已形成了较完整的公路、水运、铁路等立体化的集疏运综合网络(图 1-1-4)。

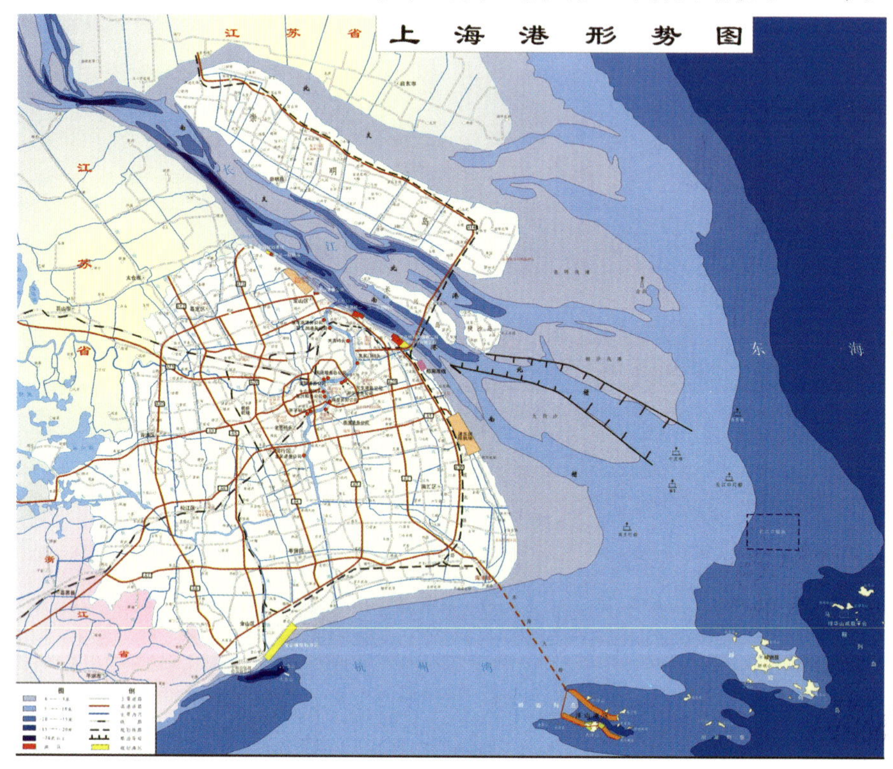

图 1-1-4 上海港集疏运网络图

上海港公路集疏运通道主要包括沪宁、沪杭甬高速公路及省际国道主干线。公路集疏运量约占各种运输方式集疏运总量的 80%;水路集疏运通道主要包括沿海及长江两大部分,上海港的沿海内支线连接大连、天津、青岛、烟台、连云港、温州、海门等港口,上海港开辟的长江内支线连接近至张家港、南通、南京、镇江、芜湖,远至九江、黄石、武汉、重庆、泸州等港口,形成了较为完善的长江沿线集疏运网络,同时,上海在"十五"期开始大规模建设和完善与长江三角洲水网相贯通的内河水系,预计到 2010 年可建成"一环十射"干线航道,使上海港的内河集疏运网络更趋完善;铁路是上海港集装箱运输集疏运系统中较薄弱的环节,但目前也已开辟上海 - 南京、合肥、成都、重庆、武汉等集装箱专列。

4. 到港船型

随着上海港远洋箱量的增加，远洋航线航班密度不断增加。随着世界集装箱船舶大型化的发展，上海港的国际集装箱船舶大型化的趋势也非常明显。特别是近几年，由于长江口航道水深的改善，上海港大型船舶进出港的艘次数明显增加。但大型船舶的装载率还不高。

长江口深水航道治理工程三期工程完工后，长江口航道将达到 12.5m 的治理目标。届时进出上海港的大型船舶的航行条件将得到很大改善，船舶的装载率也会随之提高。

外高桥港区到港船型的显著特点是长江驳船等小船所占的艘次比非常高，大船的艘次比较低，但承运比很高。

外高桥港区设计船型组如下：

(1)4601～6800 TEU(65,001～100,000 载重吨，300m×42.8m×14m)

(2)3101～4600 TEU(45,001～65,000 载重吨，294m×32.2m×13m)

(3)2000～3100 TEU(30,000～45,000 载重吨，244m×32.2m×12m)

(4)110～260 TEU(2,501～4,500 载重吨，106m×17.1m×5.8m)

(5)30～109 TEU(1000～2,500 载重吨，84m×13.8m×3.9m)

第三节　外高桥港区建设

一、建设概况

上海港外高桥港区是上海国际航运中心的重要组成部分，包括高桥咀和五号沟两部分。工程建设目标是世界一流港口，并为后续发展留有充分的余地。

外高桥一期工程于 1995 年建成，建成时为多用途港区，1998 年完成集装箱专业码头改造，泊位长度 900m，陆域纵深 553m，陆域面积 50 万 m^2。码头面宽 43m，设三条轨道，集装箱岸桥轨距为 30m，中间有一条多用途门机轨道。

外高桥二期工程是上海港建设的第一个现代化集装箱港区，1996 年开工建设，1999 年 9 月建成。泊位长度 900m，港区陆域纵深为 1200m，陆域面积近 100 万 m^2，码头面宽 50m。外高桥二期工程是我国现代集装箱港区采用大纵深平面布置的代表作(图 1-1-5)。

外高桥三期工程是二期工程的续建工程，泊位长度 666m。在二期工程投入使用后即开工建设，2001 年底建成，2002 年投入使用。外三期的生产生活辅助建筑物与二期工程统筹使用。在外二期繁忙的生产中见缝插针建

图 1-1-5 上海港外高桥港区二、三期工程鸟瞰图

设外三期工程,满足了上海港集装箱快速发展的需要。

外高桥四期工程于 2000 年开工建设,2003 年 1 月建成,2 月投入使用(图 1-1-6)。外高桥四期工程位于五号沟地区,距一、二、三期工程所在的高桥嘴约 7km,是一个新开发的港区,也是国务院 1994 年新港选址中的三大港区之一。外四期码头面宽 54.5m,为当时同类码头宽度之首,码头全长 1250m,陆域纵深 1220m,可同时靠泊四艘第四代大型集装箱船舶,内侧布置了两个驳船泊位。港区陆域面积 155 万 m^2,可塑性大、适应性广、工作面

图 1-1-6 上海港外高桥港区四期工程鸟瞰图

宽，较好地适应集装箱运输的发展趋势。

港区布置跳出“小而全”的束缚，将码头作业区内的社会功能剥离出来，辟出专门的管理及公共服务区。生产及生产辅助建筑物的布置考虑社会化的发展趋势，明确港内、外的分工协作。

外高桥五期工程于 2004 年 12 月建成，2005 年 1 月投入使用（图 1-1-7）。外高桥五期工程陆域紧邻外高桥四期工程码头。五期工程码头总长 1110m，陆域纵深 1220m；陆域面积 162.9 万 m^2；集装箱设计年吞吐量 220 万 TEU。码头外侧为 3 个 5 万吨级泊位，内侧为 2 个 3000t 长江驳泊位。

图 1-1-7　上海港外高桥港区五期工程鸟瞰图

二、总平面布置

外高桥港区规划，采取分散组团式布局，在高桥镇北侧高桥嘴和高东镇北侧五号沟形成两个组团、四个泊位组，分五期建设。一期、二、三期两个泊位组组成高桥嘴组团，四期、五期两个泊位组组成五号沟组团。

这种布局有以下特点：(1)适应城市总体规划对本地用地结构和空间布局的要求，两组团相距 7km，其间布设城市用地，取得港、城协调、融合、相互推动的布局效果；(2)有利于港区扩展和城市发展在时空上协调、有序；(3)各泊位组既便于独立运营，又享有集聚、规模效应的资源共享；(4)有利于缓解港区集疏运对城市交通的压力；(5)与具有经济活力的保税区毗邻，为未来拓展港口功能和增值服务创造基础性条件。

1. 总平面布置原则

外高桥港区是上海国际航运中心的重要组成部分，是腹地型国际集装箱枢纽港区。外高桥港区的优势是使长江、沿海、远近洋的集装箱运输有机地连接起来（图 1-1-8）。

图 1-1-8　上海港外高桥港区形势图

外高桥港区总平面布置遵循以下基本原则：

（1）与上海市的城市发展相协调，符合上海市城市总体规划和城市分区规划；

（2）符合上海港总体规划要求；

（3）建设标准力求达到世界一流集装箱码头；

（4）既满足近期要求，又考虑长期发展，可适应集装箱运输的发展趋势；

（5）有效利用资源，走资源节约型发展道路；

（6）保护生态及自然环境，使工程与自然环境和谐共处。

2. 总平面布置综述

外高桥集装箱港区的建设，以第三代港口为目标，坚持可持续发展的理念，创立了全新的现代集装箱港区功能横断面布置模式。

水域布置采用栈桥式顺岸布置。码头前沿底高程按 -14.2m 设计，根据长江口航道整治工程的实施逐步到位。外四期和外五期在码头端部内侧为长江驳船布置了水水中转装卸作业区,形成驳船内支线港池。

陆域从码头前沿线向陆侧分别布置了(1)码头前沿作业区;(2)内河驳船码头前沿作业区;(3)引桥和引堤;(4)防洪通道、绿地、岸坡减负带,多功能集合,一地三用;(5)港内道路;(6)集装箱堆场;(7)绿地、堆场预留区和公共地下管网;(8)辅建区和港口物流园区。

码头前沿作业区的宽度对岸桥装卸效率能否得到充分发挥是至关重要的。外高桥港区码头前沿作业区的宽度经历了外一期43m、外二期、外三期50m、外四期54.5m、外五期58m的演变过程(表1-1-5)。主要区别在于陆侧轨道后的集卡通道设置。对栈桥式码头而言,由于到港集装箱船船长的不确定性,在正对栈桥的岸线安排泊位是经常可能发生的,因此在正对栈桥的位置放置舱盖板的情况也是时有发生的。随着船时效率的不断提高,在装卸作业异常繁忙的情况下,陆侧轨道后的集卡通道就成为非常必要的设施。外四期根据外二期的运行经验,设置了一条通道。外五期采用虚拟仿真模型,对船时效率进一步提高的情况进行了研究,提出了设置两条通道的优化设计(图1-1-9和图1-1-10)。

码头前沿作业区宽度　　表1-1-5

码头＼名称	一期	二期	三期	四期	五期
前沿系缆区(m)	3.0	3.0	3.0	4	4
轨距(m)	30	30	30	30	30
舱盖板堆放区(m)	10	17	17	16	16
陆侧轨后集卡通道(m)				4	8
码头面宽(m)	43	50	50	54.5	58

上海港外高桥港区各期工程基本参数见表1-1-6。

上海港外高桥港区一～五期工程基本参数表　　表1-1-6

项　目	外一期	外二期	外三期	外四期	外五期
开工时间	1997.7	1997.9	1999.10	2000.8	2003.3
完工时间	1998.6	1999.8	2001.7	2003.1	2004.12
泊位数量(个)	3	3	2	4(2)	3(2)
泊位长度(m)	900	900	666	1250+(187)	1100+(190)

续上表

项目		外一期	外二期	外三期	外四期	外五期
码头前沿底高程(m)		-12.0	-13.2	-13.2	-14.2(-8.7)	-14.29(-5.0)
码头面宽(m)		43	50	50	54.5(30)	58(30)
陆域纵深(m)		553	1200	1020	1200	1220
引桥	数量(座)	4	4	3	4	4
	宽度(m)	3×14 15	2×20 2×15	3×30	3×20 25	3×20 25
	长度(m)		38~58	115~169	151~247	4×271
平面箱位(只)		6434	14554	7746	16528	19083
陆域面积(万m²)		50	102.13	63.82	155	163
其中堆场(万m²)		21	49	26	71.9	77.1
绿化(万m²)			17.5	13.3	31	40
岸桥数量(台)		10	19		14	14
轮胎吊数量(台)		36	61		48	48
进出道口			进:8,出10		进:10,出:8	进:10 出:8
设计通过能力(万TEU)		180	300		250(20)	220(20)

注:括号中数字指长江驳泊位。

三、装卸工艺

外高桥港区(一、二、三、四、五期)工程是在近十几年集装箱运输突飞猛进发展的形势下建设而成的。由于设计建设的超前考虑,使得港口生产需求在超过设计能力的情况下,通过增加装卸设备数量、合理安排船期、提高生产管理自动化水平,使港口的生产能力得到进一步提高。

外高桥港区装卸工艺选用轮胎龙门起重机系统,即岸边集装箱起重机-牵引车挂车-轮胎龙门起重机方案。外高桥港区集装箱码头装卸工艺系统主要设计参数见表1-1-7。

图 1-1-9　上海港外高桥港区二期、三期工程总平面布置图

图1-1-10 上海港外高桥港区四期、五期工程总平面布置图

外高桥港区装卸工艺主要设计参数　表 1-1-7

项目 \ 港区		一期	二期	三期	四期	五期
码头岸线总长(m)		900	900	666	1250	1100
设计年吞吐量(万 TEU/年)		180	175	138	250	220
各种集装箱比例	普通重箱(%)		72	75	72	72
	冷藏箱(%)		6	3.5	6	6
	危险品箱(%)		2	1.5	2	2
	空箱(%)		20	20	20	20
	拆装箱(%)		6	3	5	5
各种集装箱平均堆存期	普通重箱(天)		10	9	9	10
	冷藏箱(天)		3	4	3	4
	危险品箱(天)		3	3	3	3
	空箱(天)		10	10	10	10
	拆装箱库内货物(天)		3	3	3	3
比例	40 英尺箱(%)		65	65	65	65
	20 英尺箱(%)		35	35	35	35
泊位年营运天数(天)			325	325	325	325
堆场年工作天数(天)			350	350	350	350
港口生产不平衡系数			1.25	1.25	1.25	1.25

为保证码头上车流运行通畅,适应集装箱船舶大型化、装卸高效化的要求。第三、四代集装箱船一般配备 3 ~4 台岸桥,第五代以上集装箱船配备 4 ~5 台岸桥。根据实际生产组织管理需要,单船配机有时可多达 6 ~7 台岸桥。

外高桥港区的规划设计选择船舶乘潮进出港、缩短船舶在港时间、不误潮时作为港口高效率运行的控制节点,船时效率达国际先进水平(一般 225 ~270TEU/船时,最高达 529TEU/船时)。系统能力设计以 100% 发挥码头装卸能力和效率与系统各环节通过能力相匹配为原则,采用生产能力不平衡配置模式,即

$$P_{信息} > P_{集疏} > P_{堆场} > P_{码头}$$

不等式可最大限度降低港口生产随机性对码头装卸作业效率的影响,使船时效率达国际先进水平,缩短船舶在港时间,保证大型集装箱船在港时间一般不超过 10h。

四、码头水工结构

外高桥港区码头水工结构采用高桩梁板结构,断面如图 1-1-11 所示。

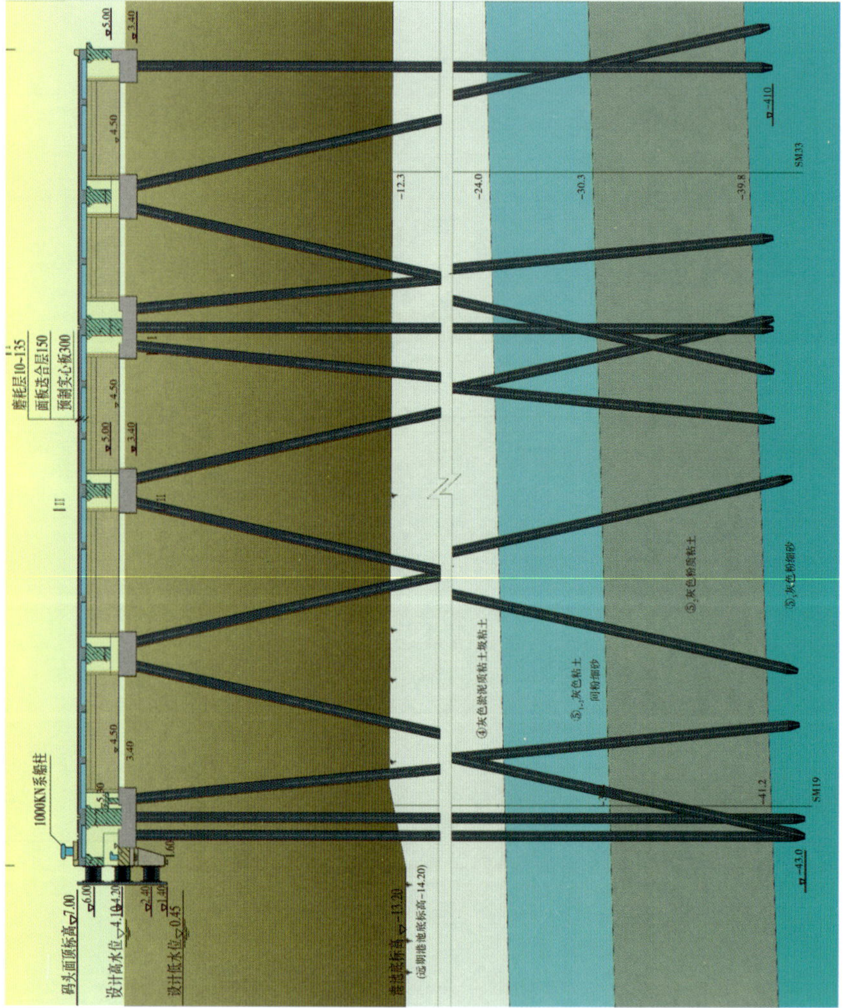

图 1-1-11　水工结构断面图

基桩采用600mm×600mm预应力空心混凝土方桩，桩尖持力层为灰色粉砂与粉质粘土互层。

为便于面板的安放，纵横梁系采用花篮型式，均为钢筋混凝土叠合梁。纵向梁系设置轨道梁、前后边梁和小纵梁。轨道梁、后边梁、小纵梁、横梁均整体浇筑在一起，支承在桩帽上。

预制实心面板直接安装支承于横梁上，纵横向的接缝采用整体连接。面板现浇叠合层，其上现浇混凝土磨耗层，磨耗层的厚度根据码头面的排水坡度的需要设置，装卸桥两轨中间向两边排水。

码头每个结构段竖向隔一个排架布置一组三鼓一板H1000鼓型橡胶护舷，水平向两组竖向护舷之间布置DA－A300H1500L拱型橡胶护舷，以防船舶直接撞击码头。靠船构件为手枪型预制件。每隔21m布置一个1000kN或1500kN系船柱。

第四节　规划设计的特点与创新

上海港外高桥现代集装箱港区工程建设坚持可持续发展战略，创建了集装箱港区科学布置与港口高效运行的生产系统配置模式。港区的环境与景观体现了“自然、人与港口”和谐的主题。规划与设计的前瞻性和先进性，为港口运营不断适应集装箱运输的发展趋势奠定了基础。外高桥现代集装箱港区建设与投产运营，标志着我国自行设计建造集装箱码头的能力和水平达到了世界先进港口水平。

为了更好地建设外高桥集装箱港区，促进我国筑港技术的进步和发展，上海国际港务（集团）有限公司和中交水运规划设计院组织了专门的课题组，联合众多国内科研机构和高等院校，运用集装箱码头设计、建设和营运中积累的丰富经验，发挥集体的智慧和力量，持续地、边建设、边开展了对现代集装箱码头建设集成创新技术的研究，指导建设。

研究成果包括工程建设项目的总体设计创新、设计手段创新、工程技术创新、生产管理创新、装备技术创新和项目管理创新六大部分。将其中有关外高桥港区规划设计的特点和创新的内容简要汇集，形成了本书第二篇第十二章“外高桥现代集装箱港区规划与设计”，本节不再详述。

图1-1-12～图1-1-16是港区的“艺术照”，反映出集装箱港区既是具有特定功能的各种建筑物、设施的综合体，同时也是可供人们视觉享受的与自然融合、具有明快气质、蕴含在海滨的景观“艺术品”。

在总体设计中，通过色彩、形体等手段，努力体现各种设施与自然的组合，构建海港风貌、码头设施、船舶景观、起重吊车、港区绿化和水面，加上浓厚的企业文化，共同形成了港口独特的“港口奇景”，在优化企业环境的同时形成“港口工业旅游”资源，扩大企业的知名度，增加经济效益。

图 1-1-12　上海港外高桥港区码头实景

图 1-1-13　外高桥一期工程、二期工程、三期工程全景

图 1-1-14 外高桥四期工程全景

图 1-1-15 外高桥五期工程全景

图 1-1-16 外高桥四期内外档靠泊

第二章 深圳港集装箱港区

第一节 深圳港的建设发展

一、历史沿革

改革开放前，深圳只是与香港接壤的一个边陲小镇，经济、交通均不发达，港口仅有内河几个小码头，年吞吐量约10万t。改革开放使深圳飞速发展，已成为举世瞩目的现代化城市，港口也发生了翻天覆地的变化。

早在深圳特区成立前一年，中央批准招商局在蛇口开办工业区，港口建设也同时展开。1980年建成顺岸式中级码头340m，开挖底标高为-6.0m的航道6100m，深圳市有了可接纳5000吨级海轮的港区。为适应特区经济发展的需要，创造良好的投资环境，自此全面展开了港口建设。招商局蛇口工业区建设蛇口港区，南山开发股份有限公司开发建设赤湾港区，南海石油深圳开发服务总公司开发建设妈湾港区，盐田港集团有限公司(原东鹏实业有限公司)筹建盐田港区，深圳航运总公司建设东角头中小泊位港区等。

“七五”、“八五”时期，为适应外向型经济发展之需要，深圳港口加快建设步伐，相继建设了一批3.5~7.5万吨级的大型集装箱、散货、石油和液化货物泊位，配备了专业化大型港口设备，浚深了航道，形成以蛇口、赤湾、妈湾、盐田四大港区为主体的规模化港区，港口面貌发生了巨大变化。

进入“九五”后期和“十五”期间，随着广东省、珠江三角洲地区外向型经济的高速发展，散杂货吞吐量发展趋于平稳。经过市场的初期培育，港口集装箱运输进入了迅猛发展阶段。港口的高速发展为深圳市创造了良好的投资环境，以港促经济、带动开放的大气候已经形成，港口在深圳市及其腹地的经济、交通发展中起到了积极的推动作用。深圳港除为深圳经济特区建设提供货物运输服务外，还承担了珠江三角洲及其他腹地的物资中转和国际中转业务。

根据 1998 年交通部和广东省人民政府批复的《深圳港总体布局规划》,深圳港的功能定位为:深圳市对外开放、发展外向型经济的依托,广东省、珠江三角洲地区及其腹地对外交通的重要口岸,我国华南地区集装箱枢纽港,我国综合运输网中的主枢纽港。它的发展将以华南集装箱枢纽港为主体,大宗散货中转为基础,客货兼顾、内外贸结合、工商运并举的多功能、综合性港口。近期作为香港港口的补充,随着集装箱运输的发展,将分担部分香港远东国际航运中心的任务;具备的主要功能包括:装卸储存、中转换装、运输组织管理、多式联运、通信信息、生产和生活服务、临港工业、商贸及保税、旅游服务等。

二、港口建设

深圳市地处广东省南部珠江口东岸,北望广州,南邻香港,西有伶仃洋,东有大鹏湾。深圳经济特区成立 26 年来,深圳港已累计投资数百亿元,先后建成蛇口、赤湾、妈湾、东角头、盐田、福永、下洞、沙鱼涌、内河等九大港区(图 1-2-1)。

目前,深圳港在地理分布上划分为东部和西部两个港口群,也称为“东部港区”和“西部港区”。东部港区主要由盐田、下洞、沙鱼涌、LNG 专用港区和规划的坝光港区等五大港区组成。其中,盐田港区主要经营集装箱;下洞港区为油气危险品港区;沙鱼涌港区为散件杂货港区;LNG 专用港区为接卸液化天然气专用港区;坝光规划港区为精细化工园区等临港工业发展提供原料、燃料进口和部分产成品出口服务。

西部港区主要由南山片区港口(蛇口、赤湾、妈湾)和大铲湾港区组成。其中,南山片区港口中的蛇口港区为综合性港区,主要经营客运、散件杂货和集装箱;赤湾港区主要经营集装箱、粮食、化肥及其他散杂货;妈湾港区主要经营煤炭、粮食、油品、钢材及其他散件杂货和部分内贸集装箱;正在建设的大铲湾港区将来主要经营集装箱业务。另外,还规划有大铲湾危险品港区、机场港区、福永港区、东宝河港区等。

1. 集装箱专用泊位建设

深圳港的集装箱运输业绩是深圳港人的骄傲,也是深圳市的“城市名片”,截至 2005 年,以深圳、盐田、赤湾、蛇口命名的集装箱班轮已达 12 艘。

目前,深圳港建成集装箱专用泊位 25 个,包括:赤湾 8# ~ 13#泊位,妈湾 0#、5#、6#泊位,蛇口 12#泊位,蛇口三突堤 1# ~ 6#泊位,盐田中港区 5# ~ 13#泊位,集装箱通过能力 1300 万 TEU/年(表 1-2-1)。

深圳港
SHENZHEN PORT
宝安工业港区
福永港区
下洞及沙鱼涌港区
盐田港区
大铲湾港区
东角头港区
妈湾港区
赤湾港区
蛇口港区

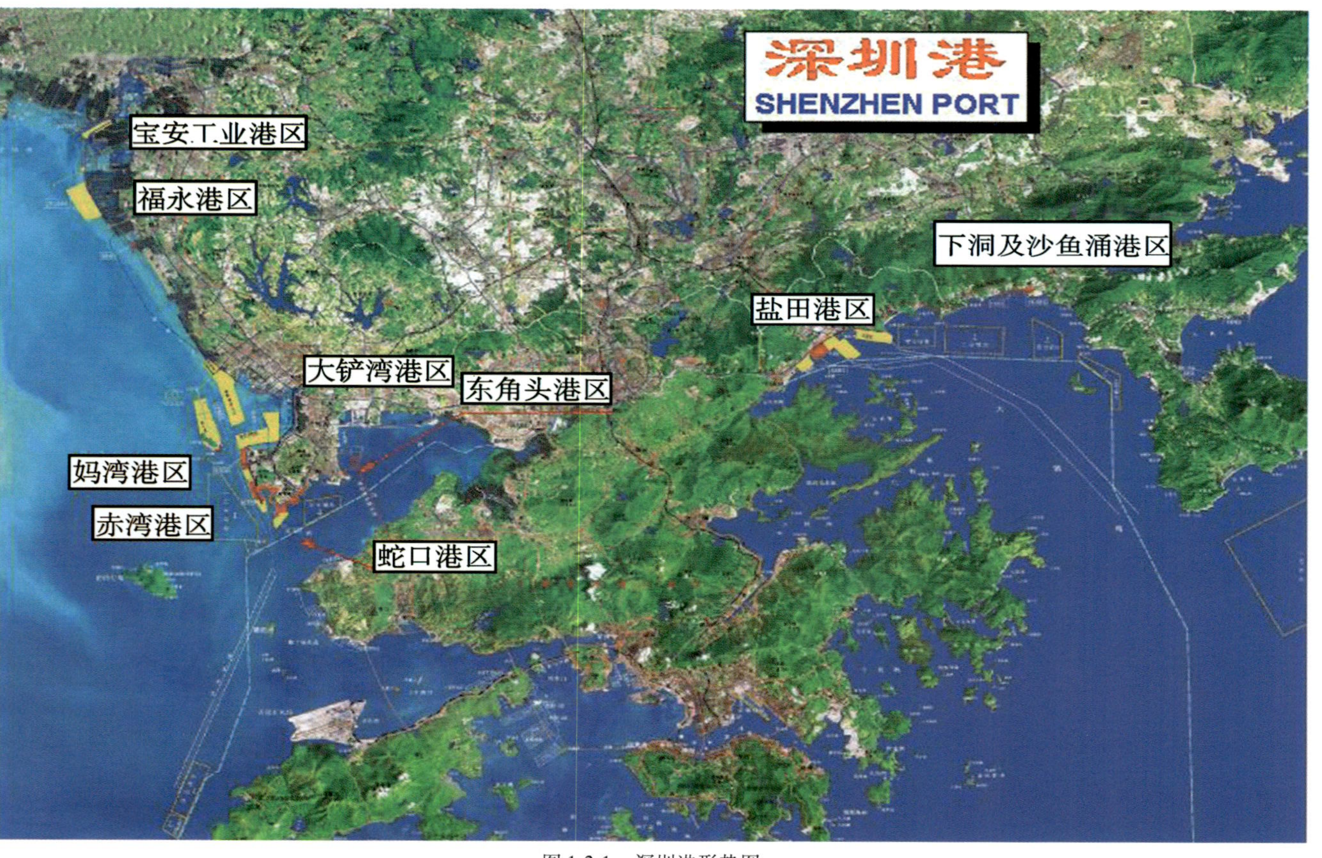

图 1-2-1　深圳港形势图

深圳港集装箱专用泊位通过能力统计(2005)　　表 1-2-1

码头公司名称	个数	泊位名称	吨级(DWT)	岸线长度(m)	陆域面积(万 m^2)	通过能力(TEU/年)
深圳赤湾港航股份有限公司	1	赤湾 8#泊位	50000	270	8	40
	1	赤湾 9#泊位	65000	325	7.0	48
	1	赤湾 10#泊位	65000	307	10	45
	1	赤湾 11#泊位	65000	311	10	46
	1	赤湾 12#泊位	70000	360	18	53
	1	赤湾 13#泊位	70000	456	17	50
招商港务(深圳)有限公司	1	妈湾 0#泊位	30000	297	12	25
	1	蛇口 12#泊位	30000	330	9	39
蛇口集装箱码头有限公司	2	三突堤 1#、2#泊位	50000	654	23	93
	1	三突堤 3#泊位	100000	331	4	47
	1	三突堤 4#泊位	100000	370	24	53
	1	三突堤 5#泊位	100000	480	26	60
	1	三突堤 6#泊位	100000	350	19	60
妈港仓码有限公司	1	妈湾 5#泊位	70000	360	17	45
	1	妈湾 6#泊位	70000	360	17	45
盐田国际集装箱码头有限公司	1	盐田中 5#泊位	35000	310	19	50
	1	盐田中 6#泊位	50000	384.6	24	61
	1	盐田中 7#泊位	50000	297	18	50
	1	盐田中 8#泊位	50000	304	19	51
	1	盐田中 9#泊位	50000	349	22	59
	1	盐田中 10#泊位	100000	364.8	23	70
	1	盐田中 11#泊位	100000	364.8	23	70
	1	盐田中 12#泊位	100000	364.8	23	70
	1	盐田中 13#泊位	100000	364.8	23	70
小计	25			8664.8	499	1300

2. 多用途泊位建设

截至 2005 年,深圳港建成多用途泊位 8 个,包括盐田西港区 1# ~3#泊位,蛇口 13#、14#泊位,妈湾 1#、3-3#泊位,福永港区机场货运泊位,集装箱通过能力 67 万 TEU/年(表 1-2-2)。

深圳港多用途泊位集装箱通过能力统计(2005) 表 1-2-2

码头名称	个数	名　称	吨级(DWT)	岸线长度(m)	陆域面积(万 m^2)	通过能力(TEU/年)
深圳盐田西港区码头有限公司	1	盐田西 1#泊位	10000	196	4	8
	1	盐田西 2#泊位	25000	215.8	6	20
	1	盐田西 3#泊位	35000	345.2	7	11
招商港务(深圳)有限公司	2	蛇口 13#、14#	10000	328	7	15
深圳海星港口发展有限公司	1	妈湾 1#泊位	35000	237	12	8
	1	妈湾 3-3#泊位	5000	150		2
深圳市机场港务有限公司	1	机场货运泊位	1000	83		3
小计	8					67

三、深圳港吞吐量发展

1. 发展概况

1995 年,深圳港完成货物吞吐量为 3080 万 t,其中集装箱吞吐量为 28.4万 TEU。“九五”期间,全港货物吞吐量平均增长率为 13 %,集装箱吞吐量平均增长 70%,2000 年,深圳港完成货物吞吐量为 5685 万 t,其中集装箱吞吐量为 399.4 万 TEU;“十五”期间,全港货物吞吐量平均增长率为 22 %,集装箱吞吐量平均增长 32%,2005 年,深圳港完成货物吞吐量为 15349 万 t,其中集装箱吞吐量为 1619.7 万 TEU(图 1-2-2)。

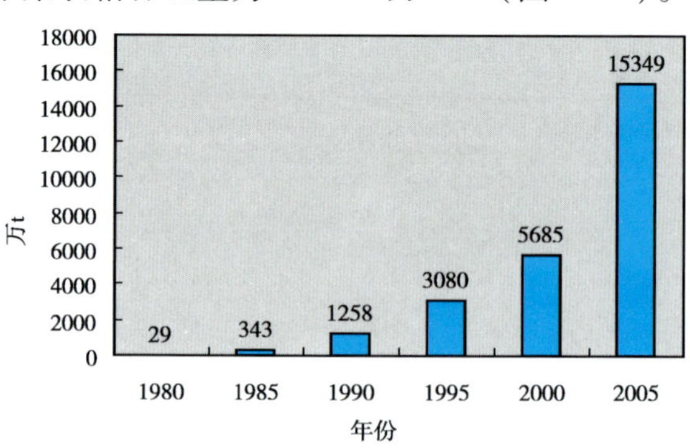

图 1-2-2　深圳港货物吞吐量发展历程

"十五"期前3年，全港货物吞吐量平均增长率为19.1%，集装箱吞吐量平均增长28%，散件杂货吞吐量平均增长为9.5%。特别是深圳港集装箱吞吐量从1995年的28.4万TEU，增加到2000年的399万TEU，净增14倍。2003年，深圳港集装箱吞吐量实现"三级跳"，由2001年的507万TEU，2002年增长到761.8万TEU，2003年突破1000万TEU，达到1065万TEU（图1-2-3），跃居全球集装箱港口第四位，全国排名第二位。

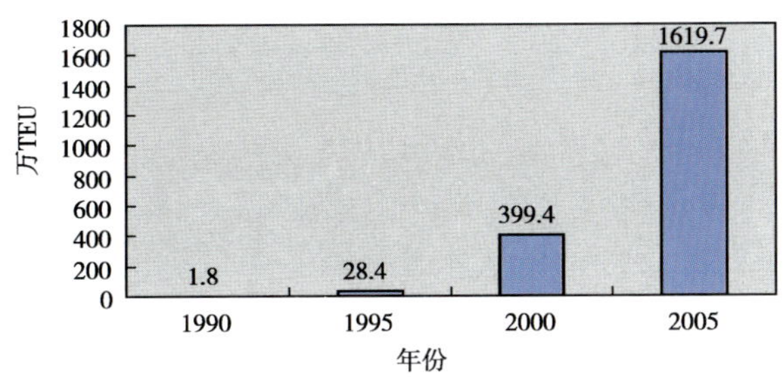

图1-2-3　深圳港集装箱吞吐量发展历程

2. 集装箱吞吐量

2001年、2002年、2003年集装箱吞吐量在全港货物吞吐量的比重分别为52.7%、59.8%、62.7%。由此可以看出，集装箱已成为深圳港运输的主体（图1-2-4）。

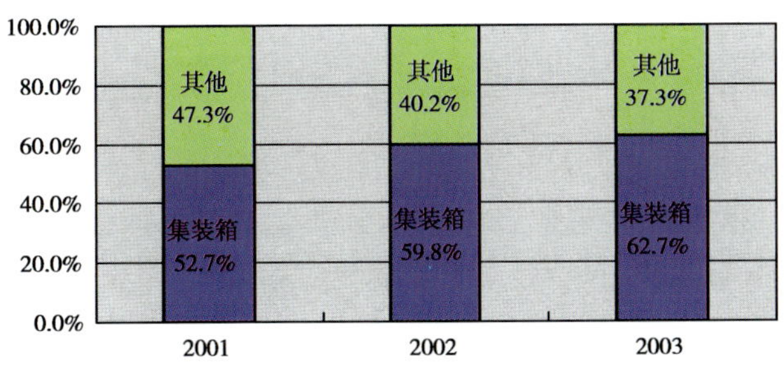

图1-2-4　深圳港集装箱货物吞吐量比重变化示意图

深圳港历年吞吐量情况见表1-2-3。

3. 箱源

深圳港作为华南地区集装箱枢纽港，主要服务于区域经济的发展。绝大部分箱源来自珠江三角洲地区，约占深圳港集装箱市场份额的72%，是深圳港的主要经济腹地。该地区制造加工业比较发达，所产生的进出口货

深圳港历年泊位、吞吐能力及吞吐量情况统计表

表 1-2-3

年份	泊位(个)		吞吐能力			吞吐量			码头岸线(m)
	总计	其中深水泊位	货物(万t)	集装箱(万TEU)	客运(万人次)	货物(万t)	集装箱(万TEU)	客运(万人次)	
1980	3		50			29.6			68
1981	4		50			51.7			178
1982	4		50			84.3		8	178
1983	9	1	95		120	123.7		16	513
1984	20	1	198		120	213.6		43	1423
1985	25	2	325		120	343.8		83	1990
1986	40	4	523		120	306.2		104	3615
1987	41	4	567		120	501.1		140	3765
1988	46	7	936		120	738.6	1.01	197	4705
1989	54	9	1084		120	955.8	1.84	188	5691
1990	61	12	1602	50	120	1258	1.79	230	7140
1991	67	13	1642	50	170	1664	5.06	304	7720
1992	75	15	2142	75	170	1956	10.88	428	8994
1993	86	18	2392	75	170	2632	12.88	393	10308
1994	93	25	3514	125	170	3163	17.81	362	12335
1995	107	27	3661	140	450	3080	28.37	350	13539
1996	109	28	3781	140	450	3021	58.9	357	13909
1997	111	31	4021	170	450	3357	114.7	318	14316
1998	119	33	4671	210	450	3444	195.2	302	15943
1999	126	37	5511	290	450	4663	298.6	268	17705
2000	128	39	5861	320	450	5697	399.4	247	18232
2001	128	39	5861	320	450	6642.5	507.6	250.5	18232
2002	129	40	6421	320	450	8766.8	761.8	271.6	18610
2003	136	47	7313.4	495	550	11219.5	1065	246.1	20467.1

物对集装箱运输有强烈的市场需求。除珠江三角洲地区以外的广东省其他地区，占深圳港集装箱市场份额的8%左右，湖南、湖北、广西、云南、贵州等省区，其货源市场份额占6%左右，国际中转约占7%，内贸集装箱约占7%（图1-2-5）。随着产业转移和内地经济的快速发展，深圳港未来间接经济腹地的集装箱货源会逐步增加。

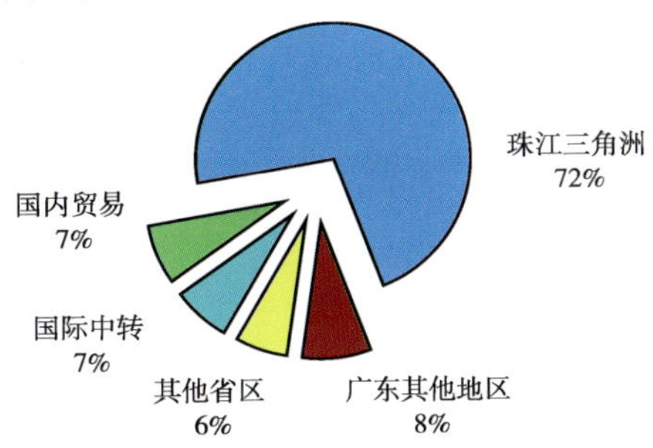

图1-2-5　深圳港集装箱箱源构成示意图

4. 空重箱结构

深圳港进出口空重箱结构不平衡。以2004年为例，深圳港集装箱出口吞吐量为713.1万TEU，进口箱量为652.8万TEU，出口箱量比进口箱量多60.3万TEU。2004年深圳港集装箱吞吐量中，重箱为874.6万TEU，占总量的64%，重箱比重较2003年有所增加，但仍低于国内和世界主要港口75%～85%的水平，特别是在分进、出口方面，空重箱比例差距较大，其中：重箱出口675.9万TEU，占出口箱量的94.8%（图1-2-6）；重箱进口198.7万TEU，占进口箱量的30.4%（图1-2-7）。这表明深圳港空重箱结构的不平衡性。

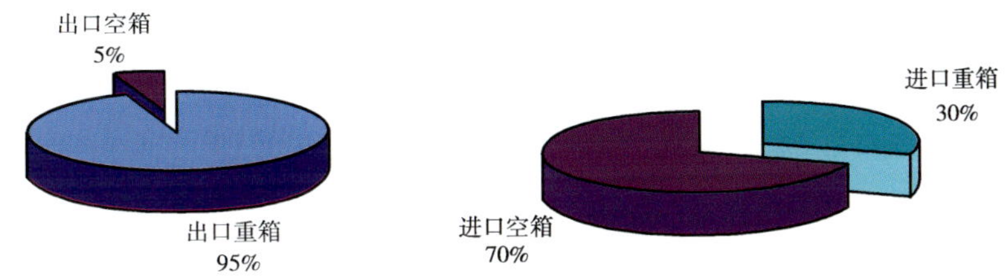

图1-2-6　深圳港出口重、空箱比例示意图　　图1-2-7　深圳港进口重、空箱比例示意图

5. 主要集装箱港区

多年资料显示，深圳港集装箱运输以盐田、赤湾、蛇口三大港区为主。

以2005年为例，深圳港完成集装箱吞吐量1619.7173万TEU，其中重箱1030.0136万TEU（进口230.5408万TEU，出口799.4728万TEU），空箱589.7037万TEU。主要由盐田、蛇口、赤湾三大港区完成，其中盐田国际集装箱码头有限公司735.5266万TEU，赤湾港航股份有限公司417.0108万TEU，蛇口集装箱码头有限公司243.5549万TEU，招商港务（深圳）有限公司136.9563万TEU，盐田西港区码头有限公司30.5542万TEU，这五家码头公司完成的吞吐量约占全港总量的97%（图1-2-8）。深圳港各港区历年吞吐能力、吞吐量情况见表1-2-4。

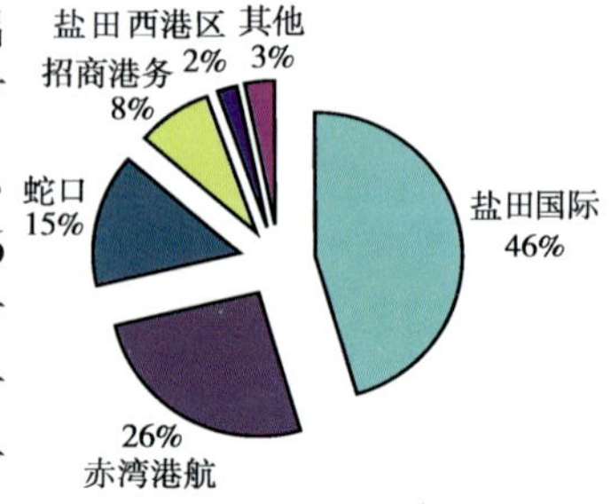

图1-2-8 深圳港各港区集装箱吞吐量承担比例（2005）

6. 港口资源利用率

由表1-2-1可见，深圳港集装箱专用泊位岸线总长8665m，陆域总面积415公顷，平均陆域纵深479m，最大为盐田三期集装箱码头（640m）。深圳港集装箱码头的陆域纵深远远低于上海、大连等港口的平均水平，这一方面说明深圳港土地资源利用率较高，同时也意味着如果没有必要的土地补充，深圳港将在港口综合通过能力挖潜提高方面处于劣势。

2005年，深圳港全港集装箱专用泊位总通过能力1300万TEU/a，平均每百米岸线通过能力为15万TEU/a，最大为盐田三期集装箱码头19万TEU/年；平均每百公顷陆域通过能力为313万TEU/a。2005年，盐田国际集装箱码头实际完成集装箱吞吐量736万TEU，平均每百米岸线完成吞吐量24万TEU，平均每百公顷陆域完成吞吐量379万TEU。蛇口集装箱码头三期工程5号、6号泊位，赤湾集装箱码头13号泊位，妈湾港区5号、6号泊位，均于2005年相继建成，尚未完全投产。

四、集装箱班轮航线

深圳港集装箱航线结构变化明显。1995年以前，深圳港仅有两条国际班轮航线，到2000年底已开辟的国际班轮航线达53条（中、远洋航线为46条）。截至2003年底，已有39家中外著名集装箱船公司挂靠深圳港，开辟国际班轮航线106条，基本形成了以欧美航线为代表的远洋航线、东南亚为代表的近洋航线及国内沿海和内河支线的班轮网络。深圳港国际班轮航线变化情况见表1-2-5、表1-2-6。

深圳港各港区历年吞吐量统计表

表 1-2-4

年份	蛇口港区				赤湾港区			妈湾港区			福永港区				东角头			内河		盐田港区			沙鱼涌		全港合计							
																									泊位		吞吐量			吞吐能力		
	泊位	货物	客运	集装箱	泊位	货物	集装箱	泊位	货物	集装箱	泊位	货物	客运	集装箱	泊位	货物	集装箱	泊位	货物	泊位	货物	集装箱	泊位	货物	小计	深水	货物	客运	集装箱	货物	客运	集装箱
1980	1																	2	29.6						3		29.6			50		
1981	2	12.4																2	39.3						4		51.7			50		
1982	2	34.9	8															2	49.4						4		84.3	8		50		
1983	6	51.6	16		1	3.6												2	68.5						9	1	123.7	16		95	120	
1984	10	75.6	43		5	35.7												3	102.3				2		20	1	213.6	43		198	120	
1985	12	130	83		8	65.3												3	131.5				2		25	2	343.8	83		325	120	
1986	15	116	104		13	92.2									3	17.2		5	80.8				4		40	4	306.2	104		523	120	
1987	16	150.8	140		13	202.9									3	23.6		5	123.8				4		41	4	501.1	140		567	120	
1988	19	296.5	197	1.01	15	231.2									3	37.2		5	173.8				4		46	7	738.6	197	1.01	936	120	
1989	21	366.2	188	1.84	15	279.9									3	47.4		5	262.6	4			6		54	9	955.8	188	1.84	1084	120	
1990	24	506.7	230	1.79	15	411.6		2	22.6		1				3	27.1		5	239.8	5	6.1		6	44.5	61	12	1258	230	1.79	1602	120	50
1991	24	619.3	304	2.95	15	478.4	2.11	2	94.7		4	20.6			4	25.6		5	288.5	5	12.4		8	145	67	13	1664	304	5.06	1642	170	50

续上表

年份	蛇口港区				赤湾港区			妈湾港区			福永港区				东角头			内河		盐田港区			沙鱼涌		全港合计							
																									泊位		吞吐量			吞吐能力		
	泊位	货物	客运	集装箱	泊位	货物	集装箱	泊位	货物	集装箱	泊位	货物	客运	集装箱	泊位	货物	集装箱	泊位	货物	泊位	货物	集装箱	泊位	货物	小计	深水	货物	客运	集装箱	货物	客运	集装箱
1992	24	674.3	428	7.49	16	507.3	3.39	4	151.7		4	27.9			5	54.3		5	361.7	5	32.1		12	146.4	75	15	1956	428	10.88	2142	170	75
1993	29	857.4	355	9.31	16	610.4	3.31	4	184		4	96.2	37.6		5	97.5		11	432.9	5	74.6	0.18	12	278.4	86	18	2632	393	12.88	2392	170	75
1994	30	1039.1	306	11.9	17	717.1	4.58	6	355.9		4	96.5	55.6		5	149		11	445.4	8	20.6	1.33	12	355	93	25	3163	362	17.81	3514	170	125
1995	42	1084.7	295	11.3	17	776.5	6.48	8	373.9		4	89.7	54.8		5	181.6		11	451.6	8	58.4	10.56	12	100	107	27	3080	350	28.37	3661	450	140
1996	42	937.5	306	13.8	19	655.5	9.78	8	464.2		4	97.2	50.44		5	192.4		11	405.1	8	198.5	35.35	12	70.1	109	28	3021	357	58.9	3781	450	140
1997	43	982.9	265	28.96	20	674	21.01	8	546.3	0.69	4	111.9	53.2	0.22	5	182.6		11	407.2	8	361.5	63.84	12	91	111	31	3357	318	114.7	4021	450	170
1998	43	978.1	240	60.5	21	596.1	27.3	10	554.7	2.72	5	116.1	37	0.82	5	145.9		11	386.3	9	554	103.8	15	112.9	119	33	3444	302	195.2	4671	450	210
1999	43	1357.6	226	85	21	845.8	48.1	10	711	3.61	5	122.5	41.5	3.02	5	180.6		11	373.4	11	847.3	158.8	19	225.1	126	37	4663	268	298.6	5511	450	290
2000	43	1649.7	201	104.7	22	1077	64.4	11	926.2	11.48	5	135.6	45.8	4.18	5	198.5		11	260.6	12	1143	214.6	19	307.2	128	39	5697	247	399.4	5861	450	320
2001	43	1821.2	196	120.3	22	1368	90.1	11	997.8	15.4	5	146.6	54.4	3.2	5	179.3	2.2	11	256.4	12	1524.6	276.5	19	348.5	128	39	6643	251	507.6	5861	450	320
2002	41	2167.8	204	148.9	22	2025	154.4	12	1227.5	22.9	5	115.5	67.9	4.8	5	278.1	3.1	11	266.8	12	2326.4	427.7	19	298.6	129	40	8767	272	761.8	6421	450	320
2003	45	3079.4	180	240.7	23	2508	222.8	13	1687.0	30.1	5	233.3	66.2	10.7	5	278.6	15.8	11	215.3	15	2862.9	544.9	19	355.2	136	47	11220	246	1065	7313	550	495

注：泊位（个），货物（万 t），客运（万人次），集装箱（万 TEU）；沙鱼涌港区含下洞、核电、光汇等；内河港区含上步、皇岗、宝安码头。

深圳港东、西部港口国际班轮航线变化情况(一)　　　表 1-2-5

航线	1997 年		1998 年		1999 年		2000 年		2001 年		2002 年		2003 年		2004 年	2005 年
	东部	西部	东部	西部	东部	西部	东部	西部	东部	西部	东部	西部	东部	西部	全港合计	全港合计
合计	7	9	13	14	22	18	34	19	46	31	47	38	54	55	131	154
美洲线	4	2	6	2	16	6	20	5	29	10	31	11	32	17	54	61
欧洲线	3	3	3	4	4	5	8	5	10	5	10	6	13	5	21	43
地中海线	0	0	0	0	0	1	2	4	0	7	0	4		7	13	
澳洲线	0	1	1	2	1	1	1	1	1	1	1	1	1	1	5	5
亚洲线	0	3	3	6	1	5	3	4	6	8	1	11	8	20	29	42
非洲线												1		1	1	3
中东线											4	2		2	7	
红海线												2		2	1	

深圳港东、西部港口国际班轮航线变化情况(二)　　　表 1-2-6

航线		1997 年		1998 年		1999 年		2000 年		2001 年		2002 年		2003 年	
		条	班/月	条	班/月	条	班/月	条	班/月	条	班/月	条	班/月	条	班/月
合计		16	62	27	97	40	157	53	212	77	304	85	364	109	467
美洲	东部	4	16	6	24	16	63	20	80	29	116	31	133	32	137
	西部	2	8	2	12	6	24	5	20	10	40	11	47	17	73
欧洲	东部	3	12	3	12	4	16	8	32	10	40	10	43	13	56
	西部	3	12	4	16	5	20	5	20	5	20	6	26	5	21
地中海	东部	0		0		0		2	8	0		0	0	0	0
	西部	0		0		1	4	4	16	7	28	4	17	7	30
澳洲	东部	0		1	3	1	4	1	4	1	4	1	4	1	4
	西部	1	4	2	6	1	4	1	4	1	4	1	4	1	4
亚洲	东部	0		3	8	1	4	3	12	6	24	1	4	8	34
	西部	3	10	6	16	5	18	4	16	8	32	11	47	20	86
中东	东部											4	17	0	0
	西部											2	9	2	9
非洲	东部											0	0	0	0
	西部											1	4	1	4
红海	东部											0	0	0	0
	西部											2	9	2	9

注:1. 1996 年全港开通国际班轮航线 12 条,其中美洲 5 条、欧洲 5 条、亚洲 2 条。

2. 2003 年东西部有 2 条美洲航线、1 条亚洲航线共同挂靠,故按一城一港原则,全港总航线为 106 条。

2004 年深圳港集装箱航线结构进一步优化，国际航线吞吐量 1040 万 TEU，占总吞吐量的 76.1%，其中北美航线和欧洲、地中海航线一直是深圳港集装箱远洋运输的主体：北美航线吞吐量 591.5 万 TEU，占全港 43.3%；欧洲、地中海航线吞吐量 292 万 TEU，占全港 21.3%。香港航线驳运量 215.5 万 TEU，比 2003 年减少 10.3 万 TEU，主要是深圳港班轮航线网络不断完善。内贸集装箱吞吐量与上年基本持平。外贸支线吞吐量增长较快，达到 42.8 万 TEU（图 1-2-9）。

2005 年深圳港集装箱运输航线网络不断完善，初步形成了覆盖世界 12 大航区的国际班轮网络，成为我国内地国际班轮密度最高的集装箱港口。截至 2005 年底，除 21 条至香港驳运航线、18 条外贸内支线和 16 条内贸航线外，全球 50 家船公司挂靠深圳港，周班航线达 154 条，其中北美线 51 条、南美线 10 条、欧洲线 43 条、澳洲线 5 条、亚洲线 42 条、非洲线 3 条，马士基、地中海、达飞轮船、中远、中海、长荣等班轮公司纷纷更换大船，船长 280m（平均约 5000TEU）以上班轮约占总量的一半。

五、到港船型

1995 年深圳港到港集装箱船舶 1000TEU 以下占 97.3%，到 2003 年比例大幅下降至 31.5%（图 1-2-10）；4000TEU 以上的大型集装箱船舶由 1995 年的 2.7% 上升到 2003 年的 29.8%，其中 5000TEU 以上的船舶所占比重持续增长，由 1997 年的 0.3% 迅速增长到 2003 年的 16%。最近几年，深圳到港集装箱船舶大型化趋势明显（表 1-2-7）。

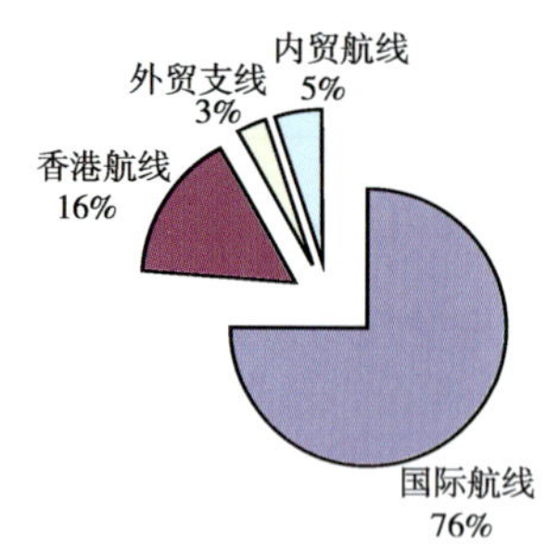

图 1-2-9 深圳港分航线集装箱吞吐量构成图（2004）

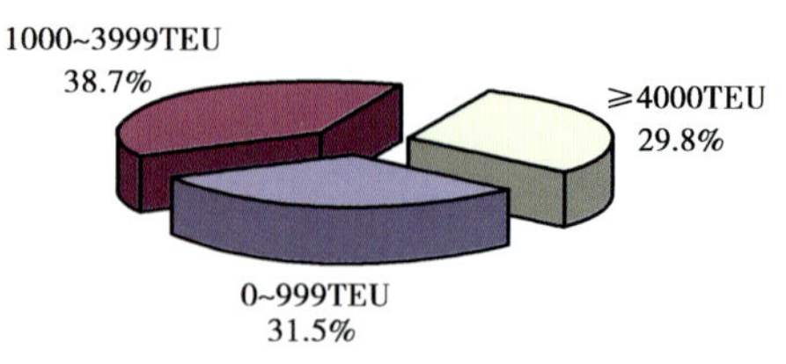

图 1-2-10 深圳港到港集装箱船型统计（2003）

深圳港到港各类集装箱船舶所占比重变化情况(单位:%)　表 1-2-7

船型	2003 年	2002 年	2001 年	2000 年	1999 年	1998 年	1997 年	1996 年	1995 年
≤499TEU	22.3	31.8	41.5	51.3	61.7	66.0	74.2	79.0	97.3
500～999TEU	9.2	10.1	8.9	11.1	12.1	13.1	9.8	1.9	0
1000～1999TEU	13.1	10.6	11.2	6.9	3.1	0.6	0	0	0
2000～2999TEU	17.5	12.7	11.3	5.3	1.1	0.9	0	0	0
3000～3999TEU	8.1	7.9	6.6	7.1	4.1	4.1	2.8	3.2	0
4000～4999TEU	13.8	13.4	10.6	12.2	13.6	13.3	12.9	15.9	2.7
5000～5999TEU	10.8	9.2	7.3	4.4	3.0	2.0	0.3	0	0
≥6000TEU	5.2	4.3	2.6	1.7	1.3	0	0	0	0
合计	100	100	100	100	100	100	100	100	100

第二节　深圳港集装箱港区

一、赤湾港区

赤湾港区是深圳港重要的深水中转港区和条件优越的南海石油后勤服务基地,由中国南山开发(集团)股份有限公司开发建设。现有 500 吨级以上经营性泊位 14 个,其中万吨级以上深水泊位 11 个,最大靠泊能力 7 万吨级,集装箱专用泊位 6 个。此外,还有南海石油后勤服务基地专用泊位 7 个。港区内赤湾港航股份有限公司主要经营粮食、木材、化肥等散杂货,同时兼营与香港码头之间的集装箱空箱驳运业务;赤湾集装箱码头有限公司专营集装箱远洋运输业务。另外,还包括南海石油后勤服务基地及广聚能源赤湾油气库分公司,以及负责本港区进出港船舶拖带作业的赤湾轮船运输公司。图 1-2-11 为赤湾集装箱码头规划平面布置图。

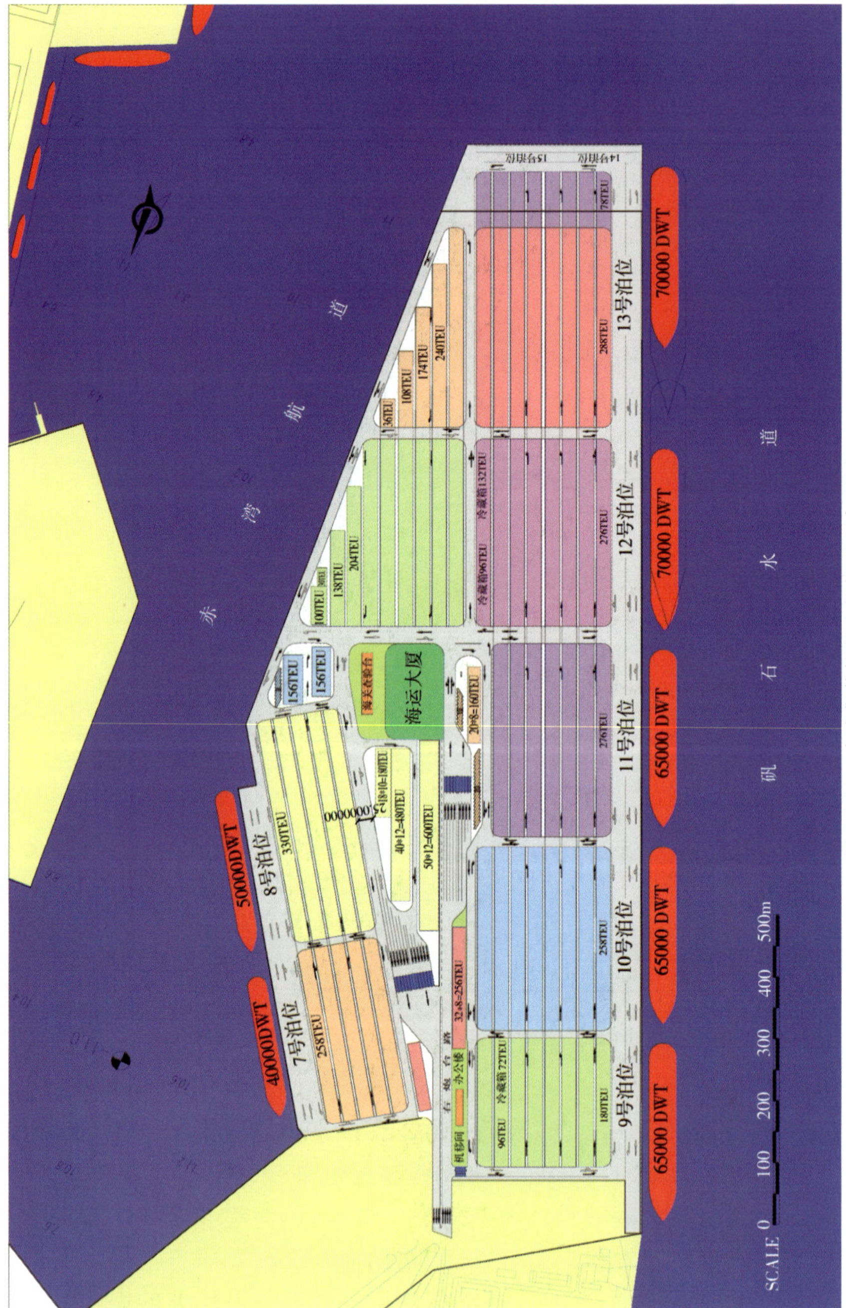

图 1-2-11 赤湾集装箱码头规划平面布置图

赤湾集装箱码头大突堤生产性泊位岸线总长2316m，陆域总面积85公顷。受赤湾港区内航道限制，大突堤东南侧建设为护岸。目前，赤湾大突堤建成7～13号共7个生产性泊位，其中经营集装箱业务的泊位是8～13号计6个泊位；7号泊位目前为散杂货泊位，将来根据规划将改造为集装箱专用泊位。

二、蛇口港区

蛇口港区由招商局蛇口工业区开发建设，现为香港招商局国际有限公司全资或控股公司建设运营，是深圳市最早开发建设的港区，也是深圳港最大的综合性港区。目前共有500吨级以上经营性泊位54个，其中万吨级以上深水泊位14个，集装箱专用泊位7个。招商港务（深圳）有限公司主要经营散杂货、内贸集装箱、外贸集装箱运输、客运；蛇口集装箱码头有限公司主要经营集装箱远洋运输业务；蛇口招商石油化工实业有限公司专营油气品；联达拖轮有限公司主要负责本港区进出港船舶拖带作业；香港友联船坞（深圳）有限公司是深圳港唯一的修船基地；华英石油公司经营成品油进口业务。此外，还有交通部广州救捞局深圳救捞站、深圳海事局西部海事基地、深圳市公安消防局西部水上消防基地。

有关蛇口集装箱码头的介绍见本章第四节“蛇口集装箱码头”。

三、妈湾港区

妈湾港区由深圳南油集团有限公司开发。现有500吨级以上经营性泊位13个，其中万吨级以上深水泊位10个，最大靠泊能力7万吨级，集装箱专用泊位3个。此外还有一个5000吨级海军后勤码头。海星港口发展有限公司主要经营件杂货、钢材、散装水泥，并兼营集装箱驳运业务；月亮湾油料码头有限公司、美视电厂码头及乐意液体仓储有限公司专营油品及液化产品；妈湾电力有限公司码头自营电厂发电用煤接卸业务；沪星拖轮有限公司主要负责本港区的进出港船舶拖带作业。

招商港务（深圳）有限公司负责妈湾0号泊位的经营，开展集装箱沿海干线运输。妈湾5号、6号泊位已经建成，7号泊位在建，均为集装箱专用泊位，由妈湾仓码有限公司建设并经营，该公司由南油集团和招商局国际有限公司合资组建。

四、盐田港区

盐田港区作为深圳港的一个重要港区，始建于20世纪80年代，以

1985 年深圳东鹏实业有限公司成立为标志,经过 10 多年的建设,特别是自 1994 年盐田港集团有限公司与香港和记黄埔有限公司合资成立的盐田国际集装箱码头有限公司专营国际集装箱业务以来,盐田港区集装箱吞吐量快速增长。

盐田港区现有泊位 16 个,其中万吨级以上深水泊位 13 个,经营性泊位 12 个。盐田国际集装箱码头有限公司经营盐田中 5～13 号集装箱专用泊位 9 个;深圳盐田西港区码头有限公司经营盐田西 1～3 号多用途泊位 3 个。

有关盐田集装箱码头的介绍见本章第五节“盐田集装箱码头”。

五、大铲湾港区

大铲湾具备大规模开发深水集装箱码头的条件,是深圳西部未来可持续发展集装箱码头的唯一港址。规划的大铲湾集装箱码头区总体布置采用宽突堤与顺岸码头相结合的型式,共形成 9210m 码头岸线、655 公顷陆域。形成顺岸段北部驳船作业区、顺岸段南部近洋泊位岸线和大突堤大型集装箱码头泊位区三个功能区。整个码头区最终可形成 15 个大型深水泊位、7 个中等泊位及 1425m 的驳船岸线(图 1-2-12)。

目前,大铲湾集装箱码头一期工程正在建设,计划 2007 年底头两个泊位竣工投产。大铲湾集装箱码头一期工程位于突堤的西南侧,建设 5 个 7～10万吨级专业集装箱泊位,码头区陆域总面积 112.1 公顷,岸线长 1830m,纵深 600m,另外在突堤南端按深水泊位标准建设 603m 岸壁。辅建区总面积 70.2 公顷,其中一期建设用地约 12.8 公顷。

六、福永港区

现有 2 个客运泊位、1 个 500 吨级、1 个 1000 吨级货运泊位和 1 个 5000 吨级油料码头,由深圳机场港务公司负责经营。

七、东角头港区

由深圳市航运总公司开发建设,1987 年 6 月对外籍船舶开放。现有经营性泊位 5 个,最大靠泊能力 3000 吨级。港区内圳华港湾企业有限公司主要经营散杂货,兼营与香港港口之间的集装箱水路过驳业务;蛇口油库及岩谷气库主要经营油气品。

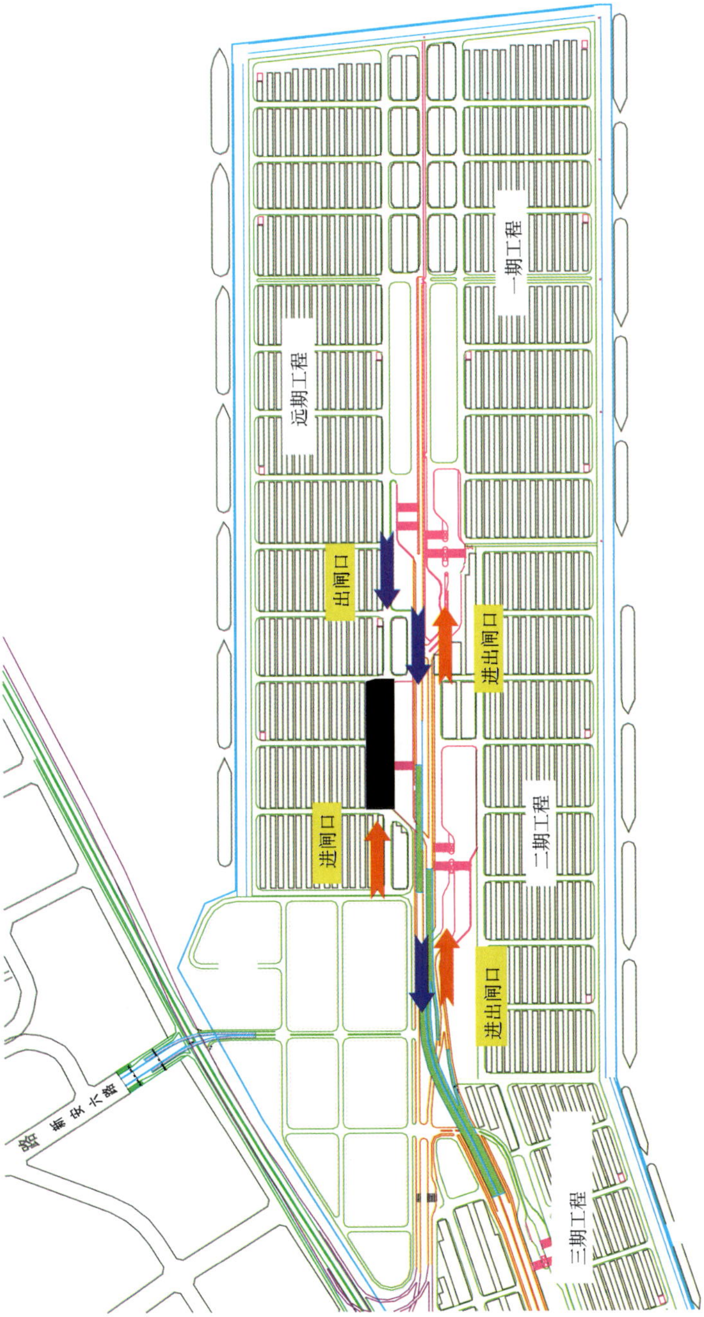

图 1-2-12 深圳港大铲湾港区集装箱码头示意图

第三节　深圳港口发展模式

一、企业投资建设经营港口

深圳港口的发展从开始就走上了一条由企业投资、建设、经营的新路子。企业按照自筹资金、自我建设、自主经营、自负盈亏的滚动发展模式,建设和经营港口码头。为调动企业投资港口业的积极性,深圳市政府出台了一系列优惠政策,包括:减免企业的有关税费,减免或挂账港口发展所需的土地和岸线资源费,为企业提供各项优惠的金融服务(包括股票上市),允许企业与外商合资建设经营港口设施,鼓励企业发展以港口为纽带的临港工业和多种经营等。

20 世纪 80 年代,深圳港口充分利用经济特区的各项优势(包括优惠政策措施),积极吸引香港资金参与港口的建设和经营。深圳港的大型综合港区如蛇口、赤湾、妈湾等,大部分都是利用港资合作建设、经营发展起来的;而到了 80 年代末至 90 年代的 10 多年间,深圳港更是利用港资大规模建设蛇口、赤湾、盐田等大型集装箱专用泊位。据统计,建立深圳经济特区以来,香港企业界共投资数百亿港元在深圳建设港口及其配套设施,约占全市港口投资的三分之二。正是由于香港企业界积极投资参与深圳港口的建设,深圳港口才能在短短的 20 多年间,从无到有,从小到大,货物吞吐量跃居全国内地沿海港口第 8 位,集装箱吞吐量跃居世界集装箱港口第四位、全国内地港口第 2 位,创造了中国港口发展史上的"深圳速度"。

香港企业界参与深圳港口建设和经营,一方面解决了建港资金不足问题,另一方面引进了国外先进的管理观念、管理经验、管理方式、管理人才和国际货运网络,缩短了深圳港口建设和管理与国际先进水平的差距。

深圳港口建设模式,决定了深圳港的建设理念有别于内地,更注重投资收益,更注重投资规模、维护成本和营运收益的和谐统一,但是由于过多关注企业本身利益,致使港口规划建设缺乏统筹协调。

二、香港航运企业投资深圳港

目前参与深圳港建设和经营的主要港资企业有香港和记黄埔港口发展有限公司、招商国际有限公司、香港现代货箱港口发展有限公司。从总体情况来看,深圳港经营集装箱运输业务的主要港口企业有向国际化发展的趋

势。参与深圳港集装箱码头经营的有影响力的香港公司具体情况如下。

1. 和记黄埔港口发展有限公司

盐田国际集装箱码头有限公司(简称盐田国际、YICT)是香港和记黄埔港口控股有限公司与深圳盐田港集团共同合资成立的,于1994年正式营运。主要负责经营管理盐田港区一、二和三期工程,总投资超过港币130亿元,共有9个集装箱泊位。深圳盐田港股份有限公司与香港和记黄埔盐田港口投资有限公司合资成立深圳盐田西港区码头有限公司,经营盐田西港区1~3号多用途泊位。

和记港口集团有限公司(和记黄埔港口)业务遍及17个国家,在35个港口经营共206个泊位。世界七大繁忙港口中,有五个是由和记黄埔经营的。其总公司——香港国际货柜码头有限公司是全球最大规模的私营货柜码头经营商。和记港口集团2003年总吞吐量达4150万TEU。集团在英国拥有其国最大的菲力克斯托港,还有哈尔威治港和泰晤士港。此外,并持有荷兰鹿特丹港、比利时、德国、印尼、泰国、缅甸、马来西亚、韩国、巴基斯坦、坦桑尼亚、沙特阿拉伯、墨西哥、阿根廷、巴哈马群岛与巴拿马等多个国家港口的重大权益。集团参与投资、发展与营运中国内地多个沿海、内河港口。

2. 招商局国际有限公司

蛇口集装箱码头有限公司成立于1989年,注册简称SCT,于1991年正式投入运营,是深圳市最早的一家专业化集装箱码头公司。目前公司由招商局国际有限公司、铁行港口、太古洋行及香港现代货箱码头共同投资拥有。

招商局国际有限公司是香港恒生指数成分股公司,也是历史悠久的招商局集团香港上市旗舰公司。公司的主营业务为港口及港口相关业务,在珠三角、长三角和环渤海圈的枢纽港投资经营已形成全国性港口网络,成为中国领先的公共港口运营商。招商局国际的港口业务主要有现代货箱码头有限公司(现代货箱码头)、蛇口集装箱码头有限公司(蛇口集装箱码头)、招商港务(深圳)有限公司(招商港务)、深圳赤湾港航股份有限公司(赤湾港航)、赤湾集装箱码头有限公司(赤湾集装箱码头)、深圳海星港口发展有限公司(海星码头)、漳州招商局码头有限公司(漳州码头)。

3. 现代货箱码头有限公司

大铲湾集装箱码头一期工程由香港现代货箱码头有限公司与深圳市大铲湾港口投资发展有限公司合资建设,是目前现代货箱码头有限公司重点开发的项目。

现代货箱码头公司(MTL)的主要股东是香港九龙仓集团公司,拥有及经营香港1、2、5号码头,以及9号码头(南)共7个集装箱泊位及两个驳船泊位;现已拥有蛇口集装箱码头二期工程项目股权,并达成一、二期联营协议;与招商局国际合组联营公司,购入赤湾集装箱码头20%股权。MTL已经将港口业务发展的重点放在深圳。

第四节　蛇口集装箱码头

一、蛇口集装箱码头规划建设

蛇口港区位于深圳市西部南头半岛南侧深圳湾北岸,向南与香港隔海相望。蛇口港区是中国内地第一家由企业投资兴建的公共型、综合性港口。蛇口港区岸线范围为五湾客运码头东端至左炮台山下与赤湾港区分界处,自然岸线长约2.8km。利用深圳湾潮差小、泥沙来源少、流速小的有利条件,在天然水深2~5m的浅滩上人工开挖、填筑形成了三小、三大突堤式布置的港区。

最初的《蛇口港规划》由招商局蛇口工业区组织编制,蛇口一、二突堤为散杂货作业区,而三突堤和二三突堤之间均为集装箱作业区;另外,出于对西南向波浪的担忧,三突堤西侧岸线并未考虑建设生产性泊位。在实际建设过程中,三突堤西南端部向外进行了拓展,岸线和陆域面积均有所增加;按照该规划建设完成了蛇口集装箱码头一期工程,在二三突堤之间建设了兼顾集装箱和件杂货的多用途泊位;但是,在三突堤西侧建设友联船厂码头和在二三突堤之间引入了华南冷库有限公司,这些都突破了最初的规划。图1-2-13为最初的《蛇口港规划》平面布置图。

从1995年开始,中交水运规划设计院开始进行《深圳港总体规划》,按照1998年批复的《深圳港总体布局规划》,蛇口三突堤东侧和南侧为集装箱泊位,但是三突堤西侧保留了已经建成的友联船厂码头。蛇口港区的建港实践证明三突堤西侧岸线可以利用,因此将三突堤西侧其余岸线规划为散货泊位和海事、消防公用码头。图1-2-14为1998年《深圳港总体规划》蛇口三突堤平面布置图。

2001年,为适应深圳港集装箱运输发展形势需要,中交水运规划设计院深圳设计公司编制完成《蛇口港区三突堤详细规划》,调整岸线功能和用地方案,三突堤以发展集装箱干线运输为主。取消三突堤西侧散杂货泊位,

图 1-2-13　最初的《蛇口港规划》平面布置图

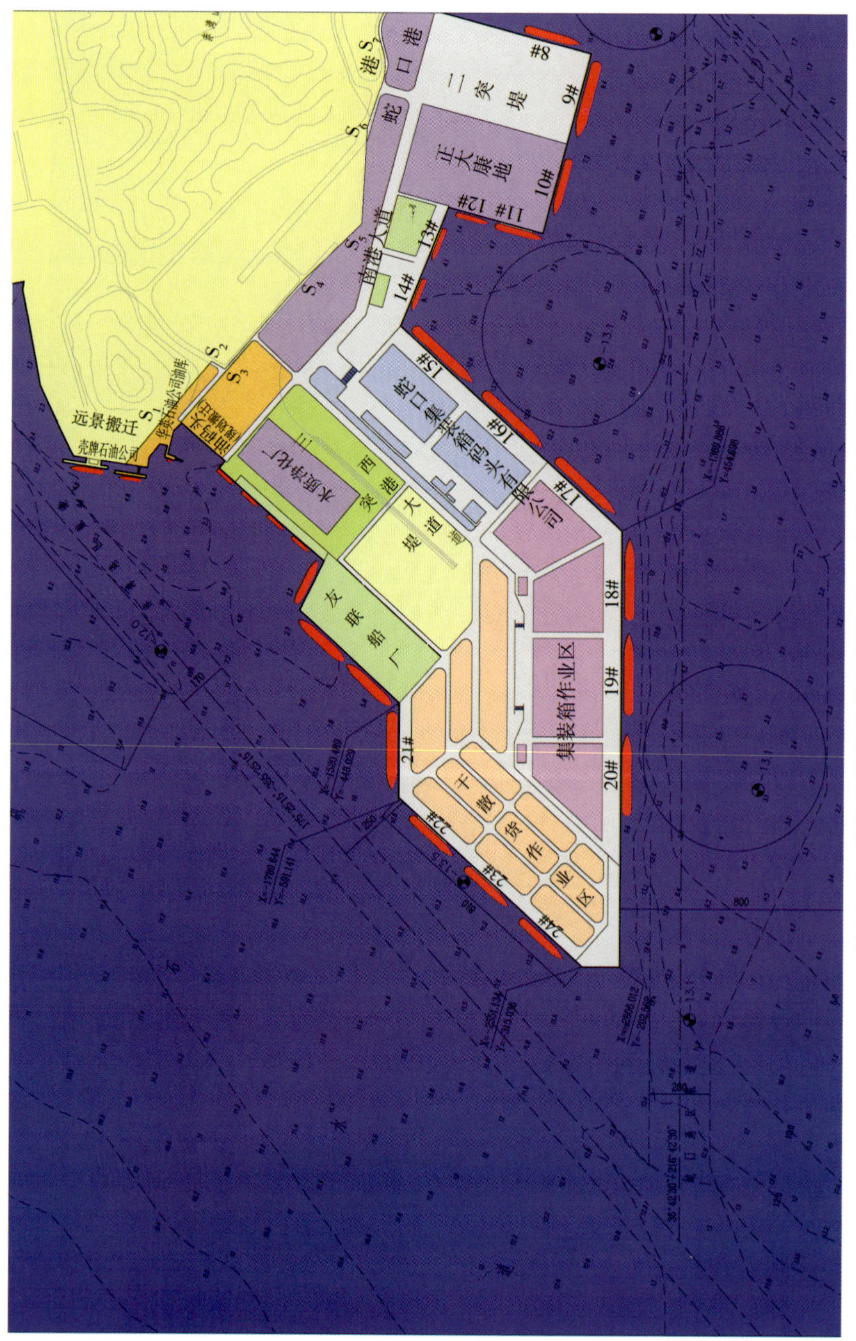

图 1-2-14 1998 年《深圳港总体规划》蛇口三突堤平面布置图

建设无特定堆场的直立岸壁；南侧1400m岸线连续布置4～7号泊位，形成纵深700m的完整顺岸堆场，以适应集装箱码头的装卸工艺特点。三突堤1～3号与4～7号泊位在三突堤东、南侧形成集装箱"主力"泊位。作为集装箱码头，三突堤总体规模并不太大，码头后方陆域面积约129万m^2，其端部宽度仅726m。三突堤应以集约化管理作为规划的基本前提，不宜再"条块分割"。进出闸口、辅助生产建筑物、配套设施均统一规划和建设。拆装箱、修洗箱等辅助生产设施考虑港外社会化协作。取消原规划的铁路作业线，保证集装箱码头的基本用地需求。将西港大道西移至现有污水处理厂边缘，增加三突堤1～2号泊位后方用地面积，使其陆域纵深由327m增加至448m，从而为充分发挥蛇口集装箱码头一期工程1～2号泊位的吞吐能力创造条件。图1-2-15为2001年《蛇口港区三突堤详细规划》平面布置图。

目前，蛇口集装箱码头总闸口已经建成，三期工程正在建设中。另外，三突堤正在进行新一轮规划调整。预计友联船厂将搬迁至孖洲岛，这样三突堤西侧岸线将进一步增加集装箱泊位岸线。三突堤将以更大规模的形象，回归到最初规划的集装箱专业化码头。

二、蛇口集装箱码头一期工程

蛇口集装箱码头一期工程是深圳港最早建成的集装箱码头，位于蛇口三突堤东岸根部1号、2号两个5万吨级泊位，岸线长654m，设计底标高－13.5m。由招商局蛇口工业区投资建设，中交水运规划设计院与中国港湾工程公司联合设计，中港第四航务工程局施工，1990年建成投产。目前由蛇口集装箱码头有限公司经营，主要股东有澳大利亚铁行、招商局、香港现代货柜码头公司。集装箱通过能力93万TEU/a。

码头结构主体采用钢板桩斜拉桩加卸荷平台方案，码头清除淤泥层至－11.09～－13.09m，码头前轨道梁下施打7∶1组合PU32钢板斜桩及3∶1的斜拉钢管桩，斜拉桩直径800mm，间距3m。组合钢板桩与斜拉钢管桩组成一对叉桩，以支撑装卸桥的轮压，承受土压力、波吸力等的作用。板桩每5根含1组合桩，组合桩采用PU32钢板桩对扣焊接而成，并将其打入风化岩持力层中。

板桩与钢管桩上部现浇钢筋混凝土帽梁。为减小板桩上的土压力，板桩后设钢筋混凝土卸荷桩台，桩台宽度18m，排架间距6m，每排架设2根ϕ600钢管桩和1根ϕ600钻孔灌注桩，板桩后棱体抛至－7.09m，然后以1∶1.1抛石棱体接岸。为了避免承台与后方填土之间的不均匀沉降，承台内

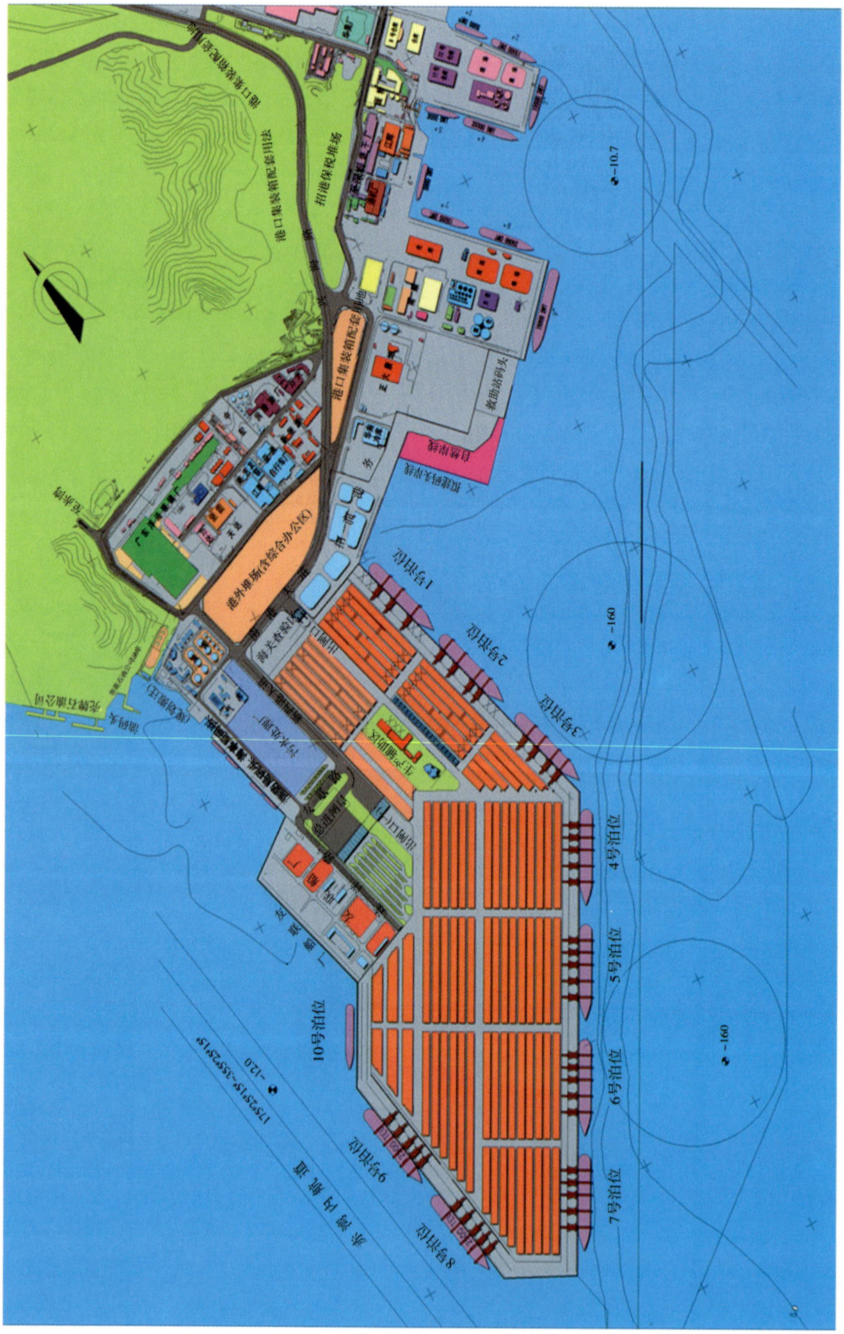

图 1-2-15 2001 年《蛇口港区三突堤详细规划》平面布置图

侧设 2.8m 宽筒支板进行过渡。

后轨道梁下施打钻孔灌注桩，直桩 600mm，桩距 3m，桩上现浇轨道梁，梁尺寸 0.8m×2.5m。横梁及面板全部为钢筋混凝土叠合梁、板。码头断面如图 1-2-16 所示。

三、蛇口集装箱码头二期工程

蛇口集装箱码头二期工程位于深圳港蛇口港区三突堤东侧和南侧，建设集装箱专用泊位 2 个，设计靠泊船型为载箱量 6600TEU 的大型集装箱船，兼顾船型为 12500TEU 集装箱船，原设计通过能力 80 万 TEU/年，2005 年核定通过能力 100 万 TEU/年。

1. 项目背景

蛇口集装箱码头二期工程前期工作开始于 1997 年，2000 年着手设计，2002 年开工建设，2003 和 2004 年两个泊位相继建成投产。在历时 6 年的前期研究和设计工作中，主要解决了两个"转折"问题：

首先，蛇口集装箱码头二期工程两个泊位分别位于三突堤的东侧和南侧，处在三突堤规划岸线的转折点，其东侧的 3 号泊位与一期工程相接，既要考虑与 20 世纪 90 年代初期建成的一期码头结构和堆场的平顺衔接问题，又要最大限度的发挥 3 号泊位有限的 330m 岸线的功能；4 号泊位长 370m，是三突堤南侧规划的四个泊位中的第一个，在长度上将来需要依托规划的 5 号泊位，同时又对后续工程建设条件产生深远影响。

再者，在开展前期工作之前的 1996 年，深圳港的集装箱吞吐量仅 59 万 TEU，在设计开始前的 1999 年，全港集装箱吞吐量达到 299 万 TEU，而到本工程竣工后的 2005 年深圳港的集装箱吞吐量已经达到 1620 万 TEU。在此期间，深圳港正处在从一个以外向型企业原材料进口和产成品出口的远洋运输港，向集装箱干线港的转型期，科学论证、合理定位工程建设标准至关重要，这是本工程面临的更为重要的第二个"转折"。

2. 项目策划与设计思想

随着腹地经济的高速发展，深圳港集装箱吞吐量在迅猛增长，对大型专业化集装箱码头的建设需求也日渐急迫。蛇口集装箱码头二期工程正是在这种态势下开工建设的。为增强蛇口集装箱码头的竞争能力，适应集装箱运输的未来发展，以建设世界一流的集装箱枢纽港为目标，码头的建设标准、建设等级考虑尽可能适应未来 50 年海运市场的需求。码头既可适应远洋航线作业，又可适应近洋航线需求，并能满足未来船型发展需要。整体工

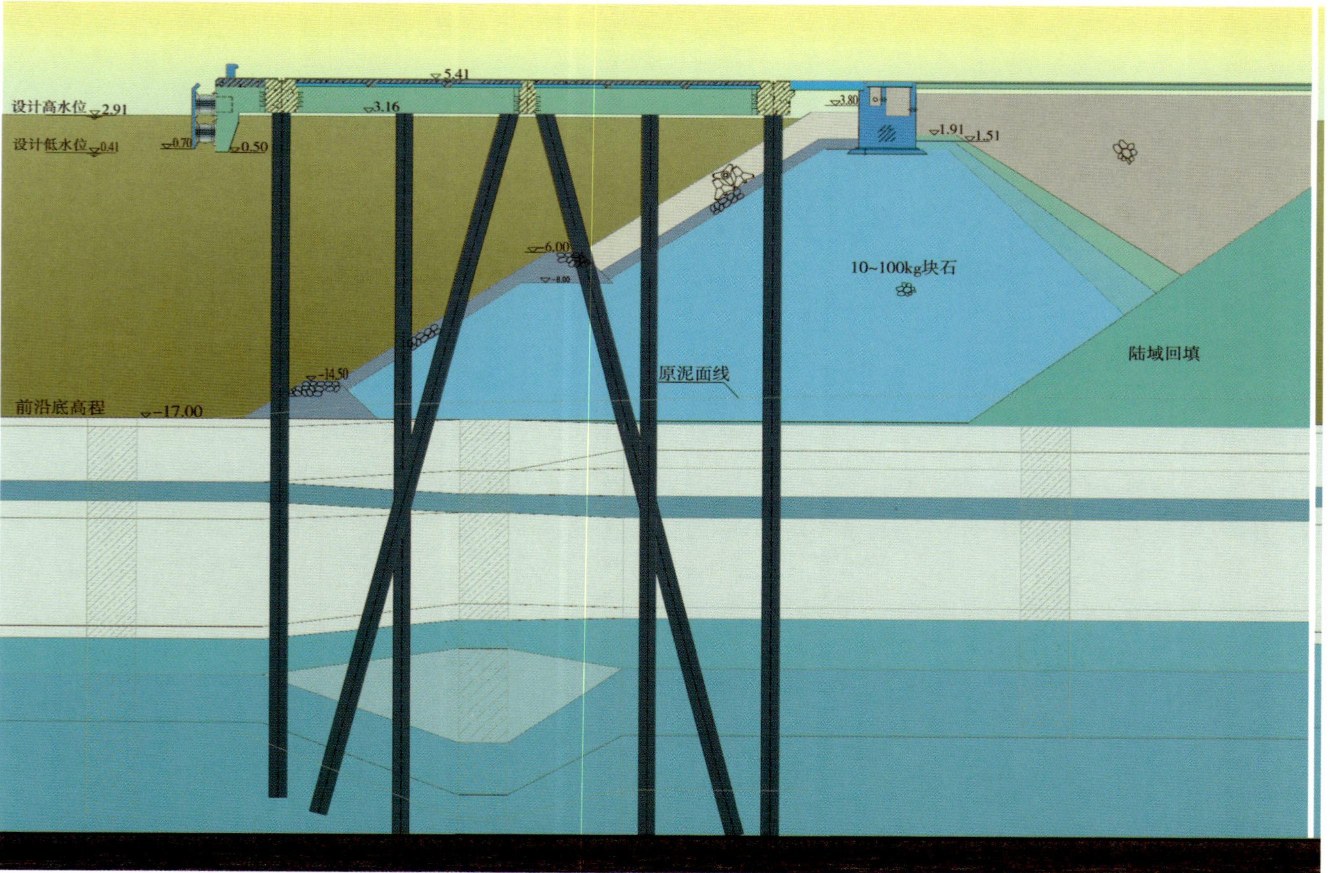

图 1-2-16　蛇口集装箱码头一期工程码头断面图

艺系统先进、高效，各配套设施配置合理、科学，满足发展需要并预留发展空间，且节能、环保。为达到以上要求，项目在策划之初即提出以下思路：

工艺系统应高效、先进，从而达到提升吞吐能力和节能的目的。平面布置、高程系统及管网需通盘考虑与现有一期和未来三期的衔接，既具有适应功能分区调整的灵活性，又适当预留未来发展空间。

码头建设达国际先进水平，重要构件、设施、设备取英标和国标二者之高，技术可靠性和经济合理性兼收并蓄。结构设计须能适应地质及现状地貌条件，适应装卸设备工艺荷载变化及具有较强抗超载能力。保证码头营运期的长期正常使用，即码头与堆场在 50 年内不大修之标准，因而对耐久性设计提出了较高要求。

土建设计新颖、实用、节能，充分考虑环保节能措施。水、电、通信等配套工程选用新材料、新工艺，技术经济合理，使用方便，便于维护。

3. 码头水域平面布置

3 号泊位长 330m，其岸线与一期泊位岸线平齐，兼顾船型为 9000TEU 集装箱船；在 3 号泊位南端码头岸线转折 48°后建设 4 号泊位，长 370m，兼顾船型为 12500TEU 集装箱船。码头前沿设计底高程为 -17.0m。陆域面积 28 公顷，最大纵深 547.5m，堆存能力达 28758TEU。

蛇口港区原有航道长 2100m、底宽 125m，二期工程 4 号泊位岸线进入原航道内 61m。设计考虑在原航道基础上向东平行外扩 180m，4 号泊位则利用原航道部分水域作为其停泊水域，该水域和码头结构打桩施工则仅清除航道回淤流泥即可。同时将掉头水域布置在 3 号泊位外侧，利用了部分一期已开发水域，尽可能减少疏浚量及码头区开挖量，并可同时作为一期、二期和二突堤 12# ~ 14#泊位掉头水域。

4. 装卸工艺及陆域平面布置

(1)装卸工艺设备

设计配备集装箱装卸桥 8 台，轮胎式龙门起重机 24 台。岸桥轨距 30m，外伸距 62m，可适应横排 22 列箱的船型，吊具下起重能力 60t，可同时吊取 2 个 20′或 48′超长超重箱，非工作状态最大风速取 70m/s，其中 4 号泊位最多可供 8 台岸桥同时作业。场桥可堆六过七。

(2)码头前沿作业地带

蛇口三突堤 3 号泊位码头前方作业地带宽 59.5m，其中：码头前沿至前轨 3m；前后轨道间距 30m，布置 5 条装卸作业线；后轨至堆场第一条场桥跑道轴线 26.5m，布置仓盖板堆放区和 2 条堆场车道。设计也曾经论证过将

1～3号泊位前沿与岸桥前轨距离改为4m的方案,因为改造1～2号泊位费用过高而放弃。4号泊位码头前方作业地带宽60.5m,与3号泊位的差别是集装箱装卸桥前轨与码头线之间的距离由3.0m增加至4.0m。

(3)堆场布置

重箱堆场区布置在码头后方规整区域内;考虑充分利用一期工程供电和管理系统设施,二期工程的冷藏箱堆场区布置在一期冷藏箱同一箱区内,并考虑适当预留;空箱堆场布置在4号泊位后方不规则区域内。

蛇口集装箱码头二期工程受用地红线所限,陆域面积较小,且3号、4号泊位交角为132°,呈折角型,从而给平面布置带来困难。设计充分利用地形,将4号泊位布置为较为整体的格局,并考虑与未来三期布局协调。3号泊位则考虑工艺作业与一期紧密结合,箱条布局、道路、跑道梁、高程系统、管线等均与一期良好衔接,以便于一、二期的整体作业。3号、4号泊位堆场间跑道梁轴线斜交,平面上设置场桥全回转区,可旋转任意角度,方便两堆场间场桥转场作业。

设计详细研究了场桥运动走偏控制、集装箱拖挂车交通、高杆灯设置、堆场排水坡度和场桥高度及有效型宽对场桥运行时擦碰可能等多种因素,确定4号泊位箱条间距:不设集卡通道为3.6m、设置集卡通道6.3m,提高堆场利用率,保证堆场容量最大化。

(4)高程衔接

蛇口集装箱码头一期工程码头面高程为4.91m(赤湾理论最低潮面),在本工程西侧友联船厂码头为5.41m,三突堤内外侧标高相差0.5m,为满足码头装卸要求并与周边合理衔接,设计对岸桥作业工艺、爬坡能力等进行了详细研究和选型,通过论证设计在3号泊位码头前沿采用1/600的缓坡过渡,使高程从与一期工程衔接的4.91m抬升至5.41m,3号泊位后方陆域由南向北以5‰坡降与一期衔接。很好地解决了整体高程的衔接问题,为三突堤后续5～7号泊位建设铺平了道路。

(5)港内交通及闸口布置

堆场内部车流自南向北,送取箱作业为逆时针流向,船岸作业为顺时针流向,个别情况通过“8”字绕行调整方向。港内道路分为主干道、次干道和一般道路,所有道路均布置构成环形系统,道路尽头具备车辆回转条件。港区布置3条路面宽为25～30m的纵向主干道,2条路面宽为30m的横向主干道,道路转弯半径为18m。在4号泊位后方,每区块堆场两条龙门吊作业线之间布置一条路面宽度为6.3m的集卡通道,以增强集卡通行的灵活性,

保证船岸作业和堆场作业交叉进行时场内交通顺畅。

根据蛇口集装箱码头进出闸口的使用现状和深圳西部港区集装箱水转水量较多的具体特点,蛇口集装箱码头一、二期共4个泊位共用一期工程进出闸口,其中进闸口由原6车道扩建至8车道,出闸口仍用原6车道闸口,将来按照规划建设三突堤总闸口。随着吞吐量的增加,港内交通和堆场设备运行均趋于饱和,为保证码头内部交通紧张有序,为进港送取箱车辆设置进闸后的缓冲停车场非常必要,作为实现规划方案的过度措施,二期工程缓冲停车场设在堆场边角地带,停车场旁设有码头后方办公室。

(6)配套设施

二期工程的机修设施及场地与一期共用,机修及材料库在一期的基础上扩建;二期工程的变配电站建在一期变配电站的东侧,位于负荷中心;二期工程的供水及加压系统在一期的基础上扩建;二期工程利用一期工程办公楼,不再新建综合办公楼等辅助设施。

充分考虑未来发展需要,各种管线布设均留有足够的接口,并沿3号、4号泊位间主干道敷设,力求减少平面交叉及穿越道路次数,尽量缩短各种管线长度。各种沟、井、管均采用耐久性好、适应性强的材料,减少后期维护费用和对营运的影响。

港内绿地主要沿港区围墙及墙边管线带布置,种植草坪及攀墙植物,港内停车场及重箱堆场内箱背间空地铺设草皮砖,渠化后的道路空地内摆放花草进行绿化。

5. 水工结构

拟建码头区下卧土层据其工程特性可概括为三大层:表层为第四系全新统海相及海陆相沉积层,土质以粉质粘土为主,该层层底标高-21m~-33.5m,平均厚度约10m,含水量较大,物理力学指标较差,难以作为基础结构的持力层;中层为第四系全新统海陆相沉积层,土质以砾砂间粉土为主,该层土较薄,平均厚度约3m,物理力学指标较好,平均标准贯入击数27击,承载力250kPa,作为重力式基础尚可,但作为桩尖持力层仍不足;下层为风化岩,其母岩主要为花岗岩,依风化程度自上而下分别为强风化及中风化花岗岩,基岩顶面标高为-27~-44m,其中强风化岩中标准贯入击数达80~100击的岩层,可作为桩基持力层。鉴于表层土厚度较大,而可作为持力层的土层与基岩顶面偏低,故从结构型式对地基的适应性而言,以桩基结构较为适宜。另外,由于本工程4号泊位前方正对主航道,从减少码头立面对波浪反射,避免恶化航道航行条件的角度考虑,码头结构也宜采用有利于减少反射的透空桩基结构。因此,设计考虑了高桩梁板结构方案。

码头基桩选用延性较好、贯入能力强、抗水平承载能力较强的 ϕ1000～1100mm 钢管桩,而且施工中接桩、截桩方便,该桩型对本地区花岗岩球形风化十分严重、岩面起伏急剧的地质条件适应性强。经高应变检测,单桩垂直承载能力均满足设计要求且数值较为均一。另外设计利用有限元对码头结构体系进行分析,对不同基桩间距的经济性、技术可靠性、施工等进行比较,保证了工程的经济合理、安全可靠。

上部梁系为全现浇结构,基桩顶部不设置桩帽,梁格为一次性现浇,最大一次浇筑量位于 3 号、4 号泊位交接处第七结构段,共计 1800m^3。采用整体现浇结构不但节省工程造价,且结构整体性比预制安装的装配式要好。根据深圳市要求必须采用商品混凝土,为此则直接通过陆上泵送浇筑,水上施工船舶的数量较少,减少了对一期码头营运造成的影响。

钢轨采用无缝钢轨焊接,并应用先进的 Gantrex 柔性扣件系统,有效减少行车曲弓效应,提高抗冲击能力,增强行车稳定性。在 3 号、4 号泊位轨道交角处采用进口 X 形轨道交叉装置,使岸桥得以平稳行走,又充分利用了转角段岸线。

蛇口集装箱码头二期码头需满足 50 年不大修的标准,因此特别进行了结构耐久性防腐设计。预先在工程区域的大气区、浪溅区、水位变动区和水下区吊设钢质挂片来研究腐蚀情况,并综合当地海水水质、SCT 一期钢桩腐蚀情况,参考规范推荐的数据,对所在海域同类型钢材腐蚀速度进行了分析。根据研究结果,上述各区腐蚀速度较快,预留一定壁厚,并在主腐蚀区涂覆重防腐涂料,仍不能满足 50 年防腐蚀设计要求,故在桩内设置了桩芯混凝土芯柱。为了解桩芯混凝土与钢管桩间弯矩及轴向力传递的情况,确定桩芯混凝土长度,委托科研单位进行了力学模型试验。经试验证明,钢管桩与混凝土芯柱要保证弯矩及轴向力的传递,需保证 2 倍直径的接驳长度。工程根据试验结果、基桩布置位置及其受力大小等情况,在不同位置的钢管桩内设置了不同长度的钢筋混凝土芯柱。图 1-2-17 为二期工程码头断面图。

码头梁板严格按照《海港工程混凝土结构防腐蚀技术规范》的要求,构件迎水面均采用高性能混凝土及较厚的保护层。在此基础上,还采用了以下新技术、新材料:一是采用透水模板,可排出新浇混凝土表面多余的空气和水,使混凝土表面水灰比 W/C 降低,提高混凝土表面密实度,增加混凝土的防腐蚀性能,增强混凝土耐久性,同时确保混凝土在养护期间保持高湿度,减少形成裂缝的风险,也令混凝土表面光滑,无模板拼缝痕迹,大大减少表面的砂眼和

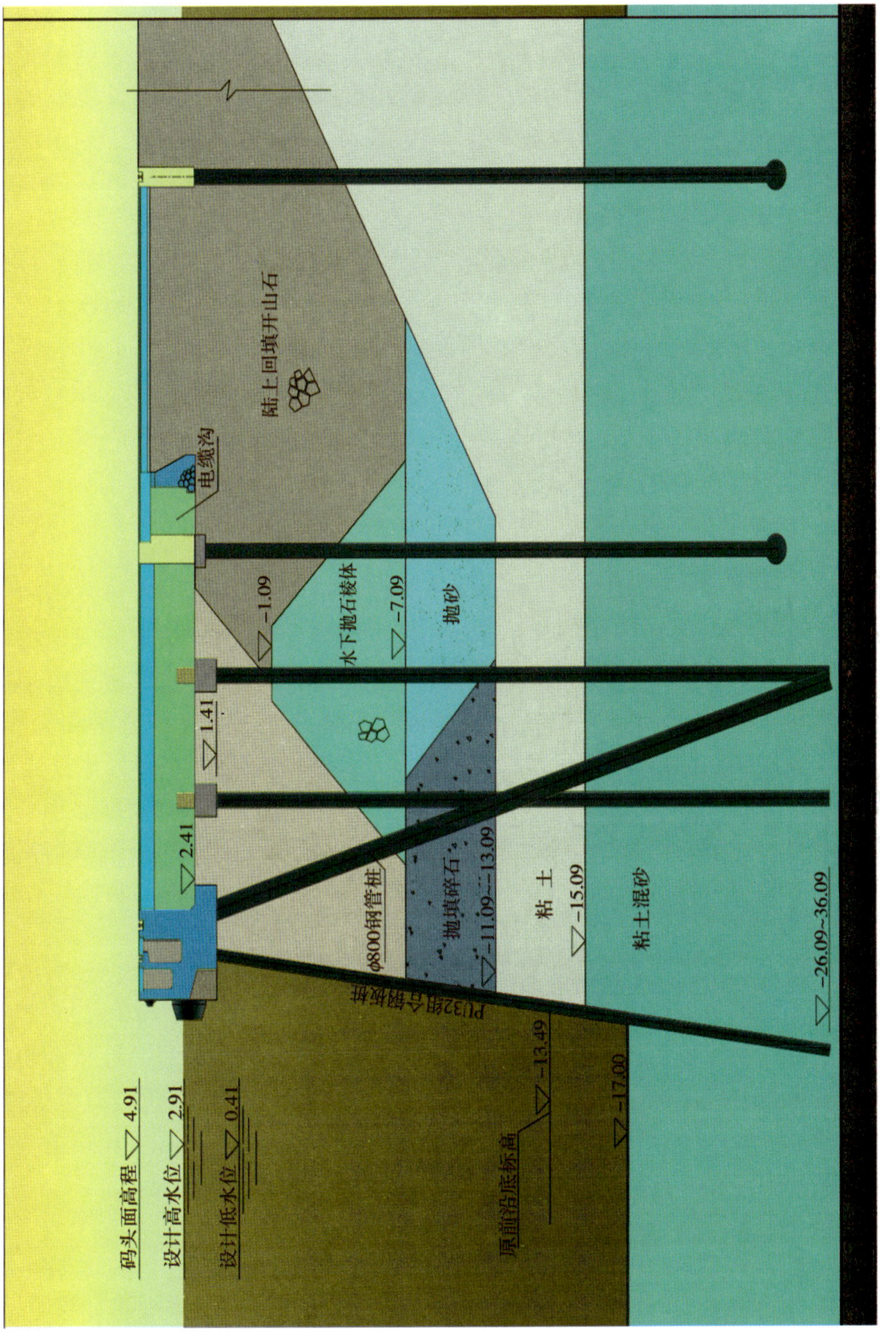

图 1-2-17　蛇口集装箱码头二期工程码头断面图

裂缝,提高混凝土的强度和耐磨力,保证码头外立面的整洁美观;二是为提高梁系的防腐蚀能力,梁的底面和侧面采用硅烷涂覆;三是码头面表层混凝土掺用聚丙烯纤维,有效控制混凝土早期塑性收缩、干缩等非结构性裂缝的产生和发展,大大减少混凝土内部裂缝,有效阻碍骨料的离析,从而提高了混凝土的韧性和耐磨性,延长其使用寿命,显著提高混凝土工程质量。

6. 地基处理及道路堆场铺面结构

蛇口集装箱码头二期工程陆域大部系原填海而成,因填海施工来料杂乱,致使地基条件极为复杂:既有作为施工通道的土石混合堤,又有吹填软土后又覆盖开山土石的塘区,还存在局部挤淤后形成的淤泥包,陆上推填极不规律,下卧软土厚薄不均,多呈流塑、软塑状,并在与堤交界处形成大量石舌和软弱夹层,再加之年代久,资料缺失不全,更为地基处理设计带来不便。虽前期进行大量的钻探,仍无法探明其土层分布。

为此,设计根据不同区域形成历史进行了详细分区,对各区进行有针对性的设计:对含石量较大、下卧淤泥已充分挤出的区域采用大能量强夯;对吹填软土又覆盖开山土的塘区则插设排水板超载预压;对区域内有建筑物的区域局部采用旋喷法处理掩蔽在10m回填料以下的软土;对部分表面回填有开山石的塘区考虑开挖后插设排水板;对存在石舌和软弱夹层的区域采用浅层引孔插板。并结合实际,提出了利用插板探摸掩蔽泥塘边界的方法和标准,解决了实际施工问题,也为后续面层结构设计提供了依据。在设计中还提出了明确的监测措施和要求,进行了总沉降、分层沉降、孔隙水压力、深层水平位移、边桩位移、十字板剪切、载荷板等监测试验,对施工过程及工后效果均实施了切实有效的控制。从竣工后沉降观测看,加固效果良好,面层结构完好无破损,差异沉降很小,竣工至今,最大沉降量在5cm以内。

考虑二期工程主要以欧美航线为主,集装箱中45′、48′箱比例较大,为适应堆箱变化,面层结构为全连续等厚联锁块,包括基层、面层在内结构均统一,使堆箱灵活性大大提高。充分发挥联锁块作为柔性面层的特点,通过柔性微量变化扩散箱角集中荷载,经有限元分析,该结构可很好地适应重箱箱角类集中、超重的静载,其应力分布均匀,无明显集中破坏区域,从造价上看,与设置箱角条型基础方案相比更为经济,且施工方便,更能适应未来功能分区的调整。

7. 项目回顾

从蛇口集装箱码头二期工程设计、施工、营运等环节看,切实贯彻了业主方对建设标准、操作使用、预留发展等方面的要求,充分体现了建设起点高、质量要求严,高效、先进、节能、环保的设计思想。

二期工程的建设大大提高了蛇口港区集装箱吞吐能力，自建成以来吞吐量迅速增长，2005 年已达到 115 万 TEU。

第五节　盐田集装箱码头

一、港区组成

盐田港区分为西港区、中港区和东港区（图 1-2-18）。

1. 盐田中港区

中港区是目前盐田港区最主要的集装箱作业区，由盐田国际集装箱码头有限公司经营，现有 5 ~ 10 万吨级集装箱泊位 9 个，集装箱通过能力 551 万 TEU；配备集装箱岸桥 41 台，平均每 76m 码头配备一台岸桥，每个泊位 5 ~ 6 台；配备集装箱场桥 166 台，岸桥与场桥配置数量比为 1∶4。

2. 盐田西港区

盐田西港区由深圳盐田西港区码头有限公司经营，已建成 1 ~ 5 万吨级多用途泊位 3 个，年设计吞吐能力 352 万 t，其中集装箱通过能力 39 万 TEU/年；西港区 2 号泊位已于 2006 年年初完成后方堆场的改造，改造后 1 ~ 3 号泊位集装箱通过能力将达 50 万 TEU/年。

3. 盐田东港区

东港区尚处于规划之中，据《深圳港总体布局规划》（1998）及《深圳港盐田港区总体规划（修编）》，东港区将发展为以远洋集装箱运输为主的集装箱专用港区。目前东港区范围正处于填海造陆中，规划建设全集装箱泊位 10 个。

二、盐田港区选址与规划建设

盐田港区位于深圳市东部大鹏湾内，湾口外为南中国海。港区背靠大鹏湾顶北岸梧桐山，与深圳市罗湖区、龙岗区及惠州市惠阳地区接壤。向南与香港特别行政区隔海相望，向东为大、小梅沙旅游区。盐田港区水路至香港 53n mile，至澳门 73n mile，至汕头 180n mile，至黄埔港 121n mile，至珠海 75n mile；陆路经沙头角至深圳市中心 19 km，至惠阳 63 km，至广州 188 km，至香港粉岭 13km。

20 世纪 80 年代中期，盐田港区选址规划工作启动，由深圳东鹏实业有限公司组织实施。盐田港区水深港阔、天然掩护条件较好、无泥沙回淤、建

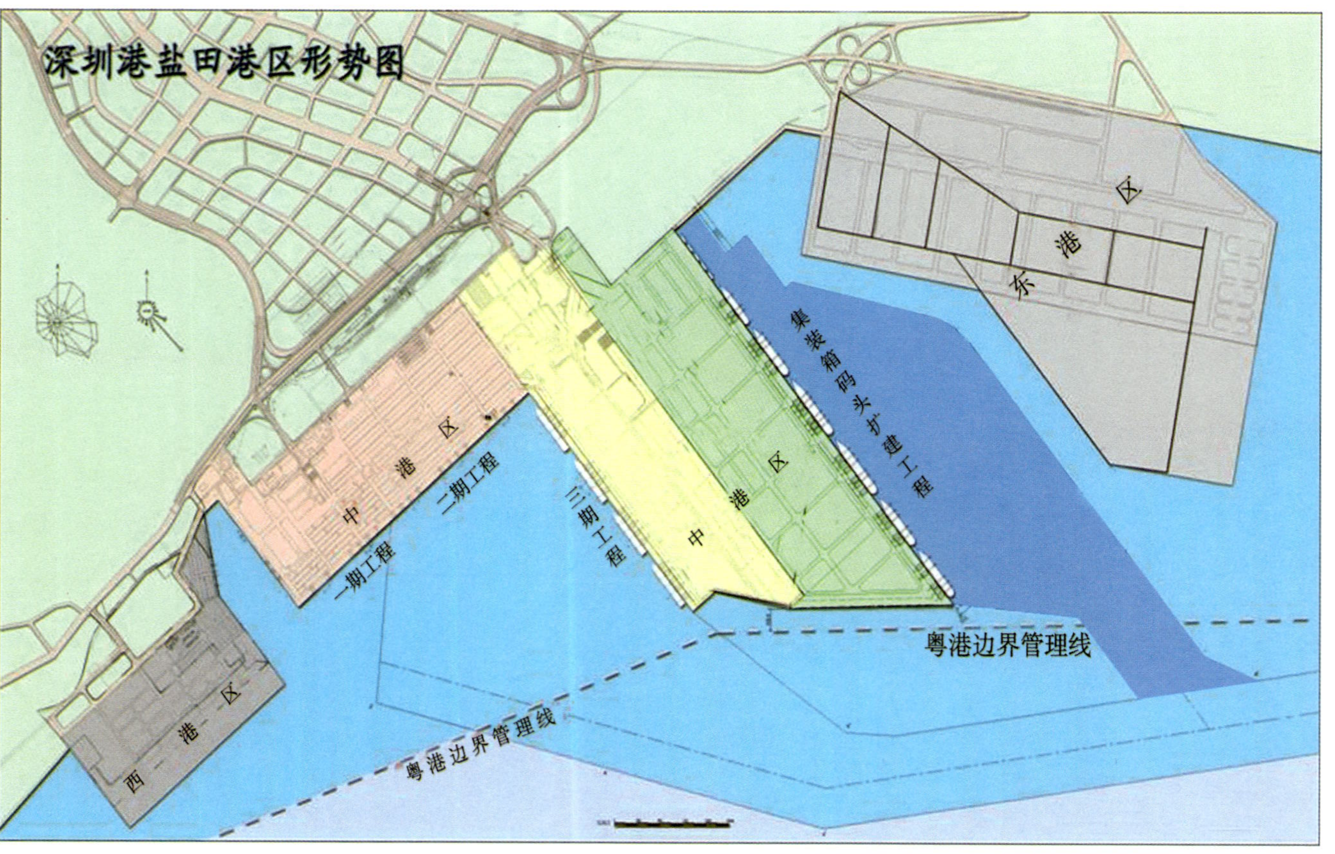

图 1-2-18　2005 年盐田港区规划布置图

筑石材充足，是难得的天然港址。但港区处在三面环山一面向海的盐田坳内，也有着先天的不足。一方面，港口及后方城市土地有限，港口用地几乎全部开山、填海形成，建设成本相对较高；另一方面，集疏运基础条件较差，港区西部的罗沙公路、北部的惠盐高速公路和东部的盐坝高速公路，都需要建设穿山隧道或劈山、填海、架桥，建设成本高、周期长。

1990 年盐田港起步工程建成，主要经营散杂货。

1994 年盐田集装箱码头一期工程建成投产，即现在的盐田中 5、6 号泊位。在深圳港范围内，盐田港区的规划、设计和建设起步最晚，但也是起点最高的港区。盐田港区集装箱码头一期工程，设计集装箱吞吐能力 50 万 TEU/年，远高于 1995 年国家建设部、国家计委发布的《沿海港口集装箱码头建设标准》。

中交水运规划设计院、中交第一航务工程勘察设计院、中交第三航务工程勘察设计院，以及日本、香港等境外工程顾问公司，都先后承担过盐田港区的规划设计工作，盐田港的规划始终适度超前于工程建设，这使得盐田港区良性发展受益匪浅。图 1-2-19 为 1996 年盐田港区分期建设规划示意图。

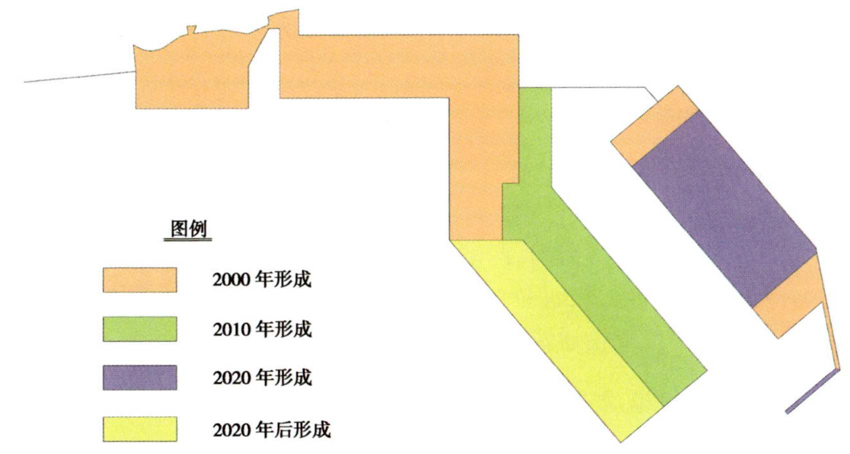

图 1-2-19　1996 年盐田港区分期建设规划示意图

盐田港区水域受到粤港分界线的制约，使得盐田港并未按照初期设想的形状实施，在 1998 年《深圳港总体布局规划》中，原规划进入香港水域部分后退至粤港分界线 107m 以内，盐田中港区大突堤几乎缩短了一半。2002 年以后，为解决盐田港集装箱运输发展需求和泊位岸线与陆域面积不足的矛盾，盐田港区规划几经调整，大突堤东侧拓展延伸形成尖角，东港区东段也适当向南拓展，目前已经基本形成盐田港区规划布置方案（2005 年）。

1994 年，盐田国际集装箱码头公司成立，在添置一期码头设备的同时，开始筹建二期工程，1999 年盐田集装箱码头二期工程 3 个泊位竣工。2004 年，盐田集装箱码头三期工程 4 个泊位建成投产。目前，盐田集装箱码头扩建工程正在建设，将建设 6 个 3 ~ 7 万吨级集装箱泊位，年设计吞吐能力 370 万 TEU，预计 2010 年底前全部竣工投产，拟由盐田国际集装箱码头公司建设经营（图 1-2-20）。表 1-2-8 为盐田港区码头泊位现状统计表。

三、吞吐量发展

1994 年,盐田港集团有限公司(原东鹏公司)与香港和记黄浦合资成立盐田国际集装箱码头有限公司。盐田港区集装箱吞吐量快速稳步增长,2005 年盐田港区完成集装箱吞吐量 766 万 TEU,占深圳港总箱量的 47.3%,“十五”期间年均增幅 29%,年均增加 110 万 TEU。盐田港区是深圳港规模最大的深水集装箱专业化港区,集装箱吞吐量多年保持深圳港半数水平(图 1-2-21)。

四、西港区集装箱运输

盐田西港区现已建成 3 个生产性泊位,受规划及企业协议等因素制约,盐田西 1 ~3 号按多用途泊位建设,但是从 2000 年建成第一个泊位至今,几乎没有经营散杂货业务。目前,西港区已完成 2 泊位堆场的改造,调整 3 号泊位为集装箱专用泊位,规划的 4 ~6 号泊位将建成集装箱专用泊位,盐田西港区将为深圳港集装箱运输发挥更大作用(图 1-2-22)。

五、集疏运系统概况

1. 盐田港区公路交通量的构成

盐田港区公路交通量由三部分组成:

- 过境交通量:横跨港区东西方向的社会交通量。
- 出入境交通量:以集装箱进出港车辆为主,社会车辆为次。
- 境内交通量:以港区范围内中、西、东三个作业区之间,及港区与后方物流企业、港口相关企业之间的集装箱车、货运车辆、施工车辆、社会车辆等。

深圳港盐田港区三期续建工程

中交水运规划设计院

图 1-2-20　盐田集装箱码头扩建工程示意图

盐田港区码头泊位现状统计表　　表 1-2-8

序号	泊位名称	竣工日期	前沿底标高	功能	泊位长度(m)	靠泊能力(DWT)	泊位数	设计吞吐能力(万 TEU,万 t)
一	生产性泊位							
1	中 5#泊位	1994.5	-14	集装箱	310	35000	1	50 万 TEU
2	中 6#泊位	1994.5	-14	集装箱	384.6	50000	1	
3	中 7#泊位	1998.9	-14.5	集装箱	297	50000	1	40 万 TEU
4	中 8#泊位	1999.9	-14.5	集装箱	304	50000	1	40 万 TEU
5	中 9#泊位	1999.11	-14.5	集装箱	349	50000	1	40 万 TEU
6	中 10#泊位	2003.10	-16	集装箱	366.4	100000	1	50 万 TEU
7	中 11#泊位	2003.12	-16	集装箱	364.8	100000	1	50 万 TEU
8	中 12#泊位	2004.7	-16	集装箱	364.8	100000	1	50 万 TEU
9	中 13#泊位	2004.9	-16	集装箱	364.8	100000	1	50 万 TEU
10	西 1#泊位	2003.4	-9.1	多用途	195	10000	1	20 万 t+8 万 TEU
11	西 2#泊位	2000.5	-12.0	多用途	215.78	20000	1	10 万 t+20 万 TEU
12	西 3#泊位	2005.1	-13	多用途	345	30000	1	10 万 t+11 万 TEU
	小计				3861.2		12	409 万 TEU+40 万 t
二	非生产泊位							
1	中 0#泊位	1994.5	-4.8	工作船	105	1000	2	
2	中 1#泊位	1994.5	-4.8	工作船	60	1000	1	
3	中 2#泊位	1994.5	-7	工作船	112	3000	1	
4	中 3#泊位	1994.5	-10	待改造	174	10000	1	临时工作船
5	中 4#泊位	1994.5	-13	待改造	254	25000	1	临时工作船
	小计				705		6	
总 计					4566.2		18	409 万 TEU+40 万 t

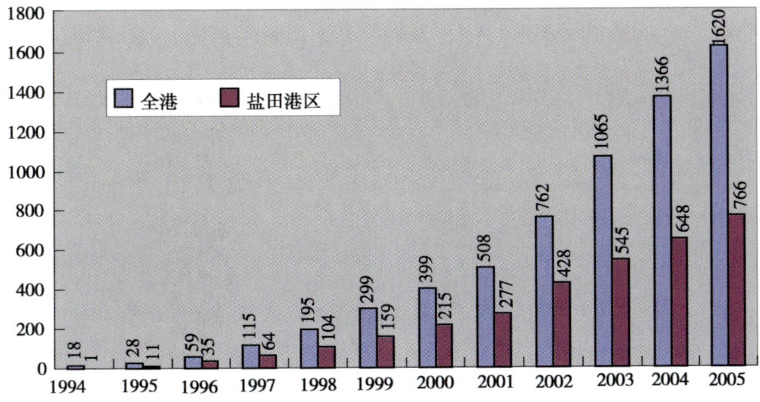

图 1-2-21　深圳港盐田港区历年集装箱吞吐量增长示意图

图 1-2-22　盐田西港区全景

2. 港区后方道路系统

盐田港区后方盐田坳总面积约 500 公顷，主要为港口物流企业、保税区、港区配套工程、港口相关企业、港区生活等用地。规划布置北山大道、明珠大道、梧桐山大道三条纵向（北西 – 南东）主干道，及沿港路、盐田路、永安路、盐田一路四条横向(西南－东北)主干道。盐港路向东与盐坝高速公路相接、向西与深盐公路和规划的“深盐二通道”高速公路相接,在沿港路与梧桐山大道、明珠大道、北山大道交汇处,依次规划建设梧桐山、明珠、北山三座全互通立交桥,目前明珠立交桥已经建成通车(图 1-2-23)。

图 1-2-23 盐田港区明珠立交桥全景

3. 港区对外公路交通系统

目前,深圳盐田港区已经基本形成了以公路为主、铁路为辅的综合集疏运体系。盐田港区后方已形成了以国道、高速公路和干线公路为骨架的公路网。港区主干道深盐路(沿港路)向东通过盐坝高速接驳惠盐高速、深惠高速、深汕高速等高速公路,集卡可快速直达惠州、汕头等东部沿海城市;向西进入深圳市区道路网,与梅观高速、广深珠高速、机荷高速及 107 国道相连接,可通达观澜、东莞、珠海等地,并且与珠江三角洲及广东省高速公路网连接,形成快进快出的疏港运输系统。功能齐备的疏港交通,确保了港口与货源地之间的物流畅通,使盐田与整个华南地区以及内陆腹地联系更加便捷(图 1-2-24)。

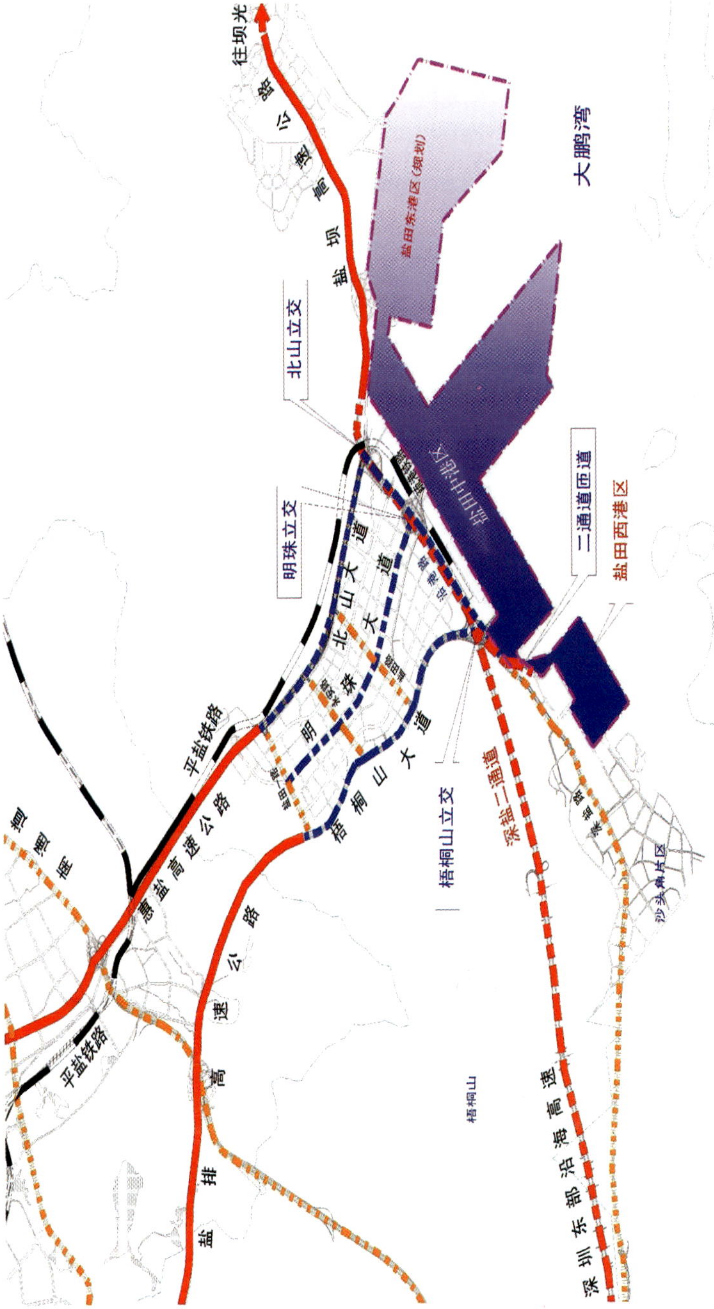

图 1-2-24　盐田港区集疏运系统图

4. 港区铁路

位于盐田中港区后方的“盐田站”承担了盐田港区的铁路集装箱运输业务。平盐铁路全长22.7km,南起盐田、北至平湖,是盐田国际专用疏港铁路,为盐田国际提供物流配送、海铁联运等配套服务。平盐铁路通过广深铁路与京广线、京九线相连,将港口服务延伸至湖南、四川、云南、贵州等广大内陆地区。平盐铁路支持多种铁路运输方式,现已开通常平至盐田集装箱快运直达班列及盐田至昆明、长沙、成都、贵阳等地的港口中转与铁路到发服务,操作手续简单,通关快捷。平盐铁路开通的海铁联运服务,是一种具有更高安全性的货物陆路运输方式,铁路充足的运力解决大宗货物的运输限制,而一体化的服务减少了运输环节、缩短运输周期,车站和码头堆存期的合理应用更方便船期安排,客户从中省钱、省时、省力。

第三章　青岛港前湾集装箱港区

前湾港区按调整后规划，将建设近30个大型深水集装箱码头为主体的港区，依据在湾中的位置，分为北岸、湾底和南岸三个作业区，至2006年，北岸作业区泊位已全部投产运营。其中三期工程建设了7个大型集装箱泊位，为顺岸式布置，岸线全长2413m，水深16～17.5m，陆域纵深1.5～2km，规模为目前国内前列。

第一节　港区全景

青岛港是我国沿海主要港口之一，也是我国集装箱运输的干线港，在环渤海湾地区集装箱运输中位居领先地位，多年来完成吞吐量一直位列全国第三。青岛港虽然开展集装箱业务起步较晚，但发展迅猛，潜力巨大。1985年集装箱吞吐量仅为1.2万TEU，1990年13.5万TEU，1995年完成60.3万TEU，2000年达到212万TEU，2005年完成630.7万TEU，吞吐量世界排名第13位。

青岛港的集装箱港区由前湾港区和老港区两部分组成。2003年以前青岛港的集装箱业务都在老港区进行。最初是在52号泊位、47号泊位，随着箱量的增长及船型的增大，自1992年开始至1998年，青岛港陆续对八号码头的47号、49号、48号、45号、46号泊位进行了改造，改造后的泊位水深达到了13.0m，可停靠满载30000DWT的集装箱船。但老港区仍然存在着诸多不足，最突出的是陆域狭小、堆场严重不足及航道水深浅等，八号码头的宽度仅225m，且两侧靠船，为了保证码头的接卸效率，不得不采用了向周边箱站大量倒箱的作业方式。航道底标高为-10.6m，由于受口门的限制，无法加深拓宽。因此，在老港区继续建设及改造大型集装箱码头已不再可能（图1-3-1）。

自20世纪80年代后期青岛港开始在黄岛以南建设新港区——前湾港区。起步的一期工程建设了2个煤炭泊位和4个散杂泊位。1999年竣工的前湾港区二期工程建设了3个集装箱泊位和3个杂货泊位，集装箱泊位

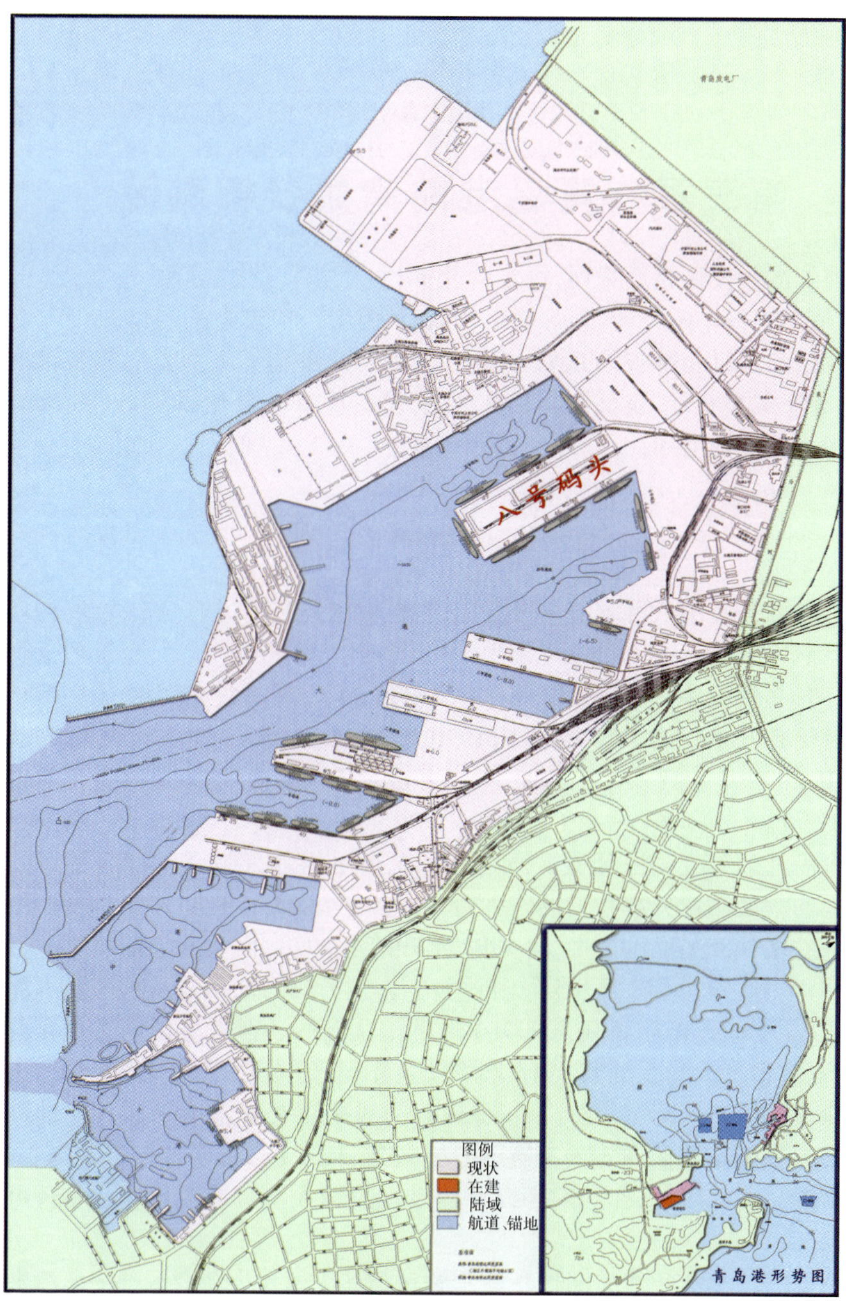

图 1-3-1　青岛港老港区现状图

分别是 1 万吨级、2.5 万吨级、5 万吨级，前两个泊位底标高为 -11.6 ~ -11.8m，5 万吨级泊位为 -14.5m。最大停靠过 5250TEU 的"鲁河"号集装箱船。由于陆域布置的缺陷，1 万吨级泊位没有堆场，实际上只能发挥两个泊位的能力。二期工程陆域纵深达到了 910m，但堆场纵深只有 476m，而且呈平行四边形。铁路设置了 3 条长度仅为 330m 的铁路装卸线，后来，杂货码头进行了改造，二期突堤端部也安装了设备，进行集装箱作业。二期工程年通过能力 135 万 TEU。

前湾港区三期工程规划建设 7 个集装箱泊位，岸线全长 2413m，泊位底标高 -16 ~ -17.5m。2003 年 9 月 29 日前 4 个泊位竣工投产。后三个泊位也于 2005 年底正式竣工验收。三期工程陆域纵深 1.5 ~ 1.9km，堆场纵深 900m。建设了两条整列的整箱铁路装卸线和一条铁路拆装箱装卸线。2005 年三期前 4 个泊位完成了 390 万 TEU，每百米岸线完成 26.4 万 TEU；2006 年上半年完成 240 万 TEU，每百米岸线完成 16.2 万 TEU；预计全年可达 32 万 TEU。码头能力居世界前列。

前湾港区集装箱码头三期设计通过能力为 475 万 TEU，码头基本参数见表 1-3-1。自从 2002 年 11 月青岛港外贸集装箱业务从老港区西移至前湾港区后，前湾港区就承担起青岛港全部的外贸、内支线的集装箱运输。在前湾三期后 3 个泊位尚没有形成能力的情况下，仅仅依靠二期及三期前 4 个泊位，2005 年前湾港区就完成集装箱吞吐量 544.3 万 TEU，占全青岛港 630.7 万 TEU 的 86%，前湾港区集装箱码头较好地发挥了其核心港区的作用，每个泊位设计完成近 80 万 TEU，能力已属世界前列。前湾港区的形势图见图 1-3-2。

目前，青岛港已与世界上 130 多个国家和地区的 450 多个港口开通了航线，航线通达世界各主要港口，航班每月达到 392 班。截至 2006 年 4 月，青岛港共有外贸集装箱航线 93 条，其中近洋 57 条、244 班/月；远洋 36 条、148 班/月。远洋中至欧美的干线航线 20 条，每月 148 班。2005 年远洋集装箱吞吐量 282 万 TEU，占总运量的 44.7%。内支、内贸线 19 条。青岛港的国际中转也有了快速增长，2005 年，青岛港国际集装箱中转量达到了 22 万 TEU。一个以前湾港区为核心的区域性国际航运中心的航运网络已初步形成。

青岛港集装箱的腹地以山东为主，涵盖了河北、河南、山西、四川、甘肃、新疆等地。尽管由于腹地内各省份经济发展的不均衡，来自山东省内的集装箱占 90%，其中青岛市占 59%；来自河北、山西等省外腹地的集装箱占6．5%；青岛港目前已经开通的省外集装箱班列有乌鲁木齐、成都、重庆、西安、郑州、上海、兰州、武汉等地，还开通了至欧洲的新亚欧大陆桥过境运输。

前湾港区集装箱码头基本参数 表 1-3-1

项　目		前湾二期	前湾三期 1# ~4#泊位	前湾三期 5# ~7#泊位
开工时间		1995.5	2000.6	2003.8
完工时间		1999.12	2003.9	2005.12
泊位数量(个)		3(4)	4	3
泊位长度(m)		766(1026)	1480	933
泊位底标高(m)		-11.6，-11.8，-14.5	-16，-17，-17.5	-17.5
港池底标高(m)		-13.0	-15.0	-15.0
码头宽度(m)		56m	68.5m	68.5m
陆域纵深(m)		910m	1490 ~ 1723m	1723 ~ 1946m
陆域面积(万 m^2)		71.4	352.7	
其中堆场(万 m^2)		25	96.0	70.8
绿化(万 m^2)			10	5
岸桥数量(台)		8	14	12
轮胎吊数量(台)		21	40	30
进出道口		6	18	10
设计通过能力(万 TEU)			290	185
吞吐量(2005 年)	万 TEU	154.3	390	
	万 TEU/百米岸线	15	26.4	
建设投资(亿元)		15	31	18
码头水工结构		重力式沉箱结构		

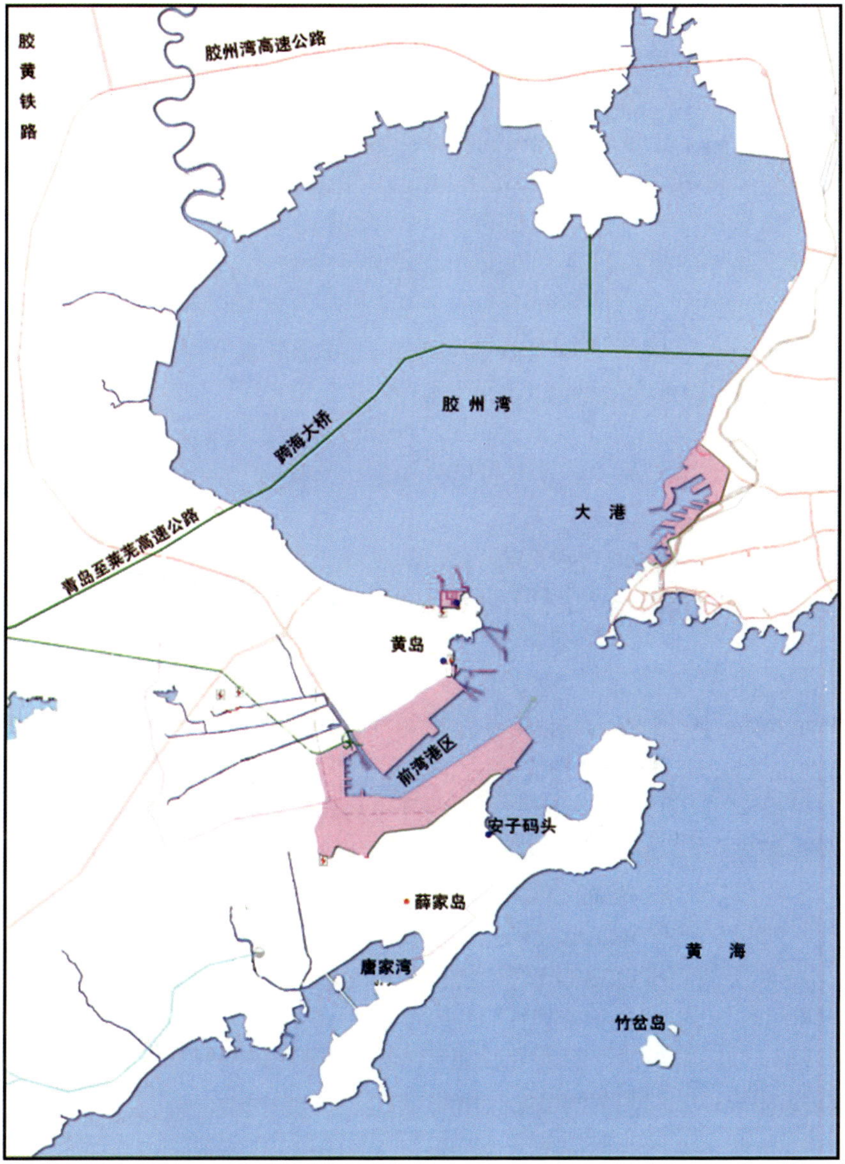

图 1-3-2　前湾港区形势图

2003 年 7 月，青岛港（集团）有限公司与世界三大航运巨头英国铁行集团、马士基集团、中远集团签署合资协议，共同出资 8.87 亿美元把青岛港前湾二、三期码头建成年吞吐能力超过 650 万标准箱的大型集装箱码头，中国国务院总理温家宝与正在北京访问的英国首相布莱尔出席了在北京人民大会堂举行的签约仪式。工程建成后将成为国内规模大、设备先进的国际集装箱深水码头,在世界上也名列前茅。

前湾三期工程最先进的码头设施与青岛港优秀的管理相结合,创造了一个又一个奇迹。2003 年 4 月 27 日夜,许振超团队在接卸“地中海法米娅”轮的装卸作业中,以每小时 339 自然箱的单船效率,首次刷新了世界集装箱装卸的最高记录。上一个记录是由香港现代货柜码头于 2001 年 2 月 1 日创造的,单船效率为每小时装卸 336 自然箱。2003 年 9 月 30 日,许振超桥吊队在接卸“地中海阿莱西亚”轮的作业中,又创造了每小时 381 自然箱的集装箱装卸效率,刷新了世界集装箱装卸的最高记录。同年 10 月,世界航运业权威杂志《港口与港湾》专门刊发了许振超团队创造的 381 箱的世界记录。世界著名船公司地中海航运公司专门写信到青岛港致贺。

目前,前湾湾底由香港招商局开发,正在建设 2 个 10 万吨级、3 个 3 万吨级、1 个 2 万吨级共 6 个集装箱专用码头,2 个 3 万吨级多用途泊位,以及相关配套设施,设计年吞吐能力为集装箱 250 万标准箱和杂货 60 万吨,项目总投资约 44.96 亿元。建设集装箱码头,同时设立保税物流园区,物流园区占地 $1km^2$,规划为国际中转区、国际转口区、国际采购区与配送区等功能区。

根据规划,前湾南岸均建设集装箱码头,自西向东,依次是青岛港集团的四个泊位(岸线长 1320m)、迪拜环球四个泊位(岸线长 1320m)、泛亚公司两个泊位(岸线 768m)、海丰公司一个泊位(438m)及预留岸线。目前这些工程的报批立项工作正在进行中。

2005 年前湾港区靠泊的船型中,中美洲航线为 1700 ~ 5344TEU 集装箱船,欧洲航线为 4425 ~ 8450TEU 集装箱船,大洋洲、中东航线为 1078 ~ 5642TEU 集装箱船,日、韩及东南亚航线为 500 ~ 2598TEU 集装箱船,国内沿海为 112 ~ 1034TEU 支线集装箱船(表 1-3-2)。

2006 年上半年世界上投入运营的载箱量最大(9500TEU)的集装箱船“中远宁波”、“中远广州”号相继挂靠青岛港,中远集团将在 2006 年就其以青岛港为核心的中远—欧洲航线上的 8 条船全部更新为 8500 至 1 万箱左右的集装箱“航母”。2005 年靠泊前湾三期码头最大的船舶是载箱量 9178TEU 的“地中海北京”号,2006 年上半年,载箱量 9460TEU 的“中远北京”号靠泊三期码头。

青岛港集装箱航线、航班统计表(2006 年 4 月)　　表 1-3-2

航线名称	航线数(条)	船公司	箱位数(TEU)	班期	折合每月班次
1. 中远洋	36				148
美西	10	马士基、伟大联盟等	1700 ~ 5344	每周 10 班	42.8
美东	3	中远、伟大联盟等	2941 ~ 4980	每周 3 班	12.84
欧洲	7	马士基、中远等	4425 ~ 8450	每周 7 班	29.96
黑海	1	地中海	3000	每周 1 班	4.28
地中海	3	中远、达飞、地中海	3474 ~ 6724	每周 3 班	12.84
西非	1	达飞	1782	不定期	3
中南美	2	达飞、川崎	2000 ~ 2556	不定期	4
中东	3	万海、马士基	1078 ~ 5642	每周 3 班	12.84
西亚、澳洲等	6	马士基、中远、长荣等	1432 ~ 4400	每周 6 班	25.68
2. 近洋	57				243.96
日本	31	海丰、中远等	210 ~ 1118	每周 31 班	132.68
韩国	12	长锦、泛洋等	340 ~ 916	每周 12 班	51.36
台湾	4	中远、台航等	359 ~ 926	每周 4 班	17.12
香港	1	长荣	956	周二	4.28
东南亚	9	中远、现代等	834 ~ 2598	每周 9 班	38.52
3. 内支、内贸线	19		112 ~ 1034	每周 21 班	89.88
航线合计	112				482

第二节　规　　划

一、功能定位

青岛港是我国沿海主要港口、北方地区主要集装箱干线港和区域性枢纽港,是山东沿海港口群的核心,是我国综合交通运输体系的重要枢纽,是山东省及河南、河北、山西、陕西等中西部地区外贸、能源和原材料运输的主要转运基地,以及上述地区经济发展的重要依托,以集装箱运输为重点,全面发展原油、矿石、煤炭等大宗货物中转运输,是加快拓展山东省半岛城市群和制造业基地建设的重要基础。青岛港将以国际集装箱干线港口物流、保税、信息、商贸等服务功能,积极带动临港工业和半岛制造业基地建设,成为多功能、现代化的综合性国际大港,成为建设区域性国际航运中心和区域性国际物流中心的核心载体。

前湾港区是青岛港综合运输核心港区,将以国际集装箱干线运输为主,同时承担青岛港铁矿石上岸、煤炭下水等大宗干散货运输服务,兼顾钢铁等杂货运输,全面开展港口综合物流、专项物流、商贸、信息、综合服务等现代化服务功能,形成现代化的大型国际化综合深水港区。

集装箱码头规模和通过能力:前湾港区北岸的二、三期工程11个集装箱泊位(含二期改造的1个泊位)设计通过能力650TEU,通过增添设备,最终通过能力可达700万TEU以上。湾底的招商局码头,6个集装箱专用码头,2个3万吨级多用途泊位,设计能力250万TEU。最终通过能力可超过300万TEU。南岸的12个大型集装箱泊位通过能力在1000万TEU以上。整个前湾港区集装箱码头的通过能力最终可达2000万TEU以上。

二、码头布局

前湾是一个口朝向东北的海湾,前湾港区的码头围绕湾的周边分布,自然形成北岸、湾底及南岸三个作业区,三个部分既相联系,又在位置上相对独立。港湾水域呈内小外大的喇叭形,湾底水域宽度900m,口门处的宽度是1200m。湾内用于船舶掉头的水域宽720~850m,够一条8000~10000TEU船舶的回旋使用(图1-3-3)。

前湾的建设是从北岸的湾口开始的,最开始建设的前湾港区一期工程建设了突堤式的两个5万吨级煤炭出口码头及顺岸的四个2~5万吨级散杂货泊位,煤码头既自身掩护,也构成了整个前湾的湾口。1995年建设的前湾二期接着一期的顺岸泊位继续向西延伸建设1万吨级、2.5万吨级、5万吨级三个集装箱泊位后又形成了小型散杂货突堤,突堤东侧布置了3个1.5万吨级散杂泊位。三期工程自突堤西侧继续建设大型顺岸泊位7个,西至镰湾河为止。岸线长2413m,水深-16.0~-17.5m,可以停靠目前世界上最大的集装箱船。

镰湾河西岸以西即连接前湾南、北两岸的湾底,其三段岸线由香港招商局建设的集装箱泊位(1~3万吨级4个,10万吨级1个)及2个3万吨级多

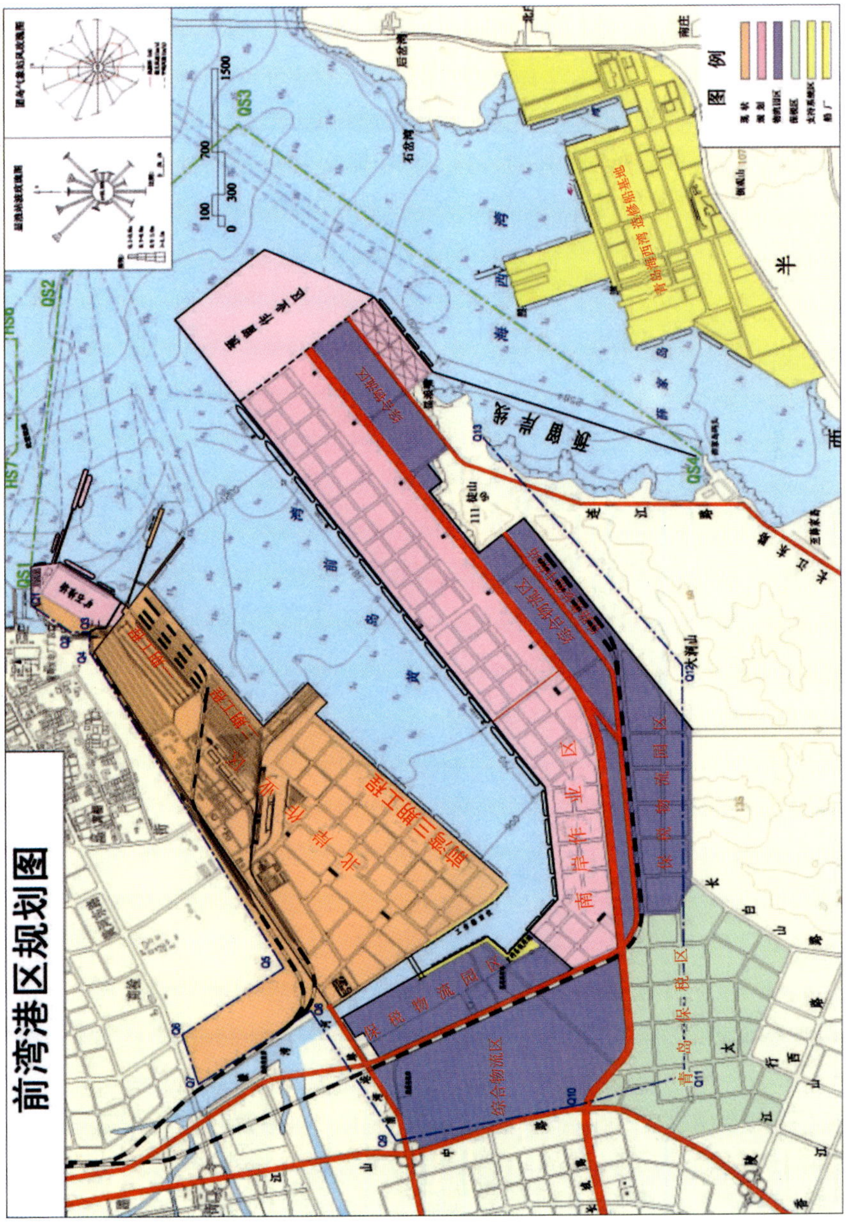

图 1-3-3　前湾港区规划图

用途泊位组成。南岸呈一条长顺岸，总长4636m，建设大型深水集装箱码头，分别由香港招商（2个）、青岛港集团（4个）、迪拜环球（4个）、泛亚（2个）、海丰（1个）负责建设（图1-3-3）。

前湾北岸港区以外是青岛市配合港区规划建设的物流园区，面积$1km^2$，湾底香港招商在建设码头的同时设立保税物流园区，物流园区占地$1km^2$，规划为国际中转区、国际转口区、国际采购区与配送区等功能区。南岸港区的南侧是青岛市保税区（$3.8km^2$）和青岛市经济技术开发区。

物流园区、保税区、开发区与港区的组合形成了相互依赖、互相促进、共同发展的良好格局，成为前湾港区健康快速发展的可靠保证。

三、集疏运

公路：青岛环胶州湾高速公路将青岛市与前湾港区所在的黄岛联系起来，环胶州湾高速公路双向4车道，目前已经饱和，市政府正在考虑扩建。正在建设的跨胶州湾大桥是另一个通道。前湾港区北岸的二、三期工程的港区门口有直达环胶州湾高速公路的专用高架疏港路，双向4车道。通过专用疏港路，可达同三高速；经环胶州湾高速公路可进入济青高速、青银高速。

铁路（图1-3-4）：伴随前湾港建设的黄岛站，目前承担着前湾港区的矿石、煤炭、集装箱及其他货种的铁路运输，在铁路规划中也预留了黄岛站扩建的空间。黄岛站至胶州的胶黄线正在进行电气化改造，而胶济铁路则是四线的电气化铁路，运能巨大。前湾港区北岸建设了两个分区车场，第一车场处理煤、矿石（整列），第二车场处理杂货及集装箱（半列）。

四、航道

前湾港区位于胶州湾口附近，胶州湾口有水深达25m以上的天然深槽，30万吨船舶可以自由通行。胶州湾口外水深稍浅，水深也在20m左右，对于最大的集装箱船的航行没有任何障碍。在前湾至胶州湾深槽有一段人工航道，长约2km，在三期工程的建设中投入巨资，开挖1000多万m^3，炸岩80万m^3，建设了一步到位的深水航道。航道宽度已达260m，底标高-15m。由于大型集装箱船通常达不到满载吃水，所以现有航道可以满足最大集装箱船的不乘潮进港。

青岛前湾铁路布置图

黄岛站

黄岛

一期工程

二期工程

三期工程

四期工程

前湾港北港区

招商局码头

保税区

前湾港南港区

图例:

既有线路及车站

设计线路及车场（胶济胶黄工程）

设计线路及车站（前湾港南港区工程）

设计线路及车站（规划年度工程）

图 1-3-4　前湾港区铁路系统图

第三节　装卸作业系统

前湾港区北岸集装箱码头装卸船采用岸边集装箱装卸桥、重箱堆场采用轮胎式龙门起重机、水平运输采用拖车及半挂车、空箱堆场采用空箱堆高机的工艺方案。

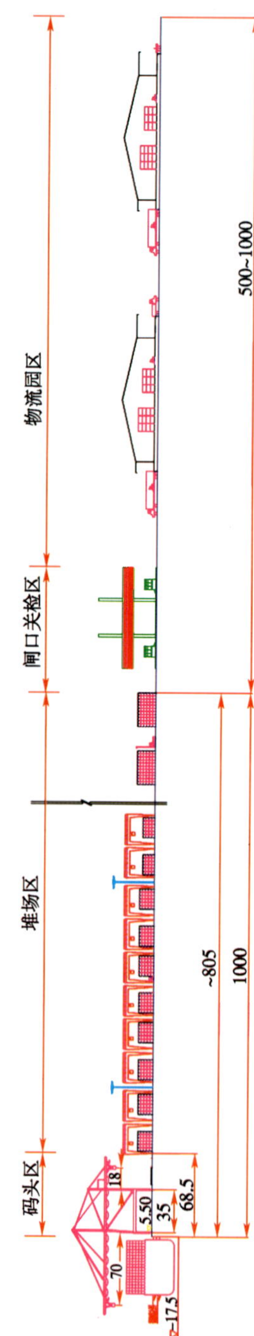

图 1-3-5 前湾港区三期工程工艺断面图

二期的岸桥轨距26m,配置岸桥8台。堆场场桥采用23.47m跨距,下跨6排集装箱及1条通道。堆场共布置13条箱区,配置场桥21台,集装箱大门设置4条通道。

三期工程的岸桥轨距为35m,跨内6车道,7个泊位配置26台岸桥,其中20台外伸臂达到了70m,起重量70t;双40′、双小车岸桥2台为国内首次采用。堆场采用23.47m跨距场桥,下跨6排集装箱及1条通道。堆场共布置18条重箱堆场街区,配置场桥70台,集装箱大门设置18条通道。

堆场断面见图1-3-5。

第四节　平面布置

一、断面布置

前湾港区三期工程的陆域纵深达到了1.5~2km,其总体功能分为三大部分,前方码头作业区与后方物流区、铁路作业区的结合,体现了现代集装箱港区的功能需求。前方码头作业区纵深900m,面积1.98km^2;铁路作业区195000m^2;后方物流及辅助建筑区纵深600~1100m,面积1.28km^2,见图1-3-6。前四个泊位投产以来,后方物流园进驻了众多的航运及物流企业,为港口提供和延伸了服务,是前湾港集装箱业务飞速发展、码头作业水平达到世界最高水平的有力保证。

码头作业区的断面布置自码头向陆域依次是:码头前沿区、堆场区、大门及关检区。码头前沿区含码头线至岸桥前轨的系缆区、岸桥轨距35m、岸桥后轨的舱盖板区和道路区,宽度68.5m。堆场区800m。

三期工程隔镰湾河以西是香港招商局建设的物流园,其中有部分是保税物流园,如果在河上架设一座桥梁,那么三期工程后方的物流园有条件与湾底的保税区形成统一的保税物流港区。

二、码头水深

前湾港区二期工程的三个泊位,水深为-11.6m,-11.8m,-14.5m。前湾三期共7个泊位,第1、2个泊位底标高-16.0m,第3个泊位-17.0m,第4~第7个泊位均为-17.5m。三期工程泊位水深按建设顺序逐步加深的过程体现了码头设计力求适应船舶大型化发展趋势、满足甚至超越当时最大船型尺度要求的努力。

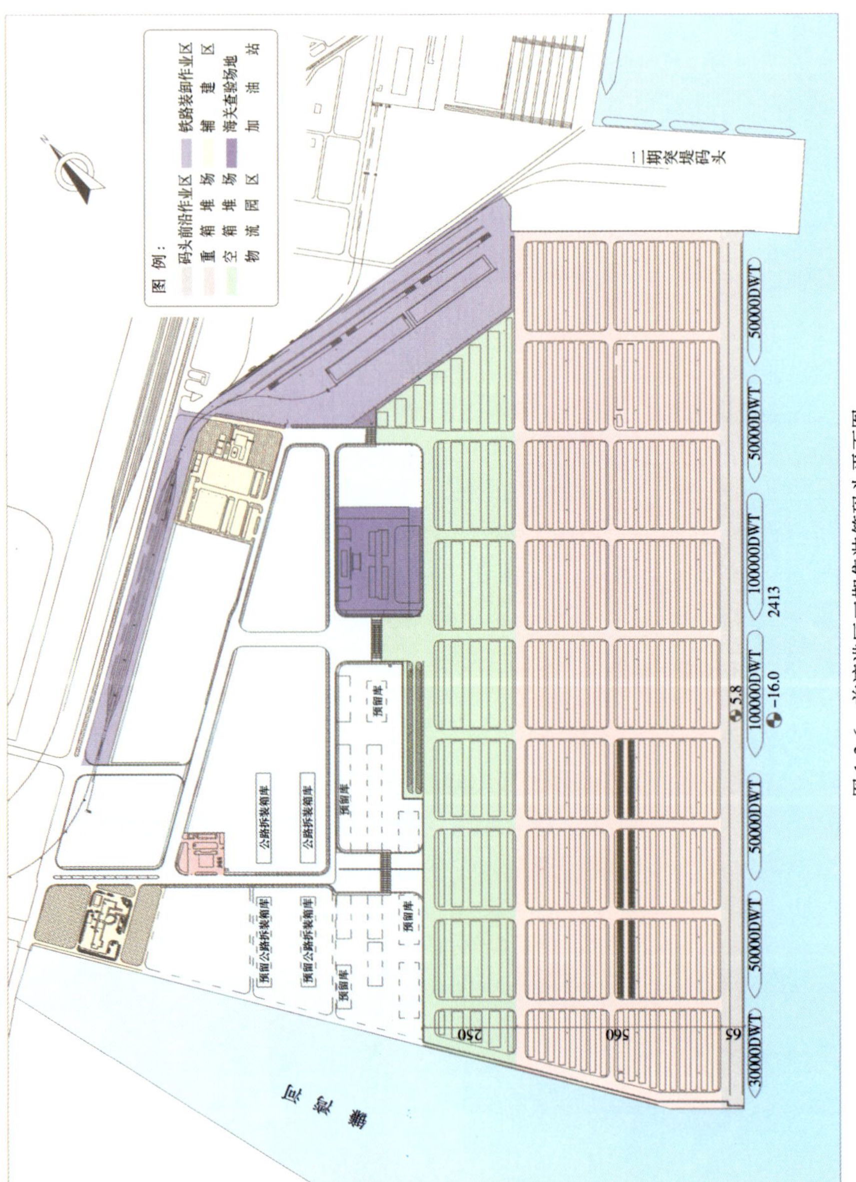

图 1-3-6　前湾港区三期集装箱码头平面图

在三期工程建设之初的2000年，世界上最大的集装箱船为一艘号称8000TEU（马士基公司）的改装船，吃水14.5m。其他最大船舶6000TEU，吃水在14m以内。按照最大船型计算的泊位底标高为－15.5m，青岛港基于建设未来型码头的理念，决定将前四个泊位码头底标高确定为－16m，已经超过当时最大船型吃水需要的0.5m。近10年来集装箱船舶大型化表现得更为明显（表1-3-3、表1-3-4）。在建设过程中，大型化速度也在加快，基于对集装箱船舶大型化的坚定认同，在建设前四个泊位过程中，又将3、4号泊位底标高加深到－17.0m和－17.5m。超出最大船型需要1.5～2m。2003年前四个泊位竣工，开始建设后三个泊位。后三个泊位的底标高全部定为－17.5m。2005～2006年，世界投入运营的最大集装箱船已由2000年的8000TEU上升到9600TEU。青岛港到港的最大集装箱船中远宁波号，载箱量也已达9460TEU。2006年6月首航的世界运营中最大集装箱船（9600TEU）"新洛杉矶"号满载吃水达15m，表明集装箱船进一步的大型化会带来船舶吃水的增大。

在设计确定码头线走向的时候已经考虑了为更大型泊位建设做预留。工可研阶段确定的原码头线走向是垂直于二期的突堤方向，为了获得较好的基岩埋深，减少炸岩量，更重要的是为后续建设的泊位加深创造好的条件，在三期工程初设阶段，将码头轴线由最初的垂直于二期突堤向海侧微旋3.9°（图1-3-7）。西段岸线的基岩高程由－14～－15m增至－19～－21m，

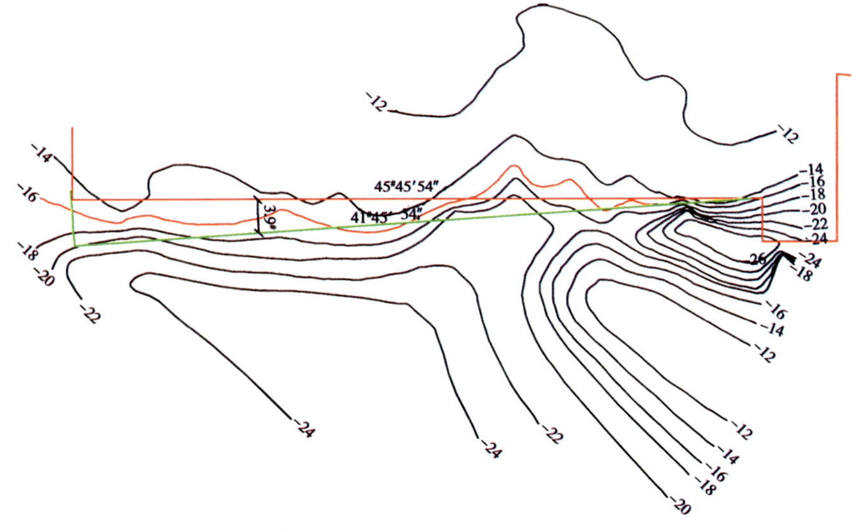

图1-3-7　码头线区域基岩等高线分布图

为后三个泊位建设 -17.5m 的泊位创造了条件。

青岛港到港船型发展对比表 表 1-3-3

船　型	1996 年		2004 年		2005 年	
	艘次	各船型比例(%)	艘次	各船型比例(%)	艘次	各船型比例(%)
1 万吨以下(700TEU 以下)	1383	75.45	4774	65.62	5622	65.40
2 万吨(701~1000TEU)	276	15.06	896	12.32	1156	13.45
3 万吨(1001~1700TEU)	39	2.13	379	5.21	359	4.18
5 万吨(1701~4000TEU)	112	6.11	732	10.06	871	10.13
5 万吨以上(4001TEU 以上)	23	1.25	494	6.79	588	6.84
合计	1833	100	7275	100	8596	100

世界集装箱船舶大型化发展状况表 表 1-3-4

船　型	2000 年		2005 年	
	艘数	占总艘次比例(%)	艘数	占总艘次比例(%)
总计	2661	100	3681	100
4000TEU 以下	2414	90.7	2983	81
4001~5000TEU	163	6.1	315	8.6
5001~6000TEU	61	2.3	206	5.6
6001~7000TEU	23	0.86	88	2.4
7001~8000TEU			45	1.2
8001~9000TEU			40	1.1
>9000TEU			4	0.1

青岛港进一步的发展目标是建设国际中转港，对于国际中转枢纽，具备接纳超大型船舶的能力是其最基本的条件之一。对于未来的10000TEU、12000TEU的船舶，前湾三期工程都能接纳，为青岛港向国际中转港迈进提供了基础保证，事实证明三期工程的水深标准具有科学的前瞻性。

三、堆场及道路布置

顺三期工程的码头走向，对应2413m长的码头岸线，堆场分为9块街区，每块长246m，区间道路宽27m，其中含轮胎式场桥的转场跑道梁。沿纵深方向，分为三线堆场，前两线为重箱，靠后的是空箱堆场，从平面布置到地基荷载均预留了堆存重箱的可能。得益于山东水产农业的发达，青岛港的冷藏箱所占比例一直较高，工程设计中冷藏箱比例占到了重箱的12%。在一线堆场的最后两条堆场布置了大量的冷藏箱堆场。

在三期前四个泊位和后三个泊位的设计中均考虑了危险品箱堆场，前四个泊位的危险品堆场设置在东侧3号大门以内东侧的不规则地块，约5万m^2；后三个泊位则在三线堆场的最西部布置了危险品堆场，由于前四个泊位的危险品堆场没有实施，后三泊位的危险品堆场考虑了7个泊位的需要，面积约8万m^2。由于危险品箱目前总量不大，在港区以北的临时危险品堆场尚可满足需要，所有作业区内的危险品堆场目前没有实施。

四、大门及外部道路系统

前湾港区三期工程总体考虑了3个集装箱进出大门，自东向西依次为1号、2号、3号，前四个泊位建设1号(7车道)和2号门(10车道)，分别承担进港和出港的功能，后三个泊位建设3号门(15车道)，可以进出兼顾。对应大门的设置，大门外的后方陆域道路布置成环状(4车道)，交通组织方式是单向逆时针环行，这样可以减少车流的交叉，提高车流速度，提高道路的通行效率。

在实施中，海关出于减少查验设施的目的，想通过一个海关查验场地实现对整个三期、二期的监管。所以包括二期已建大门在内的全部四个集装箱大门均不能按集装箱车流的规律发挥功能。实施中，根据海关要求，在2号门东侧建设海关查验场地(约6万m^2)，全部车辆都走2号门。由于大门的改变，后方道路也需作相应调整，加宽正对2号门的道路及其出港的局部路段。

两年的运营实践表明，虽然海关的监管方便了，但造成了严重的拥堵。

也许,随着海关监管方式的进步,港区设置的集装箱大门及道路系统将来会发挥其应有的作用。

在港区门口,有青岛市修建的疏港专用高架路(双向4车道)直达环胶州湾高速公路收费站。疏港车辆可以从港区直接经疏港高架路上环胶州湾高速公路,或通过联络线上同三高速。经环胶州湾高速可进入济青高速和青银高速。

五、铁路运输

青岛港要成为国际集装箱枢纽港，国际中转集装箱的份额非常关键，同时不容忽视的是，青岛港一直是、将来也同样会是一个腹地型港口。青岛港是我国沿黄海地区、中原地区以及广大西部地区最便捷的出海口。虽然青岛港来自省外的箱量比例目前还较小，2005年由铁路承担的运量在5万TEU左右，占全港总吞吐量的比例不足2%，但青岛港已开通了至乌鲁木齐、成都、重庆、西安、郑州、济宁、济南、上海、兰州、武汉等地的铁路集装箱专列，也开通了至欧洲的新亚欧大陆桥过境运输。随着西部地区开发的深入、经济结构的调整以及铁道部集装箱节点站的全国布网建设，可以预见的是青岛港经由铁路疏运的比例会有较大幅度的提高，铁路对于青岛港的长期持续发展至关重要，青岛的集装箱节点站建在胶州。青岛港在三期工程中，依托现有铁路车场（二期车场）及线路设施、巧妙利用地形特点，布置了三条整列铁路整箱装卸线（长850m）、一条铁路拆装箱线及两座仓库，仓库总面积19840m^2。铁路作业区的位置选址在既有铁路线路旁布置，且毗邻码头作业区，既保证了铁路作业区与码头作业区间便捷的运输联系，又方便了铁路作业区与物流区的联系，同时铁路线与港区的道路系统没有增加任何的平面交叉。港区铁路经黄岛港前站接入胶州站及集装箱节点站，完整地构成了前湾港海铁联运的功能。

前湾港区铁路伸入堆场内部,避免了经铁路运输的集装箱经过港区的卡口,简化了装卸作业流程,提高了集装箱进出港效率,为海铁联运提供了更加广阔的发展空间。

六、建设环境友好型港区

尽管港区陆域为人工形成,投资较大,在寸土寸金的港区内注重绿化、建设宜人的港区环境是以人为本、走可持续发展道路所必需的。在港区设计中,努力构造生态型港区,特别将道路两侧的绿化隔离带拓宽至9m,在大门、建筑物周边见缝插针地植树栽花种草，并将蓄水池改造成花坛，前湾港区总绿化面积达到了 15 万 m^2 之多。

第五节　码头水工结构

前湾港区的基岩埋深在 −15 ~ −25m，适宜采用重力式结构，前湾二、三期工程均采用沉箱结构。三期工程采用箱内、箱后均吹填砂的结构形式，加快了工程进度，降低了造价。岸桥后轨的沉降一直是个老大难问题，解决不好，会严重影响生产作业，影响企业的服务水平和形象，三期工程一步到位，采用桩基基础，彻底解决了后轨的沉降问题。码头断面图见图 1-3-8。

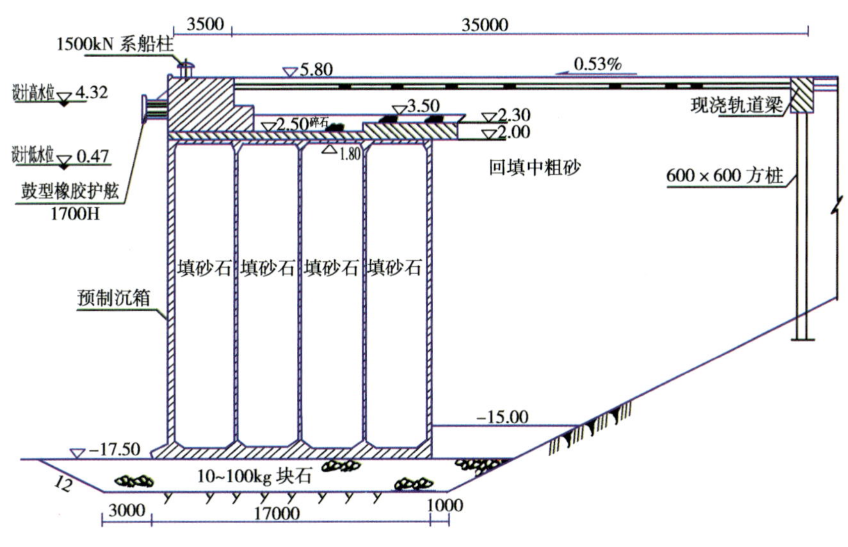

图 1-3-8　码头结构断面图

第六节　港 区 评 价

一、岸线布局

码头岸线采用连续大顺岸的布置方式，7 个泊位岸线长达 2413m，体现了当代大型集装箱码头所特有的泊位组设计概念，为前湾港区充分发挥码头设施资源创造了条件。

二、陆域布置

陆域纵深 1.5 ~ 2km，作业区纵深 870m。港区陆域大纵深、前港后区一体化的布置模式是现代集装箱港区的典型代表，为未来区港联动奠定了基础。

三、大门及道路

根据不同情况设置进出分开和进出合一的大门、单向环行的道路系统，可以保证港区车流的畅通、便捷，由于海关目前的管理方式，尚没有充分发挥作用。

四、配套功能

港区建设了完善的配套设施，除了常规的水、电和通信外，还有修箱、洗箱、污水处理、加油站、维修保养及先进的生产作业信息系统。

五、查验关检

根据有关部门的要求，海关查验设施集中设置在 2 号集装箱大门旁边，有利于海关的监管，但也导致车流过于集中。

六、集疏运体系及与城市的衔接

封闭的疏港道路一端连接高速公路，一端直入港区门口，方便，快捷，与城市交通没有相互干扰。依托黄岛站及已建前湾港区二期车场，集装箱整列装卸区深入到码头堆场区，可以做到铁路集装箱腹地与港区间的快速直达。胶州集装箱节点站的建设更将使前湾港区的集装箱铁路运输提高到一个更高的水平。

七、随着建设序列，建设的水平提高显著

20 世纪 90 年代中期建设的二期集装箱码头，码头水深小，建成时已显不足；陆域堆场纵深小且不规整，铁路装卸仅考虑了 2 条半列作业线。这些不足，在三期工程建设中均得到了解决。三期工程的建设应用了更多的新技术，体现出了全新的设计理念。2004 年青岛港前湾港区三期工程 1 ~ 4 号泊位获得国家设计银奖，2005 年荣获第五届中国土木工程“詹天佑”大奖。

第四章　宁波港北仑集装箱港区

第一节　宁波港简介

一、宁波港概况

宁波港自唐代始就是我国东南沿海重要的通商口岸，至今已拥有1200余年历史。

宁波港地处中国沿海和长江黄金水道“T”形航线交汇点上，靠近国际航线，由宁波港区、镇海港区、北仑港区等组成，是一个集内河港、河口港和海港于一体的多功能、综合性的现代化深水大港。但在1973年以前，宁波港仅是一个设施简陋的内河小港，最大靠泊能力仅为5000吨级，吞吐量不足300万吨。由于上海宝钢的建设，选中了北仑港区建设国外进口矿石中转基地，才开始了北仑港区的建设。经过20多年发展，宁波港走过了一条由内河港向深水海港发展之路。如今宁波港已成为功能齐全、港口设施先进，装卸高效，集疏运便捷，口岸通畅，服务到位，配套完善的初步现代化港口，是中国最繁忙的港口之一。2005年全港货物吞吐量完成2.69亿吨，继续保持大陆港口第二，跨入世界港口前五位；集装箱吞吐量达520.8万TEU，继续保持大陆港口第四，进入世界集装箱港口前15强。

宁波港目前已拥有生产性泊位209个，分布在北仑港区、镇海港区、宁波港区、大榭港区，其中万吨级以上大型泊位48座，5万吨级以上至25万吨级的深水泊位25座，是中国大陆深水泊位最多的港口，包括5万吨级液化泊位、可接卸载箱量8000TEU超大型集装箱船的集装箱专用泊位和20万吨级（可停靠30万吨船）矿石中转泊位和25万吨级原油码头。2005年宁波港拥有集装箱泊位10个，集装箱航线147条，最高月航班数超过600班，通航世界100多个国家和地区的600多个港口，其中国际远洋干线72条，全球前20大集装箱班轮公司均登陆宁波港，基本实现了“航线全球通”，详见表1-4-1。国际干线吞吐量占全部吞吐量87%，宁波港已经成为中国大陆重要的集装箱干线港。依托良好的深水资源，宁波港也是中国大陆铁矿石、原油、液化产品中转储存基地和华东地区主要的煤炭中转储存基地(图 1-4-1)。

宁波港集装箱航线表 表 1-4-1

航线	2000 年	2004 年	2005 年	经营的船公司
航线合计	46	115	147	
1. 远洋小计	10	53	72	
欧洲、地中海	4	17		达飞、意邮、马士基、川崎、地中海航运、中海集运、长荣、北欧亚、伟大联盟
美西	3	13		中远集运、中海集运、马士基、伟大联盟、意邮、韩进、商船三井、KLINE
美东	1	4		以星、意邮、地中海航运
南美	0	3		马鲁巴航运、TMM/LYKES/APL
中东波斯湾	2	9		新加坡太平、台湾阳明、伟大联盟、东方海外、台湾万海、美国总统、长荣、中远集运、马士基
红海东非	0	1		新加坡太平
西非	0	2		法国达贸
澳新	0	3		中海/达飞、中远/川崎/日邮、CP
印度	0	1		万海/RCL/新加坡航运
2. 近洋小计	27	33	40	
日本	10	14		宁波远洋、山东海丰、中海集运、中远集运、上海民生、神原汽船、泛舟海运、天海
台湾	2	2		中远集运、上海民生
东南亚	3	6		东南亚/长锦/兴亚、万海、香港正利、高丽/以星、长荣/阳明、东方海外、RCL/赫伯罗特、高丽海运、中海集运
韩国	8	8		高丽海运、韩国新东、京汉海运、宁波远洋、美国总统、南星海运、现代商船、仁川国际
香港	4	1		浙江远洋、长荣海运
俄罗斯	0	2		朝阳船务
3. 国内小计	9	29	35	
内支线	7	16	22	洋浦惠隆、浦海航运、浙江远洋、新达海运、温州外运、上海振东、福州外贸中心船务
内贸线	2	13	13	中海集运、中远集运、中谷新良、扬子江、江苏外运、海南福海、南青、温州新达、青岛正和、烟台海运

二、集装箱运输发展现状

1. 港口吞吐量发展

宁波港1984年开展集装箱运输业务，1988年超过万箱，达12025TEU。20世纪90年代开始迅速增长，由1990年的2.2万TEU增加到1995年的16万TEU，“八五”期年均递增48%；2000年完成90.2万TEU，“九五”期年均递增41.3%。“十五”期的平均递增为42.0%，2005年达到520.8万TEU，是宁波港增长最快的货种，其年增长率多年来位居国内前列。2004年宁波港集装箱吞吐量占浙江全省港口集装箱吞吐量的92.6%。1991～2005年宁波港集装箱吞吐量发展变化趋势见图1-4-2。

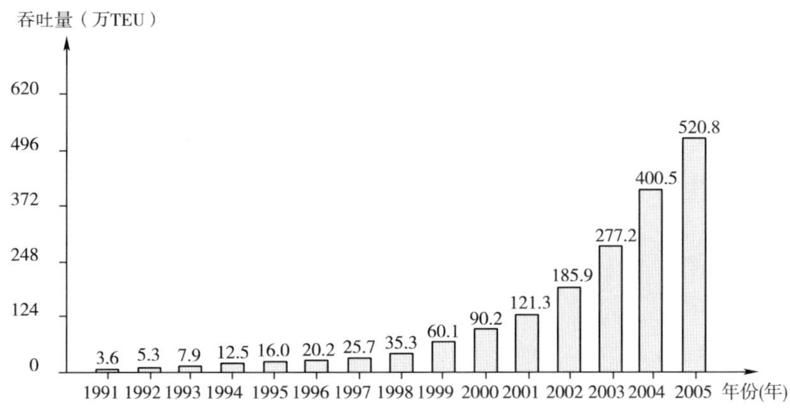

图1-4-2　宁波港历年集装箱吞吐量表

2. 港口泊位能力

宁波港2004年有集装箱泊位7个，分布在北仑港区和镇海港区，其中北仑港区二期工程3个泊位，长900m，通过能力120万TEU；三期工程4个泊位，长1238m，通过能力150万TEU；加上镇海港区6#～8#通用泊位主要完成内贸集装箱，2004年宁波港实际完成集装箱吞吐量400.55万TEU。2005年宁波港又建成3个集装箱泊位，全港共有10个集装箱泊位，通过能力为420万TEU，实际完成520.8万TEU。目前，集装箱运输能力与需求之间缺口较大，码头泊位建设滞后，超负荷运输状态仍很突出。

3. 到港船舶

随着吞吐量的迅速增长，船舶大型化趋势明显。2000年到港4000TEU以上的大型集装箱船舶63艘次，2004年达到860艘次。平均每艘船集装箱装卸量由 2000 年的 333TEU 提高到 2004 年的 726TEU。

第二节　集装箱运输战略定位和需求分析

一、战略定位

宁波港集装箱运输在我国集装箱运输格局中具有重要的战略地位。

宁波港是我国沿海主枢纽港和主要港口，北仑港区是我国四大深水港湾之一。宁波港集装箱运输是我国八大集装箱干线港之一。宁波港地处长江三角洲南翼，是上海国际航运中心的重要组成部分。上海港和宁波港的集装箱运输既有各自的腹地和服务区域，也有相互交叉的腹地。因此，既是相互协作和互补的关系，也是相互竞争的关系。上海港是上海国际航运中心集装箱枢纽港的中心港口；宁波港具有优越的深水资源优势，是上海国际航运中心的重要组成部分。宁波港与上海港通过相互协作和促进提高了我国在国际航运市场的竞争能力。

宁波港高起点、跨越式的发展，在提升宁波港国际港口地位的过程中，为浙江省临港大工业的迅猛发展注入了强大的动力，成为浙江经济发展的助推器。据统计，每增加一个标准集装箱，可增加 6000 元 GDP 效应。在宁波港集装箱吞吐量增长速度连续 5 年稳居全国大陆沿海主要集装箱港口前列的背后，是由人流、物流、资金流、信息流汇成的产业链，带动着运输、仓储、配送、加工等物流产业的发展。仅在宁波镇海、北仑滨海和沿甬江区域，已初步形成石化、钢铁、机械、造纸、修造船、能源、电子、汽车、服装、家电和信息等 12 大产业基地。宁波市 14 个百亿以上的大项目，其中有 10 个就分布在临港工业带。著名的美国埃索、杜邦；日本三井、三菱、伊藤忠；韩国三星等已在宁波开发区投资设立企业。临海工业的发展，促进了港口集装箱吞吐量的增长，并形成了互动的良性循环。

为实现港口的快速发展，宁波在与港口相配套的交通集疏运网络建设方面取得了显著成效，铁路、公路直达港区，具有水水中转，水陆中转，海、公、铁联运等功能，现代化的海、陆、空立体交通体系已初具规模。水路方面，进出宁波港北仑港区的航道水深一般都在 30m 以上，最浅的虾峙门航道 4km 的浅段，最浅水深 17.8m，高潮时的水深在 21m 以上，能满足 20 万吨级至 30 万吨级巨型船舶进出港的需要。早在 1995 年，宁波港成功引领 30 万 t 的“大凤凰”号轮进港作业；2000 年，又成功引领载重 27 万 t、吃水

20.5m的外籍海损海轮“威射”号进港救助。连接京杭大运河和北仑港的杭甬运河正在改造过程中，改造完成后可提升宁波港对杭州、绍兴、江苏南部，甚至湖北、江西等地集装箱的吸引力。陆路方面，宁波拥有沪杭甬高速、甬台温高速、甬金高速宁波段、329 国道和萧甬铁路复线。宁波栎社机场于 2005 年升级为国际机场，是长三角继上海、南京、杭州之后的第四个国际机场，现已开通了 30 多条国内外航线。宁波市现已形成市域 1h 交通圈和市区 30min 交通圈，2 ~ 3h 交通圈已覆盖至杭州、温州、上海、南京、苏州、无锡等城市。目前，宁波杭州湾跨海大桥已完成总工程量的一半，“金色”环线——绕城高速公路正加紧建设，“一环五射”高速公路骨架工程全面启动。至此，从宁波出发，往西南，上甬金高速公路、杭金衢高速公路和江西高速公路网实现了省外对接；往南，走同三线甬台温高速公路与福建高速公路相连接；往西，通过杭甬高速公路，可上杭千高速公路，或者从杭州往北通过沪杭高速公路进入上海和江苏高速公路网。

二、集装箱吞吐量预测

1. 经济腹地

宁波港以宁波市为依托，直接腹地为浙江省。随着杭州湾通道、甬金高速公路和甬金铁路的建成，以及杭甬运河改造，间接腹地延伸至上海、江苏、安徽、江西、湖南和湖北等长江沿线地区。腹地内一个以上海为龙头，以长江三角洲地区为依托，辐射整个长江流域的大型经济圈已初具规模，腹地内雄厚的经济基础和发展前景，为集装箱运输提供了充足的货源。

2. 集装箱吞吐量预测

以 2004 年为基础年，按 2010 年和 2015 年两个水平年，分腹地外贸集装箱吞吐量、内支线吞吐量、内贸集装箱水运量三部分进行预测。预测结果见表 1-4-2。

宁波港集装箱吞吐量预测表　　单位：万 TEU　　表 1-4-2

项目		2004 年	2005 年	2010 年	2015 年
合计		400.55	520.8	1080	1600
1	国际航线	345.0	453.86	940	1380
	其中：中远洋	277.5	385.77	730	1000
	近洋	67.5	68.08	210	380
2	内支线	16.05	23.37	70	100
3	国内航线	39.5	43.58	70	120

3. 设计船型

集装箱船舶朝着大型化、集装箱船队联盟化的趋势发展。

根据宁波港到港船型现状、集装箱航线情况、国内外集装箱船舶发展趋势以及宁波港集装箱运输的定位，宁波港集装箱泊位代表船型见表1-4-3。

宁波港集装箱到港代表船型主尺度 表1-4-3

船舶吨级	船型主尺度(m)			载箱量(TEU)	备注
	总长	总宽	满载吃水		
10000	147	22.6	8.2	471 ~ 830	内支线
20000	183	27.8	10.5	831 ~ 1900	近洋
50000	294	32.3	13.0	3101 ~ 4600	远洋
70000	300	40.3	14.0	4601 ~ 6000	远洋
100000	347	42.8	14.5	6001 ~ 8200	远洋

今后，6000 ~ 10000TEU 的大型集装箱船舶的比重将会迅速提高，在国际三大主干航线上占主力地位。到2010年，超大型“马六甲”型集装箱船很可能会问世和投入运营(参见表2-2-5)。由于宁波港优越的自然条件和良好的区位优势，又是上海国际航运中心的重要组成部分，设计中考虑了能接纳未来超大型集装箱船装卸作业的可能。

第三节　集装箱泊位建设情况

把握建设上海国际航运中心的大好契机，充分发挥北仑港区的深水优势，迅速改变集装箱能力缺口严重不足的现状，加快建设宁波港深水集装箱码头工程，为全面实现枢纽港目标奠定坚实的基础，使宁波港成为名副其实的上海国际航运中心集装箱枢纽港的南翼，从而有利于尽快建设上海国际航运中心，促进我国沿海港口集装箱运输体系的形成，提高我国在国际航运市场的竞争力是摆在宁波港当前紧迫而重要的任务。

根据集装箱运输吞吐量预测和现有能力的平衡情况，抓紧并确保在2010年前建成北仑四期、五期、大榭国际及金塘大浦口(部分投产)集装箱码头工程。届时能基本适应集装箱运输的需求。详见表1-4-4。

集装箱泊位能力平衡及建设安排表　单位：万 TEU　　表 1-4-4

港　区	2004 年			2010 年		
	泊位数	能力	完成吞吐量	泊位数	能力	预计完成运量
合　计	7	270	400.55	26	1080	1080
镇海 6# ~8#（通用泊位）			12.5			
北仑集装箱二期	3	120	169.1	3	110	110
北仑集装箱三期	4	150	218.95	4	160	160
北仑四期				5	250	250
大榭集装箱码头				4	200	200
北仑五期				5	220	220
金塘大浦口				5	140	140

宁波港于 2002 年开始了北仑港区四期集装箱码头工程和大榭集装箱码头工程的建设，北仑港区四期工程建设规模为 5 个 5 ~10 万吨级集装箱泊位，最大船舶载箱量可到 9500TEU，码头总长 1785m，年通过能力 250 万 TEU；大榭集装箱码头共有 4 个泊位，码头总长 1500m，年通过能力 200 万 TEU。2005 年北仑四期有 2 个泊位、大榭集装箱码头有 1 个泊位投入试生产。至 2005 年底，宁波港共有集装箱泊位 10 个，全港集装箱通过能力可达到 420 万 TEU。

预测到 2010 年，宁波港集装箱吞吐量将达到 1080 万 TEU，全港的集装箱能力仍有较大的缺口，按规划于 2005 年开始了北仑港区五期集装箱码头工程及金塘港区（六期工程）的建设。北仑港区五期工程建设规模为 5 个 5 ~10万吨级集装箱专用泊位，岸线长度 1625m，设计年吞吐量 220 万 TEU；金塘港区建设规模为 5 个 5 ~10 万吨级集装箱专用泊位，岸线长度 1800m，设计年吞吐量 250 万 TEU（2010 年按 140 万 TEU 建设），详见表 1-4-5。

宁波港集装箱泊位一览表　　表 1-4-5

项　目	北仑二期	北仑三期	北仑四期	北仑五期	金塘港区
建设情况	已建	已建	在建（部分投产）	在建	在建
泊位数量（个）	3	4	5	5	5
泊位长度（m）	900	1238	1785	1625	1800
泊位吨级（万吨级）	5	7.5	10	10	10
泊位水深（m）	13.5	15	17（部分 15）	17（部分 15）	17

续上表

项　目		北仑二期	北仑三期	北仑四期	北仑五期	金塘港区
引桥	数量(座)	—	—	7	3	—
	宽度(m)	—	—	28	28	—
	长度(m)	—	—	145	75	—
陆域面积(万 m^2)		—	—	209.0	343.8	—
堆场面积(万 m^2)		—	—	90.9	89	—
岸桥数量(台)		—	—	16	17	—
轮胎吊数量(台)		—	—	46	51	—
进出车道(个)		—	—	29	25	—
设计通过能力(万 TEU)		—	—	252	225	—
2010 年设计通过能力(万 TEU)		120	150	252	225	140(最终完成 250)
建设投资(亿元)		—	—	46.23	60.14	—

第四节　北仑港区四、五期集装箱码头工程

一、建设规模

北仑港区四期集装箱码头工程，建设 5 万吨级以上集装箱泊位 5 个，岸线长度 1785m，以靠泊 6600TEU 集装箱船为主，设计年吞吐量为 250 万 TEU。

北仑港区五期集装箱码头工程，建设 5 个 5～10 万吨级集装箱专用泊位，岸线长度 1625m，设计年吞吐量 220 万 TEU。

二、港址选择

根据 20 世纪 90 年代宁波港总体规划，宁波港北仑四期集装箱码头工程应安排在北仑矿石码头和协和石化码头之间的金塘水道南岸建设。可利用岸线不足 1500m，无发展余地，且船舶进出港受矿石和原油泊位制约，操船困难，码头线凹进，淤积也较严重。根据宁波港集装箱运输的定位和高速发展的趋势，进行了北仑港区四期工程北仑港址和穿山半岛北岸港址方案的比选。

穿山港址位于穿山半岛的北部，北临螺头水道，距北仑港区 20km，是规划报告中提出的远期大型集装箱码头发展区(图 1-4-3)。

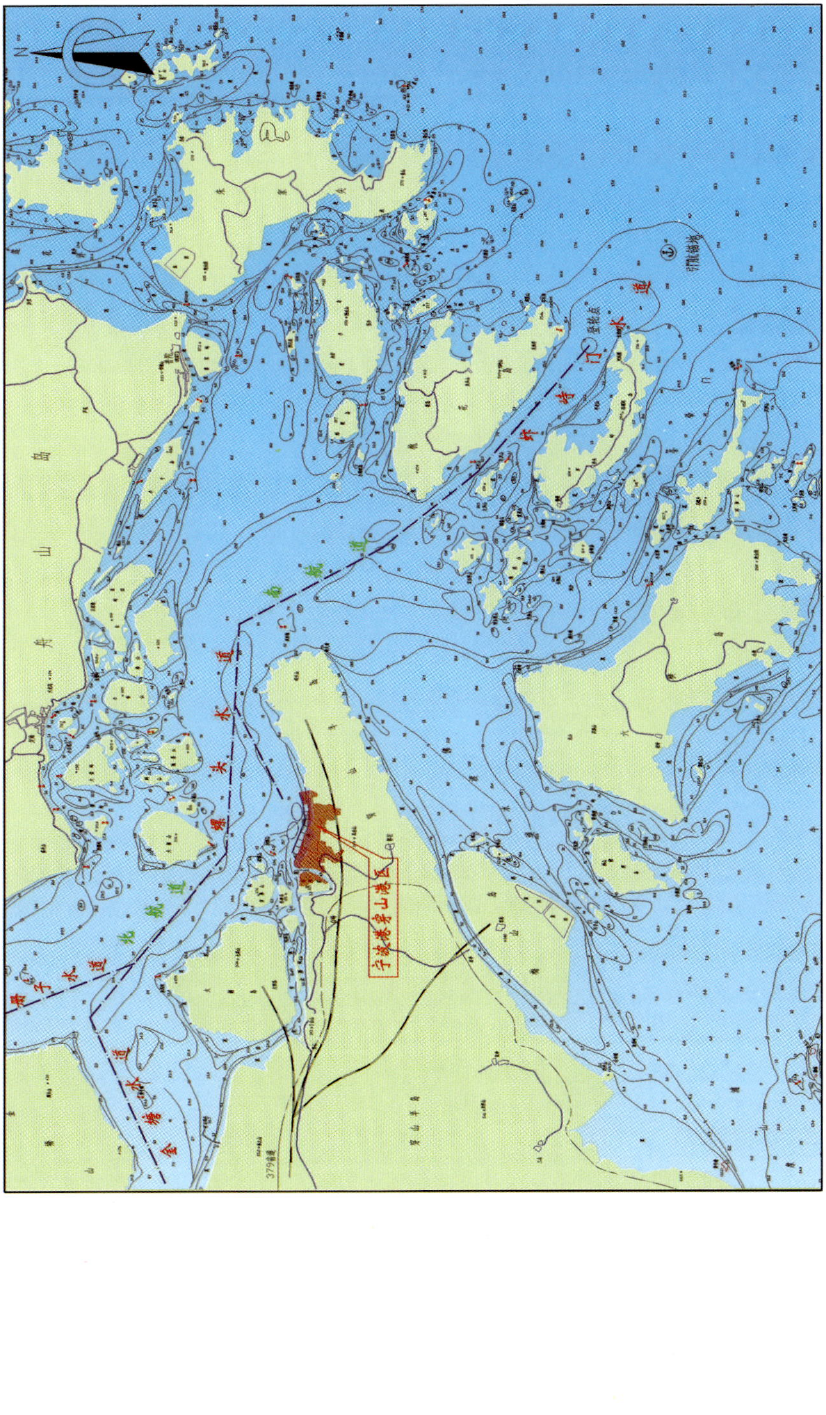

图 1-4-3　穿山港区形势图

两个港址的水深条件都较好(穿山港址更好一些),陆域平坦,受舟山群岛和大榭岛的掩护,港区内波浪较小,工程所需砂石料来源丰富。港外配套如水、电、通信及交通依托条件均较好,北仑港址稍优于穿山港址。两个港址均具备建设深水集装箱码头的良好条件。但从两港址的比较看,北仑港址除了依托条件略优于穿山港址外,综合比较不如穿山港址。穿山港址是宁波港总体规划中的大型集装箱港区,有 9km 的深水岸线可开发利用,深水近岸(穿山港址引桥 140 ~ 150m,北仑港址引桥 350 ~ 690m),码头前沿基本不淤(北仑港址码头前沿有一定的维护量,且增加已有码头的回淤);后方陆域开阔,可以提供足够的集装箱堆存场地及辅助建筑物用地;具备进一步发展的条件。宁波市有关部门对整个港区后方的集疏运、水电配套设施进行了系统规划。上级主管部门评估认为推荐穿山港址是合适的。

穿山港址是建设大型集装箱深水泊位的理想港址,有充足的岸线资源和宽阔的水陆域条件,深水近岸,有天然掩护,仅有小风区波浪影响本港,拟建码头区受地形影响流况较复杂,流速较大,虽水体含沙量较大,但不易落淤,只要选择合适的码头线位置和走向,对操船作业不会有影响。工程地质条件较好,码头基础适宜采用桩基。码头作业天数可达 328 天。陆域形成可采用水上取砂冲填和陆域开山回填。

北仑港区四期和五期集装箱码头设计吞吐能力为 470 万 TEU,连同金塘大浦口港区一起填补宁波港在 2010 年左右的集装箱能力的缺口,扩大宁波港的深水及集疏运优势;并利用北仑港区穿山港址相对独立的地理位置,拓展国际中转、国际配送、国际采购中心和国际转口贸易四大功能,完善宁波港国际集装箱干线港的区港联动功能。

为充分利用穿山港址的建港条件,北仑四期、五期集装箱码头工程的规划、设计和建设必须坚持高起点、高标准,能适应未来型超大集装箱船装卸作业的需要,陆域纵深、港区内交通组织、港区大门、信息平台、装卸工艺和机械的选择等都充分考虑建设现代化集装箱港区的需要,港区用地充分考虑了港口物流、集疏运交通、商业、临海工业等的需要。为港口的发展,港口作业能力的扩大,建设一流的国际集装箱中转港提供了基础条件。

三、作业能力

集装箱港区的作业能力是码头装卸能力、堆场堆存能力、集装箱大门通过能力等工艺系统各环节的综合通过能力。

四期工程现配备 16 台岸桥,五期工程设计为 17 台岸桥,均是吊重 60t、

外伸距 60m 的超巴拿马集装箱桥吊，可保证最大集装箱船的装卸作业。

四期工程泊位年通过能力为 40.4 万 TEU，五期工程泊位年通过能力为 43.24 万 TEU。在增加机械的情况下，泊位通过能力还可提高。

堆场作业采用轮胎式场桥和轨道式场桥（五期工程 10# ~ 11#泊位），见图 1-4-4 和图 1-4-5。吊重一般为 40t，门架下按堆箱 5 层、通过 6 层考虑，起升高度为 18m。场桥跨距内布置 6 排集装箱和一条集装箱牵引半挂车通道，跨距为 23.47m。四期工程共配轮胎式场桥 46 台，五期工程配轮胎式场桥 36 台、轨道式场桥 15 台，集卡拖挂车按 1∶6配置。四期工程堆场平面箱位数为 3.2 万 TEU，五期工程堆场平面箱位数为 2.57 万 TEU。

四期和五期工程的集装箱大门均是进出口分开布置，四期工程共有车道 29 道，五期工程为 25 道，大门两端设有缓冲场地。港区后方已有一条四车道高速疏港公路，在建和拟建疏港公路各一条，分别接至四期和五期工程后方，最终汇入宁波市发达的高速公路网。

现在试投产的四期工程 2 个泊位平均单机效率力争达到 32 自然箱/h；干线船平均船时效率达到 110 自然箱/h 以上；大型干线船平均船时效率达到 130 自然箱/h 以上，最高船时效率达到了 387.43 自然箱；船舶计划兑现率达到 90% 以上；每小时进提箱效率达到 99% 以上。

四、平面布置

四期和五期工程码头全长 3410m，顺 0m 等深线走向分为三段，2# ~ 6#泊位为一段，长 1700m，7# ~ 9#泊位为一段，长 1010m，10# ~ 11#泊位为一段，长 700m（图 1-4-6 和图 1-4-7）。

四期工程码头包括 3# ~ 7#泊位，全长 1785m，码头顺岸布置，与潮流流向大致平行，结构选用透空高桩梁板结构，减小码头对泥沙运动的影响，最大限度避免泥沙淤积。码头平台宽 55m，通过 6 条引桥与后方陆域相接（图 1-4-8）。

码头面高程结合物理模型试验和三期工程使用经验确定为 +7m，较按规范计算值降低 1m。

陆域纵深 1200m，自北而南依次为重箱堆场、空箱堆场、预留堆场和辅建区。在空箱堆场内铺设跑道梁，远期可改建成为重箱堆场，将预留堆场改建为空箱堆场。

五期工程包括 2#、8# ~ 11#泊位，2#泊位与四期工程的 3# ~ 6#泊位处在同一码头线上，建成后也将与 3# ~ 6#泊位统一经营。8# ~ 9#泊位长 625m，

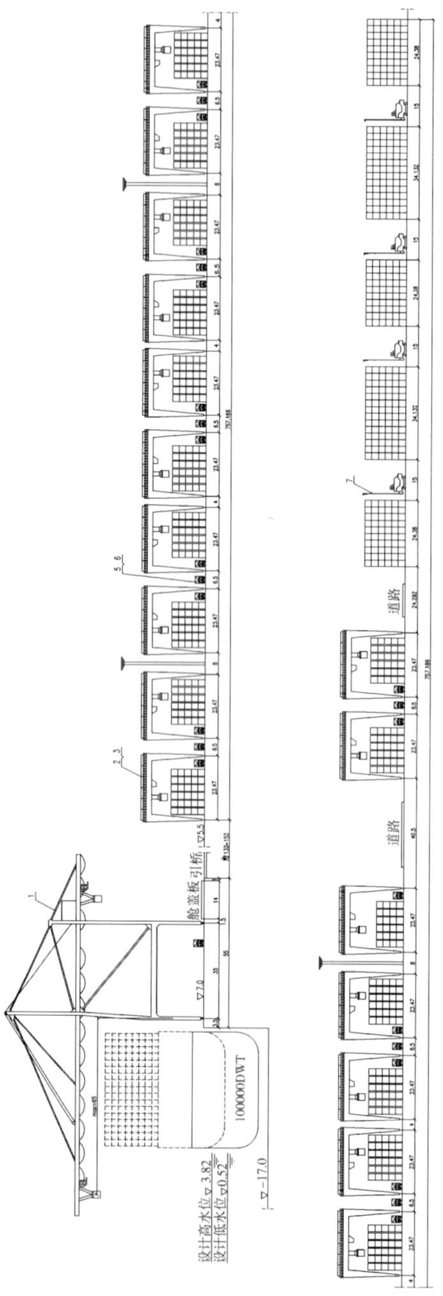

图 1-4-4 轮胎式场桥工艺断面图

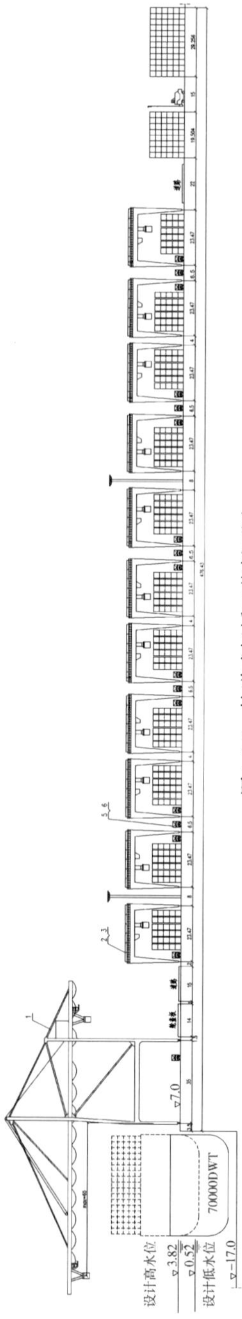

图 1-4-5 轨道式场桥工艺断面图

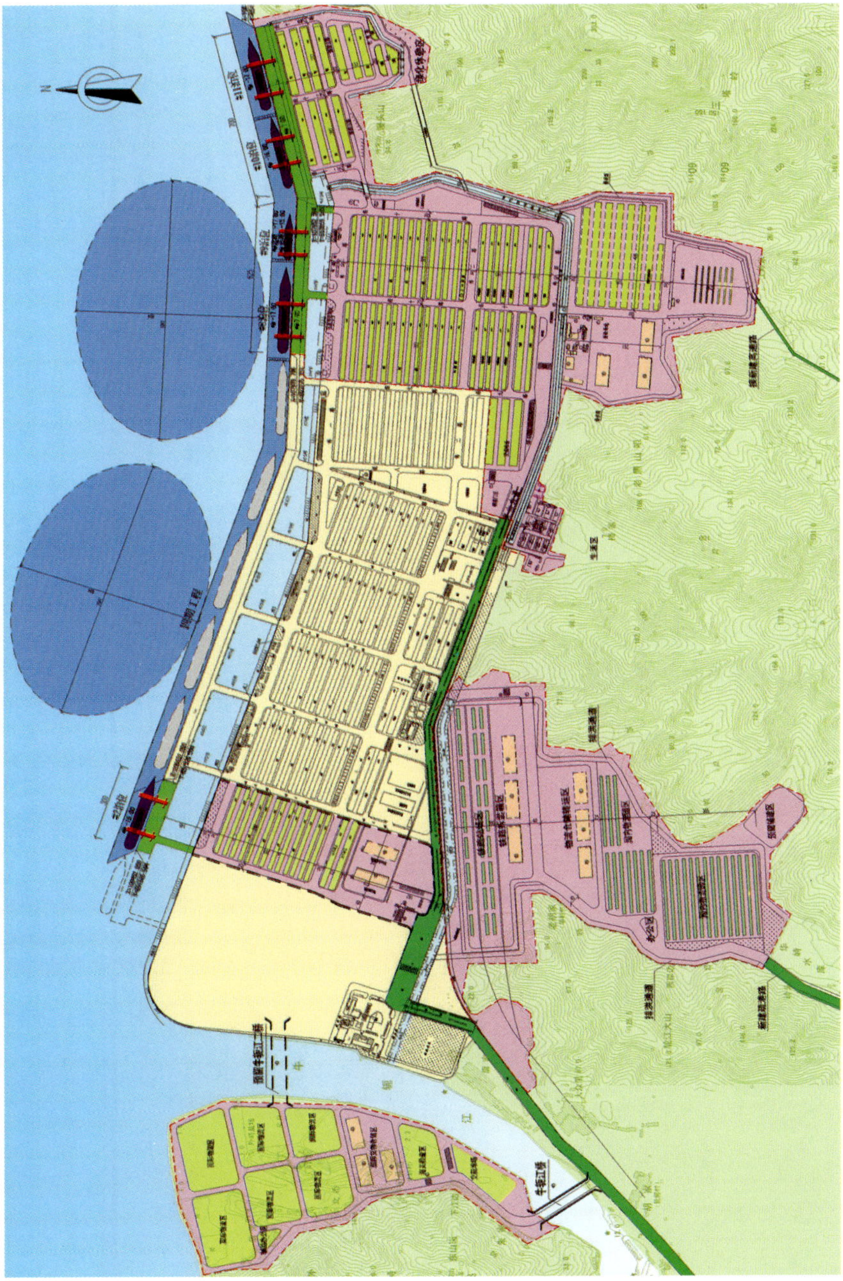

图1-4-6 北仑四期及五期工程平面布置图

图 1-4-7　北仑四期及五期工程鸟瞰图

图 1-4-8　四期工程实景

与四期工程的 7#泊位在同一码头线上。10# ~ 11#泊位位于竹湾，两端是伸入海中的山嘴，陆域纵深小，采用满堂式码头方案，增加堆场面积，同时堆场机械采用轨道式场桥，并将 8# ~ 9#泊位后方的堆场划分出部分调剂给 10# ~ 11#泊位使用。

四期工程和五期工程共有 10 个泊位、12 片堆场。为便于划分不同的经营范围，设计堆场全部与驳岸大堤平行，且留有多个集装箱大门的位置，方便堆场分隔后各家公司进出。堆场均在工业电视的监视范围内并将信号通过相应的变电所集中发送到后方综合楼控制室，作业办公楼可不必布置在堆场内，避免人流和车流的相互干扰。

港区联动是国际上自由贸易区的通行模式。目前国务院已正式批复同意宁波进行区港联动试点，宁波保税物流区位于宁波港北仑港区集装箱码头后方，规划占地面积 0.95km^2，通过与港口的资源整合和功能联动，促进港口集装箱运输的发展。“区港联动”功能实现后，可在港区内开展外贸箱的二次拼箱业务，目前仅有新加坡和高雄两港可开展此项业务，此举有利于外贸箱运营，提高了码头的盈利能力和竞争力。

为充分发挥保税区的政策优势和港区的区位优势，重点发展仓储和物流产业，以进一步拓展国际中转、国际配送、国际采购和国际转口贸易四大功能，设计 0#、1#堆场（相对应的泊位，因另有原因暂缓建设）作为专用的物流场地，并配有专用的物流分拨仓库，使四期工程成为地区性的货物分拨中心，丰富了港口在物流链中的角色，拓展了港口功能。

考虑到港区后方被总台山阻挡，没有更多的发展用地，因此在场地分配上，共分为四线场地，一线为重箱堆场；二线为空箱堆场，但留有改造成为重箱堆场的可能；三线为预留场地，将来建设为空箱堆场；四线距码头最远，做为辅建区使用。

四期工程施工速度快，工程在施工过程及运营中妥善处理了港口生产与附近居民生活的关系，如减少爆破开山、设置隔音墙等。

五、水工结构

码头结构选用桩基为 ϕ1200 大管桩的整体式结构方案，具有整体性好、码头面分缝少、便于使用的优点。码头分 23 个结构段，最长结构段分段长度为 85m。排架间距 10m，每榀排架布置 13 根 ϕ1200 大管桩（B1 型），其中 5 根直桩，8 根斜桩，桩长 55 ~ 62m，7 个现浇桩帽节点，桩的斜度根据桩基布置及受力情况取 10:1、8:1、6:1 和 5:1。上部梁系采用等高正交结构，轨道梁、横梁、纵梁采用预应力混凝土芯棒结构；前边管沟梁采用预制钢筋混凝土结构；面板为钢筋混凝土叠合板。

北仑五期工程 10# ~ 11#泊位的码头及平台、接岸结构区域基岩起伏较大，其中局部基岩外露，竹湾山嘴处还需炸礁才能满足码头前沿水深要求。位于竹湾山嘴处、经炸礁后的结构段的排架，每榀排架布置 11 根 ϕ1200mm 钢管桩，其中 5 根直桩，6 根斜桩，桩长 18.3 ~ 18.6m 左右。直桩进行芯柱嵌岩，嵌入中风化岩层不小于 6m；斜桩进行嵌杆嵌岩，嵌入中风化岩层不小于 6m，每根锚杆嵌岩桩内设 3 个 ϕ170mm 锚孔，每个锚孔设置由 3 根 ϕ36mm 高强粗螺纹钢筋组成的钢筋束。5 个现浇桩帽节点，桩的斜度根据桩基布置及受力情况取 5:1 和 8:1（图 1-4-9）。

根据引桥区水深较小、波浪较小的特点，绝大部分区域采用 600mm × 600mm 预应力钢筋混凝土方桩，接岸墩台桩基采用 ϕ1200 大管桩。引桥长均为 145m，分 6 跨，与码头连接处跨度为 9m 外，其余 4 跨为 27.5m、1 跨为 26.0m。上部结构为预应力混凝土芯棒"T"型梁，每座引桥设 6 个墩台。引桥接岸墩台（兼闸门墩）采用 8 根 ϕ1200 大管桩，均为直桩，桩长 50m 左右；其余墩台采用 600mm × 600mm 预应力混凝土方桩，每墩 16 ~ 20 根，桩长 50m 左右。墩台采用现浇钢筋混凝土结构。引桥与码头平台的连接采用钢筋混凝土简支板。引桥与桥后天然地基道路衔接处采用钢筋混凝土板过渡，以适应地基沉降。引桥上部"T"型梁中心距 2.3m，"T"型梁总高 2.3m。

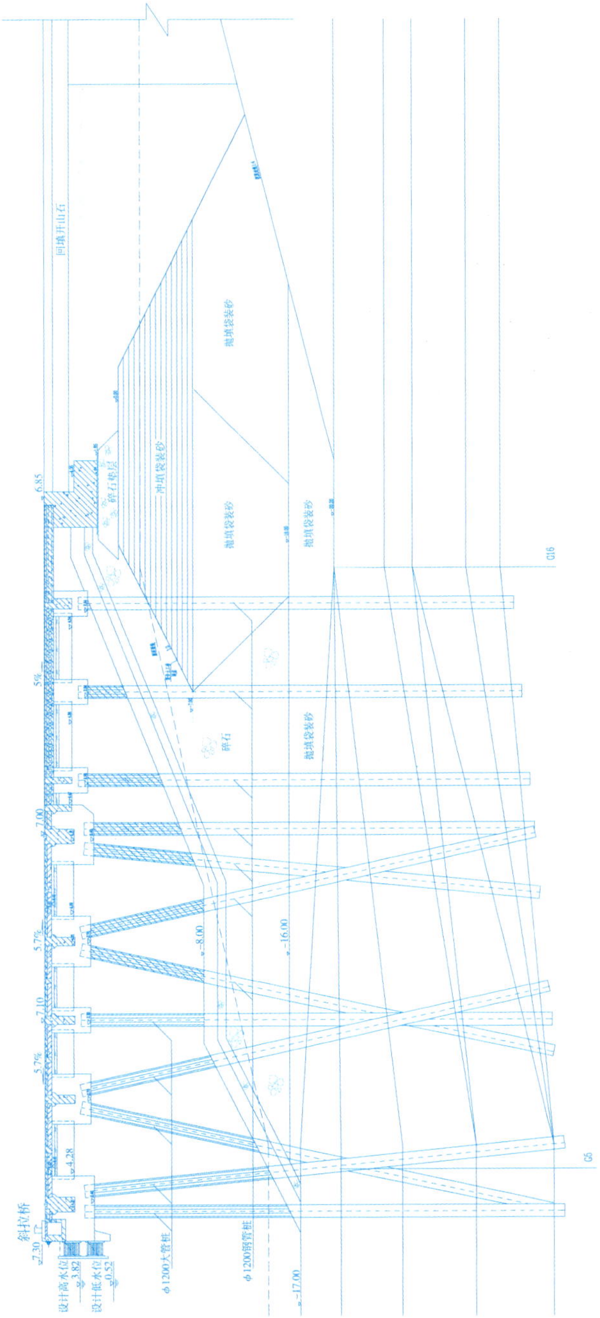

图 1-4-9　码头断面图

北仑港区集装箱码头实景见图1-4-10～1-4-11，图1-4-12为载箱箱9500TEU的“中远宁波”号首航北仑四期码头。

图1-4-10 北仑港区集装箱码头实景(一)

图1-4-11 北仑港区集装箱码头实景(二)

图1-4-12 载箱量9500TEU的“中远宁波”号首航北仑四期码头

第五章　大连港大窑湾集装箱港区

第一节　大连港全貌

大连商港始建于1899年,1905年日俄战争后,日本人先后修建了大港、甘井子、寺儿沟、香炉礁等处的码头,1951年1月1日,大连商港由苏联红军移交我国管理。1972年以前,我国国民经济经过恢复、调整后逐步转入自力更生的发展阶段,海上运输以内贸物资为主,恢复和改造成为港口发展的重点;1972年我国恢复联合国的席位以后,对外贸易迅速扩大,为满足东北地区石油资源大量开发和外运的需要,在响应周总理"三年改变港口面貌"号召掀起的全国第一次建港高潮中,1976年大连港在鲇鱼湾建成了我国第一座大型原油出口码头,拉开了大连港大规模发展建设的序幕;改革开放以后,大连港在20世纪80年代先后重点扩建了香炉礁港区、开辟了和尚岛和大窑湾深水港区,尤其是作为国家重点开发的大型国际深水港区之一,1992年大窑湾4个大型集装箱和通用泊位的投产,标志着大连港的发展开始进入新的历史阶段。2001年大连港进入我国七个亿吨大港的行列。

一、大连港组成及生产泊位分布

1. 大连港组成

大连港主要有分布在大连湾内的寺儿沟港区、大港港区、黑咀子港区、香炉礁港区、甘井子港区、大石化港区、和尚岛西区(辽渔)、和尚岛东区(大连湾)、北良港区、散矿中转港区、鲇鱼湾港区、大窑湾港区等共12个主要提供公共运输服务的生产性港区,以及庄河、皮口和旅顺三个主要港站,此外还有大连湾内由石化、造船、钢铁等企业建设的自用码头。大连市港口分布现状见图1-5-1,主要港区分布见图1-5-2。

2. 生产泊位分布

截至2004年底,大连市港口共有生产性泊位151个,其中万吨级以上泊位58个。货运通过能力13165万t,集装箱通过能力190万TEU,滚装车

图 1-5-1 大连市港口分布现状图

图 1-5-2 主要港区分布图

通过能力 116.5 万辆。其中大连港集团公司共有 8 个生产作业区,各类生产性泊位 73 个,其中万吨级以上泊位 40 个,货运通过能力 9159 万 t,滚装车辆通过能力 49.5 万辆。大连港生产性泊位基本情况见表 1-5-1。

大连港生产性泊位基本情况(2004 年底)　　表 1-5-1

序号	单位及港区名称	泊位数量(个)		通过能力			主要功能
		合计	深水	万 t	万 TEU	万辆	
	全港总计	151	58	13165	190	116.5	
一	大连港集团	73	40	9159	190	49.5	
1	大港港区	26	12	800	20	38.5	客滚、矿石、粮食、集装箱
2	黑咀子港区	6		106			钢铁、木材、杂货
3	香炉礁港区	9	2	275		5	钢铁、木材、粮食、客滚
4	甘井子港区	2	2	250			煤炭、水泥、粮食
5	大连湾港区	5	3	660		6	煤炭、粮食、客滚
6	鲇鱼湾港区	11	7	6052			原油、成品油
7	寺儿沟港区	4	4	446			石油、液化品
8	大窑湾港区	10	10	570	170		集装箱、粮食、钢铁
二	其他公司	58	17	3824		35.25	
1	石油化工公司	11	6	1690			原油、成品油
2	和尚岛西区	8	1	115		17	杂货、滚装
3	北良公司	6	6	1420			散粮
4	其他港务公司	33	4	599		18.25	杂货、滚装
三	其他港站	20	1	182		31.75	
1	庄河港	4		40			陆岛交通
2	皮口港	7		14		0.75	陆岛交通
3	旅顺新港	9	1	128		31	滚装、杂货

二、吞吐量发展状况

大连港是我国北方地区的枢纽港之一,“八五”计划以来,随着腹地经济的发展,大连港货物吞吐量由 1990 年的 4952 万 t 增加到 2004 年的

14516 万 t,年均增长速度为 7.98%。

大连港是东北地区最大的外贸运输口岸,也是东北地区经济发展和对外开放的重要依托。东北地区除与俄罗斯、朝鲜的边境贸易外,其他外贸物资运输基本依赖辽宁省沿海各港口,其中大连港外贸货物吞吐量占东北地区的 70% 左右,集装箱吞吐量占 75% 以上。

“九五”以前,大连港货物吞吐量增长缓慢,1990 ~ 2000 年的年均递增率为 6.26%,外贸货物吞吐量没有增长,却降低了 114 万 t。进入“十五”以来,大连港吞吐量增长较快,2000 ~ 2004 年的年均递增率为 12.43%,外贸货物吞吐量增长 1500 万 t,年均递增率为 9.92%,尤其是 2004 年,货物吞吐量达到 14516 万 t,较 2003 年增长 15.2%,为历史最高水平,但仍低于同期全国沿海港口 24.0% 的平均水平,占沿海主要港口吞吐量的比例由 1990 年的 10.25%,降为 2004 年的 5.91%。与同为北方重要沿海港口的天津港、青岛港比较,1990 年天津港、青岛港吞吐量分别为 2063 万 t、3034 万 t,分别比大连港低 2889 万 t、1918 万 t;2004 年大连港吞吐量为 1.4516 亿 t,天津港、青岛港吞吐量分别为 2.06 亿 t、1.63 亿 t。

1980 年以来大连港总吞吐量及外贸吞吐量变化趋势详见图 1-5-3。

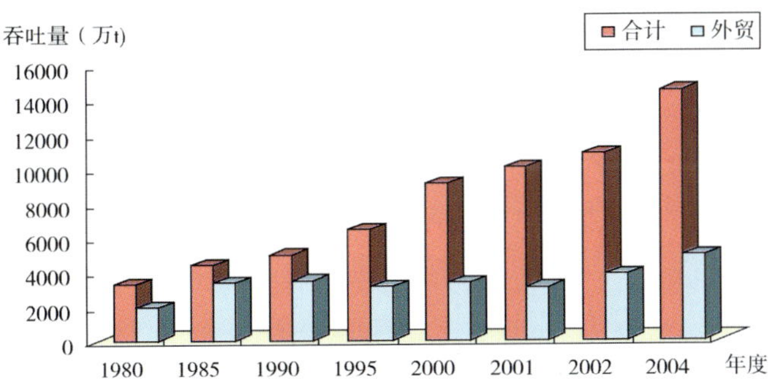

图 1-5-3　大连港 1980 ~ 2004 年货物吞吐量变化趋势图

1990 年全港集装箱吞吐量为 13.1 万 TEU,2004 年达到 220.2 万 TEU,年均增长速度达到了 22.33%,占全港总货物吞吐量的比重为 12.85% 左右,显示了巨大的发展潜力。2004 年集装箱吞吐量规模居全国第 8 位,占沿海主要港口吞吐量的比例为 3.89%。国家振兴东北老工业基地战略的实施效果已经初步显现,2003 年东北三省的经济发展超过全国平均水平,且势头良好,外贸进出口额的增幅也是历史较好水平,说明大连港集装箱吞吐量的增长潜力很大。

三、大连港总体规划

大连港是我国著名的北方大港,也是国家“三主一支持”交通发展战略中层次最高的沿海主枢纽港口和北方地区集装箱干线港之一。

大连港务局曾于1991年组织编制了《大连港总体布局规划》,并通过辽宁省和交通部的联合审查批准,对指导大连港的健康发展发挥了重要作用。

根据发展需要,自2004年3月正式开始新的大连港总体规划编制工作,并于2005年底编制完成。

大连地区大陆海岸线1288 km,约占环渤海北部地区大陆海岸线(位于辽宁省辖境内)的60%,其中适合于开发港口特别是深水港的基岩港湾海岸几乎全部位于大连市辖境内,因此,大连地区的港口岸线不仅是大连市本身,也是整个东北地区不可多得的宝贵财富,大连市港口建设和岸线资源开发必须着眼于整个东北地区港口发展的资源需求。

总体规划对大连港的性质和功能概括如下:

大连港是我国沿海主要港口和集装箱干线港之一;是辽宁沿海的中心港口及建设大连国际航运中心的核心载体;是东北地区战略物资的深水转运港和重要的综合交通运输枢纽;是东北地区参与国际竞争的重要战略资源、振兴老工业基地的基础、发展外向型经济的窗口和桥梁;是大连市经济和城市可持续发展的重要依托。

规划大连市用于商业港、工业港、旅游港等港口岸线共约380km,主要分布在黄海一侧的大窑湾和大连湾地区、渤海一侧的凤鸣岛~长兴岛地区。

规划大连港将形成“两区一带”为主,相应发展其他中小港站的多层次港口体系,即“一岛三湾”(大孤山半岛、大窑湾、鲇鱼湾、大连湾)综合运输核心港区、长兴岛以发展临港工业为主的新型综合性港口基地、庄河~皮口海洋经济带和双岛湾、大港港区、庄河港、皮口港、旅顺新港、大连湾西岸工业港区等多层次的中小港站组成的总体发展格局。逐步形成以大窑湾港区、鲇鱼湾港区、散矿中转港区、北良港区为主的集装箱、石油及液化品、铁矿石、散粮、商品汽车等五大专业化中转运输基地;以大窑湾港区、大港港区为主的现代综合物流、国际海上旅游、国际航运商务三大服务中心;以和尚岛港区、大港港区、旅顺新港组成的海峡滚装运输系统;以庄河、皮口、金石滩及岛屿港站组成的陆岛交通运输系统;以长兴岛、庄河~皮口海洋经济带、大连湾西岸、双岛湾为主的临港石化、造船、装备制造业布局,构成现代化的港口服务体系(图1-5-4)。

第二节　大连港集装箱运输发展

一、大连港集装箱吞吐量发展状况

大连港集装箱运输始于1980年，之后一直保持平稳的发展，大连港历年集装箱吞吐量见表1-5-2。

大连港历年集装箱吞吐量表　　表1-5-2

年度	1980	1981	1982	1983	1984	1985	1986	1987	1988
箱量	0.09	0.55	1.25	1.57	2.43	3.01	5.07	5.40	7.49
年度	1989	1990	1991	1992	1993	1994	1995	1996	1997
箱量	10.90	13.13	17.25	21.75	25.62	30.50	37.43	42.08	45.35
年度	1998	1999	2000	2001	2002	2003	2004	2005	
箱量	52.57	73.60	101.10	121.70	135.16	167.03	221.12	268.70	

二、集装箱码头发展状况

“六五”期间，大连港利用国家投资、世行及其他低息贷款，对大连港的集装箱机械及设备进行了配套和技术改造。1983年7月～1987年6月，大连港两个集装箱专用泊位——大港西区23#泊位和香炉礁6#泊位先后建成投产。1988年12月大窑湾码头破土动工，1989年大窑湾港区被交通部确定为我国重点建设的四个深水中转港之一。1993年9月，大窑湾港区一期工程部分集装箱码头正式投产运营，至2001年最后一个集装箱泊位投产，共形成11个深水泊位，岸线长3.14km。其中专业化集装箱泊位5个(3#～7#泊位)、岸线长度1480m。

根据集装箱运量发展的需要以及大连港对各港区功能的规划和调整，大窑湾港区9#、10#泊位已由原来的杂货泊位改造成集装箱泊位；紧邻一期工程西侧的大窑湾港区11#、12#集装箱泊位工程已于2005年建成投产；大窑湾二期工程、三期工程正在进行建设，建设规模分别为4个5～10万吨级集装箱泊位和6个3～10万吨级集装箱泊位，预计于“十一五”期间陆续投产。

三、集装箱码头经营状况

大连港集团有限公司(原大连港务局)一直是大连港集装箱码头经营的主体。1996年，原大连港务局和新加坡港务集团以一期工程已建和在建设施为基础,共同投资人民币40亿元组建了大连集装箱码头有限公司(简称DCT),成为大连港经营集装箱业务的主体企业。

2002年3月11日,大连港集装箱股份有限公司成立,由原大连港务局、中远太平洋(中国)投资有限公司、上海港集装箱股份有限公司、宝供物流企业集团有限公司、中国大连外轮代理公司共同出资设立,进行大连港集装箱业务的投资经营。其经营范围包括:集装箱装卸、储存、拆装箱,库场、设备、房屋租赁、信息及管理、工程技术服务及集装箱清洗、修理,项目投资(以下限分公司经营);机械设备保养、维修、安装、改造,机械制造、加工,电器维修,设备配件销售。

大连港集装箱股份有限公司分别成立合资公司,负责目前大连港集装箱码头的经营,具体分工为:一期码头,由大连集装箱码头有限公司(DCT)经营;大窑湾港区9#、10#泊位,由大连港集装箱股份有限公司(DPC)直接经营;大窑湾二期工程,由大连港湾集装箱码头有限公司(DPCM)经营;三期工程,由大连国际集装箱码头有限公司(DICT)经营。

第三节　大窑湾港区规划建设过程

一、总体规划

大窑湾水域条件较好,湾口宽约3.5km,湾口至湾底纵深约8km,湾内水域最宽处约6.3km。大窑湾周边陆域相对狭窄,南岸为山丘,平坦场地较少,北岸海侧为大地半岛,陆域最窄处仅有150m,湾底及北岸靠近湾底区域后方陆域较充裕。

结合大窑湾起步工程,交通部水运规划设计院对大窑湾港区进行了总体布置,当时考虑的泊位等级较小,功能较多(图1-5-5)。

大连港务局于1991年组织编制了《大连港总体布局规划》,并通过辽宁省、交通部的审查批准,对指导大连港的健康发展发挥了重要作用。该规划方案确定了大窑湾港区双口门的总体格局,在大窑湾湾口建设南、北防波堤和中部岛堤,使全湾形成一个有良好掩护的封闭式港湾,形成全掩护的港区,为大窑湾港区目前的规划布局奠定了基础(图1-5-6)。

党中央、国务院作出了振兴东北老工业基地的战略决策,明确提出要把大连建设成为东北亚重要的国际航运中心。为满足新形势下港口发展的需要,由大连市港口管理局组织,交通部规划研究院自2004年3月正式开始

规划编制工作。总体规划对大窑湾港区的功能定位如下：

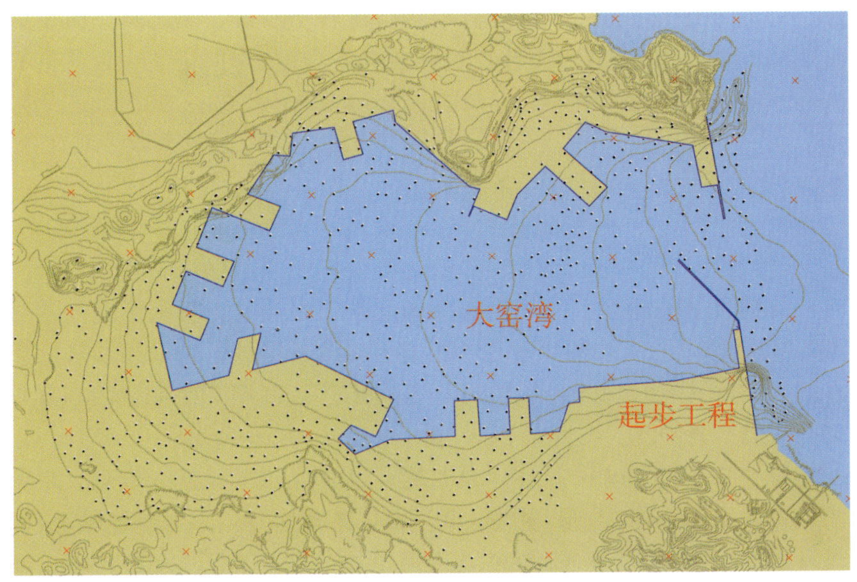

图 1-5-5　起步期总体布置图

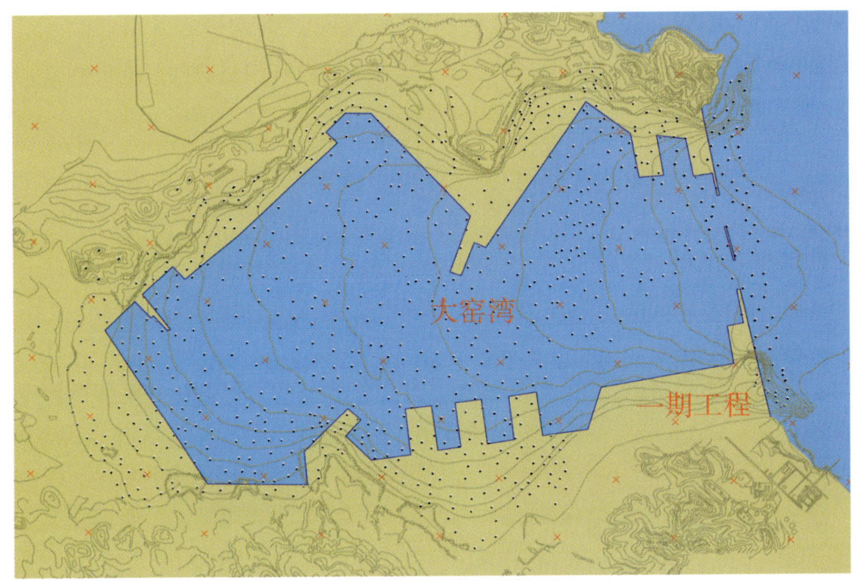

图 1-5-6　原总体规划平面图

大窑湾港区是大连港集装箱中转运输基地、商品汽车中转运输基地、现代综合物流服务中心和重要的国际航运商务服务中心。大窑湾港区将以国际集装箱运输为核心,逐步实现保税区与港区联动,全面拓展现代化港口服务功能,加速发展成为大型现代化的综合性国际深水港区,成为大连国际集装箱干线港、东北地区的区域物流中心和东北亚重要的国际航运中心的主要载体。

针对大窑湾港区的布置方案，新规划对原规划岸线进行了调整，充分考虑了集装箱港区的特点和发展趋势，码头岸线采用顺岸布置，岸线向海侧推进，扩大了陆域面积，湾内实现南北航道的合并，提高了港内水域的利用效率，同时充分考虑了地质、波浪等自然条件的影响，岸线采用折线布置。该方案综合考虑了港区特点、自然条件等因素，使岸线的布置更加合理。

随着大窑湾港区北岸开发建设的展开,根据需要,又进一步对大窑湾港区北岸集装箱码头岸线进行了专题论证,并在规划折线方案的基础上,根据新掌握的波浪、地质等资料,对岸线进行了局部调整,把岸线再调直。经过专家咨询,最终形成大窑湾港区目前的规划布局。

港区总体规划平面图见图 1-5-7,鸟瞰图见图 1-5-8,主要规划指标见表 1-5-3。

二、大窑湾港区现状

1. 码头现状

大连港的集装箱运输主要集中在大窑湾港区,目前仅在老港的大港港区还保留少量内贸集装箱,将来这部分功能也准备转移至大窑湾港区,届时,大窑湾港区将成为大连港承担集装箱运输功能的唯一港区。

大窑湾港区现状见图 1-5-9,已有和在建集装箱泊位情况见表 1-5-4。

2. 吞吐量状况

2004 年大连港共完成集装箱吞吐量 220.2 万 TEU,其中大窑湾港区完成 200.9 万 TEU,占全港的 91.2%。在大窑湾港区,DCT 完成箱量为 195.5 万 TEU,占全港的 88.8%。

近年来,随着东北地区其他港口特别是营口港的崛起,大连港集装箱吞吐量在东北地区所占份额有所减小,但其外贸集装箱量市场份额始终在 95.0% 左右,在东北地区港口中占有绝对优势。大连港集装箱吞吐量在东北地区港口所占比重见表 1-5-5。

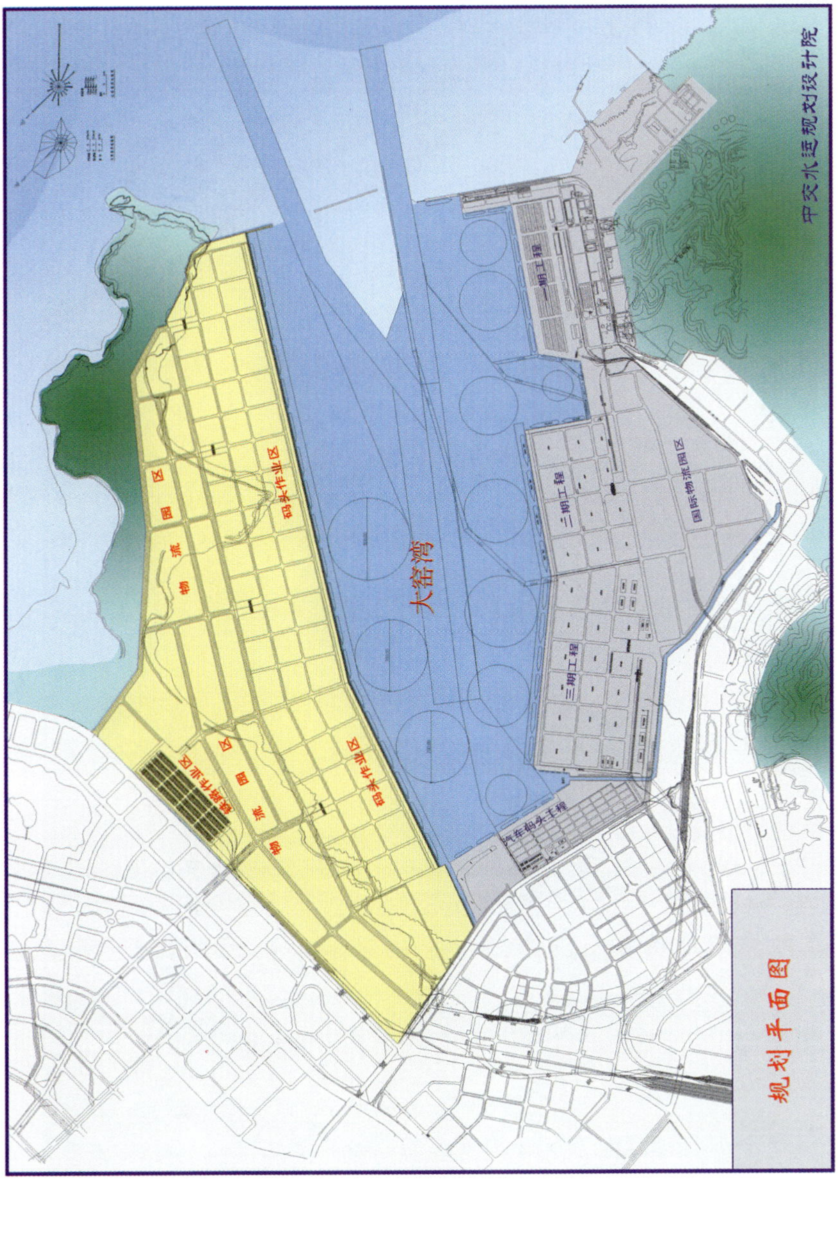

图 1-5-7　港区规划平面图

图1-5-8 港区鸟瞰图

大窑湾港区主要规划指标表　　表 1-5-3

项　　目	单位	数量	备注
南岸			
一、岸线长度及泊位数量	m/个	7519/22	
1. 集装箱	m/个	5781/19	
2. 散粮	m/个	656/2	
3. 杂货	m/个	242/1	
4. 支线船泊位	m/个	200/1	
5. 支持系统岸线	m	800	
二、陆域场地	万 m^2	1055	
1. 码头作业区	万 m^2	435	
2. 物流园区及辅助区	万 m^2	620	
湾底			
一、岸线长度及泊位数量	m/个	1130/4	
滚装汽车	m/个	1130/4	
二、陆域场地	万 m^2	384	
1. 码头作业区	万 m^2	92	
2. 物流园区(保税区)	万 m^2	292	
北岸			
一、岸线及泊位数量	m/个	6400/20	
1. 集装箱	m/个	6400/20	
2. 支持系统岸线		330	
二、陆域场地	万 m^2	1300	
1. 码头作业区	万 m^2	575	
2. 物流园区	万 m^2	680	
3. 其他	万 m^2	45	

图 1-5-9　港区现状图

3. 航线状况

1998 年大连港每月的集装箱航班数仅为 129 班，集装箱班轮航线以香港、日本及韩国等近洋航线为主，基本以喂给运输为主。

1997 年，中远集团在大连开辟了大连至美西的集装箱远洋干线，这也是大连口岸的第一条远洋干线，DCT 成立后，开辟集装箱远洋干线逐渐成为港口的重点，1997 年至 2002 年共开辟了 5 条远洋航线。至 2001 年底，大连港的集装箱航班每月已达 250 班，其中，中远洋航班为 28 班/月，近洋航班为 149 班/月，内支线、内贸线为 73 班/月。

2003 年，国家提出把大连建设成为东北亚重要的国际航运中心，在此形势下，大连港的集装箱航线进一步发展，相继开辟了 4 条远洋航线，使大连港远洋航线达到了 9 条，近洋航线达到 42 条，内贸、内支线的满载率也有所提高。至 2005 年，大连港共开辟航线 70 条，其中外贸航线 61 条，内贸航线 9 条；外贸航线中，远洋航线 10 条，近洋航线 51 条；近洋航线中，日本线 25 条，韩国线 13 条，台湾线 3 条，东南亚线 2 条，印度线 1 条，香港线 1 条，内支线 6 条；月航班 300 多航次，航线遍及世界上 300 多个港口。

大窑湾港区泊位状况表 表 1-5-4

序号	泊位名称	所属单位	投产时间（年）	主要用途	泊位等级（万吨级）	岸线长度（m）	年通过能力
1	0#泊位	大连港集团公司	1998	散粮进口	8	418	300 万吨
2	1#泊位	大连港集团公司	1998	散粮出口	3	238	150 万吨
3	2#泊位	大连港集团公司	1993	通用散杂	3	242	60 万吨
4	3#泊位	DCT	1993	集装箱	3	311	170 万 TEU
5	4#泊位	DCT	1993	集装箱	3	267	
6	5#泊位	DCT	1996	集装箱	2.5	248.5	
7	6#泊位	DCT	1998	集装箱	5	319.5	
8	7#泊位	DCT	2001	集装箱	5	334	
9	8#泊位	DCT	2001		1	200	
10	9#泊位	DPC	2006	集装箱	1	185	15 万 TEU
11	10#泊位	DPC	2006	集装箱	1	177	15 万 TEU
12	11#、12#泊位	DPCM	2005	集装箱	5	652	70 万 TEU
13	13#～16#泊位	DPCM	2006～2010	集装箱	10	1445	210 万 TEU
14	17#～22#泊位	DICT	2006～2010	集装箱	10	1842	300 万 TEU
15	23#～25#泊位	大连汽车码头有限公司	2006～2007	汽车滚装	5 万 GT	640	78 万辆
16	合计					7519	510 万吨、780 万 TEU、78 万辆

2004 年东北地区港口集装箱吞吐量情况表 单位：万 TEU 表 1-5-5

航 线	大连港	丹东港	锦州港	营口港	总计	大连港比例
国际航线	199.9	7.1		3.5	210.5	94.96%
内支线	13		2.8	3.0	18.8	69.15%
内贸线	7.3	2.0	7.5	51.8	68.6	10.64%
合计	220.2	9.1	10.3	58.3	297.9	
比例	73.9%	3.1%	3.5%	19.6%	100.0%	

4. 到港船舶情况

大连港到港外贸集装箱船大型化趋势日益明显，但大型船舶的比例还不是很高。1995 年到港船型全为载箱量 1000TEU 以下，2002 年出现了 5000TEU 以上船舶，2003 年投入的 3 条远洋航线中最大船型已经达到 6416TEU，2004 年到港最大船型为 8500TEU（中海）。由于经营远洋集装箱班轮航线的船公司，如中远、中海、马士基等的实力都比较雄厚，今后订造的集装箱船也多在 5000 TEU 以上，这些船公司也有将现状 3000TEU 集装箱船型更换成 5000TEU 以上船型的计划。

大连港目前大型船舶到港比例不是很高，主要原因是远洋航线不多，而目前最密集的日韩航线多为 1000 TEU 以下的船舶。考虑东北经济的振兴等因素，根据其他同类港口的发展经验和港口经济发展的一般规律，大连港正处在转折点上，随着运量的进一步增长，远洋航线将显著增加，到港集装箱船型将进一步向大型化方向发展。

三、大窑湾港区项目建设情况

1. 起步工程（一期）选址与平面布置

（1）工程选址

大窑湾（图 1-5-10）作为大连港新港区的选址工作始于 20 世纪 80 年代初，当时由交通部水运规划设计院和大连港口局共同进行了“大连港大窑湾选址可行性研究”，1984 年 5 月交通部主持召开了选址可行性研究的审查会。根据交通部审查意见，交通部水运规划设计院于 1984 年 12 月编制完成了《大连港大窑湾港区新建工程工程可行性研究报告》，总规模按照 10

图 1-5-10　开发前的大窑湾全景

个泊位考虑,起步先建设4个泊位。

对于大窑湾起步工程的选址,交通部水运规划设计院进行了深入细致的研究和论证,提出了南岸、北岸起步的方案,并分别针对南岸、北岸起步方案考虑了多个起步工程位置和平面布置方案。

北岸起步方案的优势在于离后方开发区较近、集疏运距离较短、后方陆域较宽阔;南岸起步方案的优势在于离鲇鱼湾油港较近,依托条件较好,疏浚量较少。在后续的研究过程中方案又几经演变(图1-5-11和图1-5-12),最终确定由南岸起步建设,并逐步形成一期工程目前的布局。

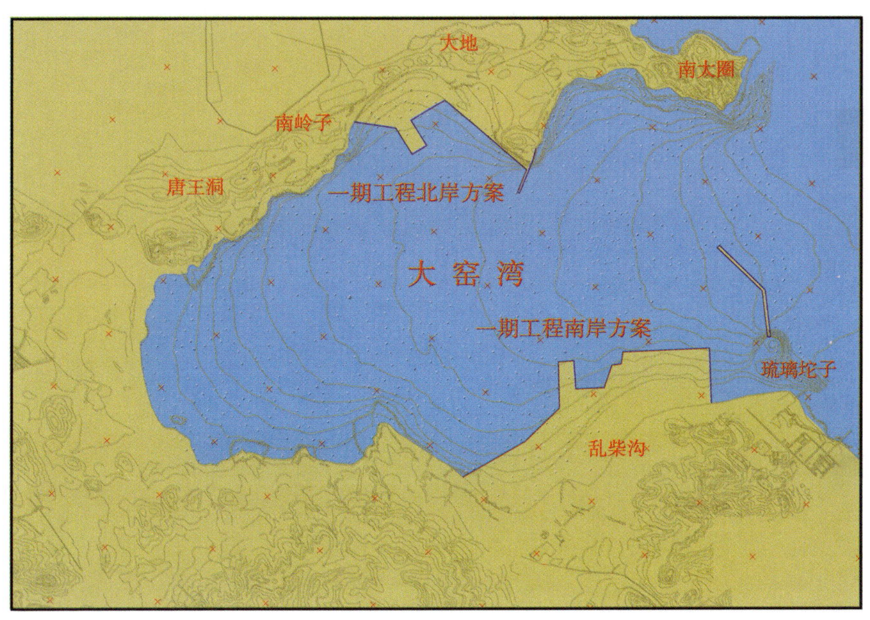

图1-5-11　一期工程南北比较方案

(2)平面布置

大窑湾港区的建设从南岸起步,从湾口向湾底延伸。大窑湾一期的建设规模包括南防波堤、1# ~10#泊位以及420m工作船岸线,后来根据需要在防波堤内侧改造了0#散粮泊位。平面布置见图1-5-13。

大窑湾一期建设开始于1988年,集装箱泊位岸桥轨距采用22m,堆场采用轮胎场桥,3# ~5#前方作业区宽46m(码头前沿至场桥前轮),泊位后方布置9条箱区;6#、7#泊位为5万吨级泊位,为了增加前方作业区面积,减掉一条箱区,前方作业区宽76.1m。港区内重箱场地后方布置了空箱场地、铁路装卸线及铁路拆装箱库、公路拆装箱库等设施,港内功能比较齐全。港区

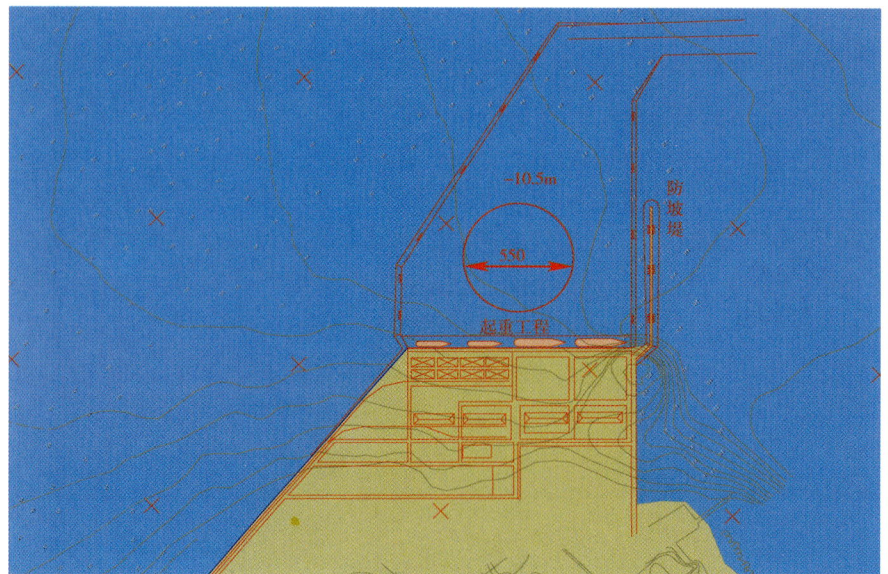

图 1-5-12　起步工程平面方案

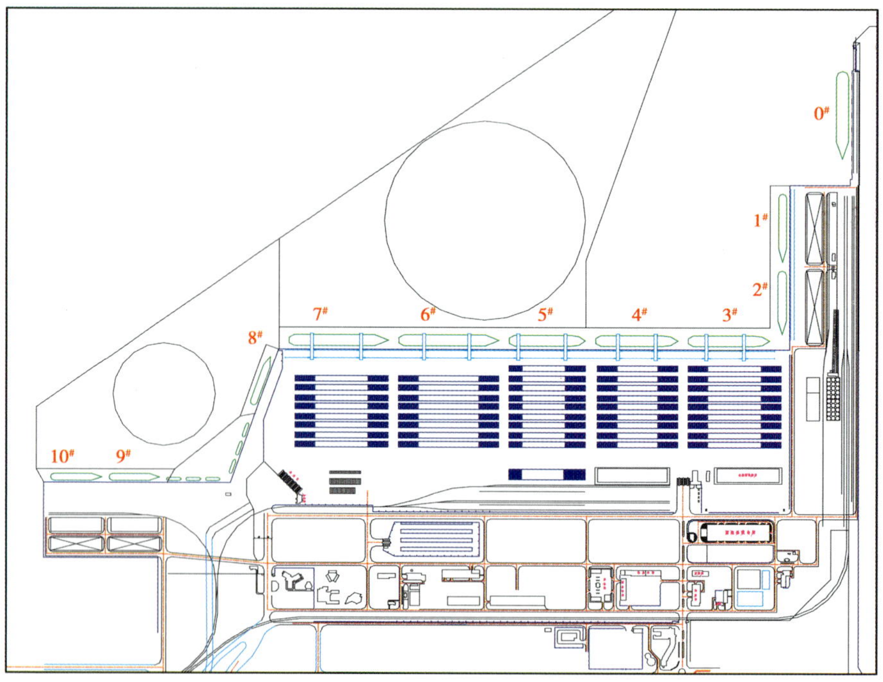

图 1-5-13　大窑湾一期平面布置图

设置了东西两个大门，东侧大门有 6 个通道，3 进 3 出，目前主要通行空箱及空车；西侧大门设置 12 个通道，为 6 进 6 出，大门通过立交桥直接与海关查验区大门相连，为目前港区主要进出港通道。

港区布置上考虑了装卸作业和辅助功能的分离，辅助设施多布置在港区后方，包括港外集装箱场站，生产、生活辅助设施，修洗箱设施等，危险品箱也集中布置在港外靠近港区区域。港内陆域纵深 475m，考虑港外配套设施，陆域纵深达到 765m。

在当时条件下，大窑湾一期工程在泊位等级、港区规模、专业化水平、管理水平等方面均达到了当时的世界先进水准。港区布置上功能齐全，同时考虑了装卸和辅助功能的适当分离，符合集装箱港区的作业特点。

目前，大窑湾一期集装箱码头仍然是大连港集装箱运输的主力。

2. 大窑湾二期工程

大窑湾二期工程建设开始于 2002 年初，最初的二期工程规模为 5 个泊位，泊位功能为集装箱和多用途，后来随着研究工作的深入和运量发展调整为全集装箱泊位。

(1)工程选址

大窑湾二期工程的平面确定经历了两个过程。首先是工程选址，继一期工程之后，大窑湾二期工程同样论证了南岸、北岸建设的可行性，进行了技术经济比较，部分平面比选方案见图 1-5-14 ~ 图 1-5-16。最终考虑一期工程已经建成投产，具备比较完善的依托条件，二期工程确定在南岸，紧邻一期工程进行建设。

第二阶段主要针对二期工程码头前沿线位置和布置型式进行专题研究论证，重点研究了陆域纵深、基岩埋深、泊稳状况等，最终确定为平行一期码头前沿线，向海侧平移 652m 的布置方案，由此在二期工程东侧形成 652m 长的岸线，经过比较论证，确定该段岸线加以利用，形成两个集装箱泊位，即 11#、12#泊位(图 1-5-16)。目前 11#、12#泊位已建成投产，二期工程预计 2010 年前建设完成。

(2)平面布置

大窑湾二期工程紧邻一期工程 10#泊位建设，考虑基岩以及增加陆域的因素，码头前沿线在 9#、10#泊位基础上向海侧平移 652m，建设规模为 4 个 7 ~ 10 万吨级泊位，东侧 652m 直立岸壁加以利用，形成 2 个 2 ~ 5 万吨级泊位。港区平面布置见图 1-5-17。

与大窑湾一期相比，二期工程有如下变化：

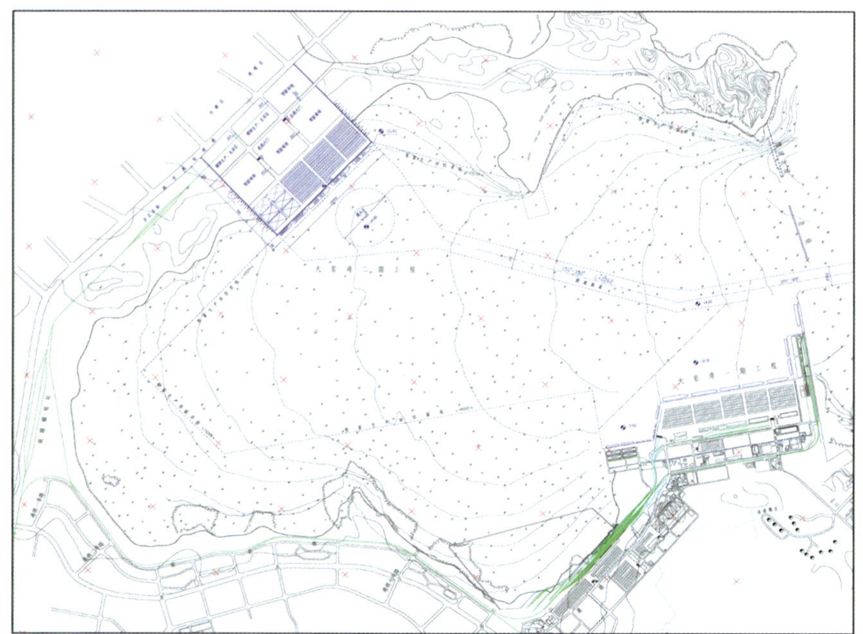

图 1-5-14　大窑湾二期比选方案一

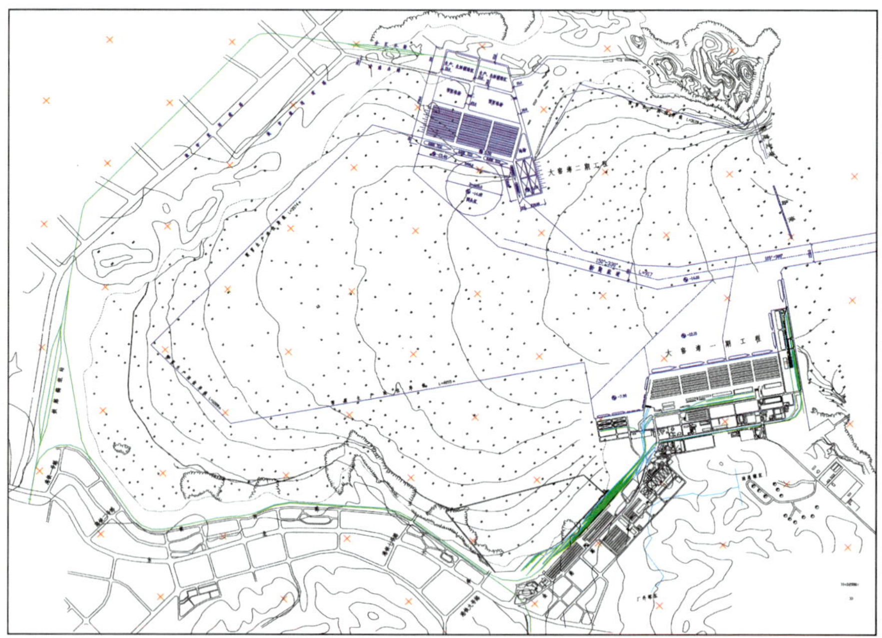

图 1-5-15　大窑湾二期比选方案二

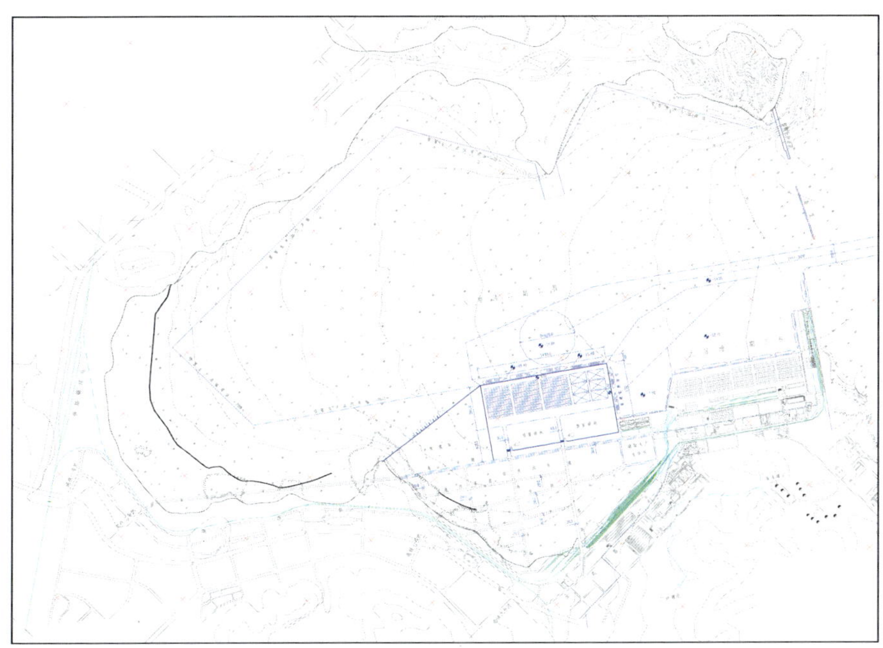

图 1-5-16　大窑湾二期比选方案三

码头吨级加大，泊位等级按照 10 万吨级设计，前沿底标高 -16.0m，可以兼顾未来 15 万吨级船舶靠泊；

设备规格增大，岸桥参数为吊具下 50t、外伸距 55m、轨距 35m，与泊位等级相适应；

前方作业区宽度增大，为 69.5m，从前向后依次布置了岸桥、仓盖板堆存区和 2 个集卡通道，以满足前方高效作业的要求；

重箱堆场增加，布置了 18 条重箱箱区，堆存能力增大；

港区功能更加专业化，港区内没有设置拆装箱、修洗箱以及其他生活辅助设施，只保留了装卸、堆存等基本功能；

港区大门采用智能大门系统，基本实现了无人值守作业，提高了大门的通过效率。

二期码头等级、标准较高，功能设置上更加符合港区生产高效率、专业化，辅助功能社会化的发展趋势。

3. 大窑湾三期工程

(1) 工程选址

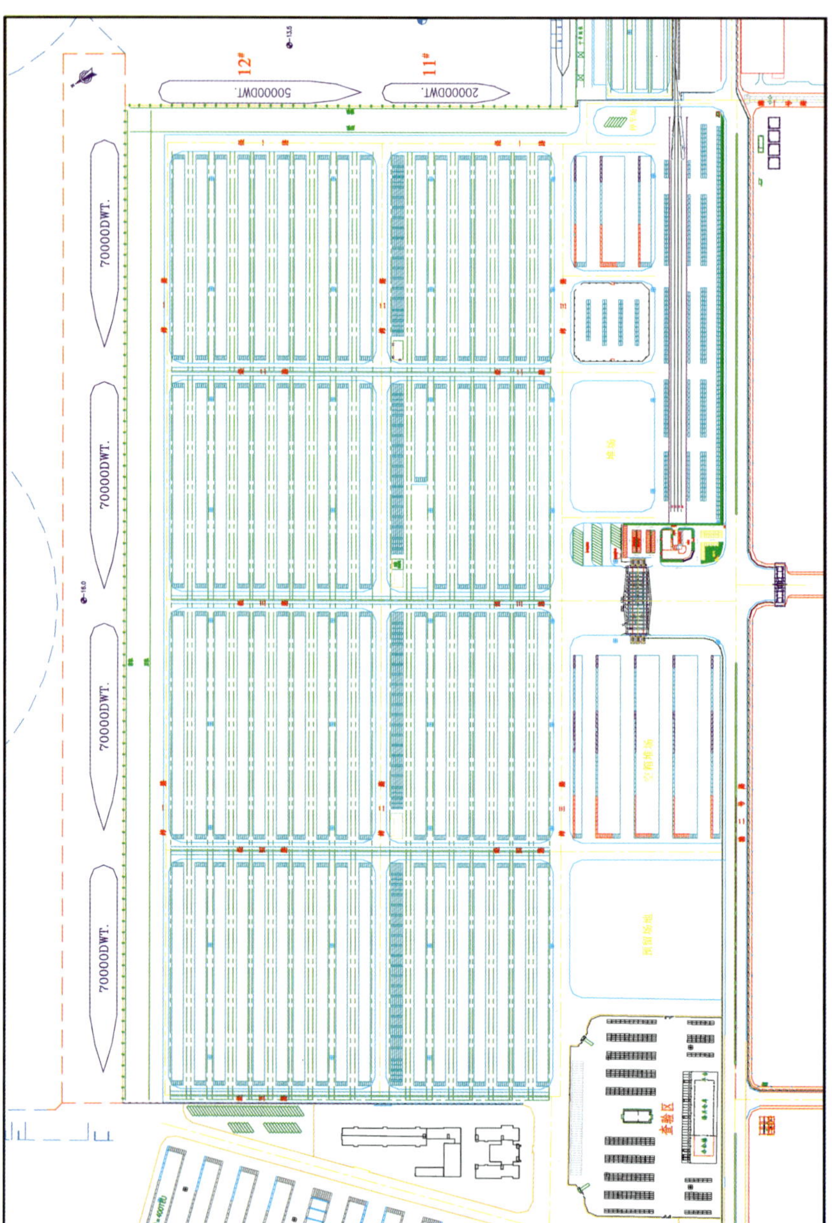

图 1-5-17 大窑湾二期平面布置图

大窑湾三期工程建设开始于2004年，建设规模为6个3～10万吨级泊位，工程预计在2007～2010年间分期投产。

由于二期工程以及汽车码头工程的建设，大窑湾南岸格局基本确定，三期工程建设位置可选择的余地不大，只是结合周边工程，以及后方公路、铁路集疏运体系，港区排洪设施等条件，进行了码头前沿线和平面布置的比选，并最终确定平面布置(图1-5-18)。

(2)平面布置

三期工程沿二期工程向西延伸，与二期工程规模相当，码头岸线长度为1842m，前沿停泊区底标高－16.0m。与二期工程的主要差别在于两点，一是岸桥规格进一步增大，为吊具下65t、外伸距65m、轨距35m；二是堆场装卸设备采用轨道式场桥。

设备规格的增加在目前还不是很必需，主要是着眼于长远，为将来有所预留，轨道场桥的采用则是本工程的一大特色。

轨道场桥方案经历过反复的考察、论证和技术经济比较，由于其在运营效率、运营费用、故障率、环保、运营风险(油价不稳定)等方面的优势，最终得以采用，确定的设备规格为吊具下41t、轨距32m、两侧带悬臂。重箱箱区平行码头布置，共布置了10条，每个箱区布置10排重箱。箱区间两轨间宽度为22m或24m(设置高杆灯)，布置4条集卡通道。

前方作业区宽度为77.5m，较二期有所增大，主要是考虑场桥两侧悬臂下集卡作业以及前方集卡车通行的需要，岸桥轨距及仓盖板堆存区的设置与二期工程相同。

对大窑湾一、二、三期工程进行纵向比较，可以发现现代集装箱港区大型化、专业化、自动化及更加注重资源利用与环境保护的发展趋势。

大窑湾港区一期、二期、三期工程主要参数见表1-5-6。

4.物流园区及辅助区

大窑湾一期工程港区功能布置较全，二期以及三期工程港区内没有设置拆装箱、修洗箱等设施，这部分功能需要在港外解决。由于大窑湾港区地形以及铁路布置的特点，在大窑湾港区后方形成面积约2km^{2}的相对封闭区域，这一区域布置为物流园区，主要满足大窑湾集装箱港区物流服务功能。物流园区围网内面积约1.5km^2，功能主要包括堆存、拆装箱、转运、仓储等，具有保税功能。园区设置3个卡口，东侧卡口为早期进出通道，园区建设完成后主要便于与一期港区的连接；北侧卡口正对二期集装箱大门，卡口为无人值守卡口，设置自动识别系统，作为与港区联系的专用通道，通过

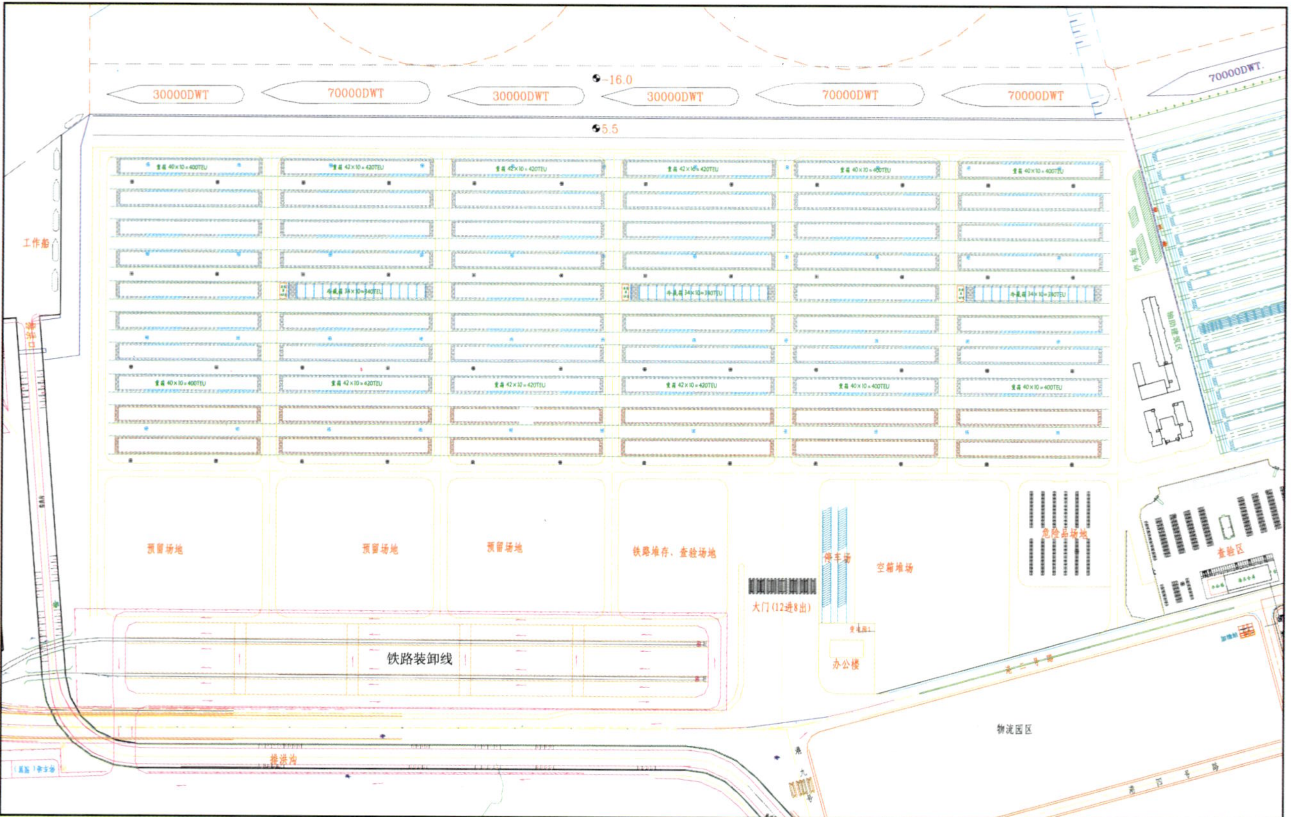

图 1-5-18　大窑湾三期平面布置图

采用海关监控车辆实现“区港联动”，港内、园区间的集装箱往来不需通过海关查验；西侧卡口为对外主要通道，通过6号立交桥直接与主要疏港路东北大街相连。物流园区平面布置见图1-5-19。

大窑湾集装箱港区基本参数表　　表1-5-6

序号	项目	一期(DCT)	二期(包括11#、12#泊位)	三期
1	开工时间	1987	2002	2004
2	完工时间	2001	2010前	2010前
3	泊位数量(个)	5	6	6
4	泊位长度(m)	1480	2097	1842
5	泊位水深(m)	-12.1/-14.0	-16.0	-16.0
6	码头前沿宽度(m)	46/76.1	69.5	77.5
7	陆域纵深(m)	475	870	1057
8	陆域面积(万m^2)	71.8	125.7	206.6
	其中：堆场(万m^2)	47.3	85.8	129.1
9	岸桥数量(台)	13	4(22)	(22)
10	场桥数量(台)	37	(66)	(63)
11	进出道口(个)	12+6(9进9出)	16(9进7出)	20(12进8出)
12	设计通过能力(万TEU)	170	280	300
13	吞吐量(万TEU)	195.5		
14	建设投资(亿元)	40	50.7	58.8
15	码头结构	沉箱重力式	沉箱重力式	沉箱重力式

另外，港区的后方还有铁路车场、关检办公区、商务区等其他辅助设施，与港区直接相关的后方设施面积约6.2km^2。

5. 大窑湾北岸集装箱港区

最新的总体规划中，大窑湾港区的功能定位主要是集装箱，兼顾部分散粮和滚装汽车。已建和在建工程中，南防波堤内侧的泊位陆域狭窄，0#、1#泊位为粮食泊位，2#泊位为杂货泊位；湾底为滚装汽车泊位，于2006年建成投产。大窑湾港区集装箱码头进展情况见表1-5-6。

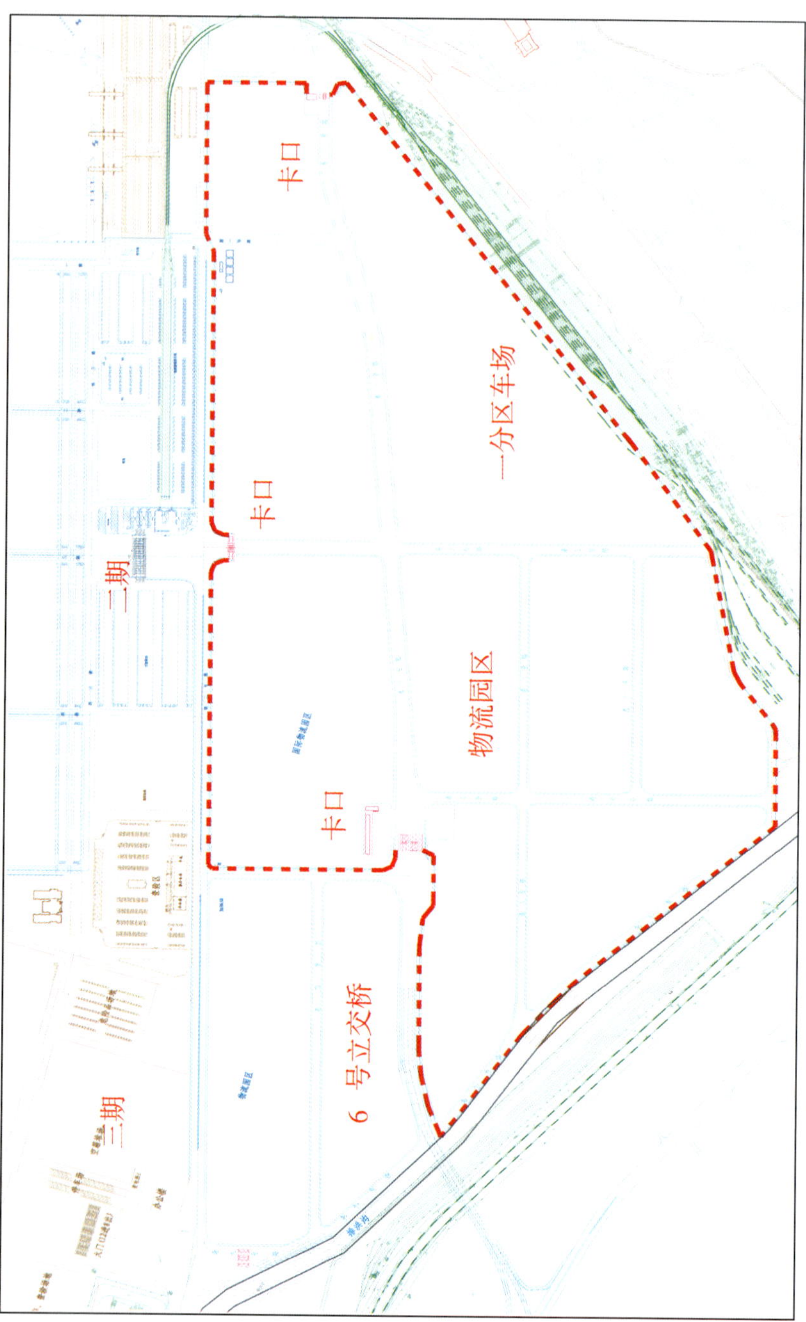

图 1-5-19　物流园区平面布置图

大窑湾北岸包括的范围为湾口南大圈至湾底规划疏港路，自然岸线弯曲，长约10km，其中南大圈到草坨子区域为狭长半岛，长约4.3km，最窄处陆域宽度仅约150m，最宽处约1000m。大窑湾北岸定位为专业化集装箱港区，可形成深水岸线6400m，目前政府已经进行了一定的前期准备工作，为北岸的开发创造条件。

关于大窑湾北岸岸线布置，中交水运规划设计院结合大窑湾北岸详细规划，于2005年6月进行了大窑湾北岸集装箱码头岸线专题论证。

从对船舶进出港、靠离泊操作的影响，波浪的影响，潮流的影响，对陆域布置的影响，岸线资源利用，地质条件等几个方面对于影响码头岸线方案的主要因素进行了分析。形成了长顺岸的布置型式。岸线分成两段，湾底段长2000m，轴线方位为108.59°~288.59°，湾口段长4480m，轴线方位为121.25°~301.25°。两段岸线夹角12.66°。

6. 集疏运条件

大窑湾集装箱港区的后方集疏运体系包括铁路和公路(图1-5-20)。

(1)铁路

铁路港前站为设在湾底的金桥站，现有港区第一分区车场位于物流园区南侧，距金桥站约7km，通过第一分区车场接装卸线进入一期和二期集装箱港区，装卸线长度均为半列。在三期工程后方拟建设铁路金港车站，满足整个大孤山区域港口铁路需求，同时平行金港车站设置大连铁路集装箱中心站，三期工程铁路装卸线和集装箱中心站一并考虑。

(2)公路

目前大窑湾南岸集装箱疏港通过港内道路金港路与东北大街连接，经东北大街连接开发区、市区以及腹地。伴随二期工程以及物流园区的建设，在物流园区西卡口建设了6号立交桥，跨过铁路和排洪沟直接连接东北大街，成为另一条连接东北大街的港内道路。与三期工程同步，目前大窑湾港区第二条快速疏港路正在建设，该快速路向外穿越开发区，直接连接沈大高速公路，向内经过湾底汽车码头，二期、三期工程后方直至一期工程，贯穿整个大窑湾南岸、湾底港区。快速路港外为双向8车道，港内段双向6车道，建设完成后将成为大窑湾港区主要疏港通道。

7. 码头水工结构

大窑湾港区地质条件比较适合码头建设，码头岸线位置基岩埋深一般在-10.0~-20.0m之间，多在-15.0m以下，基岩以上分布有碎石、粘土、

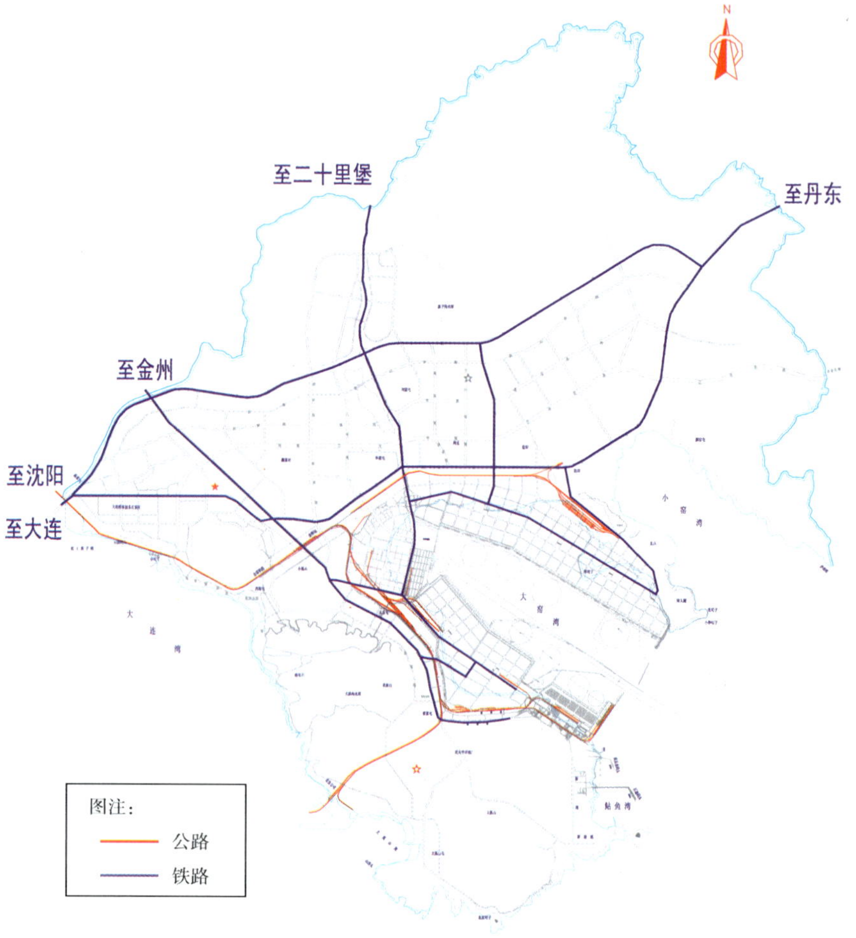

图 1-5-20 大窑湾港区集疏运系统图

淤泥等，泥面标高在 -3.0（湾底）~ -10.0m（湾口）。码头结构适合采用重力式结构，以基岩作为持力层，大窑湾南岸及湾底已建和在建泊位中，除工作船码头采用方块结构外，均采用重力式沉箱结构。码头结构标准断面见图1-5-21。

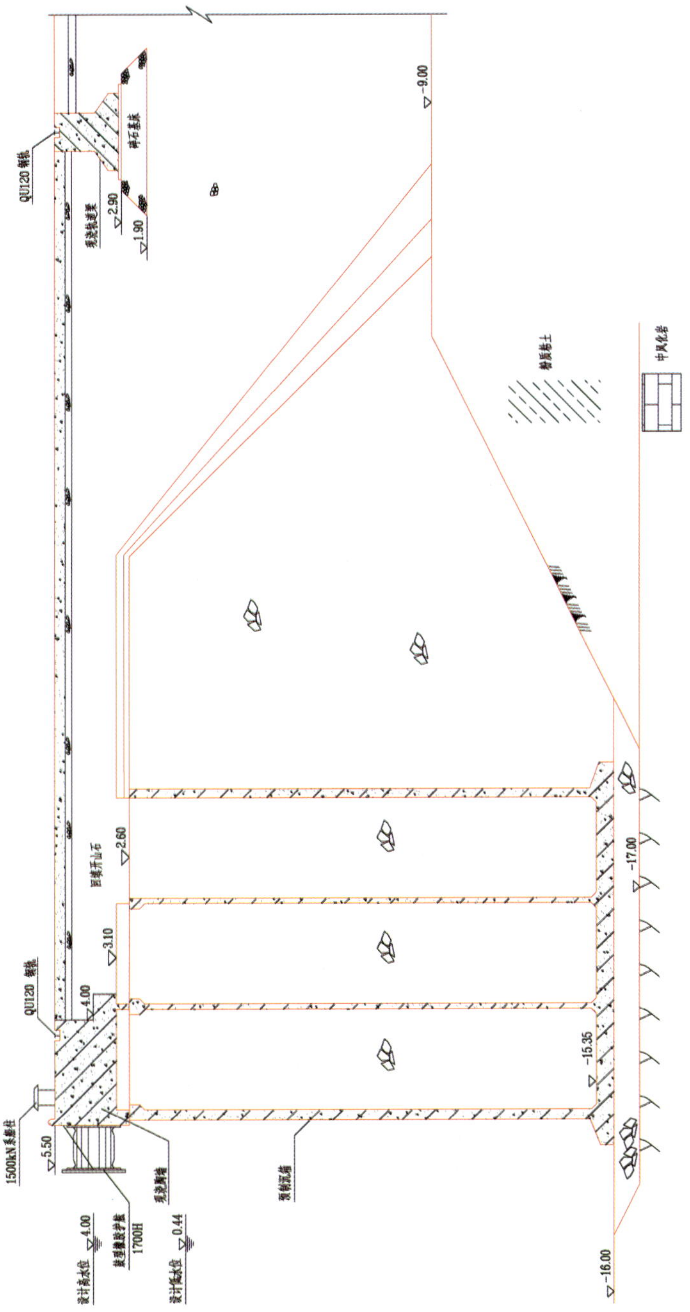

图 1-5-21　码头结构标准断面图

第四节　港 区 评 述

一、岸线布局

集装箱码头的作业特点决定了集装箱码头岸线应采用顺岸布置。在大窑湾港区已建和在建的集装箱码头中,码头岸线均采用顺岸布置,且顺直岸线长度均在1400m以上(一期1480m、二期1445m、三期1842m,见图1-5-22),可以满足4～6艘船舶同时靠泊,码头规模比较适宜,便于码头管理和经营。三个码头在整体上也基本呈顺岸布置的型式,保证了港区陆域的规整以及水域的顺畅,便于船舶航行、靠泊。

二、陆域布置

在港区陆域布置上,三个码头均考虑了集装箱港区高效率、大堆场的特点,陆域纵深较大。特别是一期工程,整个码头区陆域纵深达到765m,在当时条件下,具有较强的前瞻性,从而保证了一期码头经过十几年的运营仍能满足发展需求,陆域场地没有成为码头发展的瓶颈。二期和三期工程陆域进一步加大,其中二期工程陆域纵深870m,且紧邻后方布置了物流园区;三期工程陆域纵深1057m,码头堆场能力超过码头前沿作业能力,充分满足码头发展需要。

三、集装箱大门

大连港集装箱码头管理采用了比较先进的管理系统,港区大门通过效率较高,一期码头经过多年运营,基本没有出现堵车现象。从二期工程开始,集装箱大门进一步采用了智能大门,实现了集装箱大门的无人值守作业,进一步提高了通过效率,同时也使大门通道数量相应减少。

四、港区配套功能

大窑湾南岸已经形成具有相当规模的集装箱港区,从而也为港区辅助设施的专业化、社会化创造了条件。整个港区的水、电、通信等基础配套设施统一规划,港区生产、生活辅助设施也实现了专业化运作。在一期码头后方,分布了一些物流企业,进行拆装箱、修洗箱等集装箱码头配套服务,在二期工程和三期工程中,码头前方均没有考虑拆装箱、修洗箱等生产辅助功

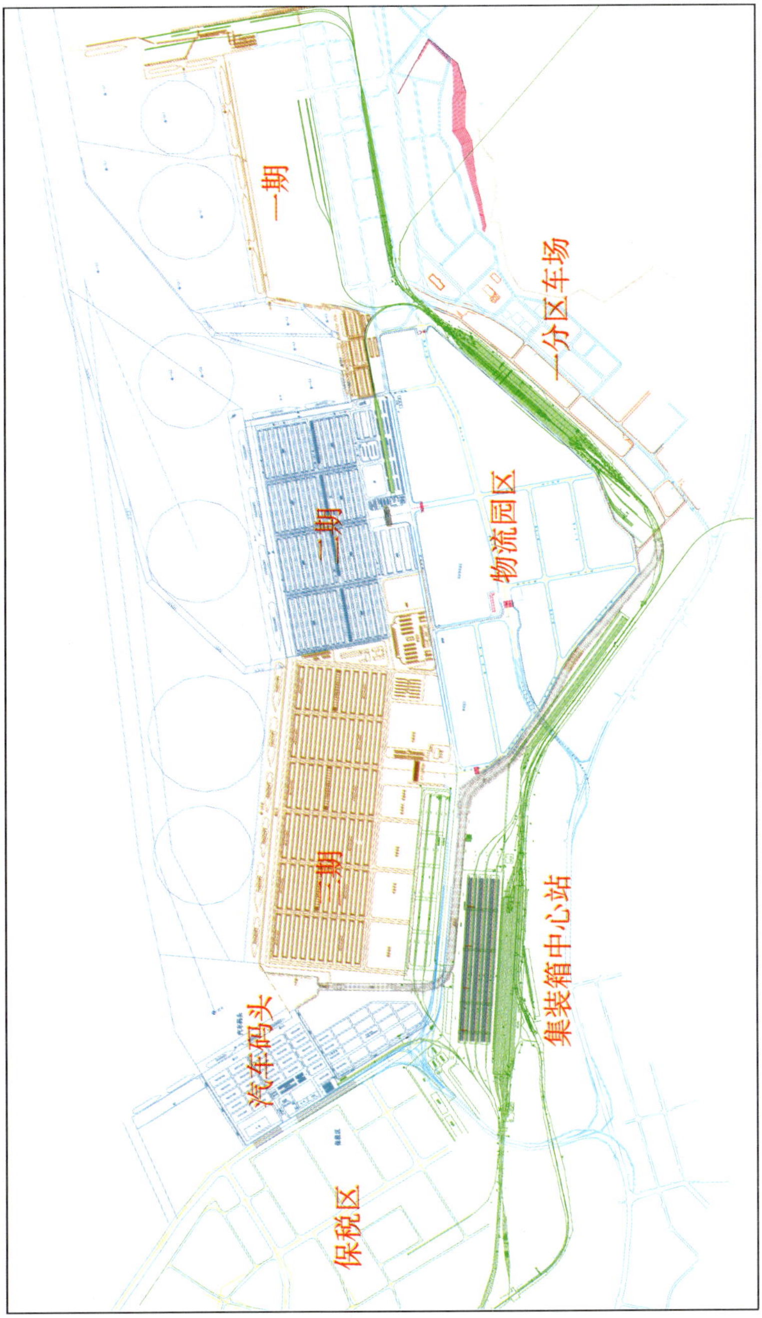

图 1-5-22 大窑湾南岸港区平面图

能,其相关业务依托后方专业化物流企业,在分工协作的基础上实现了整个港区的专业化运作。

五、交通组织

集装箱港区的交通顺畅非常重要,这包括两个层面:一是码头内部交通要顺畅;二是对外衔接要便利。在大窑湾集装箱码头设计中,交通作为一个重点来考虑。大窑湾南岸港区的交通组织相对比较复杂,不仅公路铁路交叉较多,而且受到地形高差的制约。在二期、三期工程中,码头内部均采用了交通仿真模拟,对路网布置、道路参数、交通组织进行验证和优化;对于整个南岸港区的交通也进行了专题研究,先后修建了金港路立交桥、6 号立交桥,并结合疏港快速路的规划建设形成了贯穿整个港区的主干路港二号路,使南岸港区的公路交通基本满足了港区需要。

六、查验及海关监管

集装箱码头的海关监管是码头设计中的一个重要问题,和集装箱大门、道路设置以及业务流程都直接相关。一期码头海关设在金港路末端,离一期码头大门较远,且海关大门和港区大门中间有铁路穿行。为了解决上述问题,专门修建了金港路立交桥,把海关大门和港区大门直接相连,同时跨越港区铁路。这种布置方式方便了一期码头和海关之间的联系,但同时也限制了海关业务的拓展,其他码头在利用一期码头海关查验设施上有一定难度。

二期和三期工程设计中,经与海关反复协商,改变了原来的查验模式,把海关查验设施布置在二期和三期工程中间区域,同时兼顾两个码头,另外查验区布置在码头区内,对港区交通影响也很小。

七、集疏运体系及与城市交通体系的衔接

大窑湾港区的集疏运体系包括铁路和公路。在铁路布置上,充分考虑了东北地区铁路比较发达的特点,以及铁路运输所具有的长远的发展潜力,港区铁路进入每个码头作业区;另外虽然港区陆域比较紧张,周边限制条件较多,但还是在三期工程后方布置了铁路集装箱中心站,以实现集装箱港区和集装箱铁路运输的互相促进、共同发展。

公路方面,大窑湾港区原来只有一条疏港路东北大街,且穿越开发区城区,货运车辆与城市形成相互干扰。开发区城区的发展对大窑湾港区形成

包围的态势，大窑湾港区与腹地的公路连接需要穿过开发区城区。在大窑湾港区规划设计过程中，经过与城市规划的沟通、协调，形成了大窑湾港区的规划对外公路集疏运体系，且湾底的快速疏港路已经付诸实施，很快将形成直通沈大高速公路的快速疏港通道，为大窑湾港区的发展提供了保证。

第六章　日照港集装箱港区

第一节　概　　述

日照港位于我国海岸线中部，东临黄海，北邻青岛港，南邻连云港港；隔海与日本、韩国、朝鲜相望（图 1-6-1）。

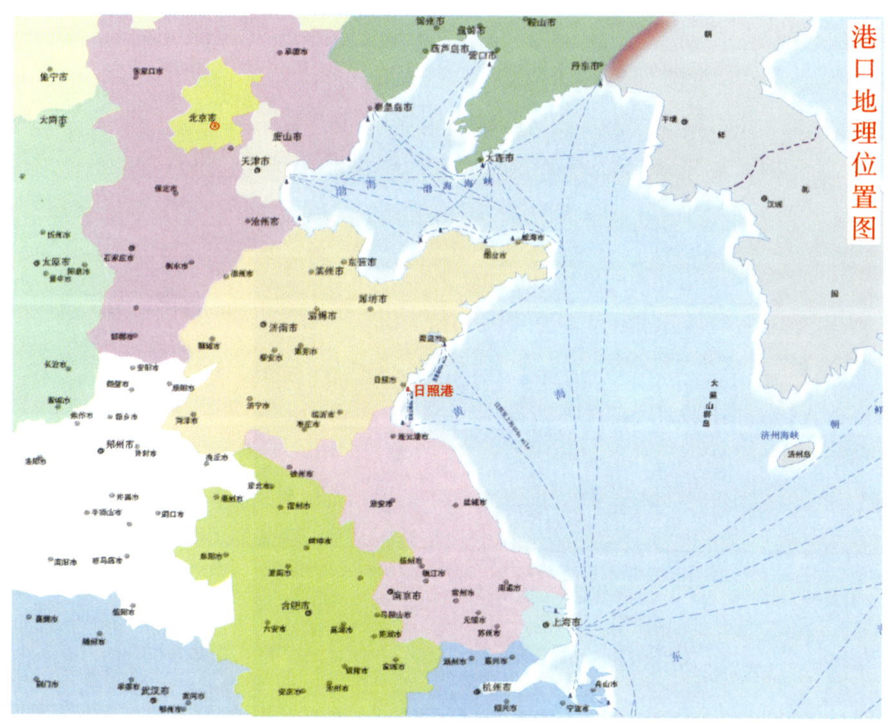

图 1-6-1　日照港港口地理位置图

日照港是伴随着我国改革开放诞生、成长起来的新兴沿海港口，1982 年正式开工建设，1986 年投产运营，是我国沿海 25 个主要港口之一。2005 年日照港完成货物吞吐量 8421 万吨，居全国沿海港口第 11 位，其中集装箱吞吐量 21.4

万 TEU。日照港的总体发展目标是以大宗散货运输为主的综合性港口。

近年来，随着腹地经济的发展，日照港集装箱吞吐量快速增长，根据日照港总体规划，在集装箱运输方面将逐步从以内贸集装箱运输为主的港口，发展成为内外贸运输并重、近洋集装箱运输占相当比重的集装箱运输支线港。

2005 年以前，日照港一直利用原东港区 7#通用件杂货泊位进行集装箱装卸作业。随着吞吐量的不断增长，原有设施已不能满足生产发展的需要。2003 年，日照港决定启动集装箱码头建设工程，并委托我院开展设计工作。我院系统地分析了日照港周边地区既有集装箱码头布局、腹地外向型经济的发展特点、产业结构变化趋势，确定日照港集装箱码头近期定位为喂给、支线港，起步泊位组规模为 3 个集装箱专用泊位，其中 5 万吨级泊位 1 个、3 万吨级泊位 2 个，码头岸线长 844m。

结合日照港集装箱码头岸线附近的基岩埋深，在投资增加不多的情况下，将泊位水深适度加大，以预留今后接卸大型集装箱船，设计中将集装箱码头前沿停泊水域北侧 422m 设计底标高取为 -16.0m；南侧 422m 停泊区设计底标高取为 -17.0m。水工结构按 10 万吨级集装箱码头设计。该工程于 2005 年建成投产。

第二节　港 区 规 划

由我院编制完成的日照港总体规划已于 2006 年 9 月由交通部联合山东省人民政府审查通过。

在日照港的总体规划中，将日照港划分为石臼港区和岚山港区（图 1-6-2）。

石臼港区是以煤炭、铁矿石、粮食、水泥等大宗散货和集装箱运输为主的综合性枢纽港区。石臼港区又分东、西、南、北 4 个作业区，即东作业区、北作业区、西作业区和新规划南作业区，将形成日照港煤炭、铁矿石、粮食、水泥、集装箱、木片等大宗货物中转运输格局，并逐步发展港口综合物流、专业物流。其中西作业区将重点发展集装箱运输业务，充分发挥日照港集装箱支线港的作用并预留集装箱充分发展的可能。日照港集装箱码头就是按照总体规划的要求布置在石臼港区的西作业区，与散粮码头相邻(图1-6-3)。

岚山港区是为腹地经济发展和后方临港工业服务的综合性港区，以石油及液体化工品、大宗干散货运输为主，兼顾粮食、钢铁、木材等散杂货运输，并预留远期发展集装箱运输功能。

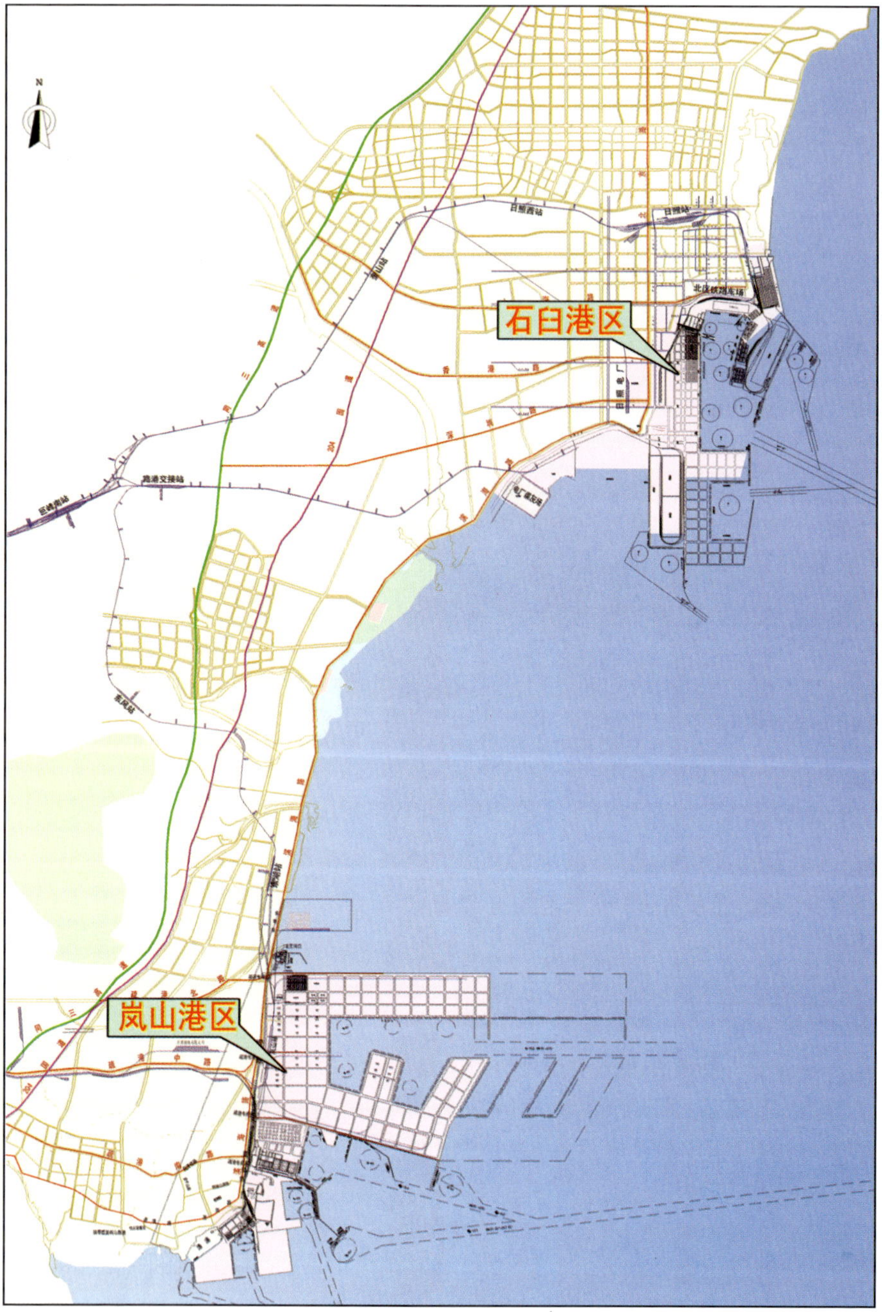

图 1-6-2 日照港总体规划平面图

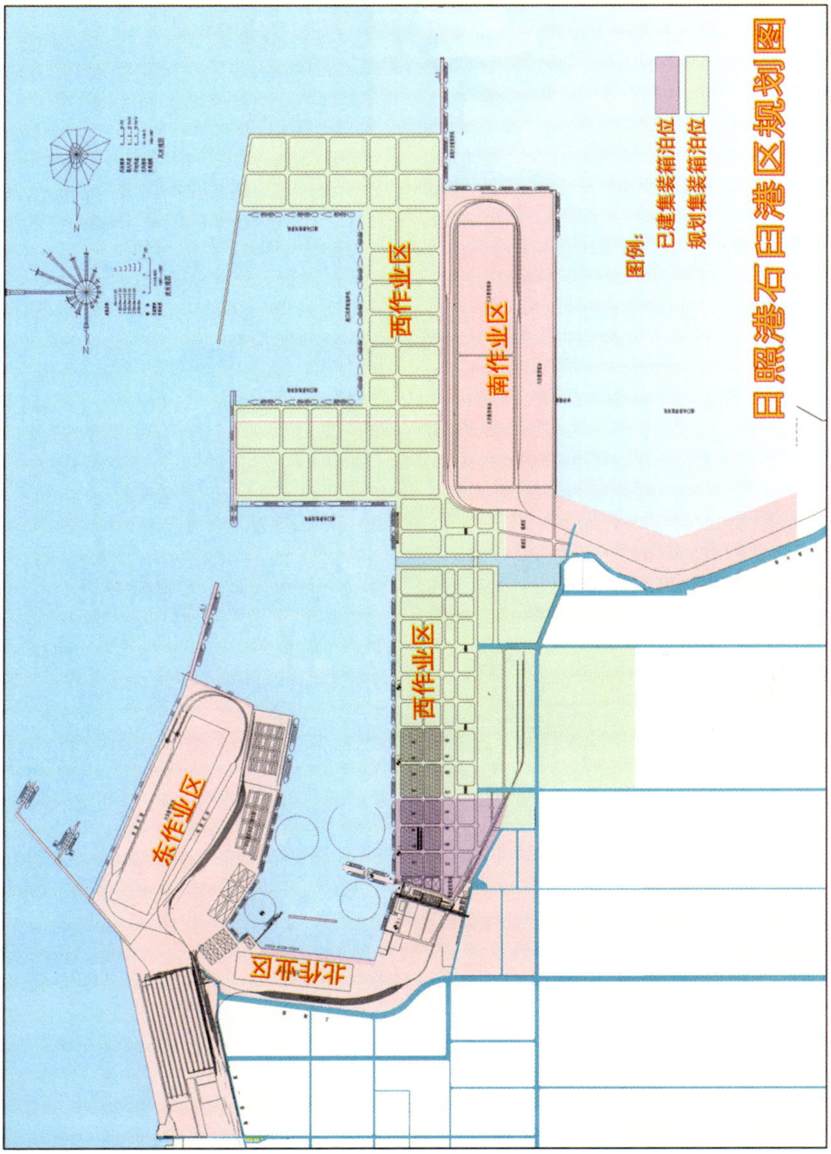

图 1-6-3　石臼港区总体规划平面图

随着腹地经济的发展和港口的扩建，日照港将逐步发展成为设施先进、功能完善、管理高效、效益显著、文明环保的现代化、多功能的综合性港口。

第三节　本港集装箱运输发展前景

一、区位优势

日照港位于山东半岛的南翼，地理位置适中，直接经济腹地包括日照市、山东省中南部、晋东南、晋南、豫北、陕中，人口8000多万，面积18万km^2。间接经济腹地包括甘肃、青海、宁夏、新疆等中原、西北广大地区，人口2亿多，面积约占全国的1/5。我国兰新铁路与哈萨克斯坦土西铁路的连通，为新欧亚大陆桥的形成创造了条件，作为东端桥头堡之一的日照港可能将成为国际海陆运输的重要枢纽之一（图1-6-4）。

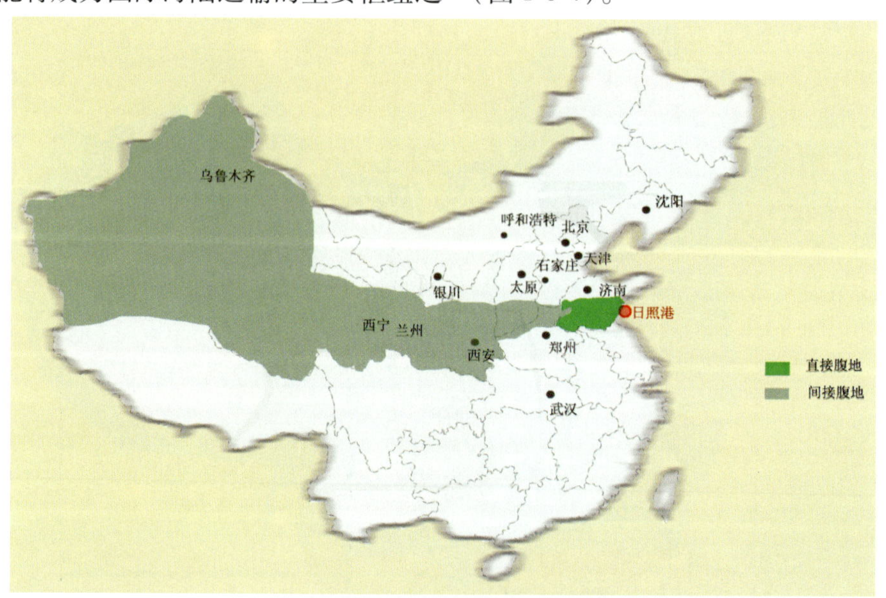

图1-6-4　港口腹地范围示意图

二、交通优势

1. 铁路

连接港口的新菏兖日铁路，经新焦、侯月、侯西线与陇海铁路连通，形成日照港至西北地区的东西向铁路大通道，也是我国“三西”煤炭外运南通道的重要组成部分，与干线路网“八纵八横”之大湛、京广、京九、京沪通道相

连。该通道为国铁Ⅰ级双线铁路，对线路进行局部改扩建后，运输能力达到1.0亿t以上，可以充分满足日照港铁路集疏运的需要。

胶新（胶州—新沂）铁路是我国东部沿海铁路大通道（哈尔滨—烟台—厦门）的一部分，主要承担沿海地区南北向货物的交流任务。此外，山东省规划新建新泰～平邑（地区）、枣庄～临沂的地方铁路。这两条地方铁路的建设，将缩短新泰、莱芜、枣庄地区至日照港的距离，形成最近的出海通道（图1-6-5）。

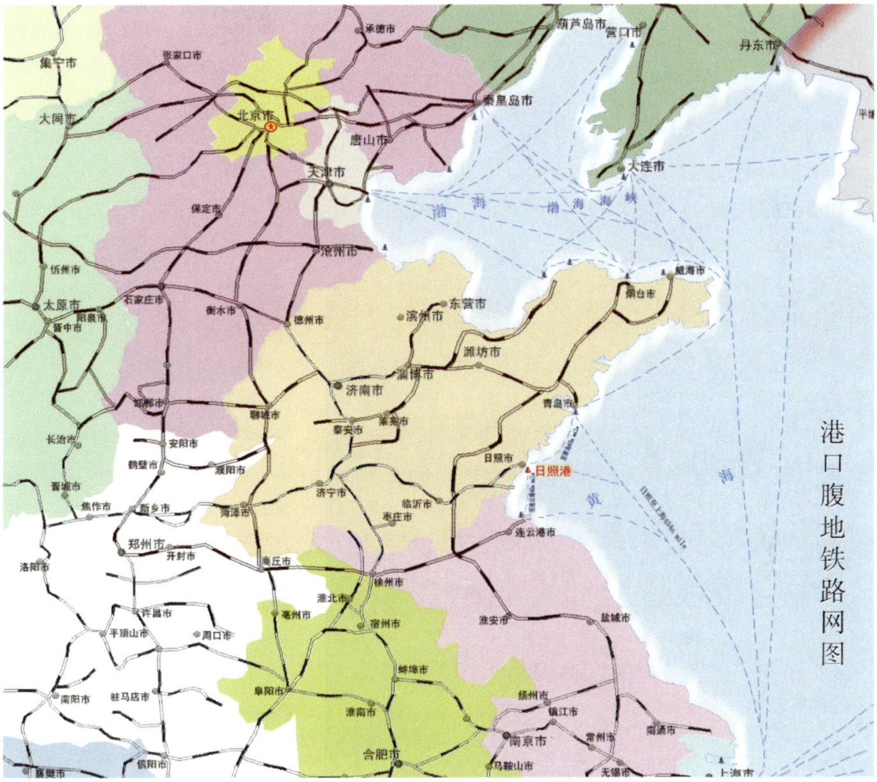

图1-6-5　港口腹地铁路网图

2. 公路

山东省公路运输十分发达，公路重点围绕建设“五纵连四横、一环绕山东”的高等级公路网络，完成国道主干线山东段建设任务，打通省际高速通道，建设省内重要经济干线和交通繁忙路段，提高路网整体服务水平和技术含量。2005年全省高速公路通车里程为3163km，力争到2008年，高速公路通车里程达到4000km，形成布局合理、快速高效、安全舒适的高等级公路网络。与日照港集疏运关系十分密切的日照～东明高速公路已建成通车，这条高速公路的贯通为日照港又增加了一条东西向大能力通道,为日照港开展集装箱运输创造了极好的条件。此外,同江至三亚高速公路日照段已于2003年底建成,日照至潍坊高速公路也已列入计划(图1-6-6)。

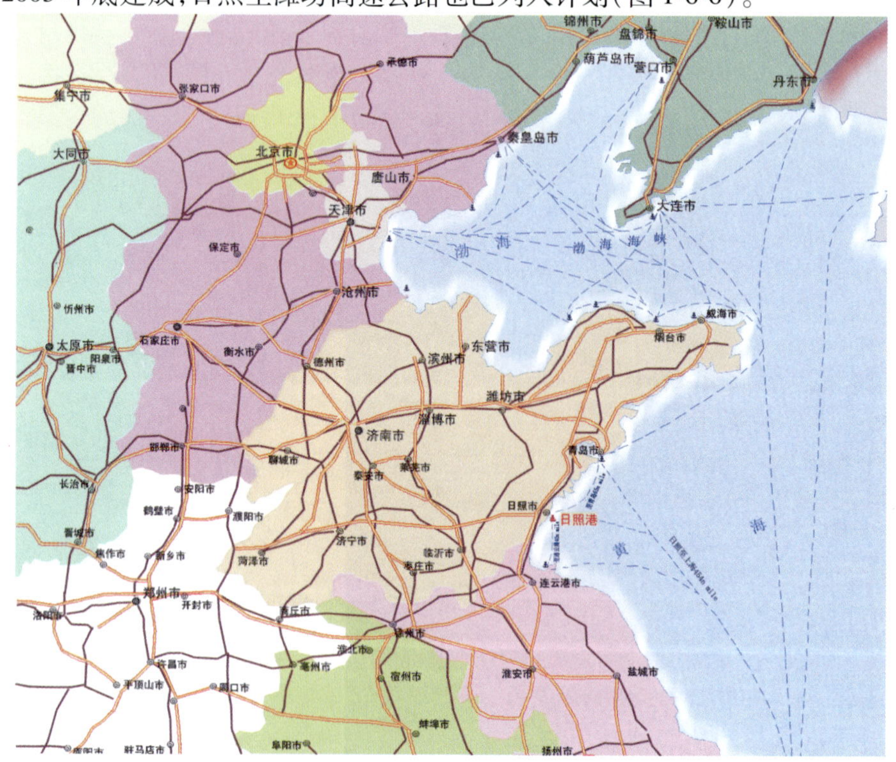

图1-6-6 港口腹地公路网图

3. 水路

水路可以通达国内、国际多个港口,目前日照港已与世界100多个国家和地区通航。

京杭大运河济宁~徐州段已恢复通航,密切了山东与长江三角洲的经济联系。

4. 航空

随着临沂、嘉祥两个机场的改造和运营,开辟了通往国内部分城市的航线,加强了本地区与经济发达地区的空中联系。

三、建港优势

日照港地处中国海岸线的中部,湾阔水深,不冻不淤,陆域平坦宽阔,是

建设大型深水泊位的天然港址，具备发展临海工业和建设大型物流中心的良好条件。且日照港处于苏北浅滩和山东半岛交汇的凹部，在海洋大比例尺图上处于有掩护状态。因而，历史上没有台风直接登陆的记录，也没有破坏性地震的记录。从投资安全性、避免自然灾害等不可抗力方面来讲，日照港优势明显。

四、集装箱运输预测

日照港开展集装箱运输起步较晚，集装箱运量起点低，但发展迅速。1995 年仅完成 110TEU，1996 年完成 0.17 万 TEU，2005 年达到 21.4 万 TEU，年均增长率 71.1%。

日照港 2005 年集装箱吞吐量 21.4 万 TEU，其中出口 10.5 万 TEU，进口 10.9 万 TEU，2000～2005 年的年均增长率为 43.6%。目前，日照港共有集装箱航线 8 条，月挂靠航班约 50 班次，其中外贸 3 条，为日本、韩国航线；内贸 4 条，主要是蛇口、黄埔、广州航线；至青岛的内支线 1 条。根据调查分析，日照港现有集装箱全部来自山东本省，主要来自日照市、临沂市、枣庄市、济宁市、菏泽市，由公路集疏运。

2005 年日照港外贸集装箱吞吐量为 5.2 万 TEU，占山东省的 1.04%。日照、临沂及鲁西南地区 2005 年经青岛港进出口外贸集装箱为 40 万 TEU，如果这部分运量中 80% 经日照港运输，则日照港外贸集装箱吞吐量占山东省的市场份额可以提高到 7.44%。

根据日照港腹地集装箱运输需求的发展趋势，考虑周边港口的竞争条件，高方案为日照港 2010 年、2020 年承担的山东省外贸集装箱量分别为 130 万 TEU、370 万 TEU，占全省比例分别为 13.5%、19.0%。低方案分别为 80 万 TEU、270 万 TEU，占全省比例为 8.3%、13.8%。较现状比例有所提高的原因：一是日照市临海产业发展较快，对集装箱的运输需求增大；二是日照港的优势腹地（日照、临沂、济宁、菏泽、枣庄等）外向型经济发展很快，这些地区的集装箱经日照港运输的运距短、费用低，据测算，与经青岛港相比，陆上运费大约节省 200 元/TEU；三是日照港集装箱泊位建成后，航线、航班密度加大，管理水平、服务质量提高，将会吸纳更多集装箱来日照港转运。

河南、山西、陕西、甘肃、宁夏、青海、新疆等省区的外贸集装箱主要经青岛港、连云港、深圳港、天津港外运，这几个港口的集装箱运输条件较好，集装箱航线较多，航班密度大，导致日照港目前的市场份额较小。目前，日照港已与青岛港合作经营集装箱业务，随着集装箱多式联运的开展以及集装箱吞吐量增加后带来的规模积聚效应，日照港市场竞争力将增强，预测2010年、2020年省外腹地经日照港的外贸集装箱量分别为10万TEU和50万TEU，主要是至日本、韩国的近洋集装箱。

日照港2005年的内贸集装箱吞吐量为16．15万TEU，近几年的增长速度均在50%以上。日照市临海工业的跨越式发展，必将带动贸易、金融、房地产、运输等产业的蓬勃发展，日照市在国内的辐射力和影响力大大增强，货物大进大出的流通格局正在形成，尤其是纸张、糖、豆粕的运输量较大。预测2010年和2020年内贸集装箱吞吐量分别为60万TEU和80万TEU。

综合预测，高方案为2010年、2020年日照港集装箱吞吐量分别为200万TEU、500万TEU；低方案分别为150万TEU、400万TEU，详见表1-6-1。

日照港集装箱吞吐量预测表

单位：万TEU

表1-6-1

指标	2005年实际	高方案		低方案	
		2010年	2020年	2010年	2020年
总计	21.36	200	500	150	400
1.外贸吞吐量	5.21	140	420	90	320
(1)国际航线	5.19	100	370	70	280
其中：远洋		20	100	10	90
近洋	5.19	80	270	60	190
(2)内支线	0.02	40	50	20	40
2.内贸航线	16.15	60	80	60	80

目前我国航运公司现有的远洋集装箱船以载箱2000～3800TEU为主；近洋集装箱船以600～800TEU的居多。预计今后远洋运输将以第四代以上的船型为主，近洋将采用1000～2000TEU的船舶，沿海将采用100～1000TEU的船舶。根据日照港集装箱码头工程（第一阶段）的功能定位，确定设计船型为5.0万吨级、3.0万吨级集装箱船。考虑本工程顺岸布置的特点，结合日照港集装箱码头的地质条件，提高码头靠泊吨级只需增加水工结构部分费用，从预留发展可能性的角度分析，本工程设计时按兼靠10万

吨级集装箱船进行设计。设计船舶主尺度见表1-6-2。

日照港(第一阶段)设计船型主尺度表　　表1-6-2

船舶吨级(DWT)	载箱能力(TEU)	设计船型尺度			备注
		总长(m)	型宽(m)	吃水(m)	
50000(45001~65000)	3101~4600	294	32.3	13.0	兼靠10万吨级集装箱船
30000(27501~45000)	1901~3100	244	32.3	12.0	

第四节　日照港集装箱码头建设方案

日照港集装箱码头工程的陆域纵深约1.45km,港区陆域以集装箱大门为界分为前方堆场区和后方陆域区。前方堆场区包括码头前沿作业区、堆存区和停车场等,后方陆域区按功能划分为港口办公生活区、生产辅助区和预留发展区。

一、第一阶段

码头前沿装卸船作业采用集装箱岸边起重机和门座起重机,前沿作业区宽为61m,其中岸桥前轨到码头前沿为3.5m,岸桥轨距30m。

集装箱堆场装卸作业采用轮胎式集装箱龙门起重机(简称轮胎场桥)和空箱叉车,堆场纵深约230m,布置有8条轮胎场桥作业区块。通用杂货堆场装卸作业采用叉车、汽车起重机,堆场纵深约70m。

设置一个进出合一的集装箱大门,大门第一阶段设5车道,3进2出。

辅助生产和港口办公生活区布置有集装箱拆装库、变电所、消防站、流机库、机修车间、工具材料库、加油站、综合楼等辅助生产生活建筑物。

码头区基岩埋深一般在-15m~-17m,适宜采用重力式结构,经比较,码头结构采用沉箱,结合码头岸线基岩的埋深,码头岸线北段422m设计底标高为-16.0m,码头南段岸线422m前沿设计底标高为-17.0m。

为彻底解决沉降问题,避免在使用期前后轨道的不均匀沉降,岸桥后轨道梁基础采用桩基方案。基桩采用ϕ1m灌注桩,桩长约20m,上部现浇轨道梁。

日照港集装箱码头工程第一阶段总平面布置图、装卸工艺断面图及码头断面图见图1-6-7、1-6-9~1-6-11。

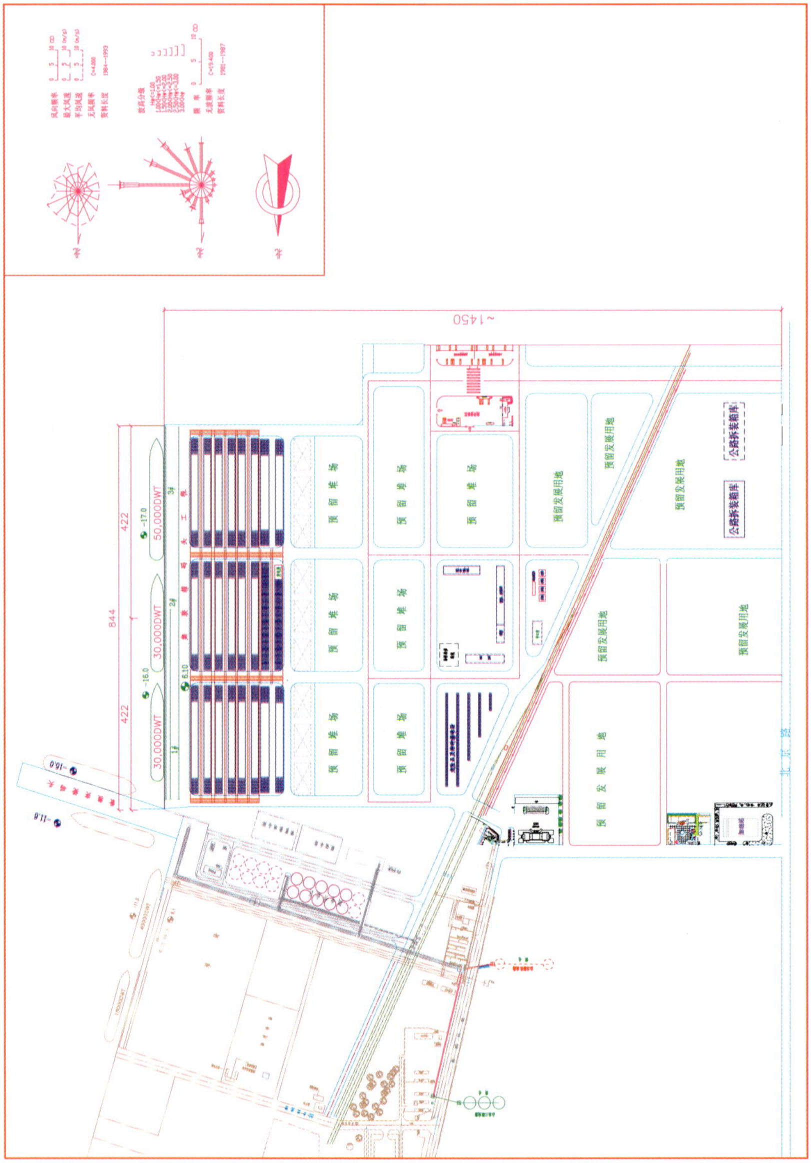

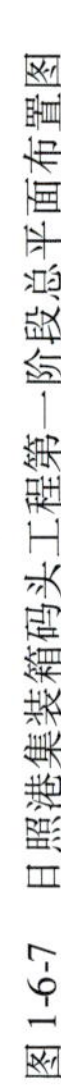

图 1-6-7　日照港集装箱码头工程第一阶段总平面布置图

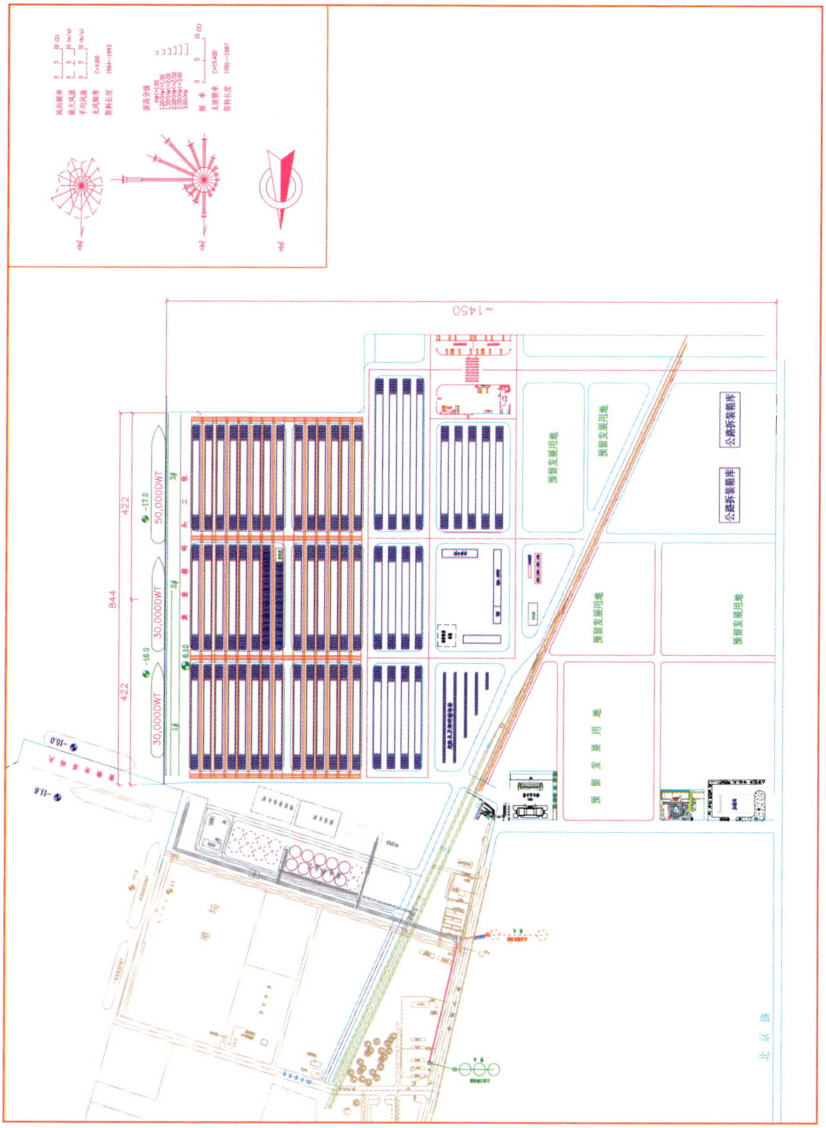

图 1-6-8　日照港集装箱码头工程第二阶段总平面布置图

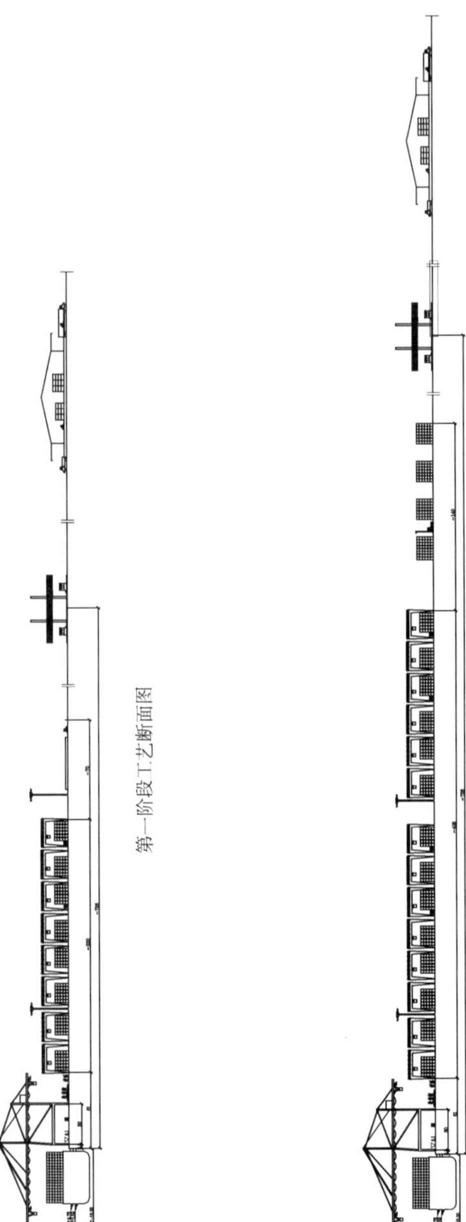

第一阶段工艺断面图

第二阶段工艺断面图

图1-6-9 日照港集装箱码头工程装卸工艺断面图

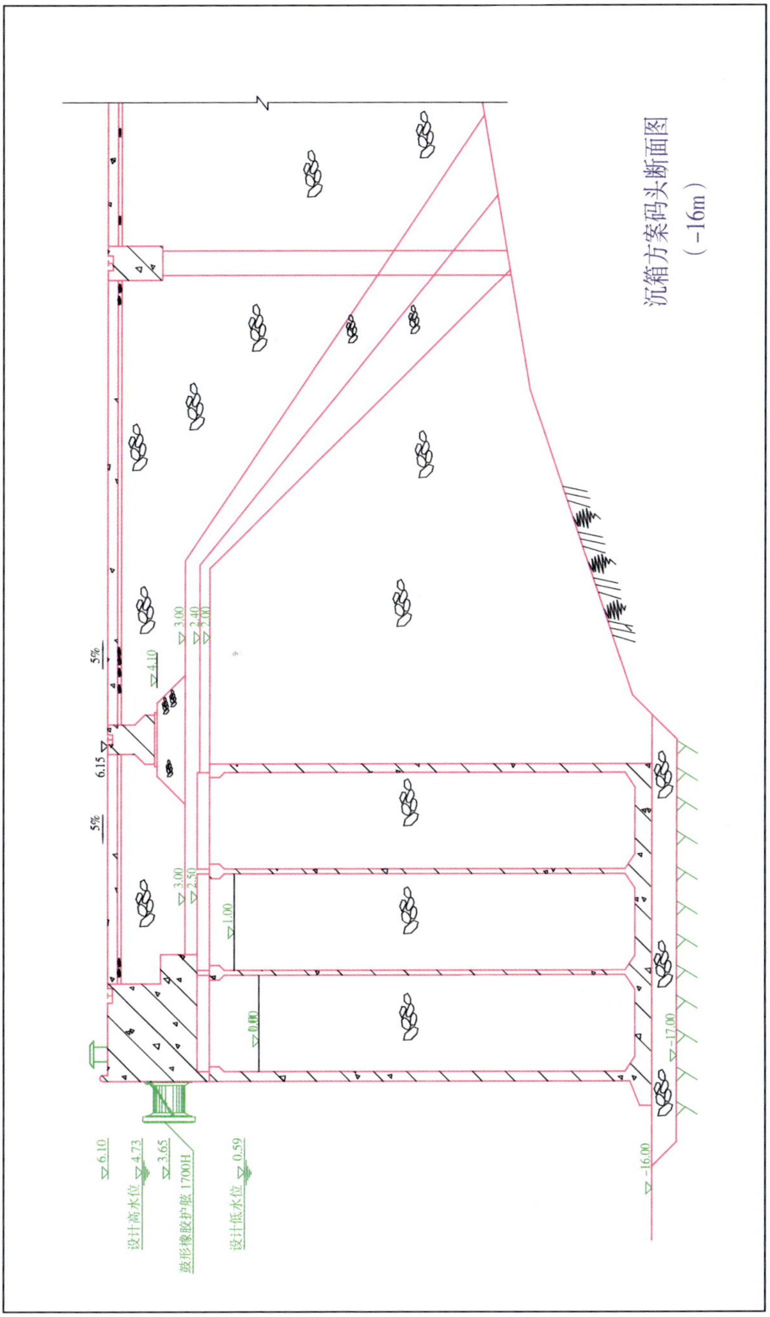

图 1-6-10　日照港集装箱码头工程码头断面图(一)

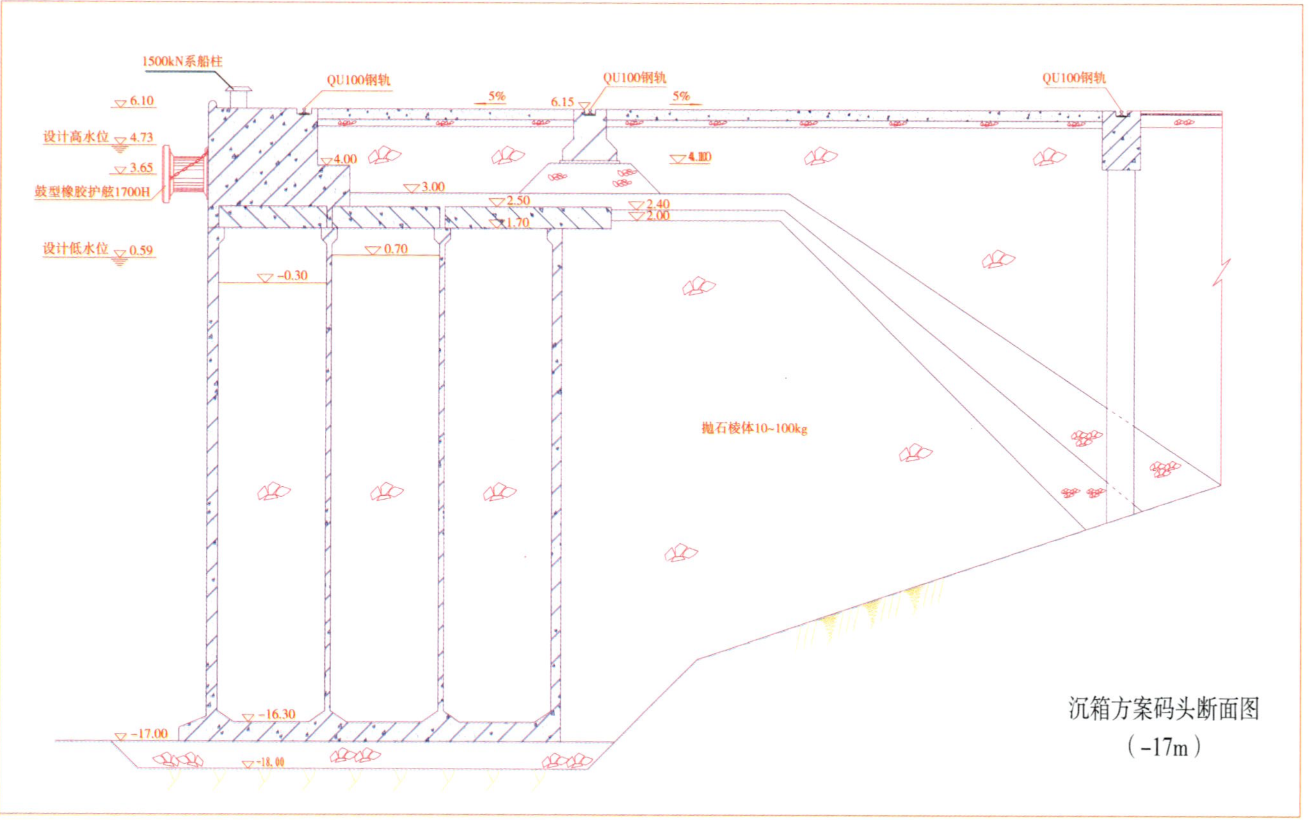

图 1-6-11　日照港集装箱码头工程码头断面图(二)

二、第二阶段

通过扩大堆场面积及增添部分岸上设施，实现年120万TEU的通过能力。

日照港集装箱码头工程第二阶段总平面布置图及装卸工艺断面图详见图1-6-8和图1-6-9。

日照港集装箱码头等级、标准较高，功能设置上符合港区生产高效率、专业化以及本港吞吐量分阶段发展的趋势。

第五节　集装箱支线港的建设特点

集装箱干线港的主要功能是以远洋干线集装箱运输为主，兼顾近洋和内贸集装箱运输；支线港的主要功能则是承担向周边集装箱干线港的喂给运输，同时开辟内贸和近洋航线。

支线港是国际集装箱运输的海运源头或终点，在国际集装箱运输中同样具有非常重要的地位，没有支线港就没有干线港，支线港和干线港相辅相成。日照港的规划定位是我国沿海主要港口和集装箱支线港，其集装箱码头的建设规模、等级及建设时机应紧紧围绕着其支线港的定位来进行，突出其近期以内贸、喂给为主，远期适度开辟少量远洋航线的特点。

从日照港集装箱码头的建设经验，可总结出集装箱支线港在起步建设阶段的特点。

(1)集装箱码头具有专业性强、投资高的特点。为保证投资收益，专业集装箱码头有最小吞吐量的要求。最小吞吐量受各种条件的限制，因港而异，大约为7～10万TEU。应据此分析确定建设集装箱专业码头的时机。集装箱吞吐量在达到7～10万TEU的水平之后，通常有一个快速发展阶段，但总量还不大。码头建设应适应这一特点。

(2)支线港以喂给和内贸运输为主，设计船型组同样覆盖较宽的范围。支线港也同样具有集聚和规模效应的特点。因此岸线应按泊位组布置(日照港为3个泊位)。港区应一次规划，可分期实施。

(3)分期建设可降低初期投资，逐步适应吞吐量增长。分期的方式可一次形成岸线，逐步配置设备、扩展堆场(如日照港)，这对吞吐量增长较快或吞吐量的增长快于预期的情况是有利的，可迅速形成吞吐量增长所需的能力。也可一个泊位一个泊位建设，以进一步降低初期投资。

(4)支线港的陆域纵深应有足够的弹性,以适应港区吞吐量的逐步发展。支线港单船装卸箱量一般小于干线港,因此船岸装卸效率一般小于干线港,堆场配置应与此相适应。

(5)港区应具有拓展港口服务链、发展物流服务的空间。但应注意因地制宜,与城市规划相适应,不浪费资源。

(6)码头岸线是不可再生的宝贵资源,在投资增加不大的情况下,可预留今后接卸大型集装箱船的可能。例如,日照港集装箱码头岸线附近基岩面埋深适中,是适宜建设大型集装箱码头的地方。为充分利用港区的水深条件,并结合集装箱船舶大型化的发展趋势,使泊位在未来几十年的使用期间具有较好的适应性,结合基岩的埋深,设计中将集装箱码头前沿停泊水域北侧 422m 设计底标高取为 -16.0m;南侧 422m 停泊区设计底标高取为 -17.0m,水工结构按 10 万吨级集装箱码头设计。

(7)当初期集装箱吞吐量规模不大时,可考虑部分件杂货装卸功能,尽可能提高投资效益。

第七章　我国集装箱码头建设现状

第一节　集装箱码头现状

一、概况

本章引用2005年的统计资料，统计范围包括由交通部统一划定并向部报送统计资料的全国沿海规模以上47个港口及长江南京以下沿江8个主要港口，共55个港口，以下简称全国沿海港口。

港口分布情况详见图1-7-1。

截止到2005年底，全国沿海港口共有全集装箱泊位208个，码头岸线总长54551m，分布在31个港口，通过能力5878万TEU/年（全集装箱泊位通过能力按当前通过能力统计，以下未特别注明处，均指当前通过能力），平均每个泊位通过能力为28.3万TEU。2005年集装箱专用泊位吨级、能力分布及地区分布情况见表1-7-1。

集装箱专用泊位吨级、能力及地区分布情况汇总表　　表1-7-1

吨级	指标	单位	总计	环渤海	长三角	其中长江8港	珠三角	福建广西海南
总计	泊位数	个	208	63	71	20	41	33
	年通过能力	万TEU	5878	1582	2284	320	1465	547
<10000	泊位数	个	15		4	2	3	8
	年通过能力	万TEU	96		22	4	23	51
10000(含)~50000	泊位数	个	92	37	29	16	12	14
	年通过能力	万TEU	1648	730	514	236	196	208
50000(含)~70000	泊位数	个	54	10	19	2	16	9
	年通过能力	万TEU	1954	243	787	80	674	250
70000(含)~100000	泊位数	个	25	9	13		3	
	年通过能力	万TEU	1095	293	663		139	
≥100000	泊位数	个	22	7	6		7	2
	年通过能力	万TEU	1085	317	297		433	38

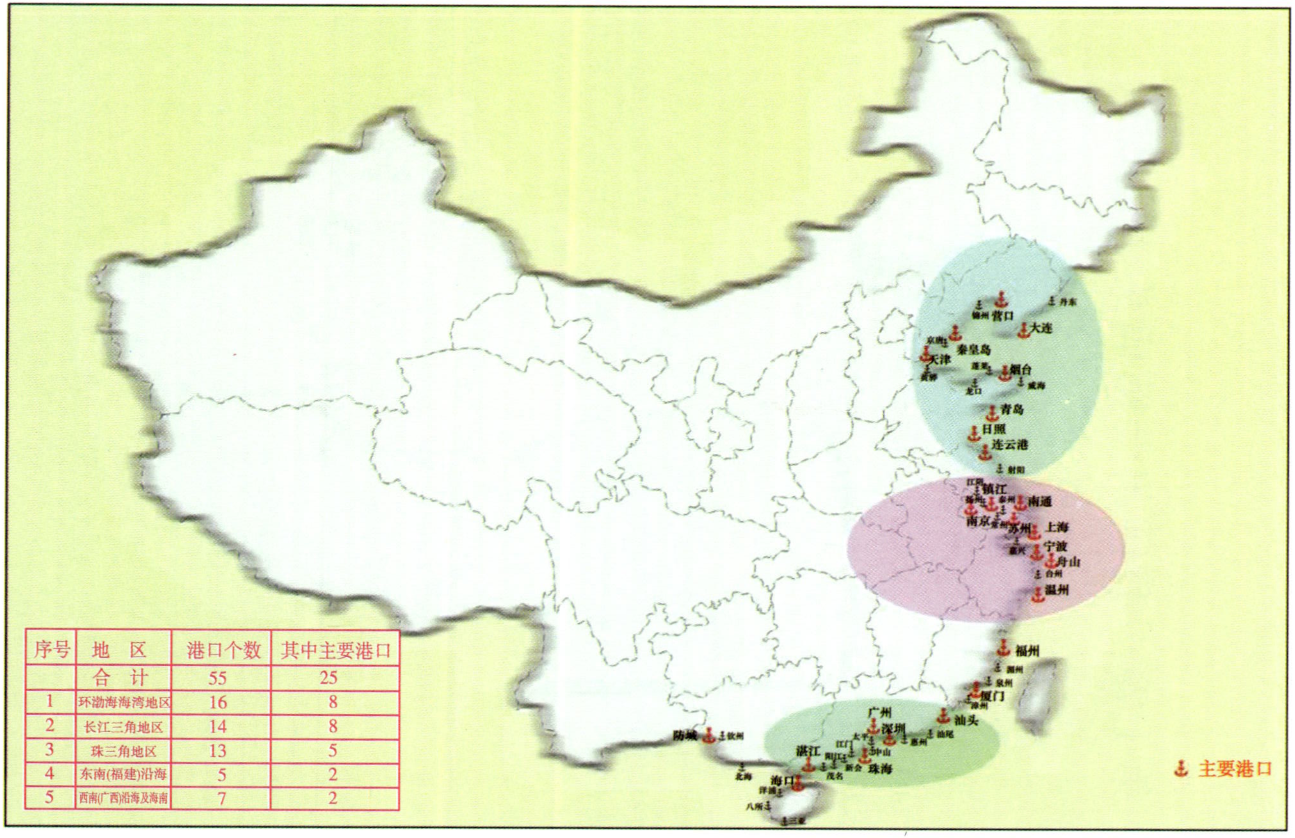

序号	地区	港口个数	其中主要港口
	合计	55	25
1	环渤海湾地区	16	8
2	长江三角地区	14	8
3	珠三角地区	13	5
4	东南(福建)沿海	5	2
5	西南(广西沿海及海南)	7	2

图 1-7-1　全国沿海港口分布示意图

从表中可以看出，环渤海、长三角、珠三角地区共有集装箱专用泊位175个，通过能力5311万TEU，泊位数、通过能力分别占全国的84.1%、90.4%。

现有集装箱泊位中1.0~7.0万吨级数量较多，占总量的70.1%，全国沿海港口集装箱码头吨级、能力分布情况见图1-7-2。

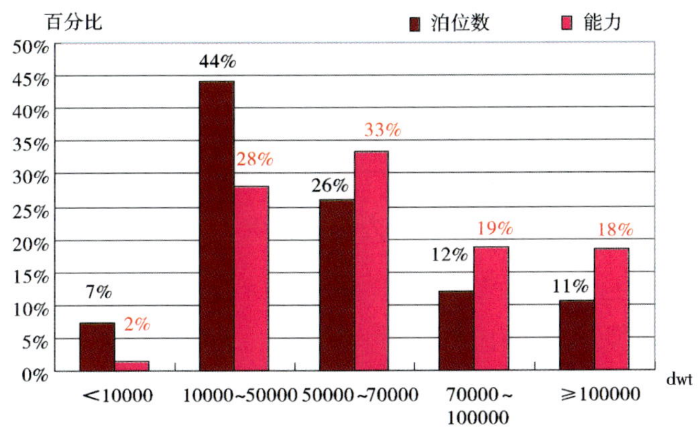

图1-7-2　集装箱码头吨级、能力分布情况示意图

二、分地区统计

分地区统计资料按环渤海地区16港（丹东港、大连港、营口港、锦州港、秦皇岛港、唐山港、天津港、黄骅港、龙口港、蓬莱港、烟台港、威海港、青岛港、日照港、连云港、射阳港）、长三角地区14港（南京港、江阴港、常州港、苏州港、南通港、扬州港、泰州港、镇江港、上海港、嘉兴港、宁波港、舟山港、台州港、温州港）、珠三角地区13港（汕头港、汕尾港、惠州港、深圳港、太平港、广州港、中山港、珠海港、江门港、新会港、阳江港、茂名港、湛江港）、福建、广西及海南沿海12港（福州港、湄州湾港、泉州港、厦门港、漳州港、北海港、钦州港、防城港、海口港、洋浦港、八所港、三亚港）四个地区进行分析，分地区码头泊位情况见表1-7-2。

分地区集装箱码头泊位通过能力与2005年运量对比，环渤海、长三角、珠三角地区都存在能力缺口，其中环渤海地区能力缺口130万TEU，长三角地区能力缺口285万TEU，珠三角地区能力缺口913万TEU，福建、广西、海南沿海地区能力基本满足需要。

2005 年分地区集装箱码头泊位吞吐量与能力对比表　　表 1-7-2

地 区	泊位数（个）	当前通过能力（万 TEU/年）	吞吐量（万 TEU/年）	能力/吞吐量
合 计	208	5878	7193	81.8%
1. 环渤海地区	63	1582	1712	92.4%
2. 长三角地区	71	2284	2569	88.9%
其中长江 8 港	20	320	205	156.1%
3. 珠三角地区	41	1465	2378	61.6%
4. 福建、广西、海南	33	547	534	102.4%

三、沿海 25 个主要港口码头能力基本情况

沿海主要港口指在沿海区域港口群中具有重要地位的港口。2004 年 10 月 26 日交通部发布的沿海主要港口共 25 个，包括大连港、营口港、秦皇岛港、天津港、烟台港、青岛港、日照港、连云港、南通港、苏州港、镇江港、南京港、上海港、宁波港、舟山港、温州港、汕头港、深圳港、广州港、珠海港、湛江港、福州港、厦门港、防城港、海口港。

沿海 25 个主要港口 2005 年共有集装箱码头泊位 189 个，其中万吨级以上深水泊位 177 个。年通过能力 5604 万 TEU，占总量的 95%；2005 年完成集装箱吞吐量 6829 万 TEU，占总量的 95.0%。2005 年泊位通过能力与吞吐量的比值为 0.82，说明沿海 25 个主要港口的能力非常紧张。

全国沿海主要港口 2005 年集装箱码头泊位通过能力和吞吐量情况见表 1-7-3。

全国沿海 25 个主要港口集装箱码头泊位能力情况统计表　表 1-7-3

港 口	泊位个数	其中深水泊位个数	2005 年当前通过能力（万 TEU）	2005 年吞吐量（万 TEU）
全国主要港口总计	208	193	5878	7193
25 个主要港口合计	189	177	5604	6829
1. 大连港	13	13	251	268.8
2. 营口港	3	3	64	78.7
3. 秦皇岛港	3	3	63	10.5
4. 天津港	13	13	427	480.0
5. 烟台港	3	3	63	60.2

续上表

港 口	泊位个数	其中深水泊位个数	2005 年当前通过能力(万 TEU)	2005 年吞吐量(万 TEU)
6. 青岛港	13	13	443	630.7
7. 日照港	1	1	20	21.4
8. 连云港港	4	4	101	100.5
9. 南通港	2	2	17	30.1
10. 苏州港	9	9	219	75.3
11. 镇江港	2	2	22	17.8
12. 南京港	7	5	62	60.5
13. 上海港	37	35	1382	1808.5
14. 宁波港	14	14	582	520.8
15. 舟山港	0	0	0	5.5
16. 温州港	0	0	0	23.0
17. 福州港	8	3	106	80.3
18. 厦门港	15	14	302	334.2
19. 汕头港	2	2	28	36.8
20. 深圳港	24	24	1224	1619.7
21. 广州港	12	10	191	468.2
22. 珠海港	0	0	0	47.8
23. 湛江港	2	2	10	17.8
24. 防城港	1	1	18	10.5
25. 海口港	1	1	8	21.7

四、集装箱吞吐量前 8 位港口情况

集装箱吞吐量列前 8 位的大陆沿海港口为集装箱干线港，港口情况见表 1-7-4。

港口集装箱吞吐量前8位情况一览表 表1-7-4

序号	港口名称	集装箱泊位当前通过能力(万TEU/a)	2004年集装箱吞吐量(万TEU/a)	2005年完成集装箱吞吐量(万TEU/a)
	全国合计	5878	5803	7193
	吞吐量前8位港口合计	4803	4952	6131
	占全国比例	81.72%	85.34%	85.2%
1	上海港	1382	1456	1808
2	深圳港	1224	1362	1620
3	青岛港	443	514	631
4	宁波港	582	401	521
5	天津港	427	381	480
6	广州港	191	331	468
7	厦门港	302	287	334
8	大连港	251	221	269

五、多用途泊位能力现状

截止到2005年底，全国沿海港口共有多用途泊位222个，码头岸线总长26021m，核定通过能力528万TEU/年。多用途泊位的泊位吨级、能力分布及地区分布情况见表1-7-5。

多用途泊位吨级、能力分布及地区分布情况汇总表 表1-7-5

吨级	指标	单位	总计	环渤海	长三角	其中长江8港	珠三角	福建广西海南
总计	泊位数	个	222	3	53	18	149	17
	年通过能力	万TEU/a	528	9	51	25	410	58
<10000	泊位数	个	152	1	14	5	128	9
	年通过能力	万TEU/a	348	2	6	4	338	2
10000(含)~50000	泊位数	个	68	2	39	13	21	6
	年通过能力	万TEU/a	177	7	45	21	72	53
50000(含)~70000	泊位数	个	2					2
	年通过能力	万TEU/a	3					3
70000(含)~100000	泊位数	个						
	年通过能力	万TEU/a						
≥100000	泊位数	个						
	年通过能力	万TEU/a						

注：表中未含散杂货泊位能力。

分港口集装箱泊位、多用途泊位能力与吞吐量对比见表1-7-6。

2005 年全国沿海港口集装箱泊位、多用途泊位能力与吞吐量对比表

表 1-7-6

序号	港口名称	总计			其中集装箱泊位		其中多用途泊位			2004 年吞吐量（万 TEU）	2005 年吞吐量（万 TEU）	能力/2005 年吞吐量（%）
		泊位个数	能力（万 TEU）	能力（万 t）	泊位个数	能力（万 TEU）	泊位个数	能力（万 TEU）	能力（万 t）			
0	合计	430	6406	4949	208	5878	222	528	4949	5803	7193	89.06
1	丹东港	2	18		2	18				9.1	10.2	174.31
2	大连港	13	251		13	251				221.1	268.8	93.45
3	营口港	3	64		3	64				58.3	78.7	81.40
4	锦州港	3	82		3	82				10.3	20.1	410.40
5	秦皇岛港	3	63		3	63				8.2	10.5	597.43
6	唐山港	1	8		1	8				0.6	3.5	233.14
7	天津港	14	427	65	13	427	1		65	381.4	480.0	89.06
8	龙口港	2	14		2	14				8.0	9.3	149.35
9	烟台港	3	63		3	63				29.1	60.2	104.82
10	威海港	3	35	40	2	28	1	7	40	12.4	17.1	206.95
11	青岛港	13	443		13	443				514.0	630.7	70.21
12	日照港	1	20		1	20				13.4	21.4	93.46
13	连云港港	4	101		4	101				50.0	100.5	100.50
14	射阳港	1	2	10			1	2	10	0.6	1.1	181.82
15	南通港	3	21	50	2	17	1	4	50	28.5	30.1	69.77

续上表

序号	港口名称	总计			其中集装箱泊位		其中多用途泊位			2004 年吞吐量（万 TEU ）	2005 年吞吐量（万 TEU ）	能力/2005 年吞吐量(%)
		泊位个数	能力（万 TEU)	能力（万 t)	泊位个数	能力（万 TEU)	泊位个数	能力（万 TEU)	能力（万 t)			
16	泰州港	2	7	54			2	7	54	2.4	4.2	166.67
17	扬州港	5	0	145			5		145	7.0	8.6	
18	南京港	8	62	50	7	62	1		50	48.2	60.5	102.48
19	镇江港	4	27	200	2	22	2	5	200	15.8	17.8	151.69
20	常州港	1	3	25			1	3	25	2.7	3.3	90.91
21	江阴港	2		50			2		50	5.0	4.9	0.00
22	苏州港	13	225	75	9	219	4	6	75	50.3	75.3	298.80
23	上海港	55	1382	606	37	1382	18		606	1455.7	1808.5	76.42
24	嘉兴港	6	12	152			6	12	152	1.7	1.4	857.14
25	宁波港	15	582	51	14	582	1		51	400.6	520.8	111.75
26	台州港	2		50			2		50	4.2	4.7	
27	温州港	8	14	269			8	14	269	21.3	23.0	60.87
28	福州港	11	106	106	8	106	3		106	70.8	80.4	131.37
29	湄州湾港	2	3	76			2	3	76	1.4	1.2	250.00
30	泉州港	11	95	225	6	95	5		225	54.3	63.1	150.55
31	厦门港	18	347		15	302	3	45		287.2	334.3	103.89

续上表

序号	港口名称	总计			其中集装箱泊位		其中多用途泊位			2004 年吞吐量（万 TEU）	2005 年吞吐量（万 TEU）	能力/2005 年吞吐量（%）
		泊位个数	能力（万 TEU）	能力（万 t）	泊位个数	能力（万 TEU）	泊位个数	能力（万 TEU）	能力（万 t）			
32	漳州港	2	10	30			2	10	30	11.7	13.4	74.63
33	汕头港	15	56	301	2	28	13	28	301	28.4	36.8	152.61
34	汕尾港	1	2	25			1	2	25	1.1	1.7	117.65
35	惠州港	2	16	30	1	12	1	4	30	27.9	22.1	70.68
36	深圳港	30	1252	51	24	1224	6	28	51	1361.5	1619.7	77.30
37	太平港	19	54	70			19	54	70	10.0	7.3	739.73
38	广州港	62	309	1393	12	191	50	119	1393	330.8	468.3	65.98
39	中山港	19	52	128			19	52	128	92.2	100	52.00
40	珠海港	18	27	404			18	27	404	45.0	47.8	56.49
41	江门港	14	51	15			14	51	15	36.5	32.9	155.02
42	新会港	5	35	40			5	35	40	34.3	21.8	160.55
43	茂名港	2	6	90			2	6	90	1.9	2.2	272.73
44	湛江港	3	14	30	2	10	1	4	30	16.2	17.8	78.65
45	防城港	1	18		1	18				8.0	10.5	172.57
46	北海港	1	9		1	9				2.8	2.4	362.50
47	钦州港	1		25			1		25	1.0	2.5	0.00
48	海口港	2	8	18	1	8	1		18	19.8	21.7	36.86
49	洋浦港	1	8		1	8				0.5	4.9	168.37

第二节 “九五”、“十五”期间我国集装箱码头建设情况

随着国际集装箱多式联运的发展，件杂货运输的集装箱化程度越来越高，世界各国也将其主要注意力放到集装箱港口的发展上。集装箱吞吐量已经成为衡量港口作用和地位的主要标志。集装箱的吞吐能力已经成为各港竞争最为重要的组成部分。为了能在未来的全球集装箱运输中占有一席之地，各国纷纷投资进行集装箱码头的建设和传统件杂货码头的集装箱化改造。

为适应对外贸易的发展需要，近年来，我国加快了集装箱码头的建设步伐，由1995年的72个集装箱专用泊位，发展到2000年的114个，到2005年，中国已建成集装箱专用泊位208个。在2005年10个年吞吐量超过100万TEU的沿海港口中，有6个进入了世界集装箱港20强行列。其中，上海港跃居世界集装箱港第3位，深圳港跃居世界集装箱港第4位，其他各港集装箱吞吐量均以30%左右的速度递增。

“九五”、“十五”期间是我国集装箱码头建设较快的时期，10年共建成投产集装箱泊位136个，年通过能力4678万TEU，超过以往历史年度总和。其中“九五”期间建成投产集装箱泊位42个，年通过能力1200万TEU；“十五”期间建成投产集装箱泊位94个，年通过能力3478万TEU。

全国沿海港口“九五”、“十五”期间分地区集装箱码头泊位建设情况见表1-7-7。

分地区“九五”、“十五”期间集装箱码头泊位建成投产情况表 表1-7-7

地区名称	“九五”建成投产		“十五”建成投产	
	泊位个数	当前通过能力（万TEU/年）	泊位个数	当前通过能力（万TEU/年）
合 计	42	1200	94	3478
1. 环渤海地区	11	304	24	1004
2. 长三角地区	12	308	40	1486
其中长江8港	4	48	11	228
3. 珠三角地区	10	357	18	780
4. 福建、广西、海南	9	231	12	208

随着港口能力的增加、装备现代化和管理水平的提高，港口运营效率明

显提高,港口作业效率发生了巨大的变化,但与快速发展的需求相比,尚存在以下亟待解决的问题。

(1)码头通过能力整体不足,且分布不均衡

至2005年底,我国沿海港口集装箱码头年通过能力为5878万TEU。而2005年这些港口完成集装箱吞吐量7193万TEU,吞吐量与通过能力间缺口为1315万TEU/a,集装箱泊位通过能力不能满足吞吐量高速增长的需要,能力与吞吐量比值为0.82。

1990~2005年沿海港口集装箱吞吐量与能力对比情况见表1-7-8和图1-7-3。

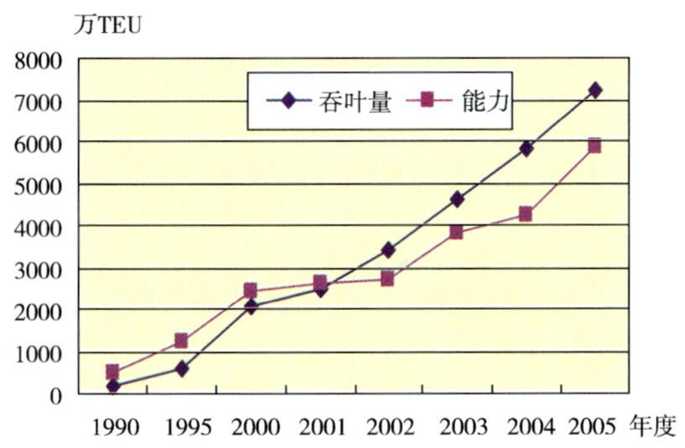

图1-7-3　集装箱码头泊位吞吐量与能力对比图

1990~2005年全国沿海港口集装箱吞吐量与能力对比表

单位:万TEU/a　　表1-7-8

年　份	吞吐量	能　力
1990	141	465
1995	552	1200
2000	2061	2399
2001	2470	2601
2002	3382	2712
2003	4588	3818
2004	5803	4254
2005	7193	5878
1990~2005增长率	30.0%	18.4%
"八五"增长率	31.4%	20.9%
"九五"增长率	30.1%	14.9%
"十五"增长率	28.4%	19.6%

2005 年泊位通过能力与吞吐量的比值为 0.82。2002 年以前通过能力大于吞吐量,泊位能力满足需要,2003 年以后,吞吐量增长速度大于通过能力,泊位能力不适应吞吐量增长需要。

我国沿海港口集装箱码头通过能力不均衡的情况也比较突出,从 2005 年吞吐量前 8 位港口来看,通过能力为 4803 万 TEU/a,2005 年完成吞吐量 6131 万 TEU。其中仅有天津港、厦门港、宁波港、大连港码头通过能力与完成的吞吐量基本相当,而其他 4 个港的吞吐量均大大超过其通过能力,上海港、深圳港、广州港、青岛港吞吐量均达到额定通过能力的 130% 以上。但在其他港口中,仍有许多港口吞吐量达不到通过能力的 80%。鉴于这 8 个港在 2005 年集装箱吞吐量中占到沿海港口总量的 85%,因此今后一定时期的集装箱泊位的建设应以这 8 个港口为重点。

(2)有部分潜力可挖,但码头泊位不足仍是制约集装箱码头通过能力的主要因素

在以上能力统计中,集装箱码头通过能力是按其当前通过能力进行统计的。当前通过能力是指集装箱码头在装卸桥数量、堆场容量尚达不到基本配置要求的情况下,按其当前状态测算出的年通过能力。该能力要低于其额定通过能力,即码头规模的各项参数均达到基准值时测算出的码头年通过能力。

通过测算,因部分码头堆场容量不足或集装箱装卸桥配机数量不足,全国港口集装箱码头当前通过能力比其额定通过能力低 1422 万 TEU /a。

通过增加装卸设备、改造堆场、提高管理水平等措施,不考虑港口间不均衡性时可提高通过能力约 1400 万 TEU/a,但由于各港集装箱吞吐量发展的不均衡,其中有 700 万 TEU/a 的通过能力由于在集装箱运量较少的港口中,而不能得到充分发挥,实际上只能增加约 700 万 TEU/a 的通过能力。其余能力缺口仍需依靠增加泊位来解决。

(3)港口集疏运通道不畅

由于种种原因,部分沿海港口的码头集疏运通道不畅,特别是在近几年港口吞吐量快速发展的背景下矛盾更加突出。

码头特别是集装箱码头与高速公路或城市快速路衔接通道不畅、通行能力不足、路面等级不高的状况普遍存在,降低了集装箱运输的整体效率。在集装箱运输上,不得不进行二次倒运,大大提高了运输成本。

铁路疏运能力不足、车辆不足的矛盾普遍存在,在防城、湛江、青岛、日照和天津港尤为突出,降低了港口的辐射能力,特别是向西部地区的辐射能力。

从战略提升的角度，集装箱港区正在积极地探讨：

(1)集装箱港区是现代综合交通运输体系的重要枢纽，“服务”是竞争力，应积极地从当前集装箱港区的港口服务功能，向贸易、加工、信息采购等现代物流多元服务功能拓展。提升“服务”是提高港口竞争力的核心。

(2)集装箱港区决策管理部门为扩展本港区市场份额，必须创造条件及早地融入现代物流体系，才能在竞争中得以持续发展，在集装箱港区规划、设计、经营上需因地制宜、巧妙地处理集装箱港区与港口物流园区的融合方案，港区向前迈一步就可以成为功能完善的独具特色的物流园区；而城区物流园区一些活动依然会发生在港区。

(3)在结合国情进一步推进生产作业自动化的同时，应更加重视集装箱码头信息管理系统建设，并将其视为与码头有形设备同等重要的码头基础设施的组成部分，使码头信息系统具有技术先进、功能全面、高效快速、安全可靠的信息网络平台及相关的应用系统，建立跨行业、跨地区的全球大网络，达到管理智能化、经营全球化的目标，提高码头的现代化管理水平和综合竞争力。

第二篇　设计主题选述

第一章　集装箱运输兴起与发展

集装箱海上运输自20世纪50年代兴起，60年代大规模发展以来，在短短几十年里，以其标准化的容器、高效先进的设备、现代化的科学管理和多种运输方式参与的全球一体化运输，发挥出了传统件杂货运输方式所不可比拟的优越性。到目前为止，全世界有100多个国家和地区已普遍开展了集装箱运输，工业发达国家件杂货运输的集装箱化程度甚至达到100%，集装箱运输的优越性已为世界所公认，集装箱运输在国际贸易和世界经济中所起的作用越来越重要，并为各界所日趋关注。

第一节　集　装　箱

集装箱是由英语"Container"翻译而来的专用术语。其原意是指一种专供周转使用并便于机械操作和运输的大型货物容器。由于它的外形像一个箱子，又可以集装成组货物，故称为集装箱，亦称货箱或货柜。它与一般容器不同的是，集装箱除了能装货之外，还需具备一定的刚度、强度和精度等性能。因此，从一般意义上讲，集装箱又是一种特殊的容器。国际标准化组织（ISO）对集装箱作了如下定义：

集装箱是一种运输设备，应具备下列条件：

（1）具有足够的强度，可长期反复使用；

（2）适用一种或多种运输方式运送货物，途中无需倒装；

（3）设有供快速装卸的装置，便于从一种运输方式转到另一种运输方式；

（4）便于箱内货物装满和卸空；

（5）内容积等于或大于$1m^3$（$35.3ft^3$）。

集装箱这一术语即不包括车辆也不包括一般包装。

除了ISO对集装箱的定义外，《集装箱海关公约》（CCC）、《国际集装箱

安全公约》(CSC)等对集装箱也都下了定义,内容上大同小异。世界许多国家都全面引用了ISO的定义。中国最新修订的国家标准GB/T 1413—1998《系列1集装箱分类、尺寸和额定质量》也等同采用了ISO 668:1995标准中对集装箱所作的定义。

第二节　集装箱运输的产生与发展

早在中国古代社会运输朝贡物资和兵器弹药时,就采用了大木箱或铁箱,以利于搬运装卸,避免运输途中的损坏和丢失。19世纪初叶,已有人提出了用箱成组运输的设想。至19世纪后半叶,在英国的兰开夏(Lancashire),出现了一种为运输棉纱和棉布而具有活动框架的载货工具,每一框架可装载约10包棉纱或20~40匹棉布,被称为"兰开夏框架",这可算作是早期的雏形集装箱。

正式使用集装箱是20世纪的初期。1900年,英国铁路上首先出现了较为简单的集装箱运输,后来又传到了美国、德国、法国。1928年在罗马举行的世界公路会议上,就有关于在国际交通运输中使用集装箱的论述,会上还探讨了铁路和公路间最优的联合运输方案。两年后,在法国巴黎成立了集装箱运输的国际组织——国际集装箱协会(BIC),负责研制集装箱标准,协调各国间的集装箱运输等工作,还出版了名为《集装箱》(CONTAINER)的专业刊物。尽管如此,在以后的20余年时间里,世界集装箱运输的进展并不大。这是由于在此期间,西方国家公路运输发展迅速,铁路运输的地位相对下降,由此,两者展开了激烈竞争并各行其道。对于集装箱运输,因公铁两者不能互相配合,故集装箱运输的经济效果不甚明显。另外,当时社会生产力也较落后,对于开展集装箱运输所需的物质基础及配套设施都远远没有跟上,这也使得集装箱运输的优越性不能很好体现,致使世界集装箱运输出现停滞不前的局面。直到1955年,美国铁路公司为提高其竞争能力,采用了集装箱连同拖挂车装载在铁路平板车辆上运输的方式,这样就使铁路运输具有的运费低、速度快的优点与公路运输能实现"门到门"的特点有效地结合起来。试行后,效果极为显著。

陆上集装箱运输的兴起,对海上传统的件杂货运输产生了巨大冲击。由于装卸及运输效率低、运输时间长、货损货差严重等问题,件杂货运输已不能适应实现运输大生产方式的要求。集装箱运输使品种繁多、规格不一的件杂货成组化,可以实现机械化操作,缩短装卸时间,提高运输效率和运输质量。陆上集装箱运输的发展,尤其是铁路运输和公路运输的结合,给海上集装箱运输的发展奠定了基础。

1956 年 4 月,美国大西洋轮船公司(后改名为海陆运输公司)将一艘 T—2 型油船进行了改装,在甲板上设置了集装箱平台,并在纽约至休斯敦航线上作首次海陆集装箱联运试验,获得了巨大成功,也取得了巨大的经济效益。试验表明,不仅装卸效率提高了两倍,而且装卸成本降到原来的 1/37。1957 年 10 月,该公司又将 6 艘 C—2 型油船改装成为吊装式集装箱船(全集装箱船),取名"盖脱威城"号(Gateway City),航行于纽约至休斯敦航线。这是世界上第一个海上集装箱运输船队。这次航行使海上集装箱运输成为现实。此后,集装箱运输开始进入到一个蓬勃发展的阶段。特别是 80 年代以来,集装箱运输发展尤为迅速。世界上大多数国家都广泛开展了集装箱运输,并将这种现代运输方式由公路、铁路、水路推及到航空领域。为了适应集装箱运输发展的需要,许多国家投巨资建造集装箱专用船舶、集装箱专用码头和场地以及内陆集装箱转运站。集装箱制造业也随之而发展起来。此外还出现了一些专门经营集装箱租赁业务的公司,办理集装箱的出租、回收、存放、保管和修理等工作。从而逐步形成了一个世界性的集装箱运输体系。

集装箱运输方式的出现,标志着一场新的运输革命,实现了货物"门到门"的运输。由于集装箱运输确保了货运质量,提高了运输效率,减少乃至杜绝了件杂货运输中的货损货差等,集装箱运输在全球持续以较高的速度发展。

第三节　集装箱运输的特点

与传统的货物运输方式相比较,集装箱运输具有以下特点:

(1)在全程不间断运输中,以集装箱为媒介,使用专用机械装卸、搬运,可以从一种运输工具直接方便地换装到另一种运输工具,而无需接触或移动箱内所装货物。

(2)货物从发货人的工厂或仓库装箱后,经由海陆空不同运输方式联运,可一直运到收货人的工厂或仓库,实现"门到门"运输,货物在中途无需倒载,也无需开箱检验。

(3)以集装箱为标准化运输单元,并辅以高效的专用运输装卸设备作业,装卸效率高,货运质量有保证。

集装箱运输的这些特点，解决了以往传统运输方式中长期存在而又不易解决的问题，如货物装卸操作重复劳动多，劳动强度大，装卸效率低，货损货差多，包装要求高，运输手续烦琐，运输工具周转缓慢，运输周期长等。

集装箱运输是一种大生产方式，是一项资金密集型和技术密集型的产业，它的发展是与生产力水平相适应的。开展集装箱运输需要具备以下条件：

（1）具有一定量且适于集装箱装载的稳定货源。

（2）具有一定规模的专业化装备，包括不同规格的标准集装箱、集装箱船舶、集装箱专用码头、集装箱堆场和转运站、集装箱装卸设备、集装箱运输车辆、现代通信网络设备等。

（3）具有与发展集装箱运输相适应的内陆运输系统，包括公路、铁路和内河运输通道以及集装箱作业和中转的场站等，以便组织海陆联运，使集装箱能在各种运输方式之间迅速顺利地换装。

（4）集装箱运输的经营者。

第四节　我国集装箱运输的发展

我国集装箱运输从20世纪50年代开始起步。1955年，铁路部门率先开办了国内小型集装箱运输。水运部门则分别在1956年、1960年和1972年3次采用铁路集装箱进行了短期试运。1973年9月，日本"渤海一号"轮由神户装载小型集装箱驶抵天津，天津港接卸了第一个国际集装箱，也标志着我国第一条集装箱班轮航线开通，从此开始了我国海上国际集装箱运输。1977年，为了疏港的需要，交通部在天津港组建了第一支公路集装箱运输专业车队，开辟了由港口至内陆腹地的集装箱公路集疏运支线。1978年9月26日，我国远洋公司"平乡城"轮装载162个集装箱从上海港起航，上海至澳大利亚航线开通，这是我国国轮的第一条集装箱班轮航线。1982年1月1日，我国大陆第一座专用集装箱码头——天津港第三港池集装箱码头（21#码头）正式投产使用。码头长380m，设计船型为载箱1300TEU的集装箱船，码头前沿底高程 -12m，陆域纵深400m，配备2台集装箱装卸桥，3台轮胎式集装箱龙门起重机，码头年设计吞吐能力10万TEU。我国民航则在1980年首次使用B747SP宽体飞机进行了航空集装箱运输。随着我国内外贸集装箱运输的蓬勃发展，我国的集装箱制造业也迅速兴起，目前已成为世界第一生产大国。

随着改革开放的逐步深入,我国经济进入了快速增长时期,国内生产总值的年均增长速度保持在8%左右,对外贸易额的年均增长速度高达10%以上。国民经济的高速增长,产业结构和产品结构的调整变化,使新的运输需求不断产生,这些均为集装箱运输的发展带来了契机。

受经济快速增长的驱动,自20世纪80年代以来,随着全球经济一体化趋势的发展,全球国际贸易的增长速度始终高于全球经济的增长速度,而全球国际集装箱运量的增长速度又高于全球国际贸易的增长速度。在这期间,我国集装箱运输的增长速度始终以远远超过世界平均增速的水平发展。1990年至2005年我国沿海港口集装箱吞吐量的平均增长速度为30.0%,其中"八五"期的平均增速为31.4%,"九五"期的平均增速为30.1%,"十五"期的平均增速为28.4%。

经济的持续发展是我国集装箱运输持续高速发展的前提和首要因素。未来的一段时间内,我国宏观经济发展将依旧保持良好势头,区域间商品交换将更为频繁,货物运输需求将更加多样化,集装箱运输将具有更充足的货源和广阔的发展空间。

对外贸易的发展是我国集装箱运输发展的主导因素。随着外资流入的不断增加和外资投资领域的不断扩大,对外贸易将持续增长,我国将逐步成为全球重要的制造业基地。对外贸易额的增速将继续高于GDP的增速。外贸总规模的扩大必然促进外貌运输的快速发展。国际集装箱的港口吞吐量将继续以较高的速度发展。

一、集装箱港口

目前,我国已初步形成了布局合理、设施较完善、现代化程度较高的港口集装箱运输体系。截至2005年底,全国大陆地区沿海港口拥有集装箱专用泊位208个,年设计吞吐能力5878万TEU,多用途泊位222个,集装箱设计年吞吐能力528万TEU。近15年来大陆地区沿海港口完成的集装箱吞吐量和拥有的集装箱吞吐能力情况见表2-1-1。

1990~2005年全国沿海港口集装箱吞吐量和吞吐能力表

单位:万TEU　表2-1-1

年份	1990	1995	2000	2001	2002	2003	2004	2005
集装箱吞吐量	141	552	2061	2470	3382	4588	5803	7190
集装箱吞吐能力	465	1200	2399	2601	2712	3818	4254	5878

我国已初步形成大陆沿海集装箱港口合理布局。上海、深圳、青岛、宁

波、天津、广州、厦门和大连等8个港口是我国沿海的集装箱枢纽港，分布在南部沿海珠江三角洲、中部沿海的长江三角洲和北部的环渤海地区。表2-1-2列出了2005年前20位大陆集装箱港口集装箱吞吐量的发展情况。上海港一直是我国大陆集装箱港口吞吐量最大的港口，1994年突破100万TEU；2000年成为我国大陆第一个吞吐量突破500万TEU的港口；2003年与深圳港一起突破了1000万TEU；2006年上半年已过1000万TEU，预计年底将成为我国大陆第一个吞吐量突破2000万TEU的港口。

2005年前20位大陆沿海集装箱港口吞吐量发展情况　　单位：万TEU　表2-1-2

	港口	1995年	2000年	2001年	2003年	2004年	2005年
1	上海港	153	561	634	1128	1455	1808
2	深圳港	—	399	508	1061	1362	1620
3	青岛港	60.3	212	264	424	514	631
4	宁波港	16.0	90.2	121	276	400	521
5	天津港	70.2	171	201	302	381	480
6	广州港	51.5	143	174	277	331	467
7	厦门港	31.0	108	129	233	287	334
8	大连港	37.4	101	122	167	221	269
9	连云港	6.55	12.0	15.6	30.1	50.0	101
10	福州港	15.1	40.0	41.8	59.8	70.8	80.4
11	营口港	1.41	15.7	21.1	40.3	58.3	78.8
12	南京港	14.9	20.3	22.1	40.5	50.0	60.4
13	烟台港	6.00	13.0	12.0	26.6	29.0	60.2
14	珠海港	27.5	31.4	31.4	41.1	45.0	47.2
15	汕头港	6.97	11.4	15.8	22.3	28.5	36.8
16	南通港	8.72	18.2	18.4	24.7	28.7	30.3
17	温州港	1.93	7.41	10.0	18.1	22.0	23.0
18	海口港	2.07	4.94	7.59	16.2	19.9	21.6
19	日照港	0.01	3.51	4.06	9.62	12.1	21.4
20	湛江港	3.00	7.48	8.53	12.9	19.9	19.6

表2-1-3为世界港口集装箱吞吐量前20名排序情况，厦门港和大连港2005年的排位分别为第23位和第30位。

预计到2010年,我国大陆沿海港口集装箱吞吐量将达到1.2亿TEU的量级。

世界港口集装箱总吞吐量在2000年达到2.2亿TEU,1996~2000年间的年平均增长速度约为7%,2005年达到2.96亿TEU。据预测2010年世界港口集装箱总吞吐量将达到4.0~4.5亿TEU。

2005年世界前20位集装箱港口近年集装箱吞吐量变化 单位:万TEU 表2-1-3

港口	国家	2005		2004		2003		2002		2001		2000	
		排位	吞吐量	排位	吞吐量	排位	吞吐量	排位	吞吐量	排位	吞吐量	排位	吞吐量
新加坡	新加坡	1	2319	2	2132.9	2	1810.0	2	1680.0	2	1552.0	2	1704.0
香港	中国	2	2260	1	2193.0	1	2045.0	1	1914.4	1	1780.0	1	1810.0
上海	中国	3	1808	3	1455.0	3	1137.0	4	861.2	5	633.4	6	561.3
深圳	中国	4	1620	4	1366.0	4	1065.0	6	761.4	8	507.6	11	399.3
釜山	韩国	5	1184	5	1143.0	5	1036.8	3	945.3	3	790.7	3	754.0
高雄	中国台湾	6	947.1	6	971.0	6	884.4	5	849.3	4	754.1	4	742.6
鹿特丹	荷兰	7	928.7	7	822.0	8	711.8	7	651.5	6	609.7	5	630.0
汉堡	德国	8	808.8	9	700.3	9	613.9	9	537.4	9	468.9	9	424.8
迪拜	阿联酋	9	761.9	10	642.9	11	515.2	13	419.4	13	350.2	13	305.9
洛杉矶	美国	10	748.5	8	740.0	7	714.9	8	610.6	7	518.4	7	487.9
长滩	美国	11	671.0	12	578.0	13	465.8	12	452.4	10	446.3	8	460.1
安特卫普	比利时	12	648.2	11	606.4	10	544.5	10	477.7	11	421.8	10	408.2
青岛	中国	13	630.7	14	513.9	14	423.0	15	341.0	18	263.9	24	211.6
Port Klang	马来西亚	14	554.4	13	520.0	12	484.0	11	453.3	12	376.0	12	320.7
宁波	中国	15	520.8	16	400.0	22	277.2	32	185.9	49	121.3	67	90.2
天津	中国	16	480.1	17	381.0	21	302.0	24	240.8	28	201.1	31	170.8
纽约-新泽西	美国	17	478.5	15	447.8	15	406.8	14	374.9	14	331.6	14	300.6
广州	中国	18	468.3	22	331.0	23	276.9	27	217.3	33	162.8	37	143.1
Tanjung Pelepas	马来西亚	19	417.7	20	348.0	16	348.7	23	266.9	27	205.0	108	41.8
Laem Chabang	泰国	20	379.4	18	362.2	19	318.0	20	274.9	21	231.2	25	211.1

二、国际航运

国际集装箱航运以远东—欧洲、远东—美洲（跨太平洋）和欧洲—美洲（跨大西洋）三条航线为三大主干线。围绕三条主干线逐步形成了美西、美东、南美、欧洲（大西洋沿岸）、地中海、澳洲、东亚、南亚、中东、西非、东非红海等10余个航区。以干线航线、支线航线和喂给航线构成的集装箱海上运输网络已覆盖了全球。

1993年德国赫伯格—劳埃德航运公司、日本邮船公司和新加坡东方海皇轮船公司开始联合经营远东—北美—北欧钟摆式航线，这一事件预示着全球承运人的时代已经到来。

我国自1978年在上海开辟第一条集装箱班轮航线，至今国际班轮航线已覆盖欧洲、美东、美西、南美、澳大利亚、南非、地中海、波斯湾等区域，且航班密度不断提高，已基本形成具有一定规模的环球班轮运输网络。

随着集装箱运输的快速发展，我国集装箱船队的发展也很快。20世纪90年代末期全国从事国际集装箱运输的船公司有150家，拥有船舶1080艘，30万余箱位。截至2006年3月，全国最大的集装箱运输班轮公司——中海集运和中远集运，已分别拥有集装箱船125艘和126艘，集装箱箱位总计分别为352,483TEU和322,326TEU。

在全球20大集装箱班轮公司的排名中，中海集运排名第六，中远集运排名第九（表2-1-4）。

中海集运目前是中国最大的集装箱运输公司，也是近几年世界集装箱船队运力发展最快的船公司之一。截至2006年5月为止，中海集运拥有现代化、大型化、快速化、年轻化的船队，共计150艘船舶，整体运载能力约达369,232标箱。其中每艘运载能力逾4000标箱的大型船舶55艘，平均船龄只有2.28年，占总运力的76.7%。拥有目前世界上投入运营的最大集装箱船“新洛杉矶号”，载箱量9600TEU，船长336.67m，船宽45.6m，满载吃水15m。年轻的船队使中海集运具有交货快、效率高、成本低的竞争优势，提高了中海集运在国际主干线上更具有竞争力。中海集运已先后开辟中国各港至日本、韩国、东南亚、澳大利亚、欧洲（地中海）、美洲、西非、波斯湾等数十条国际集装箱班轮航线和国内沿海内贸线及外贸内支线。其中，美国航线共投入近30艘全集装箱船进行远东—北美的班轮服务，所涉及的内陆点多达40个；中国至日本、韩国、东南亚各主要港口间航班密度大、布局广，已形成网络运输的格局；欧洲、地中海航线在国内直挂港口最多，投入运力最大;沿海内贸干支线,贯通中国南北,途经沿海 30 余个大小港口,在国内内贸集装箱运输市场上整体实力最强。

2005 年全球 20 大集装箱班轮公司排名 表 2-1-4

公司	排名	市场份额（%）	TEU 总计	艘数总计	自有船舶（TEU）	自有船舶艘数	租赁船舶（TEU）	租赁船舶艘数
马士基航运	1	18.3	1,685,966	592	725,058	169	960,908	423
地中海航运	2	8.7	805,205	279	534,788	189	270,417	90
达飞轮船	3	5.5	509,375	241	197,946	77	311,429	164
长荣海运	4	5.3	485,984	156	336,464	105	149,520	51
赫伯罗特	5	4.5	416,594	132	242,701	66	173,893	66
中海集运	6	3.8	352,483	125	181,359	74	171,124	51
韩进海运/德国胜利	7	3.6	328,794	84	69,951	18	258,843	66
美国总统	8	3.6	327,399	103	127,270	36	200,129	67
中远集运	9	3.5	322,326	126	226,441	100	95,885	26
日本邮船	10	3.3	301,322	116	167,324	40	133,998	76
商船三井	11	2.7	246,466	80	120,438	32	126,028	48
东方海外	12	2.5	234,589	66	145,560	27	89,029	39
智利航运	13	2.5	233,732	86	1,585	1	232,147	85
川崎汽船	14	2.5	233,496	76	116,222	28	117,274	48
以星航运	15	2.2	201,432	85	110,824	37	90,608	48
阳明海运	16	2	188,269	69	123,990	39	64,279	30
汉堡航运	17	2	184,438	87	70,922	23	113,516	64
现代商船	18	1.6	149,189	40	50,603	15	98,586	25
太平船务	19	1.5	136,073	103	77,740	66	58,333	37
万海航运	20	1.3	116,992	69	83,930	47	33,062	22

在全球集装箱班轮运输公司中排行第一的是马士基航运。1999 年丹麦马士基轮船公司与美国海陆联运公司合并,之后又收购了南非海运公司,成为世界最大的集装箱班轮公司。2003 年拥有集装箱船舶 355 艘,箱位总

计 920,051TEU,占集装箱运输市场份额 12.3%。2005 年马士基收购排名第四的铁行渣华,船舶总数增加到 592 条,箱位总计 1,685,966TEU,市场份额猛增到 18.3%,使班轮业市场格局发生了重大变化。

从 2000 年至 2005 年的 6 年间,世界集装箱运输企业发展最快的有 3 家。一是总部设立在马赛的法国达飞轮船公司,由于在 2005 年成功并购德尔马斯船队,集装箱船队运力在过去的 6 年中扩大了 133%,集装箱船队运力国际市场份额从原来的 2.4 % 扩大到 5.6%。二是总部设立在上海的中国海运集装箱运输公司,成立才 9 年左右的时间,船队运力国际市场份额从 2000 年 1 月的 1.7% 扩大到 2006 年 1 月的 3.8%。三是总部设立在汉堡的德国赫伯罗特公司,由于在 2005 年并购加拿大太平洋航运船队,集装箱船队运力在国际市场的份额也从 2.0% 增加到 4.5%。

中国台湾省的长荣海运以其当时船队运力 318,000TEU,名列 2000 年世界第二大全球集装箱远洋承运人,尽管现在其船队运力已经发展到 485,984TEU,由于发展速度跟不上世界潮流,因此降为集装箱全球远洋承运人的第四位。

三、内陆集疏运系统

我国内地的集装箱运输系统,经过多年的发展建设,在运输通道、场站设施、技术装备、信息网络、经营范围等方面,均已形成一定的规模。

1. 铁路

在铁路集装箱运输方面,中西部后来居上,超过东部的趋势已经明显。其结构以国内自然集装箱为主,其中小型的 1t 箱处于绝对的主导地位。2005 年铁路集装箱实际完成量 277.2 万箱

根据中铁集的规划,将在 2008 年之前投资 20 亿建设完成 18 个集装箱中心站。目前上海中心站已顺利建成投产,其他站点也陆续开工建设,中心站的逐步建成将成为我国铁路集装箱的枢纽节点,大大扩大铁路集装箱的经济辐射能力。集装箱中心站的全面建成将成为我国铁路集装箱发展的里程碑。预计在 18 个集装箱中心站逐步建成的过程中,中国铁路集装箱运输量的增长速度将呈现加速增长态势。到 2010 年我国铁路集装箱运输量将达到 1000 万 TEU,按照 2005 年铁路集装箱实际完成量 277.2 万箱测算,未来 5 年的增长速度将达到 29.5%。

铁路集装箱运输基础设施还比较薄弱,配套设施也不完善。

首先箱形结构不合理。我国铁路传统上以小型箱为主,1t、5t、10t 箱占

主导地位，而国际上通用的20ft、40ft所占比例不大。目前中小型箱严重积压，造成了大量空集装箱的输送，制约了集装箱资源的合理配置。

二是铁路缺少适应国际标准箱装卸的专用设备，降低了装卸速度和效率，造成标准箱及现有装卸机械的严重损坏，使运输成本提高。

三是铁路专用车辆发展相对缓慢，集装箱专用平车明显不足，车辆代用比较普遍，形成集装箱与普通货物争车辆、争能力的现象。目前，适合集装箱运输的X6A、X6B型专用车辆数量较少，全国只有5000余辆。

四是铁路集装箱办理场站数量少、分布不合理，基础设施落后。目前，全路有对外公布的集装箱办理站609个，平均站间距102km。其中能够办理40英尺箱的车站122个，能够办理20英尺箱的车站424个。在全路集装箱办理站中，绝大部分为综合性货运站，多数与零担货物共用场地。在这些办理站中，普遍存在着站间分布不均衡，站内设备落后、能力不足以及对集装箱的维护、修理能力不足等问题。

五是主要通道运输能力紧张。2004年铁路集装箱运量为5952万t，主要集中在广州、成都、天津、上海、北京、乌鲁木齐、昆明、重庆、哈尔滨、兰州等10大集装箱作业点，发送量占集装箱总量的30.33%，到达量占总量的35.46%。京广、京沪、京哈、陇海等主要铁路干线能力紧张，已不能满足铁路集装箱运输的需求。

另外，集装箱运量季节上的波动性和地域上的不平衡性，对线路能力提出了较高要求。随着集装箱运输量的增大，空箱调配量也将增加，占用能力也会增多，这就需要有足够的运输能力来保证。

2. 公路

近些年，随着公路集装箱运输系统站场设施的建设、运力的增加以及经营管理的不断完善，通过公路完成的港口国际集装箱集疏运量，一直占港口吞吐重箱总数的80%以上；铁路集装箱办理站到发的集装箱通过公路运输实现门到门服务的比重已达70%左右。公路运输方式，已成为港口和铁路车站集装箱向腹地延伸运输的主要力量。目前，全国从事集装箱业务的公路运输企业有1000余户；设置内外贸集装箱货运站点1300个；在沿海主要外贸港口地区及其腹地建有国际集装箱公路中转站250个，拥有集装箱专用汽车2万多辆、3万TEU箱位，这些中转站都具有一定规模的集装箱堆场及专用装卸机械、拆装箱仓库、车辆机械维修检测车间等设施，以及一关三检等联检机构，为提高集装箱运输效率，方便货主办理进出口业务手续发挥了重要作用。此外，我国与俄罗斯、独联体国家以及西部与南部毗邻国已

先后签署公路双边和多边汽车运输协定 11 项，开放的一、二类边境口岸和临时过货通道有 154 个(7 省、自治区统计)，通过边境公路口岸出入境的集装箱运量日趋增加，尤其是广东口岸，集装箱出入境运输十分频繁，仅深圳皇岗、文锦渡、沙头角公路口岸每年出入境的集装箱运量，就占全国出入境总箱量的 40% 以上。

3. 沿海内河

近年国内水路集装箱运输迅猛发展，已成为水上运输的经济增长点。1997 年全国内贸标准箱港口吞吐量为 10 万 TEU，1998 年已超过 66 万 TEU，1999 年又突破 150 万 TEU；包括中国海运集团等 10 余家从事内贸水路集装箱运输业务的航运企业，已开辟航线 20 余条，联结全国 30 多个港口，每月从全国港口开出的航班达 260 多班，初步形成了“三圈二线”干支线网络，即以黄埔港为中心的华南区域，以上海龙吴港为中心的华东区域，以大连、青岛、天津港构成的环渤海湾区域，以及连接这三大区域的南至海口、湛江、汕头等港，北至营口、锦州等港的两条南北干线，此外还开通了上海至南京、汉口等地的长江干线，把长江干线与沿海南北航线连接贯通，形成了沿海和长江“T”型集装箱运输通道。随着运输量的扩大，从事内贸集装箱运输的船舶也逐渐增大，在南北干线上已普遍使用了 500 TEU 箱位的集装箱船，中海集团还投入了 1000 TEU 箱位的集装箱船。根据发展趋势预测，到 2010 年，我国内贸水运集装箱运输网络将基本完善，届时内贸水运集装箱运输量将达到 700 万 TEU，港口吞吐量将达到 1600 万 TEU。

在国际集装箱内支线运输方面，近几年也保持了持续增长的势头。1998 年，我国内支线航线已有 73 条，每月从我国港口发出的内支线航班达 1100 班，内支线挂靠的港口增加到 40 多个，吞吐的外贸国际箱达 140 多万 TEU。特别是长江下游各港口的内支线运输业务发展迅猛，南京以下长江沿岸的 10 个港口除常州、太仓港外，均已开辟到上海的内支线，集装箱吞吐量已超过 40 万 TEU。目前，上海港的国际集装箱吞吐量，出口箱中长江、沿海内支线所占的比重约为 12%；进口箱中内支线所占的比重约为 20%；但在全国港口国际集装箱吞吐量中，通过江河沿海内支线集疏运的比例约在 10% 左右，与发达国家相比，我国内支线的发展尚有一定潜力。

第五节　集装箱运输的发展趋势

由于集装箱运输在诸多方面具有突出的优越性，世界各国都十分重视发展集装箱运输,不断扩大集装箱船队,扩建新建集装箱码头,建造新一代集装箱船舶,采取各种优惠措施吸引集装箱运量,国际市场竞争十分激烈。随着全球经济的一体化发展,世界各国经济发展的依存度不断增大;随着科学技术的进步,尤其是信息技术的突破,经贸商品结构的不断变化,国际间贸易和技术交流的扩大,都将会加速全球集装箱化的进程。可以预见未来集装箱运输将会出现以下的发展趋势。

1. 货物运输的集装箱化程度将会进一步扩展

国际经济的快速发展,将导致各国商品结构的根本变化。发达国家由于出口结构更趋高档化,适于集装箱运输的高、精、尖产品在不断增加,并基本实现集装箱化。发展中国家依靠科技进步发展经济,从传统的单纯原材料进出口转变为科技含量高的工业制成品与半成品的出口;同时,通过不断增加投资,完善集装箱运输系统,其件杂货运输将逐步提高集装箱化的程度。此外,世界集装箱化趋势,必将由发达国家快速向发展中国家和地区扩展。

2. 集装箱运输将进一步适应现代物流发展

物流具有两个特征,一是系统,二是服务。系统是指物流将仓储、运输、装卸、包装、配送、信息等多种功能综合为一体,把商品经济活动中的供应、生产、销售、运输、库存信息等流通活动综合为一个系统,强调系统的功效,而不是局部。服务是指物流除追求商品自然流通的效率和费用外,还力求通过各种途径提高对用户的服务水平,以用户为中心进行管理和控制,加强产品营销战略,提高市场竞争能力。物流管理的宗旨是在满足用户需求的条件下,使系统总费用最小,或是以一定的资源投入,使用户服务水平达到最高。

运输是物流链中的重要环节。货物运输的集装箱化,使实现海陆空运输直达和“门到门”运输成为可能,也带动了集装箱多式联运和陆桥运输的迅速发展。20 世纪 90 年代以来,随着物流管理水平的提高、物流技术的发展以及货主对运输服务质量提出的更高要求,集装箱运输企业更加重视内陆运输、仓储及多式联运等服务的整体性和系统性,其经营业务的范围也从单一的海上运输延伸到了陆上物流系统的各个环节。许多大型集装箱运输企业加强对陆上运输和流通行业的渗透,大量投资于公路运输、仓储、铁路网,甚至航空运输。可见,作为国际物流链中的重要组成部分——集装箱运输必将进一步朝着现代物流的方向发展。

3. 集装箱船舶将继续向大型化方向发展

近年来,国际航运业单船箱位在8000 TEU以上的超大型船舶越来越多。据统计目前已投入运营的8000TEU以上的集装箱船已近60艘。中海集运载箱量达9600TEU的“新洛杉矶”号集装箱船已投入运营,另外三艘相同规模的“釜山”号、“新上海”号和“勒阿弗尔”号也将陆续投入使用。在此之前最大集装箱船是中远集运的“中远广州”号集装箱船,载箱量9383TEU。

2006年10月箱位11000TEU、船宽56m、船长397.71m的“艾玛-马士基”投入运营,是积极探索超万标箱船运营综合效益的重要实践。

随着世界贸易和集装箱运输的发展,预计到2010年,国际主干航线上将可能出现1.5万TEU箱位的集装箱船,其服务航速达24~25kn,功率超过65459.5kW(8.9万马力),可能成为“马六甲级超大型集装箱船”的过渡船型。

在货源稳定充足的条件下,为了降低单位运输成本,实现规模经济效益,集装箱船队运输规模,必将继续朝大型化方向发展。

4.集装箱多式联运将进一步发展完善

随着世界经济一体化、贸易全球化和跨国公司的迅速崛起,为了在世界范围内更加合理地配置资源、组织分工、适应生产与销售的需要,集装箱运输已从传统的港到港运输向综合利用各种运输方式“多式联运”、实现“门到门”运输积极转变。这是又一次质的飞跃,也是当今世界最先进的运输方式,它真正为货主提供了“快速、准时、便捷、价廉、安全、优质”的全方位服务。目前,全球性的综合运输系统日趋完善,运输干线和各枢纽港的集疏运系统也在逐步完善,加上与集装箱有关的国际公约和各国国内法规均得到不断加强,这些都为多式联运的发展创造了良好的条件。

5.国际航运企业在经营体制上将继续向联盟合作方向发展

在以国家为后盾的现代海运时代,众多船公司面对国家级大船公司显得自己力量单薄而缺乏竞争力,即使是大船公司,在竞争激烈的市场上也是力不从心。因此,近年来世界航运界出现了合并和组成新联盟的发展趋势。集装箱船公司的合并,可使船舶的硬件成本降低,资源合理调配,实现最佳储箱量,作业更加便利快捷,特别是实现计算机联网统一管理,将会加强与客户的联系,降低内陆运输费用,达到有效的预测,最大限度地减少风险。目前,世界主要远洋航线的联营集团已逐步重新组合,联营体由来自不同国家和地区的船公司组成,联营体成员之间取长补短,优势互补,在广泛区域内的多条航线上进行合作,以实现船队的最优配置,形成统一计划,统一调度，协调运输、互通有无的新局面，开辟了新的航线，开展了新的服务，最大限度地发挥单一公司在不同领域的优势，从而形成集团雄厚的实力，增强竞争力量。联营体的出现以及联营方式的选择，实现了企业的强强联合，缓解了各船公司竞争所带来的压力，从而进一步提高了服务质量，降低了成本。与此同时，中小集装箱航运公司为了奋力图存，也在进行联合、兼并，把自己定位在为大航运公司作喂给运输，或者在其具有传统优势的领域延续下去。

6. 集装箱港口将继续向大型化、深水化、高效化和信息化方向发展

船舶的大型化和港口的中转作用，将使港口的集装箱吞吐量大幅上升。集装箱码头将继续提高集约化程度，向着规模化、大型化、信息化、数字化、多功能、多层次的方向发展。

为适应集装箱运输发展的需求和激烈的市场竞争，集装箱港口必须具有更高的装卸效率，更大的装卸能力和集疏运能力；具有更优越的进出港航道、泊位、掉头区和码头前沿水深条件；配备更加高效合理的装卸工艺系统；建立完善的支线运输系统和畅通的内陆集疏运系统，这样才能缩短船舶在港停留时间，取得大型化的规模经济效益。积极构建与港区密切联系的现代物流服务功能。

目前，许多国家和地区已在积极扩充和新建现代化集装箱港口，以适应船舶大型化的要求。

7. 集装箱箱型规格将进一步趋向大型化和专用化

一些发达国家针对运输需求的发展，在不断拓宽集装箱的尺寸范围，要求增大集装箱的尺寸和总重，并极力主张把超宽、超长、超高集装箱纳入ISO标准。另外，社会经济的发展，导致产品形式的多种多样，都将对集装箱的需要作出更专业性的选择。这些趋势，使得集装箱制造业在未来的集装箱生产中，如在材料、加工工艺、产量、质量、标准、品种等方面都会发生新的变化，会使集装箱的箱型规格朝着大型化和专用化方向发展，朝着用户需要的方向改进。

第二章 集装箱船

第一节 集装箱船及世界集装箱船队的发展历程

海上集装箱运输开始于20世纪50年代后半期,最初的集装箱运输船舶大多是将原来的油船、杂货船改装为能在甲板上和舱内装载集装箱的改装船。1956年4月26日,由二战时期有代表性的T-2型油船改造的"Ideal X"号(图2-2-1)船舶在甲板上载着58个集装箱从纽约驶向休斯敦,揭开了国际航运史上集装箱运输的新篇章。1957年10月4日美国泛大西洋航运公司(1960年更名为海陆公司)用货轮改造的第一艘带有箱格结构的全集装箱船"Gateway City"号首航(图2-2-2),标志着全新的海上集装箱运输模式正式到来。该船载箱量226箱,航速15kn,往返于纽约、佛罗里达、德克萨斯之间。

图2-2-1 "Ideal X"号

20世纪60年代的集装箱船舶主要用于横越太平洋、大西洋航线,载箱量大多为700～1000TEU。进入70年代,集装箱船舶载箱量增加到2000TEU;1973年石油危机后,出现了载箱量达3000TEU的高效节能型集装箱船。80年代集装箱船舶的发展经历了以能通过巴拿马运河为限的巴

图 2-2-2 “Gateway City”号

拿马型时代和超巴拿马型时代，能通过巴拿马运河的称为巴拿马型集装箱船，这一时期集装箱船舶载箱量增加到 4400TEU；1988 年德国船厂建造的 5 艘 APL C-10 型集装箱船可装载 4800TEU，因其船宽超过 32.2m，被称为超巴拿马型集装箱船。90 年代船舶大型化的代表性船型为 1996 年竣工的“Regina Maersk”号集装箱船，其载箱量超过 6000TEU；进入 21 世纪以来，集装箱船舶大型化的步伐仍在继续，2006 年 9 月载箱量达 11000TEU 的巨轮已投入到集装箱运输的全球航线中。

海上集装箱运输发展至今，已历经半个世纪，船队规模不断扩大。截至 1985 年末，世界集装箱船队运力为 200 万 TEU；到 1995 年末，达 440 万 TEU；而到了 2005 年末，全球集装箱船队总运力已超过 800 万 TEU，20 年间年均增长率近 8%。

上述船队能力包含能载运集装箱的多用途船及滚装船的能力，其中具有箱格结构的全集装箱船的发展情况见表 2-2-1。从表中可以看出，自 1990 年起的 15 年间，世界全集装箱船数量年均增长 6.76%，载运能力年均增长 11.21%，船舶大型化趋势十分明显。

世界全集装箱船队规模发展历程表(1990～2005)　　表 2-2-1

载箱量(TEU) \ 年份	1990		1995		2000		2005	
	数量(艘)	运力(万 TEU)	数量(艘)	运力(万 TEU)	数量(艘)	运力(万 TEU)	数量(艘)	运力(万 TEU)
≤500	431	12.5	308	9.8	485	15.5	439	12.3
501～1000	263	19.3	301	22.6	480	34.4	643	47.0
1001～1500	246	29.8	329	39.9	497	59.5	579	69.2
1501～2000	167	29.5	231	40.3	334	56.6	434	73.8
2001～2500	63	14.1	114	25.9	226	50.7	314	71.5
2501～3000	133	36.5	141	38.3	183	50.8	295	80.5
3001～4000	70	23.6	144	49.4	209	72.0	279	95.4
4001～5000	7	3.0	64	27.7	163	71.2	315	137.7
5001～6000	0	0	0	0	61	33.4	206	113.6
6001～7000	0	0	0	0	23	14.9	88	57.3
7001～8000	0	0	0	0	0	0	45	33.1
8001～9000	0	0	0	0	0	0	40	33.0
>9000	0	0	0	0	0	0	4	3.7
合计	1380	168.3	1632	253.9	2661	459.0	3681	828.1

为适应班轮运输全球化的需要,20 世纪 90 年代后期世界航运界出现了联盟、兼并、收购的浪潮,有实力的集装箱船公司为追求规模,通过收购、兼并或合作,以便取得更好的利用率,为货主提供更广泛、更完整的服务。这样就使得全球班轮的拥有量越来越集中于一些航运巨头。2005 年更是成为全球班轮界的合并年,2005 年 5 月,马士基集团宣布以 23 亿欧元的价格并购世界第三大班轮公司铁行渣华;随后,2005 年 10 月,全球两大班轮公司联盟——伟大联盟与新世界联盟宣布,双方将在重点贸易干线实行合作计划。伟大联盟由日本邮船、赫伯罗特航运、东方海外及马来西亚国际航运组成,而新世界联盟则由美国总统轮船、现代商船及商船三井等船公司组成。船公司的合作联盟,有利于增强联盟成员的竞争力,这也推动了世界航运业集中化的趋势。无论是马士基收购铁行渣华还是全球两大班轮公司联盟,都表明全球班轮业已开始进入一个规模更为宏大的竞争与合作的新格局,这也是国际航运业顺应国际航运市场环境变化的必然选择。

目前世界排名前 5 名的班轮公司载运能力总和达 384 万 TEU,占到全球市场份额的42%,其中排名第一的丹麦马士基航运载运能力就达166.5万TEU,相当于世界集装箱船队运力总和的18%。在大陆排名第一的中海集运公司位列全球第六,共有123艘船舶,载运能力34.6万TEU。表2-2-2是全球运力排行前10名集装箱船队数据,与表2-1-4出自不同的统计时间、不同渠道,两者数据基本一致。

全球运力排行前10名集装箱船队(截至2006年1月底)　表2-2-2

排名	承运人	英文缩写	营运箱位(TEU)
1	丹麦马士基航运	Msersk Line	1665272
2	瑞士地中海航运	MSC	784248
3	法国达飞航运	CMA CGM	507954
4	中国台湾长荣航运	Evergreen	477911
5	德国赫伯罗特航运	Hapa-Lloyd	412344
6	中国中海集运	CSCL	346493
7	新加坡美国总统轮船	APL	331437
8	韩国韩进航运	Hanjin	328794
9	中国中远集运	COSCO	322326
10	日本邮船集运	NYK	302213

第二节　集装箱船的种类及特点

一、集装箱船的种类

集装箱船的分类有按装卸方式划分的,包括吊装式、滚装式、载驳式;有按专用程度进行划分的,包括全集装箱船、部分集装箱船、可变换集装箱船;还有按有无舱盖板进行划分的,以及按特殊用途划分的,如适合冰区航行的具有破冰功能的集装箱船等等。

1.吊装式集装箱船

这类船舶多数不设装卸设备,而是利用岸上的集装箱装卸设备进行装卸作业。

2.滚装式集装箱船

滚装式集装箱船在船尾或船侧设有吊门和连接码头的倾斜跳板,把装于底盘车上的集装箱、托盘货物等作为一个货物运输单元,用拖车牵引底盘

车，经连接船舶与码头的倾斜跳板直接进出货舱完成装卸作业。

滚装船由于采用水平的装卸方式，装卸可同时进行，对泊位设备投资较低，装卸效率很高。所以，这类船舶特别适合于靠泊潮差变化较小的短途水陆联运港口。其缺点是舱容利用率低，船舶造价高。

3. 载驳船

又称子母船。专用于运载能浮于水面的特殊集装箱货驳（子船）的船。母船装卸作业无需港口装卸设备，只要有条件良好的水面即能完成驳船（子船）装卸。离开母船后的子船可经水路直接拖至内河港口。子船特别适合在浅水泊位完成货物装卸。因此，载驳船适合于海河联运、干线和支线直达运输，但不适合于海陆联运。

4. 全集装箱船

指专门用于装运集装箱的船舶，舱内和舱面全部舱位专为装运集装箱而设计。它与一般杂货船不同，其货舱内有格栅式箱格，装有垂直导轨，便于集装箱沿导轨放下，四角有格栅制约，可防倾倒。

5. 部分集装箱船

仅以船的中央部位作为集装箱的专用舱位，其他舱位仍装普通杂货。

6. 可变换集装箱船

其货舱内装载集装箱的结构为可拆装式的。因此，它既可装运集装箱，必要时也可装运普通杂货。

7. 无舱盖集装箱船

无舱盖集装箱船首次出现于 20 世纪 90 年代初，这类船舶中部有多个舱设计成无舱盖形式，并将舱内箱格导轨延伸到舱面。它不但可以省去舱面集装箱的系固作业，因不必吊装舱盖板，也提高了装卸效率。

二、集装箱船的特点

鉴于目前吊装式的全集装箱船数量最多，在海上集装箱运输中占据绝对主导地位，现状建造的集装箱码头大多为这类船舶服务，因此在本书中所说的集装箱船专指这类船舶，其主要特点有：

1. 单层甲板，宽舱口，舱口与货舱同宽

国际标准集装箱的强度设计要求其能达到承受上部堆码 8 层满载箱的负荷，因此目前大型集装箱船的舱内设计大多堆码 9 层，集装箱船货舱也就没有必要设置多层甲板来减小上层箱对下层箱的负荷量。近年出现的一些载箱量超过 9000TEU 的大船有的舱内堆码 10 层，底层箱承受的荷载已到上限,配载时其上部集装箱重量不能全部达到满载负荷,否则最底层的集装箱就有被压垮的危险。

集装箱船舱口与货舱同宽的设计能保证舱内装载的每一集装箱无需横移,均能直接被吊进或吊出货舱。

2. 舱内设有固定的箱格导轨,舱面设有集装箱系固设备

为方便装卸和防止船舶摇摆运动引起集装箱发生位移,集装箱船在舱内设计了箱格导轨(图2-2-3)。装入舱内的集装箱无需任何系固。集装箱船舱面通常设有整套系固设备。目前已有不少新型集装箱船在舱面设置了一定高度的箱格导轨,以减少舱面集装箱系固作业量(图2-2-4)。

图2-2-3 舱内箱格导轨示意图

3. 采用双层体船壳结构,设置有大容量压载水舱

为弥补单层甲板和长大货舱开口设计对船体结构强度的不利影响,集装箱船体通常采用双层体船壳结构,以增加船体强度(图2-2-5)。双层体船壳结构同时为船舶提供了大量的液体舱室。这些舱室除用作燃油、淡水舱外,大量用作压载水舱(约占船舶夏季总载重量的30%),以适应船舶空载或舱面装载大量集装箱时调整船舶重心高度的需要。

4. 采用尾机型或艉后机型

这种布置主要为提高船舶的舱位利用率,即在船体形状变化较大部位布置机舱,这样就能在船体中部形状变化较小的部位安排更多的集装箱箱位。

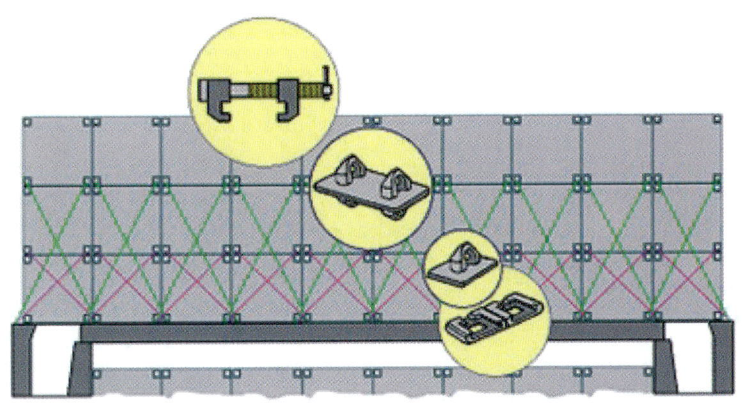

图 2-2-4　舱盖板上系固设备示意图

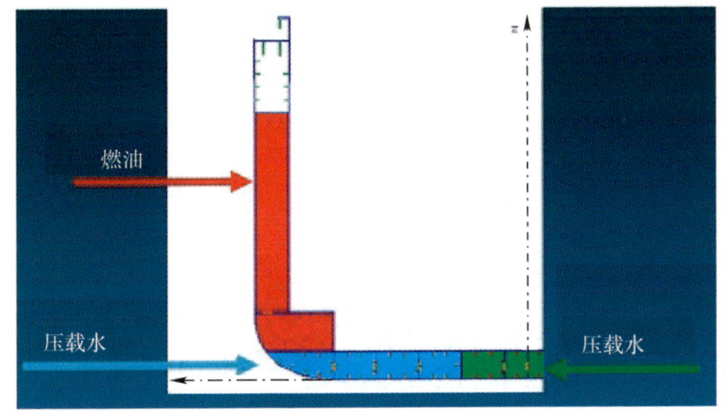

图 2-2-5　双层体船壳结构作为液体舱室示意图

5. 航速高

集装箱船舶由于运输时效性的要求，航速一般大于其他货种的船舶，据统计 70% 的 1500 ~ 2500TEU 的集装箱船航速为 18 ~ 21kn，90% 的 2,500 ~ 4,000 TEU 集装箱船航速为 20 ~ 24kn，71% 的 4,000 ~ 6,000 TEU 集装箱船航速为 23 ~ 25kn，80% 的 6,000TEU 以上的集装箱船舶航速为 24 ~ 26kn。

第三节　集装箱船配积载及船型分级

一、表征集装箱船装箱容量大小的指标

1. 换算箱容量

又称标准箱容量，是指船舶所能承运各类国际标准集装箱的最大换算

容量(TEU)。这是一项表征集装箱船规模的重要指标,平常所说的集装箱载箱能力就是指船舶的换算箱容量。如中远集团"中河"轮的该项容量为3764TEU。

2. 20ft 箱容量

是指集装箱船所能承运20ft 箱的最大箱位数(TEU)。通常不等于船舶的换算箱容量。这是因为许多集装箱船上都设计有一些仅适合装载40ft 集装箱的箱位。如"中河"轮 20ft 箱容量为 3022TEU,另有 371FEU 箱位仅适合装载 40ft 集装箱。

3. 40ft 箱容量

是指集装箱船所能承运40ft 箱的最大箱位数(FEU)。它并非是船舶换算箱容量的一半。这是因为集装箱船每个货舱长度往往难以都设计成安排40ft 箱位所需长度的整数倍。如"中河"轮 40ft 箱容量为 1481 个,仅适合20ft 集装箱的箱位容量为 802 个 TEU,该轮有 2220TEU 箱位既适合装载2220 个 20ft 箱,又适合装载 1110 个 40ft 箱。

4. 特殊箱容量

船舶承运如危险品箱、冷藏箱、非标准箱(如 45ft 箱)等特殊箱数量的最大限额(TEU)。集装箱船的危险品箱装载容量有一定限制,同一船舶常常有些货舱不允许装载任何危险品箱,另一些货舱则仅限于装载某几类危险品箱。受船舶供电能力和电源插座位置的限制,每一集装箱船所能承运的冷藏箱最大数量和装箱位置通常是确定的。如"中河"轮冷藏箱容量为 240TEU,其中有 20 个 20ft 箱位仅适合装 20ft 的冷藏箱,另外 20 个 40ft 箱位仅适合装40ft 的冷藏箱,有 180TEU 箱位既适合装 20ft,又适合装 40ft 的冷藏箱。

5. 巴拿马运河箱容量

巴拿马运河当局规定,过运河的任何船舶不得因舱面堆装的货物而阻挡驾驶员的瞭望视线。这样,多数集装箱船的舱面前部有不少箱位因阻挡驾驶员的瞭望视线,过运河前不得使用,从而使船舶的装箱容量减少。如"中河"轮舱面前部有 79TEU 特定箱位在通过巴拿马运河前不得使用。

二、集装箱船配积载

1. 集装箱船箱位编号

为准确表示每一集装箱在船上的装箱位置,ISO 9711 - 1:1990 对集装箱船箱位代码编号进行了统一规定。每一箱位号(Slot Number)以 6 位数字表示,开头两位数字表示"行号",中间两位数字表示"列号",末尾两位数

字表示“层号”，每组数字不足10者在前一位置0。例如：071206，07为行号，12为列号，06为层号（图2-2-6和图2-2-7）。

图2-2-6　集装箱箱位名称示意图

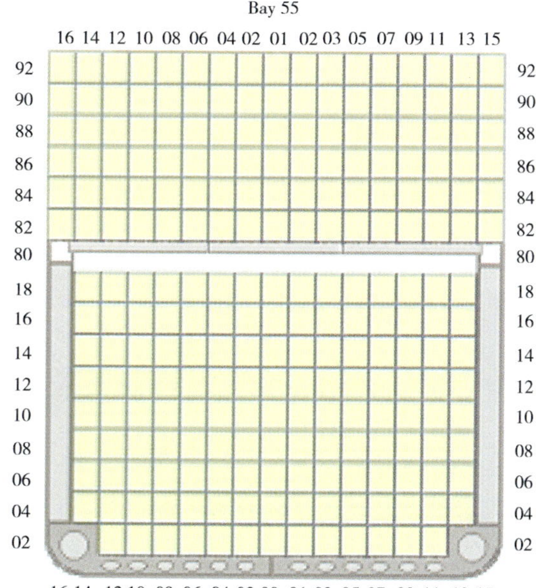

图2-2-7　集装箱箱位编号示意图

行号(Bay Number)又称“排号”，指集装箱在船上横向积载的位置。编号方法是从船首至船尾依次按01,02,03,…标明。通常因大型机械移动慢，一般情况安排装卸船也称按“Bay”装卸，一排装卸完毕再移机装卸另一排。

列号(Row Number)是集装箱在船上纵向积载的位置。有两种编号方法。一种是从右舷端向左依次标明01,02,03,04,…；另一种是以中间列的箱位标为00，向右编为单号即01,03,…，向左编为双号，即02,04,…。

层号(Tier Number)是集装箱箱位的垂向坐标，舱内以全船最低层作为起始层，自下而上以02、04、06，…偶数表示。舱面也以全船舱面最低层作为起始层，自下而上以82、84、86，…偶数表示。

2. 集装箱船配积载

(1)充分利用船舶的装箱容量和净载重吨

在集装箱箱源充足的条件下，提高集装箱船的箱位利用率，充分利用集装箱船的净载重量，是提高集装箱船营运经济效益的重要途径。

(2)满足集装箱船舶的稳性要求

为提高装箱能力，集装箱船通常将约占总量1/3～1/2的箱位安排在舱面，这将引起装载后船舶重心上升，水线以上受风面积增大，对船舶稳性不利。因此，应控制舱内和舱面所装集装箱的重量处于合适的比例范围内，例如，全集装箱船在满载状态下，舱内装箱的总重量通常取全船装箱总重量的60%或以上。

(3)合理确定各类集装箱箱位

编制集装箱船配积载计划时，首先需要熟悉航次箱源的挂港数量、平均箱重、特殊集装箱对运输的要求等；随后总体上划定各挂港集装箱在船上的装箱区域；最后按特殊箱先配，普通箱后配，后到港箱先配，先到港箱后配的原则，逐一为每一待装集装箱选定合理的具体箱位。

(4)满足集装箱装卸顺序和快速装卸的要求

配积载时应避免或尽量减少中途港发生倒箱现象及尽力满足快速装卸要求。

(5)装卸过程中的注意事项

装卸过程中，应当均衡各作业线的作业进度，保证满足船体的强度要求和最低限度的稳性要求。同时注意调整平衡水舱的压载水，防止船舶装卸过程中出现较大的横倾(通常应小于3°)和纵倾，以免集装箱被箱格导轨卡住而无法装卸。

三、集装箱船型分级

集装箱船型分级的方式有按船舶吨级划分的，有按载箱量划分的，有按通航限制要求划分的，但各国、各机构、各组织的划分标准不尽相同，尚未有统一标准。我国《海港总平面设计规范》(JTJ 211—99)中是按船舶吨级进行划分的(表2-2-3)。

集装箱船设计船型尺度　　表2-2-3

船舶吨级 DWT (t)	设计船型尺度(m)				载箱数 (TEU)
	总长 L	型宽 B	型深 H	满载吃水 T	
1000(1000～2500)	90	15.4	6.8	4.8	≤200
3000(2501～4500)	106	17.6	8.7	5.8	201～350
5000(4501～7500)	121	19.2	9.2	6.9	351～700
10000(7501～12500)	141	22.6	11.3	8.3	701～1050
20000(12501～27500)	183	27.6	14.4	10.5	1051～1900
30000(27501～45000)	241	32.3	19.0	12.0	1901～3500
50000(45001～65000)	293	32.3	21.8	13.0	3501～5650
70000(65001～85000)	300	40.3	24.3	14.0	5651～6630
100000(85001～115000)	346	45.6	24.8	14.5	6631～9500
120000(115001～135000)	367	45.6	27.2	15.0	9501～11000
150000	398	56.4	30.2	16.5	11001～12500

2000年交通部水运司曾立项进行“集装箱码头、船舶及装卸桥等级划分研究”，在课题组提交的报告中按“代”对集装箱船舶等级进行了划分，详见表2-2-4。

目前国际上的一些行业组织及学术机构也有以“代”对集装箱船舶进行等级划分的提法，且划分标准不尽相同，有的以船舶吨级为标准，有的以载箱量为标准，还有的以船舶尺度为标准，因此以“代”对集装箱船舶进行等级划分最大的问题是不易在国际上形成统一标准。而按船舶的航行区域即表2-2-4的船舶属性为标准进行划分则能较好地形成行业共识，并且能直观地反映出集装箱船舶的等级特征。此外，从表2-2-4第三、第四代集装箱船的船舶尺度及船舶属性上看，将它们划为同一代似乎更为合适，同理也可将第五、第六代集装箱船划为一代，而第七代(预测)船舶已有数十艘投入使用，因此表2-2-4可调整为表2-2-5。

集装箱船舶等级标准

表 2-2-4

序号	船舶等级	船舶能力		船舶主尺度			船舶积载情况			船舶属性	备注
		船舶吨级 DWT（t）	载箱量（TEU）	总长（m）	型宽（m）	满载吃水（m）	装箱层数		甲板堆箱列数		
							舱内	甲板上			
1	第一代	10000（1000～12500）	≤830	147	22.6	8.2	6	2	8	支线喂给船	
2	第二代	20000（12501～27500）	831～1900	183	27.8	10.5	6	2	10	沿海及近洋船	
3	第三代	30000（27501～45000）	1901～3100	244	32.3	12.0	7	3	12	远洋级船	
4	第四代	50000（45001～65000）	3101～4600	294	32.3	13.0	8	5	13	巴拿马型船	
5	第五代	70000（65001～85000）	4601～6000	300	40.3	14.0	8	5	16	超巴拿马型船	
6	第六代	100000（85001～115000）	6001～8200	347	42.8	14.5	9	6	17		
7	第七代（预测）	150000（115001～175000）	8201～12500	380	55.8	15～16	10	7	22	苏伊士运河型船	预计 2005 年开发运行
8	第八代（预测）	200000（175001～240000）	12501～18000	400	60	18～21	13	8	24	马六甲海峡极限型船	预计 2015 年开发运行

摘自：集装箱码头、船舶及装卸桥等级划分研究（送审稿）（2003 年）

集装箱船舶等级标准

表 2-2-5

序号	船舶属性	船舶能力		船舶主尺度			船舶积载情况			船舶参照等级	备注
		船舶吨级 DWT（t）	载箱量（TEU）	总长（m）	型宽（m）	满载吃水（m）	装箱层数		甲板堆箱列数		
							舱内	甲板上			
1	支线喂给船	10000（1000～12500）	≤830	147	22.6	8.2	6	2	8	第一代	
2	沿海及近洋船	20000（12501～27500）	831～1900	183	27.8	10.5	6	2	10	第二代	
3	巴拿马型船	30000（27501～45000）	1901～3100	244	32.3	12.0	7	3	12	第三代	
		50000（45001～65000）	3101～4600	294	32.3	13.0	8	5	13		
4	超巴拿马型船	70000（65001～85000）	4601～6000	300	40.3	14.0	8	5	16	第四代	
5		100000（85001～115000）	6001～8200	347	42.8	14.5	9	6	17		
6	苏伊士运河型船	150000（115001～175000）	8201～12500	380	55.8	15～16	10	7	22	第五代	
7	马六甲海峡极限型船	200000（175001～240000）	12501～18000	400	60	18～21	13	8	24	预测	预计 2015 年开发运行

四、典型集装箱船性能参数

1. 载箱量为4250TEU的集装箱船(图2-2-8)

总吨(t):39800

载重吨DWT(t):50500

总长(m):259.8

柱间距(m):244.8

型宽(m):32.25

型深(m):19.3

满载吃水(m):12.6

航速(kn):24.5

续航里程(海里):20300

舱盖板上集装箱列数:13

舱盖板上集装箱堆高层数:6

舱盖板上集装箱箱位数:2666

舱内集装箱列数:11

舱内集装箱堆高层数:7

舱内集装箱箱位数:1584

冷藏箱插座数量(FEU):400(甲板上330,舱内70)

重油舱容积(m^3):6100

柴油舱容积(m^3):250

润滑油舱容积(m^3):200

淡水舱容积(m^3):400

压载水舱容积(m^3):11500

2. 载箱量为8500TEU的集装箱船(图2-2-9)

载重吨DWT(t):99500

总长(m):334

柱间距(m):319.0

型宽(m):42.8

型深(m):24.6

满载吃水(m):14.5

航速(kn):25.2

续航里程(海里):20000

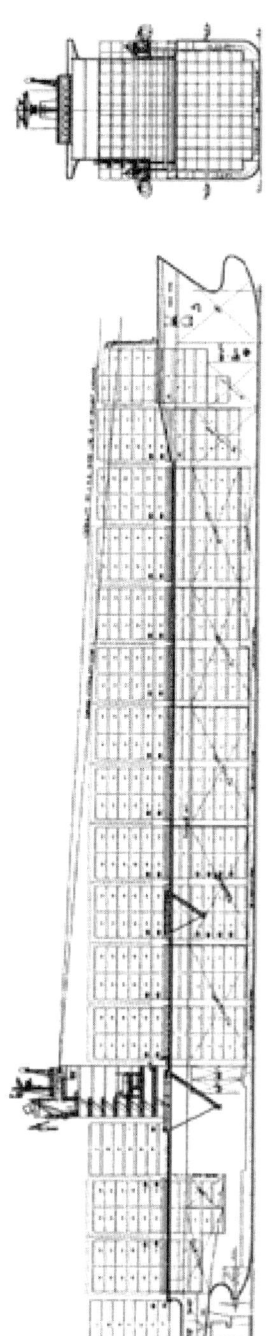

图 2-2-8　4250TEU 集装箱船示意图

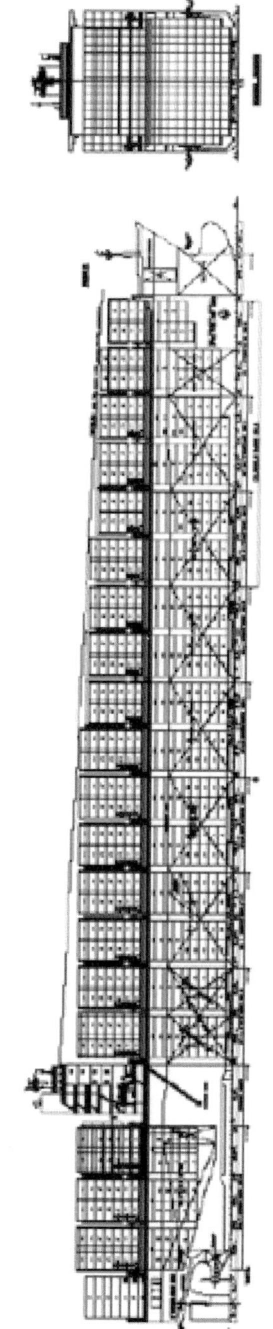

图 2-2-9　8500TEU 集装箱船示意图

舱盖板上集装箱列数:17

舱盖板上集装箱堆高层数:7

舱盖板上集装箱箱位数:4361

舱内集装箱列数:15

舱内集装箱堆高层数:9

舱内集装箱箱位数:3877

冷藏箱插座数量(FEU):700(全部位于甲板上)

重油舱容积(m^3):10900

柴油舱容积(m^3):600

润滑油舱容积(m^3):500

淡水舱容积(m^3):600

压载水舱容积(m^3):25000

3. 载箱量为 9600TEU 的集装箱船(图 2-2-10)

载重吨 DWT(t):102200

总长(m):335

柱间距(m):319.0

型宽(m):45.6

型深(m):27.2

满载吃水(m):14.5

航速(kn):26.1

续航里程(海里):20000

舱盖板上集装箱列数:18

舱盖板上集装箱堆高层数:8

舱盖板上集装箱箱位数:4882

舱内集装箱列数:16

舱内集装箱堆高层数:10

舱内集装箱箱位数:4678

冷藏箱插座数量(FEU):700(全部位于甲板上)

重油舱容积(m^3):10900

柴油舱容积(m^3):500

润滑油舱容积(m^3):500

淡水舱容积(m^3):600

压载水舱容积(m^3):25500

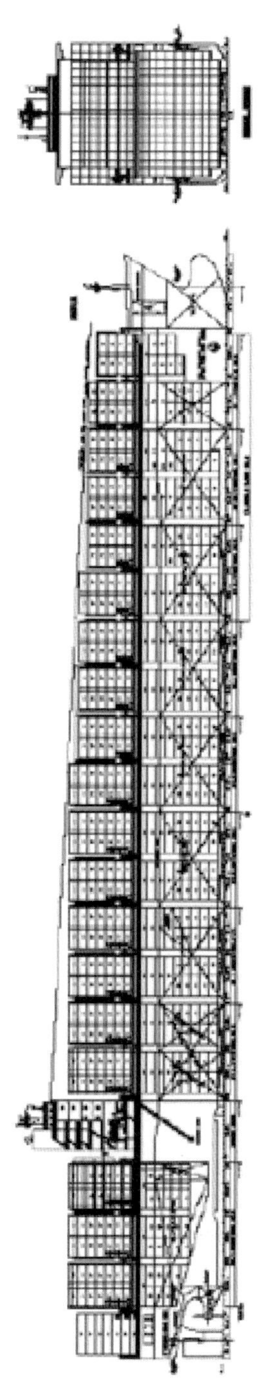

图 2-2-10　9600TEU 集装箱船示意图

第四节　世界主要集装箱运输航线

一、集装箱运输航线形式

集装箱运输航线主要有三种形式：

(1)港到港的两点型；

(2)枢纽港和喂给港型；

(3)环线型。

随着集装箱运量的飞速发展，今后环线型的航线模式将成为主流。环线型航线的最大优点为：

(1)即使各港口的待运货源不足，也可用大型集装箱船舶把货源集散归总进行运输，具有较高的经济性。如各港口每次具有1000TEU的装载货运量，可使用5000TEU的集装箱船舶，环线挂靠5个港口就能达到最大的运输效率和经济效益。挂靠港达到6或7个时，使用6000TEU或7000TEU的大型集装箱船舶可将运输费用降到最低。

(2)可以解决喂给港运输中转所带来的费用增加问题。喂给港货源需要向枢纽港喂给，从而增加了运费且延长了运输时间。因此，如果喂给港具有一周2航次或一周3航次、每次1000TEU的货源，则可作为环线型航线的间隔性挂靠港。

环线型航线的缺点是运输时间长，挂靠港越多，环绕一周所需时间越长。而目前满足每日开航货运量的港口不多，因此在运输服务上，高效率和低费用的超大型集装箱船舶的环型服务方式比起港对港两点型模式更具优势。

环线型航线的最大难点是资本投资。要维持日航班一次，需要投入大量的集装箱船舶。就目前北太平洋环航线挂靠5个港口为例，每航次约需40天，日航班一次则需40艘集装箱船；如再开设逆向航线，则需80艘集装箱船。因此对于这种航线模式，船公司之间进行联盟也是必然的选择。

二、世界集装箱运输主要航线

目前，世界海运集装箱航线主要有：

(1)远东—北美航线；

(2)北美—欧洲、地中海航线；

(3)欧洲、地中海—远东航线；

(4)远东—澳大利亚航线;

(5)澳、新—北美航线;

(6)欧洲、地中海—西非、南非航线。

全球主要集装箱航线运力配置情况见表2-2-6,各航线上的代表船型情况见表2-2-7。

全球主要集装箱航线运力配置情况(截至2005年5月底)　表2-2-6

航线名称	船舶艘数	运力(TEU)
远东/北美西海岸	413	1699016
欧洲/北美东海岸	—	—
欧洲/远东	300	1593857
远东/地中海	284	1340239
东亚/东北亚	371	736268
东亚/东南亚	280	503134
欧洲区内	264	120398
地中海区内支线	253	208180
远东/印度次大陆	225	647579
东南亚区内	220	190336
东亚区内	213	481934
数据来源:Ci-online		

全球主要集装箱航线代表船型情况　表2-2-7

航线名称	代表船型(TEU)	航线名称	代表船型(TEU)
远东/北美西海岸	4800	欧洲区内	400
欧洲/北美东海岸	—	地中海区内支线	800
欧洲/远东	5500	远东/印度次大陆	2300
远东/地中海	4800	东南亚区内	800
东亚/东北亚	1000	东亚区内	800
东亚/东南亚	1500		

第五节　集装箱船舶的营运成本

集装箱船舶的营运成本主要包括:

(1)人员工资;

(2)保险、船舶管理费;

(3)港口费用;

(4)维修保养费用;

(5)贮藏品、润滑油以及燃料费用等。

其总成本除了包括营运成本外,对自有船舶还包括船舶的折旧费用,对租用船舶还包括租船费用。近年来,由于燃料油、润滑油价格大幅上涨,船舶营运成本也急剧升高,给船公司带来很大的经营压力。由于集装箱运输存在着潜在的规模经济性,船舶吨位越大,单位船舶造价越低,单位运输成本也越低,而船舶营运成本不会随着船舶规模的增大而同比例增长。因此,如果能够组织好货源,使载箱率达到一定数值,船型越大,单位运输成本越低。近年来,各大班轮公司纷纷订购大型集装箱船舶,以求在营运成本方面取得优势,从而增强自己的市场竞争力。

表 2-2-8 是美国陆军工程兵团为研究港口改进项目潜在的经济效益,于 2002 年对非美国籍集装箱船舶(设定为 7 年船龄)营运成本的测算情况,内容属参考资料性质。

集装箱船舶营运成本测算表 表 2-2-8

载箱量(TEU)	600	1,000	1,200	1,400	1,600	2,000	2,200
船舶吨级 DWT(t)	9,000	14,000	17,000	20,000	23,000	28,000	31,000
船舶资本费用($)	17,643,787	21,114,784	24,585,782	28,056,780	31,527,777	34,998,775	40,205,271
CRF 6 1/8%,20 年	0.0881000	0.0881000	0.0881000	0.0881000	0.0881000	0.0881000	0.0881000
年资本费用($)	1,553,912	1,859,607	2,165,303	2,470,998	2,776,694	3,082,389	3,540,932
年固定运营成本($)							
人员工资	631,745	658,859	685,972	713,086	740,199	767,313	807,983
润滑油和贮藏品费用	251,566	270,393	289,220	308,047	326,873	345,700	373,941
维修保养费用	532,123	544,439	556,756	569,073	581,390	593,706	612,182

续上表

保险	254,363	268,449	282,534	296,619	310,704	324,790	345,917
管理费	106,081	106,654	107,227	107,801	108,374	108,948	109,808
年固定运营成本总计($)	1,775,877	1,848,793	1,921,709	1,994,625	2,067,541	2,140,456	2,249,830
年固定成本总计($)	3,329,789	3,708,401	4,087,012	4,465,623	4,844,234	5,222,846	5,790,763
年运营天数	350	350	350	350	350	350	350
日固定成本合计	9,514	10,595	11,677	12,759	13,841	14,922	16,545
日燃油成本($)							
日燃油成本：海上航行	2,711	4,455	5,338	6,325	7,334	8,952	9,834
日燃油成本：港口停泊	316	421	421	526	526	631	631
日总成本($)							
日总成本：海上航行	12,225	15,050	17,015	19,084	21,174	23,874	26,379
日总成本：港口停泊	9,829	11,016	12,098	13,285	14,367	15,553	17,176
日工作小时数	24	24	24	24	24	24	24
小时总成本($)							
小时总成本：海上航行	509	627	709	795	882	995	1,099
小时总成本：港口停泊	410	459	504	554	599	648	716

续上表

船型参数							
总长(LOA;英尺)	427.0	506.0	544.0	579.0	611.0	658.0	684.0
船最大宽度(BX;英尺)	68.0	77.0	81.0	85.0	89.0	94.0	96.0
夏季船舶最大吃水(SLD;英尺)	24.0	27.0	29.0	31.0	32.0	34.0	35.0
浸没率(TPI)	53	72	82	92	101	116	125
功率(马力)	5,863	10,179	12,768	15,358	17,947	22,263	24,852
航速(SS;in knots)	16	18	18	19	19	20	20
船员	26	26	26	26	26	26	26
燃料消耗(t/天;MTPD)							
主燃料消耗(PFC)	19	32	39	46	54	66	73
辅助燃料消耗(AFC)							
—海上航行	1.5	2.0	2.0	2.0	2.5	2.5	2.5
—港口停泊	1.5	2.0	2.0	2.0	2.5	2.5	2.5
重油价格(HVO;每吨)	126.1	126.1	126.1	126.1	126.1	126.1	126.1
船用柴油价格(MDO;每吨)	210.3	210.3	210.3	210.3	210.3	210.3	210.3

续上表

载箱量(TEU)	2,500	2,800	3,000	3,500	4,000	4,800	6,000
船舶吨级DWT(t)	35,000	39,000	42,000	49,000	55,000	66,000	82,000
船舶资本费用($)	43,676,269	49,605,233	51,581,554	56,522,358	59,486,840	61,463,162	86,167,179
CRF 6 1/8%，20年	0.0881000	0.0881000	0.0881000	0.0881000	0.0881000	0.0881000	0.0881000
年资本费用($)	3,846,628	4,368,800	4,542,857	4,978,000	5,239,086	5,413,143	7,588,859
年固定运营成本($)							
人员工资	835,096	924,157	953,844	1,028,061	1,072,591	1,102,278	1,473,363
润滑油和贮藏费用	392,767	403,033	406,455	415,009	420,142	423,564	466,337
维修保养费用	624,498	658,634	670,013	698,459	715,527	726,905	869,138
保险	360,003	419,386	439,181	488,667	518,358	538,153	785,584
管理费	110,381	115,506	117,214	121,485	124,047	125,756	147,109
年固定运营成本总计($)	2,322,746	2,520,716	2,586,706	2,751,681	2,850,666	2,916,655	3,741,530
年固定成本总计($)	6,169,374	6,889,515	7,129,563	7,729,681	8,089,752	8,329,799	11,330,389
年运营天数(d)	350	350	350	350	350	350	350
日固定成本合计($)	17,627	19,684	20,370	22,085	23,114	23,799	32,373

续上表

日燃油成本							
日燃油成本:海上航行	10,969	12,209	13,091	15,108	16,979	22,526	26,161
日燃油成本:港口停泊	631	736	736	736	841	841	947
日总成本($)							
日总成本:海上航行	28,596	31,893	33,461	37,193	40,092	46,325	58,534
日总成本:港口停泊	18,258	20,421	21,106	22,821	23,955	24,641	33,319
日工作小时数	24	27	27	27	27	27	27
小时总成本($)							
小时总成本:海上航行	1,191	1,329	1,394	1,550	1,671	1,930	2,439
小时总成本:港口停泊	761	851	879	951	998	1,027	1,388
船型参数							
总长(LOA;英尺)	716.0	746.0	768.0	814.0	951.0	984.0	1044.0
船最大宽度(BX;英尺)	100.0	103.0	105.0	106.0	106.0	122.0	140.0
夏季船舶最大吃水(SLD;英尺)	37.0	38.0	39.0	41.0	42.0	43.0	46.0
浸没率(TPI)	136	146	154	171	186	229	279
功率(马力)	28,305	31,757	34,346	40,388	45,567	60,000	75,000
航速(SS;in knots)	21	21	22	22	23	24	25

续上表

船员	26	27	27	27	27	27	27
燃料消耗（t/天；MTPD）							
主燃料消耗（PFC）	82	91	98	114	128	172	200
辅助燃料消耗（AFC）							
—海上航行	3.0	3.5	3.5	3.5	4.0	4.0	4.5
—港口停泊	3.0	3.5	3.5	3.5	4.0	4.0	4.5
重油价格（HVO；每吨）	126.1	126.1	126.1	126.1	126.1	126.1	126.1
船用柴油价格（MDO；每吨）	210.3	210.3	210.3	210.3	210.3	210.3	210.3

第六节　集装箱船舶的发展趋势

一、集装箱船队规模将继续扩大

由于集装箱运输具有运输速度快、经济效益高、储存能力强、交接便利等优越性，使集装箱运输适用货种不断增加，刺激了集装箱运量迅速增长。目前，主要国际航线上的散杂货集装箱化比例已相当高，一些传统散货运输、托盘运输或裸运的货物，如粮食、棉花、方木甚至饮料、酒类、油料、废品、废钢铁、垃圾等等，都已开始用集装箱运输；在冷藏货运输中，冷藏箱已取代冷藏船占据主导地位，且比例仍在扩大；液化原料罐式集装箱的比例正在上升；轿车专用集装箱也已推出。这些都决定了必须投入更多的运力才能满足集装箱运输发展的需要。

据英国克拉克森统计，2006 年将交付的船舶运力达 133.2 万 TEU，相当于 2005 年年底船队规模的 16%，使集装箱船舶运力新增速度又达到一个历史新高。

二、集装箱船舶大型化趋势仍将延续

为达到降低集装箱运输成本,增强竞争能力的目的,由船公司推动的船舶大型化进程仍在稳步发展中。根据劳氏船级社的统计资料,截止到2005年底,现役全集装箱船队的拥有量为3681艘,载运能力828万TEU,平均每船箱位量为2250TEU;2005年进入班轮运输市场的新船达276艘,载运能力94.7万TEU,平均每船箱位量为3430TEU;2006~2009年交付使用的新船为1201艘,载运能力423.5万TEU,平均每船箱位量达3520TEU。船舶大型化的趋势十分明显。

自从温哥华的Seaspan公司2002年订购了第一条8,500 TEU的集装箱船起,船东们纷纷开始订购越来越大的超大型集装箱船。可装载9600TEU的"新洛杉矶"号已投入运营,该船船长336.67m,宽45.6m,最大吃水为15m。2006年9月马士基公司载箱量达11000TEU的"Emma Maersk"号集装箱船投入运营,可以被看成是近年集装箱船舶大型化的里程碑,载箱量首次突破10000TEU。据报道该船船长398m,型宽56.4m,型深30.2m,吃水16.5m,装备1台110000马力的发动机,服务航速25.5kn。

三、大型化的预期目标

由于集装箱运输不仅仅是船舶自身的问题,还涉及到港口、航道和区域经济的发展等方面,所以必然受到这些因素的影响和制约。

1. 货源因素的制约

提高集装箱运输的规模经济效益,首先必须在集装箱航线上具有充足稳定的货源。这是因为随着集装箱船舶大型化和载箱量的提高,客观要求与之相适应的货源也要越来越多。如果没有充足的适箱货源,大型集装箱船舶具有单位运输成本低的优势就发挥不出来,由于缺少货源,船舶越大,亏损也就越大。

2. 港口条件的制约

港口的停泊设施、泊位水深、码头水域和陆域、装卸设备、集疏运条件、堆存能力等都对实现规模经济效益有很大的限制。

3. 航线条件的制约

主要是指航道的水深及苏伊士运河和巴拿马运河对船舶吃水、船长、船宽等方面的限制。

4. 航程因素的制约

实践和理论分析表明，航程越长，大型船舶的规模经济效益越佳，反之则越差。这是因为航线距离较短，船舶在港时间的比例较大，航行时间的比例会相应减少，使船舶的生产效率受到影响。

5. 船舶航速的制约

随着集装箱船舶的大型化，航速普遍提高，这可以减少航线配船数，从而减少船舶的投资，并且有利于提高运输质量，提高集装箱及有关设备的利用率。但随着航速的提高，必然引起燃油成本的上升，从而导致单位运输成本提高，这是其不利的方面，所以必须经技术经济论证并综合分析后确定最佳的航速。

6. 航行安全规定的制约

如 SOLAS 公约对从船舶驾驶舱能看到水面的视距有要求，这就决定了舱面上集装箱不能堆得太高，从而也就限制了船舶载箱量的扩大。

基于这些因素的制约，集装箱船舶大型化也不能是永无止境的。

巴拿马运河目前闸室长 305m，宽 33.5m，最大水深 12.5 ~ 13.7m。为适应船舶大型化的需要，巴拿马运河当局一直在考虑把运河扩建到能通行 12500TEU 的集装箱船的水平。

苏伊士运河目前长 162km，宽 80 ~ 135m，水深 18.3m，刚好满足 12500TEU 集装箱船通行的要求。苏伊士运河当局也在积极推进到 2010 年前将运河拓宽浚深到能通行 VLCC 及 ULCC 油轮的要求，届时载箱量 18000TEU 的超大型集装箱船也可在运河中通行。因此，有些机构也将 18000TEU 集装箱船称为“苏伊士级超大集装箱船”。其主要船型尺度预计为：船长 400m，型宽 60m，满载吃水 21m。其中满载吃水值正是通过马六甲海峡的最大允许吃水深度。

对发展超大型集装箱船舶，各主要船级社一直给予很大热情，也做了大量的研究论证工作，目前从技术方面考虑，建造载箱量为 18000TEU 的超大型集装箱船是完全可行的，有些机构也已完成了其概念设计。可以预计，载箱量 12500TEU 的集装箱船 2010 年前就能投入市场，而载箱量 18000TEU 的超大集装箱船也可能在 10 年内出现，此后大型化的趋势将趋于平缓并将维持一个相当长的时期。

第三章　集装箱港区与物流园区

第一节　集装箱港区与物流园区的关系

一、港口物流

物流是一个涵盖面极其广泛的领域,遍及经济生活中的各行各业。为了研究与管理的需要,人们把物流分为很多类型。港口物流是按行业及运输方式划分的一种物流型式,并且在概念上还有广义与狭义之分。广义的港口物流包括围绕着港口的一切物流活动,物流设施也包括港湾、航道、码头等;而狭义的港口物流则排除了港口传统的船舶装卸等业务及码头设施等。应该说,狭义的概念更能反映和把握港口物流的机能和本质,因此,在本书中,港口物流指的是以港口资源与港口传统业务为依托,以建立在港口及港口周边地区的物流设施为组织场所,所开展的多种类型的物流活动。

二、物流园区

所谓物流园区,是指各种物流设施和物流企业在空间上集中布局的场所。在这里,从事运输、仓储、分拨、配送、转运、流通加工等众多物流企业聚集在一起,实行专业化和规模化经营。这些企业可以购买或租赁园区内的地产及各类房产(如仓库、堆场、办公室、停车场等),而同时共同使用园区所提供的交通、水电、通讯、餐饮等配套设施。

建设物流园区,可将多个物流企业集中到一起,形成整体优势和规模优势,实现物流企业的专业化和互补性。同时,这些企业还可以共享园区内的基础设施和配套服务设施,降低运营成本和费用支出,获得规模效益。

物流园区是物流业走向集约化的基础,是培育现代综合物流的孵化器,建立相对集中的专业化物流园区,不仅能为本地区的物流企业服务,还可以带来行业积聚效应,形成上、下游企业,从而进一步扩大规模与效益。

三、港口在现代综合物流中的作用与地位

1. 港口是开展现代综合物流服务的理想场所

港口是水路运输的起点和终点，通常也是各类经济活动的中心区域，以其大进大出的特点成为最大量货物的集散地，为开展现代综合物流服务提供了丰富的物流源。

随着世界经济一体化、贸易全球化步伐的加快，全球贸易量急剧增加，其中90%以上是通过海运方式实现的。大量的货主、货代、船东、船代、商品批发商、零售商、运输公司、海关、商品检验等机构汇聚于港口地区，使港口成为国际贸易的重要服务基地和信息中心。

为节省流通开支，增强竞争力，许多原材料需要进口或产品以出口为主的企业越来越倾向于将生产销售基地建在港口地区，以减少内陆运输量；一些需在流通中对商品进行辅助加工的商家通常也将加工场所选在港口地区，这就使得港口不仅仅是流通储存型物流的"天堂"，也是配送与生产物流的"风水宝地"。

港口城市通常都是连接水路、铁路、公路、航空等多种运输方式的交接点，而港口一般都拥有良好的基础设施、便利的集疏运通道，以及从事货物装卸、储存、保管和多式联运的经验和人才，这与现代物流的主体功能，即仓储运输、装卸搬运、包装、配送等，具有业务上的继承性，这就使得大批传统的港口企业均具备开展现代物流服务的硬件基础。

此外，在长期的经营活动中，港口企业一般都形成了一定规模的业务网络，这对开展物流业务是至关重要的。可以说现今的港口地区已成为商品、服务、工业、资金、技术、人才和信息的汇集地及多式联运的重要节点，可形成开展现代综合物流服务的理想平台。

2. 港口经济的发展孕育着广阔的物流市场

随着经济全球化的不断发展，港口在社会经济发展中的作用与地位也在发生着深刻变化。在发达国家和地区，港口已经成为一个国家或地区经济能否有效地参与全球化并在国际竞争中保持主导地位的重要依托，港口经济在国民经济中的比重也越来越大。香港的港航业及相关产业产值占GDP的比重已达到20%；日本名古屋港及相关产业的产值已占所在地区GDP的40%；而鹿特丹港航业及相关产业的产值占到了全国GDP的12%。这一趋势表明，港口经济本身蕴涵着巨大的发展潜力，也孕育着广阔的物流服务需求。

联合国贸发会议按照各个时期港口功能的发展程度对港口进行了阶段划分,把以提供单纯海陆转运功能的港口称为第一代港口,把以临港工业为代表的港口腹地经济圈的形成和发展称为第二代港口,把以计算机信息技术为基础促进资本、技术、信息和商品等资源结构获得重新配置的港口称为第三代港口。第三代港口的功能实质上就是提供现代综合物流服务,这种划分从功能上为大批港口企业的发展指明了方向。

港口的产业优势加上现代产业的集聚效应,将使临港产业的规模不断扩大,并将形成以港口为中心、海陆腹地为依托、港口城市为载体、港口相关产业为支撑、综合运输体系为动脉的开放型港口产业区。为了应对日益激烈的市场竞争,区内企业将越来越倾向于将财力、人力集中于主业,而将一些次要与辅助性的业务剥离出来交由外协完成,这些外协业务中的很大一部分将成为港口地区第三方物流服务商的利润源泉。

3. 港口相关企业有积极开拓物流市场的动力

在国际经济、贸易和运输还没有一体化时,生产和贸易被当作两个隔离的要素,而运输则被分割成许多过程。因此,港口主要承担的是其传统的装卸船功能,基本游离于生产、贸易和运输之外。

在新的经济形势下,海运业及港口等海运附属企业均面临着越来越大的竞争压力。对港口经营者而言,单靠提供高效、低成本的装卸服务及加快船舶周转已不足以维持或增加市场份额。对航运公司而言,随着客户需求及贸易交货方式的多样化,仅从事单一的海洋运输也已危及到企业自身的生存和发展。对各种类型的代理公司而言,随着市场透明度的增加及垄断地位的消失,其暴利及高额利润时代也已结束。这些企业都急切需要利用现代物流来创造新的经济增长点。

此外,在世界范围内设点布网的国际大型物流公司、随跨国公司而至的物流合作伙伴以及本地新兴的物流服务供应商也都把目光瞄准了港口地区,都试图以各自的优势与本地传统物流企业一起角逐港口物流市场。

综上所述,现代港口不仅具备了从事物流活动的先天条件,也具备了催生物流产业的后天因素,使港口物流呈现出明显的供需两旺的好势头。港口以其规模化的集散能力和在物流网络中的重要节点作用,必将发展成为现代综合物流的核心。

四、集装箱港区与物流园区的关系

随着国际海运集装化程度的提高,集装箱运输在全球海运市场中所占

的比重越来越大,世界主要贸易港口中集装箱业务的作用与地位也在逐步提升。集装箱运输的业绩已成为衡量一个港口发展水平的重要标志,按集装箱吞吐量指标对世界主要港口进行排序的做法已逐步取代了传统的按港口总吞吐量对港口进行排序的习惯。

集装箱货物一般价值高,国际性贸易比例大,时效性要求高,对增值服务的需求多,因此集装箱港区一般都会成为港口物流活动的主要依托。另一方面,由于业务分工及空间局限等原因,单靠集装箱港区本身很难满足港口物流的所有需求。因此为集装箱港区配套建设相应的港口物流园区,做好港口物流服务,也是促进集装箱港区进一步发展的必要条件。集装箱港区与物流园区(包括自由贸易区)的紧密结合已越来越成为港口地区基础设施建设与经济活动的发展方向。

图 2-3-1 是迪拜港 JAFZ 自由贸易区的繁荣景象,它紧邻 Jebel Ali 港集装箱码头,规划占地面积 303.5 万 m^2,目前已有 110 多个国家的超过 5500 家企业入驻,其中有超过 100 家的企业为世界 500 强企业。

图 2-3-1 迪拜港 JAFZ 自由贸易区

图 2-3-2 是鹿特丹港三个主要物流园区(Eemhaven 物流园区, Botlek 物流园区和 Maasvlakte 物流园区)的位置示意图,它们充分体现了贴近港区的特点;图 2-3-3 是其中的 Maasvlakte 物流园区与 ECT 集装箱码头的位置关系示意图。图 2-3-4 则反映出比利时安特卫普港一集装箱港区周边的物流园区情景。

图 2-3-2　鹿特丹港三个主要物流园区位置示意图

图 2-3-3　鹿特丹港 Maasvlakte 物流园区与 ECT 集装箱码头位置示意图

图 2-3-4　安特卫普港集装箱港区周边的物流园区

第二节　港口物流园区发展现状

一、国外港口物流园区发展现状

在大多数西方国家，港务局隶属政府部门，政府将港口视为社会的基础设施，并采取多种措施加以扶持，其中最主要的措施之一就是将港口周边的大片土地交由港务局经营开发。因此，港务局是参与港口物流园区建设的重要一方。

港务局参与港口物流园区建设的方式主要有两种，一种是直接组织建设；另一种方式是不直接组织建设，而是将土地出租给他人建设，这些建设者一般都是长期在港口开展业务的港务公司或是外来的其他物流公司。作为土地的管理者，港务局通常只负责物流基础设施的配套建设，如平整土地、修路、供水、供电等。港务局通过收取土地租金获得直接收益。

欧美等国的港务局主要行使行政管理职能，港口业务基本上都是由私营的港务公司承担，并且为了防止发生垄断现象，一种业务往往分给数家港务公司经营。

对具体的物流业务，港务局一般很少直接投资经营。但物流业的发展情况直接影响到它的利益，因此，港务局一直是非常积极地利用或创造各种条件来促进物流业的发展。

在不同国家，物流园区的管理方式与园内物流企业的经营方式也不尽相同。在日本，物流园区的管理机构，常将园区内的地块以生地价格出售给不同类型的物流行业协会，这些协会再以股份制的形式在其内部会员中招募资金，用来购买土地和建造物流设施，进行经营。

在德国，物流园区一般实行公司化经营管理，管理公司受投资人委托，负责园区的生地购买，基础设施及配套设施建设，以及园区建成后的地产出售、租赁、宣传、物业管理和配套服务等。由于园区的投资人主要是政府或政府经济组织，所以公司的经营方针不以盈利为主要目标，而主要侧重于平衡资金，实现管理和服务职能。公司还负责代表企业与政府打交道，负责兴建综合服务中心、维修保养厂、加油站、清洗站等公共服务设施，为成员企业提供信息、咨询、维修服务等。入驻园区的企业一般是自主经营，依据自身经营需要建设相应的库房、堆场、车间，并配备相应的机械设备和辅助设施等。

二、国内港口物流园区发展现状

国内的港口物流在服务内容上基本上还是传统的运输、储存等物流基本功能。为此,交通部等政府部门在近年颁布的一系列政策、方针上都把发展港口物流提到了很高的位置,针对拓展港口物流功能以适应综合运输结构的调整提出了很多指导性的意见及发展目标,明确指出水路交通应以港口为依托,重点加快港口集装箱中转、仓储和货物分拨中心的建设,开拓港口的中转、仓储和分拨功能,完善港口物流信息系统,使港口成为现代物流中心。

国内大中型港口集装箱港区的周边一般都设有开发区、保税区,经过10余年的发展,保税区在经济规模及影响上均有了很大发展,区内的产业性质及优惠政策对发展物流业极具吸引力,区内的大部分企业都建立了物流信息平台和业务管理系统,并实现了与海关的计算机联网。国内几个较有影响的港口物流园区基本上都是在保税区的基础上发展起来的。如上海外高桥保税区在已封关运作的7.52km^{2}的区域内,已吸引了来自世界60多个国家和地区的4800多个投资项目,集聚了包括70多家世界500强跨国公司在内的3000多家高科技出口加工和国际贸易企业、近600多家仓储物流企业,国际物流运作已初具规模。到2010年,保税区年物流量将达到2000万t,成为现代国际物流基地。

国内港口企业基本上都是单一投资主体的国有企业,是以传统的装卸生产等服务性经营起家,现在他们已认识到仅仅依靠提高装卸效率与减少船舶在港时间已不能保住其原来的市场份额,只有及早融入现代物流体系,才是港口企业得以持续发展的保障。如大连港结合大窑湾港区的建设,已建成大窑湾港区约300万m^{2}的综合物流园区。区内公路、铁路、水、电、通信、采暖等配套设施齐全,区内根据招商项目需要,分割出5~15万m^{2}的地块,发展运输、仓储、分拨、保税、临港加工、商贸、金融、信息等与港口物流相关的产业。并逐步发展成为区域性国际物流分拨中心。天津港近年来也在加紧引进现代物流理念,积极地向建设现代物流化港口的目标迈进。目前已在北疆规划建设总面积达5km^{2}以上由若干物流中心组成的集装箱物流基地。

三、航运企业成为港口物流园区的主要经营者

随着全球经济一体化的加速发展和世界分工的形成,物流管理已经成为影响全球经济形态的重要内容之一。航运作为运输的最主要形式,不可避免地成为物流过程中的重要环节。为顺应综合物流的发展,航运企业纷

纷向物流企业拓展，开始从海洋走向陆地，并将触角伸向公路、铁路、航空和物流园区，以便为客户提供更为完善和周到的物流服务，并使自己成为其供应链的重要组成部分。目前世界上港口物流做得比较好的企业大部分是由这些航运公司登陆开办的，如马士基、海陆、铁行渣华、NYK 等。这些掌握着物流源的公司，都把港口作为网络中的主要节点，他们或独资，或合作、合资，成为港口物流园区内的主要经营企业。

航运市场的一大特点是影响因素多，市场波动起伏大，为消除这种波动性，航运企业有必要开展以第三方物流为主的物流服务，即以特定的长期客户为服务对象，通过个性化的服务，与大型货主企业实现战略联盟。因此说航运企业向物流企业拓展，不是企业发展的一个选项，而是直接关系到企业的生存和发展。

四、发展港口物流产业对地方经济的影响

发达国家和地区的经验表明，发展港口物流产业对地区经济贸易均有明显的带动和促进作用。

鹿特丹港发展物流产业起步较早，物流基础设施与服务质量都堪称一流，所以能不断吸引跨国公司前来物流园内寻求发展。正是由于拥有庞大的物流分拨系统，使鹿特丹港在同周边港口的竞争中处于十分有利的优势地位，现年吞吐量已达 3 亿多吨，港口产业规模不断扩大，直接雇员有 13 万人，间接雇员 60 万人，总产值占到全国 GDP 的 12%。

在国内，我们可以看到，哪些港口拥有了好的物流设施，外来的投资就会越来越多，这也就意味着这些地方会产生越来越多的物流需求，形成港口传统产业与物流业互相促进、共同发展的良性循环。

由于物流业的涵盖范围极其广泛，遍及第一、第二、第三产业，因此发展港口物流业势必会带动相关产业的协同发展，与临港工业、商贸、金融等服务业紧密互动，构成港口地区强大的经济增长动力。新形势下的港口经济已成为城市和腹地经济的龙头，以港口为核心和突破口，大力发展现代物流业，应成为港口城市实现跨世纪经济发展目标的战略选择。

第三节　港口物流园区的建设

一、结合新港区的开发，统一筹划物流园区的建设

以前的港口物流设施，大部分是在码头建成后建设的，因此在布局上难

免会受到现状的约束。但对那些新规划建设的港区，正与前文所述一般都同时对码头设施及物流设施进行规划建设，以达到二者的最佳结合。图2-3-5为日本北九州 Hibikinada 集装箱港区的规划设计图，从码头周边布置的30余座物流仓库上可以看出其港口建设与物流设施建设结合的紧密程度。

图 2-3-5 日本北九州 Hibikinada 集装箱港区规划设计图

由于历史原因，国内港口企业在现有港区基本没有闲置地产，而港区周边的土地要么已被瓜分得七零八落，要么被有关部门规划为他用，已很难适应物流园区的建设需要。

国务院六部委在《关于加快我国现代物流发展的若干意见》中提出：政府部门对公益性物流基础设施的建设，应在土地、资金、税收等方面提供优惠政策。深圳市政府在公用物流基础设施的建设中已经开始落实这一政策，政府无偿提供土地，然后按照市场培育周期，根据企业效益情况逐年缴还土地征用费。随着港口体制改革及港口属地化管理的实施，地方政府与港口企业的利益逐步趋于一致，港口企业应积极主动地争取地方政府在园区用地、资金及政策方面的支持，在新港区结合港口基础设施的建设，统一规划建设物流园区。

作为物流基础设施，物流园区的建设与码头设施一样也具有投资大、回收期长的特点，港口企业难以独自承担全部建设费用及投资风险。因此，物流园区的建设必须打破单一投资模式，向投资主体多元化转变，港口企业可采取多种形式，积极吸纳包括外资、园区客户在内的多种投资来源，并可与

多个投资方共同组成独立的经济实体进行园区的具体建设和管理。

二、港口物流园区的规模

在国外开展物流服务较有影响的港口，其现有及在建的港口物流园区的规模，面积从数万平方米到两百余万平方米不等，以 30～100 万 m^2 居多；入园企业少则数十家，多达数千家。由于物流企业从事的业务及开展的服务项目不同，很难以有多少个物流园区、物流园区的面积有多大或有多少个物流企业来判断港口物流的规模。

港口物流园区的规模基本上都是与港口的需求相配套而建设的，港口的区位特点、功能定位、腹地经济结构等不同港口时有差异，根据国内外统计资料，作为初步概念性数据：集装箱港区面积（m^2）、港外物流园区用地面积（m^2）与港口集装箱吞吐量（TEU）的比例近似为 1∶1∶1。如上海洋山深水港远期港内陆域用地 14 km^2，年通过能力 1340 万 TEU，其规划建设的配套设施同盛物流园区占地面积达 13 km^2。

三、港口物流园区的主要目标与功能

港口物流园区的主要目标：一是发挥产业聚合效益，全面整合第三方物流资源，推动现代综合物流产业的发展；二是为专业化物流企业提供服务支持，以提升物流服务水平，降低社会物流费用，推动区域经济增长；三是能够为园区内物流企业竞争力的提高提供有力的支持。

为了实现这些目标，港口物流园区通常应具备以下 6 项基本功能：仓储功能、中转功能、配送功能、加工功能、信息服务功能、交易功能。根据园区功能的侧重不同，可以划分为：集散型物流园区、转运型物流园区、储存型物流园区和流通加工型物流园区。

港口物流园区除了具有物流功能外，还具有港口辅助功能。集装箱港区用地一般以填海形式形成，造价昂贵。为节约投资，合理利用土地资源，港区中部分生产辅助设施，如集装箱拆装、危险品集装箱堆存、集装箱各式联运换装、集装箱冲洗和修理设施等都可设在物流园区内，为港区配套服务。表 2-3-1 为部分物流园区的功能和规模。

四、港口物流园区规划建设实例（上海同盛物流园区）

1. 物流园区简介

上海同盛物流园区位于上海市南汇区芦潮港东侧人工半岛南部海边，

紧邻芦潮港海港新城，规划沪芦高速公路西侧，北距市区 55km，距浦东国际机场 30km。园区由 32km 长的东海大桥与洋山深水港区相连。

部分物流园区的功能和规模　　表 2-3-1

港口	主要物流园区	占地总面积（m^2）	总投资	主要功能
新加坡	Keppel Distripark	113000	1.60 亿美元	仓储、停车
	Upgrading of Alexandra Distripark	210000	0.70 亿美元	仓储
	Pasir Panjang Distripark	250000	0.50 亿美元	仓储
	Tanjong Pagar Distripark	65000	0.45 亿美元	仓储
釜山	釜山港物流基地（规划中）		234000 亿韩元	仓储、加工、组装、信息服务
高雄	台糖高雄物流园区	850000	30 亿新台币	仓储、加工、转运、国际会议、展览中心及商务中心等
	阳明好好物流园区	230000	50 亿新台币	仓储、加工、国际及国内配送、通关、保险、金融、信息
鹿特丹	Distripark Eemhaven	350000		高质产品仓储和配送服务
	Distripark Botlek	860000		仓储、配送和分组运输（化学品较集中）
	Distripark Maasvlakte	1250000		仓储、配送（地位较高）

同盛物流园区通过多层次的公路网经沪芦高速公路与上海郊区环线、外环线、内环线相连，并和长江三角洲地区的高速公路和干线公路网沟通；通过芦潮辅助区的浦东铁路芦潮港货运站及其连接线与国家铁路网接轨；通过自身建设的内河港池经大芦线 III 级航道与上海市“一环十射”内河运输网连通，从而沟通江南水网地区。

上海同盛物流园区是上海市物流产业的重要组成部分，是围绕大小洋山深水港区建设的港口物流园区。它以集装箱运输为核心，具有运输、仓储、配送、流通加工、贸易、保税、临港工业和信息服务的功能，是信息交汇、物流服务、发展临港产业服务及国际交流的中心。它的建设将促进上海形成布局合理、层次多元、规模适当、功能配套、有机连接的物流格局和服务体系。

2. 总体布局要求

同盛物流园区应有港口服务和物流服务两个方面的功能，它们之间是互相依托、相互补充、共生共荣的关系。总体布局满足以下要求：

（1）与洋山深水港区总体规划相协调。

（2）与芦潮港新城总体规划相协调，做到内外集疏运畅通。

（3）合理布置功能区，使功能区有机结合，达到功能互补。

（4）综合布置公路、铁路、内河运输场，便于各功能区公路、铁路、内河运输交叉、联合、多方式运输。

（5）合理布置关检用地位置和规模，以安排关外、关内物流和生产业务，体现优惠税务政策，开创吸引外资、外企的局面。

（6）物流区统筹规划、分期实施，并留有发展余地。

3. 各功能分区要求

整个物流园区功能区划主要包括：港口生产及辅助作业区、铁路换装区、内河中转区、物流服务区（包括产业区）、危险品作业区、综合配套服务区、口岸服务区（关检区）、环境美化绿化区、道路、公路、高速公路以及水道与物流园区活动节点联接的基础设施。

（1）港口生产和辅助作业区

由于洋山深水港区在外海开山填海、吹填后形成陆域，陆域造价较高。为此将港区的一部分生产区移至同盛物流园区内，以减少外海造陆量。

生产和辅助生产区设施主要包括：集装箱堆场、集装箱拆装箱库、集装箱空箱场站、集装箱修箱、洗箱用地、设备维护设施、集卡检查大门、集卡进大门前停放区，以及服务区（办公、停车及园区道路）。

（2）铁路换装区

国内集装箱的内陆运输还处于起步阶段，大量的集装箱货物是在港口周围拆、装箱后进出口。为与国际接轨，运输方式及运输格局将要发生较大的变化，内陆铁路集装箱运输将是今后集装箱运输的重要发展方向。为此，同盛物流园区内设港口铁路换装区。

规划港口铁路换装区主要包括：铁路站台（配备数条平行的铁路装卸线、桥吊），集装箱堆场，拆装箱库场，集装箱修箱、洗箱用地，设备维护设施，集卡检查大门，集卡进大门前停放区，以及服务区（办公、停车及园区道路）。

（3）内河中转作业区

上海内河航运发展战略思想是："立足上海枢纽港，联结江南航道网，服务长江全流域"，将建设连接同盛物流园区的内河运输通道，"一环十射"

中的大芦线(经大治河至芦潮港)将主要为洋山深水港区集装箱运输服务。

为实现洋山深水港区集装箱多式联运,同盛物流园区内配套建设内河中转作业区。内河运输船舶长73.4m,载箱50~63TEU。

规划内河中转作业区主要包括:靠泊设施(包括集装箱转运设备),集装箱堆场,设备维护设施,集卡检查大门,集卡进大门前停放区,以及服务区(办公、停车及园区道路)。

(4)物流服务区

该区主要实现物流的仓储、分拨配送和物流加工等基本功能。

仓储区:为解决生产、运输和消费不协调,同盛物流园区内设仓储区,提供卓有成效的仓储物流服务,体现港口物流的突出优势。

分拨配送:同盛物流园区依托洋山深水港、江浙水网、公路、铁路联运的优势,大力发展物流配送分拨业务,通过社会化的第三方物流实现最大效益。

同盛物流园区内设物流配送拆装、拼装作业场、集卡运输场,对货物进行重新配送,区内还设洗箱、修箱等业务。

物流加工:同盛园区物流加工区具有“境内关外”的特色,为本应征税和应予管制的货物提供储存加工后重新出口的服务设施,为综合物流服务提供了广阔的市场空间。

同盛物流园区引导一些跨国公司直接在本海区建设加工场,进行跨国经营。企业的资源、技术、生产以及销售在全球市场上公布,打破地区和行业分割,使现代工业生产的原材料供应市场及产品销售市场逐步向跨地域和全球化方向发展。

同盛物流园区内的货物运送、装卸、包装、加工、组装、修理、仓储保管、转换运输工具、中转运输和加贴商标等经营业务完全自由进行,海关不予管理。“境内关外”的物流加工业可避免大跨国公司生产中的重复缴税,关外加工虽然与所在地域的经济发生关系,但独立性很强,可打破国界、地区的分割限制,实现国际化生产。

(5)危险品作业区

危险品运输一直是集装箱运输重点解决的问题之一。危险品种类繁多,各品种需单独设置场地,占地较大,且危险品堆放场地有防火、防爆等要求,需要隔离建设。但是由于危险品货物周转快、堆存期短、收费高,相对利润亦较高,各港口均不愿放弃此项业务。洋山深水港港区堆场用地紧张,将危险品放于同盛物流园区内堆存。

(6)综合配套服务区

物流园区内设管理及服务设施区，主要提供如下几方面服务：

政府配套服务，主要包含工商、税务、海关、商检、邮政等；

金融配套服务，主要包含银行、保险等；

公共设施、设备服务，主要包括公共停车场所、加油站、机械租赁、车辆租赁、办公设施租赁、维修服务等；

劳务服务，主要是指为物流企业提供临时雇工；

生活服务，包括会议场所、餐饮服务等。

(7)口岸服务区

同盛物流园区与洋山港区口岸一体化规划建设，口岸设施分设于芦潮港新城、同盛物流园区、洋山深水港三处。其中海关、检验检疫等口岸检验设施则主要布置在同盛物流园区内，另在小洋山港区按各部门要求分别设现场办公场所。同盛物流园区口岸服务区功能有：海关监管及查验、检验检疫机构设置、边检配套设施、海事监督。

4.用地需求

(1)近期实施用地

近期实施规划用地位于整个同盛物流园区东部，紧邻沪芦高速公路的A2段，交通便利，易于起步建设。近期规划用地3.56km^2，实施项目中，除洋山一期工程所需的一期工程生产辅助区0.46km^2、关检区0.2km^2外，还根据物流需要配合建设物流配送分拨区0.6km^2，仓储区0.9km^2，物流加工区1.2km^2，管理公用设施服务区0.2km^2。

(2)远期实施用地

同盛物流园区主要分为港口生产及服务区、铁路换装区、内河中转区、物流服务区、危险品作业区、综合配套服务区、口岸服务区等几部分，远期实施用地总计13km^2(包括绿化用地)。

(3)预留用地

为配合远期大洋山港区的开发建设，满足洋山港区的物流需求，规划同盛物流园区西部约8km^2作为远期预留建设用地。

(4)长远用地设想

同盛物流园区将逐步建设成为世界上重要的物流园区之一。物流园区的发展应与时俱进，具有可持续发展性。规划考虑将同盛物流园区D1公路一直到E2公路西侧约500m范围，作为同盛物流园区长远规划的用地(图2-3-6)。

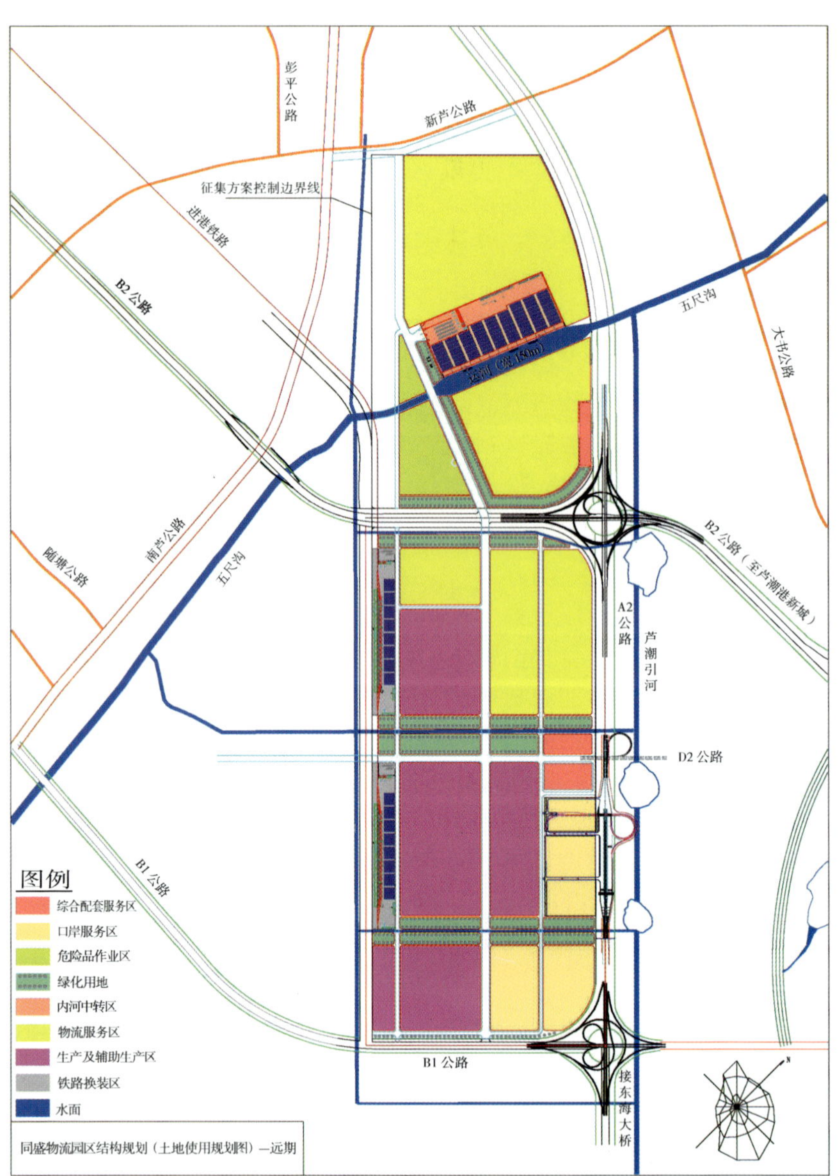

图 2-3-6　同盛物流园区结构规划（土地使用规划图）——远期

第四节　港口物流发展趋势

一、港口物流在现代综合物流中的核心地位将进一步得到加强

现代港口,经历了从一般基础产业到多元功能产业,从城市社区到港城经济一体化,从单一陆向腹地到向周边共同腹地扩展的发展过程,在实现国家经济发展战略目标中的作用日趋重要。现代港口,已不再是传统意义上的水陆交通枢纽,它必将发展成为支持国家经济、贸易发展的国际大流通体系的重要组成部分,成为世界范围内连接生产、交换、分配和消费的中心环节。随着港口地位的不断提升,港口物流在现代综合物流中的作用也将不断得到加强。

二、世界范围内发展港口物流产业的竞争将更加激烈

现代港口只有把对客户的服务由原来的运输、装卸扩展到全方位的物流服务,才能巩固和提高其在运输链中的作用和地位。而港口要想实现从传统的水陆交通枢纽到现代综合物流节点的转变,必须要有强大的物流基础设施平台和物流基础信息平台的支撑。因此物流基础平台的建设将是近几年港口物流竞争的主要表现形式。

可以预见,随着港口物流业整体发展水平的提升,竞争层次也将逐步提高,单个企业之间的竞争将被供应链之间的竞争所代替,单项优势的竞争也将被综合优势的竞争所代替,而区域范围的竞争则必将发展成为全球范围内的竞争。

三、信息网络将是现代物流的生命线

现代物流的全过程既是一个实物网络,又是一个信息网络,建立起高效的物流信息系统,及时获得准确、全面的物流信息是现代物流企业获得竞争优势的必要条件。信息网络系统的确是现代物流的生命线,离开了信息网络,必将无物可流。

在供应链管理结构下,单个物流企业建设好自己内部的信息系统非常重要,但所有企业共同参与建设起能覆盖供应链上全部资源的信息网络更为重要。在以后供应链之间的竞争中,可以说,没有信息网络的支持,便进入不到供应链中。

四、经营跨度将越来越大

现阶段的港口物流企业及其在业务范围内所形成的网络规模一般都比较小，但随着货物在国际间的流通越来越普遍，本地化的物流公司必须打破地区界限，以适应国际供应链发展的需要。而供应链的全球化反过来又将导致越来越多的跨国公司对其业务流程进行重组，从而将物流企业的经营跨度进一步扩大。

此外，随着物流企业之间的整合、重组，众多的中小物流企业将被国际上一些大型物流企业通过并购、联盟等手段置于其在全球范围内的网络之中，并由本地经营转化为跨区甚至跨国经营。

五、新型物流企业及新的运营模式将应运而生

当港口物流业发展到一定阶段时，衡量一个物流企业的实力将不再是它拥有多少仓库、多少员工，而是它能不能提供最优的物流解决方案。届时，一批新型的物流企业，包括那些根本就不拥有物流设施的企业，将会利用它们对整个物流网络资源和运作的了解，通过整合已有资源，以第四方物流等形式形成自己的核心竞争能力。

第四章　集装箱港区选址

港址选择既要考虑宏观经济因素，又要考虑微观经济因素；既要考虑经济现状，又要考虑经济发展；既要考虑节约成本，又必须注意保护环境。因此，港址选择是一项复杂的系统工程。

港址是一个港口合理发展的基础，与港口的性质、功能和发展规模密切相关，直接影响港口各发展阶段的投资大小、建设速度、营运效益和船舶航行安全，影响港口城市、经济腹地，甚至国家的经济发展，其重要性不言而喻。

港口选址有两个层次，第一个层次是全国港口布局性规划选址，第二个层次是港口总体布局规划选址。这两个层次的侧重点不同，前者主要是从宏观经济发展考虑，对港址做出区域性合理安排；后者主要是在上述基础上，在有限区域内论证港址的具体位置。这两个层次的选址工作虽然各有所侧重，但是又有内在的联系，下面一同描述。

随着区域经济、国家经济的不断发展，经济实力的增强，以及区域经济格局的变化，港址选择应遵循的基本原则会发生调整，港址选择考虑的基本因素权重会发生变化。

第一节　港址选择遵循的基本原则

一、满足地区、国家经济发展的需要

现代港口功能已不仅仅局限于装卸货物和接送旅客的运输范畴，经过长期的发展，港口已经成为重要的经济、贸易和文化的交汇点。港口除了传统的运输功能外，还具备工业功能、贸易功能和商业功能。

港口的发展，必然会带动临港工业、物流、贸易、商业等相关产业的协调发展、紧密互动，其影响半径与拉动效应进一步加大，构成港口城市、经济腹地乃至国家经济发展的强大动力。

港址选择除了技术经济指标外，必须要重视宏观战略分析，满足国民经济发展和沿海经济开发的需要。

二、节约岸线资源，实现可持续发展

港口岸线是国家宝贵的资源，稀缺性特点非常明显。由于我国持续30余年的建港高潮，优良的近岸岸线资源已基本开发使用殆尽，岸线资源是不可再生的，但是为了满足迅速增长的内、外贸运输需求，必须不断新建更大规模、更专业化、更现代化的港口，资源的深度开发与有效利用成为必然。

选址应根据港口性质、规模及船型，按照深水深用的原则，合理利用海岸资源，适当留有发展余地，并应进行多方案比选。

选址时宜利用荒地、劣地，原则上不占或少占良田，避免大量拆迁，确有困难时应进行论证。

必须充分利用疏浚土方或就近取土造陆。

三、合理布局，提高地区、国家竞争力

港口资源的稀缺性、规模经济性、功能多样性，决定了国家必须对港口布局进行宏观控制和管理。

港口布局必须从国家发展战略、国家经济安全、国家竞争力、国家综合运输体系、岸线资源合理利用综合考虑，防止港口盲目建设与无序竞争，而造成岸线资源浪费、环境破坏和货物不合理运输等。

四、统筹兼顾，实现和谐发展

港址选择必须符合已有港口总体规划、城镇体系规划、土地利用总体规划、城市总体规划、海洋功能区划、环境保护规划、防洪防潮规划等。

选址应统筹兼顾、正确处理商港、渔港、军港、临海工业、旅游以及其他部门之间的关系，并与城市及交通运输规划互相协调。

五、港址选择必须注意保护环境

港口选址必须与周边自然环境相协调，与社会文化环境相适应；以人为本，处理好港口使用岸线与休闲旅游岸线的关系；与改造环境结合起来。

第二节　港址选择考虑的基本因素

一、腹地经济因素

港口在城市的发展上具有非常重要的先导性作用和带动作用。港口是

货物、人流的集散地，港口城市通常是因港而建，港口促进了城市本身的发展；当城市的经济和社会活动集聚到一定程度时，就需要与外部建立广泛、便捷的联系，港口就成为城市经济和社会活动与外部联系的重要节点。

港口和城市之间的发展有着不可分割的联系。回顾历史，港口城市通常具有较快的发展速度，例如中国现代历史上的上海、广州、天津、青岛、大连等大都市的兴起，都是在形成对外港埠后，在较短的时间内发展成为中国著名经济中心的。

港口除了为其所在港口城市服务外，还为更广大的经济腹地生产企业提供强大的原料进口和产成品出口的运输保障，从而带动整个腹地经济发展；同时，腹地经济发展水平、产业结构、集疏运条件决定了港口的性质和功能，决定了港口的客货运量发展规模。

鉴于此，港址选择必须从依托城市与腹地经济发展的战略考虑，既要考虑城市与腹地经济的现状需求，更要考虑发展需求，还要充分考虑港口的带动作用。

二、自然条件

根据港口性质、功能、发展规模选择自然条件适宜的港址，可以节约工程费用，并使港工建筑物对环境的影响减至最小。

对不同的地貌特征，港口建设的形式大体上可以分为5类，即：利用天然地形建港；大规模的疏浚与填筑建港；挖入式建港；天然岛屿建港；人工岛建港。

随着沿海地区经济的发展，特别是临港工业的兴起与繁荣，沿海地区自然条件优良的建港岸线资源已开发殆尽，人类不得不在自然条件更加恶劣的海域建港，新的建港形式会不断出现。

在工程实践中，上述几种建港形式之间往往也无明确的界限，很多情况下组合采用。

1. 利用天然地形建港

利用天然地形建港是指以利用天然地形为主，拟定适宜的工程方案，不大量改变天然的地貌形态。

(1)天然海湾选港

利用天然海湾建港，是一种常见的建港形式。由于海湾形态的不同，建港形式有钩形海湾建港、大型海湾建港、中小型海湾建港、连岛沙坝形成的海湾建港、冲积海岸上的海湾建港等。

利用天然海湾建港，特别要注意尽量降低对海洋动力条件的改变，以免引起海洋生态环境的改变。

(2)弧形海岸选港

弧形海岸的纵向泥沙运动较弱，建港后对沿岸泥沙运动的影响较小，从防淤角度考虑，是较好的港址。但海岸较开敞，港口的布置应按功能要求，采取必要的防护措施。

(3)平直冲积海岸选港

平直冲积海岸属于自然条件较差的港址，当选址不能避开时，应对所在港址的波浪、泥沙及沿岸流进行详细的调查研究，并根据拟建港口的功能及自然条件，拟定相应的工程方案。对淤泥质海岸建港泥沙回淤的规律已基本掌握；而对粉沙质海岸建港泥沙回淤的规律仍处在探索阶段，如迫不得已在此条件下建港，应进行深入、细致的研究。

(4)河口选址

河口一般有水深良好的岸线，且有河流作为与腹地之间的疏运联系，是良好的港址之一。经整治后的河口段，可以为建港提供较多的岸线资源，如上海的黄浦江及长江河口段沿岸。

(5)泻湖选港

泻湖以其纳潮量维持潮汐汊道的水深，因而为建港提供了水深条件。泻湖内选址，一般尽可能利用潮汐汊道的岸段。泻湖汊道内选址，不仅要注意泻湖纳潮量的现状，而且要注意泻湖内纳潮区的开发利用规划，大面积的围垦，将会导致港口航道因纳潮量的减小而难以维持。

(6) 辐射状沙洲建港

苏北沿海辐射状沙洲由 70 多个大小沙体组成，并以弶港为顶端向外呈辐射状分布，北自大丰，南至吕四，南北长约 200km ，东西宽约 90km。

辐射沙洲群自形成以来整体上是稳定的，辐射状展布的格局不会改变，深大的潮汐水道有可能成为良好的通航水道。但区内泥沙运动活跃，局部地形变化明显，港址选择时应特别引起注意。

从长期发展来说，鉴于码头前沿的深槽是以后港区主要的进出港航道，先期建设的码头不宜过多占用深槽。

苏北沿海辐射状沙洲地区一直是我国沿海港口建设的空白，严重制约了该地区经济的发展。位于其北端的大丰港是该空白带的第一个海港码头，于 2005 年建成投产，已经显现出对地区经济的巨大推动作用；位于其南端的吕四港，也已开始建设。

随着我国沿海港口岸线的不断开发,可以利用天然地形直接建港的岸线越来越少,其他建港形式采用的会越来越多。

2. 大规模疏浚填筑式建港

当近岸地区海底坡度平缓，无适当的天然水深可资利用时，为减少航道、港池的疏浚土方，可考虑将港区向海推移，利用疏浚土大规模造陆，此类港口如天津新港、黄骅港等，是淤泥质、粉沙质海岸建港的一种特定形式。

近一二十年来,在我国沿海采用大规模的疏浚与填筑建港的越来越多,积累了丰富的经验。

3. 挖入式建港

当沿岸地区有大面积低洼地(如泻湖等)可资利用时,从解决陆域土方来源,减少外海防护建筑物的建设费用考虑,可采用挖入式建港方式,同时可采取陆上施工方法建设码头,经济效果明显。我国的京唐港、日本的鹿岛港等均采取了这一形式。

4. 天然岛屿建港

我国拥有14000km岛屿岸线,随着大陆沿海优良建港岸线开发殆尽,岛屿岸线的开发成为必然,岛屿岸线建港有以下特点:

(1)拥有天然的深水岸线,但往往陆域狭窄;

(2)岛屿与大陆的交通联系是首先应考虑解决的问题;

(3)土地资源宝贵,有时需要在大陆配套建设辅助区;

(4)基本无水、电、通信等配套设施,无施工依托条件;

(5)往往缺少水文、气象、地质资料;

(6)潮流场较复杂;

(7)生态环境较为敏感。

鉴于以上特点,天然岛屿建港成本比较高,需要有雄厚的经济实力支撑,亦要求港口有一定的规模。

陆岛交通与水、电、通信等配套设施要留有充分的发展余地。港口建设周期较长,前期工作要及早开展,施工亦要早做准备。

5. 人工岛建港

人工岛一般是指在海中填筑而成的陆地。

岸线资源的匮乏、分布的不合理性以及对自然环境保护方面的严格要求等造成了人工岛建设的必要性。

人工岛的位置首先决定于其使用功能,尚应考虑自然条件,与已有工程、设施，如航道、锚地的关系，并避开海底电缆和管线带。

人工岛建港特点与天然岛屿建港有类似之处。

如日本神户港在大阪湾内填岛筑港，用桥梁与陆地相通；由我国自行设计和施工的澳门国际机场人工岛于1995年建成使用。

今后利用人工岛建港会有广阔的发展前景。

三、区位条件

区位条件在新一代枢纽港的构建中起着至关重要的决定作用。一方面，以深水良港为首要标志的自然地理条件决定着港口是否能满足当今集装箱运输发展的需要；另一方面，虽然世界经济一体化已成为潮流，但由于经济地理因素影响力的历史积淀很深，全球经济以地域划分的格局并未发生重大改变。在这种情况下，影响国际枢纽港发展的关键条件之一就是其自然地理区位是否位于区域经济发达和贸易运输的汇集地。

对先期发展起来的新加坡、香港、鹿特丹、汉堡、纽约—新泽西等国际级枢纽港进行分析，可以得出枢纽港形成的区位条件。

香港是世界三大天然深水良港之一，位于祖国大陆南端，为亚太地区航运要冲，是欧美国家及日本、韩国等进入中国南部及其他地区的门户。香港不仅水深优良，而且不冻不淤，有着良好的天然屏障，另外依靠珠江等河流，把珠江三角洲大小港口连接起来，十分便于江海联运。

新加坡港也是世界三大天然深水良港之一，它位于马来半岛南端，地处马六甲海峡的出入口，是连接太平洋、印度洋、地中海和大西洋的必经之地，有着极为重要的战略地位。

凭借着优越的地理位置和良好的港口条件，香港和新加坡均成为集装箱年吞吐量超过2000万TEU的世界集装箱枢纽港。

欧洲的鹿特丹、汉堡等港口也地处江海交汇之地，区域经济非常发达，是贸易及商品采集的中心。20世纪60年代以来，为了解决原有的航运水深不能适应船舶大型化的问题，这些港口已经开始整治深水航道，并向河流入海口发展。

港口的区位条件对港口的发展规模、影响力起着越来越重要的作用，在港址选择中应引起足够重视。

四、基础设施条件

现代化港口需要诸多外部条件，包括城市依托设施、集疏运条件、征地

拆迁、环保要求、社会状况及供电、通信网络、供水排水等配套条件。

本节着重分析集疏运条件和配套条件，但征地拆迁、环保要求有时可能会成为决定性条件，应引起足够的重视。

1. 集疏运条件

经济全球化、一体化使货物流动范围越来越大，速度越来越快，要求现代化港口必须具备完善的内河、公路、铁路、空中立体集疏运网络系统。集疏运条件直接影响港口的通过能力，是港址选择中最重要的基础条件。

内河集疏运运价低、运量大，特别是具有环保、节能的优点，符合建设节约型、环保型交通的要求，并且有时可以实现过驳作业，大大降低作业费用，对促进港口发展很有好处。国外的河口港大部分充分发挥了内河集疏运的长处，如鹿特丹、汉堡、新奥尔良等大港，都建立了完善的内河转运系统。我国的上海港、香港、广州港等港口也得益于具有内河转运的条件，形成了独特的优势。

进行大型综合性港口港址选择时要尽量考虑具有内河集疏运条件，但限于自然条件，我国的大部分已建港口和备选港址往往不具备这一条件，铁路、公路集疏运条件就显得尤为重要。

按目前我国国情，沿海港口陆路干散货集疏运量铁路运输仍是主要手段。铁矿石陆路疏运量铁路在大连港占 80%，青岛港占 47%，日照占 55%；煤炭陆路集运量铁路在秦皇岛港占 99%，天津港占 60%，黄骅港占 100%，青岛港占 99%，日照港占 99%，连云港占 96%。

但随着我国公路网，特别是高速公路网的不断完善，加之铁路管理机制、运力等原因，沿海港口陆路公路集疏运的比例逐年加大，约占 70%。目前集装箱陆路集疏运量公路占的比例更大，约 98%。

公路运输的最大优点是很容易实现门到门的运输，符合现代物流发展趋势要求。公路集疏运的合理运距与道路条件、车辆技术状态、社会的经济发展水平及货种有关，美国一般认为 500km 以内，我国前几年一般认为 150～300km 以内，经初步论证 300km 是下限。

由于种种原因，我国部分沿海港口的码头集疏运通道不畅，特别是在近 3 年港口吞吐量快速发展的背景下矛盾更加突出，一定程度上制约了港口能力的发挥，同时对城市的交通也造成了较大干扰。具体表现在集装箱码头与高速公路或城市快速路衔接通道不畅、通行能力不足、路面等级不高的状况普遍存在，降低了集装箱运输的整体效率。在集装箱运输上，不得不进行二次倒运，大大提高了运输成本。铁路运输能力不足、车辆不足的矛盾普遍存在，在防城、湛江、青岛、日照和天津港尤为突出，降低了港口的辐射能力，特别是向西部地区的辐射能力。这方面的教训值得总结。

具体进行港址选择时，应比较不同港址的运输总费率，包括港口费率、疏运费率及船舶费率等，使运输系统总体费用最低，为腹地提供最便利、经济的交通条件。

2. 配套条件

(1)供电

选址阶段供电应根据港口的功能及近、远期规模，估算用电负荷及电压等级，调查不同港址供电系统出线和供电的条件，估算所需的费用。

(2)港口信息平台建设

港口信息平台作为一种公用系统，是重要的基础设施，其整体水平是港口物流运作先进性的重要标志之一。港口物流信息平台应包括电子数据交换、传输数据的存储、报文标准格式转换、安全认证、门户网站数据库信息查询、数据中心更新、物流服务撮合与交易平台、知识库系统等功能。提高港口物流数字化水平，可以大大提高口岸通关与区域物流速率，这对提高集装箱枢纽港竞争力尤为重要。港口信息平台建设要考虑港口远期发展的需要。

(3)给排水

我国沿海大部分地区淡水资源紧缺，北方港口问题尤为突出。往往由于水源的不足，成为港口及临海工业发展的制约因素。根据港口的远、近期的用水量，对各港址的供水水源、供水方式以及所需要配套的供水设施作为重要因素进行详细的比选。

排水系统包括港区雨、污水的排放口，利用城市污水处理设施的可能性，以及城市污水是否需要排入港内水域，在某些情况下，还存在港区邻近地区城市地面雨水排入港口管网形成转输流量进入港池的特殊要求，要注意其对港口带来的影响。

(4)城市可能提供的生活区安排

港口职工的生活区一般应考虑尽量与城市结合，走市场化道路。这有利于减轻港口企业的社会负担及方便职工和家属生活。

(5)环保部门、海洋部门对不同港址的具体规定和要求

随着社会经济的发展，国家对环境保护要求越来越严，环境保护方面的因素有时会成为港口选址的控制因素，特别是环境评价的公众参与，应引起高度重视。港口选址要特别注意与自然保护的关系，应考虑利用岸线资源

的同时与环境改造相结合。

对上述各项内容进行调查分析、费用估算以及实施时间的预测，均为港址比选的重要内容。

五、妥善处理新港区与老港区之间的关系

纵观世界和中国港口城市的发展，港口与城市的空间相对位置是不断变迁的。港口与城市关系的初级阶段，两者在功能上强烈的相互依赖，港口以简单的、非竞争的方式装卸城市消费品和城市的出口物资，共同增长与发展，在空间上紧密接壤，基本上是城市包围港口。大连、青岛，上海、广州老港区是典型的代表，新兴亿吨大港正日益呈现这种态势。

一方面，港口城市依靠港口的优势，现代工业和服务业迅速增长，特别是临港工业发展更是迅猛，经济实力迅速增强，人们生活水平日益提高，滨水区域的旅游休闲、商业办公的开发日益迫切；另一方面，随着经济全球一体化的日益发展，货物流动规模、范围越来越大，铁路、公路、水运等的技术进步及信息化的发展，港口规模日益膨胀，港口规模化和深水化迅速发展，加之大量工业向港口的聚集，使港口设施占用的空间越来越大。港口的发展超出了城市能够提供的有限发展空间，导致港口从城市分离出来，开始独立于城市进行专业化、集聚化发展，因而开发新港区是必然的。广州南沙港区、青岛前湾港区、大连大窑湾港区等开发就很典型。

处理新港区与老港区之间的关系要注意以下几点：

1. 处理好新港区与老港区之间的功能关系

新港区的开发并不意味着老港区功能的完全消失，相反某些功能还会有所加强。老港区功能主要演变为客运功能及与城市生活密切相关的洁净货物运输，大宗货物运输全部转移到新港区。所以老港区仍然需要一定的岸线与后方陆域。

2. 注意老港区城市化改造与城市的衔接

包括城市功能、交通、建筑风格、文化历史等。我国的上海港、大连港、青岛港等均为百年老港，具有深厚的历史文化积淀，在老港区城市化改造过程中应注意保护与传承。

3. 注意老港区城市化改造对港口企业的补偿问题

港口虽然已经企业化了，但港口的功能和社会属性决定了港口企业与其他企业不同，需要承担很大的社会责任；港口还要代表国家参与国际港口竞争；港口转企业时不仅几乎没有任何积累，反而是肩负着沉重的历史包

袱。因此,老港区城市化改造时政府要充分考虑港口企业的经济补偿问题。在这一问题的处理上,大连市做得很好,不仅老港区城市化改造得到顺利、有效实施,港口企业也得到了迅速发展,经验值得借鉴。

第三节　集装箱港区选址的特殊条件

一、集装箱运输的特点和集装箱码头发展趋势

在论述集装箱港区选址的特殊条件前,有必要重温一下集装箱运输的特点和集装箱码头发展趋势。

1. 集装箱运输的特点

与传统的货物运输方式相比较,集装箱运输具有以下特点:

(1)在全程运输过程中,可以直接方便地从一种运输工具换装到另一种运输工具;

(2)易于实现"门到门"运输;

(3)装卸效率高,货运质量有保证。

2. 集装箱码头发展趋势

国际海上集装箱运输正逐步形成以枢纽港为核心的全球网络运输体系,由少量的干线航班主宰洲际间的远洋运输,大量的短途航班作为干线航班的支撑及地区间交往的主要运输方式。干线航班船舶大型化、快速化、高度自动化、节能化,短途航班船舶小型、灵活、高速化,是当前集装箱船舶运输的发展方向。这就促使港口逐步形成集装箱干线港、支线港、喂给港的布局。干线港就是普遍意义上的集装箱枢纽港,以开辟远洋干线航线为主,服务于广阔的经济腹地,是组织集装箱运输的核心;支线港是为相当范围腹地的集装箱运输服务的港口,主要开辟近洋航线并向干线港喂给;喂给港服务的经济腹地较小,以向干线港、支线港喂给为主。我国集装箱码头发展趋势如下:

(1)中国港口成为世界集装箱港口中发展最快、建设规模最大的港口群。

(2)集装箱运输竞争主要体现在争取国际集装箱枢纽港地位上,主要体现在转口箱的争夺。香港和新加坡成为世界两大集装箱枢纽港,其直接原因是香港和新加坡有着大量的转口贸易。

(3)港口专业化、大型化,航道深水化的发展更加迅速。

(4)综合物流和集装箱多式联运成为现代港口经营的重要内容，港口功能进一步拓展，腹地进一步扩大，交叉腹地大量增加，并出现了“虚拟腹地”，对港口的服务质量和效率要求越来越高。

(5)管理现代化成为中国现代集装箱码头建设和经营追求的重要目标。

(6)港口投资多元化和市场化，在法制的轨道上步伐加快。

集装箱港区选址应充分考虑集装箱运输的特点和集装箱码头发展趋势。

二、集装箱港区选址的特殊条件

1. 水域条件

港口水域条件包括停泊水域、回旋水域、航道及待泊水域、避风水域等。

集装箱船运具有定班、定时的特点，并且由于竞争的需要和经济利益的驱动，运输效率要求越来越高，要求正常作业情况下船舶能安全快速的靠离泊，能安全高效装卸；同时在特殊天气条件下，能够满足船舶安全离泊和必要的避风要求。这就要求港址需满足以下条件：

(1)水域开阔、水深适宜

优良的港口水域条件应具有足够长的岸线，满足集装箱港口规模化的要求；应具有宽阔的水域，良好的水文、气象等条件，满足船舶安全快速的靠离泊和掉头的要求；合适的水深条件，浪小流缓，岩质海岸应具有适宜的岩面，使港口基本建设投资在可接受的范围内，具备较强的吸引投资的能力 。

(2)航道满足全天候进出港

出于对运输成本控制和提高效率的考虑，集装箱班轮与其他货类船舶的最大区别在于全天候进出港，这就要求集装箱码头航道有足够的水深，不需乘潮，保证班轮在航线上的各个挂靠港能够按时到港、及时离港。否则整个运输链将发生混乱，货主、船公司将造成经济损失，有可能对港口企业提出一系列的索赔要求，严重时造成船公司变更挂靠港口，对提高港口的服务水平和竞争力十分不利。

对于受自然条件限制，靠离码头需考虑乘潮时，应进行严格的论证。

(3)掩护条件良好

集装箱码头装卸作业标准要求较高，且要求较高的年作业天数，因此要求水域有良好的掩护条件。如果天然掩护条件不能满足需要，应论证建设防波堤的可行性。

(4)泥沙回淤轻微

集装箱码头作业非常繁忙,频繁的维护挖泥会干扰港口生产,造成经济损失。

2. 陆域条件

集装箱码头的性质与功能决定了其所需要的陆域面积非常大,这是其显著特点。广义的集装箱码头的陆域包括码头作业区、物流园区(含保税区)、临港工业区。

码头作业区陆域纵深一般为0.8~1.5km,根据经验并参考国外情况,物流园区所需陆域面积约为码头作业区面积的1~3倍,临港工业区所需陆域面积更大,应根据临港工业具体情况确定。

(1)码头作业区对陆域的需求

集装箱码头作业区按照通常港口功能分为生产区、辅助生产区和管理区三个部分。

①生产区

码头前沿作业地带、重箱堆场、空箱堆场、港内道路、闸口、闸口内外缓冲停车场以及供电、通信、供水、消防、排水、污水处理、供暖等配套设施用地。

②辅助生产区

大型港口装卸设备保养维修设施、港口流动机械设备库场、港口设备材料库场等。

③管理区

港口经营管理办公用地;海关、海事、边防、卫生检疫、动植物检疫、进出口商品检验、引航等政府监管用地;轮船公司及代理、货主及代理、贸易、集装箱运输公司等商务办公用地。

(2)物流园区对陆域的需求

物流园区的陆域一般包括办公区,集装箱拆装箱库场、空箱堆存场地,集装箱修理、清洗、检测设施场地,集装箱车辆停放场地以及司机等待期间休息的设施场地等。还应根据物流中心的业务特点,设置相应的库场等设施。

物流园区生活辅助区,条件许可时可结合码头作业区生活辅助区一并考虑,港口城市在进行规划时要充分考虑这一功能的需要。

在具体确定用地指标时,应遵照国家有关法律、法规及标准、规范等,并参考类似集装箱港区确定。

3. 集疏运条件

航运的最终目标是实现货物运输的安全、快捷和总成本最低。如果自然条件许可,港口选址自然会向着货源产地方向移动。即使这样,经过港口运输的货物集疏运费用仍占总运输成本相当大部分,并且一方面随着经济全球化的进一步加剧,运输量不断加大,另一方面随着现代交通基础的不断改善和技术工具的进步,特别是信息技术的高度发展,使货物的流动范围进一步加大,流动速度进一步提高,这就对港口的集疏运条件提出了更高的要求。

港口的通过能力,取决于码头、库场、集疏运及信息系统能力的平衡,并被四者之一的薄弱环节所控制。现代化的港口,特别是集装箱码头,以高效、快速为标志,而集疏运系统往往会成为薄弱环节,值得引起重视。在确定港口集疏运能力时要充分考虑港口未来发展的需要,留有余地。

进入20世纪90年代,汉堡港、安特卫普港和鹿特丹港先后把集疏运系统建设的重点转移到提高系统的效率方面。一是不惜重金投资于铁路终端的建设,三个港口的绝大部分泊位,铁路都可以通达,并与欧洲铁路网相接,从而减少内陆转运和装卸的次数,减小中长距离的集疏运成本,不断扩展港口腹地;二是积极推进内河集散驳船的标准化,提高内河运输速度,缩短内河集散的时间,从而进一步发挥莱茵河的作用;三是运用先进的信息技术,改造传统的运输管理体系,不断挖掘集疏运系统的潜能。

港口的集疏运方式包括内河运输、公路运输、铁路运输三种,下面分别叙述。

(1)内河运输

内河运输从宏观上讲具有占地少、运能大、能耗低、污染小的比较优势,从微观上讲可以很容易地实现水水中转,可大大提高转运效率,降低装卸费用,符合交通可持续发展的要求。在选择港址时应给予充分考虑,包括是否具备可以开挖一定长度的运河使港区与水网连接的可能性。

上海外高桥集装箱港区四期、五期工程在平面布置时,考虑了加宽码头内侧兼做长江内支线泊位,使该港区以高效率、低成本的服务实现了江海联运,大大提高了港区的辐射功能。

选择内河集疏运方式需要注意内河航道通航水深、宽度、保证率、桥涵净空等条件应满足通航要求,还要注意通关环境与效率,这方面也有可能成为发展内河集疏运的限制条件。

(2)公路运输

公路运输具有机动灵活、快速直达的优势，在集装箱码头集疏运中占有重要地位。集装箱与拖车可以一起进出货主家门，货主方便地将货物直接装箱或拆箱取货，大大减少装卸环节。

随着交通基础设施的不断改善、交通工具的进步、信息技术的发展，特别是市场对运输安全、快速要求的进一步提高，公路运输的服务范围会进一步加大。

选择港址时要注意以下问题：

①港区与公路的衔接

高速公路能直达港区是最理想的，如果不能直达，则要考虑建设专用疏港道路的可能性，且要考虑是否通过城市，是否有可能与城市交通交叉，而这种交叉不仅可能会引起港口拥堵，也会引起城市的交通拥堵。

应注意公路沿线桥梁、隧道等的承载能力和净空尺度限制，季节性货物和船期计划等常规因素引起的交通量增加，台风等自然因素引起的交通量短期高峰，城市对集装箱车辆通行时间限制等人为因素引起的交通量短期高峰。

②有关政策

集装箱车辆通过高速公路收费情况，是否有鼓励采用专用道路运输集装箱的政策等。

(3)铁路运输

铁路集疏运方式有利于扩大港口腹地范围，带动内陆地区经济发展，与公路相比又具有占地少、运量大、单位运量能耗和排放较小，在超过500km长运距条件下优势更加明显。

必须注意我国铁路集装箱运输受管理体制以及基础设施和装卸设备的限制，尚处于起步阶段，内陆地区海运货物大部分仍以散件方式到港口装箱，沿海港口集装箱铁路集疏运的比例仅为2%左右，海铁联运仅占1.5%，与欧美发达国家相比有较大差距。

但我国幅员辽阔，海港集中在东部和南部地区，腹地的纵深大，大部分沿海港口又不具备内河集疏运条件，尽管目前我国沿海港口集装箱铁路集疏运的比例很低，但发展潜力很大，应引起重视。

大连港集团投资建造的150辆集装箱铁路专用平板车在大窑湾集装箱码头已投入使用，承担大连与哈尔滨线路的运营，单程运输时间缩短10个小时，班列的运营效率和服务水平得到大幅度提高，有力地提升了港口的竞争能力。

选择港址时要注意以下问题：

①港区与铁路的衔接

较大规模的集装箱码头选址必须考虑铁路直达港区的可能性，但要注意港口、铁路、城市的总体布局，接轨点、专用线及站场设置应有利于三者的协调发展，并留有足够的发展余地。铁路进线应兼顾港口与城市的发展需要。铁路不要切割城市，也不要妨碍城市的发展；线路走向以尽量少占岸线为原则；港口车站与港区之间要留有发展空间，以利于布置分区车场、前沿线路以及铁路集装箱堆场和拆装箱库等。

②专用车辆、运输主通道的现状和发展潜力

现有集装箱专用平板车数量明显不足，急需扩大集装箱专用车辆，发展快速集装箱专用平板车，有关部门正在积极研究开发双层集装箱车辆，研究在部分隧道少、具备限界的铁路干线上，结合改造工程情况，提高车速，建设双层集装箱运输主通道。

③集装箱信息系统的现状和发展潜力

集装箱信息系统目前还存在着比较严重的条块分割、标准不统一的问题，直接影响铁路集装箱运输的竞争力。

集装箱信息系统建设已引起有关部门的高度重视。要求信息系统能够对集装箱运输全过程进行动态管理，通过数据通信网络传递运输单证，实现运输信息与贸易信息的实时交换，并与其他运输方式无缝衔接。实现铁路各信息系统的综合和数据共享，并实现与政府监管部门与相关企业的信息交换和电子商务，与国际模式接轨。

4. 政策环境及口岸管理与服务

集装箱干线港不仅面临国内港口的竞争，更重要的是要代表国家参与国际港口竞争，政策环境及口岸管理与服务条件直接影响港口的竞争力，也是集装箱码头港址选择的重要条件。

(1)政策环境

为了实施以港兴市的发展战略，不断提升港口的综合竞争力，政府应培育和提供宽松的政策环境和良好的市场环境。

应降低疏港费用；制订并实施减免新老港区间运输车辆的过路过桥费办法；清理并严禁在港口规划发展用地内建设临时建筑、构筑物及海产养殖区；加快信息基础设施和 ITS 系统的规划建设等。

内外贸集装箱同船运输和中国籍国际航行船舶可以承运转关货物，可以大大提高港口和船舶的利用率及口岸的通关效率，有力促进港口的发展。

港区联动，建设保税物流园区，逐步实现保税区向国际意义的自由贸易区转型，可以为集装箱枢纽港建设提供有力支持。

(2)口岸管理与服务

口岸管理主要是指代表国家主权的监督系统，包括一关两检及海事、引航部门等，主要负责管理、监督、检查船舶及船员、旅客、货物等，引领外轮进出港口。

口岸服务包括船舶代理、货物装卸、理货、储存、转运和供应服务，商贸与金融服务，对外轮船员的服务等。

现代化口岸应积极构建综合管理服务体系。在严格管理的同时，进一步简化手续，提高效率，探索大通关体系，实施口岸查验单位联合办公和计算机联网，努力创造符合国际惯例的优良的通关环境。大通关运作方式及双休日办理通关是改善口岸环境和效率的有效措施。

上述四个条件中，水域条件与陆域条件属于自然条件，集疏运条件属基础设施条件，政策环境及口岸管理与服务属软环境条件，均具有一定的相对性。大型集装箱港区的特殊性质与功能决定了其对地区经济，乃至国家经济的重要性，而集装箱码头又具有明显的规模经济性，经济发展需求是大型集装箱港区选址的决定性条件，自然条件，特别是基础设施条件、软环境条件是可以改变的。

第四节　港口与城市的协调发展

一、港口功能的演变

要实现港口与城市的协调发展，首先必须弄清楚港口功能的演变过程。港口功能的发展与演变可分为三代。

第一代港口基本功能是货物转运、储存和接发。

第二代港口基本功能是各类货物的跨国海运、储存以及能动地开发港口产业，以求实现货物在运输和存储过程中的加工增值。

第三代港口基本功能是以资源配置为突出特点。随着信息革命以及全球经济的一体化，港口更加全方位地纳入到全球性资源配置之中，更加深入地发挥自身的能动作用，更加直接参与国际生产力的开发，从而开始了功能模式上的新飞跃，即向第三代资源配置型港口演变。

具体地说，第三代港口除了传统的货物装卸及中转功能外，还必须具备

以下功能：

1. 港口是城市和腹地经济发展的龙头

现代化港口集物流中心、商务中心、信息中心、人才中心及通信服务中心于一体，所有这一切几乎涉及第一、第二、第三产业。港口的发展，必然会带动临港工业、商贸、金融、服务业等相关产业的协调发展、紧密互动，构成城市和腹地强大的经济发展动力。年吞吐量 3.7 亿 t 的鹿特丹港，直接雇员约 14 万人，间接雇员约 60 万人，总产值约占全国 GDP 的 12%。经初步测算，在国内年吞吐量 1 亿 t 的综合性港口，可解决约 30 万人就业（含间接就业），对 GDP 的贡献值 150 亿（含间接贡献）。由此可见港口对城市经济的巨大带动作用。

2. 现代物流服务功能

港口能否提供令顾客满意的综合物流服务，已直接关系到其生存与发展。纵观国内外可以清楚地看到，港口拥有了先进的物流设施，则港口吸引的外来投资就多，这就意味着这些地方会产生越来越多的物流需求，形成港口传统业务与综合物流互相促进、共同发展的良性循环。鹿特丹港和安特卫普港就是典型的例证。鹿特丹港发展物流产业起步较早，物流基础设施和服务堪称一流，不断吸引跨国公司直接参与投资兴建或者入住物流园区，正是由于拥有完善的物流配送系统，使其在同周边港口激烈的竞争中处于十分有利的地位，年吞吐量已达 3.7 亿 t。安特卫普港同样是发展物流产业的先驱，已成为欧洲最大的仓储分拨中心，特别是成为世界第二大石油化工产品集散中心，吸引了大量投资，有力地推动了港口本身和地区经济的发展。

3. 临海工业服务功能

世界经济全球化和我国产业结构调整的步伐加快，加上沿海人才、资金、技术的优势，将推动我国临海工业的迅猛发展。现代港口所具有的完善物流功能，将成为大型临海企业的首选用地；而临港企业的发展与壮大，必将成为港口最直接和最有保证的货源。安特卫普港港内工业产生的货运量占港口海运量的 23%，约 3500 万 t。

4. 贸易与商业功能

港口的贸易功能与港口的运输功能、物流功能紧密相连，主要得益于港口的中转运输。港口是水运与陆运的连接点，与国际市场紧密相连，货主可以方便地将货物运往港口储存，亦很容易地将货物从港口运往市场，并根据国际市场行情的变化及时地抛售和购入货物，这就促成了众多的贸易公司在港口设立贸易机构。

港口商业功能是指为港口运输功能、贸易功能和工业功能等服务的功能。随着港口的发展,商业功能除了直接以人为服务对象的内容外,作为航运与贸易的辅助功能如代理、保险、金融、通信、航运交易等有了很大发展。这些功能促进了港口所在城市的繁荣,加快了其国际化进程。

5. 咨询、信息服务功能

现代化的资源配置型港口几乎涉及现代化生产的所有方面,积聚了船舶运输技术、经济管理、金融、工程技术、法律、信息技术等各类人才,完全有条件开展高水平的咨询服务。

当今网络环境下港口物流信息平台功能已从传送信息为主逐渐转移到提高信息增值服务为主,这是由于港口处于生产与消费的结合点,掌握着大量生产、消费信息所决定的。港口物流信息平台应提供基本信息查询、公共信息发布、信息综合分析、决策支持等信息增值功能。

6. 客运、旅游功能

发展客运、旅游一方面可以大大提高港口乃至城市的知名度,增加商机,另一方面客运、旅游自身亦能直接给港口、城市带来一定的经济收益。

枢纽港功能中与集装箱运输相关的部分是最重要、最活跃的功能。

二、港口产业

港口产业划分为港口服务业、港口用户和港口建设。港口产业是一个相互依存、相互促进的有机整体。

1. 港口服务业

港口服务业是指为了完成货物和旅客在港口移动所需的各种企业和政府监管部门。具体包括与港口装卸和运输相关的企业,如货物装卸、中转、堆存、分拨、海运与海运相关活动、拖带、内河运输与相关产业、铁路运输、公路运输、管道运输、船舶供给等,相关政府监管部门,如海关、边防、海事、卫检、商检、消防、引航等,它们共同构成了港口庞大的服务产业体系。

港口服务业构成了港口对国民经济贡献的最主要部门,是衡量港口对国民经济贡献的最基本内容。

2. 港口用户

港口用户是指经济活动依托港口或与港口有关的企业,包括物流企业、临港工业、贸易与商业企业、咨询、信息服务企业及客运与旅游企业等。区别一个企业是否是港口用户主要看其对港口的依存程度。港口的延伸功能主要依靠港口用户实现。

3. 港口建设

通常港口建设是一项巨大的工程,它不仅需要花费巨额的投资,还需要大量的人工、物料、科技的投入。

三、港口与城市的关系

港口活动必须依托城市大的环境系统,正确把握港口与城市间的关系,是港址选择的重要内容。

1. 港口内在各种要素相互作用促使港口城市的产生

港口在城市的发展上具有非常重要的先导性作用和带动作用。

随着港口的开发利用,港口发展到一定规模和水平,港口及其邻近地区,凭借其有利的区位和水、陆、空交通枢纽等优势,逐步发展成为区域内最具活力和潜力的新经济增长点,并吸引更多的生产力要素向其周围集中。集中的结果必然产生聚集经济效应,反过来引致派生的或二次的生产力要素集中过程,加速经济活动的集中。经济活动的集中又相应带动了人口及科技文化活动的集中,同时对港口及其邻近地区各种相应设施提出更高的要求,这样又促进了港口及其周围各种设施的配套建设。这种循环往复、不断扩张的过程,最终导致以港口为核心的港口城市的产生。

2. 港口城市是港口的载体

港口城市的规模为港口的发展提供空间和舞台。港口城市的发展规模与港口的发展规模成正比关系。港口城市的规模越大,港口经济集聚和发展的可容空间越大,影响力就越强,其覆盖范围就越广。特别是国际性港口大城市,人流、物流、信息流、技术流、资金流等经济能量的集中和扩散范围远远超过国界,达到前所未有的程度,客观上带动了港口腹地的不断延伸。

港口城市的各种服务设施和交通、通信网络条件是港口发展和发挥作用的主要物质基础。与发达的工商业相适应,港口城市一般拥有国内或国际性的金融机构、科研中心、教育中心、信息咨询机构,这些为港口城市经济的高效运作和发展奠定了良好的基础,为港口经济的不断延伸、扩张、辐射提供了必要的物质条件。

3. 港口与城市相互依存,共同发展

现代港口的发展对港口的服务功能要求越来越高,而使得城市与港口的关系变得越来越密切。城市作为港口设施的载体,成为港口产业发展的依托;港口作为城市的一个重要组成部分,对城市的经济发展起着重要的作用。随着港口与城市的一体化发展,港口正成为开展国际贸易的集中场所,成为城市经济增长的强有力的推动力。如我国沿海上海、广州、天津、大连、青岛、宁波、深圳、厦门等地都是全国经济发展速度最快的地区,均得益于港口。我国第一批14个沿海开放港口城市的国内生产总值占全国GDP的1/5,亦主要是因为具有港口的优势。

4.港口是区域经济发展的“龙头”

港口不仅为其所在的城市服务,更是为整个区域经济中心,乃至更广大腹地经济服务,港口依托腹地经济的发展而发展,并同时促进整个腹地经济的发展 。

经济区域是由经济中心、经济腹地和经济网络三部分共同组成的有机的社会经济系统。经济中心聚集区域内部最大的经济优势和大容量的经济社会能量,是区域经济系统的心脏;经济腹地是经济中心辐射和直接影响的区域范围,受交通条件、运输成本等多种因素影响;经济网络是联结经济中心和广大腹地的“动脉”。港口城市成为区域中心的过程中,通过经济网络而使整个区域经济能量在港口及其邻近区域聚集,并形成相当规模,进而推动港口的增长和港口城市的崛起。当港口城市确立其区域经济中心地位后,其扩散辐射的强度逐步超过聚集的强度,这时港口城市将源源不断地向腹地输出经济能量,带动腹地经济的起飞。

港口和城市在港城关系演进的过程中互为因果,互动发展。

四、港口与城市协调发展

在港口发展的不同阶段,港口城市的建设开发模式有所不同。特别是有些港口所处的区域,由于历史和特定因素的影响,经济发展状况比较复杂,要根据港口经济发展的实际情况,因地制宜、因时而异,既可以有所侧重选择一种开发模式,也可以综合运用一种以上模式,建立一组多层次、多目标、多功能的增长开发系统,实现点、轴、面最佳开发和空间结构优化,推动港口城市的崛起,带动港口所在地区的发展。

第三代港口要求从“港口经济圈”的角度来配置社会资源和自然资源,也就是将原本属于港口产业体系的要素归还给港口,由港口带动的产业要素留给港口。只有这样才能够发挥港口的优势,形成规模化的“港口经济圈”,培育港口经济,实现“以港强市”和名副其实的“港口城市”。

港口港区建设和城市城区建设是一个有机的综合体,港区和城区互为依托、相辅相成、相互促进、共同开发,这是必须遵循的港口选址原则和基本建设规律。

由于历史的原因,我国不少港口和港口城市建设不注意协调一致的发展原则,造成城市环境质量差、城市功能分区混乱,城市包围港口,造成港口陆域纵深狭窄、库场面积严重不足、进出港口交通堵塞,适宜建港的岸线被乱占用,形成了用地布局和发展相互干扰的局面,这方面的教训值得总结。

只有港区和城区有机地结合和始终相互适应地协调发展,才能形成具有鲜明特色的现代港口和港口城市面貌。

1. 科学定位港口在港口城市发展中的作用

既要注意保持港口的传统功能,又要通过港口产业升级和多样化实现港口、城市全面协调发展。这需要港口的规划具有长远性,与城市的发展相适应,不能急功近利。

进行港口和城市长期规划时,要注意以港口为中心,将港口作为联结陆域与海域的交通枢纽,通过铁路、公路、水路、航空以及管道等多种形式,形成四通八达的集疏运交通网络,以保证货物和旅客在港口得到及时、安全、高效、经济、方便地中转。这就要求港口城市在进行规划时,要保持港口规划的专门性、权威性和可操作性;在此基础上,城市规划也要考虑港口的总体营运环境,以及城市滨水地区海运业与非海运业的协调发展。

2. 重视涉及港口发展资源的综合管理

港城互动发展要坚持全面协调、整体推进的战略。要充分认识跨国公司和民营企业是未来港口发展的重要推动力。必须确定港口环境管理目标,制定港口环境管理计划,并有专门监督机构。港口的发展与环境密切相关,城市必须重视涉及港口发展的资源的综合管理。

随着港口政企分开,要加强政企的沟通,加强协调,在城市的动态变化中,及时调整港口的服务对象、方式、水平和质量;及时进行港口的结构调整,更好地为城市经济发展服务。

对港口周边土地和海域的利用应依法办事,严格顺序,港口不仅需要五年计划,更需要有科学合理的长远发展战略规划、布局规划和总体规划,对未来的发展方向、目标、规模和水平要有一个科学的认识,要不断对规划深化和修正,要保证港口长远发展的空间和环境,并具有可操作性。

3. 合理配置岸线与土地资源

在港口规划和制订城市总体布局规划时,应注意下列几点:

(1)合理分配岸线资源

这里所指的岸线,应理解为一个空间的概念,包括一定范围的水域和一定纵深的陆域。

岸线是港口城市的前沿，是港口城市最重要的资源。只有妥善地分配岸线资源，才能为港区和城区协调发展创造前提条件。

港口城市除港口需要占用大量岸线外，船舶工业、海上石油工业、各种临海（河）工业、航务工程、临海（江）仓储、水产养殖、市政公用、海（江）滨旅游休闲等也需要占用岸线。但港口岸线应居需要之首，必须坚持深水深用、浅水浅用、合理安排、统筹兼顾、留有余地、各得其所的原则。特别是适宜建深水泊位的岸线段和岩盘埋藏较深、易于开挖改造成深水港区的浅水岸段，城市规划要为建港预留岸线，注意统一规划，远近结合。只有这样才有利于港区和城区不断取得发展中的平衡。

（2）城市布局应为港口留有充足的发展空间

稳定增长的海运贸易以及对规模经济的追求，促进了船舶大型化、专业化，对港口的发展规模提出了更新和更高的要求。这一趋势往往导致港口设施向深水岸线地区转移，要求为大型船舶提供更深的水域和更广的陆域。世界和中国这样的例子举不胜举，我国大多数港口，特别是主枢纽港都发生了这种变化。

海运产业的规模经济、专业化和信息化促进了港口土地利用的密集化趋势。一个停靠第五、第六代集装箱船的泊位，其码头堆场面积都以数十万平方米计。但是多数城市是围绕港口诞生逐渐发展起来的，港口往往已经没有扩展的余地。同时市政当局和商业资本往往把目光转向滨水地区的“寸金之地”。娱乐场所、办公楼、饭店、宾馆和商业设施等也同港口争夺紧缺的土地资源。开发的压力将使滨水地价不断上涨，致使不少港口城市港口的扩展出现新的矛盾。

港口城市中，港区用地不仅在数量上占有一定比例，往往在港城建设中具有主导地位。港区的形成和发展，特别是它的每一重大变化，在很大程度上影响和决定港城用地的合理布局。如天津、福州，国外伦敦、汉堡、纽约、彼得堡和鹿特丹等，城市用地均随新港区建设而不断形成带状组群或组团的城市布局。港口规划应充分考虑上述宏观功能，在港址选择时留有将来能发挥更大宏观功能的空间；城市规划应充分意识到港口是促进港城发展的巨大的潜在力量，在用地等方面为港口不断发展创造条件。

国外鹿特丹港拥有三个物流园区，占地面积约 246 万 m^2；安特卫普港现拥有仓储面积 1200 万 m^2。国内大连港在大窑湾港区建立约 300 万 m^2 的综合物流园区，上海洋山深水港规划建设的配套物流园区占地面积达 1300 万 m^2，天津港在北疆规划建设总面积达 500 万 m^2 的集装箱物流基地，

在天津港南疆港区还将建设面积达 1200 万 m^2 的散货物流中心。

安特卫普港规划临港工业用地 14055 万 m^2，其中已占用约 65%。

(3)注意港口和城市的合理布局

港口和城市合理布局宜注意下列几点：

①港区与城区相邻或分开布置，最好设在城市的下风侧，发展的主要方向应互不干扰，并留有发展余地。

②市中心临近水面，保留一定的海滨、沿江公共活动岸线，使城市充满海滨、沿江气息。

③客运及与城市生活密切相关的洁净货物运输宜布置在市区或接近市区。

④铁路集疏运系统比较顺畅，铁路线沿城市边缘绕进港区，兼顾工业区，不切割城市，编组站设在市外，当地客货运线进入市区。

⑤港口与城市快速干道、高速公路等公路主干路网衔接顺畅，保证交通能力，设置必要的中转缓冲区域以及与之配套的专用通道，实现城市社会交通与港口集疏运交通的合理分流。

(4)集疏运和配套条件

现代化的港口，特别是集装箱码头，以高效、快速为标志，而往往内河、铁路、公路等集疏运系统可能会成为薄弱环节，进行城市规划时应给予足够重视；供电、通信网络、供水排水等配套条件也是港口营运必不可少的前提条件，进行城市规划时亦应给予充分考虑。集疏运条件和配套条件不仅应满足港口当前要求，而且要满足发展要求。

(5)人才资源

国际性枢纽港所需要的人才资源是综合性的，包括船舶运输技术类、经济管理类、工程技术类、法律类人才等。中国港口的高速发展更加重了各类人才的需求与供给的矛盾。港口城市应为港口配置合理的人才，并在高层次人才引进及人才培训方面创造良好条件。

第五章 集装箱码头建设规模

确定集装箱码头建设规模应遵循以下基本原则:(1)建设序列应与吞吐量发展水平相适应;(2)建设规模应与集装箱运输发展趋势相适应。即港口集装箱码头的建设应使其通过能力适应集装箱运量的发展需要。

上海港外高桥港区集装箱码头的建设序列如图2-5-1所示,由图可见,上海港集装箱码头的建设与吞吐量及通过能力是基本匹配的。为保证港口具有较高的服务水平,集装箱码头的建设应适度超前于吞吐量发展水平,即保持码头的通过能力始终有一定的富裕。

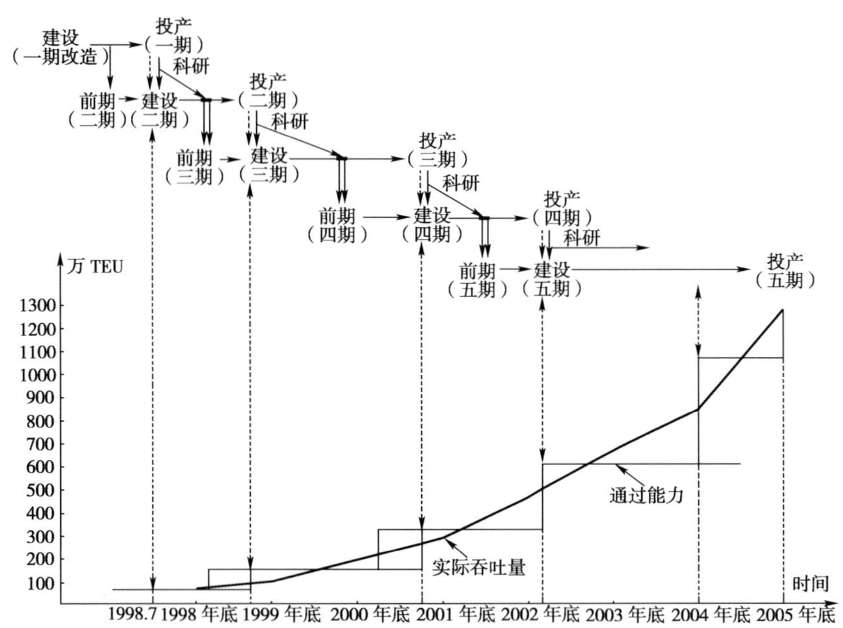

图 2-5-1 外高桥港区建设序列与吞吐量及通过能力的匹配

集装箱码头建设规模应包括:泊位数(岸线长度)、泊位吨级和通过能力等指标。建设规模的论证通常从吞吐量发展水平预测开始。

第一节　吞吐量发展预测

港口集装箱吞吐量发展预测就是对集装箱运输市场各种经济数据和信息进行分析研究,在各种因素错综复杂的关系中,寻找具有一定约束力的规律,运用一定方法,预测未来一定时期内港口集装箱货物流量、流向的可能发展趋势,给出吞吐量的预测值。

在规划设计阶段,港口集装箱货流预测的目的是为港口建设规划奠定基础。

与港口一般货流预测相同,港口集装箱货流预测应考虑国民经济发展水平,腹地经济社会发展水平,航运技术发展水平和对外贸易的发展水平,同时要考虑不可确定性因素(社会性、政治性、自然灾害性等因素)。

港口货流预测分为定性分析和定量分析两类方法。在吞吐量预测中有时往往采用定性分析与定量分析相结合的方法。港口吞吐量预测的基本步骤如图 2-5-2 所示。

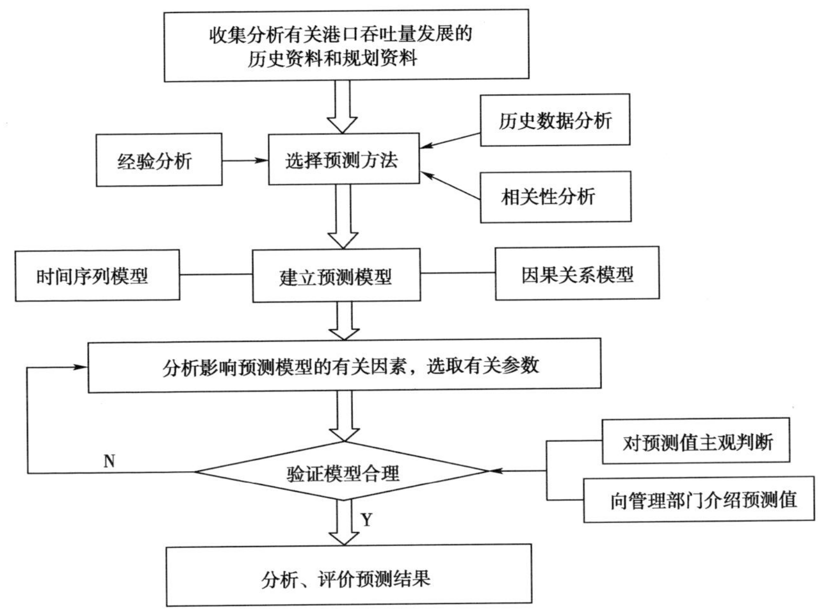

图 2-5-2　港口吞吐量发展预测基本步骤

港口吞吐量发展预测的定量分析方法主要分为两类:时间序列分析法

和因果关系分析法。港口集装箱吞吐量的预测还有一些特殊的规律。

一、时间序列分析法

时间序列法是利用港口集装箱吞吐量发展的历史资料来推断未来发展趋势的分析方法。时间序列是各种因素综合影响的结果，因此，当分析影响港口集装箱吞吐量发展的主要因素比较困难时，采用时间序列法往往是有效的。

采用时间序列分析法要获得较可靠的预测结果，首先应获得较多年数的时间序列资料，以减少周期变动和偶然变动的影响；其次应对时间序列的变动趋势有较为准确的把握。

时间序列法的预测模型有直线模型、指数曲线模型、抛物线模型、修正曲线模型等，其中运用较多并且较有效的是灰色系统预测模型。此外，还有移动平均法、指数平滑法等更适合于短期预测的模型。具体计算方法可参考有关文献。各种方法有不同的适用范围，适合于不同类型的发展历程。在预测前应仔细分析掌握的基础资料，对可能的发展趋势作出判断，选用合理的预测模型。

二、因果关系分析法

港口吞吐量与经济活动之间是互相联系的，在其发展过程中，必然受一定因素的制约，也就是说存在各种复杂的因果关系。运用这个原理，可以找出并分析港口吞吐量发生和发展的主要因果关系，据此建立起一定的数学模型，通过吞吐量发展的数学变化规律，预测未来吞吐量的发展。

因果关系分析法也可称回归分析法。回归分析法分为一元（线性、非线性）回归分析法和多元回归分析法。集装箱港区吞吐量预测，通常可以采用腹地经济总量与外贸进出口额二元因果回归关系，建立模型进行分析预测。

三、港口集装箱吞吐量发展预测的基本方法

我国港口集装箱吞吐量以外贸货物为主，集装箱运量的发展有其特殊的规律，与图 2-5-2 相配合，预测逻辑推理与数据识别框架如图 2-5-3 所示。

港口集装箱发展预测应从港口集装箱运输现状分析入手，根据集装箱箱源分布特点和集疏运方式，分析港口直接腹地范围和间接腹地范围；结合

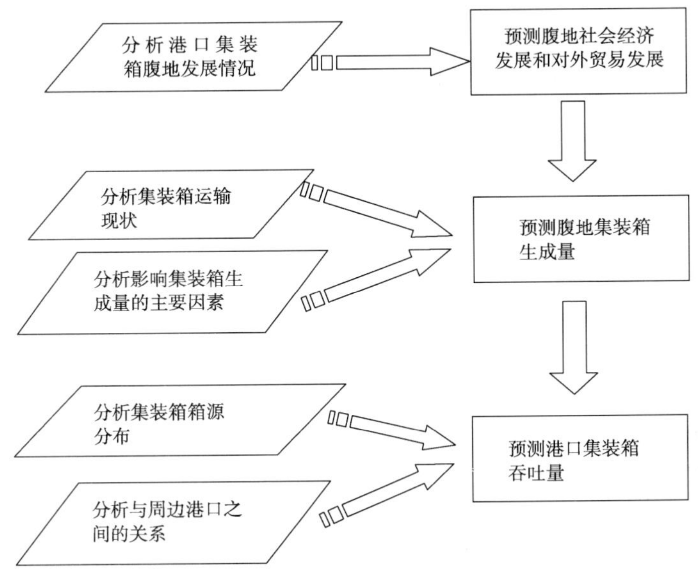

图 2-5-3　港口集装箱吞吐量发展预测逻辑推理与数据识别框架

分析周边港口集装箱吞吐量发展的特点和本港口集装箱吞吐量的主要流向，分析本港口在集装箱运输网络中的地位和作用；分析影响集装箱生成量的主要因素，建立集装箱生成量预测模型；分析腹地社会经济发展现状，根据腹地社会经济发展规划和影响集装箱生成量主要因素的可能变化，预测腹地集装箱生成量；抓住影响港口集装箱吞吐量发展的主要因素，预测港口集装箱吞吐量。

在分析集装箱箱源分布特点和集疏运方式、确定港口直接腹地和间接腹地时，应注意集装箱枢纽港的发展规律。随着港区规模的不断扩大，集装箱枢纽港的腹地范围会不断延伸，形成具有国际集装箱枢纽港特征的枢纽辐射式（Hub-and-Spoke）运输模式。例如上海港外高桥港区，根据上海海关2000～2004 年近 4 年半的进出关统计资料，外高桥港区进出口集装箱箱源变化情况如表 2-5-1 和图 2-5-4 和图 2-5-5 所示。数据表明 2000 年至 2004 年，腹地单位面积为外高桥港区生成 1200TEU 的区域范围不断扩大。可看出外高桥港区腹地随着港口建设而不断拓展的趋势。运量预测应注意并充分研究这一特点，才可以取得更加符合实际的预测结果。这是在探讨运量预测方法时值得研究的一种途径。

我们对港口集装箱吞吐量发展预测，基于吞吐量发展符合预测连续性理论和可控性理论，因此预测精度是预测时间的函数，随时间延长而精度下降。一般而言，如果经济增长、对外贸易增长等参数基本适度而无拐点，中短期（5～10 年）预测可以得到有价值的预测数据。

外高桥港区腹地进出口集装箱量的历年数值（单位：1000TEU）　　表 2-5-1

与外高桥港区距离	2000 年	2001 年	2002 年	2003 年	2004 年上半年
上海市区	999	1429	1901	2764	1896
300km	1204	1540	2245	3180	2133
500km	97	127	186	256	148
1000km	111	150	208	268	180
1500km	143	197	266	328	226
2000km	35	61	82	108	65
其他	3	4	5	13	6

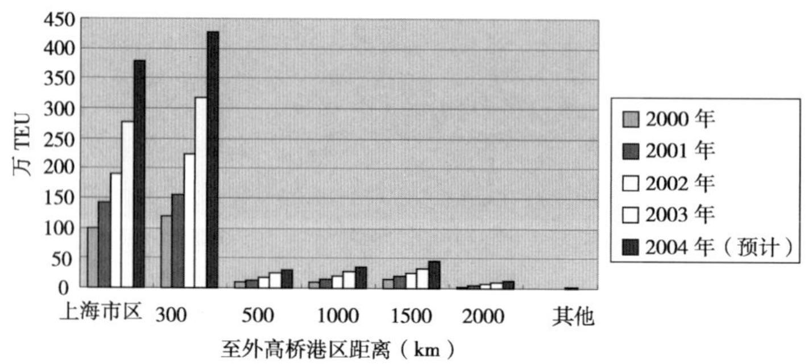

图 2-5-4　外高桥港区进出口集装箱箱源地变化图示

1. 影响港口集装箱生成量的主要因素

（1）经济总量和对外贸易量

集装箱运输是各个地区、国家之间经济贸易交往的重要载体，集装箱生成量的多少反映了一个地区经济发展的水平和与其他地区、国家之间贸易交往的发达程度。集装箱生成量与经济总量和对外贸易规模紧密相关，一般情况下，经济总量越大，运输需求越多，内贸和外贸集装箱生成量就越大；对外贸易量越大，进出口货物越多，外贸集装箱生成量就越大。此外，对外贸易量是与贸易方式密切相关的，相对于一般贸易来说，原料（或上游产品）依靠进口、成品（或下游产品）销往国外的加工贸易额比重越大，对集装箱运输的需求也就越高，相应的集装箱生成量就越大。

（2）产业结构和外贸产品类型

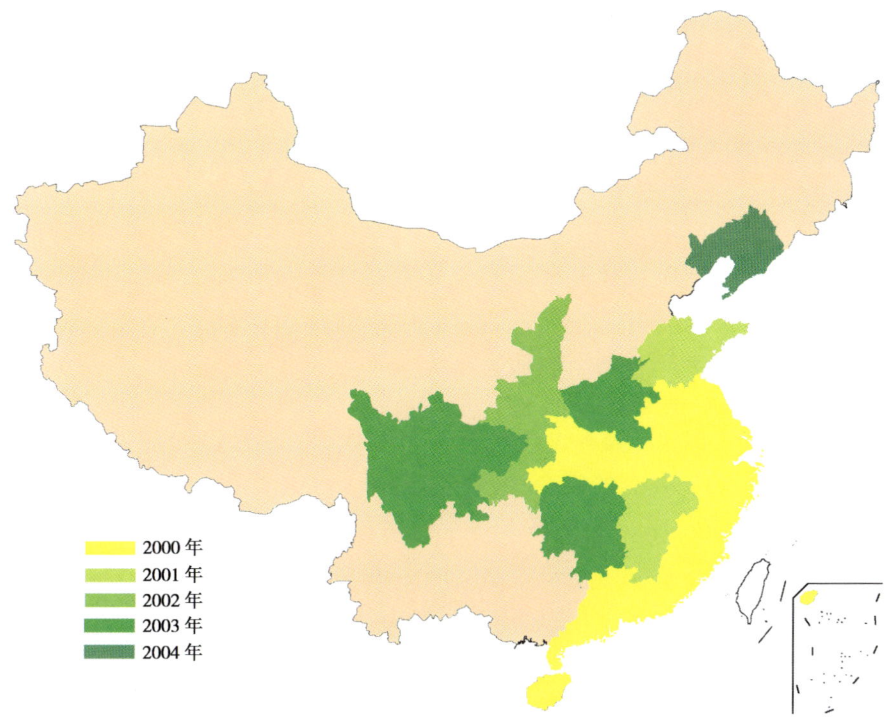

图 2-5-5　外高桥港区腹地变化图示

产业结构对集装箱生成量的影响是双向的。产业结构层次越高、高新技术产值在工业总产值中的比重越大、产品附加值越高，单位产值或者单位贸易额所产生的箱量就会减少。同时，由于产品价值的提高，产品生产链的延伸，使得有更多的产品使用集装箱运输在经济性上成为可行，这又会促进集装箱生成量的增长。从集装箱生成量和产业结构高度相关的关系来说，在工业化时期，制造业和加工工业在国民经济中占有主导地位，尽管货物运输量随着产业的升级，增长速度会减缓，但总量仍呈不断增长趋势，特别是国际集装箱量会随着产业的升级和信息技术更广泛的应用而快速增加。从发达国家的发展过程看，只有到达信息化产业高度发达并在国民经济中占重要主导地位的后工业化阶段，货物运输量和集装箱生成总量才会随着信息化产品大量增加而保持在相对稳定的水平上，或略呈下降趋势。

(3)交通条件和物流成本

为了促进产品成本的降低和竞争力的提高，除了改善生产过程以外，更要关注流通过程，而且流通过程的成本节约空间比生产过程的节约空间更大。发达的交通条件和合理的运输组织方式可以有效地降低物流成本，节省流通费用，提高产品的竞争力，进而又会促进生产的发展。完善的港口交通条件和区内交通条件，既是经济发展的要求，也是参与国际竞争的需要。港口越发达，进出口货物的物流成本越低，适合采用集装箱运输的货物就越多、范围越广。而且，随着经济全球化不断深入，跨国公司为取得最佳资源配置，正在寻求全球化的合理产业布局，优越的交通系统已经成为改善投资环境，吸引国际投资，强化区域加工产业优势的重要条件。随着区域加工产业优势的提升，吸引国际资本的进一步进入，会形成更加完善的产业链，又将进一步推动区域经济的结构优化与升级，使得适箱货类增加，集装箱化率提高，集装箱生成量增加。

(4)国际贸易对运输方式的要求

集装箱运输所具有的安全、便利、有效减少货损货差、特别是可以充分利用现代技术、有效提高运输效率和规模化发展的优势，使其成为运输方式现代化的代表和国际间货物贸易要求的主要运输方式。

随着产业布局全球化和“及时生产”、“零库存”等生产模式的不断推广，以及对于降低人工成本，提高运输和装卸效率，实现“门到门”运输服务等要求的不断提高，在目前的产业发展水平下，越来越多的贸易要求采用集装箱运输。集装箱运输已成为国际货物贸易运输的基本要求和衡量港口现代化发展水平的重要标志，也是港口寻求发展新的增长点之所在。在货运量增长的同时，随着集装箱规模化发展推动集装箱运输成本的不断降低，进一步推动集装箱货类范围的扩大，进而推动集装箱运输需求的快速增长，使得集装箱货运量的增幅一直大大快于货运总量以及其他货类的增长速度。

自 1956 年海上集装箱运输诞生以来，集装箱运输的发展一直令人瞩目。在近 30 多年中，集装箱运输以约 7% 的年增长速度发展，这大约是世界经济总量年增长速度的两倍，是世界贸易年增长速度的 1.5 倍。

2. 集装箱生成量

(1)外贸集装箱生成量

外贸集装箱生成量取决于对外贸易额。腹地外贸集装箱生成量一般可用下式计算。

$$C = SR_1R_2R_3/WR_4 \tag{2-5-1}$$

式中：C——外贸集装箱生成量(万 TEU)；

S——外贸进出口总额(亿美元)；

R_1——外贸进出口总额中适箱货金额所占比例(%)；

R_2——外贸进出口总额中单位适箱货金额产生的货重(万 t/亿美元);

R_3——适箱货按重量的装箱比(%),或称为适箱货的集装箱化率;

W——重箱平均货重(t/TEU);

R_4——重箱比例(%)。

适箱货比例 R_1 是由货物种类、价值、批量等因素决定的,取值范围一般为0.75~0.85,我国沿海发达地区有些已达到或超过0.9,东北及内陆地区相对较低,发展趋势将会逐步提高。

单位适箱货金额产生的货重 R_2 是由货物结构决定的,应根据统计分析测算。目前我国沿海地区的取值范围约在5~8万 t/亿美元,内陆省份要稍高一些,随着高科技产品所占比重的提高,R_2 的取值会逐步降低。

装箱比 R_3 主要受腹地交通运输条件和物流管理水平的影响,特别是受集装箱运输网络发达程度的影响,目前大约在0.7~0.9之间,珠江三角洲地区最高,长江三角洲地区稍低,内陆省份较低,东北地区约为0.6左右,还有较大的发展空间。

重箱平均货重 W 是由装箱货的货种构成决定的,一般为9~11t/TEU,长江三角洲地区较高,珠江三角洲地区相对较低。

重箱比例 R_4 主要受进出口贸易差的影响,其次要考虑船公司空箱调运系统布局的因素,还要考虑商品集装箱出口的因素,目前我国是最大的集装箱制造国。重箱比例 R_4 的取值范围目前大约在0.70~0.75之间,有些港口甚至低于0.7。

当以上各项参数难以统计、分析时,也可采用集装箱生成系数计算。

$$R = C/S \tag{2-5-2}$$

式中:R——集装箱生成系数(TEU/万美元);

C——外贸集装箱生成量(万 TEU);

S——外贸进出口总额(亿美元)。

$$C = RS \tag{2-5-3}$$

由式(2-5-1)可见

$$R = R_1R_2R_3/(WR_4) \tag{2-5-4}$$

由以上分析可得到 R 的取值范围约在0.4~0.8之间。沿海地区较低,内陆地区相对较高。当统计资料较难获得时,可用 $R=0.6$TEU/万美元进行估算。

(2)内贸集装箱生成量

内贸集装箱运输量在我国集装箱运输总量中所占的比例还不大,但发展速度很快。表 2-5-2 为近几年全国港口内贸集装箱吞吐量的发展情况，由表中数据可见，内贸集装箱吞吐量的发展速度高于集装箱吞吐量的发展速度。

近年全国港口集装箱吞吐量统计 单位：万 TEU 表 2-5-2

年　份	2000	2001	2002	2003	2004	2005
集装箱吞吐量	2348	2748	3721	4800	6160	7564
其中内贸箱量	304	424	636	705	1050	1089.8
所占比例(%)	12.9	15.4	17.1	14.7	17.0	19.0

内贸集装箱生成量取决于内贸货物的货种结构和集装箱运输网络的发达程度。内贸集装箱生成量可通过分析港口内贸集装箱吞吐量发展趋势、内贸货物的货种构成、适箱货装箱率的提高趋势、腹地集装箱运输网络的发展趋势等得到预测值。

内贸集装箱生成量也可通过建立内贸集装箱生成量与腹地 GDP 的一元回归模型分析得到。

内贸集装箱运输与腹地经济社会的发展水平密切相关。随着我国经济建设的不断发展，内贸货物运输的集装箱化程度将会快速提高。

3. 港口集装箱吞吐量预测

在分析和预测了港口直接腹地和间接腹地的集装箱生成量之后，应结合分析周边港口集装箱吞吐量发展的特点和本港口集装箱吞吐量的主要流向，分析本港口在集装箱运输网络中的地位和作用，确定本港口在地区集装箱市场中所占的份额，得到本港口集装箱吞吐量的预测值。

港口集装箱运输与腹地经济发展是一种互动关系。港口集装箱运输的发展主要取决于腹地内集装箱的生成量和运输条件、运输费用等因素。同时，集装箱运输对促进腹地经济的发展也正在发挥着越来越重要的作用。

对一般枢纽港来说，集装箱吞吐量除考虑腹地集装箱生成量外，还应分析国际中转箱量的发展趋势。目前我国集装箱枢纽港的吞吐量中国际中转箱量所占的比重还比较小。

对本港口集装箱吞吐量的发展进行预测之后，还应分析港口已有集装箱码头通过能力进一步发展的可能，据此确定拟建码头的集装箱设计吞吐量。

第二节　设 计 船 型

世界集装箱船队是近年来发展最快和平均船龄最低的船队。据统计，

截止到2005年底，世界上全集装箱船已达3681艘，合计运力828万TEU，平均每船载箱量为2250TEU。2005年进入班轮运输市场的新船达276艘，箱位数94.7万TEU，平均每船载箱量为3430TEU。

自集装箱专用船问世以来，最显著的特征是船舶向大型化发展，不仅大型船舶所占的比重越来越大，而且最大船型每隔5年左右的时间就会上一个新的台阶。20世纪60年代，最大的集装箱船载箱能力只有500多TEU；但5年之后，即在70年代初期，建造和投入运营的集装箱船已经以1000TEU和1500TEU型集装箱船为主；到70年代中期，2000TEU的集装箱船首次亮相，并成为主流船型；80年代初，3000TEU集装箱船登场，成为主要船型；80年代后半期，4000TEU集装箱船加入航运队伍，并成为骨干；90年代中期，5000TEU集装箱船问世；90年代后半期和本世纪初，6000TEU和8000TEU集装箱船相继投入使用。2006年10月超万标箱船已投入营运，正在建造中的最大集装箱船载箱量已达13000TEU。船队向大型化发展的趋势依然非常明显。

相对于集装箱船舶的大型化，船舶吃水变化不大，吃水12.0m以上的船舶比例有所增加，但最大吃水目前仍控制在14.5m左右。中海集运的“新洛杉矶”号(9600TEU)最大吃水为15.0m。中远集运向韩国现代重工订购的4艘10000TEU集装箱船，设计吃水为14.5m。

港口设计船型的论证应从到港集装箱船舶现状分析入手，分析集装箱船舶构成随吞吐量发展的变化趋势。决定集装箱运输船舶大小的首要因素是货物的流向和流量。

(1)干线运输。干线运输的船舶吨级较高，一般情况下为5万吨级(即第四代集装箱船)及以上船舶，目前已投入营运的最大船舶已超万标箱，中海集运远东—欧洲航线上载箱9600TEU的“新洛杉矶”号集装箱船，也属于同量级船。

(2)近洋航线。近洋航线主力船型以第二代和第三代集装箱船为主，船舶载重为20000~30000吨级，载箱量在830TEU~3100TEU。

(3)沿海内支线及内贸运输。在远洋干线船舶大型化趋势的带动下，沿海内支线及内贸运输的船舶也不断向大型化发展。目前以第一代和第二代集装箱船(载箱量在1900TEU以下)为主力船型。

(4)长江水系内支线驳船运输。自1984年以来，长江干线开展集装箱装卸业务的港口由6个发展到25个，运量较集中的港口均已建设集装箱专用泊位。2004年集装箱吞吐量217.26万TEU，2005年集装箱吞吐量

262.23万 TEU。长江干线南京以下区段靠近沿海，外向型经济发展迅速，对外贸易充分，外贸适箱货较多，货运集装箱化率较高；南京以下港口集装箱码头设施建设以及集疏运条件也相对较完善，为集装箱运输提供了必要的保障。长江干线集装箱运量主要集中在南京以下港口，南京以下 6 个港口集装箱吞吐量占长江干线 25 个港口集装箱总量的 75% 以上，以海轮运输为主。南京以上港口完成的吞吐量虽然不大，但近几年发展速度很快，中上游港口采用驳船运输。长江驳船集装箱运输正向标准化和大型化方向发展。在《内河通航标准》(GB 50139—2004)中还未对集装箱驳船的标准尺度作出规定。在上海外高桥集装箱码头的设计中，长江驳船选用 100TEU 和 200TEU 的船舶为代表船型，尺度分别大约为 70m × 15m × 2.8m(长 × 宽 × 满载吃水，下同)和 80m × 16.5m × 3.2m。重庆港集装箱码头采用的设计船型尺度为 120TEU 船(86m × 14m × 3.6m)和 220TEU 船(109m × 15.8m × 3.6m)。正在开发的 300TEU 集装箱驳船尺度大约为 112m × 17.2m × 3.4m。300TEU、400TEU 江海联运船正处于研发阶段。

与其他专业化码头相比，集装箱码头设计船型有如下特点：(1)设计船型组中船舶吨级有较宽的范围；(2)运输船舶大型化的发展速度较快。

在设计船型的论证时，应充分考虑以上特点，结合本港口集装箱航班、航线的现状和发展趋势，既要论证设计船型组中的主力船型，也要满足未来船型发展的需要。

船型分级和各吨级的主尺度应按照《海港总平面设计规范》的规定。该规范 1999 年版的设计船型部分在 2003 年做了修订。由于集装箱船舶的发展速度较快，还应注意新建船舶的动态，掌握世界集装箱船队构成的变化，必要时对大吨级的船舶主尺度宜做适当调整。

第三节　建设规模论证

《海港总平面设计规范》(JTJ 211—99)对集装箱码头建设规模的主要指标规定了计算方法，包括：泊位数、泊位年通过能力、堆场所需容量及地面箱位数、拆装箱库所需容量、集装箱大门所需车道数等。本节主要论述泊位数或岸线长度、泊位吨级的选择。集装箱码头的通过能力在下一节还将进一步论述。有关堆场容量、大门车道数等的内容见本篇第八章。

从理论上讲码头的泊位数应通过码头设计年吞吐量除以单个泊位设计年通过能力获得。规范中对集装箱泊位的年设计通过能力提出的计算公式

如下：

$$P_t = \frac{T_y A_\rho}{\frac{Q}{pt_g} + \frac{t_f}{t_d}} Q \tag{2-5-5}$$

$$p = np_1 K_1 K_2 (1 - K_3) \tag{2-5-6}$$

式中：P_t——集装箱码头泊位年通过能力（TEU），两个以上的集装箱泊位连续布置，且装卸桥同轨时，可适当加大；

T_y——泊位年营运天数；

A_ρ——泊位有效利用率（%），取 50% ~70%，泊位数少宜取低值，泊位数多，宜取高值；

p——设计船时效率（TEU/h）；

Q——集装箱船单船装卸箱量（TEU），可按本港统计资料分析确定；

t_g——昼夜装卸作业时间（h），取 22 ~24h，泊位小、航线少时，可适当减小，但不应小于 22h；

t_f——船舶的装卸辅助作业及船舶靠离泊时间之和（h），取 3 ~5h；

t_d——昼夜小时数；

n——岸边集装箱装卸桥配备台数；

p_1——岸边集装箱装卸桥台时效率（自然箱/h）；

K_1——集装箱标准箱折算系数，取 1.2 ~1.6；

K_2——岸边集装箱装卸桥同时作业率（%）；

K_3——装卸船作业倒箱率（%）。

根据本章第二节所述，集装箱码头的特点之一是设计船型组覆盖的船型范围较宽，图 2-5-6 和图 2-5-7 分别为上海港外高桥港区二三期码头 2003 年和外高桥港区四期码头 2004 年到港船舶的统计。上海港由于其地理位置的特殊性，到港船型的覆盖范围更为宽广。由图可见，小船（5000t 以下）的艘次比例非常高，而大船（30000t 以上）装卸箱量所占的比例较高。

集装箱码头的这一特点使得式（2-5-5）中的单船装卸箱量 Q 和泊位有效利用率 A_ρ 很难得到较准确的统计值。例如，泊位有效利用率一般用下式计算：

泊位利用率 =（Σ在泊船只 × 在泊时间）/（码头泊位数 × 总时间）

由于各类船型尺度相差较大，占用的岸线长度是不同的。因此，码头泊位组中的泊位数在营运过程中是动态变化的，用上式表述码头实际利用状况是不清晰的，式（2-5-5）中的泊位有效利用率 A_ρ 也很难统计准确。

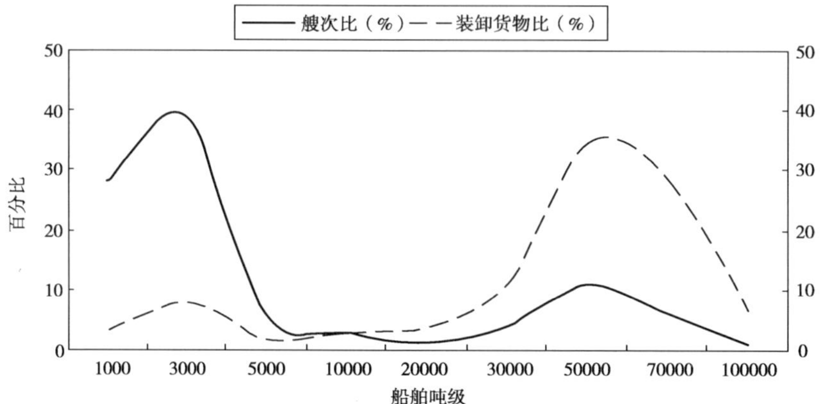

图 2-5-6 外高桥港区二三期码头到港船型统计

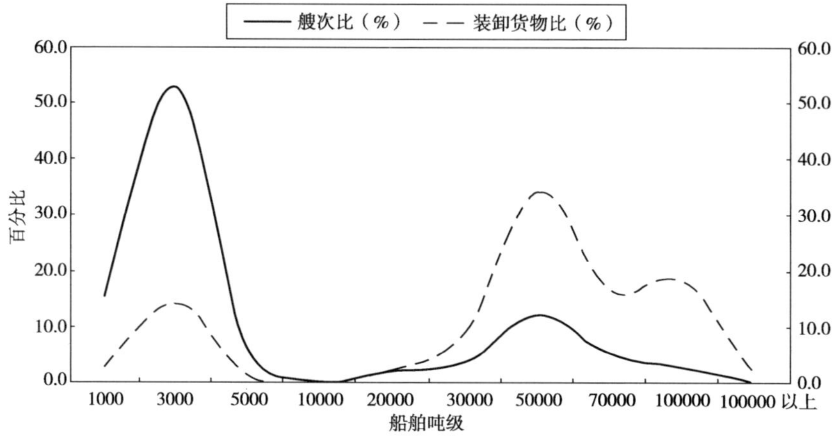

图 2-5-7 外高桥港区四期码头到港船型统计

根据集装箱码头的这一特点，泊位的利用率必须与船舶长度结合考虑。因此应采用岸线利用率的概念：

岸线利用率 =（Σ在泊船长 × 在泊时间）/（码头总长度 × 总时间）

码头的泊位数必须保证有足够的通过能力，高效率地完成相应的吞吐量。由于港口生产的随机性，在港船数与泊位数正好相等的概率是很低的。可以设想，若从港口设施投资获取最大利益，必须使每个泊位都得到充分利用，即保持接近 100% 的泊位利用率。这对随机到港的船舶来说，意味着在锚地有足够多的船舶排队等泊。这对航运公司可能是不能忍受的，如临近有港口竞争，货流势必转移。反之，如果要求船一到港就能靠泊作业，港口

必须拥有过多的泊位,会出现多数泊位不得不经常闲置的情况。因此,从宏观控制的角度,应使完成港口总吞吐量的全过程,发生在港方和船方的总费用为最小,此时港口规模是最佳的,相应的泊位数为最优泊位数。

集装箱码头的营运特点,使得泊位数已不是码头规模的清晰指标,还应使用岸线长度作为集装箱码头的规模指标。

当码头的年吞吐量和运输船舶的构成一定时,可以采用“码头年营运总成本 + 船舶在港发生总费用”最低为目标,求得码头的最优岸线长度。

集装箱码头占用岸线长度的论证,首先应考虑满足吞吐量发展的需要,其次还应考虑便于港区营运管理的适度规模。

集装箱码头的吨级应根据港口在集装箱运输网络中的地位和作用、集装箱船舶的发展趋势、进港航道水深条件等因素,综合分析确定。集装箱枢纽港应考虑未来超大型集装箱船(ULCS,例如载箱量 18000TEU 的船)靠泊的可能性。但在泊位数的选择时,一般不用未来型船舶的尺度确定泊位长度。

表 2-5-3 为新近建成或正在建设的一些集装箱港区的泊位数、设计吞吐量、岸线长度和码头前沿设计水深。

部分新建、在建的集装箱港区建设规模　　　　表 2-5-3

港 区 名 称	泊位数	岸线长度(m)	码头前沿水深(m)
上海外高桥二、三期码头	5	1565	-14.2
上海外高桥四期码头	4	1250	-14.2
上海外高桥五期码头	4	1110	-14.2
宁波北仑四期码头	5	1785	-15 ~ -17
宁波北仑五期码头	5	1625	-15 ~ -17
青岛前湾三期 1# ~4#泊位	4	1480	-16 ~ -17.5
青岛前湾三期 5# ~7#泊位	3	933	-17.5
大连大窑湾二期码头	4	1400	-16
大连大窑湾三期码头	6	1842	-16
深圳大铲湾一期码头	5	1830	-15.5/-18.0
深圳盐田三期码头	4	1460	-16

从以上数据可以看出,新建的集装箱码头岸线长度一般在 1500m 左右,泊位数一般为 4 个,泊位长度一般用 5 万、7 万或 10 万吨级集装箱船的

尺度进行计算和组合。

拟建集装箱码头的建设规模确定后，如何逐步适应集装箱吞吐量发展需要，还有两种模式：一种是泊位分批建成投产，例如大窑湾二期工程和北仑四期工程。另一种是码头一次建成，设备分批到位，例如，外高桥集装箱码头。

第四节　码头通过能力的前瞻性

我国近几年设计、建设的集装箱码头的单泊位设计通过能力一般在40～50万TEU之间。而在实际运营中，上海港外高桥港区和深圳港盐田港区的单泊位吞吐量已达到80～100万TEU之间。根据2005年的实际统计资料，外高桥二、三期码头完成486.9万TEU，达到97.38万TEU/泊位和31.1万TEU/100m的水平。值得注意的是这个水平是在长江口深水航道治理工程二期工程的目标（10m水深）刚刚达到的情况下实现的，大型集装箱船舶的装卸箱量还受到一定的限制。但这并不说明所有集装箱码头的通过能力都应以此为目标。

集装箱码头通过能力是在一定的内外部环境条件下，港口生产各环节综合能力的体现，包括装卸船能力、库场通过能力、集疏运通过能力等。

集装箱码头服务的首要目标应是保证集装箱船舶在尽可能短的时间内靠、离码头，完成装卸作业。这样才能使造价昂贵的大型远洋集装箱船的效益得以充分发挥。

因此，集装箱码头生产系统的能力设计应以100%发挥船岸装卸能力为系统通过能力的匹配原则，采用港口高效率运行的生产系统能力不平衡配置模式，即：

$$P_{信息} > P_{集疏} > P_{堆场} > P_{码头} \qquad (2\text{-}5\text{-}7)$$

不等式可最大限度降低港口生产随机性对码头装卸效率的影响，有利于保证大型集装箱船的班期，并提高其营运效率（另参见本篇第八章装卸作业系统）。

式（2-5-7）中的核心应是船岸装卸能力 $P_{码头}$，这个值应该是具有前瞻性的预测值。影响船岸装卸效率的因素主要有：岸桥工作效率，岸桥配置台数，操作人员的操作水平，生产管理系统的管理水平和效率，船舶装卸时的自然条件（风、浪等条件），单船装卸箱量等。

为了不断提高船岸装卸效率，集装箱装卸桥（岸桥）制造厂商不断从各

方面做出努力和创新，岸桥的技术参数不断提升，单机额定装卸效率已达到40～50TEU/h。目前已成功开发的双40英尺新型高效岸桥和正在开发的双40英尺双小车岸桥，将使船岸装卸效率得到进一步提升。这些因素在新码头的设计中应予以充分考虑。

在对船岸装卸能力 $P_{码头}$ 进行分析之后，应按式（2-5-7）的原则配置生产系统其他环节的通过能力。有些子系统一旦建成，很难对其进行改造，或改造对正常生产的影响较大，例如，港内道路和堆场（即 $P_{堆场}$）。对于这样的子系统，应使其通过能力一步到位，即按照码头装卸能力可逐步提高的要求一次配置充足。

对较易进行改造并提升其通过能力的子系统，例如信息系统（即 $P_{信息}$，包括生产管理系统、客户服务系统等）和某些港口的集疏运系统（即 $P_{集疏}$，包括集装箱大门、港外道路等），应根据港口吞吐量的逐步发展分步改造升级。

港内道路和堆场的布置要占用土地资源，因此，对其通过能力的确定应遵循既不浪费资源又要满足港口生产效率持续发展的需要。

《港口总平面设计规范》（JTJ 211—99）规定了堆场容量的计算方法，影响堆场容量的主要因素有码头年运量、堆存期、堆箱层数、堆场容量利用率等。堆存期的取值应根据对本港集装箱货种、在港实际堆存期、物流网络的特点及其发展等的分析，合理取值。当港口吞吐量发展到一定水平、堆场通过能力成为码头通过能力的控制因素时，也可采取管理措施，硬性降低堆存期，以提高堆场的通过能力，但这将降低港口的服务水平。提高堆场容量利用率也可提高堆场通过能力，但会增加堆场倒箱率，也即增加了集装箱在场内作业的能耗指标。

在确定冷藏箱和危险品箱的堆场容量时，还应注意分析是否存在冷藏箱或危险品箱集中到港的可能。

对集装箱码头通过能力前瞻性的分析在设计中是非常重要的一个环节。合理确定建设规模，对集装箱码头的持续发展是至关重要的。应一次形成规模的子系统，一次建成；可分步到位的子项目，应预留发展空间。

以上分析表明，影响集装箱码头通过能力的因素有很多，在设计阶段很难用一个表达式完整地加以描述。设计人员应根据手中掌握的所有相关信息，参照其他码头的营运经验，分析集装箱运输的发展趋势，对集装箱码头通过能力这一建设规模的重要指标作出具有前瞻性的预测。

前述外高桥和盐田集装箱码头已达到的百米岸线吞吐能力指标可作为

参考依据，但一定要注意分析这时的船舶平均待泊时间是否合理，也就是要保证码头吞吐能力的发展不以牺牲码头的服务水平为代价。

应用虚拟仿真技术研究、分析集装箱码头通过能力的发展，可以获得科学、合理、定量化的结果。

中交规划设计院在虚拟仿真技术的应用上大致经过了三个阶段。第一阶段是在外高桥四期工程设计阶段初步建立了数字仿真模型。通过大量的现场实测资料，建立了"集装箱码头工艺系统基本特征数据库"。该数据库包含集装箱船舶到港规律、车辆进出闸口规律、船舶在港作业规律、装卸作业设备效率统计规律、码头岸线使用规律、水平运输规律等大量实测统计数据，依据对实测数据的分析，建立了各离散事件的数学模型。与上海海事大学联合开发了仿真模型。利用该模型对外高桥四期工程工艺系统不同配置方案进行了大量试验研究，优化了工艺系统设计，提出了随吞吐量增长的工艺系统设备配置方案。

第二阶段是在 2003 年进行洋山港区一期工程（3km 岸线）总平面优化咨询时，利用已有的数字仿真模型，对工艺系统设计方案进行了仿真试验。根据仿真试验的结果，选择码头作业典型高峰时段，进行港内水平运输交通流量分析研究。研究工作与清华大学交通研究所联合，利用美国 Caliper 公司开发的 TransCAD 系统，实现港区作业高峰时段港内交通流的动态模拟，对港内道路（特别是交叉口）的交通负荷度进行评价，优化总平面设计方案。

第三阶段是在外高桥五期工程和深圳大铲湾一期工程设计中，联合武汉理工大学，在专用仿真语言 witness 的平台上，研究开发了集装箱码头装卸工艺系统的仿真模型。该模型可动态显示整个码头运行过程，分析码头装卸系统（包括水平运输环节）的各种性能参数。

利用该模型对外高桥五期集装箱码头的码头前沿作业带宽度、港内道路设计、不同堆场工艺方案及泊位系统等初步设计方案做了深入的仿真试验研究分析，优化了设计方案。

利用该模型建立了大铲湾一期仿真模型，分析研究了不同泊位布置（5 号泊位和 7 号泊位）码头合理的年吞吐能力和极限年吞吐能力；分析研究了港内道路交通及其他码头系统营运参数与年吞吐量的关系。通过仿真试验研究优化了设计方案。

利用该模型还对大连港大窑湾三期集装箱码头轨道式龙门吊方案进行了研究，建立了港内交通仿真模型。对港内道路、堆场不同布置方案（箱区顺岸线布置和垂直岸线布置）的交通流情况进行了研究，优化了设计方案。

第六章　水域平面布置

集装箱港区的水域包括：进港航道、制动水域、回旋水域、码头前沿停泊水域、港池、连接水域和锚地等。

集装箱港口水域布置应充分利用自然环境来满足船舶安全航行和作业的需要，同时也要注意满足合理发展的需要，并尽可能节省工程投资。

根据集装箱船舶的特点，本章主要分析集装箱码头水域布置的类型，介绍港内泊稳条件和作业标准，论述码头前沿线布置应注意的问题。

第一节　集装箱码头水域布置的类型

集装箱港区的水域布置根据其平面形态，大致可分为三种类型，即顺岸式（栈桥顺岸式）、港池式和宽突堤。

顺岸式（栈桥顺岸式）布置，码头前沿线基本顺应天然岸边线。各港区可集中连续布置（例如洋山港区），也可分散布置（例如外高桥港区和北仑港区）。港区适度分散（图 2-6-1），可缓解港区发展对城市发展的压力。外高桥港区根据港区箱源特点，在外高桥四期和五期工程中布置了专门的长江驳船泊位。

港池式（也可称港湾式）布置，以青岛港前湾港区（图 1-3-3）和大连港大窑湾港区（图 2-6-2）最具代表性。港池式布局可使集装箱运输的规模效应和集聚效应得到充分发挥，岸线资源可以得到充分利用。需要注意的问题是在港区规模不断扩大的同时，要保证水、陆域通道始终畅通。

新近建设的集装箱港区一般均为填筑式布置，即利用港池及航道的疏浚弃土或周边的开山土石回填至潮间带，形成港口发展用地，节约了土地资源，降低了疏浚弃土对环境的影响，也降低了工程投资。对于港池式布局的港区，特别是港湾内的水域面积不太富余的港区，在开发土地资源的同时，一定要为远期规模的发展留有充足的余地，保证足够的水域面积，使岸线资源和土地资源都能充分发挥效益。

港池式布局首先应研究外海波浪进入港池水域，经码头岸壁反射后，在港池水域形成的比波高变化,以不影响或不明显影响船舶的航行、靠离泊和系泊作业为目标。同时,为保证各泊位都能高效运营,水域还应有足够的宽度,使船舶基本勿需等“水域”(指回转水域和航行水域)才能靠泊或离泊。

图 2-6-1　上海港外高桥港区布局

以图 1-3-3 所示前湾港区为例。已建成的前湾一期工程为 6 个散货泊位(煤炭,矿石和散货通用),岸线长 1422m。前湾二期工程 6 个泊位,3 个集装箱泊位,岸线长 766m,3 个杂货泊位,岸线长 537m。前湾三期工程为 7 个大型集装箱专用泊位,岸线长 2381m。湾底部为在建的 6 个 2 ~ 10 万吨级集装箱泊位和 2 个 3 万吨级多用途泊位,泊位长度 2272m,另外还将建成 870m 工作船码头岸线。湾底以东的南岸规划为集装箱码头作业区,岸线采用全顺直布置,长度 3846m,共布置 5 万吨级以上大型集装箱泊位 11 ~ 12 个;受后方陆域限制,港口陆域场地以填海形成为主,码头专用作业区沿岸线呈矩形规则布置,纵深 780m;码头作业区后方的可用陆域规划为港口综合物流用地,其中布置有东西向公路快速集疏运通道和集装箱铁路装卸线。

由上述可见,前湾港区未来必定会成为集装箱运输非常繁忙的大型港区。港区南岸部分陆域要靠回填形成。因此,为保证未来各集装箱码头都能高效运营,水域必须有足够的宽度。

在这类问题的水域宽度论证时,首先应注意,高峰时段进出港区的船舶密度,确定船舶密度不能以规划水平年的吞吐量为测算基数,而应以集装箱

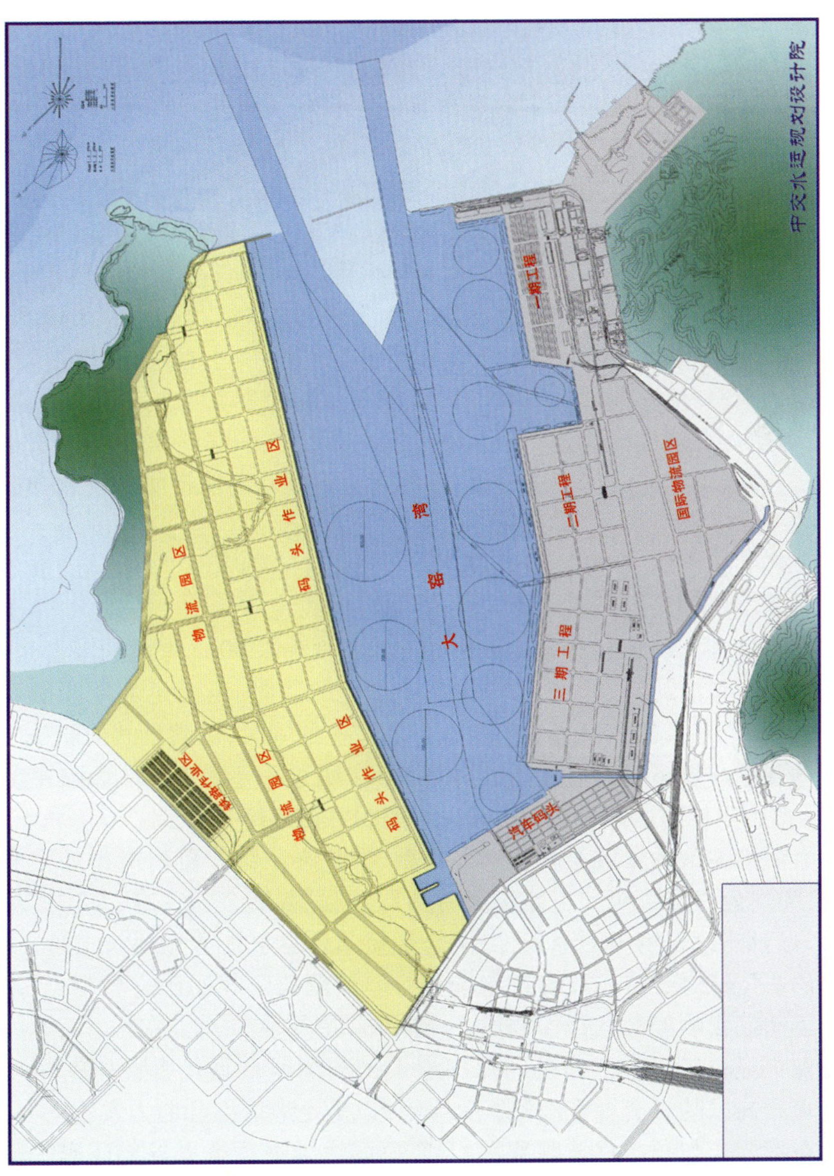

图 2-6-2　大连港大窑湾港区布局

港区未来发展的可能吞吐能力为测算基数，这样才能保证港池水域不成为集装箱港区吞吐能力发展的障碍。

船舶通过港池两岸形成的对岸距离和“口门”（如前湾港区煤码头端头与南岸泊位形成“口门”）的船舶通过密度是决定大港池式布置尺度的基础数据。表2-6-1是研究此问题过程的示例之一。预测港池形成24+3泊位，港池纵深近4km，年通过能力1320万TEU；航线、船型、运量等数据示于表中，表中船舶通过密度为双向（进、出港区）数据。

由表2-6-1中数据可计算出当运量达到1320万TEU时，通过口门的平均船舶密度为87艘次/d，考虑到集装箱船因周六、周日船舶到港多于平日，不均衡系数取为1.4，则最大密度为121.8艘次/d（双向）、5.08艘次/h（双向）。确定此类大尺度的水域尺度需考虑船舶在港池内航行顺序的安全间距，在管理上一般通过发船时间间隔间接控制船舶间航行所需的安全距离，考虑在大港池内航速一般在4kn左右，则发船间隔时间一般不宜小于15min。参照预测的航行通过密度，港池内应设置双向航道才不致影响港池整体效率的发挥。

上述关于水域尺度的设计方法，不仅适用于港池式集装箱港区，在顺岸式和宽突堤集装箱港区水域相关尺度的论证时，也应采用此方法。

前湾港区湾口处与对岸煤码头端部的宽度为1200m，考虑的因素是：两岸均有船舶停泊，10万吨级船舶在靠泊作业的同时，可满足其他船舶双向通行的要求，未来超大型集装箱船在靠泊作业的同时，可满足其他船舶单向通行的要求。靠近湾底处船舶通行的密度明显小于湾口，取水域宽度为900m，按两岸均有船舶停泊，10万吨级船舶可在此掉头（图1-3-3）。

大窑湾港区的水域宽度相对较富余，因此在岸线布置时考虑的主要因素是：使湾内岸线资源和土地资源得到有效利用；结合湾口南、北防波堤的建设，尽可能改善湾内泊稳条件；结合地质条件尽可能降低码头造价；适当考虑码头岸壁对波浪的反射在水域和对岸泊位处引起的比波高变化，不影响或不明显影响船舶的操作和作业（图2-6-2）。

宽突堤布局以正在建设的深圳港大铲湾港区最具代表性（图2-6-3）。宽突堤布局以陆域突堤宽度论证为重点，以满足港区吞吐能力发展的要求。水域布置要求与顺岸式布置基本相同，不同之处在于突堤端部还有一段岸线，这段岸线如布置泊位，对提高港区吞吐能力的作用并不明显，还会使码头局部水平运输组织复杂化。因此，这段岸线应根据港区的其他需求加以利用。

表 2-6-1

航线	预测运量（万 TEU）	平均载重箱量(TEU)	本港平均半年量(TEU)	通过密度(艘次)					
				合计	<1.0 万 t	1 ~3.49 万 t	3.5 ~5.99 万 t	6 ~9.9 万 t	≥10 万 t
合计	1320			28700	7256	13989	3894	2314	1247
1. 远洋航线	684			7910	0	815	3534	2314	1247
美西	220	4000	1300	3394			2262	566	566
美东	69	3800	2700	509			356	153	
欧洲	258	5500	2650	1951				1300	651
中东	省略								
西亚									
地中海									
澳洲									
波斯湾									
2. 近洋航线	515			16206	4964	10880	362		
东南亚	117	1700	1300	1803	360	2292	361		
日本	187	600	450	8335	3334	5001			
韩国	173	800	780	4445	634	3811			
台湾 香港	省略								
3. 沿海内支线	121	600	530	4584	2292	2292			

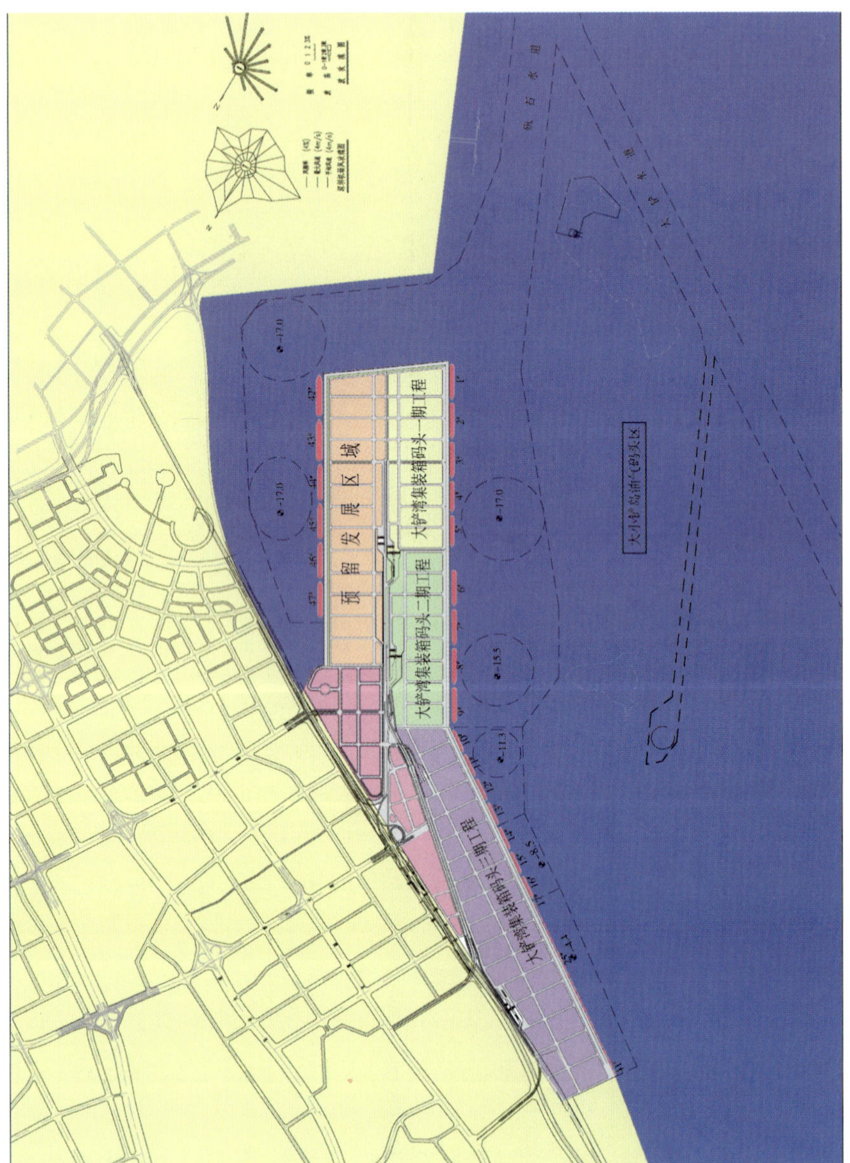

图2-6-3　大铲湾港区布局

为适应船舶大型化的发展趋势，加快船岸装卸速度，荷兰在 20 世纪 90 年代尝试建设了船坞式集装箱码头（图 2-6-4）。

图 2-6-4　船坞式集装箱码头

这种布局可以使船岸装卸效率提高近一倍，有效地缩短船舶在泊时间。但这种布局下，堆场将环绕泊位布置，陆域土地资源不能得到充分利用；适应船舶尺度变化的能力差；船岸装卸设备的利用率低；船舶靠离泊的时间较长。

由于对集装箱运输特点的适应性较差，这种布局始终没有发展起来。

第二节　港内泊稳条件及作业标准

港内泊稳条件是指码头及其供船舶停靠的有关设施为适应船舶安全靠离、停泊和作业的需要，所应具备的技术和环境条件。作业标准是指船舶在码头前安全装卸的作业标准。

集装箱班轮运输要求船舶在港内装卸作业的时间尽可能短。因此，集装箱船对港内泊稳及作业条件的要求较高。

影响码头泊稳和作业条件的主要因素是港口的自然条件（风、波浪和水流）、码头的水域布置型式（码头轴线与风、浪、流方向的相对关系）、码头结构型式、码头防冲设施和系缆设施、码头装卸工艺、货种和船舶安全作业的要求等。

对不同掩护条件下的海港码头,不同吨级的船舶进行靠泊、系泊、装卸、离泊作业时所允许的有关水文、气象条件,统称为泊稳及作业条件。其主要内容包括:码头前允许波高、码头区允许风力以及码头前允许的水流条件等。

船舶系靠码头装卸作业过程中当船舶运动量超过一定范围时,装卸效率随船舶运动量的增加而降低,船舶运动量继续加大时,则无法进行装卸作业甚至引发危险。国际航运协会(PIANC)第24工作组1995年出版的《港内系泊船舶运动准则实用指南》给出了船舶运动振幅与船舶装卸效率的关系图(图2-6-5)。该准则对各类船舶系泊时安全作业的船舶运动分量给出了限值,其中对集装箱船舶的限值见表2-6-2。此表取自北欧国家联合体在20世纪80年代所做的研究。

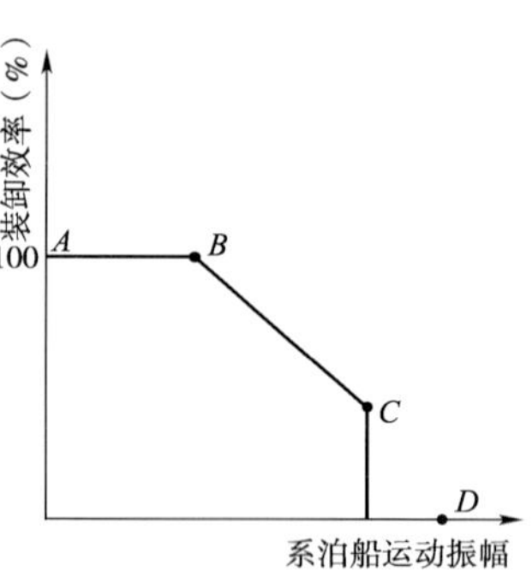

图2-6-5 船舶运动振幅与船舶装卸效率的关系图

英国规范《海工建筑物》(BS6349—1:2000)对船舶安全作业的运动量标准也给出了与表2-6-2相同的建议指标。此建议指标来自英国船舶研究协会(British Ship Research Association)1973年的报告《船舶系泊方法优化研究》(Research investigation for the improvement of shipmooringmethods, Fourth Report, NS 386, Wallsend: BSRA)。

集装箱船安全作业的运动量限值(PIANC) 表2-6-2

装卸船效率	纵移(m)	横移(m)	升沉(m)	旋转(°)	纵摇(°)	横摇(°)
100%	1.0m	0.6m	0.8m	1	1	3
50%	2.0m	1.2m	1.2m	1.5	2	6

以上两套标准对各类船舶安全作业的要求基本一致,不同之处在于对油轮和LNG船的规定,英国规范要严格一些。

在2003年出版的Carl A. Thoresen所著《港口工程师设计手册》(Port Designer's Handbook)中引用的北欧国家联合体对集装箱船安全作业的标准见表2-6-3。从表中数据可见,与表2-6-2相比,后者对船舶的纵移、横移、

升沉和旋转的要求更为严格了。

集装箱船安全作业的运动量限值(《港口工程师设计手册》)　表 2-6-3

装卸船效率	纵移(m)	横移(m)	垂荡(m)	旋转(°)	纵摇(°)	横摇(°)
90% ~100%	±0.5m	+0.8m	±0.45m	0.5	1.5	3
50%	±1.0m	+2.0m	±0.6m	(注)	2.5	6

注:原书中为 ±0.6,疑为印刷错误。

以上均是对船舶运动量的规定,未涉及运动速度。对集装箱船而言,运动速度可能更为重要,因为集装箱在船上是沿格仓移动的。有研究表明,当船舶的运动速度达到 10cm/s 时,就无法进行装卸作业了。也有研究者提出了 7.5cm/s 的标准。

我国行业标准《海港总平面设计规范》(JTJ 211—99)对集装箱船舶装卸作业规定了允许波高和平均周期的限值,如表 2-6-4 所示。

集装箱船允许作业波高(《海港总平面设计规范》)　表 2-6-4

船舶吨级	允许波高		允许平均波周期(s)
	顺浪 $H_{4\%}$	横浪 $H_{4\%}$	
10000dwt	0.8m	0.6m	≤6
15000dwt	0.8m	0.6m	≤6
25000dwt	1.0m	0.8m	≤8
30000dwt	1.0m	0.8m	≤8
35000dwt	1.0m	0.8m	≤8

一般情况下,以风浪作用为主的有掩护港域中的码头,其泊稳条件主要取决于波高、风力的大小和波向与码头轴线的相对关系;以风浪作用为主的无掩护开敞式码头,其波稳条件除取决于波高、风力大小和波向与码头轴线的相对关系外,尚应注意码头前水流速度大小及其流向与码头轴线的相对关系。对有掩护和无掩护的海港码头,在其波稳条件中,周期长的波浪其波高虽小(例如波浪周期 >10s),但确能产生很大的撞击能量,以致造成断缆或船舶和码头的损坏。

值得注意的是系泊船舶对波浪的响应问题非常复杂,系泊船舶的运动与波高之间是非线性关系,系泊船舶的固有周期与长浪和波群的周期更接近,而不是与风浪和涌浪的周期相近。作用在系泊船舶上的波浪力可分解成两部分,一部分是线性波浪力,其周期与波浪周期相同;另一部分为非线性波浪力,是由波浪的不规则性产生的,会产生次生波浪力,其周期与波群的周期相同。

另外，风和水流引起的系泊荷载，在大型船舶总系泊荷载中所占的比例较高，为避免船舶断缆，当风速和水流流速较大时，容许波高的标准应适当降低。

由于船舶响应问题的复杂性，使系泊船舶的运动量与波高及其周期之间很难建立一般关系式。因此，直接用波高来规定船舶的可作业标准，具有简洁、实用的好处，但可能掩盖了一些重要的影响因素。这是在具体工程项目的设计中应注意的问题。

大连理工大学海洋工程研究所提出过系泊船舶运动量与波浪要素之间的经验关系式。

$$x = 0.806H\left(\frac{T}{T_0}\right)^{2.550} \quad (\mathrm{m})$$

$$\theta = 9.156\frac{H}{L}\left(\frac{T}{T_0}\right)^{5.914} \times 57.3 \quad (°)$$

$$y = 0.688H\left(\frac{T}{T_0}\right)^{3.155} \quad (\mathrm{m})$$

式中：H——入射波高(m)；

L——波长(m)，根据我国沿海波浪特性，此处波陡取为1∶20；

T——波周期(s)；

T_0——船舶横摇周期(s)；

x,θ,y——系泊船舶重心处的横移、横摇、升沉值。

由以上关系式可以看出，船舶运动量与波高和波周期成正比，与船舶的固有周期成反比。以上关系式可基本反映波浪力的线性特性。

《海港总平面设计规范》(JTJ 211—99)中规定的允许波高，对集装箱船最大只到载重吨为3.5万t的船舶。研究表明，当波高相同时，对较大船舶产生的运动量小于对较小船舶产生的运动量。但随着船舶尺度的加大，容许的运动量减小。因此，船舶增大到一定吨位后，容许的作业波高趋于恒定(图2-6-6)。

对船舶作业有影响的因素还有雾(能见度)和降水，根据码头装卸工艺、货种等因素确定。集装箱码头的标准一般为能见度≥1km，降雨强度≤50mm/天。

船舶安全靠、离泊和停泊的标准，应与船舶安全作业的标准相适应。当船舶不能作业时应离开码头，以防止恶劣的自然条件造成船舶和码头的损坏。一般情况下可考虑停泊标准稍高于作业标准，离泊标准稍高于停泊标准。

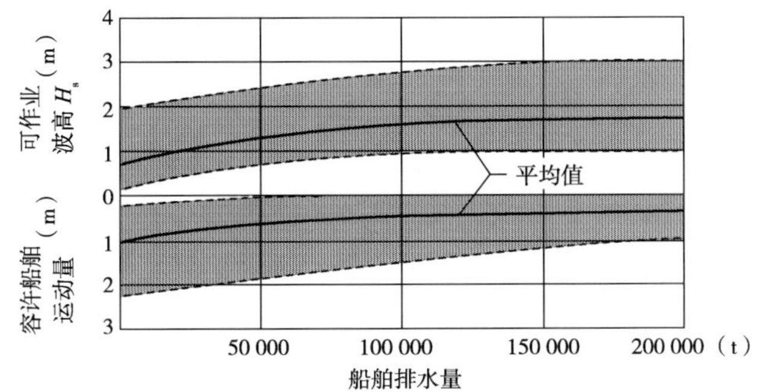

图 2-6-6　容许船舶运动量、作业波高与船舶尺度的关系图

第三节　码头前沿线布置

集装箱码头的特点之一是设计船型组覆盖范围宽，泊位不固定，船岸装卸桥的移动范围宽。这个特点决定了其码头岸线应采用顺岸式（包括栈桥顺岸式、宽突堤顺岸式）布置。

码头前沿线布置包括前沿线位置和走向的确定。码头前沿线布置应主要考虑的因素有两方面：一是满足船舶安全靠、离泊和作业的要求，二是适应当地地形、地质条件，尽可能降低码头的工程造价。

一、码头前沿线位置

码头前沿线位置应根据码头前沿所需要的水深结合地形及地质条件确定。

码头前沿水深应根据《海港总平面设计规范》（JTJ 211—99）的相关规定进行计算。

$$D = T + Z_1 + Z_2 + Z_3 + Z_4$$

$$Z_2 = KH_{4\%} - Z_1$$

式中：D——码头前沿设计水深（m）；

T——设计船型满载吃水（m）；

Z_1——龙骨下最小富余深度（m）；

Z_2——波浪富余深度（m），应不小于 0；

K——系数，顺浪取 0.3，横浪取 0.5；

$H_{4\%}$——码头前允许停泊的波高，取波列累计频率为 4% 的波高（m）；

Z_3——船舶因配载不均匀而增加的船尾吃水值(m),集装箱船可取0;

Z_4——备淤富余深度(m)。

按照上式确定了码头前沿水深后,在选择码头前沿线位置时,结合码头区的地质条件,主要考虑码头前沿基建和维护性疏浚工程量的影响。有时要考虑码头陆域面积的需要。码头前沿线能够选择在天然水深处的港址已经不多了。因此,水下地形长期稳定、码头前沿流场较顺直、疏浚后回淤少的港址,是比较理想的港址。

另外要考虑港池、航道水域和停泊水域的相互衔接,方便港池、航道水域的布置。保证船舶进出航道、港池和停泊水域的便捷和安全,有利于减小航道、港池水域疏浚工程量和炸礁量。

对栈桥式码头,还要考虑与陆域的衔接尽可能短,有利于码头的运营。

码头前沿底高程和码头面高程的确定应根据《海港总平面设计规范》(JTJ 211—99)的相关规定进行计算。

二、码头前沿线走向

码头前沿线走向的确定主要考虑船舶的作业标准,其中对码头前沿线确定有影响的是风、波浪和水流。

由于大型集装箱船舶受风面积大,横风时船舶所承受的风压力比顺风时约大7~10倍,因此,码头前沿线布置方向尽可能与常风向和强风向同向。

波浪对船舶在泊作业的影响如上节所述,其中横浪的作用更为明显。因此,集装箱码头前沿线走向也应尽可能与码头区常浪向和强浪向相同。

水流作用也是集装箱船舶靠离泊位和在泊作业时的主导作用之一,且潮流的流速和流向随时间变化。码头应布置在往复流为主的水域,并尽可能顺流布置。

以上条件不可能同时得到满足。在码头前沿线布置时,要进行综合分析,找出主导因素,优化布置方案,使码头的可作业天数尽可能长。

目前我国规范对码头的年作业天数没有给出限制指标。从集装箱运输的特点看,集装箱码头应有足够的年运营天,才能保证运输链的畅通。如果码头的不可作业天数超过10%,会明显影响码头的服务质量。

三、金塘大浦口集装箱码头岸线论证简介

金塘大浦口集装箱码头工程是上海国际航运中心的重点工程之一,将

建设5个7～10万吨级集装箱专用泊位，泊位总长1774m。码头规划建设在浙江省舟山本岛东南侧金塘岛西南部的大浦口海湾内，拟建码头位置处为天然深水岸线，面向外海开敞水域，近岸水下地形、潮流、风和波浪条件较为复杂。码头前沿位置及轴线方位的确定是工程设计的重点之一。

大浦口湾湾口两侧山体岬角外伸深海，湾口宽约2.0km；湾内-18m等深线近岸顺直，总体走向NNW～SSE，两侧岬角外18m水深距离岸边只有约30m；湾外18m水深处水下坡降大，水下地形长期稳定。

港址处常风向为NW，频率13.3%，次常风向SE，频率12.6%；强风向也是NW，实测最大风速22.5m/s。

金塘水域波浪主要是风成浪，强浪向冬季为NW向，夏季为SE向。

根据2004年7月的测流资料，拟建港区实测最大涨潮流速为160cm/s，出现在04-2号测站表层；最大落潮流速为168cm/s，出现在04-4、04-10号测站的0.8H层。垂线平均最大流速，涨潮流为144cm/s，落潮流为154cm/s，分别出现于04-2号测站和04-10号测站。

大潮汛各站实测垂线平均潮流矢量图（2004年7月测流）见图2-6-7。

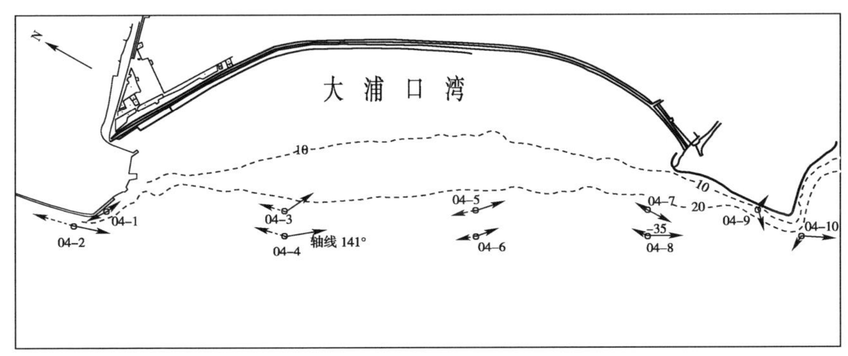

图2-6-7　金塘大浦口大潮汛各站实测垂线平均潮流矢量图

由上述条件可见，码头前沿线与常风向和强风向基本相同，与强浪向也基本相同。为尽可能减少码头工程造价，码头前沿线位置应基本位于天然水深处，港池尽可能少疏浚，少炸礁。为充分利用岸线资源，码头前沿线必须顺直布置，因此码头前沿线的走向以适应该处的主导流向为主，尽可能减小水流对船舶靠离泊和安全作业的影响。

为优化设计，对码头岸线位置及走向进行了专题论证，安排了“潮流数模及泥沙回淤分析”、“船舶靠离泊模拟试验”和“船舶系泊及码头轴线优化试验”三项专题研究。

潮流数模研究的工程方案是:将现有海堤向外围填至 -5m 等深线处,建设新海堤,在围填区及原海塘区建设集装箱堆场;在新海堤外分别以162m 和 182m 长的栈桥将码头与堆场相连,码头前沿线位于 17 ~ 20m 等深线处。

潮流数模计算分析了工程前后码头及船舶操作水域涨、落潮流场的变化情况。其中码头前沿的 7 个计算点(计算点位置见图 2-6-8)的计算结果见表 2-6-5 和表 2-6-6。

金塘大浦口集装箱码头工程建设前后港池流场变化情况(大潮)

(流速:cm/s;流向:°) 表 2-6-5

点位	工况	落潮			涨潮		
		平均流速	最大流速	平均流向	平均流速	最大流速	平均流向
3	工程前	18	34	105	34	90	285
	方案 1	13	19	110	30	75	289
	方案 2	13	19	117	28	71	287
10	工程前	40	56	131	36	71	330
	方案 1	35	52	135	35	67	327
	方案 2	34	50	135	35	67	326
17	工程前	35	53	130	38	51	336
	方案 1	26	43	138	30	43	335
	方案 2	27	45	139	31	45	335
24	工程前	48	74	140	35	50	347
	方案 1	41	65	145	31	47	343
	方案 2	40	64	145	30	46	343
30	工程前	52	78	146	25	43	355
	方案 1	41	69	147	26	39	347
	方案 2	40	68	147	25	39	347
36	工程前	45	72	158	29	39	354
	方案 1	29	52	154	25	31	347
	方案 2	29	53	154	25	31	346
41	工程前	50	76	168	22	33	2
	方案 1	27	46	166	15	23	356
	方案 2	29	49	164	16	24	354

注:方案 1 为 182m 栈桥方案,方案 2 为 162m 栈桥方案。

金塘大浦口集装箱码头工程建设前后港池流场变化情况(小潮)

(流速:cm/s;流向:°)　　　　表 2-6-6

点位	工况	落潮			涨潮		
		平均流速	最大流速	平均流向	平均流速	最大流速	平均流向
3	工程前	10	22	109	29	58	278
	方案 1	8	16	115	24	39	288
	方案 2	7	17	129	24	38	287
10	工程前	30	56	135	38	51	322
	方案 1	29	52	137	30	42	324
	方案 2	29	53	136	30	43	323
17	工程前	29	51	132	28	43	333
	方案 1	23	50	138	25	34	332
	方案 2	25	45	139	24	36	332
24	工程前	43	78	140	31	45	341
	方案 1	37	74	145	29	41	336
	方案 2	37	73	144	29	41	336
30	工程前	43	84	143	28	39	345
	方案 1	40	80	147	24	36	339
	方案 2	39	79	147	23	35	339
36	工程前	36	74	154	24	33	353
	方案 1	27	55	154	16	24	348
	方案 2	28	59	154	16	24	347
41	工程前	42	81	164	16	27	1
	方案 1	40	48	165	12	17	358
	方案 2	24	55	162	13	18	355

注:方案 1 栈桥长 182m,方案 2 栈桥长 162m。

计算结果表明新海堤的建设对码头前沿的水流具有明显的归顺作用,透空式码头对水流流向有一些影响,但不明显;工程建设后涨、落潮流的平均流速和最大流速均有所降低;码头前沿水流主导流向位于码头中部,靠近两端岬角处的水流流向与主导流向有较大的夹角。

计算结果同时显示工程建设对码头前掉头水域流场的影响不大(计算结果未示)。

上述计算结果表明,工程建设后码头前沿水流的主导流向在 145°左右,码头前沿线走向论证的大致范围应在136°~151°之间。

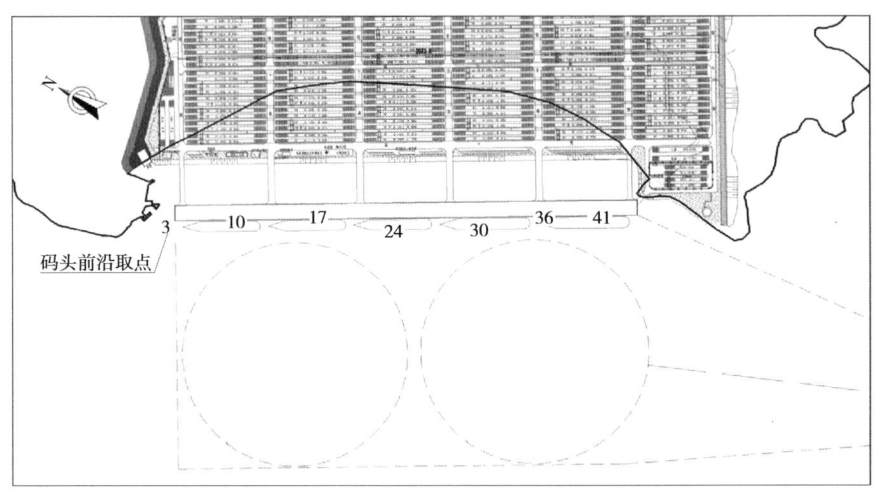

图2-6-8　金塘大浦口集装箱码头水域布置方案

码头前沿线走向在136°~151°范围内,波浪对码头作业条件的影响是基本一致的,即S、SSE、SE、WNW、NW方向的浪均为顺浪;W、WSW、SWS和SW方向的浪均为横浪。

系泊船舶在波浪、水流和风等因素的作用下将产生运动,船舶的运动量直接影响码头的装卸效率(见本章第二节)。本项目通过船舶系泊试验研究了在不同码头前沿线走向的条件下,系泊船舶在波浪和水流的共同作用下的运动量,以优化码头前沿线布置,尽可能提高码头的可作业时间。

系泊试验分别进行了波浪与潮流共同作用、单纯波浪作用下的船舶运动量、缆绳张力及船舶撞击能量的多组次试验研究,获得了大量试验数据。

总结分析船舶运动量的试验结果可以得到以下结论:波高增大,船舶运动量增大;载量增加,船舶运动量减小;同等条件下水位变化,船舶运动量的差别不大;波浪与潮流同向叠加时将明显增大船舶运动量;潮流流向与码头前沿线的夹角在5°以内时,潮流对船舶横向移动的影响不明显。

根据潮流数模计算结果提供的码头前沿线的流场情况,工程后码头前沿停泊水域的流速不大,因此码头前沿线的布置应尽可能减小横流与横浪叠加对码头装卸作业的影响。

分析表2-6-5和表2-6-6提供的计算结果,可以看出,码头前沿水域流场具有北部涨潮流速大于落潮流速、南部落潮流速大于涨潮流速的特点。码头前沿线走向取小于145°时,北端涨潮流与岸线走向的夹角变小;码头

前沿线走向取大于145°时，南端落潮流与岸线走向的夹角变小。因此，码头前沿线的走向以考虑中部岸线码头前沿的主导流向为主，兼顾两端的水流流向。分析潮流数模的计算结果，涨潮时，岸线中部码头前沿水流主导流向约在338°；落潮时，岸线中部码头前沿水流主导流向约在145°。考虑北部的涨潮流速稍大于南部的落潮流速的特点，码头前沿线的走向应选择在150°左右。

本项目还有一个特点就是码头前沿附近水下地形变化较大，码头前沿线的位置和走向发生变化时，引起码头工程量的明显变化。综合分析码头建设费用、泊岸衔接等其他因素，最终确定码头前沿线布置在-18m等深线附近，码头轴线方位为150°30′。

我国集装箱枢纽港的集疏运以陆上为主，与欧洲集装箱枢纽港相比，内河集疏运的比例还很低。这与我国内河航道基础设施的建设是相适应的。但随着国民经济的发展，综合运输体系将不断完善，符合资源节约和环境友好型发展模式的内河集装箱运输会不断发展和壮大。例如，上海内河航道规划中考虑了与外高桥港区和洋山港区相连接的内河集装箱港区，使上海港集装箱港区与长江三角洲的内河水网直接相连。连接宁波港和长三角内河水网的杭甬运河已开工建设，使内河航道网与集装箱港区直接连接。

第七章 陆域平面布置

集装箱港区陆域平面布置包括码头前沿作业区、堆场、道路、进出港大门、关检设施、管网、生产及生活辅助建筑区、集疏运通道等的布置。

本章重点阐述码头前沿作业区、堆场、道路、管网、集疏运通道的布置。

第一节 陆域布置的一般原则

现代集装箱港区陆域布置的功能分区已逐步形成典型的模式，以上海港外高桥港区为例，其功能横断面布置模式如图 2-7-1 所示，核心设计内容主要包括：

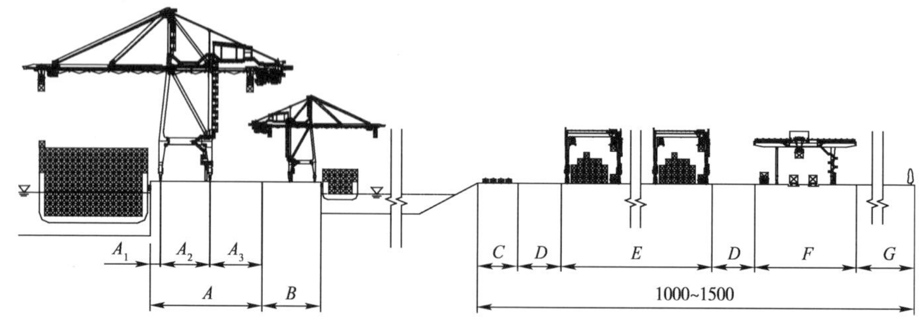

图 2-7-1 现代集装箱港区功能横断面布置模式(单位:m)

A-码头前沿作业地带；*B*-需要时布置内河驳船码头前沿地带；*C*-根据需要设置的缓冲带，可结合绿地、岸坡减负、有防洪要求时的防洪通道等统一规划；*D*-港内纵向(顺岸向)道路；*E*-集装箱堆场；*F*-铁路整箱装卸区；*G*-辅建区、港口物流园区

(1)以建设第三代(资源配置型)港口为目标，在港区平面布置上，尽可能采用大纵深的布置方法，为进一步拓展港口物流服务活动布置充足的空间，同时也为延长港口产业链创造基础性条件。

(2)以“自然、人与港口”和谐为主题，注重以港区绿地为纽带的环境设计，为港口提供和谐、健康、高品质、多样化的工作空间。

(3)港区的规划布置追求实用和经济，码头前方作业地带可为港区设计船型组提供有保证的高效作业区，在必要和有条件时为内河驳船转运布

置专门的前沿作业地带。

(4)布置充足的集装箱堆场,为港口不断向高效化发展留有基础条件。

(5)通过协调的交通组织,使分区之间及与港外的连接通畅,通过信息化技术支撑,实现全封闭式信息化港区的高效作业。

集装箱船舶大型化的发展,使船舶的建造费用和相应港口的泊位建设成本巨大。为加快集装箱运输,节省船舶的港口费用,枢纽港的“集聚效应”和“规模效应”将愈益明显。

集装箱港区陆域布置应遵从以下一般原则:

(1)系统能力相互匹配。不断提高装卸效率和服务水平是集装箱港区所追求的发展目标。随着船舶大型化的发展和装卸工艺系统的技术进步,在集装箱码头的使用周期内,船岸装卸能力将是一个不断增长的过程。因此,陆域各功能区的布置规模应能适应船岸装卸能力的不断提高。

(2)充分利用资源。集装箱港区陆域要占用土地资源,尽管有些港区陆域是在原有滩地上吹填形成的,土地资源都应得到有效利用。为保证港区吞吐能力的发展,堆场应有足够的通过能力与之相匹配。堆场的通过能力与堆存工艺和堆场面积有关。若以1TEU占用堆场(含港内道路和作业通道)面积为指标,衡量堆场土地资源的有效利用率,则轮胎龙门吊(RTG)和轨道龙门吊(RMG)占用面积最小,其次是跨运车系统,正面吊系统占用面积最大。因此,具有一定吞吐规模的集装箱港区均应采用轮胎吊或轨道吊系统。堆箱高度与堆场容量成正比,堆箱高度越高,1TEU占用堆场面积越小,但将增加倒箱率,从而增加集装箱在港内作业的能耗。国内新建集装箱港区堆场的堆箱一般是“堆四过五”或“堆五过六”。

(3)功能分区相对独立。尽可能避免各分区相互间的交叉干扰。

(4)交通组织顺畅。通过港内纵横向道路与箱区分块的协调布置,保证装卸船作业水平运输、送提箱在港内的交通及其他交通的畅通。通过集装箱大门及其与港外道路连接段的布置,保证进出港车流的通畅。

总之,集装箱码头陆域平面布置总体上应充分体现走资源节约型、环境友好型的可持续发展道路的原则。

第二节　码头前沿作业区

集装箱码头前沿作业区包括:集装箱装卸桥海侧轨道至码头前沿段、岸桥轨间段、舱盖板等临时堆放区和码头前沿道路等。

根据码头平面布置类型的不同、集装箱岸桥轨距的不同等因素，码头前沿作业区的宽度有较大的差别。

连片式码头前沿作业区的典型断面如图 2-7-2 所示。

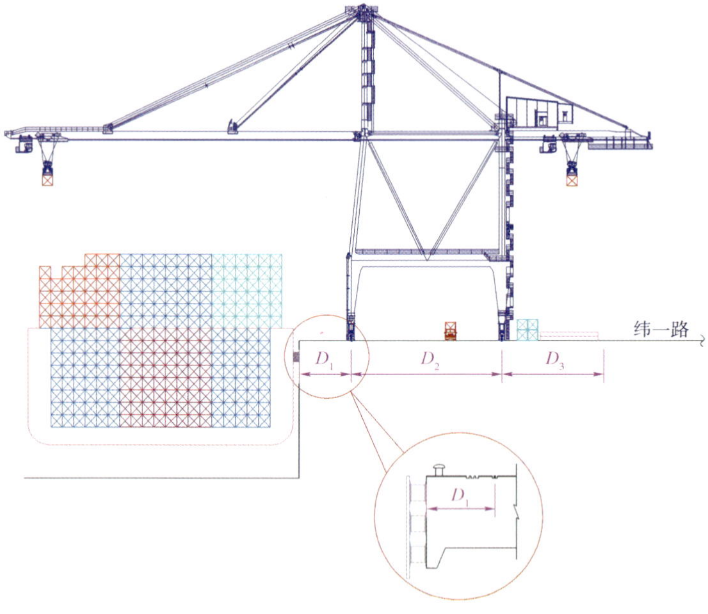

图 2-7-2　集装箱码头前沿作业区典型断面 1（连片式码头）

D_1 为集装箱岸桥海侧轨道中心至码头前沿的距离。在这范围内要布置电缆槽、系船柱，还应考虑集装箱船的舷梯等设施的位置。因此 D_1 的最小值约为 2.5m。国内新建的集装箱码头 D_1 一般为 3 ~ 4m（表 2-7-1）。国外有些码头（例如鹿特丹港 ECT 码头）考虑大型集装箱船舶的船首形状、靠泊时的最大角度等因素，D_1 取 7.5m（含护舷长度）。

D_2 为集装箱岸桥的轨距。早期集装箱码头岸桥的最小轨距为 16m。新近建设的集装箱码头岸桥轨距大多为 30m 或 35m（表 2-7-1）。岸桥轨距一般不是岸桥自身稳定的控制因素，而是根据工艺系统的布置需要确定。对堆场作业采用轮胎式龙门起重机或轨道式龙门起重机的系统，水平运输一般采用集装箱拖挂车，在岸桥轨距范围内布置拖挂车通道。为提高船岸装卸效率，大船装卸要采用多机并联作业。枢纽港干线班轮靠泊时，应考虑 6 ~7 台岸桥并联作业的情况。在这种情况下，拖挂车的通道布置一般不采用“一机一道”的方式，而是采用对角式布置（图 2-7-3），在 30m 轨距范围内布置 6 条通道，即 2 条拖挂车行车通道，2 条停车作业通道和 2 条辅助作业

通道。

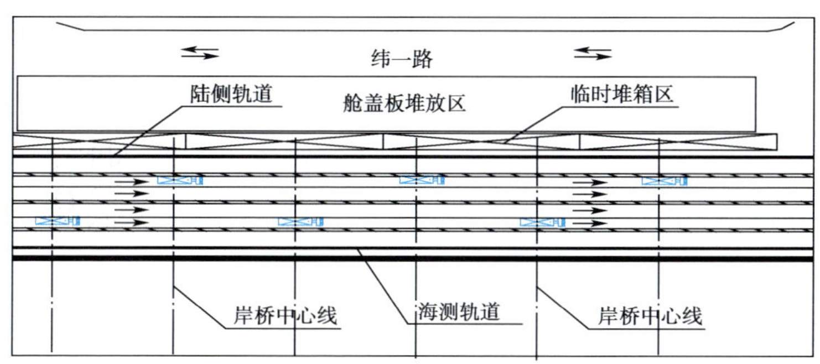

图 2-7-3　码头前沿拖挂车通道布置模式

D_3 为舱盖板堆放区。集装箱船舱盖板沿船宽方向可以分为放置 1 块、2 块和 3 块舱盖板 3 种。舱盖板沿船长方向的尺寸一般不超过 14m，以便从岸桥门框立柱间通过。沿船宽方向的尺寸为 12 ~ 17.5m，可堆放 5 ~ 7 列集装箱。在这个区域还可适当布置装卸船作业时的临时堆箱区（图 2-7-2）。部分集装箱码头的 D_3 取值见表 2-7-1。

部分集装箱码头前沿作业区尺度取值　　表 2-7-1

分区 / 码头	D_1 (m)	D_2 (m)	D_3 (m)	D_4 (m)
上海外高桥二期工程	3	30	17	0
上海外高桥三期工程	3	30	17	0
上海外高桥四期工程	4	30	16	4
上海外高桥五期工程	4	30	16	8
宁波北仑四期工程	3.5	35	16.5	0
青岛前湾三期工程	3.5	35	18	
大铲湾一期工程	4	35	19.5	
大窑湾二期集装箱码头工程	3.5	35	20	
大窑湾三期集装箱码头工程	3.5	35	20	

对栈桥式码头，例如上海外高桥港区和宁波北仑港区，在舱盖板的外侧还可布置 1 或 2 条行车通道，以保证舱盖板放置在正对栈桥的位置时，拖挂

车上、下栈桥通道的畅通。这在装卸船作业密度较大、效率较高时尤为重要。目前只有外高桥四期和五期码头布置了这条通道，外高桥四期为4m(1条通道)，外高桥五期为8m(2条通道)，见图2-7-4和表2-7-1中的D_4。

上海外高桥港区为适应到港船型中长江驳船数量较多的情况，在四期、五期码头布置了专门的驳船泊位，如图2-7-4所示。外高桥四期和五期工程中长江驳船泊位码头前沿的宽度为30m，其中岸桥轨距为16m。这种布置避免了小船占用大船泊位时间比例过高造成的浪费，有效提高了港区的岸线利用率。

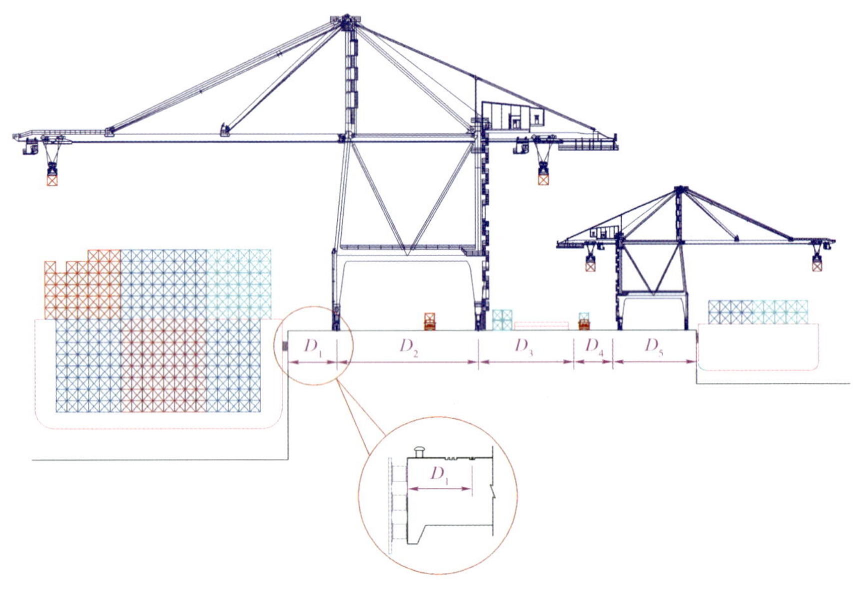

图2-7-4 集装箱码头前沿作业区典型断面2(栈桥式码头)

第三节 堆场与港内道路

一、堆场

集装箱堆场根据装卸工艺的设计要求进行布置。我国集装箱码头堆场工艺以轮胎龙门起重机系统为主，其次是轨道式龙门起重机系统。堆场通过能力和堆存容量的计算见本篇第八章的相关内容。

堆场的布置方式按照集装箱的摆放方向分为顺码头岸线布置和垂直于码头岸线布置两种方式。选择布置方式时主要考虑的因素是：堆场装卸设

备有一定的调配使用余地，以降低设备故障时对营运效率造成影响的风险；使担负装卸船作业水平运输的集卡在作业时的行走路线尽可能顺畅，减少转弯次数；尽可能减少堆场作业与水平运输之间的干扰。

轮胎龙门起重机系统一般采用顺码头岸线方向布置的方式。轨道式龙门起重机系统既有顺码头岸线布置的，也有垂直于码头岸线布置的。

箱区的平面尺度与集装箱平面尺度的模数有关，而不是连续变化的。箱区长度选择要考虑装卸设备的合理服务半径。顺码头岸线布置的箱区长度选择，还要满足装卸船作业时，多数情况下水平运输的车流较为顺畅的要求。

二、港内道路

集装箱港区港内道路的布置服从于堆场的布置。主干道路的宽度要满足装卸作业系统对港内道路通过能力的要求，一般取 25m 左右（双向六车道）。

港内道路的通过能力是影响码头装卸效率的一个重要因素。为保证码头和堆场的作业效率能得到充分发挥，应使港内道路的服务水平始终保持在良好状态，即道路的负荷度不应过高。港内道路的负荷度可用下式定义：

负荷度 = 交通流量/通过能力

在分析港内道路交叉口的服务水平时，除采用负荷度进行评价外，还应考虑集卡在交叉口的平均等待时间。

由于港区作业中的随机因素较多，港内道路的交通流量很难用一般解析式进行描述。通过虚拟仿真模型分析、论证港内道路的交通流量并评价其通过能力是港内道路布置和平面设计的一种重要方法。

集装箱港区交通流特性与城市交通流特性既有相同或相似的地方，也有相当大的区别，主要区别在于港内车辆是根据任务要求，按一定的路径行驶，码头的装卸设备数量和种类较多，对道路交通有一定影响；而城市车辆行驶的随机因素更多。

应用仿真模型对港内道路通过能力进行评价，可选择典型的作业高峰期（参见下述实例），即主要装卸设备都投入工作的高峰期。

港内车辆根据任务要求，按一定的路径行驶。车辆一般分为完成装卸船任务的码头内部车辆和进行集疏运集装箱的外部车辆。它们的任务不同，行驶路线不一样，交通管制的要求也不一样。

仿真模型的输出结果应包括港内道路各断面和交叉口的交通流量。采用负荷度评价港内道路的服务水平，在洋山一期工程总平面设计咨询中采用负荷度≤0.36 的指标为 A 级水平，并以此评价道路的布置和平面设计方案。当负荷度过高时，应考虑增加车道以提高道路的服务水平；当负荷度过低时，应分析、研究减少车道的可能，使港区陆域的布置更加紧凑，减少土地资源的占用。

针对集装箱港区水平运输的特性，还可采用以下指标评价港内道路的服务水平：装卸船过程中岸桥的闲置时间 G_{it}（一般应保证岸桥在装卸船作业时不等集卡），集卡在码头前沿和堆场的滞留时间等。根据集装箱港区生产系统能力的匹配原则（见本篇第 5 章和第 8 章），为保证港区的高效运行，应充分发挥岸桥的效率，因此，港内道路服务水平的评价，应以“装卸过程中岸桥的闲置时间 G_{it}”为核心指标，理想状态应是 $G_{it}=0$。仿真模型今后应在这方面努力探索。

我院在外高桥五期工程设计、洋山一期工程咨询和大铲湾一期工程设计中采用虚拟仿真模型对港内道路的服务水平进行了初步评价，通过模型试验研究，优化了港内道路的布置，但这些评价体系还不能全面反映集装箱作业的所有特性，还需要进一步探索和完善。在大窑湾三期工程设计中采用仿真模型研究不同类型的港内道路布置，又做了一次新的探索。

三、大窑湾三期集装箱码头港内交通流仿真试验研究

大连港大窑湾三期集装箱码头工艺系统设计方案为岸桥、轨道龙门吊、集卡系统。为研究港内道路、堆场不同布置方案的交通流情况，建立了港内交通仿真模型。

在仿真模型中对不同任务的车辆规定了选择行驶路线的方式。例如图 2-7-5 为卸船车辆的行驶路线示意图。卸箱地点不一样，行驶路线也不一样。同样规定了装船车辆、集送箱车辆和疏运箱车辆的行驶规则。

根据两类堆场布置方案，建立以下 5 个仿真模型。

仿真模型一（图 2-7-6）：堆场垂直岸线布置，堆场不分块，箱区间双向行驶；

仿真模型二（图 2-7-7）：堆场垂直岸线布置，堆场不分块，箱区间单向行驶；

仿真模型三（图 2-7-8）：堆场垂直岸线布置，堆场分 6 块，箱区间双向行驶；

仿真模型四（图 2-7-9）：堆场垂直岸线布置，堆场分 6 块，箱区间单向行驶；

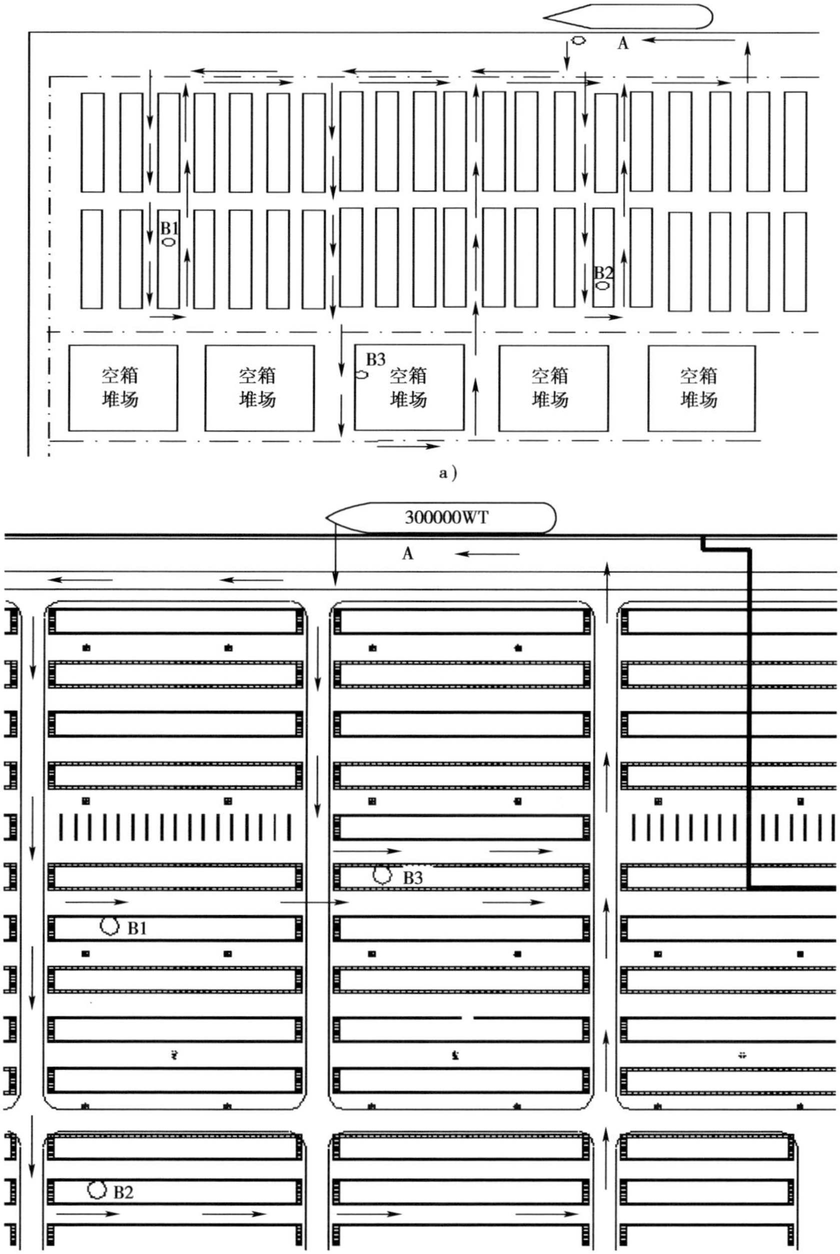

A
B1
B2
B3
空箱堆场
空箱堆场
空箱堆场
空箱堆场
空箱堆场

a）

300000WT
A
B3
B1
B2

b）

图 2-7-5　卸船车辆的行驶路线

a）堆场垂直岸线布置；b）堆场平行岸线布置

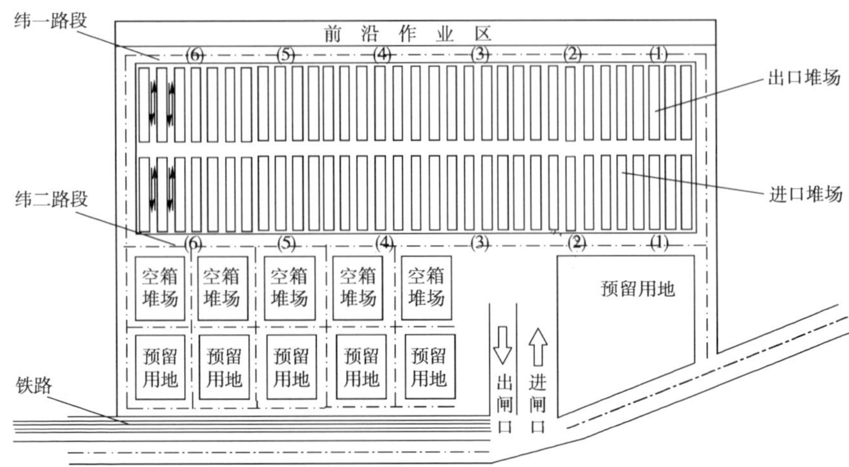

图 2-7-6 仿真模型一布置图

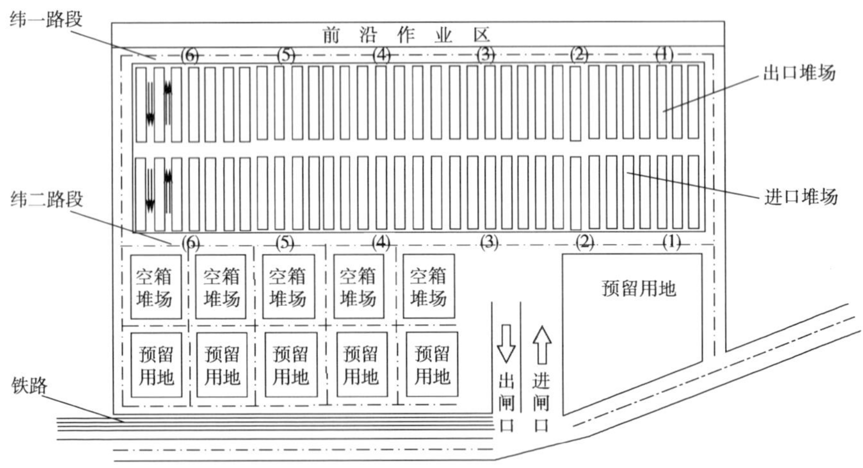

图 2-7-7 仿真模型二布置图

仿真模型五(图 2-7-10):堆场平行岸线布置。

海域以到离港船舶为边界,陆域以集疏运卡车到离闸口为边界。

模型中岸边、道路、箱区、大门、停车场等的位置、方向、数量、尺寸依据初步设计方案进行布局。

配置 22 台岸边集装箱起重机,轨距 30m 或 35m,跨下六车道,相邻桥吊的装卸点与排队区交叉对应,中间车道为正常行驶车道。集卡在前沿的车速限制为 15km/h。模型根据船舶的装卸箱量安排桥吊工作数量。

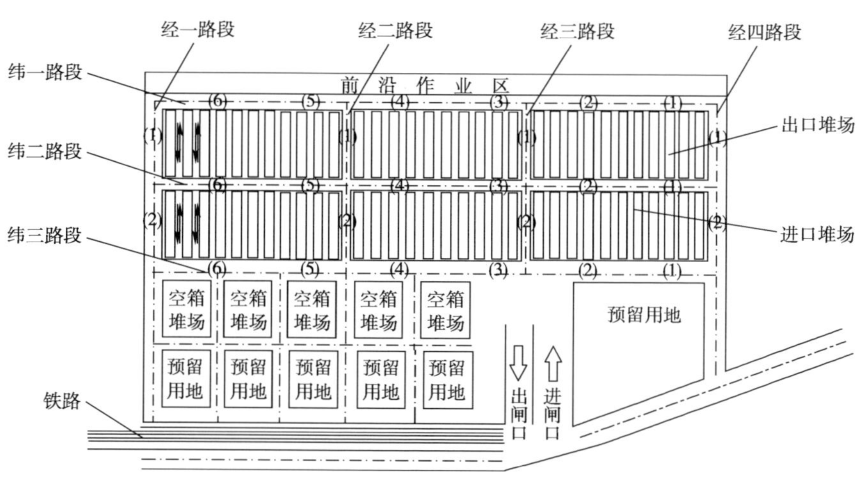

图 2-7-8　仿真模型三布置图

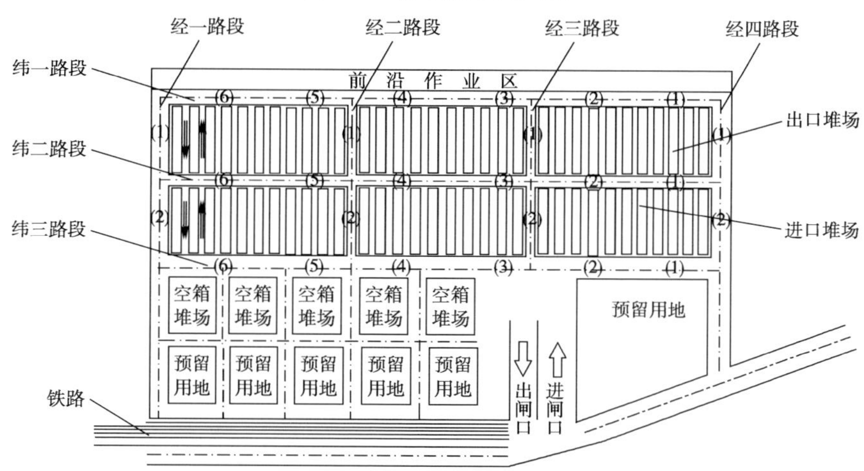

图 2-7-9　仿真模型四布置图

根据设计方案确定主干道车道宽度、车道数及行驶方向。

对应岸桥配置，堆场轨道龙门起重机的配置为 66 台。空箱堆场的设备为 20 台空箱堆高机。铁路装卸箱设备为 4 台轨道龙门起重机。内部集卡数量为 142 辆。

车辆进闸口的平均检查时间为 1min，出闸口的平均检查时间为 0.8min。闸口服务时间均可设定为随机变量分布。

作业高峰的工况设定如下：

（1）全部岸桥投入工作，每台岸桥配 6 辆集卡完成水平运输任务；

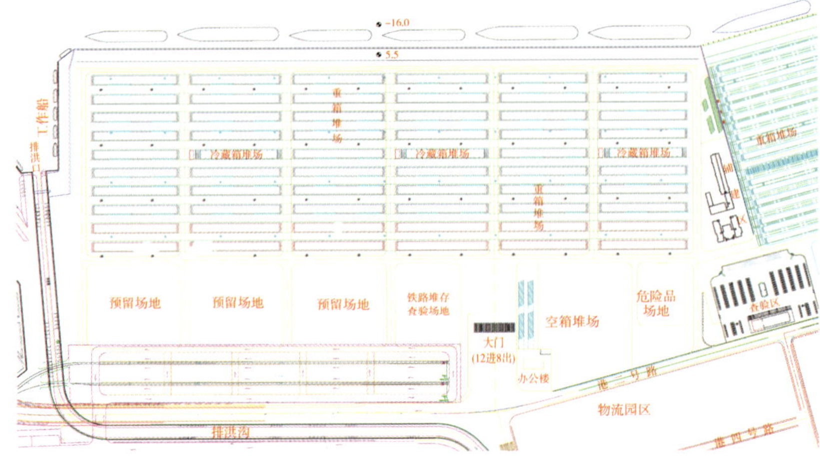

图 2-7-10　仿真模型五布置图

(2)集疏运外部卡车达到高峰状态(日进出车辆 7000 ~ 8000 辆);

(3)铁路上有 4 台轨道吊全部投入工作,每台轨道吊配 3 辆集卡完成铁路货场与堆场之间的水平运输;

(4)堆场上 66 台轨道吊中,至少 57 台投入工作;

(5)岸桥作业效率为 30move/h,双箱吊具;

(6)主干道车辆最大速度为 30km/h,其余道路最大速度为 20km/h,箱区两端转弯速度为 3km/h;

(7)轨道吊平均作业效率:卸箱 1min,装箱 1.5min;装外卡重箱 1.5 + NEGEXP (0.5);

(8)泊位上每艘船舶装卸 2000 自然箱;

(9)大门验证服务时间:进 0.5 + NEGEXP (0.5);出 0.3 + NEGEXP (0.5);

船舶靠泊方式分为 6 种情况,分别为:

(1)船舶按预定计划靠泊;

(2)船舶相邻交叉靠泊;

(3)船舶相隔一个泊位交叉靠泊;

(4)船舶相隔二个泊位交叉靠泊。

排列组合如表 2-7-2 所示。

仿真试验数据是在相同的外界条件和相同的设备装卸条件下进行比对,即 5 个模型的装卸程序模块完全一样,所以它们之间的差异反映的是道路交通的流畅程度。通过对仿真试验的数据进行分析,可得到以下基本

结论。

船舶靠泊组合　　表2-7-2

泊　位	一	二	三	四	五	六
预定计划	1	2	3	4	5	6
相邻交叉	2	1	4	3	6	5
相邻交叉	1	3	2	5	4	6
相隔一个	3	4	1	2	6	5
相隔一个	1	4	5	2	3	6
相隔二个	4	5	6	1	2	3

（1）船舶按预定计划靠泊作业时，箱区垂直岸线布局的模型二方案的装卸船车辆在堆场的滞留时间比箱区平行岸线布局方案的滞留时间要少。

（2）船舶不按预定计划靠泊作业时，箱区垂直岸线布局的模型方案，其装卸船车辆在堆场的滞留时间比箱区平行岸线布局方案的滞留时间增加快、变化大。

（3）在箱区平行岸线布局模型中，集疏运卡车在堆场的滞留时间与船舶靠泊模式关系不明显。

（4）在箱区垂直岸线布局模型中，以减少船舶在港时间为首要目标，仿真模型二最优，即堆场不分块，箱区间车辆单向行驶；以为集疏运卡车服务为首要目标，仿真模型三最优，即堆场分六块，箱区间车辆单向行驶。堆场分六大块，集疏运卡车在干道上行走，改善了集疏运卡车交通。堆场不分块，箱区两端设转弯道，有利于装卸船舶的内部卡车交通。

（5）从箱区垂直岸线布局和箱区平行岸线布局两种大方案的仿真数据比较来看，如果码头作业计划比较周密，船舶基本能按计划到达，则箱区垂直岸线布局是比较好的方案；反之，箱区平行岸线布局较好。

第四节　高程与管网设计

一、陆域高程设计

集装箱码头高程设计主要内容包括：码头停泊区、港池、航道和锚地水域底标高设计；码头、引桥、大堤和防波堤等水工建筑物顶标高设计；陆域堆场道路辅建区及建筑物等高程设计。其中前两类水域底标高和水工建筑物顶标高的确定取决于潮位、波浪及使用要求等条件，见本篇第六章。本节主要阐述陆域高程、陆域建构筑物高程和地面排水系统受水点的位置及高程设计。

1. 高程设计的主要任务

集装箱码头高程设计的主要任务是根据集装箱港口陆域排水、装卸工艺及运输系统的要求，结合当地地形、地质等条件，确定集装箱堆场、道路、铁路、停车场、辅建区和排水系统等的标高；尽可能减少土、石方工程量，使港区土、石方挖填基本平衡；尽量减少工程投资。

2. 高程设计中应注意的问题

为使港区地面排水能顺利地汇集到集水口或明沟中，港区地坪坡度应不小于5‰，困难地段不宜小于3‰；同时为使地面不发生冲刷，港区地坪最大坡度应不大于6‰，其中辅建区、堆场等作业场区地坪坡度一般不宜大于15‰，以利于场区作业和车辆停放。

高程设计应根据使用要求，考虑地基沉降情况进行适当预留。

高程设计应与周边已建工程场区标高相协调衔接，并考虑后续工程的高程衔接。

二、管线综合

管线综合的任务主要是在总体设计中合理安排各种管线的路由、敷设方式，协调各种管线之间(尤其在交叉点)的矛盾，使之符合规范要求，节省用地，并能最大限度地满足各种管线专业设计的要求。集装箱码头主要生产辅助管线有供电照明、通信、计算机、热力、给排水等管线。

1. 主要管线技术特性

集装箱码头主要生产辅助管线的技术特性和布置要求见表2-7-3。

集装箱码头生产辅助管线技术特性表 表2-7-3

管线名称	特　　性	要　　求
电力管	连接场区建筑物、高杆灯、电动设备等用电设施，分布较广	1)主干管尽量避免穿过建筑物、场区，宜设于建筑物和道路边缘地带； 2)不宜经过有腐蚀性土壤地带； 3)应注意管沟的排水
弱电管 (通信、控制、计算机等)	根据需要布置，相对于电力管分布较少	1)不宜经过有腐蚀性土壤地带； 2)应注意管沟的排水

续上表

管线名称	特　　性	要　　求
热力管	伸缩节占地较大	蒸汽管和回水管应设自流坡度
给水管	1)为压力管; 2)生活与消防给水通常可以合为一个系统; 3)管道附有占地较宽的阀门、水表等设施的井	1)设置在便于检修地带; 2)管道不宜经过有腐蚀性土壤或在生产过程中能造成土壤含有腐蚀性物质的地带; 3)生活饮用水管道不宜穿过垃圾堆及土壤受污染地带,如需穿过时,必须采取防护措施
雨水管(沟)	1)通常是自流管道、明(暗)沟; 2)可采用合流或分流制	1)有较严格的自流坡度要求; 2)应注意对相邻管线及建、构筑物基础的影响
污水管	1)通常是自流管道; 2)流程较远时,需要设置提升泵设施	有较严格的自流坡度要求

集装箱码头主要生产辅助管线占地宽度见表2-7-4。

集装箱码头生产辅助管线概略占地宽度表　　表2-7-4

管线名称	管径(m)及敷设情况	占地宽度(m)
电力电缆	1~2根电缆排管 5~25根电缆排管	0.5~1.0 1.0~2.5
弱电电缆	1~6根电缆排管 15~35根电缆排管	0.5~1.0 1.0~1.5
热力管	管径0.1~0.3	0.5~1.0
给水管	管径0.2~0.3	0.5~1.0
雨水管	管径0.5~1.0 管径1.5~2.5	1.0~2.0 2.5~3.5
污水管	管径0.1~0.3	0.5~1.0

注:①多层排列的大型综合管线,以包封及基础外缘计算;

②综合管沟以管沟外壁计算;

③占地宽度是考虑施工、检修时所需要的地表宽度。

2. 管线综合的原则和要求

(1)集装箱码头管线敷设多采用地下管道方式,要合理安排管道的平面位置,一般按照管线埋设深度自场地开始向道路由浅至深排列。

(2)考虑近远结合,使远近期施工及生产均较合理。管线应排列紧凑,预留扩建增设管线的位置。

(3)应避免管线穿越堆场、建构筑物及其他发展用地,以及可能塌方、滑坡、深填土等不良地质地域。

(4)管线宜与道路、铁路、建筑物轴线及相邻管道平行或垂直正交敷设(如斜交时,交角宜大于45°),以利于施工和检修定位;干管宜敷设在支管较多的一侧。

(5)管道及其(使用或检修)井应尽可能布置在道路两侧或绿化地带,以避免维修和改扩建对道路或堆场的破坏,而影响车辆通行和堆场生产。在困难条件下,可将检修较少的管线如雨水管、污水管布置在道路下面。

(6)各种管线相互位置有矛盾时,宜按照以下原则综合处理:

①有压力的让自流的;

②管径小的让管径大的;

③可弯曲的让不可弯曲的;

④新建的让已建的;

⑤临时的让永久的。

(7)在条件允许的情况下,强电和弱电分不同的路由走线。

(8)尽量减少管线交叉,管线相互交叉时,应尽量符合管线上、下关系的要求以及净距要求。

(9)为了避免管线综合出现差错,总平面管线综合施工图中应绘制港区地上、地下所有的建筑物、构筑物、铁路、公路(包括通道),以避免冲突。

(10)在满足生产需要、安全和便于检修的前提下,尽可能使各种管线路由最短,节省管线耗材,降低工程造价。

3. 管线布置与综合

(1)一般规定

①生活给水管与污水管应分别布置在道路的两侧,避免相邻并列布置。

②管线不宜布置在建筑物、构筑物基础的压力影响范围内。当有些管线埋深可能低于建筑物、构筑物基础底面时,应对该管线距建筑物、构筑物的水平净距进行验算。

③在满足生产安全和便于检修的条件下,允许管线同沟敷设,但热力管

不宜和生活给水管、电缆同沟敷设;给水管不宜和电力管、弱电管同沟敷设。

④避免热力管线布置在绿化带的下面。

⑤消防阀门井尽可能紧邻路边布置(一般距路边 1.5m 以内),以利于消防车取水。

(2)管线之间及其与建筑物、构筑物、铁路、道路、绿化之间的水平间距

管线之间及其与建筑物、构筑物、铁路、道路、绿化之间的水平距离,应根据工程地质、基础形式、管内输送介质、管线埋深、管道直径、检查井、施工条件等因素确定,其相互之间最小净距见表 2-7-5。

管线之间以及与建、构筑物、铁路、道路、绿化之间的水平净距表　　单位:m　表 2-7-5

名　称	给水管	雨水管(雨水明沟)	热力管	电力电缆	弱电电缆
给水管	1.0	1.0	1.5	1.0	1.0
雨水管(雨水明沟)	1.0	1.5	1.5	1.0	1.0
热力管	1.5	1.5	—	1.0	1.0
电力电缆	1.0	1.0	1.0	1.0	0.5
弱电电缆	1.0	1.0	1.0	0.5	—
建筑物(基础边缘)	3.0	2.5	1.5	2.0	1.5
围墙(基础边缘)	1.5	1.5	1.0	0.5	0.5
铁路(钢轨边缘)	3.0	3.5	3.0	3.0	3.0
道路(边缘)	1.5	1.5	1.0	1.5	1.0
乔木(中心线)	1.0	1.0	1.0	1.0	1.0
灌木(中心线)	0.5	0.5	1.0	0.5	0.5

注:①管线间距均以管道外壁起计,电缆以中心计;

②表中数值,视不同情况可适当调整取值。

(3)管线间及其与铁路、道路交叉的最小垂直净距

交叉处理原则为:

①给水管在排水管上面;

②电缆在热力管下面;

③热力管在给水管上面;

④含有毒介质及腐蚀性的污水管线,应在其他管线之下,其垂直净距不应小于 0.5m。

管线交叉的最小垂直净距、管线与铁路、道路交叉的最小垂直净距见表2-7-6。地下管线最小埋设深度见表2-7-7。

管线间及其与铁路、道路交叉最小垂直净距表 单位:m 表2-7-6

名　称	给水管	雨水管（雨水明沟）	热力管	电力电缆	弱电电缆
给水管	0.10	0.15	0.10	0.50	0.50
雨水管(雨水明沟)	0.15	0.15	0.15	0.50	0.50
热力管	0.10	0.15	0.10	0.50	0.50
电力电缆	0.50	0.50	0.50	0.25	0.50
弱电电缆	0.50	0.50	0.50	0.50	0.50
铁路(轨面)	1.35	1.35	1.20	1.15	1.20
道路(路面)	0.80	0.80	0.70	1.00	0.70

注:①管线间距均以管道外壁起计,电缆以中心计;
②表中数值,视不同情况可适当调整取值。

管线最小埋设深度表 单位:m 表2-7-7

名　称	从地面至管顶的最小埋深	名　称	从地面至管顶的最小埋深
给水管	冻土深度加0.3,不小于1.0	电力电缆	0.70
雨水管	不小于0.7	弱电电缆	0.7~1.0
热力管	0.5~0.6		

第五节　陆上集疏运通道

港口是水陆连接的节点,如果以港区作参照来考察货物的流动,可以看到以下三种状况:一是货物从水上进入到港区,再从水上离开,这属于货物的水水中转;二是货物从水上进入到港区,然后从陆上离开;三是货物从陆上进入到港区,然后从水上离开,后两种情况要依托陆上集疏运通道,第一种情况当货物进出不是由同一家码头公司处理时,也会涉及到不同码头公司间的陆上转运。

作为物流体系的重要节点,除港区内设施必须保证货物的正常堆存、快速装卸外,保证水、陆集疏运顺畅至关重要。港区的陆上集疏运体系和水上运输具有同等重要的地位,同时,对于港口来讲,由于码头是综合运输系统的关键节点,只有陆上集疏运设施能力相对强,才能保证码头关键节点效能最大化,从而使连接港口的整个运输系统效能得以发挥。

陆上集疏运系统包括公路和铁路，在集装箱港区平面布置中，疏港公路、铁路的布置是陆域平面布置中的关键问题，必须予以优先考虑。

一、港区集疏运设施布置需要考虑的问题

一般来讲，公路是港区必须具备的基础设施，而铁路是否进入港区则需要视条件而定，目前，很多集装箱港区还不具备铁路集疏运的条件，根据港区集疏运设施的特点，在集装箱港区陆域布置中，关于集疏运设施，需要考虑以下问题。

1. 重视与规划路网的衔接。

城市总体规划是指导城市建设的基本蓝图，港口规划、交通规划可以作为城市规划中的专项规划。在城市规划中，一般把交通作为一个重要课题进行研究，并提出能够满足城市整体发展的交通解决方案，其中包括了港口集疏运的需求。通过规划协调，港口集疏运通道能够在交通规划中得到保证，在此基础上，在进行港区疏港路方案设计时，需要重点研究港区与规划主干路的连接，以保证港区公路集疏运通道的畅通。

2. 在疏港路布置中，需重点考虑疏港公路的顺畅，对于主疏港路，应尽量减少与其他道路的平交，尽量避免与铁路的平交。

公路运输是集装箱港区最基本的集疏运方式，目前在我国更是承担了90%以上的陆上集疏运量。在道路设计中，根据公式可以计算出道路通过能力，一般来讲，对于单个码头作业区，所需的车道数量并不是很多，双向四车道道路基本可以满足港区车辆通行需要。

公路的理论通过能力是比较大的，但实际运营中还会有拥堵现象发生，主要是因为存在其他干扰因素，除去事故影响，还包括平交路口和非机动车辆混行等。公路达到最大通过能力有一定的速度要求，在混行道路上，车速很难提高；平交路口是影响通过能力，造成拥堵的另一个主要因素，这都会直接影响道路通过能力。

道路的宽度不必过大，线形的顺直也不是必需的，最重要的是顺畅，减少路口交叉是最有效的办法，因而，在疏港路设计中，尽量采用封闭的快速疏港路，同时避免和铁路平交。对于一条快速疏港路贯穿几个码头作业区的情况，若整个港区规模较大，每个港区与快速路的连接最好采用立交方式，对车辆进行疏解。在一些比较繁忙的港区，通过采取措施保证道路的顺畅，可以很好地满足港区集疏运需求。香港葵涌码头疏港道路见图2-7-11。

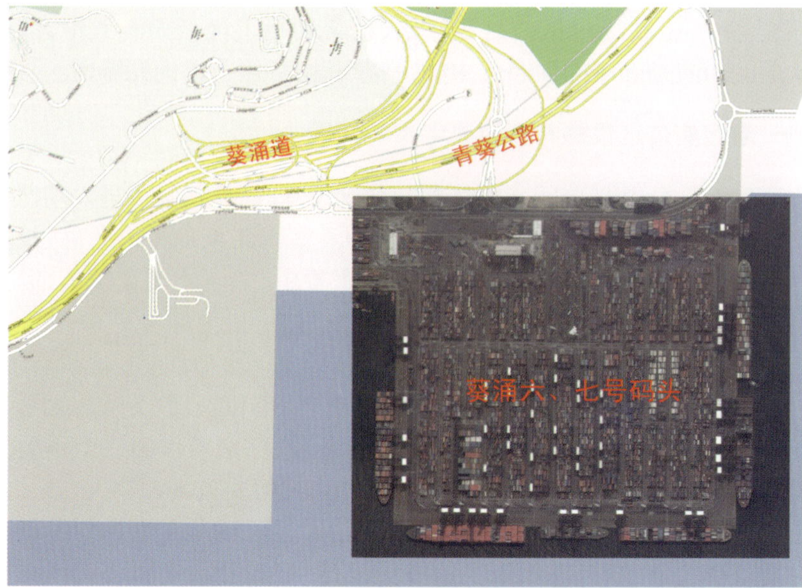

a）

b）

图 2-7-11　葵涌码头复杂顺畅的道路系统

3. 应充分认识铁路在长远发展中的重要性。

我国幅员辽阔，且只有东南临海，广大内陆距出海口距离遥远，内陆货物出海需要长距离的运输。

我国经济发展水平呈现明显的梯度，由东南沿海向内陆经济水平逐步降低，随着沿海经济更加成熟并进入更先进的发展阶段，成本明显增加(图2-7-12)，将导致部分产业逐步向内陆转移，即经济向内陆的逐步延伸。

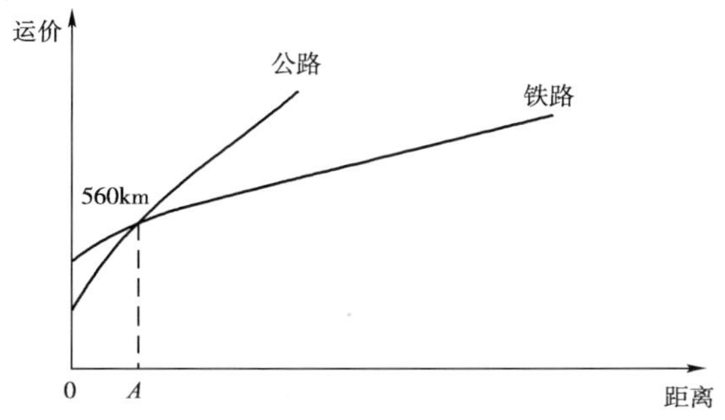

图 2-7-12　运距运价关系

体现在运输需求上，以前制造业多在沿海，距离出海口较近，多在公路运输的合理范围内，因而目前我国的集装箱集疏运多采用公路运输，且多来源于港口的直接腹地。随着内陆经济的发展、箱源的增长，对远距离运输的需求逐步增长，铁路运输的优势将逐步体现。

铁路集装箱物流体系将构成我国港口经济向内陆延伸的物流动脉。这主要体现在两个方面，一是外向型出口贸易的物流链向内陆的延伸，二是国内沿海经济和内陆经济的结构性差异所需要的物流通道，铁路集装箱物流体系的构建和内陆经济发展互相促进，相辅相成。

目前欧美的铁路集装箱运输比较发达，对于幅员辽阔的国家，更适宜采用铁路运输。以美国为例，其国土面积和我国相差不多，且东西两面沿海，2003 年北美铁路多式联运货运总量为 1190 万 TEU；其中铁路集装箱发送量为 950 万 TEU，占铁路多式联运货运总量的 79.8%，铁路集装箱运输已占其整个铁路货运量的 1/3 左右，且比例不断扩大，而我国铁路集装箱运输比例还很低，2005 年铁路集装箱发送量仅占我国铁路货物总运量的 2.2%，参阅图 2-7-13。

目前，我国铁路部门也在采取措施扩大铁路集装箱运量，包括为双层集装箱运输进行的铁路设施改造、专用车的建造，以及在运输组织上“五定”班列(定点、定线、定车次、定时、定价)的开行等。

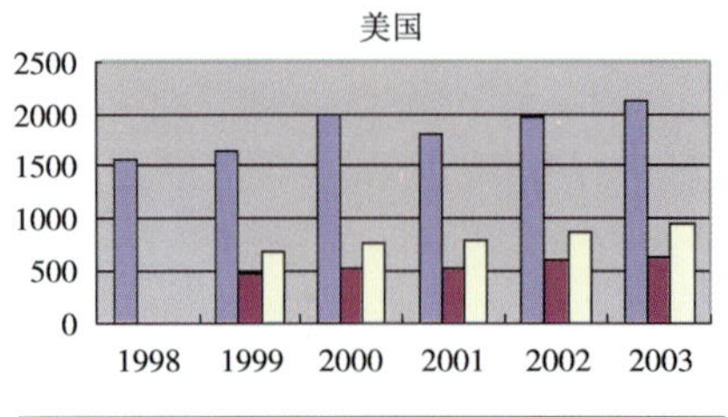

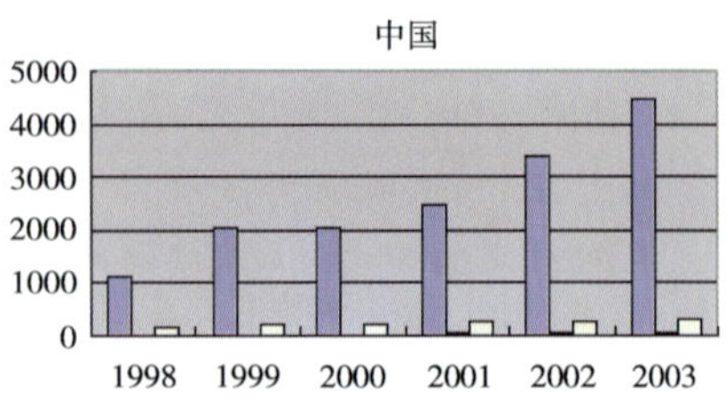

图 2-7-13 中美铁路集装箱比较

集装箱运输的优势在于多式联运，目前，我国铁路集装箱运输发展水平还很低，但发展前景广阔。2004 年初国务院批准的《中长期铁路网》规划中明确提出，全国将建设 18 个集装箱中心站，各中心站之间相互开行集装箱班列，构建双层集装箱运输主通道。同时改造 40 个靠近省会城市、大型港口和主要内陆口岸的集装箱主理站和 100 个代办站，从而形成集装箱铁路运输网络。铁路集装箱运输潜力巨大，对提高港口竞争力也至关重要，港区布置中应考虑港区未来集疏运需求，若规划有铁路进入港区的条件，则需要考虑铁路的布置。

4. 铁路的技术标准高于公路，在港区陆域平面布置中，铁路应予以优先考虑。

铁路在坡度、转弯半径、车场长度等方面都有一定的要求和限制，其标准高于公路，可调整的空间相对较小，因而在集疏运设施设计中，铁路应予以优先考虑。通过方案的调整，一般可以实现铁路和公路的兼顾，可以避免铁路和公路的互相干扰。

铁路和港口衔接的方式有两种：一是铁路装卸线直接进入码头作业区，这样可以降低运输成本，减少公路交通压力，目前欧美大型集装箱码头多采用这种方式；二是在港区设置集装箱中心站，集中进行铁路集装箱的处理，再通过公路实现到不同码头作业区的集散，这种方式铁路集中经营，效率较高、相对节省铁路投资，减少了铁路进入港区对港区的影响，目前我国拟建的铁路集装箱中心站多采用这种模式。

两种铁路模式各有利弊，在条件许可的情况下，采用装卸线直接进入码头作业区的方式更合理一些，当铁路进入作业区对港区平面布置和道路布置会产生不利影响时，则需要对铁路进入码头作业区进行利弊分析，决定铁路布置方式。

5. 港区集疏运设施的布置还需要考虑和关检设施的关系。

集疏运设施的布置需要考虑关检设施的要求，主要是海关的查验要求。公路集疏运通道的布置需要考虑海关监管的具体要求，便于进出港车辆接受海关检查；铁路需要考虑外贸和内贸箱同车时海关的监管需求。

二、港区集疏运设施的能力设置

码头、堆场、集疏运能力应该相匹配，否则薄弱环节即成为制约港区能力发挥的瓶颈。通常情况下，能力匹配应满足不等式：$P_{集疏运} > P_{堆场} > P_{码头}$，以保证码头能力的充分发挥。

关于道路通过能力，有比较成熟的计算方法，可根据港区公路集疏运量，考虑空重车、不均衡等因素，计算出所需的车道数量，决定港区集疏运道路的建设标准。

关于港区铁路的布置，首先根据港区通过能力估算港区铁路集疏运量比例，然后计算码头作业区铁路装卸线的能力。

港区集疏运公路和铁路都有其系统性，对于公路，要保证主疏港路的能力满足港区需求，还要保证港区和主疏港路的顺畅连接；对于铁路，除装卸线能力满足港区需求外，也要保证分区车场能力、港前站能力，以及铁路正线的能力满足整个铁路的集疏运需求。

港区的通过能力可以比较准确地进行估算，但对港区疏港公路能力的估算需要充分考虑其他车辆的增长需求。由于目前我国铁路集装箱运量很小，海铁联运发展水平较低，对铁路集装箱运量的发展难以进行准确估计，考虑铁路集装箱运输的增长前景，在港区平面布置中应充分预留铁路的发展空间，并且需要对车场、车站能力都有所预留，以免造成将来铁路无法连接港区的状况。

三、港区集疏运设施的布置方式

1. 港区集疏运通道的一般布置方式

当港区只有公路集疏运需求时，布置方式比较简单，只要保证港区对外联系道路的通过能力满足港区需求，道路通畅即可。当既有公路又有铁路进入港区时，则需要综合考虑港区公路铁路的布置，一般布置方式有以下几种：

(1)铁路和公路从一侧平行进入港区

铁路和公路由集装箱作业区同一侧平行进入港区，一般铁路装卸线布置在港区后方，疏港公路和大门布置在港区侧面(图 2-7-14)。

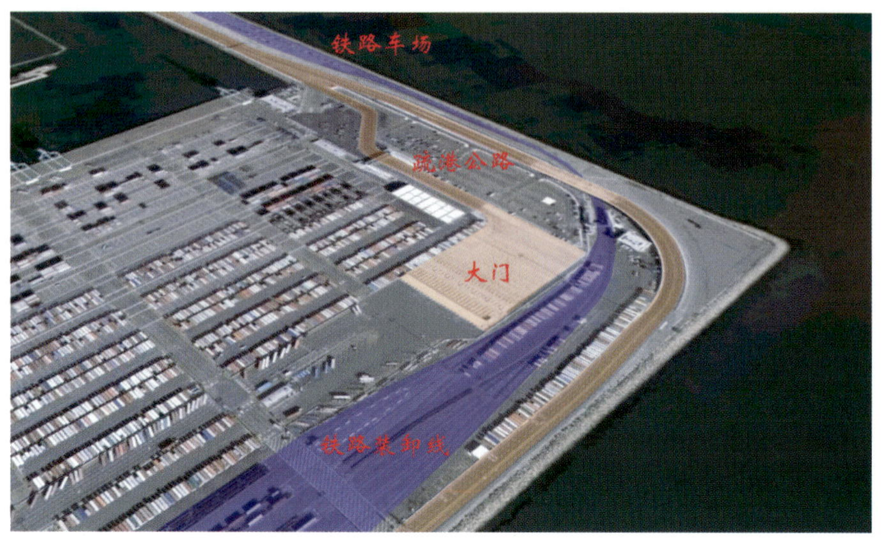

图 2-7-14 公路铁路布置方式一

(2)铁路平行码头布置,公路垂直进入港区

当多个作业区连续布置,不便于公路从侧面引入时,铁路从侧面进入,在港区后方平行码头前沿线布置,公路在港区中部垂直引入,这种方式一般作业区规模较大,能够容纳整列或半列铁路的布置(参见第一篇图 1-5-13、图 1-5-17 和图 1-5-18)。

(3)公路、铁路垂直进入港区

在铁路平行布置长度不够或陆域纵深足够大的情况下,可以考虑铁路垂直码头布置(图 2-7-15)。

(4)铁路和公路从两侧平行进入港区

这种布置方式和第一种方式相似,铁路和公路从两端引入,相互影响会更小,但具备条件的港区不多。

2. 现有大型集装箱港区的特点分析

通过对现有大型集装箱港区集疏运系统进行分析,可以发现以下特点:

(1)快速疏港路连接港区

欧美的公路系统比较发达,对于大型集装箱港区,都有快速路直接连接,港区车辆可以实现快速集散;香港、新加坡大型集装箱港区也有快速路连接;我国大陆大型港口快速疏港路设施还不完善,但对于大型集装箱港区,也都规划有快速疏港路设施。

(2)港区与快速疏港路的无障碍衔接

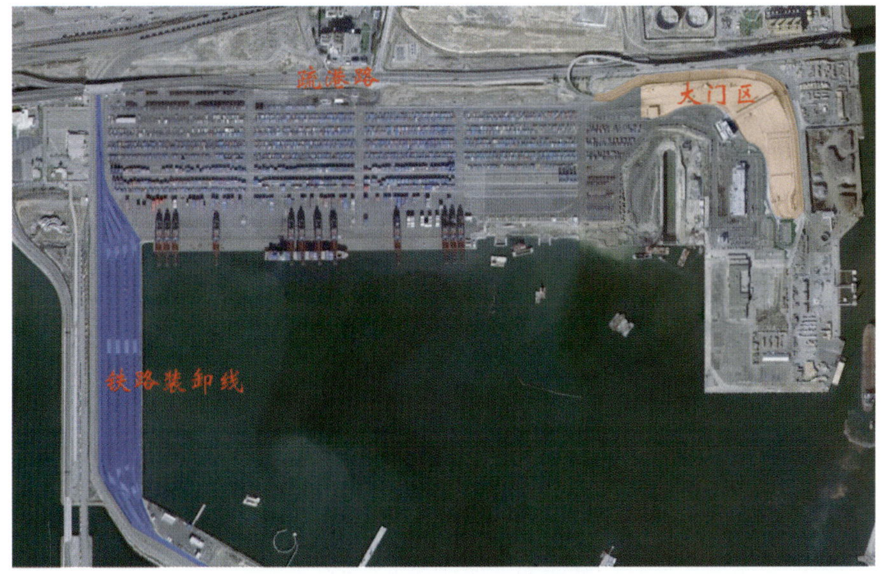

图 2-7-15　公路铁路布置方式三

在欧美及香港的大型集装箱港区中，港区与疏港路的连接都是比较便捷的，没有和铁路的立交，公路立交也很少，基本为港区专用，在其规划建设中，连接道路不追求宽大、规整，但能够保证通畅；我国大陆大型集装箱码头和疏港快速路的连接也基本能够保证通畅，但存在路口干扰、车辆混杂的状况，对道路的畅通可能会有不利的影响。

（3）铁路装卸线进入港区

这在欧美港口比较普遍，大型集装箱港区大多布置了铁路装卸线，铁路设施发达；香港和新加坡不具备采用铁路集疏运的必要性和条件；我国大陆的大型集装箱港区铁路集疏运状况较差，铁路装卸线直接进入港区的不多，规划虽然对铁路有所考虑，但系统性有所欠缺，能力也不够充足。

（4）布置方式灵活

欧美以及香港、新加坡的大型集装箱港区虽然特点不同，但体现在集疏运设施上，布置都比较灵活、小巧，比较注意细节，这主要体现在进港道路、铁路布置的灵活多样，对于铁路装卸线，由于港区条件限制，有的布置在弯道上；有的欧洲港口通过进出港道路曲折的方式把通道拉长，解决与铁路的立交以及车辆排队的问题，这种因地制宜的灵活性值得借鉴，参见图 2-7-16 和图 2-7-17。

3. 我国典型港区集疏运布置

图 2-7-16 铁路布置

在典型港区介绍中，对我国主要集装箱港区的集疏运状况及规划都有所描述。

大连港大窑湾集装箱港区集疏运体系相对完备。铁路集装箱运输在全国港口处于领先地位，2006 年开通的集装箱“五定”班列已经达到 7 班，铁路设施由金桥港前站、分区车场、作业区装卸线组成，另外规划有铁路集装箱中心站。大窑湾集装箱码头已经建设了 3 期，每个码头公司均有铁路装卸线直接引入，由于条件所限，一期、二期码头铁路装卸线布置半列，三期实现整列布置。疏港公路主要有两条，一是现有的东北大街，二是在建的疏港 2 号路，东北大街为混用道路，且穿越开放区城区，与城市、社会车辆干扰较大，疏港 2 号路规划为封闭的快速路，将成为港区主要的疏港道路。港二号路直接贯穿三个码头作业区，作业区与东北大街通过金港路和港六号路连接，疏港道路与铁路基本采用立交处理。对于北岸规划港区，码头采用顺岸布置，由一条主干路贯穿整个港区，每个作业区出入口预留立交的条件；由于条件所限，后方集中布置铁路作业区，装卸线没有引入码头前方作业区（参见第一篇图 1-5-7、图 1-5-20 和图 1-5-22）。

青岛港前湾集装箱港区三期工程依托既有铁路设施、巧妙利用地形特点，在港内靠东侧边缘布置了较大规模的铁路作业区，既保证了港区铁路集

图 2-7-17　进出港通道布置

疏运需求,又没有对港区交通形成干扰。在疏港公路方面,由于铁路限制,整个三期作业区虽设置了三个大门,却只能形成一个对外出口,且整个前湾北岸港区与疏港快速路的连接通道也只有一个,可能会形成拥堵。对于规划南岸港区,和大窑湾北岸相似,铁路没有进入每个码头作业区,而是采用集中办理的方式;公路由一条快速路贯穿几个港区,出入口应采取立交型式,以免形成较多交叉口,造成堵塞(参见第一篇图 1-3-3、图 1-3-4 和图 1-3-6)。

青岛港前湾港区总体形态上和大连大窑湾港区有相似之处，都呈南北顺岸岸线，中间宽港池的布置型式，后方直接形成物流、工业区并连接城区。在集疏运设施的可扩展性方面，港区后方规划空间紧凑，用地紧张，将来扩展较困难；对于铁路布置，应争取装卸线直接进入码头作业区，否则应采取措施，保证集装箱中心站和港区之间的顺畅连接；在疏港路布置上，立交采用较少，规划上应留出建设立交的条件，以满足将来发展的可能性。

上海港外高桥集装箱港区在形态上与大连、青岛有较大差别,一是港区相对分散,沿江布置,相互间有一定的距离;二是离城区较远,与城市干扰小,后方有拓展变化的空间。公路方面,外高桥集装箱港区可以通过外环路、郊区环路连接上海市区以及周边地区,港区与快速环路的连接也比较便利。目前,外高桥港区没有考虑铁路设施,主要是由于没有引入条件,但作为我国大陆集装箱第一大港,港区对铁路集疏运的需求是不可避免的。因此,在外高桥港区六期工程的设计中预留了铁路作业区的位置。

深圳集装箱港区也是分散布置,西有蛇口、赤湾、大铲湾,东有盐田。深圳集装箱港区公路集疏运设施较好,规划路网较完备,港区与快速路的连接也采用了立交的方式,保证了交通的顺畅。在铁路运输方面,目前深圳集装箱港区没有引入铁路装卸线,规划铁路也没有进入港区。深圳港具备铁路集疏运的条件,由广深铁路平湖南编组站引出的平南铁路和平盐铁路可以到达西部港区和东部盐田港,规划铁路集装箱中心站设在编组站附近,距港区较远,铁路装卸线又不能直接进入港区,与港区的联系可能会增加部分运输成本。

上海港外高桥集装箱港区和深圳港集装箱港区布置分散,不会形成对疏港路局部压力过大的状况,疏港公路布置上较灵活。两个港区都没有充分考虑铁路集疏运需求,作为我国大陆集装箱吞吐量排名前 2 位的港口,对货源的吸引力都很强,随着集装箱中心站的建设,铁路集装箱运量的增长,转运导致成本增加的问题可能会出现。

四、港区陆上集疏运设施发展方向及存在的问题

近年来我国港口集装箱吞吐量增长迅速，给陆上集疏运设施带来压力的同时，也促进了陆上集疏运设施的发展。港口疏港道路的建设得到普遍重视，大型集装箱港区公路设施基本得到保证；随着铁路部门对集装箱运输的重视，铁路集装箱运输状况也逐步改善。在货物集箱化发展趋势下，通过各运输体系的相互协调和促进，集装箱运输正向多式联运的综合运输体系发展。

具体到港区陆上集疏运设施布置，还有以下问题需要完善：

首先对铁路集装箱运输的研究、重视程度还不充分，在港区建设中对铁路设施布置难以准确量化，铁路规划也不完备，导致港区建设中未考虑铁路或铁路设施考虑不足，给港区未来发展留下缺憾。铁路设施的规划系统性很强，港区、车场、车站、铁路正线以及运行组织等相互关联，需要总体上综合考虑。

其次要处理好近期和长远的关系，在分期建设情况下，考虑长远需求，对于港区集疏运设施预留发展用地，应进行严格控制，以免造成将来建设成本过大甚至无法扩建的情况。

另外，由于港区和城市一定程度上存在相互依存的关系，有的城市距离港区较近，甚至对港区形成包围，港区集疏运通道需要穿越城区，这种情况下需要充分考虑港区集疏运需求进行预留，同时城市规划部门需充分考虑港、城之间的关系，避免或尽量减少相互干扰，保证港区的集疏运通道。

第八章　装卸作业系统

第一节　概　　述

装卸作业系统是港口的主要组成部分，主要由装卸设备、水平运输车辆、堆场、道路、进出大门等部分组成。随着船舶大型化和科学技术进步，港口装卸设备也在不断地更新换代，朝着大型、重载、高效化方向发展，其自动化、数字化和智能化的功能越来越强，组成越来越复杂，高科技含量越来越高。船舶和装卸工艺的发展推动了码头规模的加大和通过能力的快速上升。

现代集装箱码头装卸作业系统的主要任务是使用专用装卸机械，遵循一定的操作工艺，在计算机生产控制管理系统统一调度下，准确、高效、快捷的完成集装箱装卸作业。

一、现代集装箱码头对装卸作业系统提出的要求

1. 码头装卸作业系统的合理设计

最大限度的缩短船舶在港停留时间是现代集装箱码头追求的目标。码头岸边装卸船系统是缩短船舶在港停留时间的关键环节。合理设计集装箱码头装卸系统是装卸工艺设计中的重点内容，即作业线应以岸边装卸船作业能力为基准，后续环节生产能力逐步加大、物流顺畅。

现代集装箱码头要求平均船时效率已达到 225 ~ 270TEU/船 · h。装卸作业系统能力设计应以最大限度发挥码头装卸船能力为准则，各系统能力的匹配原则是：

$$P_{信息} > P_{集疏} > P_{堆场} > P_{码头}$$

该不等式可大幅度降低港口生产随机性对码头装卸效率的影响，确保岸边装卸船系统的能力发挥。根据现有国内外年吞吐量大于 200 万 TEU 的集装箱港口装卸工艺系统的初步统计分析，各环节装卸设备的能力关系一般为：

$$P_{码头} \rightarrow (1.15P_{码头})_{堆场} \rightarrow (1.2P_{码头})_{集疏} \rightarrow (1.5P_{码头})_{信息}$$

2. 适应船舶大型化的发展

随着集装箱船舶大型化的发展,集装箱码头也与时俱进,不断改进。表2-8-1 反映出适应于不同集装箱船型的码头设备及装卸工艺方式的变化情况。

不同时期集装箱码头装卸设备以及装卸工艺变化情况　　表 2-8-1

船　型		第一代	第二代	第三代	第四代	巨型超巴拿马型船
装卸工艺		底盘车	轮胎龙门吊	混合工艺	智能化装卸工艺	新型装卸工艺③
岸边集装箱起重机(岸桥)		船用岸桥	岸桥	高速岸桥	第二代岸桥①	高效岸桥②
岸桥主要参数	起重量(t)	22.68	30.5	45	55 ~ 65	80
	小车速度(m/min)	125	150	155	160 ~ 180	250
	满载起升速度(m/min)	30	36	40	50 ~ 60	60
	轨距(m)	10.87	16	26	30 ~ 35	30.48
	外伸距(m)	23.7	35	35 ~ 44	42 ~ 65	68.2
	后伸距(m)		8.5 ~ 12	12 ~ 15	15 ~ 25	23
	总重(t)	~350	~680	~750	850 ~ 1100	1850

注:①第二代岸桥的特点是普遍采用了双箱吊具、智能化控制、全变频驱动等现代科技成果;

②高效岸桥除具有第二代岸桥的性能外,其吊具下起重量达 80t 以上,可同时装卸双 40 英尺集装箱及双小车双 40 英尺岸桥,具备与全自动无人集装箱装卸工艺系统对接的先进技术特点;

③新型装卸工艺主要体现满足高效岸桥可同时装卸 2 个 40 英尺集装箱或 4 个 20 英尺集装箱的技术,水平运输、堆场设备及堆场生产管理带来的新理念、新思想、新工艺。

上海振华港口机械(集团)股份有限公司 2005 年度向世界供货 188 台岸桥,外伸距小于 55m 的 29 台,其余均大于等于 55m;吊具下起重量小于 55t 的 29 台,其余均大于等于 55t;小车运行速度均大于等于 180m/min,满载起升速度均大于等于 60m/min。

从上述数据中不难看出,随着科学技术的发展,集装箱码头装卸工艺系统趋于集成化和自动化,集装箱装卸设备趋于大型化和高效化。

为了适应大型集装箱船舶停靠的需要,在工艺和设备使用上不断改进,在码头布置上也不断扩大规模。一般大型集装箱码头应满足以下基本要求：

(1)至少3个泊位；

(2)陆域面积至少$6 \times 10^5 m^2$；

(3)不少于8台岸桥；

(4)年装卸集装箱能力100万TEU以上。

3.适应更多箱型的集装箱装卸和搬运

集装箱运输系统的柔性化趋势使得客户适应运输方式向运输方式适应客户需要转变。客户对于运输的多样化需求，预示着运输方式应具有更大的适应性，即不能再像过去那样无法对客户的需求作出敏捷反应，而应该是现代社会所要求的提供更为“柔性”的运输服务系统，目前正在大力推进的集装箱多式联运正是顺应了这种变化。多式联运将集装箱这种现代运输方式的触角一直延伸到物流的始末端，伸向客户企业，伸向消费市场。这种需求势必产生“运输支线与运输干线相连接，分流港与枢纽港相配合，大箱与小箱配套”的集装箱运输格局。

4.运输周转速度的加快要求港口生产组织科学合理

在港口设施一定的情况下，合理使用港口资源，进行生产组织过程的创新，发挥港口的潜在能力，以实现内涵扩大再生产的目的。现代集装箱码头均装备了计算机生产管理系统，在此系统下，操作人员高效地完成船舶计划、堆场计划、集疏运计划、设备实时调度、设备状态监测等任务，有效的组织码头装卸生产。比较著名的码头生产管理系统有深圳盐田国际的AGen，天津港引进比利时的COSMOS。我国的烟台华东电子软件有限公司和上海海渤物流软件有限公司都是著名的码头软件生产商。

5.拥有现代化的通信和生产指挥系统

集装箱运输的高效化是以信息传递的便利和高速化为前提，信息滞后将影响集装箱运输和装卸速度。为了满足集装箱运输高效和快捷的需要，采用先进的信息传递手段是非常必要的。这包括两个方面的信息传递：一个是码头与外部客户和相关部门之间的信息联系，另一个是码头内部的现场指挥与生产调度中心之间的信息联系。在与外部的联系方面目前已逐渐发展为采用电子数据交换（EDI）技术，在码头内部采用现场数据输入仪方式，加快了信息传递过程。

6.具有现代化的管理手段

现代化集装箱码头的有效运作，要求员工具有较高的文化素质和较强的技术能力，同时还需要有先进的管理手段。例如作为集装箱码头生产指

挥中心的调度部门，已不同于普通件杂货码头，传统的手工调度计划的编制方式已被现代化的计算机管理系统所代替，原先那种仅凭经验的生产管理方式已无法适应现代化码头工作的要求。在一些先进的集装箱码头(如：香港的HIT、深圳的盐田国际、上海的外高桥港区等)，当你进入码头的调度部门时，犹如进入了计算机房。这就要求生产管理人员能够掌握现代码头装卸生产的理念，熟练地运用计算机，完成生产计划编制、生产进度信息整合、现场实时调度决策等工作。

二、集装箱码头装卸工艺研究的主要内容

集装箱码头装卸工艺研究主要包括两个方面的内容，即集装箱码头日常装卸作业过程的研究和集装箱码头装卸工艺设计的研究。

1. 港口日常装卸作业环节的研究

基于港口现有的工艺系统与装卸设备，通过挖潜、技术创新和有效的组织，合理运用现有的人力、物力，达到安全、优质、高效、低消耗来完成港口装卸任务。这是属于港口内涵式扩大生产能力的工作，具体包括：

(1)工属具的改进和创新。包括对现有工属具进行研究、分析、设计、试验、定型等工作，目的是充分利用装卸设备的生产能力。

(2)装卸工艺路线的再设计。港口装卸的基本工艺流程往往在设计时已经确定，但在实际使用时会发现工艺流程有许多可以进一步改进和完善之处；另外，港口装卸往往是小批量，甚至是单件生产，在装卸中会不断遇到新的货种。所以还要不断地为新的货种制定装卸工艺方案，以适应货物装卸作业的需要。

(3)作业线改进。工艺管理人员应经常深入现场，通过对同一装卸线在不同条件下(如不同工组、各环节不同的配合方式等)的作业效率进行分析与比较，不断总结经验，找出问题，提出改进的意见和建议。因此，工艺管理人员不但要熟悉码头的装卸工艺系统，而且还应具有敏锐的观察力，具有善于分析问题和解决问题的能力。

(4)工程心理学研究。运用工程心理学的观点研究工作环境对工人体力及心理的影响，并探索对策，以达到减少疲劳，提高工作效率的目的。例如，各港已越来越重视装卸设备的外表色泽对人的影响，选择使人感到舒适的颜色，提高机械驾驶员的工作效率。这是装卸工艺工作中较新的一个研究领域。

(5)港口日常装卸作业环节的研究还包括对货物的运输过程、库场内

的堆码方式和各种辅助作业方法的研究。

2. 港口装卸工艺设计研究

港口装卸工艺设计属于外延的扩大再生产范畴,是港口工程设计中的一个重要组成部分。装卸工艺设计往往对港口工程设计的其他环节提出设计要求,对整个设计起到总揽全局的约束作用。

装卸工艺设计是港口建设发展中的主要决策内容之一。在设计装卸工艺方案时,必须根据货物的种类、流向、流量、包装、理化性质等因素,以及车型、船型、码头型式、港口的自然条件、运输组织等方面的具体情况,拟定一系列可供比较的、有价值的方案,并经过详尽的分析和比较,找出一个较为合理而且可行的方案。

一般的工艺设计可用程序框图 2-8-1 来说明。

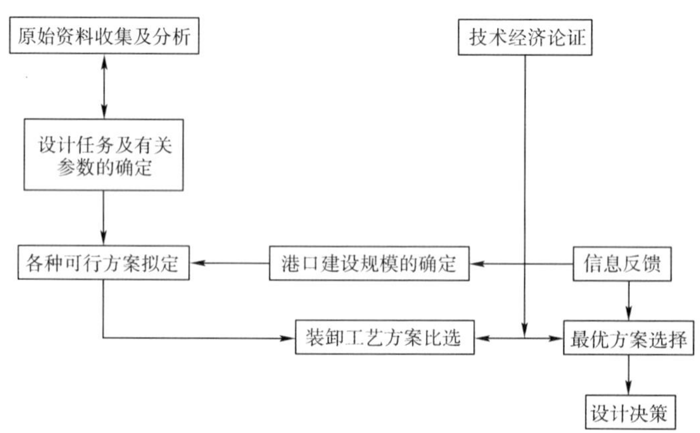

图 2-8-1　港口装卸工艺设计流程

一个港口装卸工艺方案的决策必须经过上述几个过程。成熟、合理、可行的工艺方案的产生,必须经过反复修正与比较,使所选出的方案完善合理,满足港口装卸作业的要求,实现港口作业效率的最大化。

第二节　集装箱码头装卸工艺系统

集装箱码头的突出优点是作业的高效性,而合理的装卸工艺设计是提高码头作业效率的保证。装卸工艺方案的选择应根据到港船型、运量,结合码头的具体情况和投资的可能性,经深入分析、研究和多方案比较后确定。

大型专业集装箱码头的装卸船作业均采用岸桥,因此,集装箱码头装卸

工艺系统的区别主要是堆场装卸方式的不同。堆场装卸工艺系统主要有：跨运车系统、轮胎龙门起重机系统、轨道龙门起重机系统和混合作业系统（轮胎龙门起重机+轨道龙门起重机）等。上述工艺系统都是以场地上采用何种机械而得名的。实际上任何一种装卸工艺系统，都不可能只用单一机械完成整个集装箱码头的全部装卸作业。随着集装箱运输的发展，出现了许多新的装卸工艺系统，如自动导向车系统、移箱输送系统等，这些工艺系统的出现都是以实现更高级的机械化和自动化为目标的。

工艺系统的选择是十分灵活的，很难断定哪一种工艺方式是最好的，选择最适合的工艺系统必须根据码头的具体条件做具体分析。

1. 跨运车系统（Straddle Carrier System）

跨运车系统又称为"麦逊公司方式"，图2-8-2所示是跨运车系统工艺流程。码头前沿采用岸桥承担船舶的装卸作业，跨运车承担码头前沿与堆场之间的水平运输，以及堆场的堆码和进出场车辆的装卸作业。

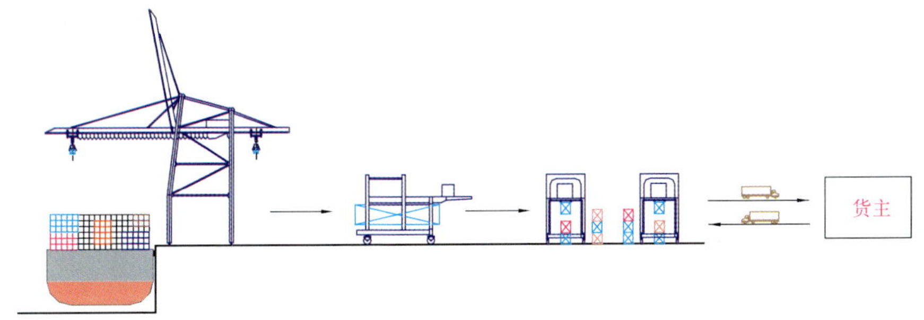

图2-8-2　跨运车系统工艺流程示意

该系统的主要特点是：集装箱在码头内的水平运输，在堆场内的收发箱和翻箱等作业均由跨运车承担。

（1）跨运车系统的主要优点

①跨运车可一机完成多种作业（取箱、搬运、堆垛、装卸车辆等），减少了码头装卸设备的种类和数量，便于组织管理。

②跨运车机动灵活、对位快，岸桥只需将集装箱从船上卸下后，放在码头前沿，无需准确对位，跨运车可自行抓取运走，提高了岸桥的作业效率。

③机动性强，既能搬运又能堆码，减少作业环节。

④跨运车是一种流动性机械，当某处的作业量相对较大时，可集中进行作业，保证码头作业进度平衡。

（2）跨运车系统的主要缺点

①跨运车机械结构复杂,液压部件多,故障率高,对维修人员的技术要求高。

②跨运车的车体较大,司机室的位置高,视野差,操作时需配备一名助手。

③对司机的操作水平要求较高,司机对位不准容易造成集装箱损坏。

④场地翻箱倒垛困难。

⑤轮压大,场地技术要求高,建造费用高。

⑥需要的通道数量多,堆箱层数低,堆场利用率低,平均每万平方米堆箱容量为672TEU(按3层计算)。

(3)跨运车系统主要适用的情况

在跨运车系统中,由于岸桥在卸箱时无须对位,故该系统适用于进口箱量大,出口箱量小的集装箱码头。

2. 轮胎龙门起重机系统(Rubber-tire Gantry System)

在轮胎式龙门吊系统中,码头前方的装卸作业由岸桥来完成。轮胎式龙门吊承担重箱堆场的装卸作业和堆码作业,水平运输由集装箱拖挂车完成。轮胎式龙门吊的跨度一般可跨6列集装箱和1列牵引车、半挂车车道。轮胎式龙门吊的堆高一般为4~6层集装箱。图2-8-3为轮胎式龙门吊系统工艺流程示意图。

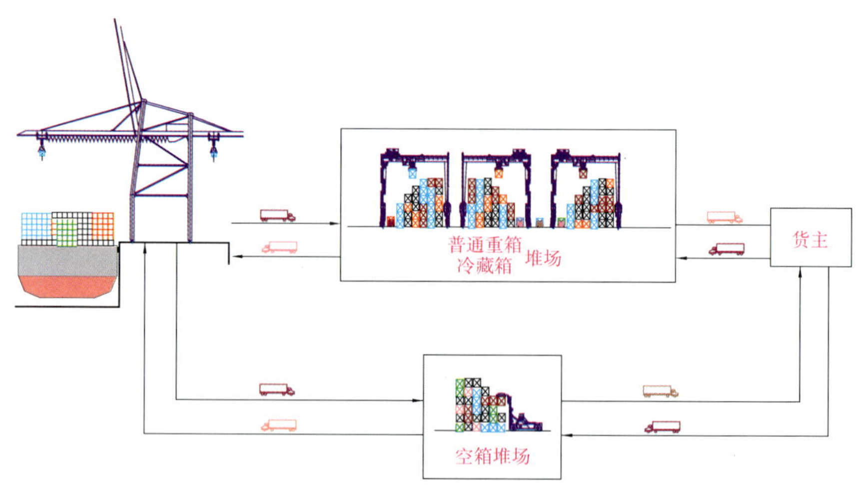

图2-8-3 轮胎式龙门吊系统工艺流程示意

该系统的主要特点是:轮胎式龙门吊机动灵活,堆场利用较高,适用性强,是一种普遍采用的工艺系统。

(1)轮胎式龙门吊系统的主要优点

①场地利用率高。平均每万平方米堆箱容量为1465TEU（按5层计算）。

②堆场铺面费用较少。堆场除轮胎式龙门吊的通行道路需特殊加强外，其余只需满足集装箱拖挂车轮压要求即可，相对跨运车系统，减少了场地铺面的建造费用。

③设备操作较简单，对工人只需中等技术水平的技术培训。

④相对于跨运车系统，对集装箱的损坏机会较少。

⑤轮胎式龙门吊采用90°转向和定轴转向，占用通道面积小。

⑥与轨道式龙门吊相比，不受轨道的限制，可从一个箱区转移至另一个箱区作业。

⑦可采用直线行走自动控制装置实现行走轨道自动控制，并可采用计算机控制，易于实现集装箱装卸作业自动化。

（2）轮胎式龙门吊系统的主要缺点

①相对于跨运车系统，该系统的灵活性不够。虽然可进行跨箱区作业，但移动的耗时较长。

②由于轮胎式龙门吊的跨距大、堆层多，故提取集装箱较困难、倒箱率较高。

③轮胎式龙门吊需配备集装箱拖挂车承担水平运输，增加了作业环节。

④初始投资也较高，每台岸桥需配备3台以上的轮胎式龙门吊，而轮胎式龙门吊的造价高，使码头运营的固定成本增加。

（3）轮胎式龙门吊系统适用于陆地面积适中的码头。我国大部分集装箱码头采用这种工艺系统。

3. 轨道式龙门吊系统（Rail Mounted Gantry System）

轨道式龙门吊系统与轮胎式龙门吊系统相比，其码头前沿也是采用岸桥承担船舶的装卸作业，其作业流程和轮胎式龙门吊系统完全相同。轨道式龙门吊堆箱高度为5～7层，可跨14列甚至更多列集装箱。图2-8-4为轨道式龙门吊系统工艺流程示意图。

（1）轨道式龙门吊系统的主要优点

①堆场面积利用率高，平均每万平方米堆箱容量达1572TEU（按6层计算）。

②与轮胎式龙门吊相比，堆场机械的跨距更大，堆高能力更强。

③结构简单、维修方便、环保节能、营运费用低、作业可靠性高。

④易于实现集装箱装卸的全自动化。

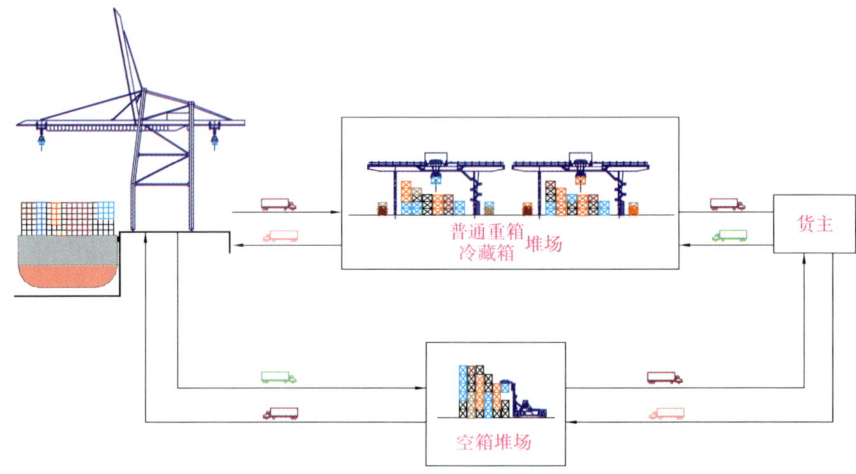

图 2-8-4　轨道式龙门吊系统工艺流程示意

(2)轨道式龙门吊系统的主要缺点

①机动性能差,轨道式龙门吊只能沿轨道运行,作业范围受到限制。

②轨道式龙门吊跨距大,提箱、倒箱困难。

③初始投资较大。

(3)轨道式龙门吊系统适用的码头

轨道式龙门吊系统适用于场地面积有限,集装箱吞吐量较大,计算机控制程度高的水陆联运码头。是现代集装箱码头装卸工艺系统的发展方向。

4. 集装箱自动化装卸系统的发展

随着集装箱运输发展过程中的不断开发、总结,集装箱码头装卸工艺系统形成前述若干较成熟的常用工艺系统,在运营实践中对新的工艺系统的研究探求一直未停顿。人们围绕着如何提高装卸作业效率,改变集装箱的搬运方式,调整堆箱场的布置,提高集装箱堆场的利用率和自动控制水平,以实现整个系统各工序的自动化是今后集装箱码头装卸系统发展的趋势。

(1)集装箱自动化装卸系统现状

①目前已运行的集装箱自动化装卸码头

新加坡 PSA 码头(部分自动化功能);

英国 THAMESPORT 码头;

香港 HIT 码头;

荷兰鹿特丹 ECT 一期和二期码头;

德国汉堡 HHLA-CTA 码头;

法国 LE HAVRE 港 SETO-MSC 码头；

上海港外高桥港区二期码头空箱堆场。

②正在筹建中的集装箱自动化装卸码头

荷兰鹿特丹港 EUROMAX 码头；

韩国釜山关阳码头；

台湾高雄港集装箱码头。

(2)集装箱自动化装卸系统发展简况

集装箱码头自动化装卸系统自 20 世纪 90 年代中期在荷兰鹿特丹港首次应用以来，通过 10 余年发展，自动化控制水平不断提高，目前研究集装箱码头自动化系统已成为热点。随着单机定位技术的提高，集装箱码头自动化装卸系统工艺方案也在不断改进。

①荷兰鹿特丹 ECT——一、二期码头

该码头一期工程 1996 年开始使用，码头前沿装卸船采用岸桥，水平运输采用无人驾驶自动导向车(AGVs)，AGVs 按照设定好的固定运行线路停在堆场端头的固定接卸区，堆场装卸采用无人驾驶轨道式龙门吊(RMG)。堆场后方与港外集卡、铁路交接均为有人操作(图 2-8-5)。

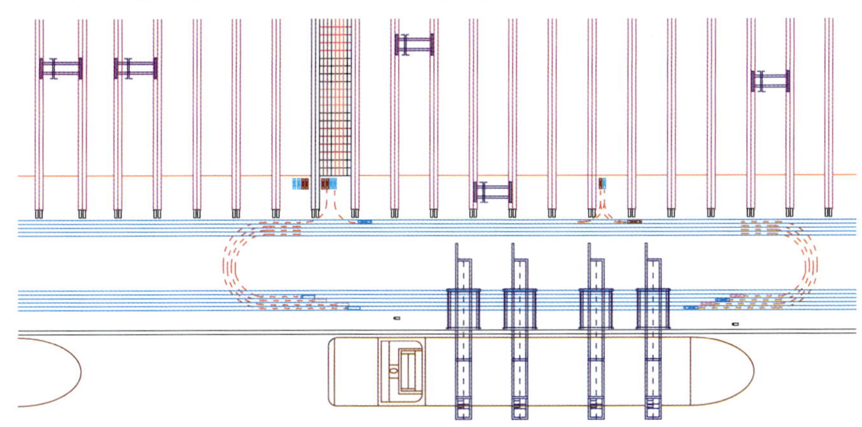

图 2-8-5　鹿特丹港自动化码头前沿布局示意

本系统的特点是 AGVs 装卸点位于岸桥门框内，岸桥小车行程短；岸桥对 AGVs 的对位采用机械式简单易行，效率较低；AGVs 不进入堆场，其装卸点位于堆场端部并垂直于泊岸；每个堆场配置一台高速 RMG。

②德国汉堡港 HHLA—CTA 码头

该码头 2000 年开始使用，码头前沿装卸船采用双小车岸桥，主小车有人驾驶，门架小车无人驾驶；水平运输采用无人驾驶自动导向车(AGVs)，没有固定运行线路,堆场装卸采用无人驾驶轨道式龙门吊(RMG)。堆场后方与港外集卡、铁路交接均为有人操作(图2-8-6)。

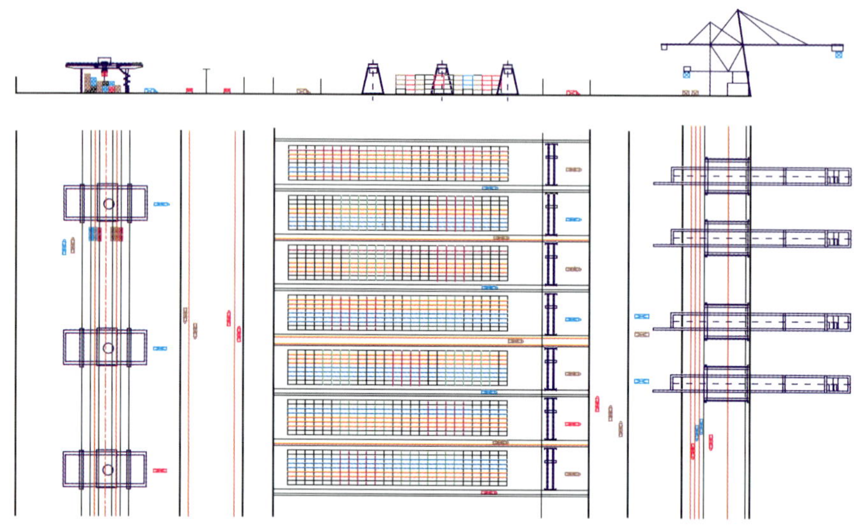

图2-8-6 汉堡港HHLA—CTA码头布置

双小车岸桥效率高、定位准;AGVs在岸桥后伸区域作业,整个后伸区域作业可以全封闭成无人操作区,有利安全;AGVs的运行灵活,无固定路线,调度控制复杂;每个堆场配置大小两个RMG,并可以跨越通过。

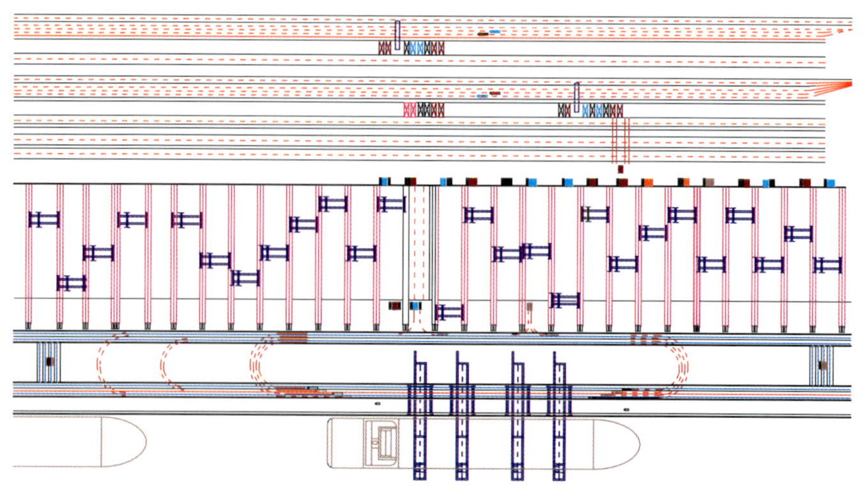

图2-8-7 鹿特丹港EUROMAX码头布置

③荷兰鹿特丹港 EUROMAX 码头

该码头 2003 年开始使用，码头前沿装卸船采用岸桥；水平运输采用无人驾驶自动导向车(AGVs)，没有固定运行线路，堆场装卸采用无人驾驶轨道式龙门吊(RMG)。堆场后方与港外集卡、铁路交接均为有人操作(图 2-8-7)。

第三节　RTG 与 RMG 的选择

一、RTG(轮胎龙门起重机)和 RMG(轨道式龙门起重机)的比选因素

由于应用背景、场所、条件、侧重点的不同，RTG 与 RMG 的比选因素可归结为以下几个方面：

1. 应用状况

包括应用历史、规模、成熟程度、使用经验等。

2. 技术性能

包括服务范围、堆场利用率、作业效率、操作性能、安全、环保性能等。

3. 投资情况

包括配机数量、单机价格、附属或配套设施投资等。

4. 运营成本

包括人力需求、能耗情况、维修保养费用、使用寿命等。

5. 发展前景、抗风险能力等。

上述比选因素一部分是由历史沿革、外部环境决定的，一部分是由这两种机型本身所固有的特性派生出来的，现将这两种设备应用于我国大型集装箱码头堆场上的优缺点归纳总结如表 2-8-2 所示。

RTG、RMG 优缺点分析比较表　　表 2-8-2

项目 \ 机型	RTG		RMG	
	优点	缺点	优点	缺点
机动灵活性	机动灵活，可从一个区域移到另一个区域作业			不能跨区作业，作业范围受限制
堆场利用率		跨度受限，堆场利用率较 RMG 低	跨度大，堆场利用率高	

续上表

项目 \ 机型	RTG		RMG	
	优点	缺点	优点	缺点
操作性能		箱角对位较RMG难度大；司机劳动强度较RMG大	沿固定轨道运行，易于实现半自动操作或自动操作，司机劳动强度较低	
作业效率		同等条件下较RMG低	同等条件下较RTG高	
对车辆行驶的影响	场地平整，车辆通行方便			地面需铺设轨道及电缆槽，对车辆通行有一定影响
作业安全性		无固定行驶区，安全性较RMG差	有固定行驶区，较为安全	
环保特性		内燃机驱动，有废气排出，噪声大，环保条件差	电力驱动，无废气排出，噪声小，有利于环境保护	
维修保养	维修可移至场外进行，不影响正常作业	易磨易损件多，故障率较RMG高	故障率低，维修量小	维修需在堆场内进行，可能会影响正常作业
能源消耗		在工作过程中，内燃机始终运转，能源消耗大	不作业时，即可切断电源，节约能源	
使用经验	国内使用经验多			国内使用经验少
使用寿命		较RMG短	较RTG长	
设备造价	较RMG低			较RTG高

二、RTG与RMG的应用情况

1. RTG的应用情况

RTG是目前世界范围内应用得最为广泛的集装箱码头堆场专用装卸设备。在各港集装箱运输发展初期，RTG由于具有机动灵活、便于分期分

批购置、初始投资少等优点，成为众多集装箱码头选择的对象，如香港、新加坡、我国内地的绝大多数集装箱码头都是以RTG作业为主。RTG在码头上的应用主要是用于堆场作业，也有少部分用于跨度不大（一般小于25m）的铁路集装箱装卸线上。

绝大多数RTG是由内燃机驱动，但在个别有环保要求的场所，也有采用电动RTG的，如挪威奥斯陆港，其集装箱码头位于市区，由于堆场分散，作业点多，且有废气排放限制，所以选用了电动RTG。在国内由ZPMC研制的电动RTG也于今年5月在深圳招商港务有限公司码头上交付使用（图2-8-8）。青岛港集团QQCT工程部经过一年多的方案优化论证，也已成功地进行了RTG"油改电"技术改造，由市电直接驱动RTG作业（图2-8-9）。

应用RTG作业的集装箱码头，其装卸系统的设备大多是人工操作，前后方水平运输采用集装箱拖挂车。因为近年来利用DGPS技术将自动驾驶与集装箱定位技术应用于RTG方面已经取得了一定进展，因此也有些公司将RTG嵌入到了自动化作业流程中。日本名

图2-8-8　ZPMC研制的电动RTG

图2-8-9　青岛港集团改造的电动RTG

古屋港集装箱码头(计划于2007年3月投产)就在堆场上设计采用了遥控RTG,水平运输采用自动导向车(AGV)。

2. RMG的应用情况

RMG泛指具有固定轨道的场桥,按轨道的设置方式不同可分为两种型式,一种是轨道位于地面的常规机型(图2-8-10),另一种是高架场桥(图2-8-11)。

图2-8-10 常规RMG(香港HIT码头)

RMG本身是一种非常成熟的机型,历史要长于RTG。RMG在集装箱码头上的应用以前多用于铁路整箱装卸作业线上,尤其是在跨距较大,RTG难以做到的情况下,一般都是采用RMG。

随着集装箱码头作业自动化水平需求的提高以及环保要求越来越严,从10余年前有的港口开始把RMG大规模地应用到集装箱码头堆场上,到目前为止已遍布世界各地。比较典型的代表有英国的泰晤士港、日本的川琦港、鹿特丹的ECT码头、汉堡HHLA公司的CTA码头、新加坡巴西班让码头、意大利的塔兰托港、我国台湾省的高雄港、香港HIT码头等等。可以说RMG也已成为目前世界上应用得较为广泛的集装箱码头堆场专用装卸设备。

RMG在集装箱码头上的应用主要有三种模式,一是将其置于自动化作业系统中,完全由控制系统控制运行,如鹿特丹的ECT码头、汉堡港HHLA公司的CTA码头等;二是不在机上配备司机,而是由控制室内的工作人员

图 2-8-11　高架 RMG(新加坡巴西班让码头)

通过遥控方式同时控制多台 RMG 作业,如英国的泰晤士港、新加坡的巴西班让码头等;三是机上配备司机,由司机驾驶并操作作业,如高雄港集装箱码头、意大利塔兰托港集装箱码头以及我国的天津港等。

现有实例中采用 AGV 技术的码头,RMG 一般是垂直于码头岸线布置(图 2-8-12),其余码头的 RMG 都是平行于码头岸线布置(图 2-8-13)。

图 2-8-12　汉堡 HHLA 公司 CTA 码头(RMG 垂直于岸线布置)

图 2-8-13　意大利塔兰托港集装箱码头(RMG 平行于岸线布置)

汉堡 HHLA 公司 CTA 码头水平运输采用的是自动导向车(AGV),由于AGV 不进入堆场,每一区块内的两台 RMG 均需能够到达堆场两端进行装卸箱作业。为此 CTA 码头采用了两种轨距的 RMG,一种是 40m,一种是31m,在每个区块上一大一小成对布置,小的可在大的下面穿行,这样每台设备均可对整个区块的每个箱子进行作业,但由于需铺设两对轨道,牺牲了堆场的利用率(图 2-8-14)。

图 2-8-14　HHLA 公司 CTA 码头 RMG 大小搭配方式

还有一些码头根据不同的需要采用了 RMG 与 RTG 混合使用的方式,如香港 HIT 公司在其 4、6、7 集装箱泊位堆场上共配置了 89 台 RTG、24 台RMG(图 2-8-15);烟台环球码头有限公司在其集装箱堆场上除选用了 6 台

RMG 外,还配置了 3 台 RTG。

图 2-8-15　香港 HIT 码头

三、RTG 与 RMG 的选择因素分析

1. RTG 的选择因素分析

(1)减少初始投资

由于 RTG 不需要电力供应,可节省可观的变配电设备、电缆及电缆沟槽等附属设施投资。此外,由于 RTG 的跑道基础要求通常低于 RMG 的轨道基础要求,因此 RTG 跑道梁的地基处理费用要比 RMG 的轨道梁的地基处理费用低一些,还可节省轨道投资。就单机造价而言,目前国内在同等技术条件与技术规格下,RTG 的造价要低于 RMG。因此,对初始投资比较敏感的工程通常是考虑选用 RTG。

(2)吞吐量增长不快,设备需分期购置

在有些港口,由于吞吐量增长不快,码头建成后需数年才能达产。如一次性投资过大,会影响投资效益,因此往往是基础设施先期建成,设备分期购置。在这种情况下,选用 RTG 比选用 RMG 更为灵活。

(3)码头租赁时间不长时,尽量减少基础设施投资

当码头运营公司租用码头的合同期不长而又介入码头的初期建设时,一般都会选择基础设施投资小的 RTG 方案。

(4)集装箱堆场较为分散或形状不规则时

在这种情况下,可充分利用 RTG 机动灵活的特点,在不增加设备数量

的前提下扩大作业范围。

(5)沿用现有作业方式

有的码头公司已经营着采用了 RTG 的码头,为保持管理模式、设备机型的单一性,便于管、用、养、修,往往在其扩建或新建工程中继续采用 RTG 方案。

2. RMG 的选择因素分析

相对于 RTG 而言,采用 RMG 方案除为了适应环保、堆场面积狭小等要求外,更侧重于长期效益及远期目标。通过对国内外采用 RMG 的实例分析,选用 RMG 的决定因素主要有以下几个方面:

(1)利用或拟于将来利用其易于实现自动化的特点,实现无人驾驶,减少人力需求,节省劳动力成本。这在劳动力成本很高的发达国家更有吸引力。

(2)因为 RMG 的营运费用明显低于 RTG,为减少长期的维修保养、动力消耗等运营费用,同时也为了降低运营费用增长的风险,如潜在的燃油危机带来的费用增加,即使初始投资高一些,有些业主也倾向于选择 RMG。

(3)由于 RMG 作业效率高,可减少场桥数量,装卸作业点减少有利于改善堆场内的车辆交通组织。

(4)RMG 型式多样,可选规格范围大,有助于集装箱码头整体装卸工艺的优化与改进。

(5)RMG 更有利于借助自动控制降低司机的劳动强度,为操作人员创造更好的工作条件。

(6)当码头靠近居民区,有排放废气及噪音的限制要求时,通常应选择 RMG。

(7)当码头堆场面积不足,需加大堆存密度时,选择 RMG 要优于 RTG。

(8)在现有码头经营中已经采用了 RMG,且积累了一定的经验,在其扩建或新建工程中感觉没有变更设备类型的必要时,会继续采用 RMG。

当然,选用 RMG 的码头运量要达到一定规模,使初期的高投入很快就能产生效益。此外码头堆场要集中,形状要规则,使堆场的整体布局合理、RMG 的配置数量得当。

综上所述,无论 RTG 还是 RMG 目前都有着对方无法替代的一些优点,在一定的时间内它们都还将凭借各自的优势在适合自己的环境中得到继续发展。相对而言,RTG 较适宜于集装箱运输尚处于起步阶段或集装箱运输发展不稳定的港口,对于集装箱运输已经发展到一定规模且发展势头良好

的港口，则宜考虑采用 RMG 方案。

四、RTG 与 RMG 的主要技术参数

1. RTG

常规的 RTG 堆箱高度多以堆四过五或堆五过六为主，跨度以 6 + 1 (23.47m) 为主。在有些堆场面积非常紧张的港口，也有采用堆七过八的，在这种情况下，其跨度一般为 7 + 1 甚至 8 + 1。为减小设备轮压，有些公司还推出了 16 轮的场桥，每个腿有 4 个轮子，可降低基础造价。

通过对上海外高桥一期至四期工程、SCT 等码头的了解，国内 RTG 的平均作业效率介于 10 ~ 22 自然箱/h 之间，配机数量一般为岸桥数量的 3 倍左右（表 2-8-3）。

国内主要集装箱码头岸桥、RTG 配置数量表　　表 2-8-3

港口名称	岸桥数量（台）	RTG 数量（台）	RTG 数量/岸桥数量
大连 DCT	13	37	2.85
天津港	39	87	2.23
青岛前湾港	24	74	3.08
上海港	67	222	3.31
宁波港	23	62	2.70
厦门港	26	60	2.31
深圳赤湾	17	46	2.71
深圳蛇口	14	40	2.86

2. RMG

应用于大型集装箱码头堆场上的 RMG 的轨距一般在 24 ~ 40m 之间，其最小轨距与常规 RTG 的跨度相当，有的还带有单侧或双侧悬臂。桥下堆箱列数可在 6 ~ 17 列之间。桥下车道有的布置在轨内中间（如烟台港），有的布置在轨内一侧（如天津港），而带有悬臂的通常布置在悬臂下方（高雄港）。桥下车道的数量取决于堆箱列数，一般堆箱 8 列就需设 2 条车道。

为减少倒箱率，目前在用 RMG 的堆箱高度与 RTG 的堆箱高度相当，大多数都为 4 ~ 6 层。

图 2-8-16 所示为以色列海法港东部集装箱码头，其堆场内每一区块堆

箱 17 列，其中轨间 14 列，悬臂下 3 列，堆高 3 层。

图 2-8-16 以色列海法港东部集装箱码头

在跨度、堆箱高度等条件相差不大的情况下，RMG 的作业效率要高于 RTG。据 ZPMC 的专家根据经验估计，在类似技术条件下 RMG 的作业效率约为 RTG 作业效率的 1.5 倍。

在配机数量方面，从已经投产及在建的几个工程实例中，我们可以看出 RMG 的数量基本是按照约 2～3 倍于岸桥的数量来配置的，见表 2-8-4 和表 2-8-5。

五、集装箱码头堆场装卸工艺方案比选实例

1. 主要设计参数

（1）码头年吞吐量：本工程建设大型专业化集装箱泊位 4 个，设计年吞吐量为 320 万 TEU。

（2）各种集装箱的比例：重箱 70%；空箱 30%；冷藏箱占重箱的 10%；危险品箱占重箱的 1%。

（3）堆场年营运天数：360 天。

（4）堆场集装箱不平衡系数：1.2。

（5）集装箱在堆场的平均堆存期：重箱 7 天；空箱 10 天；冷藏箱 4 天；危险品箱 3 天。

（6）码头前沿岸桥配置数量：16 台。

采用 **RMG** 的集装箱码头岸桥、**RMG** 配置数量表　　表 2-8-4

港口名称	岸桥数量	RMG 数量	RMG 数量/岸桥数量	备　注
英国泰晤士港	6	18	3	2 个泊位，650m 码头岸线。RMG 遥控操作
日本川崎港	5	14	2.8	2 个泊位，700m 岸线，水深 14~15m
汉堡 HHLA 公司 CTA 码头	14	44	3.14	4 个泊位，1400m 码头岸线。水平运输的 AGV 不进入堆场区，堆场内箱子的堆取、水平运输都由 RMG 完成
长荣高雄 5 号码头	8	24	3	3 个泊位，815m 岸线，15m 水深
以色列海法港	8	15	1.88	960m 岸线，14m 水深，其中 2 台 RMG 用于铁路装卸
天津五洲	12	25	2.08	码头岸线长 1202m，15.7m 水深
意大利塔兰托（现状）	8	22	2.75	5 个泊位，码头岸线长 1500m，水深 14.3m
意大利塔兰托（远期）	18	54	3	码头岸线长 2050m
釜山新港集装箱码头	18	49	2.72	在建。一期工程 6 个泊位，岸线长 2000m，水深 16m，其中 2 台 RMG 用于铁路装卸

本次比选拟将 RTG 的平均作业效率取为 20 自然箱/h。

考虑到将 RMG 置于实际操作环境中由于大机走行距离长等因素造成的效率折减，本次比选拟将 RMG 的作业效率取为 25 自然箱/h，为选取的 RTG 的作业效率（20 自然箱/h）的 1.25 倍。

部分在用及在建码头中 RMG 的主要技术参数　　表 2-8-5

港　口	轨距或堆箱列数、车道数	堆箱高度	起重量
泰晤士港	轨间 8 列箱 +1 条车道	堆 4 过 5	/
川崎港	轨间 8 列箱	堆 4 过 5	/
阿布扎比港	23.47m	堆 4 过 5	40t
汉堡 HHLA CTA	40m(31m),轨间 10 列箱	堆 4 过 5	/
海法港	轨间 14 列箱,悬臂下 3 列箱,3 条车道在悬臂下	堆 3 过 4	35t
塔兰托港	32.2m,轨间 10 列箱,悬臂下 2 列箱,2 条车道在悬臂下	堆 5 过 6	40.6t
釜山新港	28.4m,轨间 9 列箱,4 条车道在两侧悬臂下	堆 6 过 7	65t
高雄长荣码头	33m,轨间 11 列箱,两侧悬臂下各 2 列箱	堆 4 过 5	/
香港 HIT 码头	桥下 12 列箱	堆 6 过 7	/
天津港	33m,轨间 8 列箱 +2 条车道	堆 6 过 7	61t
烟台港	32m,轨间 8 列箱 +2 条车道	堆 5 过 6	40.5t
大连港	32m,轨间 10 列箱,车道位于两侧悬臂下	堆 5 过 6	41t、61t 两种规格
青岛招商国际	36.5m,轨间 9 列箱 +2 条车道	堆 6 过 7	41t

2. 方案设计

通过分析论证,普通重箱及冷藏箱堆场装卸工艺确定在 RTG 与 RMG 两个方案中进行比选。

(1)RTG 方案

根据目前 RTG 方案的常规选择,本工程拟继续采用跨度为 23.47m(跨内 6 列箱 +1 车道)的内燃机驱动场桥,堆箱高度按堆 5 过 6 考虑。

采用 RTG 方案所需堆场容量及地面箱位数按下式计算:

$$E_y = \frac{Q_h t_{dc} K_{bk}}{T_{yk}}$$

$$N_s = \frac{E_y}{N_1 A_s}$$

式中：E_y——集装箱堆场容量（TEU）；

Q_h——集装箱码头重箱年运量（TEU），224（320×0.7）万TEU，其中普通重箱199.36万TEU，冷藏箱22.4万TEU；

t_{dc}——集装箱在港平均堆存期（天），普通重箱取为7天，冷藏箱取为4天；

K_{bk}——堆场集装箱不平衡系数，取1.2；

T_{yk}——集装箱堆场年工作天数，取360天；

N_s——堆场所需地面箱位数（TEU）；

N_1——堆箱层数，普通重箱取为5层，冷藏箱取为4层；

A_s——堆场容量利用率，普通重箱取为0.65，冷藏箱取为0.6。

经计算，本方案所需普通重箱及冷藏箱堆场容量为49504TEU，所需地面箱位数为15557TEU（其中普通重箱地面箱位数14313TEU，冷藏箱地面箱位数1244TEU）。

设计考虑沿码头纵深方向布置16排RTG作业通道，可提供普通重箱地面箱位数15246TEU及冷藏箱地面箱位数1260TEU，合计16506TEU，能够满足计算所需的15557TEU的需要。

随着国内港口集装箱通关方式的改变，集装箱码头所需的堆场面积及倒箱量较以前均将有较大增加。若堆场取箱作业时倒箱率按20%考虑，则每年221.76万TEU重箱在堆场发生的操作量为487.9万TEU（221.76＋221.76×1.2）。其中与港外陆路集输运的操作量占50%，为243.9万TEU，平均每天6775TEU，合4500自然箱，考虑到堆场作业的不平衡性，高峰小时操作量可达480自然箱，需24台（480/20）RTG同时作业。

本工程码头前沿共配置16台岸桥，则码头前沿装卸船作业的最大工作效率为16台岸桥同时作业时的效率，若岸桥的平均作业效率取为30自然箱/h，则码头前沿每小时的装卸效率为480自然箱/h，堆场需26.4台（（240＋240×1.2）/20）RTG同时配合作业。

考虑到设备的完好率（90%）因素，本工程需配置56台（（24＋26.4）/0.9）RTG，与岸桥的配机比为3.5。

（2）RMG方案

①有无悬臂的选择

对有悬臂的RMG而言，堆场内的车辆通道可布置在悬臂下，轨间可全部用来堆箱（图2-8-17）。RMG若无悬臂，在堆场内进行装卸作业的车辆通道就只能布置在轨间，使得同样轨距的RMG轨间堆箱数量减少（图

图 2-8-17 带双侧悬臂的 RMG(高雄阳明集装箱码头堆场)

2-8-18),这样在满足总的堆箱数量要求的前提下,RMG 的作业通道就要增多,从而使轨道基础增长、配机数量增多,增大了工程投资。从自动化作业

图 2-8-18 无悬臂 RMG(天津五洲国际集装箱码头堆场)

条件方面考虑,场内车道与堆箱区分开布置更有利于自动化作业的实施。此外,从堆场的工艺布置上看,有悬臂的 RMG 更有利于交通组织及安全行车,尤其对双悬臂更为灵活,因此本工程选用的 RMG 拟采用双侧悬臂式,

轨间全部用于堆箱，车道布置在悬臂下。

②轨距与堆高的选择

在满足总的堆箱数量要求的前提下，如果 RMG 的轨距小，设备数量及设备投资就大，轨道基础投资也大，所以 RMG 的轨距不能取得太小。但若取得过大，又会产生不利的一面，一是小车运行距离加大，影响效率，二是结构加大，单机价格提高，三是整机自重加大，会增大能耗，四是轨道铺设的技术要求也要提高，会增加工程投资。参照现有 RMG 的技术参数、制造工艺、使用效果及行车要求，本工程拟将 RMG 的轨距取为 32m，桥下可布箱 10 列，两侧各设 2 条车道，其中 1 条为作业通道。

为减少倒箱量，RMG 的堆箱高度取与 RTG 相同，也为堆 5 过 6。

③作业方式的选择

按现有的技术水平，堆场 RMG 与进行装卸船作业的水平运输车之间可以实现全自动作业，但与港外车辆之间的作业还需人工干预。欧洲几个采用了自动化作业的集装箱码头，堆场与码头前沿的水平运输采用了自动导向车（AGV），RMG 对 AGV 的装卸可实现全自动作业，但对港外车辆的装卸还需由人工遥控操作完成。据了解，AGV 水平运输系统，虽然称得上是一种具有革命性的自动运行模式，但这种方式也存在着很大的局限性，对环境条件很敏感，在一个港口试验成功的系统在另一个港口不一定也能成功，可以说 AGV 系统目前还不具备在国内普及推广的条件。因此，在本工程中，水平运输拟继续采用集装箱拖挂车，与之相对应，RMG 目前拟采用其第三种运行模式，即由司机现场操作作业，待有需求时，可改进至第二种运行模式，即由工作人员在控制室内遥控操作。

④配机数量及布置形式

RMG 方案的堆场容量利用率对普通重箱取为 0.7，对冷藏箱取为0.65，则计算所需普通重箱及冷藏箱堆场容量为 49504TEU，所需地面箱位数为 14440TEU（其中普通重箱地面箱位数 13291TEU，冷藏箱地面箱位数 1149TEU）。

参照 RTG 方案中 RTG 配机数量的计算方法，堆场需为陆路集输运装卸作业配置 19.2 台（480/25）RMG，需为码头前沿装卸船作业配置 21.1 台（(240 + 240 × 1.2)/25）RMG。

考虑到设备的完好率（98%）因素，本工程计算所需配置 42 台（(19.2 + 21.1)/0.98）RMG，与岸桥的配机比为 2.57。

设计考虑沿码头纵深方向布置 9 排 RMG 作业通道，每条通道分为 5 个区域,配置 4 ~6 台 RMG,共配置 42 台 RMG。堆场内可提供普通重箱地面箱位数 13660TEU,冷藏箱地面箱位数 1420TEU,能够满足所需地面箱位数的需要。

在本方案中,港内、港外车辆的通道分开布置,与釜山新港集装箱码头类似(图 2-8-19),靠海侧的 2 条通道用于装卸船作业,靠陆侧的两条通道用于与港外的集疏运作业。

图 2-8-19　釜山新港集装箱码头

由于卸船时存在较多的双箱作业机会,因此本工程中部分 RMG 吊具下额定起重量取为 61t,可带双箱吊具作业,其余取为 41t。

3. 方案比选及结论

(1)技术比较

从技术上比较,无论是操作性能还是安全性、环保特性、作业效率、能源消耗、维修保养、发展潜力方面,RMG 显然要优于 RTG,前文对此已有分析,在此不再赘述。

(2)经济比较

在经济上的比较应从初始投资及营运费用两方面进行。两方案在初始投资方面的差别主要体现在 3 个方面:

①RMG 方案的装卸设备投资要高于 RTG 方案

RMG 方案中共配置 42 台 RMG,按 130 万美元/台计,共需 5460 万美元;RTG 方案中共配置 56 台 RTG,按 90 万美元/台计,共需 5040 万美元。RMG 方案较 RTG 方案多出 420 万美元,约合人民币 3360 万元。当然,RMG 的使用寿命要比 RTG 长,在本次经济比较中,RMG 的使用寿命取为 18 年,RTG 的使用寿命取为 12 年。

②RMG 方案的供电设施投资要高于 RTG 方案

RMG 需电力驱动,为此较 RTG 方案多出供电设施投资约 3005 万元。其中 35kV 变电站和变电所增加设备投资 1305 万元,10kV 电力电缆增加投资 400 万元,电缆排管土建费用增加投资 1300 万元。

③RMG 方案的堆场土建基础投资要高于 RTG 方案的堆场土建基础投资

采用 RMG 方案可能出现的最严重的问题是轨道基础的不均匀沉降,

如果发生不均匀沉降，会影响到 RMG 的正常使用，维修作业也将影响码头的正常运营。因此应充分考虑到码头投入使用后可能出现的轨道基础不均匀沉降，设计时将其控制在 RMG 正常作业许可的范围内。

RMG 方案的堆场土建基础投资约为 35590 万元，RTG 方案的堆场投资约为 19930 万元。RMG 方案的土建基础投资较 RTG 方案的土建基础投资高出 15660 万元（表 2-8-6）。

RTG 方案与 RMG 方案初始投资比较表　单位：万元　表 2-8-6

	工艺设备	供电设施	堆场基础	小计
RMG 方案	43680	3005	35590	82275
RTG 方案	40320		19930	60250
RMG-RTG	3360	3005	15660	22025

在营运费用方面，RMG 方案则在 3 个方面较 RTG 方案具有优势：

①动力消耗方面

RMG 的电耗按 2kW · h/TEU，电价按 0.70 元/kW · h 计，采用 RMG 的动力消耗费用为 683 万元（0.7 ×2 ×487.9）。

RTG 的油耗按 0.7L/TEU，油价按 5 元/L 计，采用 RTG 的动力消耗费用为 1708 万元（5 ×0.7 ×487.9）。

采用 RMG 方案每年节约动力消耗费用 1025 万元。

②人力费用方面

由于 RTG 方案的装卸设备数量较 RMG 方案多出 13 台，相应多出司机、维修人员 55 人，若人力费用按 8 万元/年计，采用 RMG 方案每年节约人力费用开支 440 万元。

③维修保养费用

若 RTG 的平均年维修保养费用按 12 万元/台，RMG 的年维修保养费用按 4 万元/台计，56 台 RTG 的年维修保养费用为 672 万元，42 台 RMG 的年维修保养费用为 168 万元。

采用 RMG 方案每年节约维修保养费用 504 万元（表 2-8-7）。

RTG 方案与 RMG 方案营运费用比较表　单位：万元　表 2-8-7

	动力消耗	人工费用	维修保养费用	小计
RMG 方案	683		168	851
RTG 方案	1708	440	672	2820
RMG-RTG	-1025	-440	-504	-1969

两方案的经济评价，完成的功能可认为是相同的，因而不必计算收益，方案的经济比较可采用年费用(AC)：

$$AC_{\mathrm{RTG}}=60250(A/P,i_c,12)+2802$$

$$AC_{\mathrm{RTG}}=82275(p/p,\ i_c,18)+851$$

式中，i_c 为财务基准收益率，可取值 10%：

$$AC_{\mathrm{RTG}}=60250\times0.1468+2802=11664.7\ \text{万元}$$

$$AC_{\mathrm{RTG}}=82275\times0.1219+851=10880.3\ \text{万元}$$

$$AC_{\mathrm{RTG}}-AC_{\mathrm{RMG}}=784.4\ \text{万元}$$

轮胎式龙门吊方案较轨道式龙门吊方案年费用高 784.4 万元。

从经济比较的结果上看，初始投资大的方案，即 RMG 方案的效益指标较为理想；从远期风险分析的角度考虑，燃油价格高度依赖世界政治、经济形势的发展，近年来，世界范围内的燃油价格已大幅上涨，而中东等产油地区形势仍不稳定，燃油价格仍然存在着继续上涨的风险。而我国煤炭资源丰富，电力价格上涨的风险性相对较小，因此 RMG 方案与 RTG 方案相比具有较强的抗风险能力。

(3)综合比较及结论

本工程所在港口的集装箱运输已处于稳步增长阶段，快速发展的集装箱运输将给新建码头提供充足的运量，使新建码头有条件及早形成能力，产生效益。

目前我国集装箱码头堆场上的作业绝大多数是依靠 RTG 完成(图 2-8-20)，近几年来，随着国际市场燃油价格的大幅攀升，RTG 的运营成本也急剧升高。在世界燃油市场前景尚不明朗的情况下，采用 RMG 方案规避风险应是一种合理的选择。2005 年世界集装箱吞吐量前 10 名港口中已有新加坡、香港、釜山、高雄、鹿特丹、汉堡港有了大规模采用 RMG 的先例，上海港也已以空箱堆场为切入点开始在集装箱码头堆场上配置 RMG 进行空箱装卸作业。本港作为我国重要的集装箱运输干线港，也应立足当前，着眼长远，为集装箱运输的长久持续发展打下良好的基础。

从经济比较上看，RMG 方案的经济指标比较理想(图 2-8-21)，且其抗风险能力强，有利于保证长远目标的实现。此外，考虑到 RMG 方案在通过自动化作业提高装卸效率、减少人力需求方面所蕴含的潜力，以及节省能源、安全环保的作业特性，本工程采用 RMG 方案无论从技术、经济，还是发展前景上都是合理可行的。

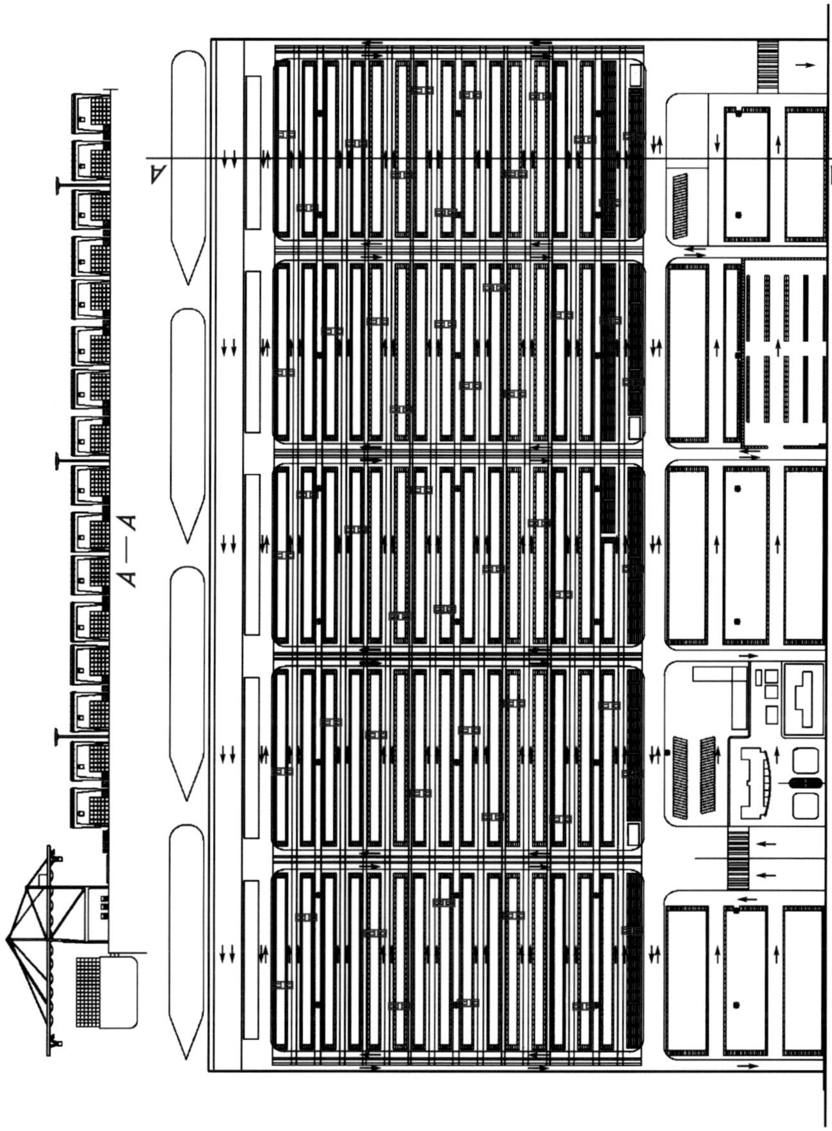

图 2-8-20　RTG 方案工艺布置图

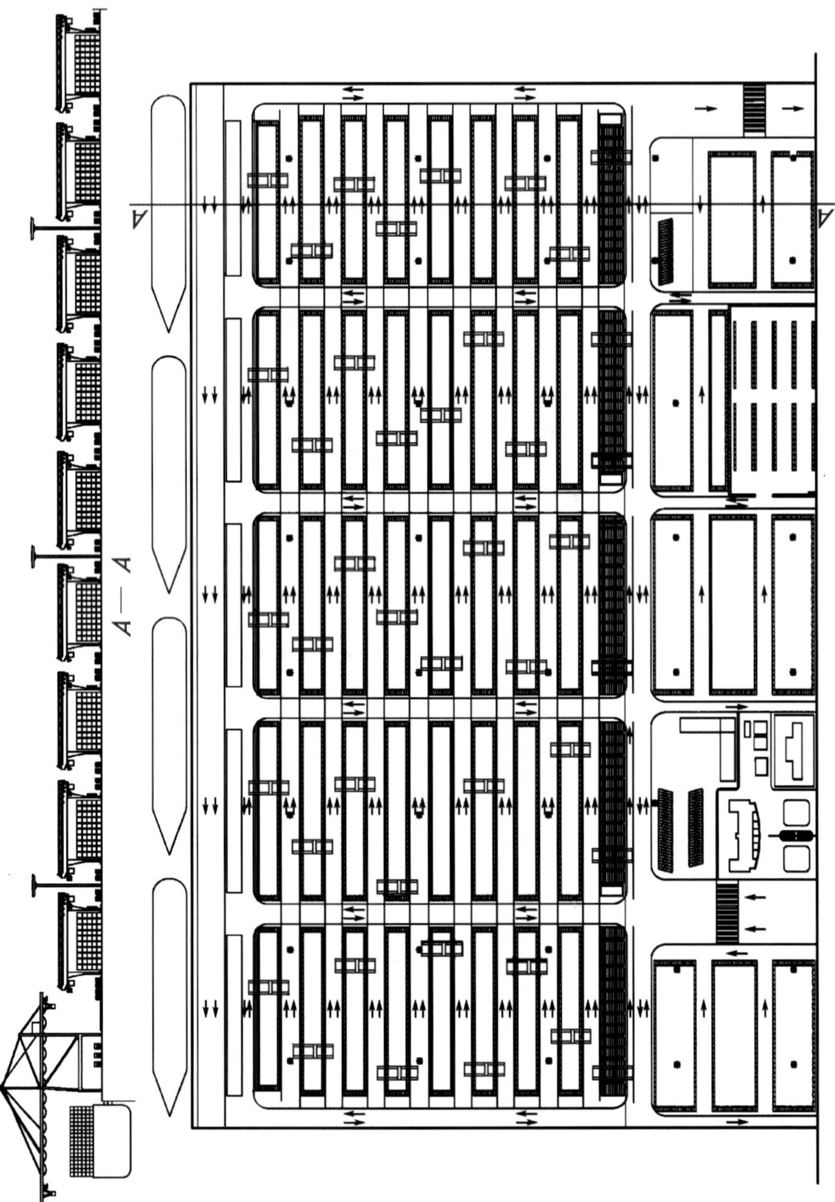

图 2-8-21 RMG 方案工艺布置图

第四节　典型集装箱码头装卸工艺系统介绍

随着集装箱运输发展过程中的不断开发、总结,集装箱码头装卸工艺系统形成了若干成熟的常用工艺方案。目前我国沿海港口共有近170个集装箱专用泊位,年额定吞吐能力约6000万TEU(至2004年底),分布于大连、营口、秦皇岛、天津、青岛、上海、南京、宁波、厦门、广州、深圳等地。堆场大多采用轮胎式龙门吊系统,少数采用轨道式龙门吊系统。

1.上海港外高桥四期集装箱码头工艺系统

(1)码头自然条件

上港国际(港务)集团股份有限公司投资建设的外高桥港区四期集装箱码头,位于长江口南岸,码头前沿水深为14.2m,码头岸线长度1250m,包括4个第四代集装箱船泊位及下游端内侧2个长江驳船泊位。港区陆域纵深1200m,占地1.63km^2,配备岸桥14台,场地轮胎式龙门吊48台,堆存能力达1.653万TEU平面箱位。其先进的机械设备、完善的生产指挥系统、优良的配套设施在国内首屈一指,并处于国际先进水平。本码头投入运营伊始,不断刷新中国港口的集装箱装卸效率记录,2005年集装箱吞吐量达363.8万TEU。该码头采用的装卸工艺系统是典型的轮胎式龙门吊系统。

(2)主要装卸设备配备

①岸桥

吊具下额定起重量都是61t,起升高度:轨上40m、轨下15m,外伸距60m、后伸距18m,运行速度(m/min):起升75/180、小车240、大车45,轨距为30m,可完成目前最大集装箱运输船(9600和10000TEU)的装卸工作。

②集装箱轮胎式龙门吊

码头堆场共有48台轮胎式龙门吊。有46台为高门架,额定起重量为40t,可堆4过5(最高5层);另外2台也为高门架起重机,额定起重量为50t,可堆4过5(最高5层)。

③集装箱拖挂车

码头共有集装箱拖挂车72辆,承担码头前沿与堆场及堆场内不同箱区之间的集装箱水平拖运。

④其他装卸设备

堆场空箱、危险品箱及拆装箱区为毛桩箱区,故码头还配备有集装箱正面吊 3 台、集装箱叉车 3 台,空箱堆高机 8 台及箱内叉车 10 台。

(3)工艺流程(图 2-8-22)

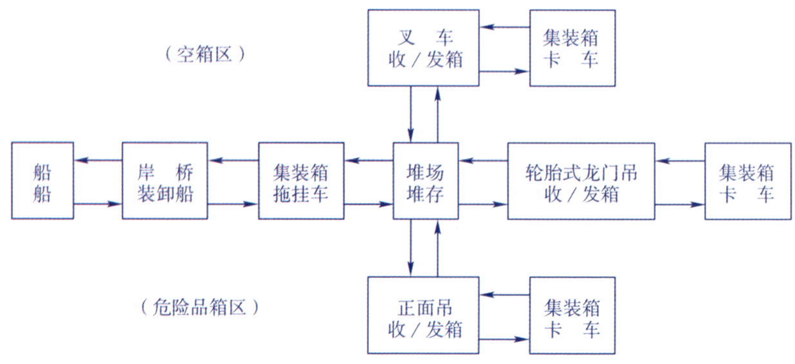

图 2-8-22　外高桥四期集装箱码头工艺流程

2. 大连港大窑湾三期集装箱码头工艺系统

(1)码头自然条件

大连港集团投资建设的大窑湾三期集装箱码头,位于在建的二期集装箱码头工程的西侧和汽车码头工程的东侧,码头前沿水深为 16.0m,码头岸线长度 1842m,6 个集装箱船泊位。港区陆域纵深 1057m,占地 2.18km^2,配备岸桥 22 台,场地轨道式龙门吊 63 台,堆存能力达 2.83 万 TEU 平面箱位。

该码头采用的装卸工艺系统是典型的轨道式龙门吊系统,目前正在建设中。

(2)主要装卸设备配备

①岸桥

码头前沿共配备有 22 台超巴拿马型岸桥,承担船舶的装卸作业。吊具下额定起重量都是 65t,起升高度:轨上 43m、轨下 18m,外伸距 65m、后伸距 18m,运行速度(m/min):起升 90/180、小车 240、大车 45,轨距为 35m,同样可完成目前最大集装箱运输船(9600 和 10000TEU)的装卸作业。

②轨道式龙门吊

码头堆场共有 63 台轨道式龙门吊。设计吊具下额定起重量是 61t,起升高度 18.1m,轨距 32m,双侧外悬臂 5.25m,大、小车行走速度 120m/min。

③集装箱拖挂车

码头共有集装箱拖挂车 110 辆,承担码头前沿与堆场以及堆场内不同箱区之间的集装箱水平拖运。

(3)工艺流程(图 2-8-23)

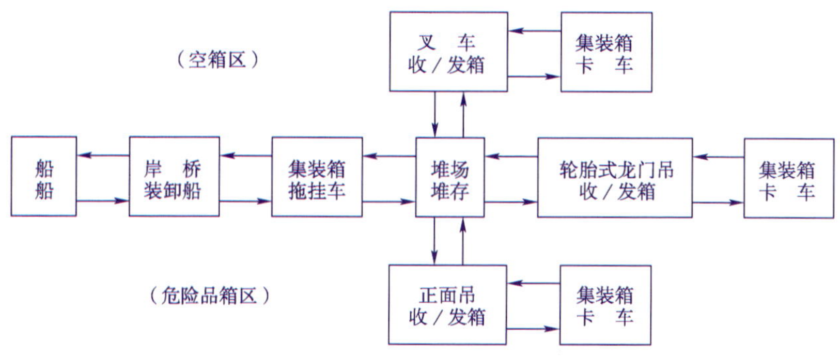

图 2-8-23　大连港大窑湾三期集装箱码头工艺流程

3. 香港 HIT 4、6、7、8 和 9 号全集装箱码头工艺系统

(1)码头概况

香港 HIT 经营葵涌货柜码头的 4、6、7、8 及 9 号共五个全集装箱码头，有 14 个大船泊位和 9 个驳船泊位，泊位长度分别为 3292m、1088m 和 700m，共 5080m。码头前沿水深分别为 12.2～15.0m、14.5m 和 15.5m。码头采用的装卸工艺系统是轮胎式龙门吊、轨道式龙门吊和叉车混合系统。

(2)主要装卸设备配备

①岸桥

共配备有 53 台岸桥承担船舶的装卸作业。

②堆场作业机械

码头堆场共有 130 台轮胎式龙门吊(RTG)、28 台轨道吊(RMG)。

③叉车

由于码头后方堆场有些箱区为毛桩箱区，故码头还配备有集装箱叉车 19 台，其中空叉 14 台，重叉是 5 台。

(3)工艺流程(图 2-8-24)

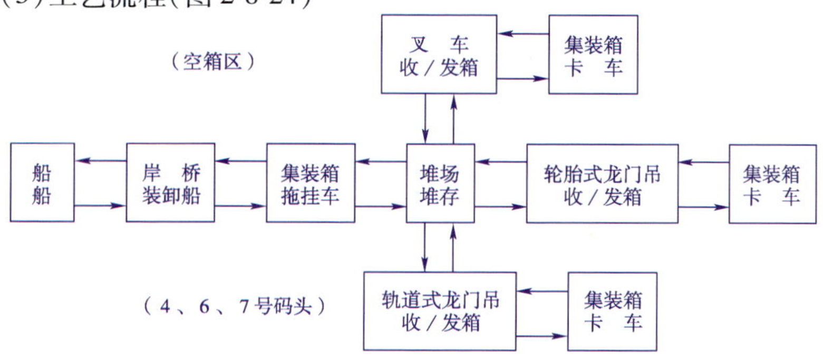

图 2-8-24　香港 HIT 集装箱码头工艺流程

第五节　集装箱码头主要装卸设备

由于集装箱码头上装卸对象是国际标准集装箱，因此码头上的装卸搬运机械要符合国际标准集装箱作业的要求，在集装箱专用码头上一般都采用集装箱专用装卸机械，这些机械主要有：岸桥、跨运车、龙门吊、正面吊、空箱堆高机、集装箱拖挂车及多用途门机、高架轮胎式起重机、正面集装箱叉车、箱内作业叉车等。

一、装卸船设备

1. 岸桥

岸桥是集装箱码头前方集装箱装卸作业的专用设备。如图 2-8-25 所示，岸桥是由门架、支腿、横梁、拉杆、大梁（含前大梁、中梁、后伸梁）、体型架、机器房、电器房、驾驶室、行走台车、车轮等组成；机构有大车行走机构、主起升机构、小车行走机构、前臂梁俯仰机构四个主要运行机构，整机可沿平行于码头岸线上的两条轨道行走，利用液压伸缩式专用集装箱吊具进行装卸作业。对于高速岸桥，还装有吊具减摇装置。

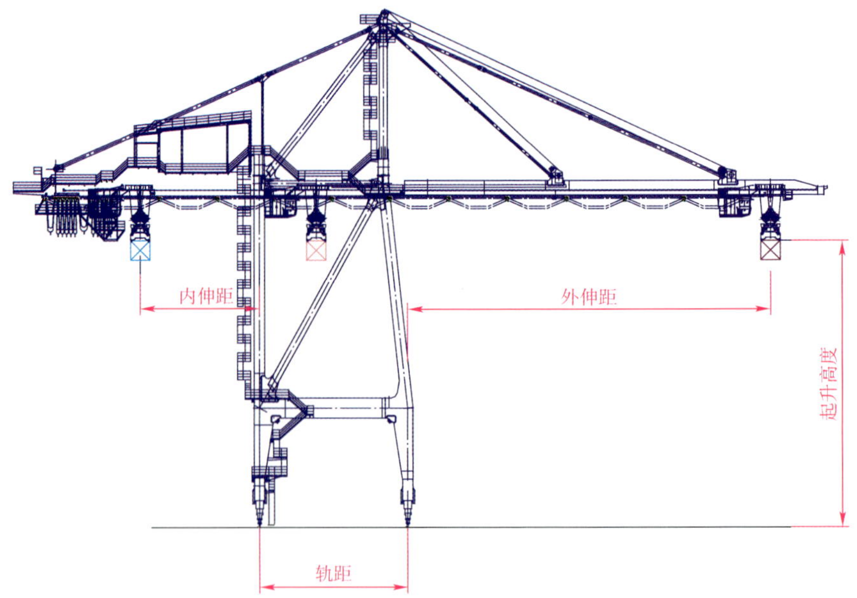

图 2-8-25　岸桥整机布置

(1)结构形式

岸桥通常可按主梁结构型式、按起重小车型式、按降低净空高度、按供电方式和按接卸船型进行分类。

①主梁结构型式可分为:单箱形梁结构、双箱形梁结构、板梁与桁梁混合结构、全桁架结构。

②按降低净空高度可分为:俯仰式主梁、伸缩式主梁和弯折式(鹅颈式)主梁。

③按供电方式可分为:滑触卷筒供电、电缆卷筒供电和柴油发电机供电。

④按接卸船型可分为:巴拿马型和超巴拿马型。

⑤按起重小车型式可分为:自行式起重小车、全绳索牵引小车和自行式非起重小车。

(2)岸桥主要参数确定

装卸船是集装箱码头装卸作业系统的关键,装卸船机械选型,重点应是根据装卸工艺设计要求,对岸桥的主要技术性能参数,进行合理的选定,以充分保证码头预定的通过能力和满足所有到港挂靠船舶的装卸作业要求。

①额定起重量

额定起重量是指吊具下的最大起重量。正常条件下可按 ISO 集装箱型系列 40′集装箱最大重量为 30.48t 来选定,即将额定起重量定为 30.5t。但随着国际集装箱运输的发展,已出现了长为 45′、48′乃至 53′,高为 9′、9.6′的超长、超高集装箱,另外还出现了一部分无盖或无侧帮的非标超重集装箱,因此,集装箱的总重量实际已突破 ISO 系列规定的 40′集装箱的最大重量 30.48t,并逐渐被运输界所接受的一种发展趋势。

确定起重量还应考虑起吊船舶舱盖板,绝大多数船舶的舱盖板总重量都在 30.5t 之内,但也有个别船舶的舱盖板的重量超过 30.5t 达到 35~36t 左右。

专业集装箱码头岸桥的起重量一般不少于 40t。考虑码头的未来发展,确保各种特殊箱型到港都能顺利进行装卸,目前新建的专用集装箱码头双 20′岸桥的额定起重量一般为 50t、55t、60t 和 65t ,甚至更大;双 40′岸桥的额定起重量一般为 80t。

②外伸距

外伸距为岸桥海侧轨道中心至作业船舶甲板上外舷最外侧一行集装箱中心线的距离,应考虑以下因素:

(a)岸桥海侧轨道中心到码头前沿线之间的距离;

(b)码头护舷的宽度;

(c)从船舶内舷外侧到甲板上外舷最外侧一行集装箱中心线之间的距离;

(d)当船舶侧摇3°时,甲板上最上层、最外侧那列集装箱向外水平摆移的距离;

(e)兼顾或发展到港船型预留宽度。

③内伸距

小车(或吊具)从陆侧轨道中心向堆场方向运行的最大水平距离。内伸距范围的陆域主要是用来存放船舶舱盖板,以及保证有时需要在码头前沿临时存放集装箱所必需的地带宽度。据有关资料统计,船舶舱盖板的最大尺寸约为16m×14m。若仅考虑这一因素,后伸距最小可取8.5m,一般取10~17m较多。

④轨距

岸桥轨距尺度的确定主要应从满足单机自身结构总体稳定性、整个码头装卸工艺布置、装卸作业过程中总体使用要求三个方面考虑。随着现代化集装箱码头的发展和集装箱船型尺度的增大,装卸船作业对轨距的要求越来越大。具体应考虑装卸船作业高峰时,最多可能需要有几台岸桥同时装卸一艘船、跨下同时要留几条水平搬运车辆作业通道(一般每条拖挂车通道宽度为3.5~4.5m、集装箱跨运车通道宽度为5.5m),以及在整个装卸船过程中出现特殊情况时,岸桥跨下可能需要堆放几列集装箱等因素综合考虑。

目前已有岸桥的轨距多在16~30m之间,个别的为35m。早期由于集装箱船型较小,岸桥的外伸距也较小。随着集装箱船型的加大,超长超重集装箱箱型的出现,岸桥外伸距的加长和主要机构运行速度的提高,轨距也将随之相应地加大。从现有大型专业化集装箱码头的有关资料来看,轨距一般在20~30m之间,也有达到35m的。

⑤起升高度

起升高度包括轨面以上起升高度和轨面以下起升高度。轨面以上起升高度是指吊具被提升到最高工作终点位置时,吊具转锁箱下平面离码头海侧轨顶面的垂直距离;轨下起升高度是指吊具被下降到正常终点位置时,吊具转锁箱下平面离海侧轨顶面的垂直距离。

(3)岸桥的发展

随着一代代超巴拿马型集装箱运输船舶的出现,也对装卸设备的装卸效率提出了新的挑战,为满足快装快卸的要求,出现了双小车岸桥、双40英

尺岸桥和双40英尺双小车岸桥。

①双小车岸桥

双小车岸桥如图2-8-26所示,它由前小车、中转平台和后小车组成。前小车将集装箱自船上吊至中转平台上,然后返身回去吊第二箱。后小车由中转平台将箱吊到平板车上。装船时按相反过程进行操作。

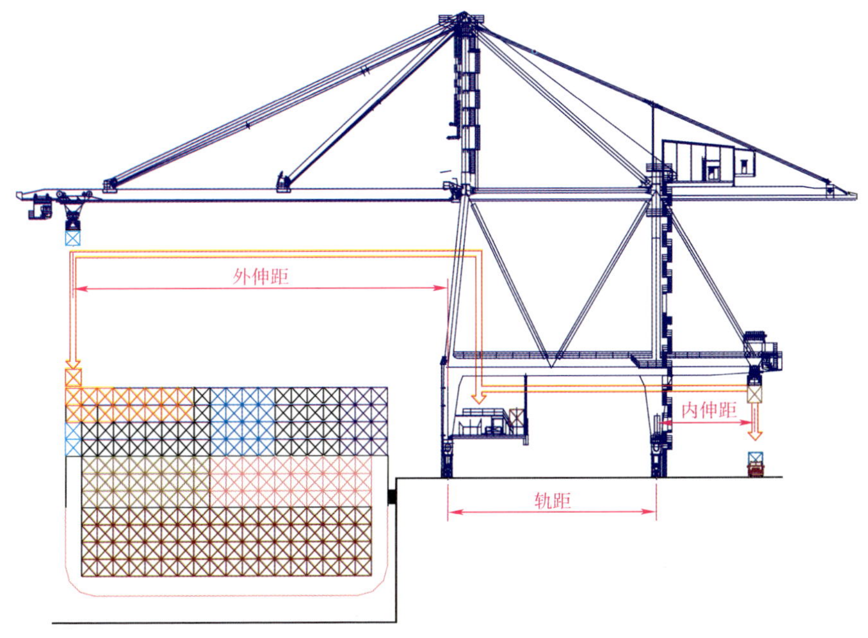

图2-8-26　双小车岸桥

两个小车一高一低,前小车起升高度在40m以上,便于对大船进行装卸作业;后小车起升高度低于15m,主要用作自中转平台取箱并将箱装在停在码头上的集装箱牵引车上。后小车设计的速度快于前小车,因而前小车的生产率就是整个岸桥的生产率。与单小车相比,前小车的水平行程短,起升行程也小,又不必等候取下转销,其生产率比单小车高30%～40%。

双小车岸桥已成功地投入了运行,最早被用于德国的汉堡港和法国的勒佛尔港,经实践证明,双小车岸桥能够较好地满足超巴拿马集装箱船舶快速装卸的要求,主要优点是减少海侧小车运行距离,提高单机装卸作业效率,其设计装卸效率可达50～60自然箱/小时。

②双40英尺岸桥

双40英尺岸桥特点就是可以同时起吊2个40英尺的集装箱或4个20

英尺箱。普通岸桥一次只能吊1个40英尺箱或2个20英尺箱。理论计算这种新型的双40英尺岸桥可使单台设备的装卸效率在原来的基础上提高50%～60%以上。

双40英尺岸桥具有两套独立的起升系统以适应一次装卸两个40英尺集装箱,或装卸4个20英尺集装箱(图2-8-27),也可以起吊总重达65t的2个超重20英尺集装箱。

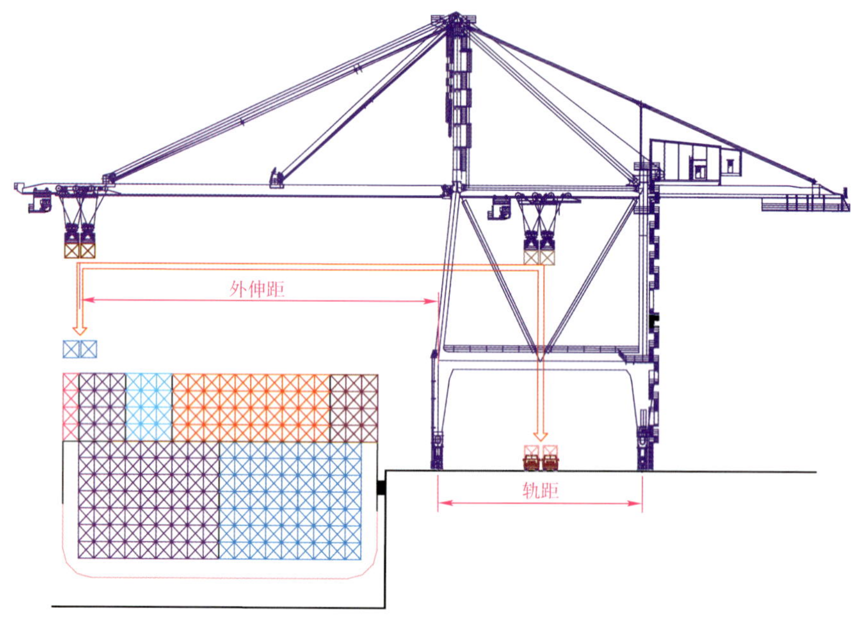

图2-8-27　双40英尺岸桥

③双40英尺双小车岸桥

如图2-8-28所示,双40英尺双小车岸桥是继双小车岸桥和双40英尺岸桥之后,为迎接航运界进入超巴拿马时代快速装卸的又一产物。双40英尺双小车岸桥是综合了双40英尺岸桥和双小车岸桥的优点,同时克服了二者的不足,在此基础上开发出来的超大型新型岸桥。理论上这种新型的40英尺双小车岸桥装卸效率可达到每小时90～100个自然箱。

二、堆场装卸设备

目前,专用集装箱码头堆场装卸设备主要有轮胎式龙门吊、轨道式集装箱龙门吊、集装箱正面吊运机、集装箱重箱叉车、集装箱跨运车、空箱堆高机等专用装卸设备。

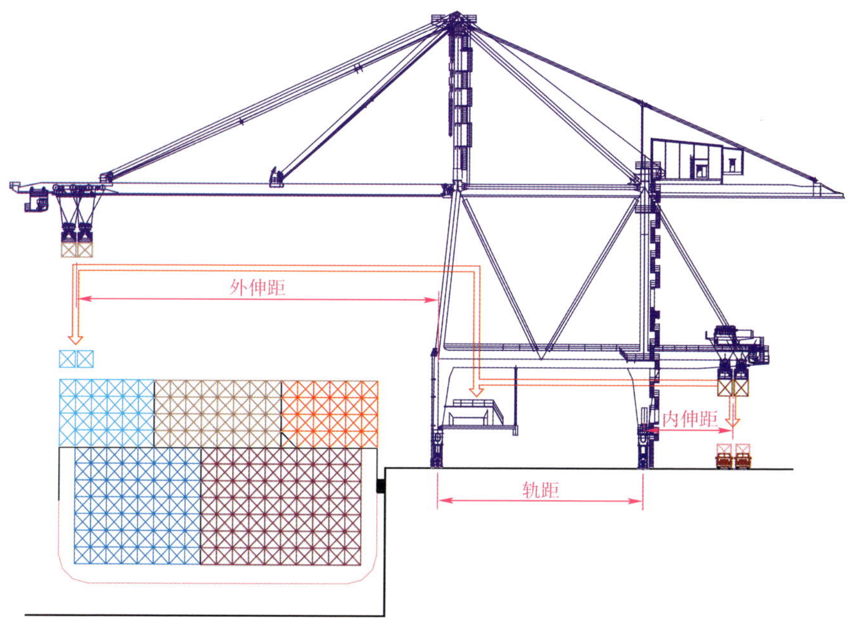

图 2-8-28 双 40 英尺双小车岸桥

1. 轮胎式龙门吊

轮胎式龙门吊如图 2-8-29 所示,轮胎式龙门吊是集装箱码头堆场进行集装箱装卸作业的专用机械。轮胎式龙门吊的门架由前后两片门框和底梁组成,轮胎在堆场内沿预定的轨道行走。装有集装箱吊具的行走小车沿着门框横梁上的轨道行走进行堆场作业。

(1)主要技术参数

①起重量

轮胎式龙门吊的起重量由额定起重量和吊具重量决定,即

$$Q = Q_e + W$$

式中:Q——轮胎式龙门吊的起重量(t);

Q_e——额定起重量(t);

W——吊具重量(t)。

额定起重量按所起吊的集装箱最大总重量决定。

②跨距

轮胎式龙门吊的跨距是指两侧行走轮中心线之间的距离。

目前,国内专用集装箱码头轮胎式龙门吊的跨距一般为 23.47m。跨距

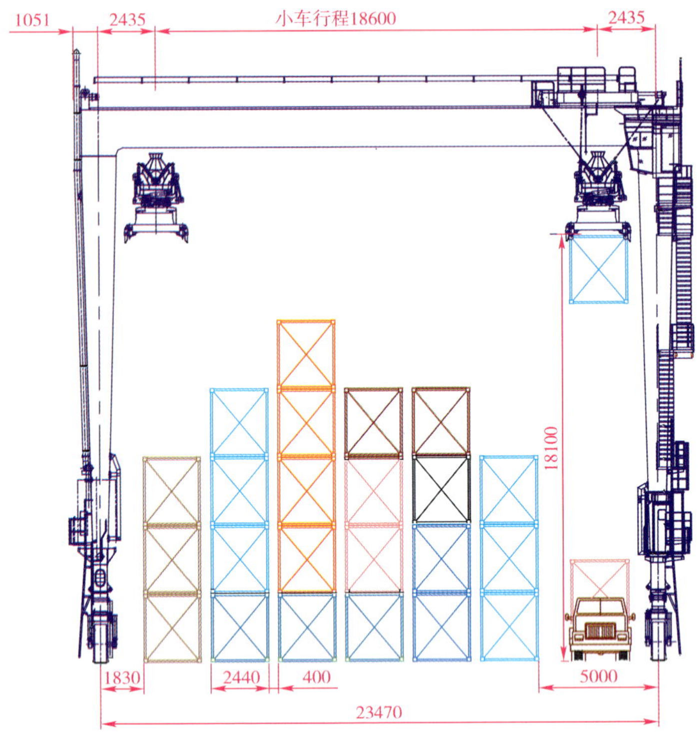

图 2-8-29　轮胎式龙门吊

内布置 6 列集装箱和一条牵引车、半挂车通道。常见的布置方式有两种：一种是通道布置在一侧，6 列集装箱布置在另一侧；另一种是通道布置在中间，两边各布置 3 列集装箱。

各列集装箱之间的间距一般为 300 ~ 450mm；最外边一列集装箱与轮胎式龙门吊行走轮外廓间的距离一般大于 500mm；最外边一列集装箱与轮胎式龙门吊行走轮轮胎中心线间的距离一般大于 1350mm；牵引车、半挂车一侧与集装箱之间的距离一般为 750mm，另一侧与轮胎式龙门吊行走轮外廓之间的距离一般大于 500mm，与行走轮轮胎中心线之间的距离一般大于 1350mm。

③起升高度

轮胎式龙门吊的起升高度系指吊具底部至地面的垂直距离。它取决于起重机门架下所堆放的集装箱的层数和高度。目前，专用集装箱码头普通重箱堆场的堆高一般为 4 ~ 6 层，可通过 5 ~ 7 层。集装箱的高度一般按

2591mm（8 英尺 6 英寸）考虑，起吊集装箱的安全通过间隙一般大于 500mm。随着超常、超高、超重箱的增多，轮胎式龙门吊的起升高度可按特种箱集装箱的高度 2896mm（9 英尺 6 英寸）考虑，起吊集装箱的安全通过间隙可按大于 600mm 考虑。

④基距

轮胎式龙门吊的基距是指两片门框主柱中心线之间的距离。确定轮胎式龙门吊的基距要考虑起重机的发动机、发电机、电动机、液压装置等设备的安放位置、要考虑小车起升钢丝绳能在两片门框内侧之间顺利通过、要考虑行走电动机在底梁下前后轮胎之间的安放位置、同时要考虑起重机的跨距和基距间的合理比例关系及其整机的稳定性。一般情况下，对于跨下布置 6 列集装箱和一条牵引车、半挂车通道的轮胎式龙门吊其基距一般取 6400 ~ 6900mm。

（2）轮胎式龙门吊对堆场的要求

①运行轨道的铺装

轮胎式龙门吊轮压都比较大，如额定起重量 40t，采用 8 个轮胎其最大轮压一般为 32t。因此，应根据选用设备轮压的具体情况结合堆场道路布置对轮胎式龙门吊在堆场内的运行跑道进行特殊处理。

②转向垫板

轮胎式龙门吊在作业过程中需要从一块堆场转移到另一块堆场，在作 90°直角转向处，每个车轮下面需铺设一块转向垫板，以减少轮胎与地面的摩擦，确保车轮在作 90°直角转向时，轮胎不致变形损坏。转向垫板是一块直径约 1500mm 的钢板，转向垫板装设在通道转向处，并与通道路面在同一平面上。

③防风锚固装置

在遇大风的情况下，轮胎式龙门吊需锚固，以防止轮胎式龙门吊爬行和倒下。防风锚固装置一般设置在集装箱堆场的两侧，遇有大风，将轮胎式龙门吊开到锚固位置进行锚固。锚固装置应根据码头所在地的最大风速进行设计。

2. 轨道式龙门吊

轨道式龙门吊是集装箱码头堆场进行集装箱装卸和堆码作业的专用机械，如图 2-8-30 所示。

轨道式龙门吊与轮胎式龙门吊相比，具有跨度大、堆码层数多，一般可堆放 5 ~ 8 层，场地的利用率较高，堆场的堆存能力较大。轨道式龙门吊结

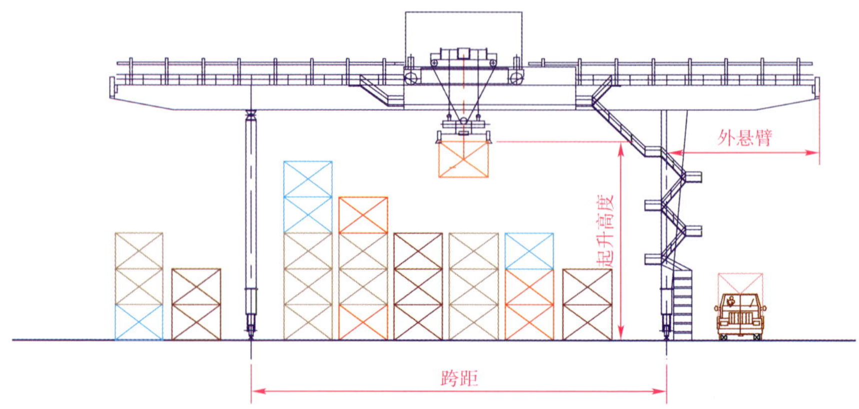

图 2-8-30　轨道式龙门吊

构较为简单,操作容易,维修方便,易于实现自动化控制。

(1)起重量

轨道式龙门吊的起重量由额定起重量和吊具重量决定,即

$$Q = Q_e + W$$

式中:Q——轮胎式龙门吊的起重量(t);

Q_e——额定起重量(t);

W——吊具重量(t)。

额定起重量按所起吊的集装箱最大总重量决定。

(2)跨度和悬臂伸距

轨道式龙门吊的跨度是指起重机行走轨道中心线之间的距离。悬臂伸距是指两侧轨道中心线分别至悬臂端吊具中心线之间的距离。

专用集装箱码头堆场用轨道式龙门吊,其跨距一般在 30 ~ 50m 范围内,悬臂伸距一般取 8 ~ 10m。

(3)起升高度

轨道式龙门吊的起升高度是指吊具底部平面至地面的距离。起升高度一般应满足堆 5 ~ 8 层箱,可通过 6 ~ 9 层。考虑超高箱和安全间隙等因素轨道式龙门吊起升高度一般在 18 ~ 27m。

(4)门框通过宽度和基距

轨道式龙门吊的门框通过宽度是指沿起重机轨道线门框通过集装箱的最小宽度。基距是指起重机同一轨道上两个柱支承中心线之间的距离。轨道式龙门吊的门框通过宽度一般为 14m,基距应大于 15m。

3. 集装箱正面吊运机

正面吊是一种较为机动灵活的集装箱堆场专用机械，如图 2-8-31 所示。虽然这种集装箱堆存设备由于运动方向与作业方向垂直而需要占据较宽的通道，但是它的堆箱层数较高，重箱正面吊可以堆存 3 ~4 层，空箱正面吊可以堆存 7 ~9 层。目前，正面吊主要还是作为集装箱堆场的辅助作业机械，但是确实是一种很有前景的集装箱装卸的专用设备。

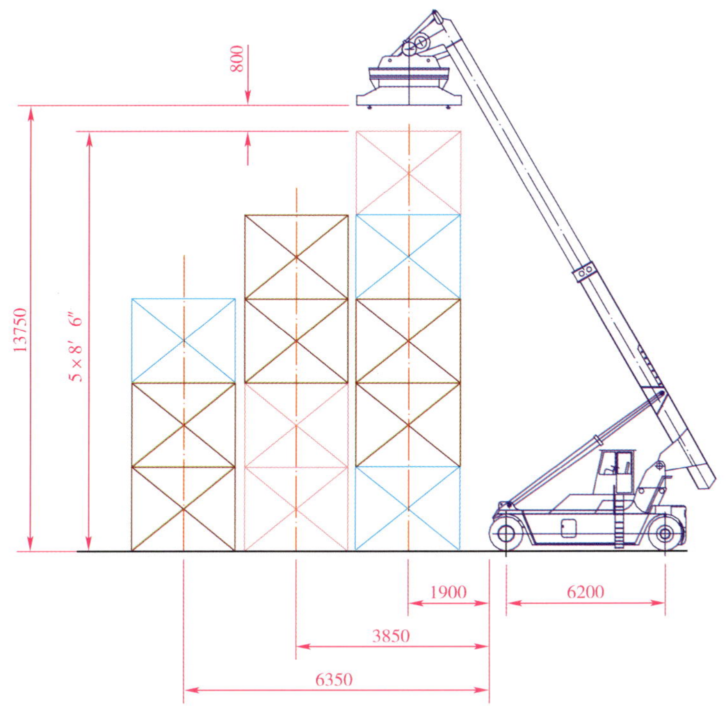

图 2-8-31　集装箱正面吊运机

4. 集装箱空箱堆高机

堆高机是集装箱码头空箱堆场堆码、搬移和装卸的专用设备，如图 2-8-32 所示。堆高机具有堆箱层数高、堆垛和搬运速度快、机动灵活、作业效率高，操作方便、稳定性好、堆码层数高、堆场利用率高等优点。堆高机的额定起重量一般为 7 ~8t，最大可达 9t，堆高一般为 5 ~7 层，最高可堆 8 层。

三、水平运输设备—集装箱拖挂车

集装箱拖挂车是集装箱码头水平运输的专用设备，如图 2-8-33 所示。

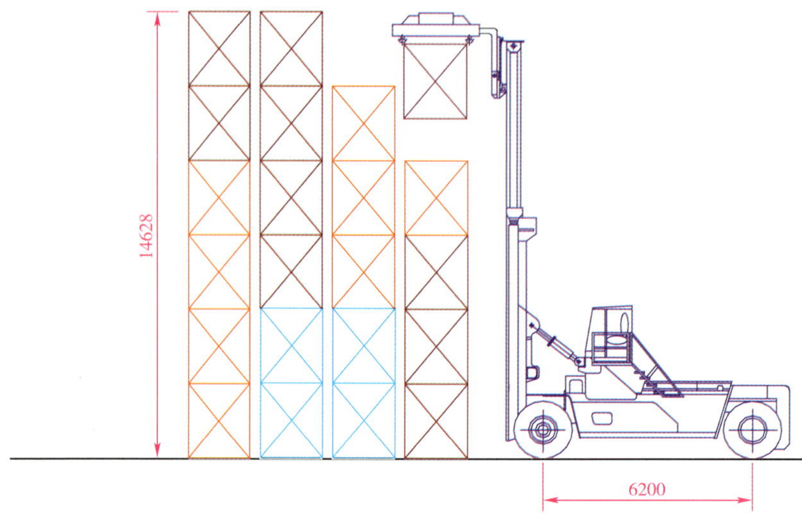

图 2-8-32　集装箱空箱堆高机

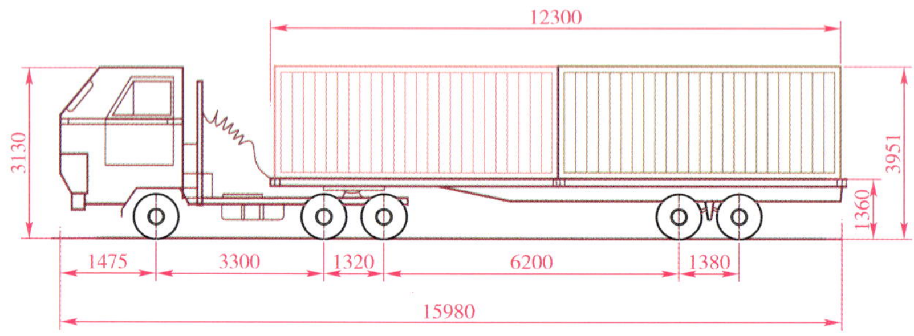

图 2-8-33　集装箱拖挂车

集装箱拖挂车按其使用场所的不同,分为公路用集装箱卡车和货场用拖挂车。

公路用集装箱卡车,其长、宽、高尺寸及轮压和轴荷重均应符合国家标准规定。为保证装运时的安全,挂车应装设固定集装箱用的旋锁装置。

货场用拖挂车外廓尺寸一般可不受国家对于车辆限界的规定限制,但挂车的全长和轴负荷要考虑到码头、货场、道路的技术条件。其集装箱固定装置可以做得比较简单。在地面比较平整、运输距离较短的场合,也可使用带导板的半挂车,使得集装箱装卸较为方便。

第九章　集装箱码头水工建筑物

第一节　集装箱码头的特点

集装箱运输是港口运输装卸的一项重大改革，实现了“门对门”的高效率运输。集装箱码头是综合连续集装箱水运系统的水陆连接点，是集装箱水运中起中枢作用的设施。它必须与集装箱船成为紧密联系的整体，顺畅地交接集装箱货物，进行高效率的流水作业。码头结构的可靠性和适用性是集装箱运输系统的关键之一。因此，不同于其他码头，对集装箱码头提出了更高的要求，由此产生了集装箱码头的许多特点。

一、码头设计荷载大

随着集装箱船舶大型化和对装卸效率的要求越来越高，使得岸边集装箱桥式起重机（以下各节简称岸桥）的轨距、外伸距和吊重越来越大。这样作用在码头上的轮压就越来越大，见表2-9-1[17]。

岸桥主要参数表　　表2-9-1

轨距	16m			22m			24.384m			30.48m			35m		
最大轮压（t）	海侧	工作状态	37.88	海侧	工作状态	44	海侧	工作状态	63.78	海侧	工作状态	88.1	海侧	工作状态	132.5
		非工作状态	16.02		非工作状态	44		非工作状态	75.53		非工作状态	134.3		非工作状态	193.7
	陆侧	工作状态	29.9	陆侧	工作状态	53	陆侧	工作状态	57.14	陆侧	工作状态	56.5	陆侧	工作状态	110.0
		非工作状态	39		非工作状态	53		非工作状态	76.53		非工作状态	112.9		非工作状态	190.0
吊钩下起重量	42.5t			50t											
额定起重量	35t			40t/45m			50t			66t			70～75t		
外伸距	35m			48m			56m			60m			68.5m		
备注	上海SCT 1995年			大连DCT 1987年			凯丰 2000年			牙买加 2001年			深圳大铲湾 2006年		

深圳大铲湾港区一期工程所采用的岸桥轮压到目前为止是最大的，工作状态轮压超过 1300kN，非工作状态轮压近 2000kN。这么大的工艺荷载不论对高桩梁板码头还是重力式码头都至关重要。

码头前沿为了临时装卸小型船舶的集装箱或临时堆箱，有时要用正面吊作业，正面吊吊重时前桥额定负荷近 1000kN。这对高桩梁板码头的面板和重力式码头的管沟盖板将成为控制荷载。

码头前沿的堆货荷载一般比杂货码头、非金属矿石码头、煤码头等要大，有些国家要大得多。

我国《港口工程荷载规范》规定海港码头前沿堆货荷载标准值为 30kPa，而一般杂货码头、非金属矿石码头、煤码头等为 20kPa。

深圳港大铲湾港区一期工程为香港现代货柜有限公司与深圳市合资建设。香港方面要求按堆高三层标准箱计算，码头前沿堆货荷载为 37 kPa。

英国规范[18]规定：对于码头前沿不超过 30m 宽度的地带，集装箱最大堆高为 7.5m。也就是相当于堆高为三层。香港的习惯做法与英国相近。

日本规范[19]规定：一般件杂货码头前沿的堆货荷载多为 10～30 kPa，对集装箱和钢铁码头，装卸的货物重量大，最好根据使用情况确定堆货荷载。

可见，日本在荷载大小上，将集装箱码头和钢铁码头相提并论。而在量值上是根据实际可能情况确定。上海洋山港就是这样确定的。

上海洋山港区一、二、三期工程码头前沿堆货荷载确定为后轨前后分别为 30kPa 和 20 kPa，规定码头前沿临时堆箱不超过二层，并限制堆箱范围。显然，限制堆放二层箱和只做拖挂车通道的码头前沿堆货荷载为 30kPa 和 20 kPa 是足够的。

二、泊位顺岸布置

集装箱码头作为水陆运输的连接点和中枢，随着集装箱船舶大型化、装卸时间的缩短和集装箱船周转加快（每次停靠装卸量达 2000～3000TEU），要求港口有足够的堆场面积，特别是靠近码头前沿的堆场面积，要求泊位之间岸桥可调用，这样就要求码头岸线成直线或交角较大的折线，即泊位布置要求尽可能大顺岸。在集装箱码头布置上，除“船坞”式之外，常会出现“港池”式或“突堤”式布置，但一般为大“港池”（实为小港湾）、大突堤（实为小半岛），与传统的港池和突堤有所不同。就其组成港池或突堤的每一段而言，数个泊位实为大顺岸。

美国、日本，前苏联对集装箱泊位布置成大顺岸的好处有明确的经验总结。美国有人[20]提出：全部泊位最好在一条直线上。日本国土面积小，岸线少，而常常填海造地，填出的大突堤两侧布置集装箱泊位形成大顺岸，突堤端部布置其他泊位或做成护岸。前苏联[21]的经验是：集装箱泊位通常顺岸布置，使用突堤布置集装箱泊位不能认为是成功的方案。因为，在此情况下保证堆场面积所需要的宽度是困难的。

我国深圳大铲湾港区为填海造地形成的小半岛或称为大突堤，两侧布置集装箱泊位形成大顺岸，端部做成直立深水岸壁，不做集装箱泊位。

三、码头结构变形要求严格

随着集装箱船舶大型化和装卸效率的提高，岸桥外伸距已接近70m，吊钩下起重量已达80t，为保证岸桥持久正常运行，对码头结构的要求也就更加严格。

交通部行业标准规定的港口起重机轨道安装维修和使用极限允许偏差见表2-9-2。

表2-9-2对于高桩梁板码头不难实施，对于重力式码头要求使用年限50年内不大修的情况下，就必须在岸桥基础，也就是码头结构上采取可靠措施。重力式码头沉降是不可避免的。当后轨道梁采用桩基支撑的情况下，沉降的要害部位就是抛石基床下地基沉降，也就是前后轨高差、轨道纵向高差以及四点共面度。

根据表2-9-2，使用极限允许偏差扣除安装维修允许偏差，应该是作为岸桥基础的码头结构变形极限允许偏差。也就是轨道极限允许高差为1‰，纵向坡度极限允许值为1‰，四点共面度允许值为5mm。在码头结构变形极限允许偏差中往往是四点共面度允许值为控制条件。

国内外部分设备制造商或使用者对岸桥使用极限允许偏差曾采用过的参数见表2-9-3，可供参考。

四、海侧轨道距码头前沿线距离大

由于船舶横摇和靠泊时船尾建筑可能伸入码头前沿线，为防止与岸桥相撞，海侧轨道距码头前沿线比一般码头大。以往一般码头这个距离多为1.5～2.5m，集装箱码头在2.5m以上，近来设计的集装箱码头多为3.5～4.0m。

港口起重机安装维修和极限允许偏差表

表 2-9-2

序号	项目	符号	说明	简图	安装维修允许偏差		使用极限允许偏差	
1	轨距误差	ΔL	轨距 L 的允许变动范围		$L \leqslant 15$m	±5mm	$L \leqslant 15$m	±10mm
					$L > 15$m	±10mm	$L > 15$m	±15mm
2	轨道顶面高低误差	ΔH	同一横截面上左、右轨道面最高处的高低误差		$\frac{1}{1000} \times L$mm		$\frac{2}{1000} \times L$mm	
3	坡度	i	一般轨道顶面 K 对水平面 M 的倾斜度，以及对另一根轨道顶面 N 的倾斜度 10m 长度起止点间的高度差用 $i = \frac{H(\text{mm})}{10000} \times \frac{1000}{1000}$表示		$\frac{1}{1000}$		$\frac{2}{1000}$	
4	轨道纵向直线度	t	在铺设轨道的平面内，一根轨道中心线 P 的允许变动范围		10m	5mm	10m	10mm
					150m 内	30mm	150m 内	50mm
5	四点共面度	S	港口起重机的轨距 L 和基距 L_1 相交的四点，以轨道顶面上的投影 A、B、C、D 四点不在同一平面内的允许变动范围		5mm		10mm	

岸桥使用极限允许偏差　　表 2-9-3

设备参数 / 制造及使用者	四点共面度(mm)	轨距差(mm)	前后轨高差(mm)
日本三棱	≤30	20	≤60
日本 KO Ni		8	≤20
日本三井	≤25	5	≤20
中国振华	≤10	5	≤60
韩国现代	≤10	3	≤5
盐田国际	≤30	20	≤60

由于现代半自动化大型集装箱码头广泛使用 AGV(自动导向车)搬运系统,一般车辆无法进入货场,这个距离取为 6～7m,以便工作人员的车辆和船舶给养车辆通行。在特殊情况下,可作为一条快速通道。

第二节　上海港外高桥高桥嘴港区集装箱码头

一、码头概况

上海港外高桥港区分五期建设,其中第一、二、三期工程位于高桥嘴,四、五期工程位于五号沟。

码头结构型式为高桩梁板结构,安全等级均为二级。

码头和引桥的设计荷载有:集装箱岸边起重机荷载,码头平台均布荷载为 30 kN/m^2,引桥和引堤上的均布荷载为 10 kN/m^2,40 英尺集装箱拖挂车,16t 全液压汽车起重机打支腿作业以及 RTG 等堆场设备整机上岸时的行走荷载。

集装箱装卸桥轮压分布典型图示如图 2-9-1 所示,码头设置多台装卸桥,每二台装卸桥之间的最外侧轮距最小工作距离为 2m。

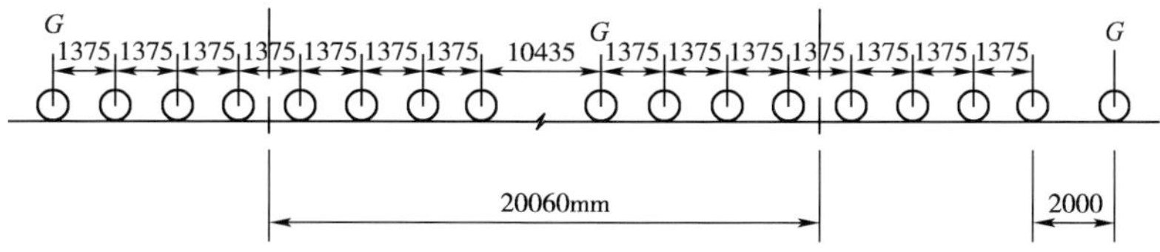

图 2-9-1　集装箱装卸桥典型轮压分布图

集装箱装卸桥轮压考虑各种工作状态和非工作状态时的情况,按不同的设计状况选取。如工作状况某一机型，外伸50m、吊具下50t时，海侧轮压550kN，陆侧轮压142.7kN；而同一机型，内伸13.5m、吊具下50t时海侧轮压305.7kN，陆侧轮压380kN。大风停机时的非工作状态则海侧轮压424.5kN，陆侧轮压510kN。

此外，由于集装箱码头配置的装卸设备形体和重量大，数量多，像装卸桥行走机构检修时，顶升板荷载，台风时防风拉索力，锚碇机构水平力等荷载情况均与一般件杂货码头不同。

二、自然条件

1. 设计水位（吴淞零点）

设计高水位（高潮累积频率10%）	4.10m
设计低水位（低潮累积频率90%）	0.45m
极端高水位（50年一遇）	5.70m
极端低水位（50年一遇）	-0.37m
乘潮水位（保证率95%，乘潮4h）	2.00m

2. 设计波浪（表2-9-4和表2-9-5）

码头前沿设计高水位时设计波要素　　表2-9-4

重现期	50年一遇					25年一遇				
波向	$H_{1\%}$ (m)	$H_{5\%}$ (m)	$H_{13\%}$ (m)	T (s)	L (m)	$H_{1\%}$ (m)	$H_{5\%}$ (m)	$H_{13\%}$ (m)	T (s)	L (m)
NNW	3.89	3.20	2.69	6.6	64.25	3.60	2.96	2.48	6.2	57.77
NNE	2.81	2.30	1.92	5.5	46.52	2.67	2.19	1.83	5.3	43.37
ESE	3.13	2.56	2.15	5.8	51.31	2.96	2.43	2.03	5.6	48.11

码头前沿极端高水位时设计波要素　　表2-9-5

重现期	50年一遇					25年一遇				
波向	$H_{1\%}$ (m)	$H_{5\%}$ (m)	$H_{13\%}$ (m)	T (s)	L (m)	$H_{1\%}$ (m)	$H_{5\%}$ (m)	$H_{13\%}$ (m)	T (s)	L (m)
NNW	3.91	3.22	2.70	6.6	65.10	3.62	2.97	2.49	6.2	58.34
NNE	2.82	2.31	1.93	5.5	46.75	2.68	2.19	1.83	5.3	43.54
ESE	3.14	2.57	2.15	5.8	51.66	2.98	2.43	2.03	5.6	48.37

3. 潮流

港区水域潮流基本呈往复流型式，涨潮流流向西北，落潮流流向东南。

实测最大涨潮流流速为 1.82 m/s,流向为 305°;实测最大落潮流流速为 1.50 m/s,流向为 92°;涨潮垂线平均最大流速 1.72m/s,流向为 306°;落潮垂线平均最大流速 1.36m/s,流向为 101°。计算涨潮垂线平均最大可能流速为1.78m/s, 流向 310°;落潮垂线平均最大可能流速为 2.06m/s, 流向 131°。

4. 风

外高桥港区所在地区全年常风向 SE 向,频率 12.0%;次常风向 N 向,频率 9.1%;强风向 NNE 向,实测最大风速 30.0 m/s;次强风向 NNW 向,实测最大风速 25.0 m/s;风力大于 8 级(瞬时风速)的大风年平均日数 26.4 天,最多 52 天,最少 15 天。4 级风以上占全年的 68%,6 级风以上占全年的 13%。

根据实测风速资料对港区附近设计风速进行推算,50 年一遇设计风速 30.35m/s;30 年一遇设计风速 29.23m/s;25 年一遇设计风速 28.98m/s。

5. 地形、地貌及泥沙

长江河道在江苏徐六泾以下被崇明岛分为南、北两支,南支河道在浏河口以下由中央沙及长兴岛、横沙分为南港及北港,南港河道在横沙以下又被九段沙分为南、北二槽。

高桥嘴位于南港河道的中部,与长兴岛隔江相望,该处江面宽约 6km,港区河床横向坡度较陡,坡度约为 7%, -15m 等深线距岸边约 200m,至河床中心坡度渐缓,高程略有起伏, -17m 等深线距岸边约 600m。港区陆域处于长江三角洲下游滨海平原,地势低平,地面平均标高 3.5 ~4.0m。江边现有防洪标准为 50 年一遇的长江防洪大堤,堤顶标高 7.1m 左右,防汛墙顶标高 8.2m 左右。江岸岸坡及坡脚有较多驳岸护坡抛石。

南港历年断面平均涨落潮含沙量为 0.71kg/m³,落潮平均为 0.70kg/m³,平均悬沙的中值粒径 d_{50}在 0.01 ~0.04mm 之间。港区附近水域的含沙量如表 2-9-6 所示。

港区附近水域平均含沙量表　　表 2-9-6

潮汛	潮别	平均含沙量(kg/m³)
大汛	涨潮	0.278 ~0.694
	落潮	0.288 ~0.741
小汛	涨潮	0.169 ~0.457
	落潮	0.083 ~0.303

外高桥港区码头工程平面二维潮流泥沙数值模拟研究表明,码头建设

后对港区及上、下游局部水域水沙环境变化影响主要发生在码头前沿及上、下游1.5km范围内。工程实施后，港区开挖水域发生淤积，淤强最大发生在码头前沿，靠港池外侧淤强相对较小。淤积强度沿码头纵向分布为码头上、下游两端处稍小，中部偏下处淤强较大。计算码头前沿年泥沙回淤强度为1.46m/年；港池加上边坡回淤量后，每年总的泥沙回淤量为16.7万m^3。考虑到码头开挖水域的备淤厚度为0.6m情况下，年维护疏浚总量为20万m^3。

6. 工程地质

高桥嘴港区土层分布中上部土层比较松软，在-25m以下，土质逐渐变硬，在-40m以下分布有中密的粉细沙层。在-35m以上土层以③1和④层淤泥质土为主，土层极松软，不适宜作为地基持力层。⑤$_3$层和⑥层粉细砂层均可作为桩尖持力层。根据成因类型及岩性可将港区土层分成6大层、13个工程地质单元体：

①$_1$ 素填土

②粉质粘土层

③$_1$ 淤泥质粉质粘土层，本层厚1.9~12m。底层面标高-9.9 ~ -15.1m。

③$_2$ 砂质粉土层

③$_3$ 粉细砂层

④淤泥质粘土层

⑤$_{1-1}$粉细砂层，厚1.2~1.7m，底层面标高-25.0~ -25.6m。N=10~14击。

⑤$_{1-2}$粘土夹粉细砂层，厚4.0~8.5m，底层面标高-29.8~ -32.6m。N=4~8击。

⑤$_2$ 粉质粘土层，厚8~15.7m，底层面标高-39.7~ -45m。N=6~11击。

⑤$_3$ 粉细砂层，局部岩性相变呈砂质粉土或粉质粘土夹粉细砂。层厚2.1~10.5m，底层面标高-42.6~ -50.9m。N=18~27击。

⑤$_4$ 粉质粘土层，厚度一般4.0~11.0m，底层面标高-49.8~ -56.9m。N=12~19击。

⑥粉细砂层，个别钻孔在钻探深度内尚未揭露。N=24~32击。

各土层岩、土物理力学性质指标见表2-9-7。

上海港外高桥高桥嘴港区土层岩、土物理力学性质指标表　表2-9-7

土层编号	土层名称	含水量	重度	孔隙比	塑限	液限	塑性指数	液性指数	直剪				压缩系数	压缩模量
									快剪		固快			
		w	γ	e	w_P	w_L	I_P	I_L	C	ϕ	C	ϕ	α_{1-2}	E_{1-2}
		%	kN/m^3		%	%			kPa	度	kPa	度	MPa^{-1}	MPa
①$_1$	素填土	31.1	19	0.885	20.2	36.5	15.6	0.61	11.2	20.7			0.37	4.9
②	粉质粘土	30.3	19.1	0.86	21.2	36.1	15	0.6	12.3	20.3	12.2	23.1	0.36	5.1
③$_1$	淤泥质粉质粘土	41.2	17.6	1.21	21.1	33.8	12.9	1.53	6.3	17.1	5.2	21.3	0.72	2.9
③$_2$	砂质粉土	31.1	19	0.866					4.6	34.8	3	33.2	0.17	11.9
③$_3$	粉细砂													
④	淤泥质粘土	45.2	17.5	1.29	23.1	42.7	19.3	1.11	13.3	8.3	10.6	12.3	0.9	2.6
⑤$_{1-1}$	粉细砂													
⑤$_{1-2}$	粘土夹粉细砂	34.4	18.2	1.01	20.2	32.3	12.4	1.12	10.6	18.5	8.1	20.6	0.43	4.5
⑤$_2$	粉质粘土	32.4	18.2	0.974	21.3	34.8	13.6	0.83	8.9	20.2	8.3	23.1	0.41	4.6
⑤$_3$	粉细砂													
⑤$_4$	粉质粘土	32.3	18.2	0.969	20.2	32	11.8	0.99	11.9	17.5	10.9	23.5	0.39	4.9
⑥	粉细砂													

三、码头结构选择

根据工程地质条件和使用要求，考虑本地区的施工经验和习惯作法，确定码头及引桥结构为高桩梁板式结构。

在初步设计阶段，码头、引桥的桩基结构考虑了预应力混凝土方桩、超高强预应力混凝土离心管桩（PHC 桩）和后张预应力混凝土大管桩等三种方案。

上海地区桩基码头设计经验是，优先考虑预应力混凝土方桩方案，当方桩方案不成立时再考虑其他桩型。首先，上海地区没有专门制作后张预应力混凝土大管桩的预制场，三航局大管桩预制场远在宁波，桩的运输成本增加。第二，目前预制场后张预应力混凝土大管桩的最小直径为1.2m，其轴向极限承载力可达10000～12000kN。由于上海是软土地区，基桩多按摩擦桩设计，要充分利用大管桩的结构强度，就需加大桩长，提高单桩承载力。如果按单桩极限承载力标准值7000～8000kN计算，则桩尖应置于本工程地质勘探所揭示但未穿透的⑥层顶板以下3～5m，桩长至少需60m以上，这样既使沉桩设备的选择变得困难，增加沉桩难度，又增加桩基工程造价。另一方面，由于排架间距的加大，上部结构工程量将比方桩方案增加。综合桩基和上部结构，码头造价比方桩方案高30%以上。由于以上因素，本工程采用大管桩不具有优势。

经过工程经济比较，考虑到预应力混凝土方桩较直径800mm的PHC桩技术成熟、施工经验丰富，特别是当时造价相对较低，推荐码头、引桥桩基结构采用预应力钢筋混凝土方桩。

由于受工期和预制场地、预制能力的限制，预制梁板构件全部为非预应力结构。

四、码头主体结构

1. 码头结构概述

码头横向排架间距的确定是根据轨道梁下设三根桩且桩的承载力满足最大允许承载力的要求，经计算码头横向排架间距取7m。

码头横向排架下的桩基布置：集装箱装卸桥轨距30m，即轨道梁下桩的间距为30m。在此30m范围内桩基布置可考虑两对叉桩或四根直桩或一对叉桩加两根直桩等三种方案，四直桩和一对叉桩加两根直桩两方案虽能减小横梁跨度，减小横梁高度，但其承受水平力的能力较两对叉桩方案的能力差，故采用两对叉桩的布置方案。后轨后侧17m范围内布置一对叉桩和一根直桩。此桩基布置方案各桩最大桩力比较均匀(图2-9-2)。

在码头横向排架间距和横向排架下桩基布置皆达到较优布置的前提下，对码头上部结构进行优化后的结构方案是：面板采用双向连续板，纵向梁系除轨道梁、前后边梁外，加设小纵梁，作为双向板的支承，也加强了码头的横向刚度。具体分述如下：

预制实心面板厚30cm，安装时直接支承于横梁上，纵横向的接缝采用整体连接。面板现浇叠合层厚15cm，其上现浇混凝土磨耗层，磨耗层的厚度根据码头面的排水坡度的需要设置为1～13.5cm，排水坡度的设置由装卸桥两轨中间向两边排水。

为便于面板的安放，纵横梁系采用花篮型式，均为钢筋混凝土叠合梁。纵向梁系设置轨道梁、前后边梁和小纵梁。轨道梁预制部分高220cm、宽100cm，前边梁预制部分高110cm、宽50cm，后边梁预制部分高150cm、宽60cm，小纵梁预制部分高150cm、宽80cm。纵向梁系均与横梁整体浇筑在一起。横梁预制部分高200cm，宽100cm，支承在桩帽上。

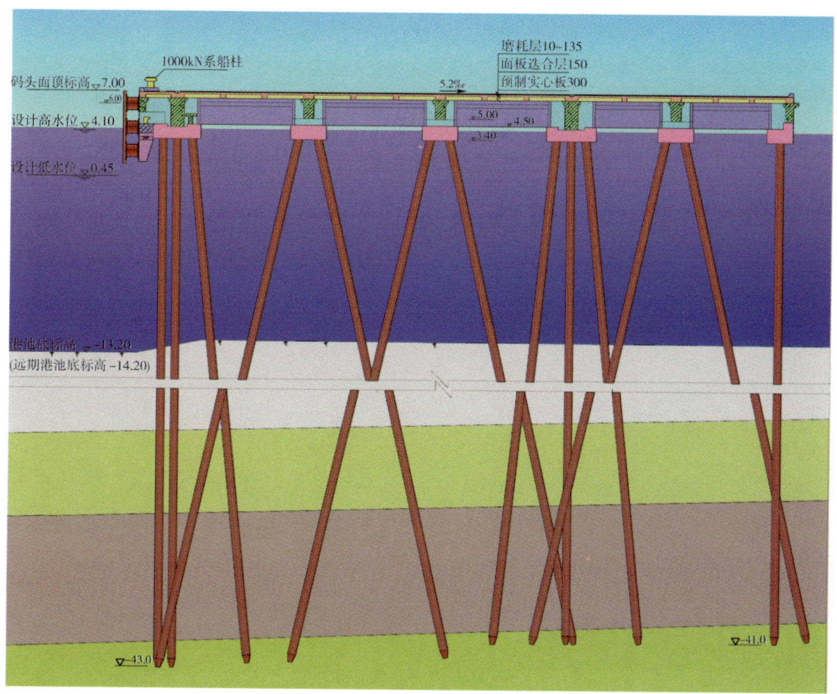

图 2-9-2　上港外高桥港区码头典型断面图

码头分段长度60m,横向排架间距7m,每个横向排架:轨道梁下设三根桩,其中前轨道梁下为两根直桩、一根斜度为10∶1的斜桩,后轨道梁下为一根直桩、两根斜度为10∶1的斜桩;前后轨之间高桥嘴港区设两对斜度为4.5∶1的叉桩,后轨后侧设一对斜度为4.5∶1的叉桩和一根直桩。

基桩的断面尺寸为60cm×60cm,空心直径30cm。高桥嘴港区桩长50m左右,桩尖持力层为$⑤_3$灰色粉细砂层。

引桥的上部结构采用大跨度的预制预应力空心板梁,跨度18m。预制预应力空心板梁高90cm、宽100cm,现浇面层厚12cm,其上现浇3~10cm混凝土磨耗层,排水坡度自中间向两边排。帽梁采用倒T形的现浇钢筋混凝土结构,$1^{\#}$、$2^{\#}$引桥每根帽梁下布置4对斜度为4.5∶1的叉桩,$3^{\#}$、$4^{\#}$引桥每根帽梁下布置4对斜度为4.5∶1的叉桩和两根直桩,但靠引堤的第一根帽梁下全部为直桩。桩的断面尺寸为60cm×60cm,空心直径30cm。桩长50m左右,桩尖持力层为$⑤_3$灰色粉细砂层(五号沟港区为$⑤_2$灰色粉细砂和粉质粘土互层)。

2. 关键技术问题

码头工程的关键技术问题主要在于桩基施工时的岸坡整体稳定性；设计时如何避免新码头基桩与既有码头（拟拆除的码头）基桩相碰以及施工时采用较高的标准严格控制沉桩偏位。

在混凝土结构的耐久性设计方面，对高桩承台上的桩、梁、板的混凝土构件，均采用海工优质混凝土；在现浇节点部位的混凝土中掺加微膨胀剂；对钢筋混凝土保护层和结构形式及构造上均按"98 规范"（当时尚未施行）的规定执行；在码头面层混凝土中添加聚丙烯纤维阻止面层裂缝的产生等措施，以保证码头主体结构的防腐耐久性要求。

3. 主要计算结果

（1）作用效应组合

根据码头上可能同时出现的作用，按承载能力极限状态和正常使用极限状态，结合相应的设计状况进行作用效应组合，并按照规范规定选取相应的分项系数。

轨道梁计算：

持久组合　　永久作用 + 均布荷载 + 装卸桥工作状态荷载

　　　　　　永久作用 + 装卸桥非工作状态荷载

横向排架计算：

持久组合　　永久作用 + 系缆力 + 均布荷载 + 装卸桥工作状态荷载

　　　　　　永久作用 + 撞击力 + 均布荷载 + 装卸桥工作状态荷载

　　　　　　永久作用 + 挤靠力 + 均布荷载 + 装卸桥工作状态荷载

　　　　　　永久作用 + 装卸桥非工作状态荷载 + 波浪力

偶然组合

　　　　　　永久作用 + 地震荷载 + 50% 系缆力 + 10kN/m^2 均布荷载

（2）结构计算内容、方法和结果

码头面板按双向叠合板考虑，其中支座和跨中弯矩采用系数法计算，剪力按双向板计算。

轨道梁采用弹性支承连续梁模式进行计算。

横向排架水平荷载假定由叉桩承受；垂直荷载作用下的横梁内力和支座反力按弹性支承连续梁模式进行计算。

引桥空心板梁按简支梁板计算。

引桥帽梁采用弹性支承连续梁模式进行计算。

二、三期工程码头结构主要计算结果（按照"87 规范"计算）见表 2-9-8

和表 2-9-9。

码头主要构件内力计算成果表　　表 2-9-8

构件名称	正弯矩（kN·m）	负弯矩（kN·m）	桩	
			计算桩力	承载力安全系数
面板	137	−155	2585kN	采用试桩值，$k>2$
轨道梁	3614	−2076		
横梁	3090	−2417		

引桥主要构件内力计算成果表　　表 2-9-9

构件名称	正弯矩（kN·m）	负弯矩（kN·m）	桩	
			计算桩力	承载力安全系数
空心板梁	1070		2150kN	采用试桩值，$k>2$
帽梁	2025	−2669		

4. 施工方法

本工程所需的 60cm×60cm 预应力混凝土空心方桩、轨道梁、纵梁、横梁、面板、预应力空心板梁等大型钢筋混凝土预制构件均在工程地点附近专业预制厂预制，水运至现场安装。小型预制构件在工程现场预制。

高桩梁板式码头施工较为常规，且在上海长江口地区应用也较多，根据设计的桩长情况，选用架高为 60m 的打桩船沉桩。码头宽度 50m，每个排架上布置 6 个节点，由于码头面较宽，且受上下游既有码头的限制，给码头施工带来一定的困难，沉桩顺序先引桥后码头，由上游向下游方向推进，为了不起用大型起重设备，码头的沉桩采用“纵向分条”的方法，即先施打近岸的 4 排节点桩，待下节点混凝土浇筑好，梁板安装结束后，再施打江侧的 2 排节点桩，并进行其上部结构的施工。施工前期安排一艘打桩船施工，对上下游码头无太大影响，并利用拟拆除的打捞局码头作为施工临时码头，在打桩进行 5 个月后，拆除打捞局码头，同时安排两艘打桩船施工，以加快施工进度。沉桩后夹桩使桩联成整体，以防桩身发生位移和破损。

码头及引桥桩帽、横梁及节点混凝土采用水上混凝土搅拌船供料现浇，梁板安装后，面层及上部接缝混凝土施工采用陆上泵送混凝土工艺为主。

钢筋混凝土预制构件单件最大重量为 45t，配 60t 起重船水上安装，个别构件由于吊装距离较大而需 130t 起重船安装。安装顺序先横梁，后纵梁、轨道梁，待节点混凝土浇筑完毕后安装面板。

连接码头引桥与陆域的引堤堤心石抛填在引桥桩施打后，主要由陆上进行。在引堤坡角线离引桥端部桩10m以外部分的抛石采用民船抛填，抛填石分层进行，每层厚度控制在2m以内，以免对桩造成损坏。堤心形成后，进行引堤护坡施工及上部混凝土工程施工。

五、码头附属设施

码头每个结构段竖向隔一个排架布置一组三鼓一板H1000鼓型橡胶护舷，水平向两组竖向护舷之间布置GD280×L1500橡胶护舷，以防船舶直接撞击码头。每隔21m布置一个1000kN或1500kN系船柱，在排架之间间隔21m设置下层250kN系船柱，供小船系泊。每个结构段设两座橡胶护舷舷梯。

码头集装箱装卸桥轨道采用QU100型专用起重机轨道，并采用专业厂家生产的轨道专用扣件。

码头前沿不设水、电管沟，水、电、通信等管线由陆域通过引堤和引桥直接通到码头平台上。

第三节　深圳港盐田港区集装箱码头

一、码头概况

盐田港地处深圳市大鹏湾内，紧邻沙头角，与香港隔海相望。盐田港三期工程位于大鹏湾西北部，水域宽广，水深良好，不冲不淤，港外岛屿形成天然屏障，波浪较小，具有优良的建港条件。工程建设四个能停靠第四代～第六代集装箱船舶的专业集装箱泊位，设计年吞吐量200万TEU，详见图2-9-3。

三期工程码头总长1400m，顶高程5.0m，底高程－16.0m。码头结构安全等级为一级。

码头船岸作业采用岸桥，配备18台。堆场作业采用轮胎式龙门起重机和空箱堆高机。场桥配备48台，空箱堆高机配备8台。水平运输采用拖挂车，配备108台。另外查验和修箱场配备2台正面吊。

三期工程岸桥轨距30m，轮数4×10个，吊具下起重量60t，外伸距63m(8台)/55m(10台)，后伸距20m。

岸桥轮压、水平力、锚定及防风系缆力见表2-9-10。

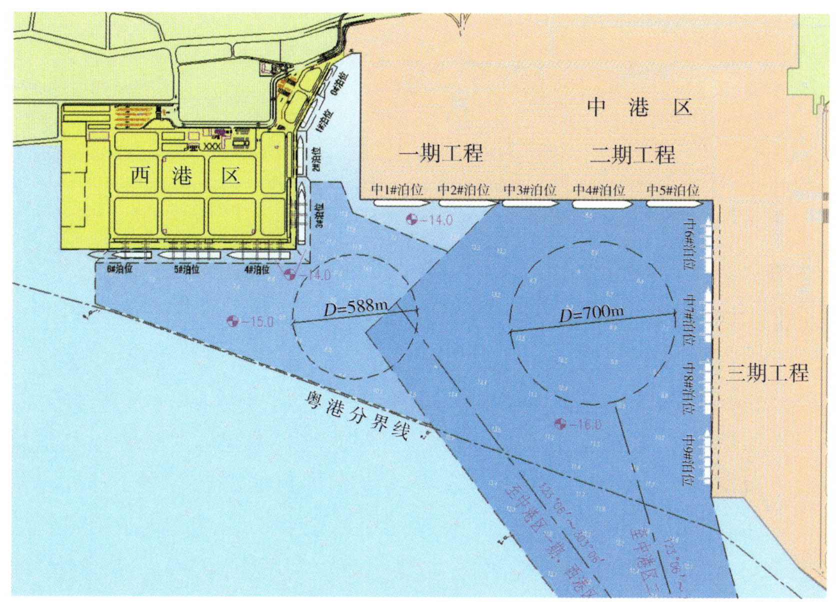

图 2-9-3 盐田港区平面布置图

岸桥轮压、水平力、锚定及防风系缆力表 表 2-9-10

风 速	25m/s 工作状态		70m/s 非工作状态	
海侧最大轮压	800kN		1260kN	
陆侧最大轮压	550kN		1020kN	
垂直大车轨道水平力	海侧	40kN/轮	海侧	110kN/轮
	陆侧	40kN/轮	陆侧	110kN/轮
平行大车轨道水平力	海侧	1000kN/轨	海侧	2500kN/轨
	陆侧	640kN/轨	陆侧	2000kN/轨
海侧防风拉索力	—		5400kN/角	
陆侧防风拉索力	—		4000kN/角	

码头前沿均载为 30kPa，台风期、船舶事故撞击时均载取 20kPa。

二、自然条件

1. 设计水位

设计高水位:2.26m(盐田理论最低潮面,下同);

设计低水位:0.22m;

极端高水位:3.50m;

极端低水位:-0.48m;

施工水位:1.40m。

2. 设计波浪

大鹏湾海域呈倒置胃垂状,湾口正南略偏东,大浪咀~大鹏角口门宽10km左右,湾腹正角嘴向西急转90°收缩至湾底。波浪的衰减与大鹏湾特殊的形状有关,湾口东侧的大鹏半岛对港址起到重要的掩护作用,外海浪传至湾腹正角嘴后,在继续向西推进的过程中还受到鸡公头岛端的绕射作用,衰减很大。盐田港区东~东南向水域开阔,与大鹏半岛的直线距离为21km,当台风过境时,湾内风成浪成为港址南侧海域的控制性波浪。

码头前沿波向为SW向,波高值如下:

设计高水位:重现期50年 $H_{1\%}=1.49m, T=3.5s$;

重现期100年 $H_{1\%}=1.60m, T=3.6s$;

极端高水位:重现期50年 $H_{1\%}=1.51m, T=3.5s$;

重现期100年 $H_{1\%}=1.63m, T=3.6s$。

3. 潮流

大鹏湾海区为弱流海区,潮流性质为不规则半日潮流。湾内涨潮最大流速0.30m/s,落潮最大流速0.20m/s;由于湾内潮流微弱,海流受风的影响较大,当地常风向为偏东向,所以本区风海流多为偏西向,由风引起的风海流往往掩盖了港区海域涨潮流向西落潮流向东的往复流现象,取最大流速0.30m/s为设计流速。

4. 风

盐田港全年常风向为ESE向,出现频率为15.3%;次常风向为E和SE向,出现频率分别为12.6%和12.5%。

本区强风向为SE向,实测平均最大风速为29.0m/s,次强风向为ESE、E向,实测最大风速分别为24.7m/s和23.0m/s。

本区全年5级风以下出现频率为98.0%,6级风频率为1.06%,大于7级风出现频率仅占0.9%。大风一般发生在夏秋台风季节(7~9月),在珠

江口附近登陆的台风对本地区影响较大。

5. 地形、地貌及泥沙

大鹏湾属山地港湾海岸，山丘临海，岸高坡陡，潮滩不发育，水清不淤，岸线微弯，小型岬湾相间，在山间盆地沿岸并有泻湖。湾口敞向东南，口门宽约10km，纵深约20km，水域面积约250km^2。湾内天然水底标高大部分逾－16m，湾口达－21m。本工程地处海岸山脉梧桐山东麓，南有九龙半岛及岛屿掩护，西北至东北为陆地环绕，东北有正角咀屏障，水域较为平静。

勘察区地貌类型为低山斜坡地貌，属粤东沿海低山地区之梧桐山、梅沙尖低山小区，水域为港湾内山前斜坡。

整个大鹏湾海区无大河注入，除暴雨时面状侵蚀及溪沟有少量泥沙汇进外，缺乏泥沙来源，多年来水下地形稳定不变。

6. 工程地质

上部覆盖层为第四系海相沉积层（Qm4）1－1 淤泥，中部为海陆交互相（陆相为主，夹杂海相）沉积层（Q4m＋c）2-1 粘土，2-2 粉质粘土和 2-3 粗砾砂；3 残积土（Qel）；下部为侏罗纪（J3）风化岩。

工程区内各土层物理力学指标见表 2-9-11。

三、码头结构选择

根据盐田三期工程所在位置的地质条件，并考虑荷载条件、码头前沿水深及盐田港区一、二期码头不同结构型式的使用现状等因素，可考虑采用高桩梁板式、重力式及格形钢板桩结构，这几种结构型式在盐田港区都存在。

1. 格型钢板桩码头结构型式

格型钢板桩其主体结构是格型钢板桩格体，可采用陆上预拼装，水上整体沉放的施工工艺，再向格体内回填砂形成陆域后进行上部结构施工，施工条件较好。盐田中港区一期工程采用此结构型式，详见图 2-9-4。

但该结构型式的码头存在以下问题：

施工方面：根据计算基槽需开挖至－25m，为保证钢板桩有一定的入土深度，部分地段需炸礁，基槽和格体内采用中粗砂回填，振冲密实，工程量较大。格体、基槽内需抛填大量的中粗砂，当地砂源供应有一定困难。

使用方面：三期码头所在区域压缩层厚度变化较大，使用期码头面易产生不均匀沉降，从而造成使用上的不方便，影响码头的正常作业。

耐久性方面：难以满足 50 年的使用期要求，尤其是钢板桩锁口，既是结构的关键部位，又是防腐处理的难点，其防腐处理效果难以预料。

表 2-9-11

工程区各土层物理力学性质指标表

岩土编号	土层名称	含水量	重度	孔隙比	塑性界限			直剪试验				附着力	无侧限抗压强度	锥沉量	压缩系数	标贯	桩侧极限阻力标准值	桩端极限阻力标准值
					液限	塑性指数	液性指数	快剪	快剪	固快	固快							
		w	γ	e	w_L	I_p	I_L	ϕ_q	C_q	C_{cq}	C_{cq}	F	q_u	h	$\alpha_{0.1\sim0.2}$		q_f	q_R
		%	kN/m^3	%	%	%	%	°	kPa	kPa	°	g/cm^2	kPa	mm	MPa	击	kPa	kPa
1-1	淤泥	69.4	15.8	1.94	48.7	24.5	1.87	0	3.3	13.9	8.6	61.1	6.5	14	1.78	<1	7	
2-1	粘土	30.5	19.3	0.86	40.1	19.3	0.51	2.8	61.2	18.0	29.0	65.1	182.8	1.5	0.31	10.7	35	
2-2	粉质粘土	24.9	19.9	0.71	29.9	13.7	0.64	8.5	44.3	21.5	30.7	55.9	155.4	1.9	0.3	8.5	42	
2-3	粗砾砂															29.4	80	
3	残积土	24.7	20.3	0.33	30.5	12.1	0.52	17.3	44.8	28.1	35.8		128.8		0.36	21.2	70	
4	全风化岩															35.4	80	
5	强风化岩	18.8	20.8	0.55	26.6	10.4	0.28	23.8	50.3	25.6	48.0				0.28	>100	110	8000

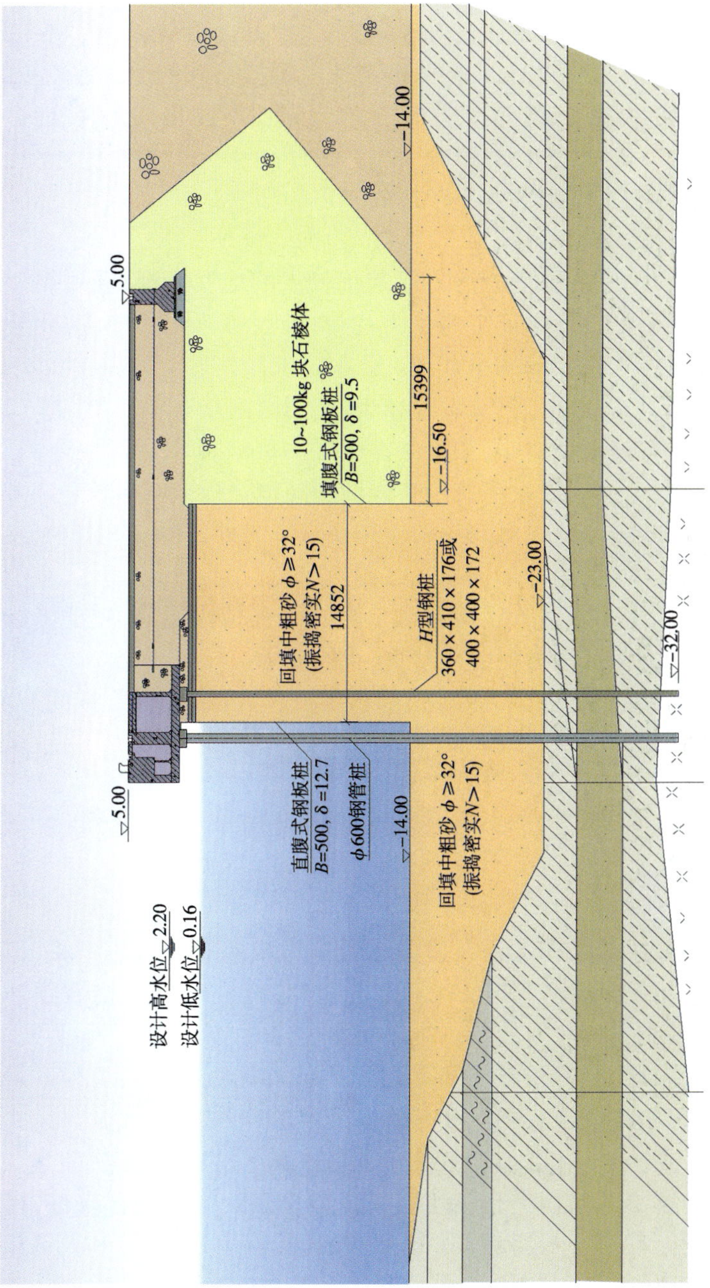

图 2-9-4　盐田中港区一期工程格形钢板桩结构断面图

2. 重力式码头结构型式

重力式码头结构有整体性好、结构耐久性好、施工较简单、施工工序少、主体结构无须采用防腐措施、码头面对流动机械荷载的适应性较强等优点。但本工程作为重力式结构持力层的强风化岩埋深变化较大,相应抛石基床的层厚不均,亦将导致上部结构的不均匀沉降。海、陆侧轨道梁产生的差异沉降将对港区正常装卸作业生产造成一定的影响。

3. 高桩梁板结构型式

高桩梁板结构能够适应持力层起伏较大的地质情况,通过调整桩长使基桩到达同一持力层,保证结构受力均匀;即使桩入土很浅,应用桩基嵌岩技术,也能使桩达到要求的承载力。码头上部结构位于同一桩台上,桩下端支承在较好的持力层上,码头沉降较小,使用期内基本不需要调整。码头属于透空式结构,波浪反射小,泊稳条件较好。

盐田二期工程的建设和使用实践证明高桩梁板式结构较适应本工程区域的地质条件,满足业主对码头的使用要求。另外,业主的工程师在二期工程的建设过程中,对这种结构型式已相当熟悉,在质量、经济、工期控制和现场管理方面积累了丰富的经验。对于高桩码头结构型式,只要采取一定防腐措施,结构的使用寿命能够满足 50 年的要求。

本工程基岩起伏较大,很难精确预定桩长,混凝土大管桩的截桩、接桩的适应性较差。特别是接桩,对于预应力结构,施工相当困难,且质量不易保证。本工程适宜采用钢管桩作为高桩梁板结构的基桩。

四、码头主体结构

1. 码头结构概述

一般高桩梁板结构考虑在横梁下设一对或多对叉桩的型式,但横梁下的斜桩为避免相互碰桩,需要有一定的扭角,打桩时打桩船需频繁转动船身,致使桩基施工的效率较低。在本工程复杂的地质条件下,会发生截桩、接桩的情况,且后续打桩施工要受到先前已打桩的影响。工程嵌岩桩的数量也较多,这些将使施工相对会有较多困难。

工程考虑施工进度要求,基桩布置型式采用以直桩为主,轨道梁跨间设单斜桩的布置方案。该类布置所有纵横梁交点处均布置有直桩,在前后轨道梁的跨间布置有一根斜桩,由于装卸桥轮压较大,为使桩和轨道梁处于较好的受力状态,斜桩斜度取 6∶1。轨道梁下采用 ϕ1200 钢管桩,其余采用 ϕ1000 钢管桩。桩基持力层选择在中等风化岩岩面上,或进入强风化岩一

定深度，桩端采用开口型式。在北段风化岩面较高的区段，采用基桩嵌岩措施，要求桩端嵌入中、微风化岩。

结合分段长度、附属设施布置、建筑模数等要求，码头排架间距取6.4m。码头宽度36.5m，标准分段长度60.8m。每个分段布置4组SUC2000一鼓一板超高反力鼓形橡胶护舷及系船柱。码头梁系采用现浇纵横梁体系，结构整体性好，均为非预应力钢筋混凝土结构。面板采用钢筋混凝土叠合板，板厚0.45m；梁高2.1m，纵横梁宽度为1.4m，轨道梁宽2.0m。

接岸结构采用斜坡式结构，在开挖基槽、清淤后抛填块石形成斜坡式堤心。临海侧护坡采用大块石护面，坡度1∶1.8。

码头结构断面见图2-9-5。

2. 水工结构的耐久性设计

码头结构处于海洋环境下，长期遭受海水侵蚀，为了达到使用年限50年，对于码头结构须进行耐久性设计，采取必要的防腐措施。本工程的耐久性设计范围包括码头桩基部分及码头上部结构。

钢管桩防腐可考虑外壁加覆防腐涂层、采用阴极保护、选用耐腐蚀钢种、钢管壁预留腐蚀量厚度或桩内灌混凝土芯。经综合考虑，采用在钢管桩内浇注钢筋混凝土芯的方法，并预留阴极防护设施。

码头结构的上部构件处于浪溅区和大气区，其中浪溅区是钢筋混凝土最容易受侵蚀的位置，工程主要通过选用优质水泥、级配良好的优质骨料、掺加优质掺和料和高效减水剂，提高混凝土自身的抗腐蚀性和抗渗性，再辅以特殊的防腐措施（包括透水模板及硅烷浸渍），保证钢筋混凝土结构50年使用要求。在码头面层现浇混凝土结构中，采用掺网状丙纶纤维的混凝土，以抑制混凝土的塑性收缩龟裂，提高混凝土的坚韧性和延展性，同时还能提高混凝土的抗冲击能力。

3. 计算结果

（1）单桩承载力

工程区段由于地质覆盖层起伏较大，基桩分别采用打入桩、嵌岩桩、钻孔灌注桩三种型式，在强风化岩面埋藏较深的位置从码头中部至码头南端这一区域采用打入桩，持力层为强、中风化岩；从码头中部向北大部分区域以及过渡区平台，中风化岩岩面较高，采用嵌岩桩；在上述区域间局部位置强风化岩岩面较高而且强风化岩岩层又较厚，打入桩在能打入强风化岩深度内承载能力不能满足要求，所以只能在打入强风化岩一段后，采用钻孔方式在强风化岩层内成孔，然后做钻孔灌注桩。

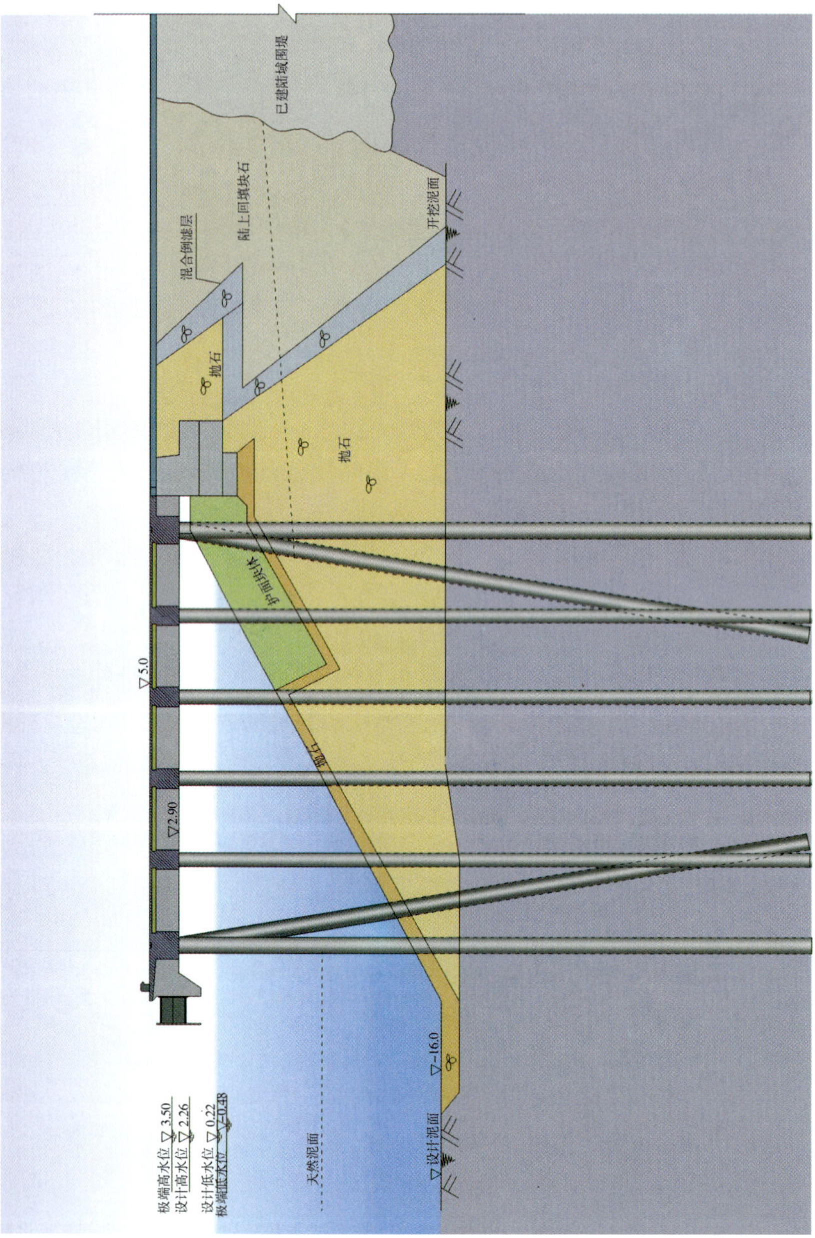

图 2-9-5 三期高桩梁板结构断面

典型钻孔位置计算的桩基极限承载力设计值见表2-9-12。

桩力计算结果见表2-9-13。

典型钻孔位置计算的桩基极限承载力设计值　　表2-9-12

极限力类别		嵌岩桩(kN)	钻孔桩(kN)	打入桩(kN)
极限承载力设计值	ϕ1200	7855	6466	6376
	ϕ1000	5457	5373	4937
极限抗拔力设计值	ϕ1200	3187	3139	1535

桩力计算结果　　表2-9-13

桩型		桩力设计值(kN)	桩身弯矩设计值(kN·m)
ϕ1200	压桩	6351	2829
	拉桩	-2590	2465
ϕ1000	压桩	3600	1222

当受拉桩的极限抗拔力不能满足要求时，将在桩内设置锚碇拉杆。

(2)构件内力计算

主要构件内力设计值见表2-9-14。

构件内力汇总表　　表2-9-14

构件	承载能力极限状态(kN·m)		正常使用极限状态(kN·m)		剪力(kN)
	跨中弯矩	支座弯矩	跨中弯矩	支座弯矩	
轨道梁	7638	14363	2845	5549	7853
纵梁	4593	4515	1958	1762	3439
横梁	4830	6137	2206	2837	1800

五、码头附属设施

码头护舷采用SUC2000H超高反力型鼓型橡胶护舷，间距15.2m。

系船柱采用2000kN，间距15.2m。

码头前沿设置11座橡胶爬梯，供工作人员上下用。

第四节　深圳大铲湾港区集装箱码头

一、码头概况

深圳大铲湾港区一期集装箱码头工程位于珠江口内伶仃洋矾石水道东南部的大铲湾内，为新开发的全集装箱码头。

深圳大铲湾港区的主要深水码头在大铲湾内形成一个半岛，一期工程位于半岛的西南角，隔海与妈湾港区和大铲岛相望。一期工程向北为二期工程和三期工程，与其毗邻的东侧为远期工程，详见图2-9-6。

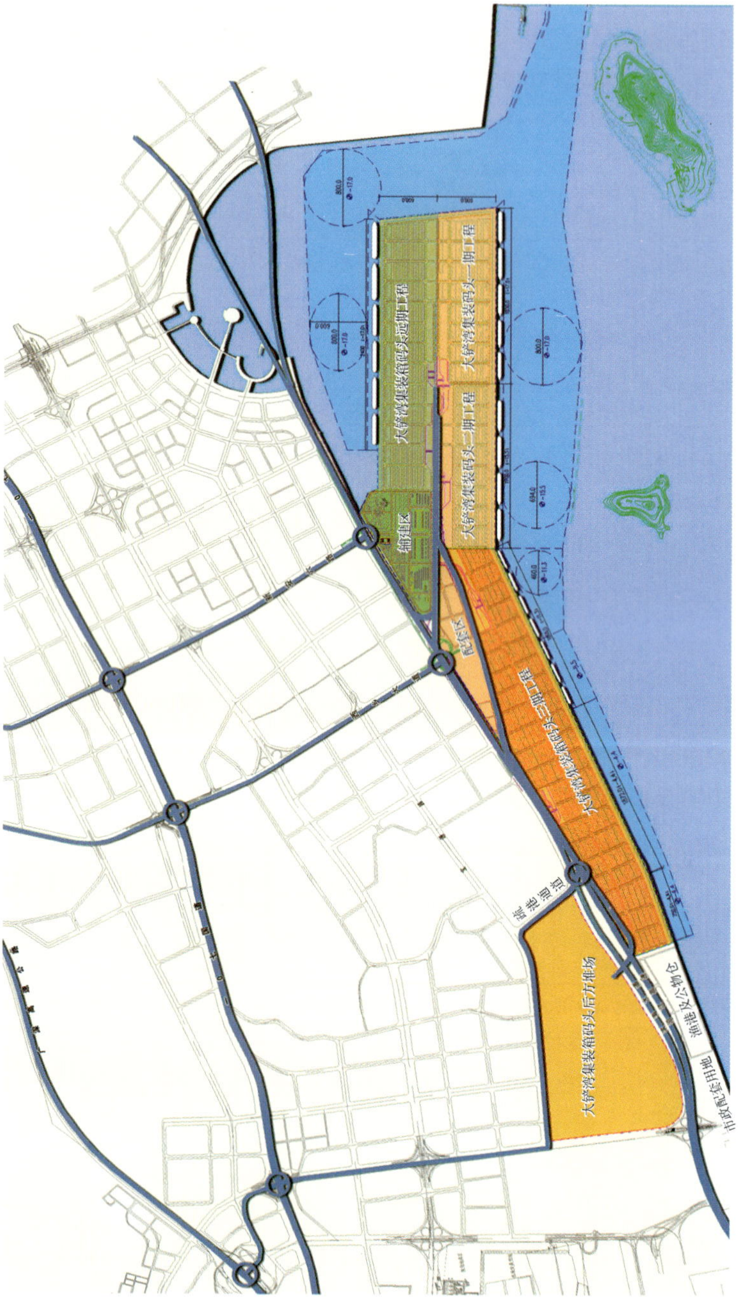

图 2-9-6 大铲湾港区平面布置图

一期工程建设 7 万吨级(6000TEU)集装箱泊位 2 个,10 万吨级(8000TEU)集装箱泊位 3 个。码头总长 1830m,顶高程 5.8m,底高程 -18.0m。码头结构按停靠 140000 吨级(12000TEU)船舶设计,结构安全等级为二级。

码头船岸作业采用岸桥,配备 20 台。堆场作业采用轮胎式龙门起重机(以下简称场桥)和空箱堆高机。场桥配备 60 台,空箱堆高机配备 10 台。水平运输采用拖挂车,配备 140 台。另外码头前沿临时堆箱、查验和修箱场采用 4 台正面吊。

大铲湾一期工程投产后,预计年吞吐量为 250 万 TEU。

大铲湾一期工程岸桥轨距 35m,轮数 4×8 个,轮距 1.5m,基距18.29m,起重量 61t(单小车吊具下),外伸距 68.5m,后伸距 18.0m。

岸桥轮压、水平力、锚定及防风系缆力见表 2-9-15。

岸桥轮压、水平力、锚定及防风系缆力表　　表 2-9-15

风　速	25m/s 工作状态		70m/s 非工作状态	
海侧最大轮压	1325kN		1937kN	
陆侧最大轮压	1100kN		1900kN	
垂直大车轨道水平力	海侧	650kN	海侧	2548kN
	陆侧	620kN	陆侧	2548kN
平行大车轨道水平力	海侧	1100kN	海侧	3000kN
	陆侧	815kN	陆侧	3000kN
防风拉索力	—		7135kN/角	
锚定	—		2500kN	

码头前沿均载按香港现代货柜有限公司业主要求确定为 37kPa。根据业主集装箱码头的运营经验,码头前沿纵向 20m,前后轨之间出现过堆高三层 20 英尺箱的工况。要求按堆高三层,箱重 25t,折减系数 0.8,码头轴线方向箱距 0.1m,垂直码头轴向方向箱距 0.2m 计算均载。这样计算的均载为 3.7t/m^2,即 37kPa。

二、自然条件

1. 设计水位

设计高水位:3.04m(赤湾理论最低潮面,下同);

设计低水位:0.41m;

极端高水位:4.14m;

极端低水位:-0.29m;

施工水位:1.75m。

2. 设计波浪

码头前沿波向为 SW、WSW 向,波浪要素如下:

极端高水位:重现期 50 年 $H_{1\%}=2.93\text{m}$,$T=4.2\text{s}$;

重现期 10 年 $H_{1\%}$ =2.34m,T=4.1s;

设计高水位:重现期 50 年 $H_{1\%}$ =2.71m,T=4.2s;

重现期 10 年 $H_{1\%}$ =2.18m,T=3.9s;

设计低水位:重现期 50 年 $H_{1\%}$ =2.38m,T=3.9s;

重现期 10 年 $H_{1\%}$ =1.91m,T=3.7s;

极端低水位:重现期 50 年 $H_{1\%}$ =2.38m,T=3.9s;

重现期 10 年 $H_{1\%}$ =1.91m,T=3.7s。

3. 潮流

工程水域潮流性质为不规则半日潮。潮流的运动形式为往复流。涨潮流向为 NW ~ W 向,落潮流向为 SE ~ S 向。潮流具有明显的洪、枯季变化。涨潮流速以枯季为大,而落潮流速以洪季为大。

工程水域洪季的涨、落潮平均流速一般为 0.35 ~0.53m/s。枯季为 0.44 ~0.69m/s。

工程水域涨落潮最大流速为 1.03 ~1.53 m/s,流向为 N 向;落潮最大流速一般为 0.99 ~1.76 m/s,流向为 SE 向。均发生在枯季大潮期。经计算,一期工程北部水域的最大流速为 1.52m/s;南部水域为 1.62 ~1.71 m/s;航道水域为 1.81 ~1.92 m/s。

4. 风

本地区年平均风速 3.7 m/s,最大风速 32 m/s,风向为 W 向。极大风速为 43 m/s,风向为 NE,发生在 1983 年 9 月在深圳登陆的 8309 号台风,伴有强降雨。

5. 雷暴

本地区年平均雷暴数为 45.6 天,雷暴集中出现在 4 ~9 月份。

6. 地形、地貌及泥沙

在径流和潮流的综合作用下,伶仃洋形成滩槽相间的水下地貌。位于伶仃洋东岸南头半岛两侧的大铲湾是珠江口伶仃洋东部的次一级海湾,湾内水深不足 2m,水域面积 20km^2,地貌类型为海积台地。

伶仃洋的悬移质含沙量具深槽小,浅滩大,东部低、西部高,枯季清、汛期浑等主要分布特征,多年平均含沙量在 0.1 ~0.2kg/m^3 之间。

一期工程处深水泊位预测平均淤强 0.45m/d,一期工程建成后,港池及航道的总回淤量为 117 万 m^3/a。

7. 工程地质

本区上覆土层为第四系全新统至晚更新统碎屑建造层。主要为淤泥质土、砂类土和粘性土。基底基岩为燕山期细粒花岗岩。

工程区内各土层物理力学指标见表 2-9-16。

工程区各土层物理力学性质指标表　　表 2-9-16

岩土编号	土层名称	含水量	重度	土粒比重	孔隙比	饱和度	液限	塑限	塑性指数	液性指数	固结系数 $C_{V0.1-0.2}$ ($10^{-3}cm^2/s$)	渗透系数 $K_{0.1-0.2}$ ($10^{-8}cm^2/s$)	压缩系数	快剪		固快		标准贯入击数 N (击/30cm)
														内聚力	内摩擦角	内聚力	内摩擦角	
		w	γ	G_S	e	S_r	w_L	w_P	I_P	I_L	C_V	K	α	C_q	ϕ_q	C_C	ϕ_c	N
		%	kN/m^3	kN/m^3	%	%	%	%					MPa^{-1}	kPa	°	kPa	°	击/30cm
①$_2$	淤泥	79.5	14.9				45.9	27.2	18.7	2.721								0
②	粉质粘土	31.4	19.2	2.73	0.882	96.9	39.5	23.6	15.9	0.526	0.88	0.19	0.390	39.84	11.5	30.18	13.8	5.9
②$_1$	淤泥质土	37.2	17.8	2.72	1.089	96.1	35.6	22.0	13.6	1.117	1.82	0.49	0.604	18.4	3.0	11.84	12.4	2.6
③$_2$	粗砾砂	12.6																17.6
③$_3$	粉质粘土	26.1	19.3	2.71	0.736	94.1	32.3	19.5	12.8	0.536			0.245	2.56	21.3	30.68	19.5	7.3
④	粉质粘土	32.6	18.0	2.71	1.006	87.0	40.5	26.5	14.0	0.46	3.910	5.9	0.425	33.5	16.4	42.8	25.1	16.7
⑤	砂质粘性土	29.7	17.7	2.72	0.955	88.3	35.0	22.6	12.4	0.598	5.12	1.32	0.434	22.55	14.5	16.48	17.8	11.3
⑥$_1$	全风化花岗岩	19.5					24.3	15.2	9.1	0.527								38.3
⑥$_2$	强风化花岗岩																	85.0

三、码头结构选择

本地区码头下土层为20～30击砂质粘土层，砂质粘性土层下为全风化岩和强风化岩。全风化岩底高程为-11.48～-34.9m。根据这种地质条件，港口工程中码头结构三大类——重力式结构、高桩梁板结构和板桩结构均可采用。为此，在初步设计阶段对三种型式进行了深入比较，详见表2-9-17。

各种结构型式主要技术性能比较表　　表2-9-17

	优　点	缺　点
沉箱结构	1. 结构对地质的适应性较好； 2. 传统结构型式，施工工艺成熟； 3. 抗超载能力强，耐久性好，后期维护少； 4. 造价较低，平均26万元/m； 5. 相对于嵌岩的桩基结构而言，施工工期易于保障	1. 岩面较深、基床较厚的位置要采取措施减少沉降； 2. 相对桩基结构，码头前波浪反射较大； 3. 基槽挖泥量较大
钢管桩梁板结构	1. 基桩可打入强风化岩一定深度，对起伏不平的基岩条件适应性较好； 2. 桩身强度大，可采用重锤沉桩，施工速度较快； 3. 为透空式结构，码头前波浪反射小	1. 钢管桩需进行防腐处理。桩基及梁板结构均需考虑腐蚀及耐久要求，后期维护量大； 2. 造价相对较高，平均45万元/m。由于须打嵌岩桩，工期长，投资大，码头后期维护较重力式困难
板桩结构	1. 结构前沿线后不需进行深层挖泥，挖泥量减少，施工速度快； 2. 土石方用量较少	1. 局部位置的软弱土层未处理，抛石棱体后期沉降较大； 2. 组合板桩结构的钢板桩与钢管桩间隔施打，对打桩偏位要求严格，施工有难度

码头区可做重力式码头持力层的砂质粘性土、粗砾砂高程为-19.0～-23.0m。岩面超过-18.0m以上而需要炸除的范围为400m左右。经综合比较推荐采用沉箱重力式结构。

四、码头主体结构

1. 码头结构概述

沉箱重力式结构的沉箱长17.92m，宽14.1m，高19.8m，重2342t。码头结构断面见图2-9-7。

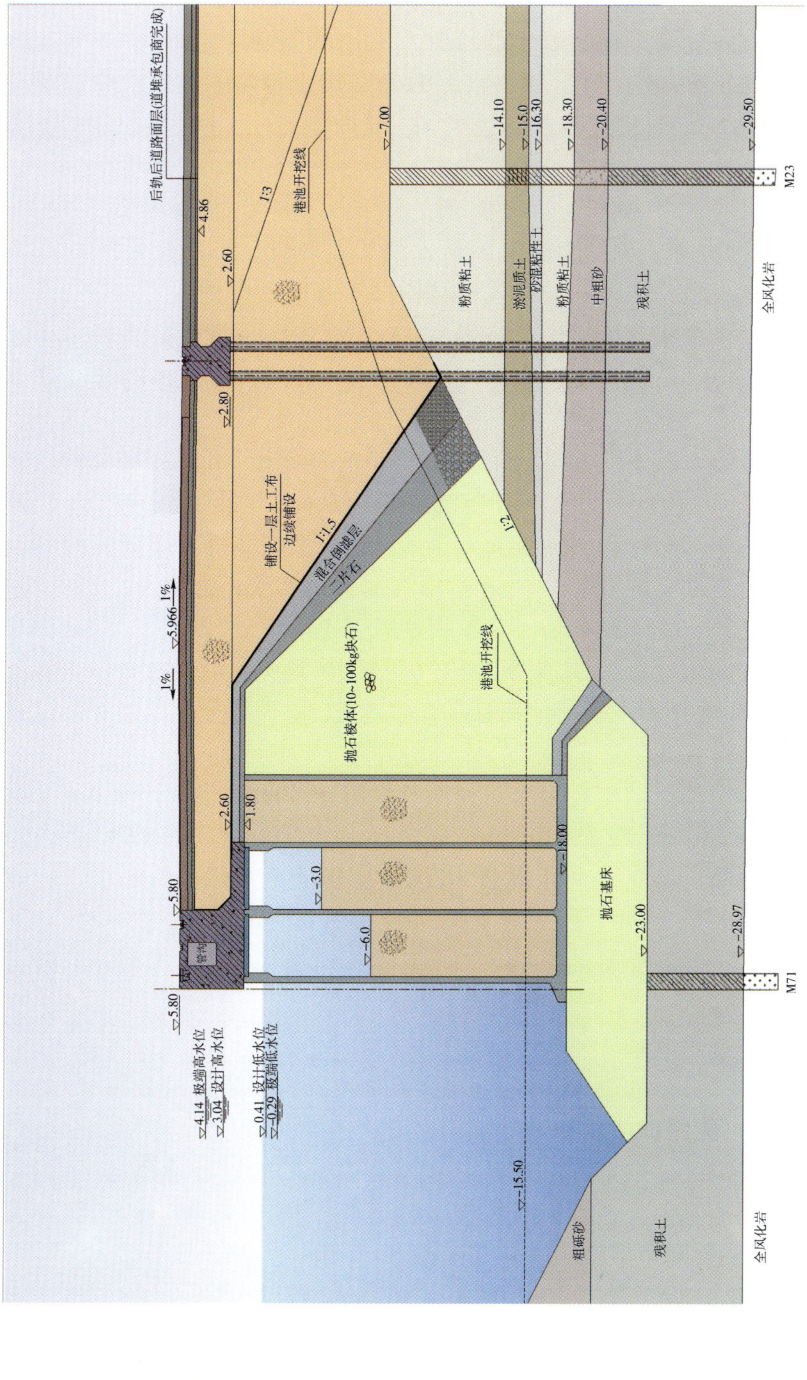

图 2-9-7　大铲湾一期工程码头结构断面图

沉箱平面上分成 12 个仓格，仓格尺寸为 3.85m×4.55m。箱内填砂，箱后抛石。海侧一排仓格填砂顶高程为 -6.0m，中间一排仓格填砂顶高程为 -3.0m，而前排和中间一排仓格上方分别形成容积不等的空腔。抛石棱体顶高程 1.8m，倒滤层依次为二片石、混合倒滤层、土工布，坡度依次为 1∶1、1∶2.5、1∶1.5。

由于沉箱重力式结构抗倾、抗滑安全储备都很大，而地基承载力的安全储备较小，因此基床顶应力是沉箱尺寸的控制条件。在靠近海侧的仓格形成空腔对减小地基应力和减小沉箱结构尺寸有重要意义。

海侧一排沉箱仓格填砂顶高程为 -6.0m，中间一排仓格填砂顶高程为 -3.0m，形成阶梯型。这对仓格间的隔板受力有利，使隔板的厚度得以减薄。

沉箱海侧面板 400mm，陆侧面板 350mm，侧面板 350mm，码头轴线方向的隔板 300mm，垂直码头轴线方向的隔板 200mm，沉箱底板 600mm。海侧一排仓格和中间一排仓格之上为 L 型胸墙。L 型胸墙垂直部分的海侧设水电管沟。垂直部分的陆侧为轨道梁。轨道梁高 4.0m，宽 2.0m。L 型胸墙的水平部分长 4.2m，厚 0.8m，其作用是承受上部荷载，保证下部形成空腔。从形成空腔的角度考虑，水平部分越高越好，从码头前沿要求允许正面吊作业，分散正面吊相当大的集中荷载的角度考虑，水平部分越低越好。综合考虑的结果是设置在上述部位。

码头前沿铺面结构自上而下为沥青混凝土 50mm，混凝土大板 440mm，水泥稳定砂 280mm，级配碎石 160mm。

码头后轨道梁支撑于桩基上，以保证岸桥满足沉降变位要求。后轨道梁底宽 3.0m，高 3.0m。轨道梁下设间距为 1.8mϕ600PHC 桩一对，打入砂质粘土层。一般断面桩的纵向（平行于码头前沿线）间距 2.4m，承载力设计值 1800kN。

2. 关键技术问题

码头结构设计的重点是保证运行标准极高的岸桥等设备正常、持久运行，同时尽可能降低造价和缩短工期。

大铲湾港区一期工程沉箱重力式码头设计的关键技术是：在不均匀的可压缩土层地基上建造的荷载相当大的码头结构，沉降和不均匀沉降满足岸桥运行要求，同时保证设计使用年限 50 年内不大修。

大铲湾一期工程五个泊位中，4、5 号泊位要求先期投产，而恰恰 4、5 号泊位局部基岩顶面几乎最低——-29.7m。4、5 号泊位的沉降问题（前后轨

高差、四点共面差、轨距差）解决了，其他泊位的沉降问题也就解决了。

解决的方法是：减少地基荷载，特别是沉箱前趾应力；适当增加基床厚度，扩散沉箱底应力。经计算，沉箱海侧和中间两排仓格形成一定的空腔，基床厚度为5m时，基床下留下的砂质粘土层最厚处为6.7m。在刚刚投产时，前轨从投产之日起在正常使用荷载作用下残余沉降为69mm。这样在刚刚投产时将前轨高程做成5.825m（比后轨高出25mm，后轨按瞬时弹性变形10mm计），满足了前后轨高差10‰（35mm），同时最终沉降完成时前轨高程为5.825－0.069＝5.756（m），低于后轨34mm（假定后轨弹性变形以10mm计），高差仅为0.97‰＜1‰。根据5号泊位的地质变化情况，前后轨高差满足后，轨距差和四点共面也能得到满足。

沉降量得到满足，就解决了在使用年限50年内不需停产大修调整轨道面影响生产的关键问题。这个问题是重力式码头经常遇到的问题，在以往的重力式码头遇到这个问题则要停产大修，调整轨道。但对现代集装箱码头，业主从经营管理出发，从经济效益出发，认为是不能允许的。

沉箱重力式码头在我国是常见的结构型式，已有正常使用50～100年的历史。如在沉箱局部易损坏的部位采用高性能混凝土、加大临海面的面板厚度，保证50年不大修是完全可能的。

3. 主要计算结果

结构计算控制情况下抗倾、抗滑的结果见表2-9-18。

抗倾、抗滑稳定计算结果表　　表2-9-18

项目	设计水位	控制工况	作用效应	结构抗力	抗效比
抗倾	设计高水位	永久作用＋墙后堆载（主导可变）＋非工作状态岸桥轮压（非主导可变）＋波谷作用下波吸力（非主导可变）	11569 kN·m/m	20826 kN·m/m	1.80
基床顶抗滑	极端高水位	永久作用＋墙后堆载（主导可变）＋非工作状态岸桥轮压（非主导可变）＋波谷作用下波吸力（非主导可变）	1032kN/m	1773kN/m	1.72
基床底抗滑	极端低水位	永久作用＋墙后堆载（主导可变）＋非工作状态岸桥轮压（非主导可变）＋波谷作用下波吸力（非主导可变）	1165kN/m	1702kN/m	1.46

基床厚为5m时，基床应力计算结果见表2-9-19。

基床应力计算结果表 表 2-9-19

项目	设计水位	控制工况	基床应力
基床顶面应力	设计高水位	永久作用+非工作状态岸桥轮压+墙后(或前轨后)堆载+波谷作用下波吸力	579kN/m²
基床底面应力	极端高水位		393kN/m²

采用快剪强度指标计算的地基承载力抗力分项系数 $\gamma_R = 5.08$,远大于规范规定的采用固结快剪强度指标计算的抗力分项系数 2 ~ 3 。

当砂质粘土厚度为 6.7m 时,按勘察单位提供的常规试验测定的指标计算,施工期取 180 天,沉降计算结果见表 2-9-20。

沉降计算结果表 表 2-9-20

沉降计算项目		总沉降量(cm)	施工期沉降量(cm)	残余沉降量(cm)
前趾沉降量	考虑回弹	16.3	9.5	6.9
	不考虑回弹	9.3	4.9	4.4
后趾沉降量(加上边载)	考虑回弹	29.1	20.7	8.4
	不考虑回弹	13.9	12	1.9

根据深圳地区对残积土的经验,平均压缩模量 $E_s = 2.2N = 22MPa$(N 为杆长修正的标贯值,计算过程中取残积土的最小值),按此计算,残余沉降仅为 1.5cm,更加满足岸桥运行对沉降的要求。

4. 施工方法

大铲湾港区一期工程沉箱重力式码头施工与传统的方法相比,除沉箱出运、下沉外完全相同。

沉箱由东江口预制厂预制。

由预制厂至半潜驳(浮船坞)工作程序如下:

(1)准备工作,拆除底模,整平场地。

(2)系沉箱围捆钢丝绳。

(3)摆气囊,气囊轴线与移动方向垂直。

(4)沉箱顶升,往气囊中充气,使沉箱被顶升起来处于直立状态,沉箱底面完全脱离支撑型钢。

(5)拖出支撑型钢。

(6)沉箱横移。

(7)沉箱横移—纵移衔接。

(8)沉箱纵移。

(9)沉箱上浮船坞。

根据出运码头的高程与半潜驳的干舷高度,选择一定的潮位。保持船甲板面与码头面齐平。控制甲板纵坡在1/100以内,沉箱通过气囊滚动方式移动到半潜驳(浮船坞)甲板上装载区,沉箱与甲板之间用枕木支垫。

沉箱由半潜驳托运至安装地下水的工作程序如下:

(1)半潜驳加水。

(2)往沉箱里加水。

(3)沉箱助浮施工:

①利用工作艇将一对250t浮筒托到指定位置;

②两个浮筒相连;

③浮筒充气控制沉箱吃水,关闭浮筒所有阀门。

(4)出坞。

(5)沉箱及浮筒牵引至方驳边进行浮筒拆除,沉箱完全下水。

五、码头附属设施

码头护舷采用SUC1450H,两鼓一板,间距18.0m。

系船柱采用2000kN,间距18.0m。

码头胸墙内设水电管沟。水电管沟的尺寸分别为0.4m×0.6m,1.45m×1.8m。

第五节 青岛港前湾港区三期工程

一、码头概况

青岛港前湾港区位于青岛市黄岛前湾,青岛港前湾港区三期工程位于青岛前湾港区二期工程的西侧,东邻二期杂货码头突堤,详见图2-9-8。

青岛港前湾港区三期工程共建设5~10万吨级集装箱泊位7个,岸线长度2413m,码头面顶高程5.80m,码头前沿设计底标高分别为-16.0m、-17.0m和-17.5m。码头结构按停靠140000吨级(12000TEU)船舶设计,结构安全等级为二级。

码头船岸作业采用岸桥,堆场作业采用轮胎式龙门起重机和空箱堆高机。

前湾港区三期工程岸桥轨距35m,轮数4×8个,轮距1.1m,基距20.3m,最大规格岸桥额定起重能力70t(双箱吊具下),外伸距70m。最大规格岸桥轮压、锚碇和防风系缆力详见表2-9-21。

图 2-9-8 青岛前湾三期工程位置图

最大规格岸桥轮压、锚碇和防风系缆力　　表 2-9-21

	工作状态	非工作状态
海侧最大轮压	786.3kN	860.9kN
陆侧最大轮压	531.4kN	840.9kN
防风拉索力	—	750kN/只
锚碇力	—	750kN/只

均载:码头前沿至前轨为 $10kN/m^2$;码头前轨至码头后方道路之间为 $30kN/m^2$。

二、自然条件

1. 设计水位

设计高水位:4.32m;

设计低水位:0.47m;

极端高水位:5.52m;

极端低水位:-0.83m。

2. 设计波浪

码头前沿设计波浪要素详见表 2-9-22。

码头前沿设计波波浪要素　　表 2-9-22

重现期	波向	设计水位	波要素		
			$H_{1\%}$(m)	$H_{4\%}$(m)	$\overline{T}_{(s)}$
50 年	E	极端高水位	4.5	3.8	11.4
		设计高水位	4.2	3.6	11.2
		设计低水位	3.4	2.9	9.0
	ESE	极端高水位	3.7	3.1	11.6
		设计高水位	3.4	2.9	11.5
	ENE	极端高水位	3.5	3.0	11.7
		设计高水位	3.4	2.9	11.5
2 年	E	极端高水位	2.7	2.3	6.3
		设计高水位	2.6	2.2	6.2
		设计低水位	2.2	1.9	6.0
	ESE	极端高水位	1.4	1.2	7.7
		设计高水位	1.0	0.8	7.6

3. 潮流

胶州湾的海流主要是潮流。本海区的潮流为规则半日潮流,外海进入湾内的潮流一部分偏西南向进入前湾和海西湾,在拟建码头海域呈反时针的旋转流。涨潮流速大于落潮流速,表层流速略大于底层流速,涨潮历时短于落潮历时约 1h,最大流速出现在中潮附近。实测资料,在前湾湾口-10.0m等深线附近,最大涨潮流速为 0.55m/s,流向 345°;最大落潮流速为0.53m/s，流向130°。

4. 风

本区受季风影响，夏季多偏南风，冬季多偏北风。年常风向为SE，频率为12%；次常风向为NNW，频率为11%。强风向为NNW，最大风速为23m/s；次强风向为N，风速为22m/s；年平均风速为5.5m/s。

本区6~9月受台风影响，年平均影响次数为1.4次，影响时间一般为1~2d，瞬时最大风速可达40m/s以上。

5. 地形、地貌及泥沙

前湾是典型的基岩港湾海岸，地处胶州湾近口段，湾口朝东，北南分别为黄岛和薛家岛半岛所夹，宽3~4km，纵深约7km。湾口天然水深5~6m，口门逼近-20m以上的深槽。湾内底质主要是淤泥，湾顶发育有宽近3km的砂质潮滩和不大的冲积海积平原。

前湾水域地形稳定，没有明显变化。因此，从地形的整体稳定意义上讲，基本上不存在淤积问题。

由于湾内流弱浪小，泥沙不易起动。

6. 工程地质

工程场区内岩土层分布较有规律，上部为灰褐色全新世海相沉积，主要为淤泥、淤泥质土及软粘性土，下部主要为黄色晚更新世冲洪积粘性土，下伏强风化花岗岩、煌斑岩及辉绿岩。

工程区内各土层物理力学指标详见表2-9-23。

7. 地震

本地区地震动峰值加速度为0.05g，地震动反应谱特征周期为0.45s。

三、码头结构选择

本工程码头区岩面高程-14~-25m左右。岩面局部起伏较大，总趋势是往南东方向低倾。母岩为花岗岩，原岩结构清晰而完整，强度较高，标准贯入击数均大于50击。部分钻孔中出现煌斑岩和辉绿岩，其标贯击数30至50击，根据此地质情况，最合理的结构型式是重力式。

四、码头主体结构

1. 码头结构概述

沉箱长20m，宽17.0m（含前后趾各1m），高18.5m，重2870t。前沿设计底标高-16m的码头断面图详见图2-9-9。

码头位置土壤主要物理、力学性质指标

表 2-9-23

指标 / 土层	含水量 w (%)	天然容重 γ (kN/m^3)	孔隙比 e	液限 w_L (%)	塑性指数 I_P (%)	液性指数 I_L	快剪		固快		三轴剪切						无侧限抗压强度 q_u (kPa)	压缩系数 $\alpha_{0.1\sim0.2}$ (MPa^{-1})	渗透系数 K (10^{-1}cm/s)	
							ϕ (°)	C (kPa)	ϕ (°)	C (kPa)	ϕ_{uu} (°)	C_{uu} (kPa)	φ_{cu} (°)	C_{cu} (kPa)	ϕ_{cu}' (°)	C_{cu}' (kPa)			垂直	水平
淤泥	79.8	15.1	2.24	44.5	22.7	2.59	0.0	3.4	11.3	5.0								1.65		
亚砂土	26.9	19.4	0.76	26.2	5.7	1.08	21.8	13	29	24								0.13		
亚粘土	30.7	19.0	0.86	27.6	10.3	1.30	5.6	12	18.9	19	2.0	16					44	0.45	14.2	30.4
淤泥质亚粘土	38.9	18.2	1.08	32.5	14.4	1.47	2.2	13	14.8	14	2.0	14					53	0.79	61.3	107.3
淤泥质粘土	46.3	17.4	1.31	39.4	20.0	1.34	1.1	14	14.1	13							72	1.17	0.91	1.24
亚粘土	26.3	19.7	0.75	25.6	11.5	1.06	8.0	20	21.3	21	5.2	26					69	0.44	12.2	11.3
粗砾砂																				
黄色亚粘土	20.7	20.2	0.62	28.9	13.3	0.39	14.6	54	21.4	52	6.5	43	22.3	50	27.0	38	174	0.27	3.5	35.8
黄色粘土	25.9	19.6	0.76	40.6	19.9	0.26	15.9	73	20.0	56	10.4	29	20.4	36	24.3	28	272	0.27	0.13	0.08
夹层粘土	39.0	17.6	1.18	48.4	21.6	0.64	19.2	56	22.2	61								0.53		
亚粘土混砂	25.3	18.9	0.80	32.0	10.4	0.36	16.5	79	22.5	72								0.36		
强风化岩																				

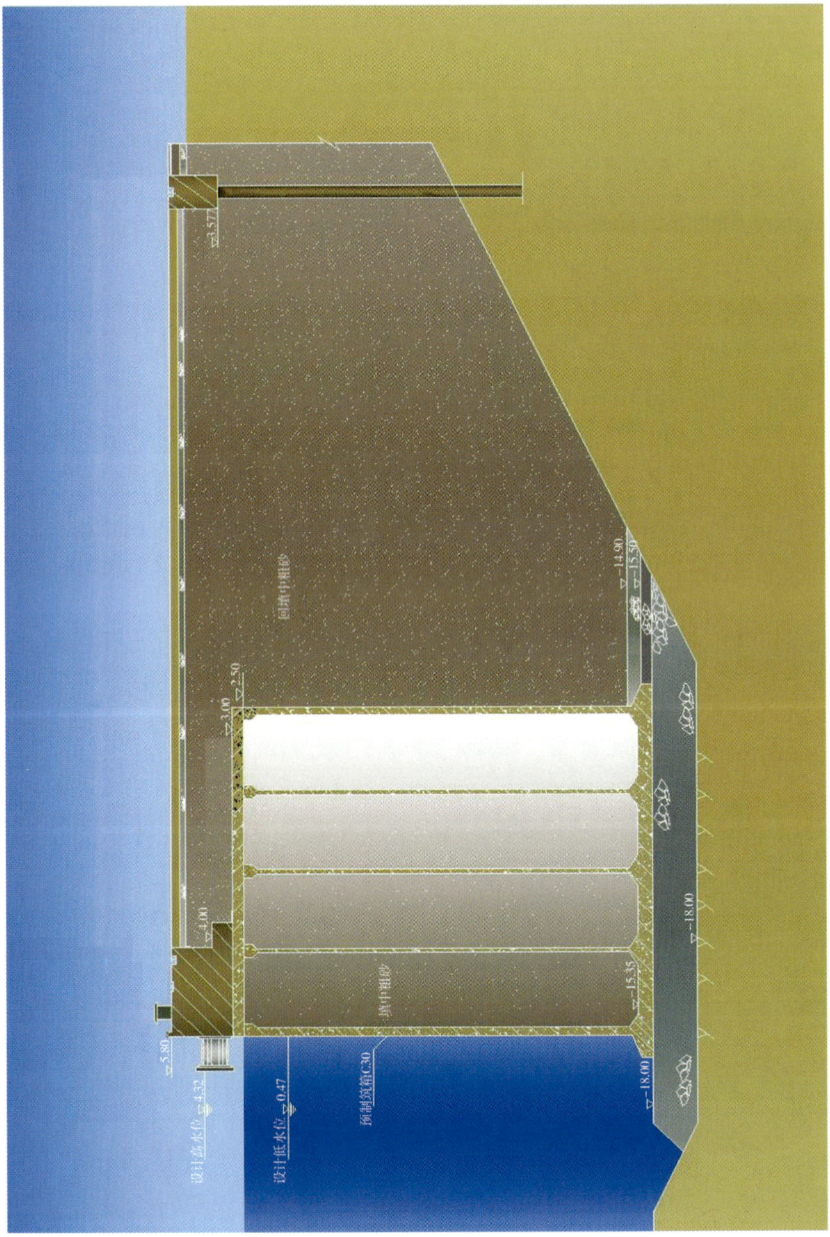

图 2-9-9 青岛港前湾港区三期工程码头断面图

沉箱平面上分成20个仓格,仓格尺寸为3.4×3.6m。沉箱内回填中粗砂,沉箱后-3m以下回填中粗砂,-3m以上回填风化砂并振冲处理。

抛石基床基本座于风化岩上,基床厚度1~5m。

沉箱前壁板厚400mm,后壁板厚350mm,侧壁板厚350mm,纵向隔墙厚度200mm,横向隔墙厚度200mm,底板厚650mm。

沉箱顶预制、安装500mm厚的钢筋混凝土盖板,其上现浇混凝土胸墙。

码头前沿铺面结构自上而下为混凝土大板400mm,石灰粉煤灰碎石200mm。

码头后轨道梁支撑于桩基上,以保证轨道满足沉降变位要求。轨道梁宽1.5m,高2.22m,梁下设一排600×600预应力混凝土方桩,轨道梁分段长度10m,每段设4根桩。

2. 主要计算结果

结构计算控制情况下抗倾、抗滑的结果详见表2-9-24。

抗倾、抗滑稳定计算结果表 表2-9-24

项目	设计水位	控制工况	作用效应	结构抗力	抗效比
抗倾	设计高水位	永久作用+墙后堆载(非主导可变)+波谷作用下波吸力(主导可变)	17919 kN·m/m	26875 kN·m/m	1.50
基床顶抗滑	设计高水位	永久作用+墙后堆载(非主导可变)+波谷作用下波吸力(主导可变)	2053 kN/m	2298.1 N/m	1.12
基床底抗滑	设计高水位	永久作用+墙后堆载(非主导可变)+波谷作用下波吸力(主导可变)	2053kN/m	2080kN/m	1.01

基床厚为1m时,基床应力计算结果详见表2-9-25。

基床应力计算结果表 表2-9-25

项目	设计水位	控制工况	基床应力
基床顶面应力	设计高水位	永久作用+非工作状态岸桥轮压+墙后堆载+波谷作用下波吸力	623.7kN/m^2
基床底面应力	设计高水位		560kN/m^2

3. 关键技术问题

(1)箱后填料

该区在建设期间,沙石料紧张,青岛港集装箱发展迅猛,需要本工程尽快形成生产能力,为了满足工期和质量要求,研究了采用回填风化砂替代部分中粗砂的方案，首先选择拟采用的石场的风化砂，进行砂的物理力学指标试验，要求不低于中粗砂的指标；经试验，指标满足要求，但含泥量比较大，各土样均在10%以上，为了确定实施方案，在工程中，选择一试验段进行了现场试验，包括风化砂振冲试验、沉箱后土压力试验、剩余水头试验；试验证明选定的风化砂各项指标满足要求。

（2）关于使用期的位移、沉降

专用集装箱码头对岸桥轨道的变形控制标准较高，本工程码头基床座于岩基上，使用期基本无沉降，因此对后轨道梁进行了专题研究，在采用天然地基经地基处理情况下，使用期残余沉降在90～210mm之间，轨道需要多次调整；轨道梁基础采用桩基时，能彻底解决轨道沉降问题，可以避免在使用期前后轨的不均匀沉降，但轨道梁两侧的面层与轨道梁会有差异沉降。综合分析利弊，最后选用轨道梁基础采用桩基；

相应在码头胸墙采取措施，主要有：胸墙分2次浇铸，待沉箱变位基本完成后再浇铸第二层；轨道安装以后，两轨道间距只允许有负偏差。

采取相关措施后，自投产以来，岸桥使用正常，轨道没有进行调整，但轨道梁两侧的面层与轨道梁有差异沉降。

4. 主要施工方法

沉箱在显浪预制厂预制，水路距现场11～12km，现有3000t沉箱台座20个。沉箱出运采用3300t举力的浮船坞，浮船坞浮运3km后，天然水深可满足沉箱浮运要求，浮船坞下沉，沉箱出坞，由拖轮拖带至现场，一般采用3艘拖轮，1艘3200HP、2艘600HP，沉箱安放大部分借助人工，小部分借助500t浮吊。

沉箱内填砂采用方驳上安装挖掘机进行。

沉箱后中粗砂由水上船运来料，直接抛填。抛填至标高－3m，－3m以上采用陆上回填风化砂。

沉箱后采用不加填料的振冲挤密法处理，选用75kW振冲器，振冲孔间距：平行码头前沿线方向为2.16m，垂直码头前沿线方向为2.5m；孔深10.5～12m。

后轨道梁下600×600预应力混凝土方桩采用陆上打桩机沉桩，桩的单节长度25m左右。

在沉箱后填砂完成、沉箱变位基本稳定后再浇铸胸墙，施工期胸墙最大沉降、位移见表2-9-26。

施工期胸墙测点最大沉降、位移量　　表 2-9-26

测点	基床厚度(m)	预留倒坡	位移量(mm)	沉降量(mm)
A	4.1	4‰	91	66
B	5.0	7‰	85	87

五、附属设施

码头采用 H1450 鼓型护舷,一鼓一板,间距 20.0m;
采用 1500kN 系船柱,间距 20.0m。

第六节　宁波港北仑港区四期工程

一、码头概况

宁波港北仑港区四期集装箱码头工程位于宁波穿山半岛北端,为新开发的全集装箱码头。码头布置在 -16.8 ~ -20.6m 等深线处,呈"〉"型布置,3# ~6#泊位码头前沿线为一直线段,长度 1400m;7#泊位顺应地形走向转折 16.5°,长度 310m。详见图 2-9-10。

本期工程建设 5 ~10 万吨级泊位 5 个,码头结构按停靠 150000 吨级船舶设计,结构安全等级二级。

码头船岸作业采用岸桥,堆场作业采用轮胎式龙门起重机和空箱堆高机。

北仑四期岸桥轨距 35m,轮数 4 ×8 个,轮距 1.5m,基距 14.2m,最大规格岸桥额定起重能力 71t(双箱吊具下),外伸距 65m,后伸距 15.24m。岸桥轮压、水平力、锚碇及防风系缆力详见表 2-9-27。

岸桥轮压、水平力、锚锭及防风系缆力　　表 2-9-27

风　速	20m/s 工作状态		55m/s 非工作状态	
海侧最大轮压	912.5kN		1069.1kN	
陆侧最大轮压	810.8kN		1307.6kN	
垂直轨道水平力	海侧	178kN	海侧	1430 kN
	陆侧	178 kN	陆侧	1430 kN
平行轨道水平力	海侧	184 kN	海侧	1460 kN
	陆侧	340 kN	陆侧	1720 kN
防风拉索力	—		2000kN	
锚碇力	—		1300kN	

图 2-9-10　宁波港北仑港区四期工程位置图

均载：码头前沿至前轨为 10kN/m^2；码头前轨至码头后沿为 30kN/m^2。

二、自然条件

1. 设计水位

设计高水位：3.86 m(吴淞零点，下同)；

设计低水位：0.56 m；

极端高水位：5.41 m；

极端低水位：−0.44 m。

2. 设计波浪

码头前沿设计波浪要素详见表 2-9-28 和表 2-9-29。

设计高水位时码头前沿重现期 50 年设计波要素　　表 2-9-28

等深线	波要素	N	NNW	ENE
−17m	$H_{1\%}$(m)	3.1	2.5	3.3
	$H_{4\%}$(m)	2.5	2.0	2.7
	T(s)	5.9	5.2	6.1
-15m	$H_{1\%}$(m)	3.0	2.4	3.2
	$H_{4\%}$(m)	2.5	2.0	2.7
	T(s)	5.9	5.2	6.1
-10m	$H_{1\%}$(m)	2.9	2.3	3.1
	$H_{4\%}$(m)	2.4	1.9	2.6
	T(s)	5.9	5.2	6.1

设计高水位时码头前沿重现期 5 年设计波要素　　表 2-9-29

等深线	波要素	N	NNW	ENE
-17m	$H_{1\%}$(m)	1.4	1.9	1.8
	$H_{4\%}$(m)	1.2	1.6	1.5
	T(s)	3.9	4.5	4.4
−15m	$H_{1\%}$(m)	1.4	1.9	1.8
	$H_{4\%}$(m)	1.2	1.6	1.5
	T(s)	3.9	4.5	4.4
-10m	$H_{1\%}$(m)	1.3	1.8	1.7
	$H_{4\%}$(m)	1.1	1.5	1.4
	T(s)	3.8	4.4	4.3

3. 潮流

港区的潮流性质为非正规半日浅海潮流，其浅海分潮的比例较大，因此，涨、落潮不对称性较为明显，如涨落潮历时、涨落潮流大小不等现象。

潮流基本上以 ESE ~ WNW 向往复流形式出现，与等深线走向大致一致。涨潮流流速大于落潮流流速。

拟建港区水域余流流速值较大，大多介于 20 ~ 40cm/s 之间。

本港区垂线平均可能最大流速在172～198cm/s之间。

4. 风

全年实测平均风速3.4m/s，强风向为W、NW，实测最大风速14.6m/s；瞬时极大风速24.2m/s，风向SW。

5. 地形、地貌及泥沙

在地貌上总的表现为低山丘陵和滨海淤积平原。工程场区濒临螺头水道，西北侧为册子水道，附近有金塘、大榭和舟山主岛等众多岛屿为其天然屏障。该区段属夷平的港湾淤泥质海岸，岸线顺直稳定，水域开阔，水下岸坡较陡，深水近岸，潮滩宽仅100～300m，15m等深线距岸300～400m。

受制于季风影响而变化的舟山群岛及其外围大环境的风浪情况，含沙量季节变化较明显，夏季水色相对较清，平均含沙量在0.2kg/m^{3}左右；冬季水体较浑，含沙量一般在0.4kg/m^{3}左右，有时甚至达1kg/m^3。

3$^\#$～7$^\#$泊位码头前沿淤强依次为0.30、0.35、0.39、0.46、0.52m/年。

6. 工程地质

本区上覆土层为全新世海相沉积淤泥质粉质粘土。层厚11.2～39.5m；其下为晚更新世陆相沉积粉质粘土、粘土；下卧基岩岩面高程为-55.4～-81.73m，往西总的变深。

工程区内各土层物理力学指标详见表2-9-30。

7. 地震

地震动峰值加速度为0.1g，地震动反应谱特征周期为0.35s。

三、码头结构选择

根据当地的自然条件和施工条件，参照本地区码头结构的设计经验，码头采用高桩板梁式结构。

四、码头主体结构

1. 码头结构概述

标准结构段分段长分别:75m和85m。排架间距10m，每榀排架布置13根ϕ1200大管桩(B1型)，其中3根直桩，10根斜桩，桩长56～64m，7个现浇桩帽节点，桩的斜度根据桩基布置及受力情况取10:1和5:1。上部结构采用等高正交梁系，轨道梁、纵梁采用预应力混凝土芯棒结构；横梁采用预应力混凝土结构；前边梁为钢筋混凝土结构；面板为钢筋混凝土叠合板。码头断面图详见图2-9-11。

各土层物理力学性质指标

表 2-9-30

层号	岩土名称	天然含水量	天然容重	孔隙比	液限	塑性指数	液性指数	压缩系数	压缩模量	直剪快剪		直剪固快		三轴快剪		休止角	
										内摩擦角	内聚力	内摩擦角	内聚力	内摩擦角	内聚力	水上	水下
		w	ρ	e_0	w_L	I_P	I_L	α_{1-2}	E_{S1-2}	ϕ	C	ϕ	C	ϕ	C		
		%	kN/cm^3		%	%		MPa^{-1}	MPa^{-1}	°	kPa	°	kPa	°	kPa	°	°
①$_1$	粉质粘土	29.5	18.9	0.865	34.8	13.8	0.62	0.39	4.83			13.3	36	1.6	45.3		
①$_2$	淤泥质粉质粘土	40.8	18.0	1.134	20.2	14.1	1.47	0.71	3.06	2.5	6	9.30	20	0	7.1		
②	淤泥质粉质粘土	42.3	17.6	1.215	36.1	15.0	1.42	0.77	2.82	5.3	12	9.9	20	0.12	20.7		
③$_1$	淤泥质粘土	44.7	17.6	1.261	41.0	17.7	1.25	0.86	2.62	6.2	11	9.2	21	0.3	22.3		
③$_2$	粘土	42.9	17.4	1.234	45.0	19.6	0.94	0.72	3.27	4.4	11	10.2	25	0.3	22.3		
③$_3$	粘土	30.4	17.6	1.000	30.4	5.8	1.0	0.17	11.92	25.9	9	29.7	25				
④$_1$	粉质粘土	27.8	19.7	0.776	35.4	14.7	0.55	0.24	7.90	10.5	36	16.9	27.8	0.6	49.8		
④$_2$	粉质粘土	28.0	18.9	0.860	30.0	12.0	0.75	0.31	6.49	9.8	17	16.5	34	1.7	39.6		
④$_3$	含粘性土中砂	21.3	20.9	0.550				0.17	9.30			30.5	15			42.3	38.5
⑤$_1$	粉质粘土、粘土	27.0	19.7	0.769	39.1	16.3	0.26	0.23	8.25	16.6	46	17.7	50	4.0	68.3		
⑤$_2$	粉质粘土、粘土	29.1	19.3	0.837	36.7	15.9	0.67	0.25	7.69	9.7	23	13.9	34	1.2	39.3		
⑤$_3$	含砾中粗砂															41.8	36.8
⑥$_1$	粘土、粉质粘土	28.4	19.5	0.827	44.0	18.9	0.15	0.24	7.17	19.8	57	14.8	55	1.6	49.2		
⑥$_2$	粘土、粉质粘土	42.5	19.0	1.070	57.2	24.9	0.41	0.39	5.26	15.2	28	16.5	43				
⑥$_3$	含粘性土中砂	22.2														43.0	38.2
⑦	粉质粘土	23.0	19.3	0.753	41.7	16.7	0.05	0.20	9.48			19.9	38	3.0	60.7		
⑧	含粘性土碎石																

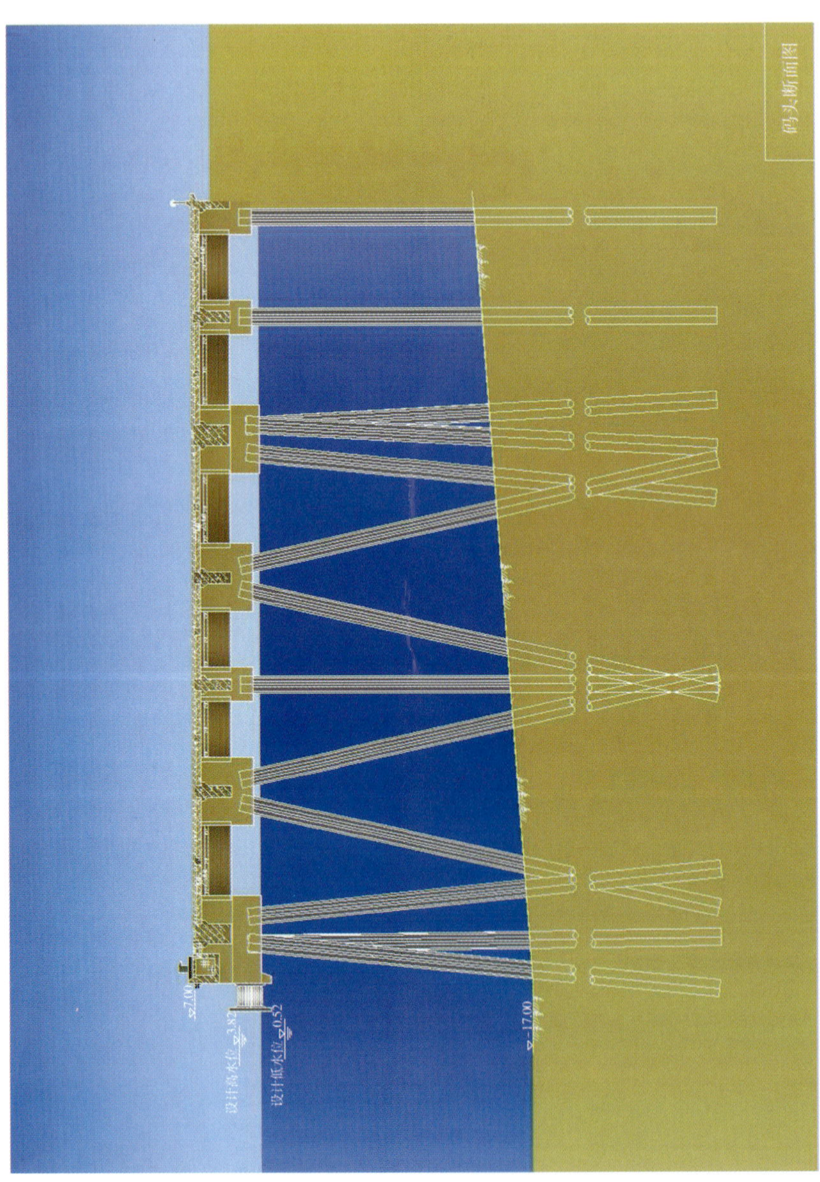

图 2-9-11 宁波港北仑港区四期工程码头断面图

码头纵、横梁、轨道梁预制高度为2.13m；面板预制厚度0.40m，现浇厚度0.15～0.25m。

引桥基础采用高桩承台结构，墩台中心距26.0m，上部结构为预应力混凝土芯棒“T”型梁。

墩台采用600×600预应力混凝土方桩，每墩设16～18根，均为斜桩；桩长50m左右。墩台采用现浇钢筋混凝土结构。

引桥与桥后天然地基道路衔接处采用钢筋混凝土板过渡，以适应地基沉降。

引桥上部“T”型梁中心距2.3m，“T”型梁总高2.3m。

2. 主要计算结果

码头、引桥主要构件内力计算结果详见表2-9-31。

码头、引桥主要构件内力设计值表　　表2-9-31

构件名称	正弯矩（kN·m）	负弯矩（kN·m）	桩力设计值（kN）	
			计算桩力	承载力
码头轨道梁	18766.7	－14449.6	/	/
码头横梁	8467.7	－7797.2	/	/
码头 ϕ1200 大管桩	/	/	7063.3	7070
引桥T型梁	5745	725	/	/
引桥灌注桩	/	/	4665	5960
引桥方桩	/	/	2247	2600

3. 结构耐久性设计

宁波港是我国混凝土腐蚀破坏最严重的地区之一，根据北仑地区的自然条件、已建工程的腐蚀情况和宁波港的防腐经验，遭受腐蚀破坏严重程度依次为横梁大于纵梁，纵梁大于轨道梁。

设计要求采用高性能混凝土，采用大掺量磨细矿渣，掺量在65%左右；对易腐蚀、较难维护的水电等管线支架采用混凝土牛腿结构和前管沟结构，牛腿设置在码头、引桥的外侧。

4. 主要施工方法：

桩、梁板均在镇海甬江口预制厂预制。

梁板由方驳水运至现场，纵横梁和码头前后两侧的部分面板由起重船安放直接安放；中间部分面板由起重船先把板放在码头面，再由安放在纵梁上的龙门吊安装。

桩帽由搅拌船施工，现浇面板叠合层为陆上来料。

五、附属设施

码头采用 H1700 鼓型护舷，一鼓一板，间距 20.0m；中间排架设 D300 护舷，间距 20m 左右。

采用 1500kN 系船柱，间距 20.0m。

码头前设供电、供水管沟，尺寸 1.2m×1.37m。

第七节　大连港大窑湾港区二期集装箱码头

一、码头概况

大连港大窑湾港区位于辽东半岛南部、大连市金县东南 13km，濒临北黄海，与大连湾以大孤山半岛相隔。水路距大港区 15n mile，陆路距大连市 50km。地理坐标 N38°59′，E121°53′。

大窑湾港区二期工程为全集装箱码头工程，位于大窑湾港区一期工程的西侧，其东侧为拟建的三期工程。具体位置详见图 2-9-12。

二期工程建设 3.0～10 万吨级集装箱专用泊位 6 个，年设计吞吐量 200 万 TEU。码头岸线为 L 型，码头岸线总长 2097m，其中顺岸码头岸线长度 1445m，布置 3 个 7 万吨级（6000TEU）泊位（13#、14#、16#泊位）、1 个 10 万吨级（8000TEU）泊位（15#泊位）；东侧岸线长 652m，自南向北依次布置 1 个 3 万吨级（2000TEU）泊位（11#泊位）和 1 个 5 万吨级（4400TEU）的泊位（12#泊位）。码头面高程 5.5m，码头前沿底高程：11#泊位、12#泊位为 −13.5m，13#、14#、16#泊位为 −16.0m，15#泊位为 −17.8m。码头结构安全等级为二级。

码头前方装卸船采用岸边集装箱桥式起重机（以下简称岸桥），配备 16 台。水平运输采用集装箱牵引车拖半挂车，分别配备 80 台和 100 台。堆场重箱作业采用轮胎式场桥，配备 48 台；危险品箱的装卸采用 42t 正面吊作业，配备 2 台；空箱作业采用空箱堆高机，配备 12 台。

11#泊位、12#泊位岸桥轨距 35m，轮数 4×8 个，基距 15.0m，起重量吊具下 50t，外伸距 55m，后伸距 18m。

13#～16#泊位岸桥轨距 35m，轮数 4×8 个，基距 15.0m，起重量吊具下 61t，外伸距 65m，后伸距 18m。

岸桥轮压、锚定及防风拉力分别见表 2-9-32。

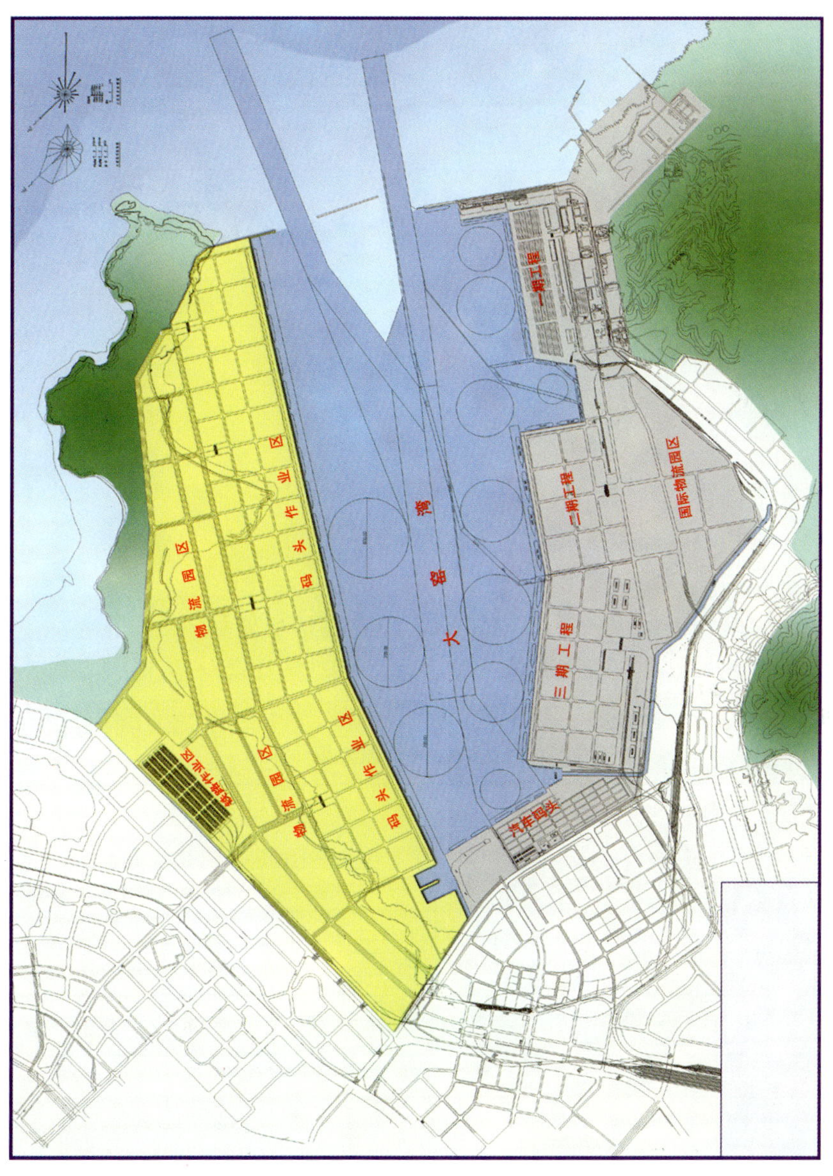

图 2-9-12　大窑湾港区二期工程总体布置图

岸桥轮压、锚定及防风拉力表 表 2-9-32

状　态	工作状态(20m/s)	非工作状态(55m/s)	
海侧最大轮压	780 kN	845 kN	
陆侧最大轮压	688 kN	1020 kN	
防风拉力		1200 kN	
锚定力		水平力 800 kN	上拔力 220 kN

码头前沿至堆场均布荷载 $q=30\text{kPa}$。

二、自然条件

1. 设计水位

设计高水位:4.00 m(以大连筑港零点起算,下同);

设计低水位:0.44 m;

极端高水位:5.10 m;

极端低水位:-1.08 m;

乘潮水位($t=2\text{h}, p=94\%$):2.4 m。

2. 设计波浪

码头前沿主要波向为 E、ENE、N 向,设计波浪要素如下:

设计高水位、重现期 50 年一遇的设计波浪因素分别见表 2-9-33 ~ 2-9-35。

11#、12#泊位设计波要素 表 2-9-33

波要素	$H_{1\%}$(m)		$H_{4\%}$(m)		T(s)
泊 位	11#	12#	11#	12#	
E	2.4	2.0	2.0	1.7	7.6
ENE	1.5	2.1	1.3	1.8	7.1
ESE	0.8	1.0	0.7	0.8	8.8

13# ~ 16#泊位设计波要素 表 2-9-34

波要素	$H_{1\%}$(m)				$H_{4\%}$(m)				T(s)
泊位	13#	14#	15#	16#	13#	14#	15#	16#	
E	1.0	1.9	3.3	3.4	0.8	1.6	2.8	2.9	7.6
ENE	1.1	1.5	2.0	2.0	0.9	1.3	1.7	1.7	7.1
ESE	0.8	0.7	0.7	0.7	0.7	0.6	0.6	0.6	8.8

11# ~16#泊位设计高水位、2 年一遇设计波浪要素　　表 2-9-35

波要素	$H_{4\%}$(m)	T(s)
E	0.64	4.8
N	1.3	4.0

3. 潮流

大窑湾的潮流基本为往复流，涨潮流向湾内，落潮流向湾外。涨潮流速稍大于落潮流速，表层流速大于底层流速。

实测表层最大涨潮流速为 0.66m/s，流向 NW，最大落潮流速 0.70m/s，流向 SW 和 SE；均出现在大窑湾单突堤与岛堤之间的进港航道中。大窑湾的余流很小，最大余流流速为 0.16m/s。

4. 风

本区受季风影响，夏季多南风，冬季多偏北风。全年常风向为 N，频率为 19.45%；年平均风速为 5.8 m/s，六级以上大风的频率为 8.4%，以 N 向大风为主；最大风速 32 m/s，风向 SSW，出现时间为 1974 年 8 月 29 日。

设计风速 34.1 m/s。

5. 地形、地貌及泥沙

大窑湾湾口朝向东南，沿岸山丘直接临海，湾内天然水深大部在 5 ~ 10m，近岸底质为砂且多礁石，深水区为泥质，潮间带甚窄，仅在湾顶有约 500m 宽的砂质潮滩，为典型的基岩港湾海岸。

大窑湾沿岸地区属辽东半岛南部低山丘陵区，主要由震旦纪的石灰岩、石英砂岩、页岩、板岩和灰岩组成，局部有中生代辉绿岩脉侵入，第四系分布范围较小，厚度不大。山丘海拔高度一般为数十米至 200 余米。沿岸普遍发育有 20 米上下的海蚀阶地，向海微倾，残积土一般厚 1 ~ 3m，南岸其纵深为 300 ~ 1000m 不等，北岸因受限于半岛而比较狭窄。湾顶及北岸大地一带有很窄的海拔 5m 的海积阶地，并有泻湖发育。

本区在大地构造上属辽东台背斜的复州古凹陷南部。大窑湾沿岸断裂构造比较复杂，纬向构造体系、华夏系、新华夏系、北西向构造体系交错切割，有多条断层发育。

大窑湾沿岸基岩山丘直接临岸，两侧的半岛狭窄，纵深几十米至 2km 左右；湾顶方面以大和尚山东南麓计也才 4km 多，湾内无河流注入，暴雨时沿溪沟或面流入湾的泥沙数量很有限。

大窑湾邻近的海岸带活动的泥沙量少而粗大，在风浪作用下于近岸活动,而由于港湾岬角相间,受岬角的阻隔,不可能产生远距离的运移。

大窑湾内外水色甚清,风天也不例外(1984 年水文测验资料表明,湾内水体含沙浓度仅为 5~10ppm)。湾内天然水深大,沿岸多礁石,潮滩不发育,为砂滩和岩滩。深水区底质为泥,表部的淤泥质土灰黑粘重,都反映出缺乏泥沙来源、淤积甚微的迹象。湾底表层分布的淤泥质土是全新世以来漫长历史时期的产物。

对比 1983 年所测的 1∶5000 水深图与 1960 年海图,湾底地形极为稳定,湾内各部反映不出明显变化,表明湾内冲淤甚微。

港池航道开挖后,在波浪和水流作用下尚有平衡淤积问题。从土质和水动力条件看,湾底淤泥质土不太厚且较粘重,往下是更新世老粘性土及砂卵砾石,缺少粉细砂和浮动性大的淤泥,抗冲性较好,开挖后的座淤较轻;再则,湾内流速较小、流场不复杂,湾内掩护条件良好,波浪不大,水动力条件不强,因而平衡淤积较轻。

因此,港池航道开挖后,落淤轻微,平衡淤积也较轻,不可能造成大的回淤,而会很快稳定下来。可以认为,在天然状态下和工程开挖后,大窑湾内基本上不存在淤积问题。

6. 工程地质

本区上覆土层为全新世海相沉积层、晚更新世陆相沉积层。土层自上而下为淤泥、淤泥质(粉质)粘土、碎石、粉质粘土。基底基岩为石灰岩、泥灰岩和辉绿岩。

工程区内各土层物理力学指标见表 2-9-36。

土层主要物理力学性质指标统计 表 2-9-36

试验项目	①淤泥	②淤泥质(粉质)粘土	④粉质粘土	全风化板岩
天然含水率 w(%)	42.66	38.08	33.50	28.45
湿容重 γ(g/cm^3)	1.82	1.85	1.89	1.93
干容重 γ_d(g/cm^3)	1.29	1.35	1.41	1.50
比重 G_s	2.68	2.68	2.72	2.77
孔隙比 e	1.12	1.00	0.94	0.85
液限含水率 w_L(%)	31.59	37.79	41.37	35.05
塑限含水率 w_p(%)	18.57	21.86	23.88	19.75
塑性指数 I_p	13.02	15.95	17.48	15.30
液性指数 I_L	1.84	1.10	0.59	0.60

续上表

试验项目			①淤泥	②淤泥质(粉质)粘土	④粉质粘土	全风化板岩
压缩系数 α_r(MPa^{-1})			0.70	0.69	0.49	0.36
压缩模量 E_s(MPa)			3.72	3.00	4.37	5.18
固结系数 C_v(cm^2/s)			3.74×10^{-3}	4.11×10^{-3}	4.18×10^{-3}	2.51×10^{-2}
渗透系数(cm/s)	水平向 k_h		1.65×10^{-5}	7.77×10^{-6}	1.94^{-6}	9.20^{-7}
	垂直向 k_v		6.01×10^{-4}	1.98×10^{-5}		1.41×10^{-5}
直剪	快剪	C(kPa)	5.78	12.92	31.89	39.91
		ϕ(°)	7.64	5.56	9.80	12.36
	固快	C(kPa)	16.52	19.41	42.03	35.62
		ϕ(°)	18.87	17.47	15.46	15.63

三、码头结构选择

地质钻探资料表明,拟建码头区域地层自上而下依次为淤泥、淤泥质粘土、碎石、粉质粘土、强风化泥灰岩、中风化石灰岩和中风化辉绿岩。11# ~12#泊位码头线处岩面高程位于 -11.1 ~ -20.9m 之间,13# ~16#泊位码头线处岩面高程位于 -11.8 ~ -31.8m 之间。码头结构适宜选用重力式结构。设计对扶壁结构和沉箱结构进行了比较。同时波浪物模试验表明,由于本期工程的实施,将使一期工程的工作船泊位及 9#、10#泊位前的波况变差,码头上水比较严重,同时在不建北防波堤情况下,本期 15#、16#泊位也有一定的上水存在。故设计中又进行了开孔消浪沉箱结构和普通沉箱结构方案的比较,详见表 2-9-37、表 2-9-38。

沉箱、扶壁结构方案比较表 表 2-9-37

方 案	优 点	缺 点
沉箱结构	1. 大连地区普遍采用,施工经验丰富; 2. 运输安装不需要大型起重船	混凝土用量较多,投资稍高
扶壁结构	混凝土用量较少,投资稍低	1. 大连地区很少采用; 2. 运输安装需要大型起重船; 3. 施工期间自身稳定性较差

经综合经济技术比较,考虑施工进度等因素,11# ~12#泊位结构采用开孔沉箱结构,以改善小港池内的波况,而 13# ~16#泊位考虑远期北防波堤的掩护,推荐采用不开孔沉箱结构。

码头沉箱结构方案比较表　　表 2-9-38

方　案	优　点	缺　点
实体沉箱结构	1. 沉箱预制运输方便； 2. 造价较低	1. 码头面上水量较大； 2. 泊稳条件较差
开孔消浪沉箱结构	1. 码头上水量小； 2. 泊稳条件好； 3. 地基应力较小	1. 沉箱预制、运输较复杂； 2. 造价较高

四、码头主体结构

1. 11#、12#泊位结构

11#泊位、12#泊位码头面高程为 5.50m，码头前沿底高程为 -13.5m，码头结构采用开孔消浪沉箱重力式结构。沉箱长 16.00 m，宽 11.5m，高 17.0m，沉箱前后趾各 1.0m，重 1872.0t 。沉箱平面上分成 12 个仓格，仓格尺寸为 3.475m × 3.350m，沉箱海侧壁板厚 400mm，陆侧壁板厚 350mm，底板厚 500mm。

为了减少波浪反射、降低码头面上水、改善小港池的泊稳条件，采用开孔消浪沉箱，在沉箱顶胸墙上开一排孔、沉箱前壁开三排孔、在沉箱前纵隔板、横隔板开孔，开孔率约 30%。为了验证开孔沉箱减小波浪反射的效果，对实体沉箱与本工程采用的开孔沉箱结构进行了波浪反射系数对比断面物理模型试验，试验结果详见表 2-9-39。

实体沉箱方案与开孔消浪沉箱方案波浪反射系数比较表　表 2-9-39

试验水位	波浪重现期	试验入射波波高	规则波反射系数		不规则波反射系数	
			实体沉箱	开孔消浪沉箱	实体沉箱	开孔消浪沉箱
设计低水位 0.44m	10 年一遇	1.5m	0.95	0.27	0.98	0.30
	25 年一遇	2.5m	0.97	0.37	0.95	0.40
	50 年一遇	3.5m	1.00	0.51	0.93	0.47
设计高水位 4.00m	10 年一遇	1.5m	0.94	0.78	0.97	0.77
	25 年一遇	2.5m	0.91	0.66	0.95	0.72
	50 年一遇	3.5m	0.91	0.65	0.93	0.67

注：表中波高值为对比试验采用的假定波高值。

通过物模试验验证,采用开孔消浪沉箱可以明显减少波浪反射、降低码头面上水、改善小港池的泊稳条件。

沉箱内抛填10~100kg块石,海侧二排仓格抛石顶高程为-3.0m,其上水上现浇混凝土厚0.5m,陆侧仓格抛石至沉箱顶。沉箱后设抛石棱体,顶宽5.5m,坡度为1:1。

在海侧二排仓格形成空腔对减小基床应力、地基应力亦具有明显作用。

海侧仓格盖板上设混凝土胸墙。胸墙陆侧部分兼作岸桥前轨道梁,轨道梁断面为矩形,高2.0m,宽1.4m。

沉箱间设碎石倒滤井。

码头前沿铺面结构自上而下为沥青混凝土100mm,钢筋混凝土大板400mm,水泥稳定碎石250mm。

岸桥后轨道梁采用弹性地基梁,为倒T型钢筋混凝土结构,梁高2.5m,底宽3.0m,其下为现浇混凝土垫层和碎石基床。碎石基床直接座在经强夯处理的回填开山石地基上。

为了减小后轨道梁在使用期的沉降,减少后轨高程调整次数,设计上考虑采用如下措施:后轨道梁区清除全部软土层;在不影响沉箱稳定的情况下尽量加大夯击能量;施工时预留沉降高程;同时,考虑采用垂直向、水平向有一定调整幅度的钢轨扣件。

为了提高码头的耐久性,低水位以上沉箱结构采用高性能混凝土。

码头结构详见图2-9-13。

2. 13#、14#、16#泊位结构

13#、14#、16#泊位码头面高程为5.50m,码头前沿底高程为-16.0m,码头结构采用沉箱重力式结构。沉箱长16.00 m,宽12.85m,高18.6m,沉箱前后趾各1.0m,重2003t 。沉箱平面上分成12个仓格,仓格尺寸为3.9m×3.55m,沉箱海侧壁板厚400mm,陆侧壁板厚350mm,内隔板厚200mm,底板厚650mm。

沉箱内抛填10~100kg块石,海侧一排仓格抛石顶高程为-0.9m,其他仓格抛石至沉箱顶。沉箱后设抛石棱体,顶宽9.0m,坡度为1:1。

在海侧一排仓格形成空腔对减小基床应力、地基应力和减小沉箱尺寸具有明显作用。

为取消现浇胸墙底模板并减小海侧纵向隔板的侧向土压力,在沉箱海侧二排仓格上部设预制安装的钢筋混凝土盖板。

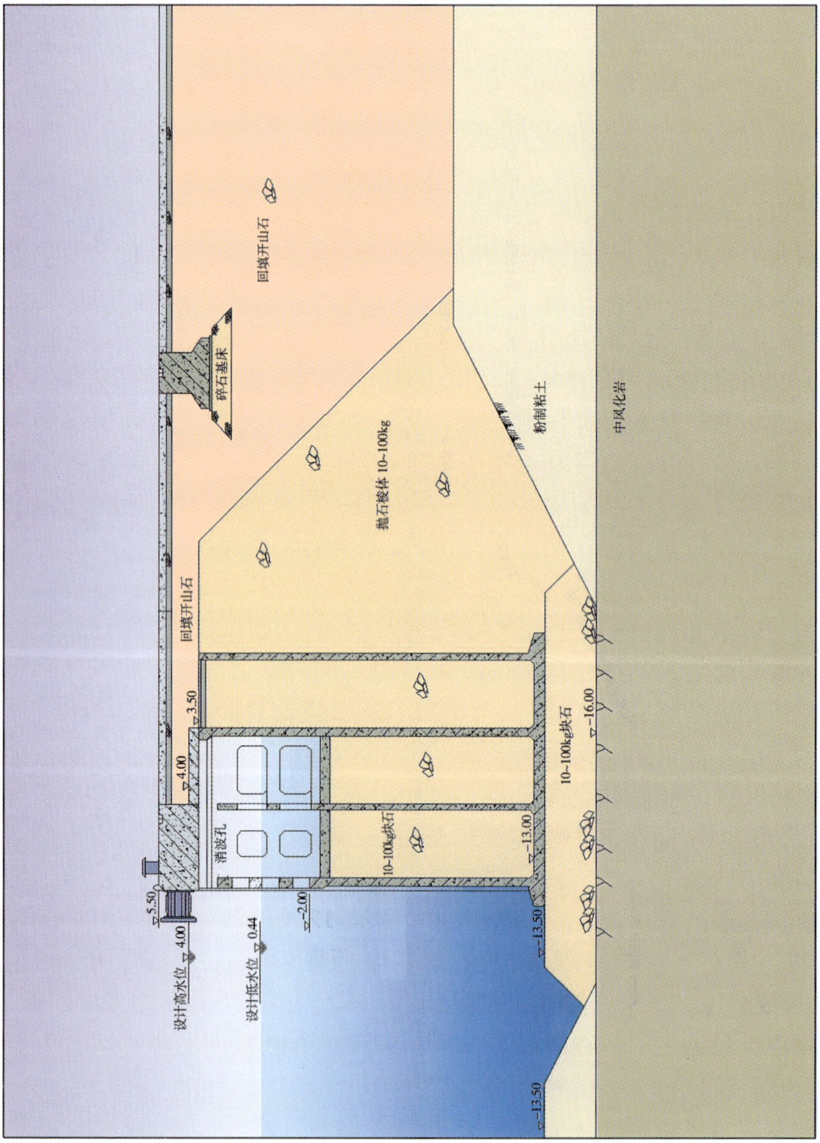

图 2-9-13 11#、12#泊位码头断面图

沉箱海侧仓格盖板上设 L 型胸墙。胸墙陆侧部分兼作岸桥前轨道梁，轨道梁为倒 T 型，高 2.4m，顶宽 1.5m。

沉箱间设碎石倒滤井。码头前沿铺面结构自上而下为沥青混凝土 100mm，钢筋混凝土大板 400mm，水泥稳定碎石 250mm。

为了减小后轨道梁在使用期的沉降，减少后轨高程调整次数，设计上考虑采用如下措施：后轨道梁区清除全部软土层；在不影响沉箱稳定的情况下尽量加大夯击能量；施工时预留沉降高程；同时，考虑采用垂直向、水平向有一定调整幅度的钢轨扣件。为了提高码头的耐久性，低水位以上沉箱结构采用高性能混凝土。

码头结构详见图 2-9-14。

3. 15#泊位结构

15#泊位码头面高程为 5.50m，码头前沿底高程为 -17.8m，码头结构采用沉箱重力式结构。沉箱长 16.0 m，宽 14.1m，高 20.4m，沉箱前后趾各 1.0m，重 2334t 。沉箱平面上分成 12 个仓格，仓格尺寸为 4.317 × 3.55m，沉箱海侧壁板厚 400mm，陆侧壁板厚 350mm，内隔板厚 200mm，底板厚 750mm。

沉箱内抛填 10 ~ 100kg 块石，海侧一排仓格抛石顶高程为 -0.9m，其他仓格抛石至沉箱顶。沉箱后设抛石棱体，顶宽 9.915m，坡度为 1∶1。

其他结构同 13#、14#、16#泊位结构。

码头结构详见图 2-9-15。

码头结构计算结果详见表 2-9-40 ~ 2-9-42。

大连港大窑湾港区二期工程码头结构的施工与传统的沉箱重力式码头施工相同，这里不再赘述。

五、码头附属设施

11#、12#泊位：

码头护舷采用 SUC1450H，一鼓一板，间距 16.0m；系船柱采用 1500kN，间距 16.0m。

13# ~ 16#泊位：

码头护舷采用 SUC1700H，一鼓一板，间距 16.0m；系船柱采用 1500kN，间距 16.0m。

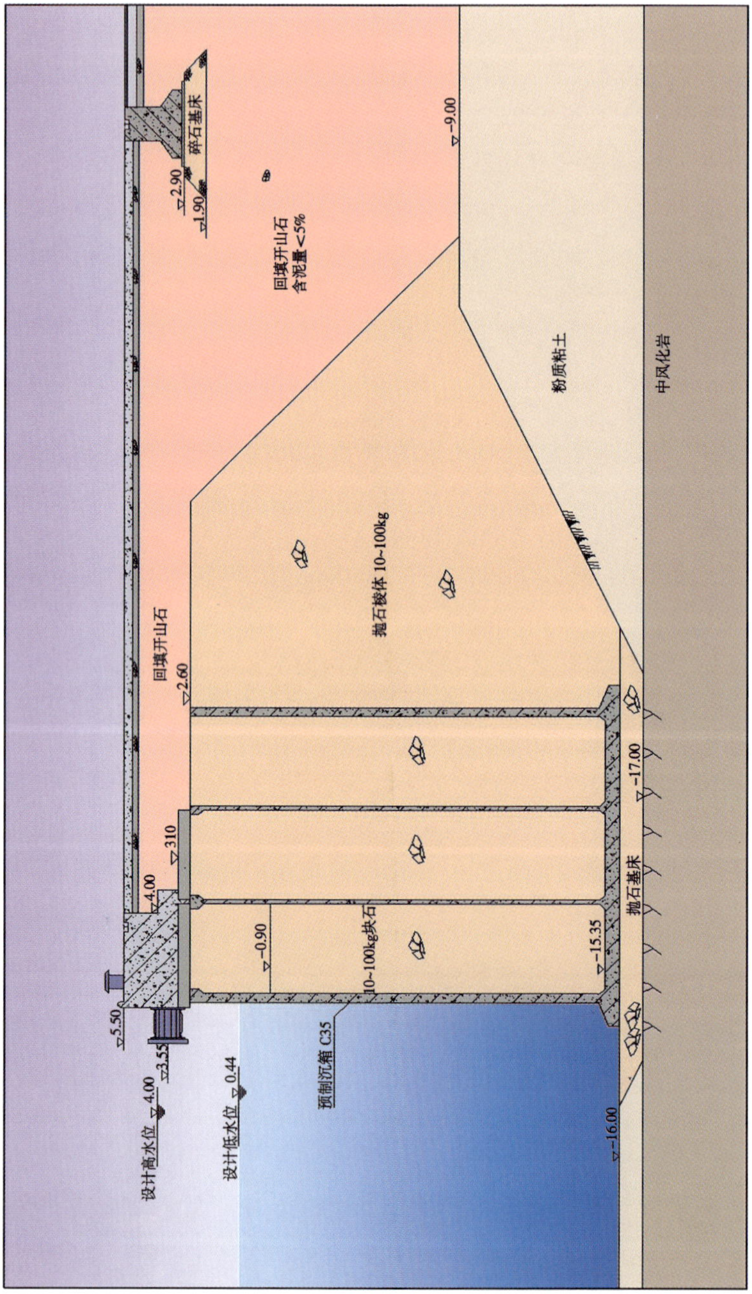

图 2-9-14 13#、14#、16#泊位码头断面图

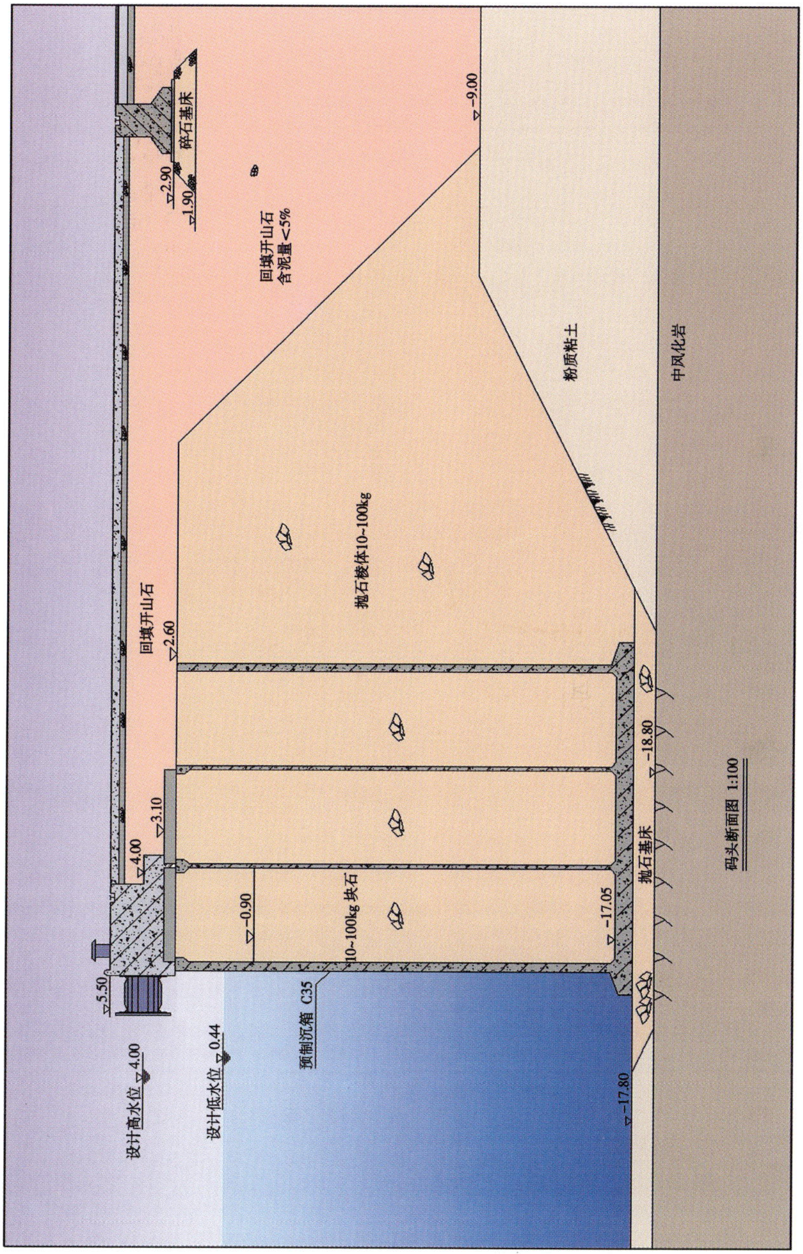

图 2-9-15　15#泊位码头断面图

11#、12#泊位码头结构主要计算成果表

表 2-9-40

结构方案＼计算结果		基顶抗滑(kN)		基底抗滑(kN)		抗倾(kN·m)		基床应力(kPa)
		作用效应设计值	结构抗力设计值	作用效应设计值	结构抗力设计值	作用效应设计值	结构抗力设计值	
开孔沉箱结构	极端高水位	1181	1360	1245	1447	9334	13694	488
	设计高水位	1287	1429	1361	1516	9805	14294	492
	设计低水位	1294	1563	1375	1650	8828	15746	483
	极端低水位	1188	1606	1267	1693	7794	16282	480

13#、14#、16#泊位码头结构主要计算成果表

表 2-9-41

结构方案＼计算结果		基顶抗滑(kN)		基底抗滑(kN)		抗倾(kN·m)		基床应力(kPa)
		作用效应设计值	结构抗力设计值	作用效应设计值	结构抗力设计值	作用效应设计值	结构抗力设计值	
普通沉箱结构	极端高水位	1550	1868	1625	1962	14178	18567	707
	设计高水位	1688	1940	1771	2035	14930	19216	704
	设计低水位	1705	2151	1795	2247	13597	21235	697
	极端低水位	1571	2235	1658	2332	12055	22126	693

15#泊位码头结构主要计算成果表

表 2-9-42

结构方案＼计算结果		基顶抗滑(kN)		基底抗滑(kN)		抗倾(kN·m)		基床应力(kPa)
		作用效应设计值	结构抗力设计值	作用效应设计值	结构抗力设计值	作用效应设计值	结构抗力设计值	
普通沉箱结构	极端高水位	1735	2211	2043	2551	16686	25251	653
	设计高水位	1829	2292	2144	2631	17350	26063	662
	设计低水位	1923	2502	2263	2841	17012	28500	672
	极端低水位	1899	2577	2250	2917	16324	29540	670

第八节　码头建筑物评述

中交水运规划设计院设计的集装箱码头从北到南分布在丹东、大连、锦州、青岛、日照、上海、宁波、福州、泉州、深圳、北海等地，深水泊位总数达86个。

码头前沿最大水深18.41m，为目前国内外最深泊位之一，预计可停靠150000dwt集装箱船。码头前沿采用的岸桥最大额定起重能力达75t，最大外伸臂达70m。

集装箱码头建筑物从外观看与一般码头没有大的差别，但从使用要求上有其特殊性。国内外三大类码头型式：重力式、高桩梁板式、板桩式，在集装箱码头中均有采用。在重力式码头中，常用沉箱重力式。在高桩梁板式码头中常用钢管桩梁板式和钢筋混凝土桩梁板式，平面布置上常采用宽承台顺岸式和栈桥顺岸式。在板桩式码头中，常用圆管型钢板桩。

在中交水运规划设计院设计的集装箱码头中，以上三大类型均包括。重力式码头以大连、青岛为代表。钢管桩梁板式码头以宁波北仑为代表，钢筋混凝土桩梁板式码头以上海为代表。对于集装箱码头，常用圆管型钢板桩来做挡土接岸结构，例如洋山深水港码头，实为宽承台钢管桩梁板与后圆管型钢板桩混合式。我院设计的福州罗源湾码头为窄承台前圆管型钢板桩混合式。由于大型集装箱码头水深大、荷载大，要求高，纯板桩式码头在我国往往不经济，不适用，到目前为止还很少采用。

目前集装箱吞吐量世界排名前两位的香港多采用钢管桩梁板码头，新加坡多采用钢管桩梁板式码头和沉箱重力式码头。

综上所述，中交水运规划设计院设计的集装箱码头的规模、标准、类型和水平，在全国乃至世界都具一定的代表性。

第十章　集装箱码头智能管理控制系统

随着经济全球化进程的加快以及我国经济贸易的不断发展，集装箱运输量迅速增长。预计2010年我国沿海港口集装箱吞吐量将在1.3亿箱(TEU)的量级。面对迅猛发展的集装箱运输业与激烈的国际竞争，我国集装箱码头的作业效率、通过能力、管理水平以及服务水平都必须提升到新的高度，以适应新的挑战。因此，必须大力加强码头信息化、自动化、智能化、网络化建设，充分利用各种高新科技，逐步提高码头作业和管理的“智能化”程度。同时与公路、铁路、贸易、金融、口岸等部门联网，为客户提供优质高效的服务，全面提升港口核心竞争力，推动我国集装箱运输业更快、更好的向前发展。

第一节　国内外发展概况

一、国外发展概况

国外集装箱运输起步早、发展快，在信息网络的建设和自动化、智能化生产管理方面均走在了前面。在20世纪80年代中期，船公司为了降低集装箱运输成本，逐步采用大型船舶并加速船舶运转，加之劳动力成本越来越昂贵，使得集装箱码头公司都以管理信息化和作业自动化作为提高码头生产效率和通过能力的主要竞争手段，世界各港口都加快了码头自动化建设的步伐。英国泰晤士港、日本川崎港、德国汉堡港以及荷兰鹿特丹港都先后建设了自动化运作的集装箱码头。德国汉堡港CTA码头配置了超大型双小车装卸桥以实现操作自动化，具有防摇系统、模拟演示系统和记忆功能，可以实现输入操作顺序后自动操作。双小车可以同时作业，主小车负责船舶与装卸桥门架之间的集装箱运输，副小车负责门架与自动导向车之间交接集装箱，加快了装卸集装箱的速度。

在许多国家的集装箱码头，水平运输都采用技术成熟的AGV设备，德国、荷兰、日本、法国以及英国公司等都能生产AGV设备。AGV的导引技

术也在不断发展，从埋线电磁导引技术发展到陀螺导航的定位技术、基于激光反射测角定位技术以及基于 GPS 定位导航技术等等。AGV 能够通过网络、无线或红外设备接受指令，自动导引、自动行驶、优化路线、自动作业、安全避碰、自动诊断，实现智能化运行。

荷兰鹿特丹港 ECT 码头于 1993 年建设了世界上第一个自动化集装箱码头。从码头前沿至后方堆场的集装箱运输由自动导向车(AGV)完成。AGV 的移动是由安装在地下的电感器组成的网络来控制(图 2-10-1 和图 2-10-2)。

图 2-10-1　自动导向车完成堆场运输作业

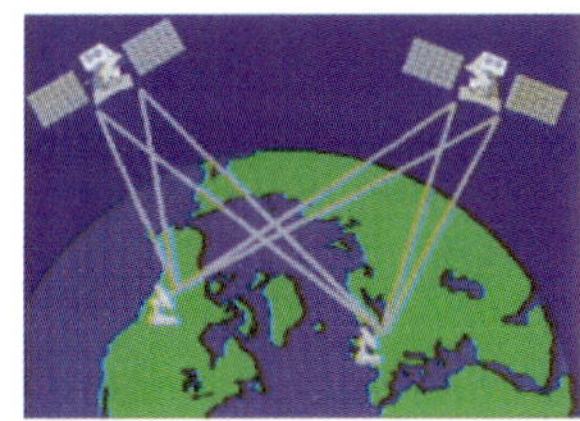

图 2-10-2　卫星定位系统和地下传感器

进行堆场作业的轨道式龙门起重机的自动化技术已经发展成熟，并得到了普遍应用。轮胎式龙门起重机的自动化程度也在不断提高，如自动转向系统，自动操作系统和集装箱定位系统等。全自动的轮胎式龙门起重机也已开始进行实验。其采用箱垛断面检测装置、自动指示装置、底盘车位置指示信号以及基于陀螺自动导引系统等一系列特殊设备，保证轮胎式龙门起重机能够与 AGV 协同工作于自动化集装箱码头。

另一种自动化作业方式是线性电机驱动的自动平板小车作业方式（图 2-10-3），同样能实现码头前沿和堆场无人操作。

图 2-10-3　自动平板小车系统

国外集装箱码头除了重视装卸设备的自动化外，也非常重视码头信息管理系统的建设，并将码头信息管理系统视为与码头有形的设备同等重要的码头基础设施的组成部分。码头信息管理系统具有自动进行作业设备分派、集装箱装卸作业顺序安排、船舶计划和配载、堆场计划、车辆和集装箱跟踪等功能。许多集装箱码头不但完成了企业内部管理计算机化，更重视港口信息网络系统的建设。通过数据交换中心、网络管理中心和信息资源管理服务中心，实现跨地区、跨行业、多层、多点的高质量和高效率的信息交换和共享。

二、国内发展概况

我国集装箱运输虽然起步晚，但是经过 20 多年的努力已经取得很大的发展。2005 年，全国港口累计完成集装箱吞吐量达 7564 万 TEU，比 2004 年递增 22.8%，已连续 3 年位居世界第一。上海、深圳、青岛、宁波、广州、天津、大连、厦门等港口已经逐步建成了集装箱干线港和枢纽港。近几年来，国家先后出台了许多政策，鼓励开展集装箱码头智能化研究。许多港区在信息化、自动化、智能化、网络化建设方面进行了大胆的尝试和探索，并取得了不小的成绩。

我国集装箱码头的建设飞速发展，计算机管理控制系统在集装箱码头运行管理过程中发挥了重要作用，计算机管理控制系统的设计项目也日益

增多。为了满足集装箱码头建设工程的需要，统一集装箱码头计算机管理控制系统设计的技术要求，加强对集装箱码头管理控制系统的技术管理，指导并规范计算机管理控制系统的设计工作，使其更好地贯彻执行国家有关方针政策，做到技术先进、经济合理，安全适用并确保质量，不断提高计算机管理控制系统的设计水平和设计质量，使我国集装箱码头计算机管理控制系统的设计逐步达到国际先进水平。交通部组织中交水运规划设计院等单位编制了《集装箱码头计算机管理控制系统设计规范》（JTJ/T 282－2006），本规范将在2007年5月发布实施。

1. 上海港

上海港集装箱吞吐量由1979年1万箱，经过短短20多年，2005年完成1808万TEU，位居世界第三。上海港在智能化管理控制系统建设方面也取得了骄人的成绩，先后建设了港区网络系统、无线数字调度系统、智能大门系统、设备远程监控系统、冷藏集装箱远程监控系统、无线数字集群通信系统、EDI系统、GPS系统、照明控制系统、变电所监控系统、雨水泵站监控系统等等。2001年，上海外高桥港区四期集装箱码头在借鉴了国外智能大门的先进经验并结合我国集装箱码头管理特点，建设了我国第一座无人值守智能大门。其成功运行为以后智能大门的建设提供了宝贵经验。上海外高桥港区四期智能大门采用了OCR技术、IC卡技术、CCTV等技术，设置了集装箱箱号自动识别系统、集装箱残损检查系统、地磅称重联机系统、语音系统、集装箱场位指示系统、车道挡车器和开通指示器。实现了进港大门现场无人值守，提高了集装箱卡车通过速度。上海港在借鉴国内外经验的基础上结合国内经营管理特点，开发出具有自主知识产权的集装箱码头生产管理系统（TOPS）。上海港正在外高桥港区进行无人堆场的科学实验，其智能化建设和管理始终处于国内领先水平。

2. 深圳港

深圳港集装箱运输起步于20世纪80年代，近5年平均增长率达40%以上。2005年完成集装箱吞吐量1620万TEU。深圳盐田港是与香港和记黄浦合资经营的集装箱码头，其经营管理引进了香港HIT码头的经验，其智能化管理控制系统建设处于国内先进水平。获得了国际评选的2005～2006年度“世界最佳港口”称号。

正在建设的深圳大铲湾集装箱码头是与香港MTL集装箱码头公司合资兴建的，其融汇了香港和国内集装箱码头多年的建设和运营经验，体现了现代集装箱码头建设的水平。其智能化管理控制系统建设包括无线数字调度系统、智能大门系统、集装箱综合查验系统、EDI 系统、工业电视系统、设备远程监控系统、冷藏集装箱远程监控系统、无线数字集群调度系统、照明监控系统和变电所自动化系统等等。

3. 青岛港

青岛港是我国第三大集装箱港口，2005 年，集装箱吞吐量达到 631 万 TEU。青岛港坚持扩大对内对外开放，与英国铁行集团、中远集团、马士基集团实现三国四方强强联手经营码头，不仅引进了资金，而且引进了技术和管理经验。青岛港利用美国 NAVIS 公司的 SPARCS 系统以及青岛港集团开发的 TMS 系统，采取与国际接轨的先进码头操作模式，提高了港口的国际竞争优势。青岛港是国内最早建设冷藏箱远程监控系统、EDI 系统和客户服务系统的港口之一，为提高码头生产效率和企业形象起到重要作用。

4. 宁波港

2005 年，宁波港集装箱吞吐量达到 521 万 TEU，是我国第四大集装箱港口。宁波港集装箱码头实现了港区生产全天候监控，合理调配人力和机械资源，高效运作、安全生产的目标。宁波港集装箱码头操作系统选用美国 NAVIS 公司的 SPARCS 系统，并无缝连接自身的一套符合本码头业务管理特点及口岸环境特点的业务管理系统，实时策划与控制集装箱码头生产。

宁波港是我国交通行业最早一批 EDI 试点单位，通过宁波港 EDI 中心，实现了码头与船公司等相关单位的电子数据交换。此外，还与口岸单位实现全程电子申报，使宁波港集装箱国际中转业务实现电脑化、数字化、网络化。

5. 天津港

天津港是我国大陆最早开展国际集装箱运输业务的港口之一。1980 年，天津港建成中国大陆第一个集装箱码头。2005 年，天津港集装箱吞吐量达到 480 万 TEU。

天津港在国内率先开发了集装箱生产过程控制和可视化管理系统。这套系统综合运用计算机、无线通信、无线视频、自动控制、GIS 地理信息、DGPS 差分卫星定位、DLP 显示大屏等技术，实现了堆场集装箱 24 小时全天候精确定位和集装箱装卸船、集疏港、单双箱操作各个环节的生产过程控制。同时实现了对码头设施的多角度三维动态模拟以及生产过程的可视化监控。

6. 广州港

广州港作为国内最早开展集装箱运输业务的港口之一，近年来集装箱运输生产取得了可喜的增长。2005 年，广州港集装箱吞吐量达到 468 万 TEU。通过提供高效率的服务、改善通关环境，成功举办多项推介会，组织

参加专业展会，进一步提高了船东货主对广州港集装箱品牌的认知度。广州港不断增强港口综合实力，努力实现港口信息化和多元化发展，成为真正的多功能、专业化物流集散基地，把广州港集团建设成为一个布局结构合理、港口功能完善、管理科学高效、综合实力雄厚、经济效益显著的国际化一流港口企业。未来几年，广州港将以发展能源、原材料等大宗散货中转和集装箱干线运输为主，逐步发展成为具有装卸仓储、中转换装、运输组织、多式联运、临港工业、保税加工、口岸商贸、现代物流、通信信息等功能的中国华南地区最大的综合性主枢纽港和集装箱运输干线港。

7. 厦门港

厦门港集装箱运输的发展迅猛，港口设施设备优良，能够接纳8000TEU以上巨型集装箱船舶靠泊作业，配套行业齐全，已基本具备第三代港口即综合资源配置型的物流信息平台的条件。厦门港已确立了作为区域性集装箱主枢纽港的地位。2005年，厦门港集装箱吞吐量达到334万TEU。

厦门港引进了具有国际先进水平的码头生产计算机管理系统（NAVIS），涵盖了中控指挥、船舶配载、堆场策划以及码头生产调度等各个层面。智能化的管理信息系统确保了生产组织的准确、高效和安全，个性化的互联网电子商务服务为广大航运公司和货主提供24小时即时的船舶动态、集装箱动态、海关放行动态以及费收动态等各种网上信息查询服务。

8. 大连港

2005年，大连港集装箱吞吐量达到269万TEU。大连港在20世纪90年代初与新加坡港务集团合资组建了外贸集装箱码头公司，引进了世界上先进的CITOS－1码头操作系统。大连港在智能化管理控制系统建设方面处于国内一流水平，先后建设了无线数字调度系统、EDI系统、设备远程监控系统、工业电视系统、周界报警系统、照明控制系统、变电所监控系统等。2004年，大连港大窑湾港区二期集装箱码头在总结国内外智能大门建设经验的基础上，完成了智能大门的设计和建设。大窑湾港区二期集装箱码头智能大门的特点是率先采用了射频技术进行集装箱卡车车牌号的识别，大大提高了识别率。同时，大窑湾港区二期集装箱码头智能大门采用电子预约系统，使进出大门的信息预先进入系统，避免了司机在大门现场输入信息，进一步提高了大门通过速度，保证了信息传输的及时性和准确性。

大连港还先后开发了区港联动信息服务系统、集装箱码头网上结算与支付系统、集装箱码头班列操作服务系统等。这些系统的应用提高了港口作业效率，降低了运输成本，改善了通关环境，使港航业务向全面数字化、电子化、自动化推进。

第二节 集装箱码头业务

一、集装箱码头业务简介

集装箱码头的业务主要包括集装箱进口业务、集装箱出口业务、集装箱中转业务、集装箱堆存和保管业务、集装箱拆装箱业务、公路收发箱业务和铁路收发箱业务。

由于集装箱码头所处地域环境不同,管理体制的差异,码头规模不同,码头经营者不同等因素,造成生产业务不尽相同,但其主要业务是基本相同的。

集装箱码头运营要涉及船公司、船舶代理公司、货主、货运代理公司、理货公司、海关、国检、边检、公路承运人、铁路承运人和货运站等众多单位和部门。

船公司是集装箱码头的重要客户,其航线开辟和货源招揽直接影响码头的吞吐量和经济效益。

船舶代理公司负责联系多家船舶公司和各港口的口岸单位,是业务单证和业务信息的联系中心。

货运代理公司受货主委托,为其办理集装箱定舱、集港、疏运、报关、交付和提货等各种业务。

理货公司代表委托公司负责检验箱体、清点货物等事宜,并负责出具有关理货单证。

货运站负责集装箱的拆箱和装箱业务,货运站可以设在港区内作为码头的一个部门,也可以设在港区外作为独立的经营单位。

二、集装箱码头进出口业务流程

1. 进口业务

(1)船舶到港前,船公司或船舶代理通过 EDI 方式、电子邮件或传真等方式将船期预报、船图、舱单和危险品证单等信息发送至集装箱码头。

(2)集装箱码头根据船期预报安排船舶靠泊时间和船舶作业计划。

(3)集装箱码头根据船图、舱单等信息安排卸船计划和进口箱堆存计划。

(4)船舶靠泊后,集装箱码头根据卸船计划和进口箱堆存计划安排相

应的岸桥、场桥和集卡进行卸船作业。卸船作业由理货员和码头作业指导员监督和确认。

(5)卸船完毕,集装箱码头根据货主预约的时间和方式安排货主或货代提箱或提货。提整箱时,可通过大门提箱或铁路提箱。货主提货时,则经货运站拆箱,货物进库后再由货主提取(图 2-10-4)。

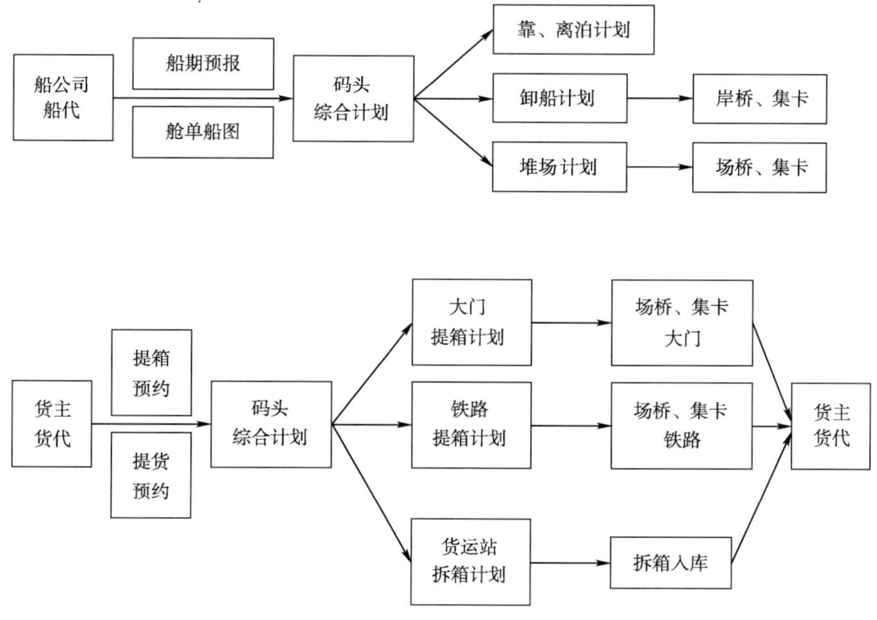

图 2-10-4　集装箱码头进口业务流程

2. 出口业务

(1)船舶到港前,船公司或船舶代理通过 EDI 方式、电子邮件或传真等方式将船期预报、预配船图、出口舱单等信息发送至集装箱码头。集装箱码头根据船期预报安排船舶靠泊计划和船舶作业计划。

(2)集装箱码头根据船公司和货主的用箱计划向货主或货运站发放空箱。

(3)集装箱码头根据出口船期和船舶载箱量等信息制定出口箱收箱期限,并根据出口箱目的港和箱尺寸制定出口箱堆场堆存计划。

(4)集装箱码头受理货主或货代的送箱预约,并通过大门和铁路进行收箱,同时按照堆存计划将集装箱堆放到堆场出口箱区。

(5)收箱完毕,根据船公司预配船图进行船舶配载和稳性计算。配载结果经过船公司确认后生成装船顺序表。

(6)船舶靠泊后,根据装船顺序表安排相应数量的岸桥、场桥和集卡进行装船作业。装船作业由理货员和码头作业指导员监督和确认,装船完毕生成出口船图(图2-10-5)。

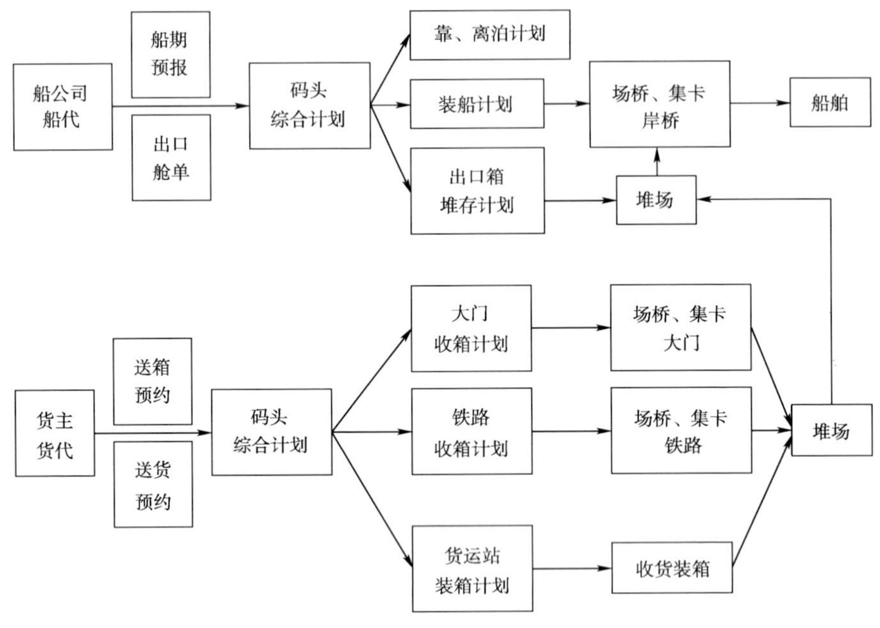

图2-10-5 集装箱码头出口业务流程

第三节 集装箱码头智能管理控制系统总体设计

一、设计目标

随着经济全球化和一体化进程的加快,促使集装箱运输快速发展,世界各地集装箱码头均面临吞吐量急剧增长的压力。我国大陆由于经济高速增长,集装箱吞吐量的年递增率更是世界平均水平的3倍多。由于长期以来国内劳动力成本相对低廉,集装箱码头自动化装卸设备的开发和购置成本较高等原因,国内至今没有全自动化运作的集装箱码头。随着我国集装箱运输业的发展,港口的建设必须适应新的形势,加强集装箱码头自动化程度以提高通过能力,缓解码头的压力。建设自动化集装箱码头尽管初期投资很大,但是自动化程度的提高将会使营运成本降低,提高生产效率,从长期

来看，增加的投资能够得到丰厚的回报。纵观集装箱码头的发展历程，向全自动化码头发展是历史的必然，是大势所趋。集装箱码头还必须具有技术先进、功能全面、高效快速、安全可靠的信息网络平台及相关的应用系统，才能提高码头的现代化管理水平和综合竞争能力。同时应建立跨行业跨地区的全球大网络，使码头与相关企业、政府部门、物流业、港口和城市的信息畅通并得到最广泛的信息共享，实现无纸贸易。

利用系统论、控制论、信息论三大理论和数字化、网络化两大核心技术，紧紧围绕企业发展战略和生产过程自动化、管理信息化两个核心环节，将集装箱码头的商流、物流、资金流、信息流有机合成，实现集生产管理数字化、经营管理数字化、服务体系数字化、设备设施管理数字化为一体的智能管理系统。以提高码头营运效益和效率，提升码头服务功能和质量，提升码头操作管理水平，最终实现集装箱码头管理数字化、操作自动化、经营全球化、服务一体化的目标。

二、设计原则

1. 经济适用性

智能管理控制系统的设计应与集装箱码头整体建设规模、码头生产工艺和码头周边环境条件相适应，其功能应符合码头管理的需求。

2. 安全可靠性

由于集装箱码头运行的高速和高效性，必须采用各种技术措施来保证智能管理控制系统不间断的安全可靠运行。

3. 先进性

为了适应现代集装箱码头的智能管理要求，必须采用符合技术发展方向的新技术、新设备，建设具有国际先进水平的高效率智能管理控制系统。

4. 开放性和扩展性

智能管理控制系统应具有开放的体系结构，符合开放的国内标准、国际标准和协议。

三、设计新理念

1. 现代物流理念

当今国际货运的90%以上是由海上运输的，港口已成为现代物流的枢纽。集装箱码头是整个国际物流链的重要环节，日益成为集运输、配送、仓储、加工、包装、增值服务等功能于一体的综合物流平台。国际上以港口为主体的第三方物流在全球范围内正迅速发展。

目前中国大部分港口还停留在传统的以装卸业务为主体的状态，离现代物流还有一定差距。上海港、深圳港、天津港、宁波港、青岛港等正积极向现代化物流型港口转型。除了传统的装卸、仓储、集疏运功能外，在物流链整合、功能扩展和增值服务等方面还处于起步阶段。

港口物流发展的趋势是国际化、规模化、系统化高度整合的大物流，是服务功能拓展的增值物流，是物流与信息流协同整合的一体化物流。因此，集装箱码头智能管理控制系统的设计应顺应这一发展趋势，不仅着眼于集装箱码头自身的建设和发展，还要融入现代物流的信息化建设，支持和促进口岸物流信息化建设与发展。

2. 以计划为中心的理念

以调度为中心理念与以计划为中心理念的对比见表 2-10-1。

表 2-10-1

以调度为中心理念	以计划为中心理念
小计划大调度	大计划小调度
简单计划	详细计划
调度复杂	调度简单
对个人经验的依赖性大	对个人经验的依赖性小
计划不准且指导性弱	计划精准且指导性强
数据共享整合程度低	数据充分共享与整合
决策层/管理层/操作层协同性差	决策层/管理层/操作层协同工作
管理的实效性和生产效率不高	管理的实效性和生产效率高

3. 管控一体化理念

集装箱码头对智能管理控制系统的要求越来越高。首先，系统应能够提高码头的生产能力和效率，降低码头的运营费用，提高码头的经济效益和竞争力。其次，系统应能提高企业管理层、生产层、控制层三层结构的协同性和实效性，使三层结构连为一体。第三，码头企业管理需要向规范化、科学化、自动化、扁平化模式转变，因此对信息的传递速度和实时性要求大幅提高。第四，系统应能实现生产信息和管理信息的有效整合，对整个生产运行过程进行协调、优化和管理，使生产数据、技术数据、业务经营数据和各类信息能够协同和共享。

为满足上述要求，在设计和建设集装箱码头智能管理控制系统过程中，

应树立管控一体化的新理念，利用现代控制技术、信息技术、通信技术来规划和构建智能管理控制系统。

四、智能管理控制系统总体设计

集装箱码头智能管理控制系统主要包括网络硬件平台、软件平台、数据库系统、应用软件和各种自动化控制系统。

图 2-10-6 是集装箱码头智能管理控制系统总体结构图。

船公司　船舶代理　货主　货运代理　理货　海关　国检　边检　海事　……

集装箱码头业务相关单位

EDI平台　客户服务平台　电子商务平台　口岸物流信息平台

集装箱码头信息服务平台

生产业务管理系统　作业实时监控系统　办公自动化系统　智能大门系统　冷藏箱远程监控系统　设备设施管理系统

大型设备远程监控系统　工业电视系统　照明控制系统　周界报警系统　火灾报警系统　…………

集装箱码头管理控制应用系统

集装箱数据库　船舶数据库　堆场数据库　设备数据库　工具材料数据库　………　客户服务数据库

数据库群

局域网　无线数据网　Internet

网络平台

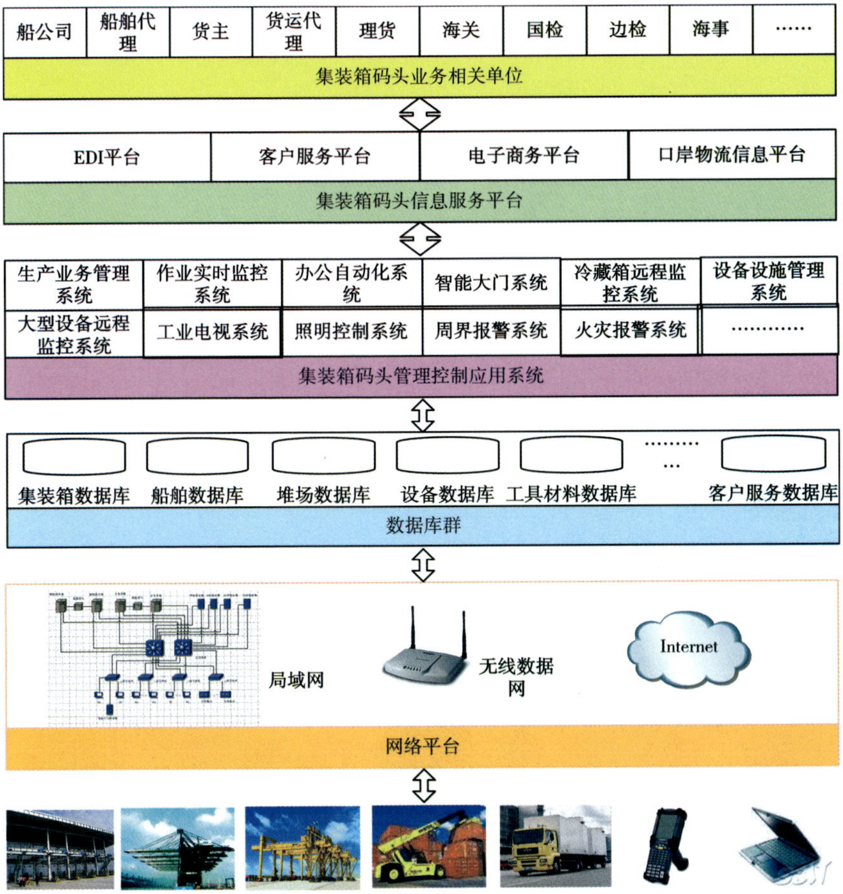

图 2-10-6　智能管理控制系统总体结构图

1. 系统功能

集装箱码头智能管理控制系统应包括以下功能：

(1)实现对码头生产业务和经营业务的全方位信息化、电子化、自动化、智能化管理，其功能覆盖码头生产的全过程。

(2)实现与海关、国检、边检等政府部门及与船公司、理货、货运代理等相关企业的电子数据交换。

(3)实现智能化生产管理及生产作业实时远程指挥调度。

(4)实现集装箱大门电子化、自动化、智能化、网络化管理。

(5)实现冷藏集装箱远程监控。

(6)实现港区生产作业直观监视和港区安全监视。

(7)实现大型装卸设备运行情况的远程监控。

(8)遵循国际防恐条约的要求，对进出口集装箱进行综合查验。

(9)实现港区变电所和照明的远程集中控制。

(10)实现企业办公自动化、信息化、网络化。

(11)实现企业资源规划(ERP)。

(12)实现方便快捷的客户服务。

2. 网络硬件平台和软件平台

网络平台包括网络基础设施和安全基础设施。网络基础设施主要包括有线网络、无线网络、综合管网、服务器、交换机、存储设备、路由器、微机等硬件设备及操作系统、数据库管理系统、网络管理系统和邮件系统等必要的系统软件，为应用系统提供一个高速、可靠、方便的运行平台。安全基础设施主要包括防火墙、入侵检测、安全扫描、防病毒和身份认证系统等保障网络和信息安全的设备和软件，为网络、应用和信息提供统一的网络隔离、访问控制、病毒防护和认证服务。

3. 数据库系统

码头基础数据库主要包括集装箱数据库、船舶数据库、堆场数据库、设备数据库、材料工具数据库、货物数据库、客户数据库等数据资源库，为各类业务应用提供数据支持。

4. 应用系统

应用系统包括生产作业管理系统、实时生产作业调度系统、EDI 电子数据交换系统、智能大门系统、冷藏箱远程监控系统、生产作业及安全监控系统、大型设备远程监控系统、照明控制系统、火灾自动报警及消防联动控制系统、企业资源管理系统、行政办公自动化系统、客户服务系统及电子商务等(图 2-10-7)。

集装箱码头智能管理控制系统综合运用信息化技术、计算机网络技术、数据仓库技术、中间件技术、无线通信技术、电子数据交换技术、GPS/GIS 技

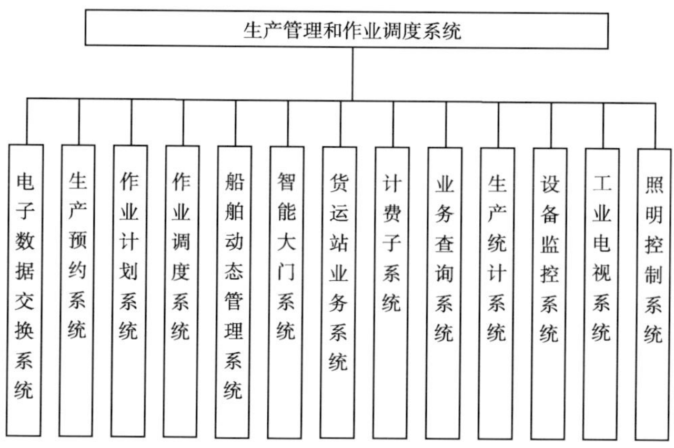

图 2-10-7　生产管理和作业调度系统图

术、图形化技术、自动控制技术、数字视频等高新科技，实现码头生产全过程的信息化、电子化、数字化、自动化、可视化和智能化管理，并运用现代管理理论整合企业内部业务系统和信息资源系统，建立安全稳定可靠的港口管理平台，为集装箱码头管理层、经营层和决策层提供信息互动和共享，全面提升港口现代化管理水平。并通过先进的客户服务平台，建立与社会广泛友好的信息交流渠道，为客户提供优质的个性化服务。

第四节　生产计划与生产管理

一、生产信息交换

制定生产计划的数据基础是各种生产信息，包括船舶信息、集装箱信息、海关放行信息、运输信息等等。在当今世界贸易全球化的环境下，传统的以纸质单证传递信息的方式已经逐渐被电子数据交换（EDI）方式所取代。目前，国内主要港口都建立了 EDI 服务中心，为各企业及相关单位提供服务。有些还未建立统一的 EDI 中心的港口，采取与相关单位约定的 EDI 格式报文或其他手段交换数据。

EDI 标准主要有在欧洲和亚洲使用的 UN/EDIFACT 标准和在北美使用的 ANSIX. 12 标准。我国采用 UN/EDIFACT 标准。

EDI 标准主要是规定了传输信息的报文格式，EDI 报文有国际标准、国家标准、行业标准和伙伴自定义标准报文格式。目前交通行业 EDI 报文主要有:进出口船图报文、集装箱进/出门报告报文、船期表报文、船舶挂靠信息报文、船舶离港信息报文、集装箱溢卸报文、集装箱短卸报文、舱单报文、装箱单报文、定舱报文、装船指示报文、堆存报告报文、移箱报告报文、拆装箱报文、装箱指示报文、集装箱残损报文、危险品通知报文、危险品清单报文、货物报告报文、申请作业计划报文、作业计划答复报文、一关三检申报单报文、一关三检答复报文、海关查验/放行报文及检验检疫查验/放行报文。

EDI 的软件主要包括:用户接口模块、内部接口模块、报文生成及处理模块、格式转换和通信模块。

EDI 的功能主要实现船公司及代理、货主及货代、海关、国检、边检、理货、上级主管部门、港口码头、集疏运场站、运输公司等相关单位之间的电子报文传输。

二、生产作业预约

生产作业预约是制定生产作业计划的前提,预约系统主要是为进出口箱堆存计划,大门收提箱计划提供数据依据,包括公路收箱预约和提箱预约,铁路收箱预约和提箱预约。预约方式有电子邮件预约、网站预约、电话预约和营业大厅预约等几种方式。预约可以是详细预约和批量预约。码头将根据预约数据制定生产计划,安排场地、作业机械和操作人员。

大门收重箱预约可按船名、航次、箱号、提单号等数据进行预约;收空箱预约可按箱号、箱持有人、箱尺寸、箱型等数据预约。

铁路收箱可以按船名、航次、箱号、提单号、车次等数据进行预约;铁路提重箱可以按箱号、提单号、以车次为单位进行预约;铁路提空箱可以按车次、箱持有人、箱尺寸、箱类型、数量进行预约。

三、生产作业计划

生产作业计划是集装箱码头所有生产作业的依据。生产作业计划是否科学,准确,将直接影响装卸船作业和堆场作业的速度和效益。生产作业计划主要包括船舶计划、装卸船计划、堆场计划、大门收发箱计划、铁路收发箱计划和货运站拆装箱计划等。

1.船舶计划

船舶计划主要包括船期计划和船舶作业计划。

船期计划包括月度计划、旬计划和日计划。

船舶作业计划包括靠泊计划、计划作业时间和离泊计划等。

2. 装船计划及船舶配载

装船计划在出口预配船图和出口箱堆存计划的基础上完成。根据已进入堆场的出口箱汇总生成出口箱清单并核对预配清单及出口箱清单。出口集装箱收箱完毕可进行配载,船舶配载的基础资料是预配船图和出口箱堆存图以及船舶参数。

船舶配载的原则:

- 保证船舶的纵向强度,局部强度及稳性要求。
- 一般重箱在下,轻箱在上,重箱在舱内,轻箱在甲板上。
- 保证理想的吃水差,使船舶取得最好适航性。
- 合理地利用船舶载重量和舱容。
- 便于装卸作业,对多卸货港的船舶要避免翻舱。

船舶配载后应进行稳性及吃水差计算。应计算船上集装箱产生重量和纵向及垂向力矩。并根据船舶资料,输入平均吃水,纵倾力矩等参数,然后计算出吃水差,首吃水、尾吃水。

船舶配载后生成装船顺序表、出口船图和船舶稳性计算结果(图 2-10-8)。

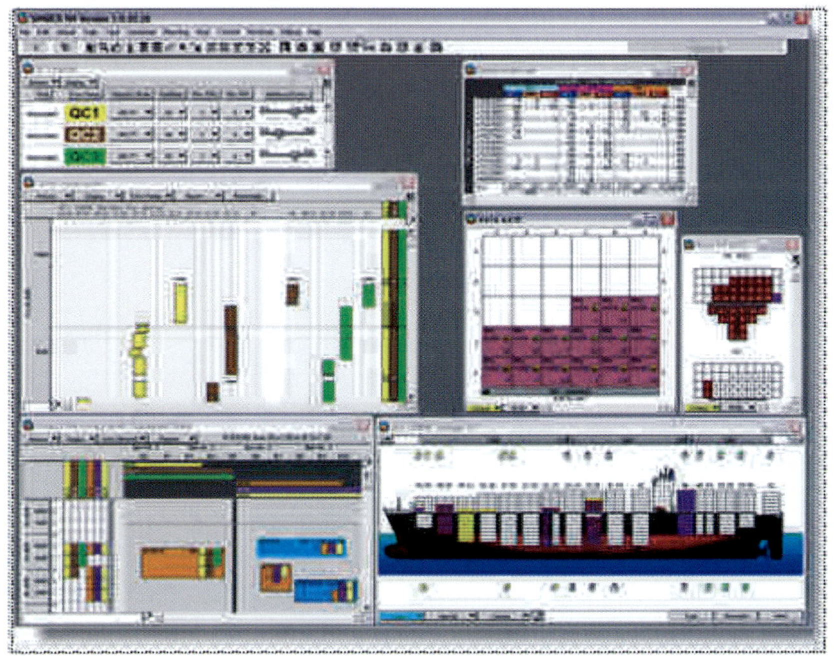

图 2-10-8　船舶配载界面

3. 卸船计划

卸船计划依据进口舱单、进口船图及进口箱堆场情况进行，如果进口单证中只有舱单而没有船图，则将舱单和箱位电传信息转换成船图。将目的港为本港的集装箱按每条船每个行（Bay）的装卸规则，生成卸船顺序清单。

卸船顺序清单生成的原则是除考虑装卸作业的方便外还要考虑船舶的稳性。卸船顺序应是先陆侧、后海侧，从上向下逐层卸。应该给卸船顺序清单中的特殊箱指定特殊箱位，并根据卸船顺序清单中的集装箱数量，类型、尺寸、提单号、集装箱状态等分配堆场进口箱堆存区域。然后根据卸船顺序清单及堆场计划箱位生成卸船顺序表。

在卸船作业前，应安排好参与每条船舶卸船作业的岸桥、场桥、集卡以及操作人员。

4. 出口集装箱堆存计划

出口集装箱堆存计划是码头存储集装箱的重要环节，只有合理定义堆场区域划分，科学制定堆存计划，才能更有效利用堆场空间，减少不必要的倒箱，提高大门收、提箱的速度和装卸船的速度。

出口集装箱堆存原则是尽量堆存在靠近码头前沿区域，按不同船舶、不同目的港、不同类型、不同尺寸、不同重量等级将集装箱分开堆放。

5. 进口集装箱堆存计划

根据卸船顺序清单中的集装箱数量、类型、尺寸、提单号、集装箱状态等信息安排进口箱堆存计划和堆存区域。为了便于提箱，进口集装箱应按集装箱类型、尺寸、提单号分开堆放，并尽量安排在堆场后方区域。

6. 空箱堆存计划

存储空箱应堆存在港区内固定的空箱区域。空箱堆存原则是按照集装箱类型、尺寸和持有人分开堆存。

7. 集装箱移动计划

集装箱移动计划包括空箱或重箱在堆场与货运站之间的移动计划以及在堆场内部的移动计划。

根据货运站的拆箱计划和装箱计划分别确定要从堆场移到货运站的重箱和空箱。再根据货运站的已拆箱清单和已装箱清单分别确定从货运站移到堆场的空箱和重箱，并生成集装箱移动清单。

为了合理使用堆场空间，必要时需进行堆场内移箱，并生成集装箱移动计划。

8. 货运站拆装箱计划

货运站根据出口订舱清单安排装箱计划。根据进口舱单安排拼箱货拆箱计划。

9. 大门收发箱计划

根据大门收发箱预约数据制定大门收发箱计划。

10. 铁路收发箱计划

根据铁路收发箱预约数据制定铁路收发箱计划。

四、生产管理

1. 船舶管理

对船舶的基本参数、船舶抵港前和挂港后的基本信息资料、船舶在港作业的动态数据及离港情况进行管理。

船舶静态参数主要包括船代码、船名、船型、船公司、箱持有人、国籍等。

船舶动态数据主要包括航次、航线、泊位号、装货港、目的港、进入锚地时间、作业开始时间、作业完成时间、抵港时间、离港时间、系解缆次数、开关舱次数等。

2. 堆场管理

定义堆场区代码、行代码、列代码及层代码。

查询或统计堆场堆存情况。查询或统计堆场运用情况。

3. 货运站管理

货运站管理的主要功能包括出口装箱业务、进口拆箱业务和仓库管理。

出口装箱业务包括收货管理、提空箱计划、装箱管理和返重箱计划。

进口拆箱业务包括提重箱计划、拆箱管理、返空箱计划和提货管理。

仓库管理业务包括货物管理和收发货管理。

4. 生产数据统计

(1)航运统计:按进口、出口、中转统计集装箱吞吐量;按船公司和航线统计集装箱吞吐量。

(2)货运统计:按货类和运输方式进行统计。

(3)集疏运统计:按公路、铁路和中转运输方式统计。

(4)船舶统计:统计船舶在港停时及泊位利用率。

(5)堆场统计:统计堆场堆箱量和堆场利用率。

(6)机械设备统计:统计各种设备的利用率和故障率。

五、企业资源规划系统

企业资源规划系统主要包括以下内容：

(1)计费：包括向船公司计费和向货主计费。采集码头操作记录，根据费率计算费用并进行费率维护。

(2)财务管理：收费及账目管理。

(3)机械设备管理及维修管理。

(4)材料及库存管理。

(5)采购管理。

(6)档案管理。

(7)人事管理。

六、决策支持

1. 实时生产决策支持

传统的集装箱码头生产管理主要依靠计划人员和调度人员的长期工作经验，对各个生产环节制定生产计划，并完成生产过程的现场调度。受到人员水平差异和突发因素的影响，特别是生产速度的加快使信息量增大，很难将生产控制得严谨准确。因此必须将人员管理的经验信息化、规范化，将各种条件因素转化为每个生产环节的参数，由计算机自动判断决策，制定出严密的生产计划并逐一付诸实施。这里包括装卸船动态指挥调度决策支持、生产计划制定决策支持、自动配载决策支持、大型装卸设备移动定位决策支持、集装箱牵引车运行路线决策支持等等。

决策支持系统的数据基础是船舶数据、堆场状态数据、装卸设备和水平运输设备的状态和数量。决策支持系统的主体是计算机决策支持软件。

2. 码头营运决策支持

码头营运决策支持的数据基础是码头历年生产数据和经营数据的统计结果。除了采集内部业务信息外，关键还要取得外部信息。及时掌握商流、物流、资金流和信息流并加以科学利用，运用数据挖掘工具对内部和外部的历史数据进行多角度分析，编制各种分析报告和建议报告，提供分析图表与仿真结果报表，作为码头高层管理人员进行决策的依据。通过建立决策支持系统，实现对人力、物力、财力、客户、市场等各种信息资源的综合管理，为企业管理、客户管理、市场管理、资金管理提供决策依据，从而提高管理层决策的准确性和合理性。

生产决策支持系统是高层次的生产管理，是超前的生产经营管理，是拟人化智能生产管理，是码头生产经营的最高境界。

第五节　生产作业实时监控

一、无线数据网络生产实时监控

集装箱码头发展初期的生产调度是靠人工进行，使用计算机以后也是待一个工班结束后由人工将生产现场变化数据输入计算机。这种状况造成计算机内生产数据的更新严重滞后于生产现场各种数据的变化，使生产的实际情况不能及时反映到计算机中，而以计算机中的数据为依据制定的生产计划也会产生许多误差。随着集装箱吞吐量的迅速增加，码头作业日趋繁忙，传统的人工方式已不适应现代管理的需要。为了解决信息流滞后于物流的状况，目前集装箱码头大都采用无线数据通信技术进行生产作业的实时指挥和调度。

无线数据网络生产实时监控主要是对岸桥的装卸船作业、场桥的堆场作业和集卡的水平运输作业进行数字化指挥调度。监控方式是通过无线数据网络将各种作业指令发送到作业机械的无线数据终端上。作业完毕，再将作业结果信息通过无线数据网络反馈回中央控制系统。

码头前沿的装卸船作业，是将作业指令发送到现场理货员和作业指导员的手持无线数据终端上。堆场作业和水平运输作业是将作业指令发送到轮胎吊、轨道吊和集卡上的车载无线数据终端上。

二、智能大门

为了实现大门业务的信息化、智能化、自动化、网络化处理，取消各种纸质单证和票据，加快大门的通过速度，国内各港口纷纷开展智能化大门的研究和建设。上海港和大连港都先后建设了智能大门系统。深圳大铲湾港区一期集装箱码头也正在进行智能大门的建设。随着我国智能化大门建设的普及和推广，将会不断取得经验，其功能和性能也会进一步的完善和提高。目前，我国集装箱码头智能大门的建设主要包括集装箱箱号自动识别系统、集装箱残损检查系统、地磅称重联机系统、车辆牌号自动识别系统、语音对讲系统、集装箱场位指示系统、车道挡车器和开通指示器等内容（图 2-10-9 ~图 2-10-12）。

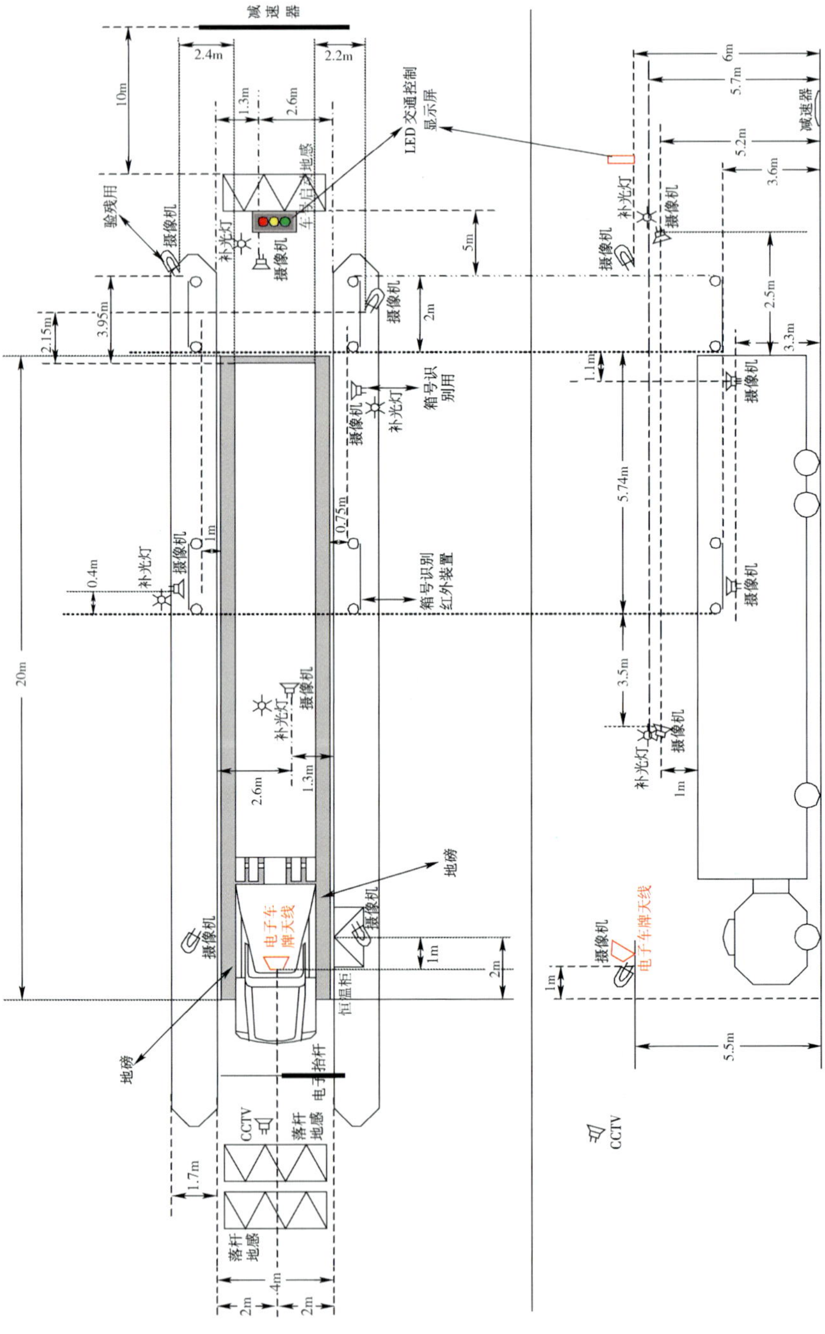

图 2-10-9　智能大门设备安装示意图

图 2-10-10　上海外高桥四期集装箱码头智能大门

图 2-10-11　上海外高桥五期集装箱码头智能大门

1. 集装箱箱号自动识别系统

集装箱箱号自动识别系统可以根据不同的集装箱标识方式分别采用射频识别技术和光学字符识别技术。光学字符识别系统包括高分辨率摄像机及辅助照明设备,红外线触发器,图像处理计算机和图像识别软件。箱号自动识别系统自动读取集装箱的 ISO 编码,包括单行、双行、三行或竖行排列的各种格式号码。识别正确率大于 95%。

采用射频识别方式进行集装箱信息自动识别时,集装箱箱体必须设有电子码板,大门设置信息读取设备。射频识别系统能自动识别符合国际标准的集装箱的基本信息,识别正确率能大于 99.99%。但是,由于目前集装箱大多数没有安装射频识别用的码板,所以还不具备推广使用的条件。

图 2-10-12　大连大窑湾二期集装箱码头智能大门

2. 集装箱残损检查系统

集装箱残损检查系统通过摄像机对通过大门的集装箱进行残损情况检查并记录图像信息。包括图像采集设备、触发器、图像监视器、图像存储设备及相应软件。摄像机应采用室外用彩色高分辨率固定摄像机。录像机采用数字录像机。

3. 车辆牌号识别系统

车辆牌号识别系统可采用射频技术、光学字符识别技术或IC卡技术。以上技术的选择需要根据不同码头的外界环境决定。如大连港的集装箱卡车都安装了射频识别卡，所以可以实现射频方式识别。而其他码头目前只具备采用光学字符识别技术或IC卡进行车辆牌号识别的条件。

4. 地磅称重联机系统

地磅称重联机系统将集装箱称重数据直接输入码头局域网，实现集装箱称重数据自动读取和远程处理。

5. 语音对讲系统

语音对讲系统用以实现卡车司机与远程监控室的双向主动通话。

6. 集装箱场位指示系统

集装箱场位指示系统可以通过微型打印机将集装箱场位打印到小票上，指示司机的行驶方向和到达位置。

7. 车道挡车器

车道挡车器应具有人工和自动两种工作方式。车道挡车器设置为自动工作方式时，必须设置与计算机联网的触发信号和车辆感应线圈。

8. 车道通行指示器

各车道应设置车道通行指示器，并应安装在车道上方醒目的位置。车道通行指示器可以采用简单的红绿灯也可以采用LED显示屏。

通过集装箱箱号自动识别系统、集装箱残损检查系统、地磅称重联机系统、车辆牌号识别系统、语音对讲系统、集装箱场位指示系统、车道挡车器和开通指示器的集成使用，实现集装箱大门现场无人值守，全部作业实现远程操作。

三、装卸设备远程监控

装卸设备远程监测系统能实时了解集装箱岸桥、轮胎式龙门起重机、轨道式龙门起重机等大型装卸设备的运行状态。装卸设备远程监测方式包括有线通信方式和无线通信方式。采用有线通信方式的优点是可靠性高，稳定性好。因此，对于沿轨道运行的岸桥和轨道式龙门起重机推荐采用有线通信方式。而对于轮胎式龙门起重机则应采用无线通信方式。

被监测的装卸设备应具备单机自动化系统，用于本机的监控与管理。装卸设备还应配置网络版的监控系统，包括有线网络接口或无线网卡以及相应软件。

设备远程监控系统的网络结构应采用开放式结构，由监控网关、服务器及监控软件构成。

监控网关作为单机控制系统与设备远程监控系统的数据接口，读取单机控制系统数据并传入服务器。

服务器提供实时数据的存储功能，用于接收网关提交的设备运行状态数据，并对数据进行分析与处理。

装卸设备远程监测系统能对被监测设备运行过程中所产生的各种信息和参数，如故障信息、运行状态参数、装卸箱数量等进行实时采集并传送到中央控制室，通过屏幕画面反映设备的运行状态，进行故障分析、参数查询，运行维护、趋势查看和生产统计等功能，及时为设备维修人员和管理部门提供设备的技术状态，为设备维修保养和使用提供准确的数据依据。

四、冷藏箱远程监控

传统的冷藏箱管理是由工作人员定时巡查冷藏箱堆存区，记录每个冷藏箱的状况。这种工作方式不但易发生差错，也不能及时发现由于压缩机故障或温度异常所造成的箱内货物及集装箱本身的损坏，同时也不适应大量冷藏箱管理的需要以及国际上对集装箱全程跟踪管理的要求。因此，对冷藏箱箱量较大的码头需要进行远程实时监测冷藏箱的静态数据和运行动态数据，以保障数据的实时性和准确性。同时减少人员在堆场的活动，提高生产安全性。

冷藏箱远程监控系统（图 2-10-13）采用电源载波技术及网络技术实现远程集中监测和管理堆场内具有独立冷藏单元的冷藏集装箱。电源载波技术是在电力线路上利用调频/调相技术进行中高频的信号传递。针对冷藏集装箱的应用，国际标准化组织于 1992 年通过了 ISO10368 标准，专门用于规范利用电源载波法进行信号传递的冷藏集装箱远程监控。

冷藏箱信息通过内置 MODEM 加载到电源线上，分别传送至变电所的低压配电屏，再从低压配电屏引入变电所的主 MODEM，解调出的冷藏箱信息经 RS485 总线接入变电所内的监控计算机。监控计算机再通过光缆连入码头办公楼局域网系统。

冷藏箱远程监控系统能够自动记录所有接入本系统的冷藏箱总数，各冷藏箱箱号、位置、RCD 生产厂家及型号、运行方式以及目的地、始发港等信息，能实时远程监测并设置温度，控制融霜及进行故障报警。

我国青岛港和上海港都已建设了冷藏集装箱远程监控系统。

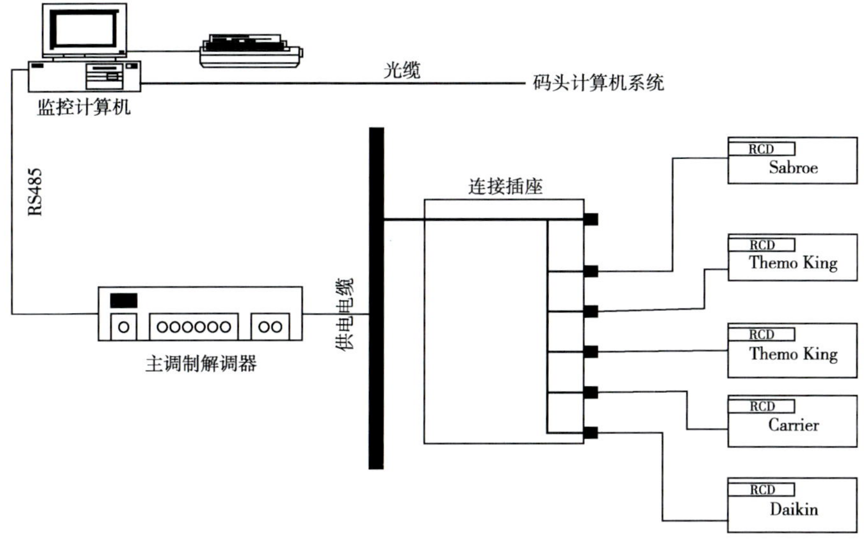

图 2-10-13　冷藏箱远程监控系统图

图 2-10-14 ~ 图 2-10-16 是青岛港和中交水运规划设计院合作，利用美国约克公司的产品完成的冷藏箱远程监控系统用户界面。

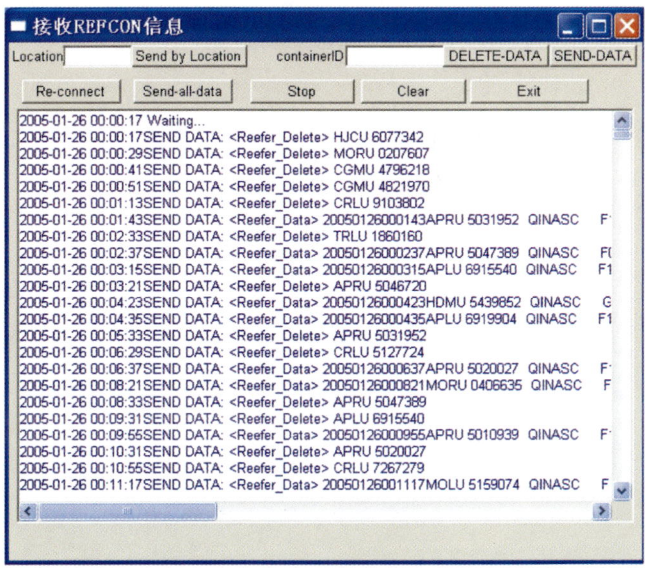

图 2-10-14　管理控制系统与冷藏箱监控系统信息交换界面

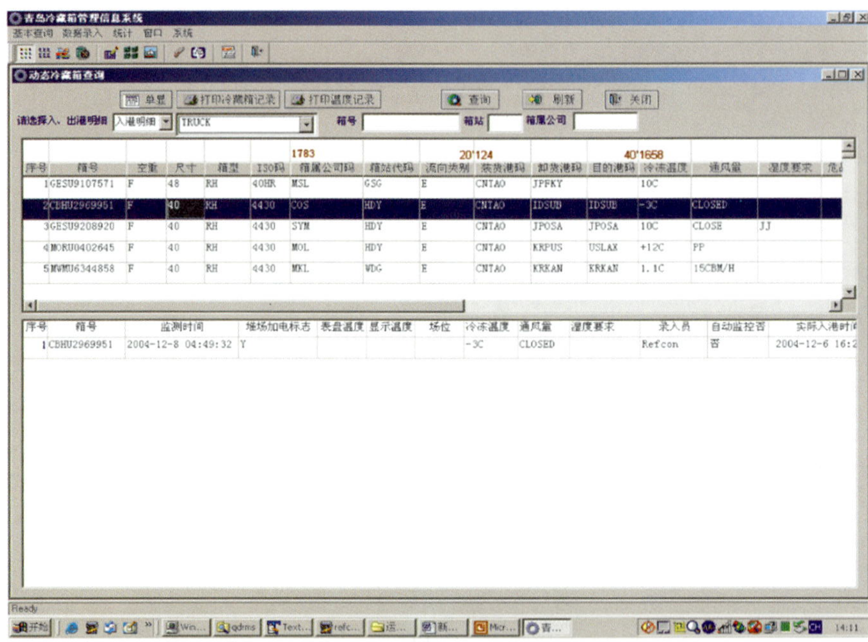

序号	箱号	空重	尺寸	箱型	ISO码	箱属公司码	箱站代码	流向类别	装货港码	卸货港码	目的港码	冷冻温度	通风量	湿度要求	危…
1	GESU9107571	F	48	RH	40HR	MSL	GSG	E	CNTAO	JPFKY		10C			
2	CBHU2969951	F	40	RH	4430	COS	HDY	E	CNTAO	IDSUB	IDSUB	-3C	CLOSED		
3	GESU9208920	F	40	RH	4430	SYM	HDY	E	CNTAO	JPOSA	JPOSA	10C	CLOSE	JJ	
4	MORU0402645	F	40	RH	4430	MOL	HDY	E	CNTAO	KRPUS	USLAX	+12C	PP		
5	MWMU6344858	F	40	RH	4430	MKL	WDG	E	CNTAO	KRKAN	KRKAN	1.1C	15CBM/H		

序号	箱号	监测时间	堆场加电标志	表盘温度	显示温度	场位	冷冻温度	通风量	湿度要求	录入员	自动监控否	实际入港时间
1	CBHU2969951	2004-12-8 04:49:32	Y				-3C	CLOSED		Refcon	否	2004-12-6 16:2

图 2-10-15　冷藏集装箱查询界面

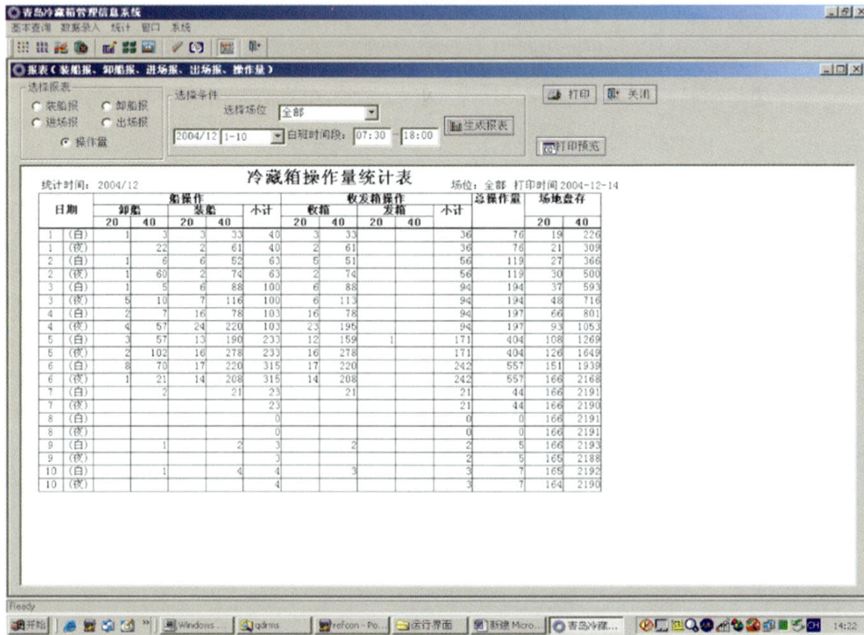

冷藏箱操作量统计表

统计时间：2004/12　　场位：全部　打印时间 2004-12-14

日期		船操作 卸船 20	卸船 40	装船 20	装船 40	小计	收发箱操作 收箱 20	收箱 40	发箱 20	发箱 40	小计	总操作量	场地盘存 20	场地盘存 40
1	（白）	1	3	3	33	40	3	33			36	76	19	226
1	（夜）		22	2	61	40	2	61			36	76	21	309
2	（白）	1	6	6	52	63	5	51			56	119	27	366
2	（夜）	1	60	2	74	63	2	74			56	119	30	500
3	（白）	1	5	6	88	100	6	88			94	194	37	593
3	（夜）	5	10	7	116	100	6	113			94	194	48	716
4	（白）	2	7	16	78	103	16	78			94	197	66	801
4	（夜）	4	57	24	220	103	23	195			94	197	93	1053
5	（白）	3	57	13	190	233	12	159	1		171	404	108	1269
5	（夜）	2	102	16	278	233	16	278			171	404	126	1649
6	（白）	8	70	17	220	315	17	220			242	557	151	1939
6	（夜）	1	21	14	208	315	14	208			242	557	166	2168
7	（白）		2		21	23		21			21	44	166	2191
7	（夜）					23					21	44	166	2190
8	（白）					0					0	0	166	2191
8	（夜）					0					0	0	166	2191
9	（白）		1		2	3		2			2	5	166	2193
9	（夜）					3					2	5	165	2188
10	（白）		1		4	4		3			3	7	165	2192
10	（夜）					4					3	7	164	2190

图 2-10-16　冷藏集装箱操作统计表

五、GPS 和 GIS 技术在港区的应用

全球卫星定位系统(GPS)是通过卫星进行地面物体的定位。其基本原理是根据高速运动的卫星瞬间位置作为已知的起算数据,采用空间距离后方交会的方法,确定待测点的位置。目前 GPS 系统提供的定位精度是小于10m,而为得到更高的定位精度,通常采用差分 GPS(DGPS)技术。

DGPS 技术的原理是将一台 GPS 接收机安置在基准站上进行观测,根据基准站已知精密坐标,计算出基准站到卫星的距离改正数,并由基准站实时将这一数据发送出去。用户接收机在进行 GPS 观测的同时,也接收到基准站发出的改正数,并对其定位结果进行改正,从而提高定位精度。差分 GPS 分为两大类:伪距差分和载波相位差分。伪距差分技术的定位精度能达到米级。载波相位差分技术可使定位精度达到厘米级。GPS 系统主要由卫星、监测站和接收机三部分组成。

地理信息系统(GIS)是以集装箱码头场地坐标为基础生成电子地图。GIS 系统主要由 GIS 工作站、电子地图和各种应用软件组成。

在监控中心设置服务器、管理计算机、GIS 工作站、无线数据网络、电子地图、系统软件和各种应用软件(图 2-10-17)。系统通过无线数据网络将 GPS 数据传到监控中心,并以电子地图为基础,在地理信息系统平台上显示出来。监控中心将信息通过无线数据网络传送给车载终端。

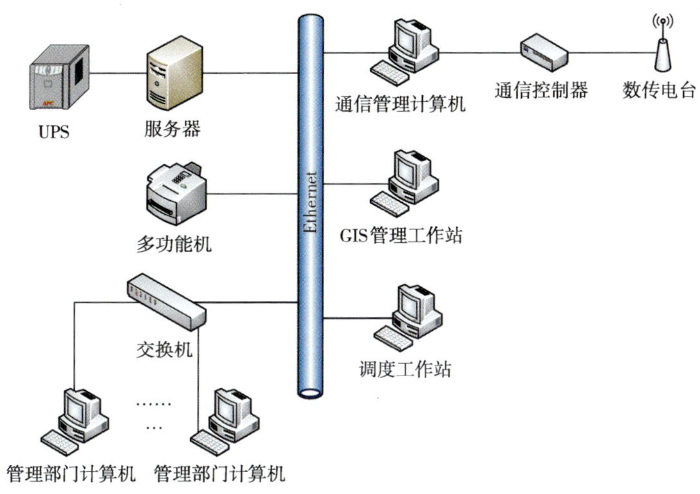

图 2-10-17　监控中心设备

GPS 技术和 GIS 技术的联合应用,能够实现装卸设备的精确定位和动态跟踪,调度人员在控制中心可以实时监控装卸设备的生产作业状况,加强了生产作业过程的可视性和可控性,满足操作层、调度层、管理层和决策层对现场的数据需求,为企业生产、计划、调度、决策提供多角度、全方位的科学数字依据。

利用 GPS 和 GIS 技术还可以实现轮胎吊自动行走和自动操作。为了实现轮胎吊的自动纠偏,最早的方式是在地下安装引导电缆或钢带,通过天线测量电缆或钢带位置,使轮胎吊沿着电缆或钢带行走。还有在地面上隔一定距离进行钻孔,在这些孔中安装异频雷达收发器,用安装在轮胎吊上的天线测量异频雷达收发器的位置,使轮胎吊沿着异频雷达收发器的安装位置行走。上述方法的缺点是安装工作费时费力,要改变驾驶路线很困难。

采用 GPS 和 GIS 系统能实现集装箱位置的侦测和位置数据的传输。司机可以实时知道当前吊具在场地地图中的位置并快速确认,还可通过无线数据网络系统将轮胎吊的位置信息实时传回控制中心。轮胎吊可以沿基准线自动行走并自动检测行驶轨迹是否超出警戒范围并迅速给出声光提示,从而可以避免事故发生。轮胎吊位置探测系统和自动操作系统可以实现轮胎吊的自动纠偏和自动行走,可以提高轮胎吊的作业效率,降低司机的劳动强度,提高作业安全性。目前,此技术在香港、台湾、韩国、东南亚、中东等地的港口运营商(HIT、ATL、MTL、PTP、DUBAI 等)都已普遍采用,国内港口对这项技术的使用还处于起步阶段。

六、照明控制

照明控制系统是由现场控制部分和中央控制部分组成(图 2-10-18)。现场控制部分包括远程 I/O 控制器及光缆连接设备,设置在港区照明灯塔的控制柜内,中央控制部分由监控微机及主控 PLC 等构成,设置在控制中心大楼内的中央控制室。主控 PLC 与远程 I/O 控制器之间采用光缆进行数据通讯,远程 I/O 控制器与其周围的控制器采用控制电缆连接。

监控软件应具有报警、报表、安全权限设置功能;能实时监测及记录控制网络的故障,记录照明时间及耗电度,并能查询和打印信息;数据库应具有开放的数据接口,可以方便的进行数据的导入、导出及备份;能与港区计算机系统联网,以实现外部数据库对本系统数据的调用。

照明灯塔和高杆灯的控制可以选择远程控制、本地控制或按时间设定启闭。

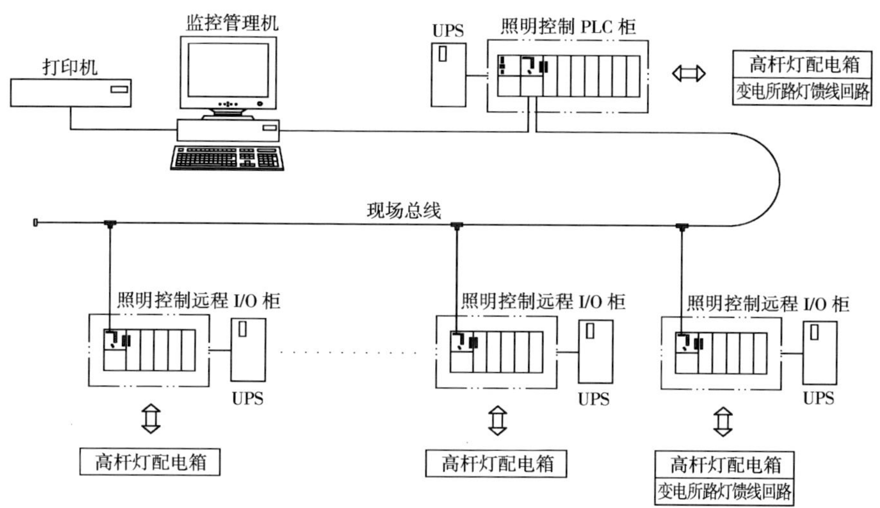

图 2-10-18 照明控制系统图

远程控制方式:可以实现对每座灯塔和高杆灯的各组灯具分别进行开关控制。还可以将堆场划分成若干区域,实现对任意区域的照明控制。

本地控制方式:每座灯塔和高杆灯都设有开关按钮,当中央控制选择为本地控制时,可以通过开关按钮控制。

路灯照明可以采用三种方式进行控制:手动启闭、按时间设定启闭、按光强自动启闭。

七、变电所监控

变电所监控系统是将测量仪表、信号系统、继电保护、自动装置和远动装置等经过功能组合和优化,利用现代自动化技术、电子技术、通信技术、计算机及网络技术,实现对变电所的主要设备和输、配电线路进行自动监测、控制和计量,实现遥测、遥控功能。力求供电安全、可靠,改善供电质量,减少运行费用。

变电所监控系统由多功能电力综合仪表、开关量采集模块、电流量采集模块、模拟量采集模块、继电器控制输出模块、现场管理机以及中央管理机等组成。中央管理机是系统的集中管理中心,一般安置在总值班室内,用于整个变配电系统的实时状态显示、参数统计、数据分析、历史记录、故障报警、控制、报表打印等。

变电所监控系统基本功能是:

(1)数据采集,包括模拟量、状态量和电量。

(2)显示变电所实际开关柜体图、一次系统图;显示各配电回路的电量参数及实时曲线图;显示各开关的分、合状态和事故报警类别等;显示变压器的运行状态以及高温、超高温报警及瓦斯保护。

(3)报警,当变配电系统的开关出现过载或短路故障跳闸、电量参数超限、三相电流或电压值出现不平衡时,能够发出声音报警并自动记录时间、站号、回路名称、事故类别。

(4)控制各种高、低压开关的合闸和分闸,同时也可实现电气闭锁功能及密码识别功能。

(5)统计和打印所监控的电流值、电压值、功率值、频率值、功率因数以及这些参数的变化曲线。

第六节　生产与安全监控

一、工业电视监控系统

工业电视监控系统是集装箱码头生产作业管理和安全管理的重要组成部分。不但可以实时监视全港区的生产作业过程及安全状况,还可以辅助实施生产调动任务。工业电视监控系统应保障24小时有效通畅,并进行录像存档。

工业电视系统监视的范围应包括码头泊位、引桥、集装箱堆存场地、港区主要道路、进出港大门、信息网络中心、港区围墙、货运站、海关查验场地以及重要建筑物等场所。工业电视摄像机一般安装在堆场高杆灯、塔架、照明灯杆或适合的建筑物上,特殊情况还可以设立专用立柱,用以安装摄像机。

工业电视监控系统可采用模拟信号工业电视系统或数字信号工业电视系统。

模拟信号工业电视系统是将现场摄像机采集到的视频信号送入控制室内的矩阵控制主机。矩阵控制主机具有联网、视频切换、移动检测、图像滞留、图像显示、录像、单画面回放和多画面回放等功能,同时可以对室外云台和镜头进行操作和控制。矩阵主机的输出端与数字硬盘录像机链接。监视器可以对用户定义的摄像机巡视或顺序切换。矩阵控制系统具有与其他远程监控站点的矩阵主机系统和中心监控点联网的功能。

模拟信号工业电视系统包括摄像机、矩阵主机、传输线缆和监控中心。监控中心设置多画面处理器、数字录像设备、彩色监视器等设备(图2-10-19)。

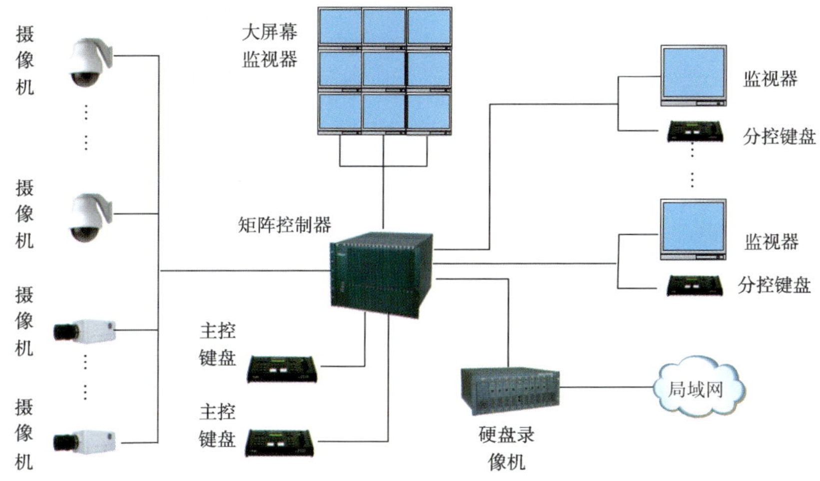

图2-10-19 模拟信号工业电视系统示意图

数字信号工业电视系统是将摄像机录取的视频信号经视频服务器进行数字化并按一定的格式压缩后进入码头局域网。网络上的用户可以直接由浏览器观看Web服务器上的摄像机图像,授权用户还可以控制摄像机云台和镜头的动作。

数字信号工业电视系统主要包括摄像机、视频服务器、传输线缆、网络存储服务器、转发服务器、浏览服务器和视频控制软件。视频控制软件可以实现多路图像处理、显示功能;画面编辑功能、自动或手动切换画面;用户账号和密码管理以及用户遥控镜头的优先级设置(图2-10-20)。

数字信号工业电视系统安装简单,能利用局域网设施进行图像传输、存储和显示,避免了复杂视频电缆的布设。其缺点是图像实时性易受技术、网络带宽和网络拥塞的限制。

模拟信号工业电视系统的图像实时性好,稳定性高。其缺点是需要单独敷设线缆,信号传输容易受到干扰,使图像质量下降。模拟信号工业电视监控系统无法联网,只能以点对点的方式监视现场。

目前国内大部分集装箱码头还是采用的模拟信号工业电视系统。但是,数字信号工业电视是很有发展前途的技术,待其性能进一步提高后,一定会得到迅速的普及和广泛的应用。

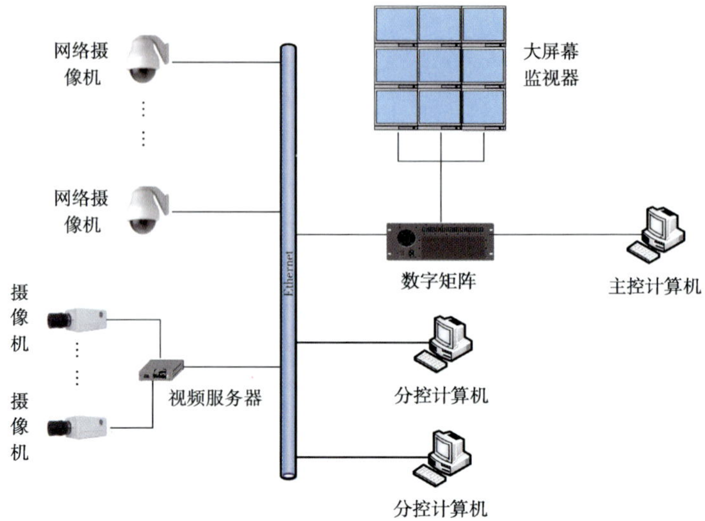

图 2-10-20　数字信号工业电视系统示意图

二、集装箱综合查验

根据国际海事组织(IMO)的《国际船舶和港口设施保安规则》(ISPS Code)、《对抗恐怖主义海关贸易伙伴计划》(C－TPAT)和《集装箱安全倡议》(CSI)的要求,码头必须对进出口集装箱进行综合查验。主要查验的内容包括是否有放射性物质、武器和违禁物品。

目前进行集装箱不开箱检查主要有两种技术,一种是采用放射性物质钴－60 辐射成像技术,另一种是采用直线加速器辐射成像技术。

采用钴－60 放射性物质进行查验易造成对环境和人员的放射性污染,需要配备严密的射线防护设备。而直线加速器辐射源是一种可控的射线源,只有给加速器通电并加高压后,才会产生 X 射线,在断电情况下不产生 X 射线。所以工作人员可以安全地进入辐射控制区,无任何危险。同时系统不产生放射性废物,不会产生环境污染。因此在设计中一般选用直线加速器作为辐射源。

采用直线加速器辐射成像技术的综合查验系统主要包括以下 7 部分(图 2-10-21):

(1)加速器分系统:采用电子直线加速器作为辐射源。

(2)探测器分系统:将由加速器分系统产生的,透过被检查物体的 X 射线脉冲转换成可供分析的与图像有关的电信号。

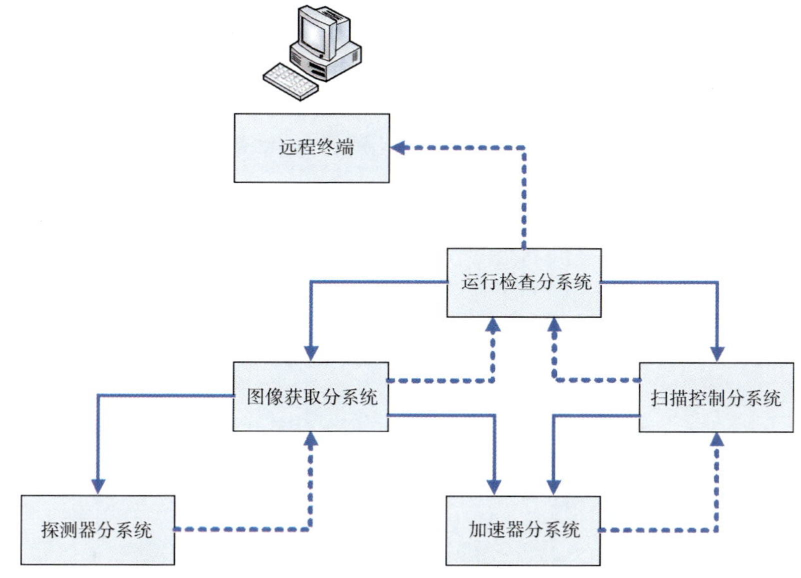

图 2-10-21　综合查验系统逻辑结构图

(3)图像获取分系统:把从探测器分系统获取的模拟电信号转换成数字信号,经处理后生成图像数据,并将这些资料发送到运行检查分系统。

(4)扫描控制分系统:控制扫描过程和安全联锁装置。

(5)扫描装置分系统:利用直线加速器对被检车辆进行扫描,实现快速不开箱检查。

(6)运行检查分系统:控制各个分系统运行,监视各分系统状态,接收并检查货物图像,管理与系统运行及图像检查有关的所有数据和信息;运行检查分系统是综合查验系统的数据与图像处理的核心。

(7)辐射防护设施:用以保护有关人员免受射线辐射伤害,并为系统提供一个相对封闭的运行空间。

集装箱综合查验系统是以辐射成像技术为核心,集电子技术、计算机技术、信息处理技术、控制技术和精密机械技术于一体的高科技产品,综合应用了笔形探测器及其阵列、电子直线加速器及其小型化技术、扫描机构及扫描方案、数据获取及调度、数据处理技术、图像检查技术、射线屏蔽与辐射防护技术等 30 多项创新技术,代表了世界最先进技术水平和技术发展趋势。系统具有高通过速率,每小时可查验 200 ~ 300 个 40 英尺集装箱。系统能避让司机,自动控制扫描,实现不停车自动检查集装箱。集装箱综合查验系统具有固定式、组合移动式、车载移动式等多种形式,可根据场地情况和货运量灵活配备(图 2-10-22 和图 2-10-23)。

图 2-10-22　车载移动式综合查验系统

图 2-10-23　组合移动式综合查验系统

三、火灾报警与消防控制

港区火灾报警与消防控制的设计应按照《火灾自动报警系统设计规范》和《建筑设计防火规范》的要求进行。

办公楼和重要建筑物应设置火灾报警控制器、火灾探测器、消防联动控制、火灾应急广播和报警系统。在各个火灾探测区域分别设置不同类型的火灾探测器，同时实现室内消火栓控制、自动喷淋灭火系统控制、气体灭火系统控制、防烟排烟控制、空调通风系统控制、防火卷帘门控制、电梯回降控制及火灾应急照明控制。所有消防联动控制设备都应具有手动直接控制功能。火灾报警控制器应能直观地显示火警发生的位置、探测器资料和火灾楼层平面图等现场资料。

港区变电所应设置感烟探测器，室内电缆沟和电缆夹层应设置感温电缆探测器。

信息网络中心主机房和备份机房应设置感烟探测器和气体灭火装置。

四、周界安防报警

根据交通部《港口设施保安规则》的要求，为了提高码头周界的安全防护等级，应在港区周界围墙设置安防报警系统。

目前，周界安防报警系统主要有三种技术，即红外对射探测技术、震动电缆探测技术和震动光缆探测技术。

红外对射探测系统主要由现场探测部分和中央控制部分组成。现场探测部分包括红外对射探测器、扩展模块、继电器模块等设备。中央控制部分包括报警主机、报警控制电脑和声光报警器等。报警主机通过控制电缆与扩展模块进行通讯，同时通过串口将信息传入报警控制电脑，接受报警控制电脑上的警卫中心软件管理。

震动电缆探测系统主要由现场探测部分和中央控制部分组成。现场探测部分包括震动电缆、处理模块、连接模块和终端模块设备，所有模块均用震动电缆串接起来。中央控制部分包括报警控制电脑和声光报警器等。报警控制电脑上安装管理控制和地图显示软件，可以对所有防区进行管理和监控。

震动光缆探测系统主要由前端入侵探测、信号传输、信号处理与控制以及报警系统管理与联动四个部分组成。前端入侵探测部分主要由震动探测光缆组成，信号处理与控制部分由区域控制器组成，报警系统管理部分包括报警控制主机和集成管理软件，实现系统管理、集成和联动。系统可以联动声光报警器和 CCTV 视频监控系统。

红外对射系统造价低,但是容易受到环境干扰,误报率高。现场设备较多,施工难度大,维护不方便。震动电缆探测系统定位精度高,但是容易受到电磁信号和雷击的干扰。现场设备较多,施工难度较大,造价也较高。震动光缆探测系统误报率低,抗干扰能力强,防静电和雷击,防电磁和射频干扰,安装简便,造价相对较低。

由于红外对射探测报警系统存在明显的缺点,震动电缆探测报警系统也存在一些不足,相比之下震动探测光缆报警系统具有较明显的优势,是具有推广价值和发展前途的系统。

第七节　设备设施管理

设备设施管理的主要功能是对整个码头机械设备的运行和维修保养管理,以保证装卸设备正常运行,包括:运行管理、维修管理、单机成本管理、能源消耗等内容(图 2-10-24)。

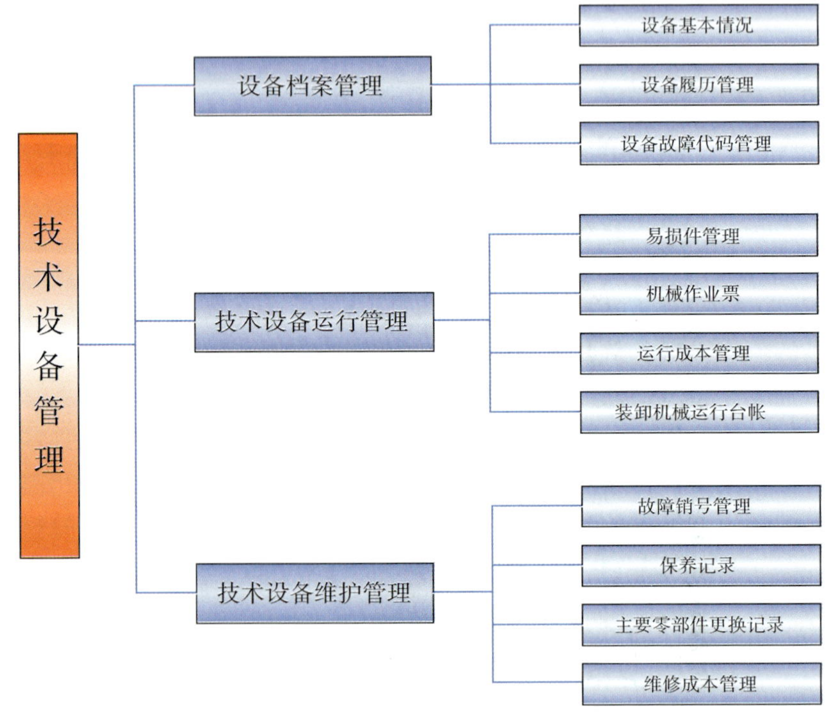

图 2-10-24　设备设施管理系统

第八节　客户服务

客户服务中心作为企业的统一对外窗口，担负着客户信息采集、客户需求分析、客户价值分级、客户需求满足以及企业的信息发布、市场调研、直接营销和形象展示的重要责任。客户服务通过与现代信息技术、通信技术和互联网技术融合逐步向智能化、个性化、多媒体化、网络化、移动化发展。

客户服务系统应是由多项功能组合的综合服务系统。系统可以通过电话、Internet 网站、手机短信、传真和电子邮件等方式，让客户随时了解船、箱、货动态信息，为客户提供优质的服务（图 2-10-25）。

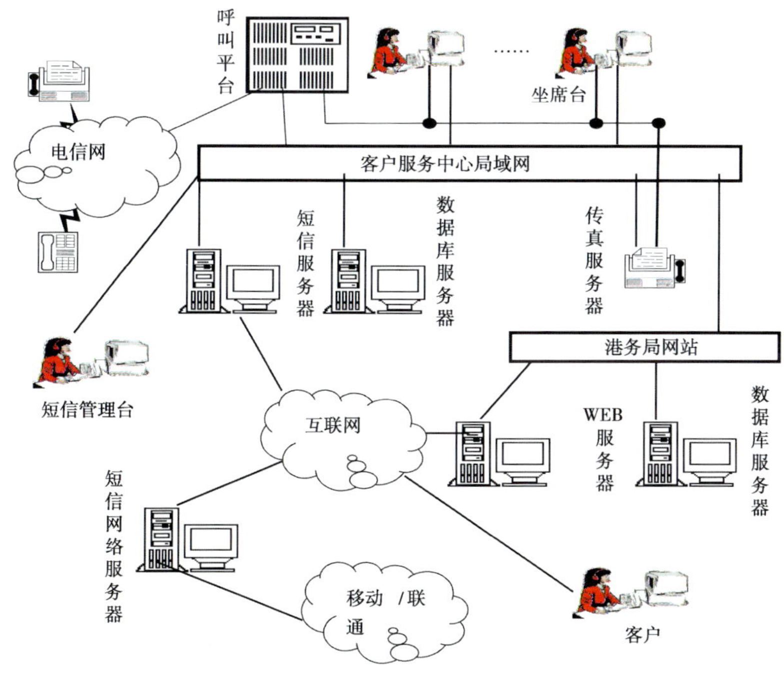

图 2-10-25　客户服务系统示意图

一、语音服务

语音服务应采用客户/服务器结构。系统由主机、操作系统、话务控制和应用系统组成。系统核心程序 PC – PABX、ACD、IVR、CTI Server 运行在服务器上。坐席软件、班长坐席、报表系统、实时录音检索、IVR 定制器等都运行于客户端 Windows 操作系统中。

语音服务的主要功能包括自动呼叫分配;交互式语音应答;班长坐席;系统监控;统计报表;实时录音管理和传真管理(图 2-10-26)。

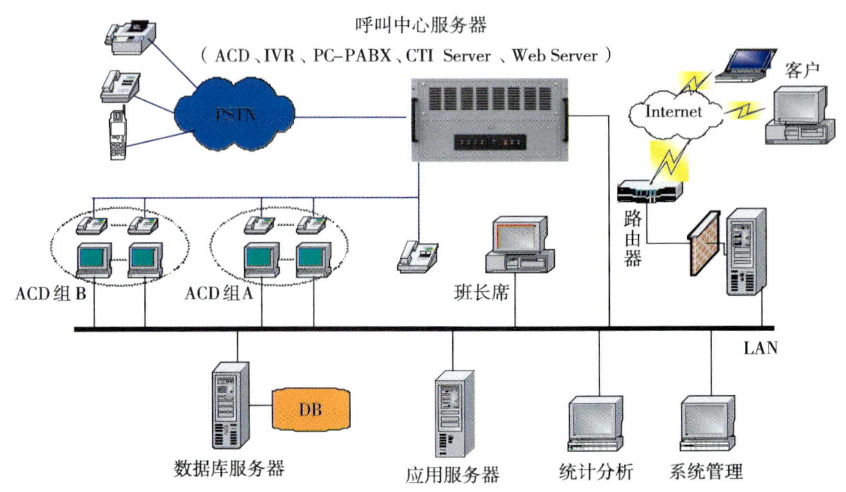

图 2-10-26 语音服务系统结构示意图

二、互联网服务

互联网服务平台为船公司、货主以及海关、国检、边检、海事等政府部门提供一个方便快捷的信息传输、信息获取的综合性平台。客户通过互联网浏览器登录到码头客户服务网页,可以查询班轮船期、进出口航次、船期、船舶作业、航线、船舶资料、集装箱流动报告、堆场信息、集装箱码头费率和业务流程等信息。可以得到客户信息管理和客户联机帮助等服务。客户在浏览主页时点击其感兴趣的超链接后直接获得相关数据,同时还能得到浏览器导航,获得在线帮助等服务。

系统提供港口概况、信息查询、短信订阅、服务指南、客户留言等功能。

(1)码头概况介绍:介绍码头公司的历史与现状。

(2)信息查询:普通客户可以查询一般信息;与码头公司存在业务关系的公司、个人和单位等注册客户可以查询到更详细的信息。

(3)短信订阅:客户可以在网页上订阅需要的短信内容,系统自动给客户发送确认短信,得到确认后即开通短信服务。

(4)服务指南:提供码头各项业务的办事流程、各岗位服务内容、各部门联系方式等。

(5)客户留言:设立留言板,收集客户的意见、建议、投诉等内容,便于改进和提高服务质量。

三、短信服务

手机是客户最常用的通讯工具之一,它的方便之处在于可以随时随地与客户保持联络,主动为客户提供个性化的服务。

短信业务处理系统(图 2-10-27)采用业界流行的 J2EE 架构,技术先进,可扩展性强;具备良好的兼容性,可以提供多种接口与各子系统进行通讯,共享资源。

(1)短信接收程序:与运营商上行接口交互,从各运营商处接收客户发送的短信指令,返回处理信息。

(2)实时交易控制程序:短信内容的解析、转发控制,接收交易处理程序的返回信息,组织返回短信内容及费用处理。

(3)短信定制处理程序:将符合要求的客户定制信息提交给各运营商,实现短信定制。

(4)文件解析程序:从业务系统的服务器上提取文件,解析文件内容,组织发送短信并记录费用。

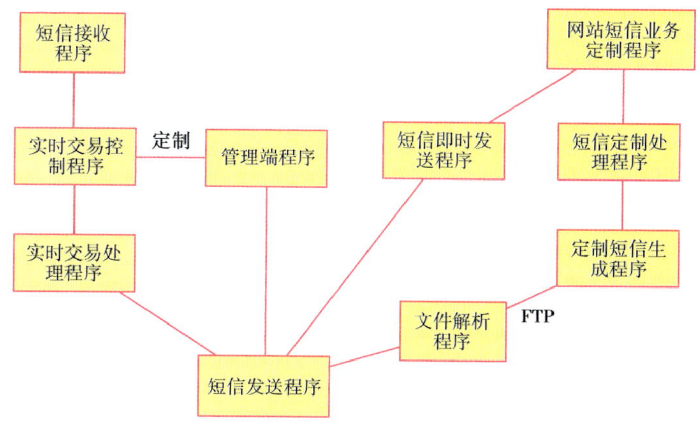

图 2-10-27　短信平台程序结构

(5)短信即时发送程序:提供单条短信发送功能,即时向客户发送短信。

(6)短信发送程序:与运营商下行接口交互,将组织好的短信分别发送给不同的运营商,同时提供收费信息,支持黑名单阻挡,多条并发,具有重发机制。

(7)管理程序:提供系统管理的图形化界面,包括客户管理、客户信息管理、信使服务管理、费用管理、报表管理、系统监控和系统参数配置。

四、电子邮件和传真服务

客户可以向客户服务系统的传真和电子信箱发送需求,客户服务系统根据客户的需求做出答复,再通过传真或电子邮件回复给客户。

五、口岸物流信息平台

随着现代物流业在全球范围内的进一步崛起,围绕主要枢纽港的物流中心将成为地区抢占金融、贸易、产业中心的制高点,港口物流业是今后港口发展的亮点。物流业发展的条件之一是现代信息的利用,随着网络技术和电子技术的发展,传统的物流方式正在向现代化物流方向发展。电子信息与网络技术已经不只是现代物流赖以生存和发展的手段,而是成为了现代物流的重要组成部分和运作的生命线。现代物流企业竞争的优势就是在于能否跟进与掌握电子商务时代供应链变化的规律,做到以最低的成本最大限度地满足客户的物流需求。物流企业的特点是业务涉及的行业众多,与相关部门和企业联系广泛,信息量大,要求信息传递的速度快。因此需要物流园区为他们提供良好的信息网络环境、畅通的信息通信平台及相应的信息服务和电子商务服务。因此,在建设现代物流园区的同时必须重视信息系统的建设。在企业自身信息化的基础上,物流园区信息系统为园区内各企业提供企业之间,企业与 EDI 中心之间的宽带连接,提供电子数据交换以及网上信息发布、网上查询、网上订货、网上报关、网上纳税等一系列服务。通过信息系统来为企业和社会广大客户提供及时、准确、全方位的物流信息服务。

集装箱码头是国际物流链的重要环节,是商流、物流、资金流、信息流枢纽。口岸物流信息平台是保证物流链运作效率和效益的支撑。口岸物流信息平台是由跨行业、跨地域多个系统组成的庞大系统,集装箱码头口岸物流信息平台是其重要的节点(图 2-10-28)。

我国上海、青岛、天津、深圳、大连等港口都在积极制定港口物流发展规划,纷纷筹划建设物流基地、物流园区或物流中心。信息化建设是提高港口物流服务质量的重要手段,通过物流信息网络平台实现货主、货代、船公司、船代、商品批发部门、运输公司、仓储公司、海关、商检、银行、保险等部门的

相互连接。发展电子物流中心,实现物流全过程的可视化、自动化、智能化。从港口物流管理来看,应根据港口物流发展不同时期的要求,完善港口功能,重新组合借助于信息处理平台的业务流程,实现作业流程的科学化、合理化,充分利用现有的物流设施,扩大增值服务,增强港口的辐射能力。加强客户关系管理,为客户提供报关、流通加工等一条龙服务,不断提高货物集散的效率和提高顾客的满意程度,以此提高港口形象,增强综合竞争能力。

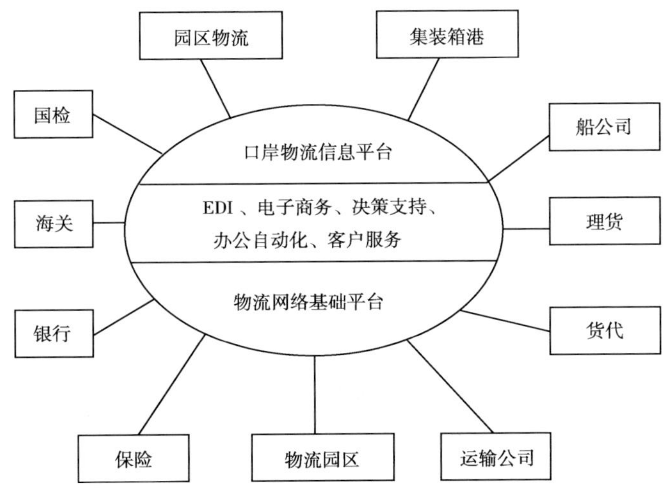

图 2-10-28　口岸物流信息平台拓扑图

以口岸物流信息平台为基础平台,利用先进的计算机与通信技术,通过互联网将物流园区、港区、园区企业和区外企业紧密连接起来。

第九节　网 络 平 台

一、总体结构

网络平台分为网络基础设施和安全基础设施。

网络基础设施包括所有的有线网络、无线网络、综合管网、服务器、交换机、存储设备、路由器、微机等硬件设备及操作系统、数据库管理系统、网络管理系统等必要的系统软件,为应用系统提供一个高速、可靠、方便的运行平台。

安全基础设施包括防火墙、入侵检测、安全扫描、防病毒和身份认证系统等保障网络和信息安全的设备和软件,为网络和应用提供统一的网络隔离、访问控制、病毒防护和认证服务。

二、局域网

1. 网络结构

随着计算机技术的飞速发展,网络技术也不断更新和进步,局域网技术经历了一个从慢速到快速、由共享式向交换式发展的过程。目前的主流技术是快速以太网、千兆以太网和 ATM。其中快速以太网能够提供 100Mbps 的带宽。而千兆以太网和 ATM 以太网是高带宽技术,能够提供 1000Mbps 的带宽,适用于大中型局域网中网络设备的连接。

目前,码头局域网大多采用符合 IEEE 802.3z 标准的千兆以太网技术。网络结构采用二级星形拓扑结构。网络协议为 TCP/IP 协议(图 2-10-29)。

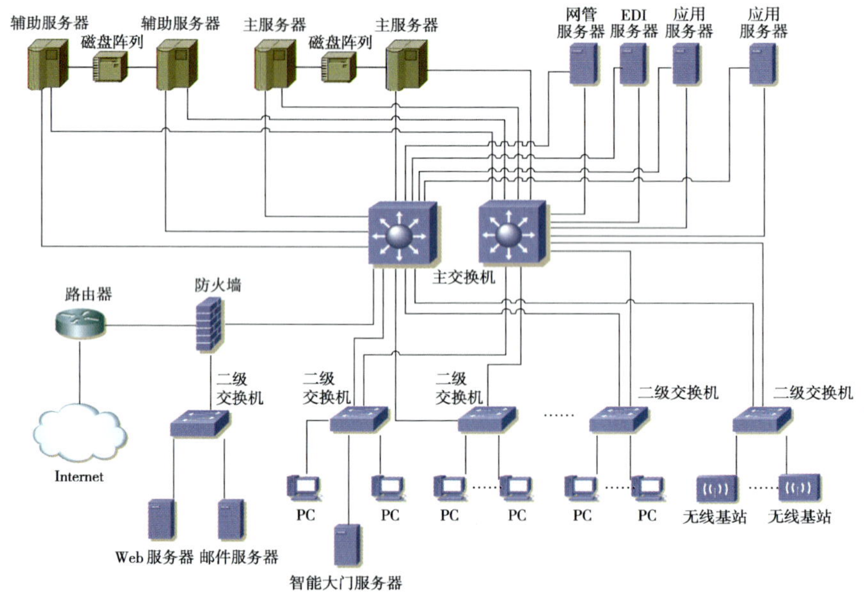

图 2-10-29 码头网络平台拓扑图

2. 交换机

码头局域网主干交换机一般由互为备份的智能多层交换机构成网络平台的宽带核心骨干。配置若干台千兆交换机作为二级交换机,放置在办公楼各楼层及各建筑物内,通过千兆端口与主干交换机相连。各工作站点微机连接至二级交换机。

3. 服务器

(1)数据库服务器

数据库服务器作为码头生产管理系统的主数据库服务器，需要有非常高的性能和可靠性，同时应具有可扩展能力以满足系统升级的需要。一般采用多 CPU 并行结构的 64bit RISC 小型机作为整个码头的数据存储和处理中心。数据库服务器应采用集群工作方式，最低配置为双机热备方式。

（2）辅助生产服务器

辅助生产服务器是码头生产管理系统的备份数据库服务器，其设备规模及性能可与主数据库服务器相同档次或略低配置。一般也采用多 CPU 并行结构的 64bit RISC 小型机，双机热备配置。

（3）微机服务器

微机服务器一般用于无线数据通信、智能大门、EDI、网络管理、客户服务、办公自动化、财务、Web 服务器、邮件、DNS 及防病毒等专用系统。

4. 磁盘阵列系统

磁盘阵列系统是提供双机热备服务器共享的设备，应配置为 RAID 0 + 1 级别。

5. 系统软件

（1）操作系统：数据库服务器和辅助生产服务器一般采用 UNIX 操作系统，UNIX 操作系统结构严谨，安全机制完备，适合企业级系统应用。UNIX 操作系统支持 TCP/IP 协议，符合开放式标准，支持集群工作方式并支持关系型数据库。

（2）数据库管理系统：一般采用关系型数据库管理系统。关系型数据库系统具有良好的分布式数据库处理能力，支持 C/S 体系结构，支持开放式体系。支持多用户并发处理，实现对数据完整性、安全性控制。

（3）高可靠软件（HA）：所有双机热备配置的服务器都应配置高可靠软件，以实现双机并行处理及故障自动热切换的功能，保证系统安全可靠运行。

（4）开发工具：应支持 C/S 体系结构，支持多种数据库，具有面向对象的应用程序开发方法，具有可视化开发环境。

三、无线数据网络

1. 无线数据网络标准

为了实现与移动设备或无法以线缆方式连接的设备进行通信，必须采用无线数据网络。目前应用较多的无线数据网络有两种，一种是无线频段为 400MHz 或 800MHz 的窄带技术，另一种是无线频段为 2.4GHz 的无线局域网技术。

400MHz 或 800MHz 频段的优点是信号覆盖范围大，基站数量少，只需设置 2 个无线接入点（AP）互为备份，缺点是传输速率低，只有 9.6Kbps，不支持图形工作方式，中长期维护费用较高，频道申请较为困难，并且每年需要缴纳频道使用费。

2.4GHz 频段的优点是传输速率高，可达 54Mbps，支持图形方式，可以结合 Window 使用，不需申请频道；缺点是覆盖范围小，需要布置多个无线接入点（AP）。

从技术的先进性上分析，采用符合 IEEE802.11g 标准的 2.4GHz 频段的无线局域网是符合无线网络技术发展方向的选择。

2. 无线局域网

无线局域网采用多区网络的组网方式，每个无线接入点（AP）负责监管一个小区，并作为移动终端和主干网之间的桥接设备。当无线网络节点增多时，网络存取速度会随着范围扩大和节点的增加而变慢，此时添加接入点可以有效控制和管理频宽与频段。多个接入点分别与有线网络相连，从而形成以有线网络为主干的多接入点的无线网络。所有无线终端可以通过就近的接入点接入网络，访问整个网络的资源，从而突破无线网覆盖半径的限制。

无线局域网由无线接入点（AP）与无线数据终端构成。无线接入点安装在堆场内的灯塔、塔架、灯杆或适合的建筑物上，电源及光纤连接设备安装在配电箱内。无线数据终端分为车载终端和手持终端。

3. 车载无线数据终端

车载无线终端安装在岸桥、轮胎式龙门起重机、轨道式龙门起重机、正面吊、跨运车、牵引车等设备上。车载无线数据终端应达到 IP65 防护等级。车载无线数据终端应具有信息处理功能，其显示屏应能在室外环境下清晰显示。

4. 手持无线数据终端

手持无线数据终端应达到 IP65 防护等级。手持无线数据终端应具有信息处理功能，应具有显示屏及按键，显示屏应能在室外环境下清晰显示。

四、广域网

1. 路由器

路由器是连接局域网和广域网的重要设备。目前可供选择的路由协议

主要有静态路由和动态路由两种。静态路由方式适用于网络拓扑结构确定并且结构简单,IP 地址规划完善,网络规模较小的场合。动态路由是在路由器之间相互交换路由信息,便于网络的扩展,因此集装箱码头网络工程一般采用动态路由技术。

动态路由常用的协议有两种:EIGRP 和 OSPF。EIGRP 属于距离向量协议,配置简单,适合于较小规模的网络,OSPF 属于链路状态协议,配置复杂,适用于较大规模的网络。

局域网通过路由器经专线接入 EDI 中心,通过专线接入 ISP 运营商提供的 Internet 服务。

2. 防火墙

网络防火墙作为防止黑客入侵的主要手段,已经成为网络安全建设的必选设备。防火墙可以被安装在单独的路由器中,也可以被安装在路由器和主机中。防火墙可以将公共网络服务器和企业内部网络隔开。还可以保护企业内部网络某一部分的安全。防火墙采用了很多先进技术,如包过滤技术、加密技术、身份识别及验证、信息的保密性保护、信息的完整性校验、系统的访问控制机制、授权管理等技术。防火墙也应具有相当的灵活性,让用户根据实际需求采取灵活的安全策略保护自己企业网络的安全。

五、网络管理

网络管理软件应符合 SNMP 协议。SNMP 网络管理协议是一个基于 TCP/IP 协议的网络管理标准。包含网络管理站和被管设备两个部分。网络管理站是一台安装了网络管理软件的计算机,可以显示所有被管设备的状态。被管设备包括交换机、路由器、防火墙、服务器以及打印机等等。被管设备上的管理软件称之为代理进程,用于回答网络管理站的查询。网络管理系统可以提供认证和访问控制服务以及故障恢复功能。能提供网络性能管理、网络运行状态监控、网络运行流量监控、网络参数调整、VLAN 划分、网络设置管理、网络故障管理和网络安全管理。

六、网络安全和数据安全

1. 网络安全

智能管理控制系统是码头内部业务系统,应采取严格的技术措施并建立完善的安全保密机制为网络系统提供综合与全面的安全保障。

(1)集群系统:将主要服务器配置为集群工作方式,通过运行高可靠性软件保证系统不间断运行。

(2)冗余设计:将主干交换机配置为冗余工作方式,主干交换机至二级交换机都为双链路连接,以保障单点故障不影响主干网络的正常运行。

(3)防病毒系统:防病毒系统应具备24h自动防护功能以及先进的检测、排除病毒功能和动态升级扩充能力。

(4)入侵检测系统:实时进行网络数据流跟踪、网络攻击模式识别、网络安全违规活动捕获、网络安全事件的自动响应和快速反应,提供智能化网络安全审计方案,支持用户自定义网络安全策略和网络安全事件。

(5)安全扫描系统:具有扫描分析能力、安全策略的自定义能力。

(6)身份认证系统:建立CA认证和动态口令,分别用于外部用户和内部人员进行身份认证识别。

(7)不间断电源系统:所有重要设备,如服务器设备、网络设备等都应采用UPS电源供电。

2. 数据安全

数据资料是整个系统运作的核心。数据完整与安全直接关系到集装箱码头生产的正常进行。因此,必须对数据存储系统的完整性和可靠性给予高度重视。

应采用磁盘阵列技术,数据镜像技术以及磁带库备份恢复技术实现数据的安全性、可靠性及完整性,以避免由各种原因造成的智能管理控制系统长时间停顿和系统的重大损失。

3. 异地容灾备份系统

对于集装箱吞吐量较大且有条件的集装箱码头可以建设容灾备份恢复系统。除在办公楼主机房配置主机系统外,还应在其他适宜的办公楼内建设备份机房,配置主交换机、主服务器、磁盘阵列、磁带库等设备,以备遇到不可抗拒的外力破坏时,实现系统的快速容灾备份恢复。

七、信息网络中心与监控中心

1. 信息网络中心

信息网络中心是集装箱码头智能化管理控制系统的心脏。主机房应设在集装箱码头办公楼内中间楼层的中间区域。主机房的面积一般为100 m²

左右。

主机房内应配置恒温恒湿专用空调、漏水感应系统及火灾自动报警和灭火系统。灭火剂应采用气体灭火剂,禁止使用水喷淋装置。

电源应由供配电系统引出的两路专用回路来提供,末端应能自动切换。必要时可设置备用发电机。

主机房内主要设备应采用不间断电源供电。不间断电源应采用在线式,电源的延迟时间应不低于30min。

主机房内接地系统应采取联合接地方式,接地电阻应不大于1Ω。

所有电源进线和信息进线应按国家现行标准采取防雷措施。

2. 监控中心

监控中心是集装箱码头生产运行的指挥和调度中心。监控中心应设在集装箱码头办公楼内,应选择面向码头方向的房间并能俯视码头全貌的楼层。

中央控制台应设置计算机设备、工业电视监视器设备和无线调度电话。监视屏区可设置组合显示屏或大屏幕电视墙。

第十节　口岸监管设施

海关、国检、边检和海事都是国家政府执法部门,具有严格的安全保密规定,因此其办公区域都应设立独立的局域网系统并能与各自上级机关联网。

海关、国检、边检和海事都应设置CCTV监视系统。海关监视的区域主要包括查验平台、堆场、进出大门和码头前沿。国检监视的区域主要包括查验平台。海事的监视区域主要是港区海域。边检监视的区域主要包括码头前沿、进出大门和港区周界。边检在船舶舷梯设置电子闸门,电子闸门包括读卡器和摄像机。

港区的CCTV系统也可以与海关、国检、边检和海事共享,在其办公室设立分控点并享有优先使用权。

海关和国检的查验平台可设置小型X光机查验设备,用于箱内货物的扫描查验(图2-10-30)。

海关可设置大型X光机查验设备,用于集装箱整体查验。

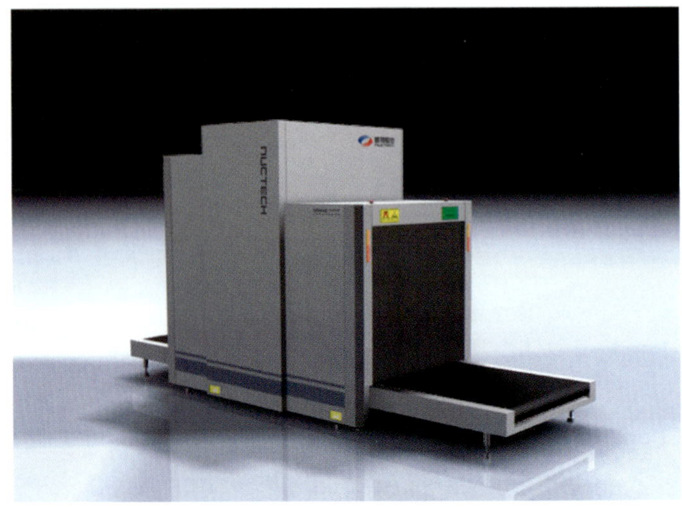

图 2-10-30 小型 X 光机查验设备

第十一节 管道工程

一、管道工程设计

管道包括计算机线缆、自动控制和通信线缆的管道。

1. 管道设计原则

(1)集纳化

管道工程设计应综合考虑计算机系统、自动控制系统和通信系统的线缆敷设需要，统一设计管道路由，合理分配管孔数量。在有条件的港区，可以采用管道与低压供电管道集中布置的方法。

目前港区布线大部分采用光缆，光缆传输不受电磁波干扰，因此可以与10kV 以下低压供电管道集中布置。这样可以减少管道占地面积，减少各种管道之间的交叉，同时也节省管道和电缆井的工程量和建设投资。

(2)冗余

为了适应码头自动化、智能化、网络化建设的飞速发展，在通信管道设计时应充分考虑预留。管道预留包括管孔数量的预留和管道路由的冗余。主干管道应形成环路，分支管道应四通八达，覆盖整个港区，尽量避免将来二次开挖。

2. 管道布置

管道应沿主干道路和支干道路侧边布置，有绿化带时应尽量布置在绿化带中。管道应连通港区内的所有建筑物、灯杆和灯塔，并能通达码头前沿。

3. 管材选择

管道管材宜选择塑料管，塑料管具有抗压强度高、耐腐蚀、耐老化、内壁光滑、连接方便、接头密封好、重量轻、施工便捷且价格低廉等优点，非常适合通信管道使用。按材质分类，塑料管分为聚氯乙烯（PVC－U）管、高密度聚乙烯（HDPE）管和塑合金复合管。按形状分类，塑料管分为圆形管和栅格管，圆形管分为单孔管和多孔管。选择多孔管可节省管材和管道占地面积。多孔管分为梅花管和蜂窝管，多为一体结构，外径一般在 100～110mm 范围内，管孔数为 3～9 孔，单孔外径一般为 25～33mm。

栅格管为方形，其形状和孔数可以任意组合。

塑合金复合管只有外方内圆的单孔管形。

主干管道管材内径不宜小于 100mm，支线管道可视具体情况而定。

4. 电缆井

在每段管道之间、管道分支点、交叉路口和建筑物附近应设电缆井。电缆井分为人孔井和手孔井。人孔井的形式、大小尺寸和深度可根据进出电缆井的管孔数量和电缆走向确定，同时应考虑光缆的弯曲半径和电缆井内是否放置电缆分线设备。人孔井内壁应设置电缆托架及电缆绑扎装置。一般情况分支管道末端的电缆井和建筑物的进线井可以采用手孔井。

二、管道施工

1. 施工原则

（1）管道工程应按照相关图纸的设计要求进行施工。

（2）管道工程施工应遵循《通信管道工程施工及验收技术规范》（YD 5103—2003）的规定。

2. 管材检验

（1）工程所用管材、管件在安装前必须进行验收。验收内容应包括产品合格证、质量保证书、规格数量和包装情况等。

（2）管材的管身应光滑无伤痕，管口无变形，各种接续配件齐全。

3. 管道铺设

（1）管道铺设前应检查管材及配件的材质、规格、程式和断面的组合必须符合设计规定。

(2)管道与水、电管道交叉时,管道应在水、电管道上方,具体高程应按照管线综合图所标注的高程进行施工。

(3)每段管道均应有一定的坡度,其坡度不得小于2.5‰。

(4)多根塑料管组群管道的排列方式应符合设计要求,接续方法应符合设计规范规定,严禁将不同规格、型号的管材进行对接。

(5)预留端口应做包封。

第十二节　综合布线

现代化集装箱码头的自动化程度要求越来越高,各种信息系统、控制系统和通信系统是码头建设必不可少的组成部分。港区布线系统的设计是以上各系统的重要设计内容,也是其安全可靠运行的基本保证。由于以前港区布线线缆种类少、数量少,布线设计基本处于各系统分散、不规范的设计状态,没有做到统一规划、统一设计,所以容易造成线缆的浪费和管道的浪费以及工程施工和管理上的混乱。因此有必要推广新的设计理念、新技术和新产品,采用科学合理、经济适用的综合布线设计方法,以提高港区布线技术水平,节省工程建设投资。

综合布线系统包括港区综合布线和建筑物综合布线。

一、港区综合布线

1. 港区综合布线内容

(1)港区建筑物之间信息光缆布线;

(2)有线电话电缆布线;

(3)无线数据通信接入点光缆布线;

(4)工业电视系统布线;

(5)照明控制系统布线;

(6)设备远程监控光缆布线;

(7)冷藏箱远程监控系统布线;

(8)异地容灾备份系统布线;

(9)变电所监控系统布线;

(10)给水泵远程控制系统和雨水泵远程控制系统布线;

(11)火灾自动报警及消防联动控制系统布线;

（12）港区周界安防报警系统布线；

（13）综合查验系统布线；

（14）边检检查系统布线；

（15）海关查验系统布线；

（16）国检查验系统布线。

2. 综合布线原则

港区综合布线应遵循线缆综合、路程最短、路径最优、充分预留以及冗余备份的原则。

3. 有线电话电缆布线

有线电话电缆应根据港区建筑物的地理位置、设计电缆的路由和电缆分支的地点。一般情况应由港区办公楼引出若干根大对数电话电缆，沿通信管道敷设，并在适当位置进行电缆分支。有线电话电缆应按缆芯的基本单位和超单位进行分支。电话电缆的缆芯规格为10对、20对、30对、50对、100对、200对、300对、400对等等。电缆分支地点可以选择在通信电缆井内，也可以选择在建筑物内或室外电缆箱内。

有线电话电缆应采用铜芯聚烯烃绝缘聚乙烯护套市内通信电缆。

电缆布线工程施工应遵循《电缆线路施工及验收规范》（GB 50168—2006）的规定。

4. 光缆布线

（1）光缆选择

港区光缆一般都采用室外管道用光缆。可以选用中心束管式光缆或层绞式光缆。根据光缆的传输特性，传输距离在2km以内时选用多模光缆，传输距离2km以上时选用单模光缆。但是由于单模光缆的传输性能好且价格便宜，目前港区光缆布线大部分都采用单模光缆。

（2）光缆分支

光缆布线应统一设计路径，相同起始地点和相同终止地点的多根光缆可采用一根多芯光缆。

相同起始地点但不同终止地点的多根光缆可采用一根多芯光缆在适当的地点进行光缆分支。

需要进行光缆分线的地点可采用分线箱熔接方式。采用熔接方式时，最多可熔接三次。光缆分线数量较少时，可选择在电缆井内分线。光缆分线数量较多时，宜选择在照明灯塔、灯杆下的分线箱或建筑物内的分线箱进行。

(3)光缆敷设

应根据邮电部标准电信网光纤数字传输系统工程施工及验收暂行技术规定(YDJ 44—89)的要求进行。

敷设光缆的牵引力应不超过光缆允许张力的80%。瞬间最大牵引力不得超过光缆允许张力的100%,主要牵引力应加在光缆的加强芯上,牵引端头与牵引索之间应加入转环。

敷设过程中光缆的曲率半径必须大于光缆直径的20倍。

敷设后的光缆应紧靠人孔壁,并以扎带绑扎于搁架上,光缆在人孔内的部分应采取波纹塑料套管保护措施。

5. 控制电缆布线

为了节省投资,一般情况,500m距离内的控制信号传输可以采用控制电缆。当控制电缆和供电电缆在同一管道敷设时,应选择屏蔽控制电缆。火灾报警及消防控制系统布线应采用耐火信号电缆和耐火控制电缆。

应根据控制内容的不同,选择不同芯数和不同线径的电缆。

二、建筑物综合布线

1. 设计规范

建筑物综合布线应遵循《建筑与建筑群综合布线系统工程设计规范》(GB/T 50311)的规定。

2. 设计内容

港区内建筑物包括办公楼、政府监管部门办公用房、大门及监控室、变电所、货运站、工具材料库、各种生产用房及生活用房等。以上建筑物都应根据需要进行综合布线设计。

综合布线工程包括计算机网络系统、有线电话、各种监控系统、火灾报警及消防控制系统、闭路电视、有线广播、卫星有线电视等系统布线。

综合布线系统由工作区子系统、配线子系统、干线子系统、设备间子系统及管理子系统组成。

(1)干线子系统:

干线电缆垂直通道可选择电缆孔、管道或电缆竖井。垂直通道应尽量位于建筑物的中心位置,并应选择距离较短的路由。对于楼层多并且信息点也多的办公楼,垂直通道宜选择电缆竖井方式;对于楼层少并且信息点也少的办公楼,垂直通道宜选择电缆孔或管道方式。

干线电缆不应布放在电梯、供水、供气、供暖、强电等竖井中。

(2)配线子系统:

配线子系统线缆宜穿管或沿电缆桥架敷设。当电缆在地板下布放时,应根据环境条件选择地板下线槽、网络地板或地板下穿管布线方式。

信息插座至楼层配线设备的电缆长度不应超过90m,若超过90m就应增加交换设备。

配线子系统线缆宜采用六类或六类以上非屏蔽电缆。

(3)设备间和工作区的配线设备、缆线和插座等设施均应有明确的标识和记录。

3. 政府监管部门布线

海关、国检、边检、海事等政府监管部门用房应设置独立的布线系统。

4. 大门布线

智能大门布线应包括集装箱自动识别系统、集装箱残损检查系统、称重联机系统、车辆牌号识别系统、语音对讲系统、集装箱场位指示系统、车道挡车器和指示器系统布线,并应将相关的各种电缆敷设至大门监控室。

有人值守大门布线应包括计算机系统、工业电视系统、称重联机系统、车道挡车器及指示器系统布线。

5. 其他建筑物布线

各种生产用房和生活用房的布线系统应根据不同的使用功能确定具体的布线内容。

三、地下管线综合信息管理系统

为了实现对地下电力、通信和给排水等隐蔽管线的管理,需要建立地下管线高效数字化管理系统。系统可以提供可靠的管线和基础地形空间位置数据;提供管线事故快速应急分析决策方案;提供管线数据更新快速维护工具;以便提高企业基础性资料的信息化管理水平,提高施工和决策效率。

1. 系统体系结构

系统结构分为三层,即空间数据层、业务功能组件层和面向应用的用户层(图2-10-31)。

2. 系统主要功能

(1)图形查询:查询任意范围内的各种地下管线埋设信息,如内部电缆编号、排管截面、穿管使用情况等。选取查询的方式包括点击查询、矩形查询、多边形查询和圆形查询。

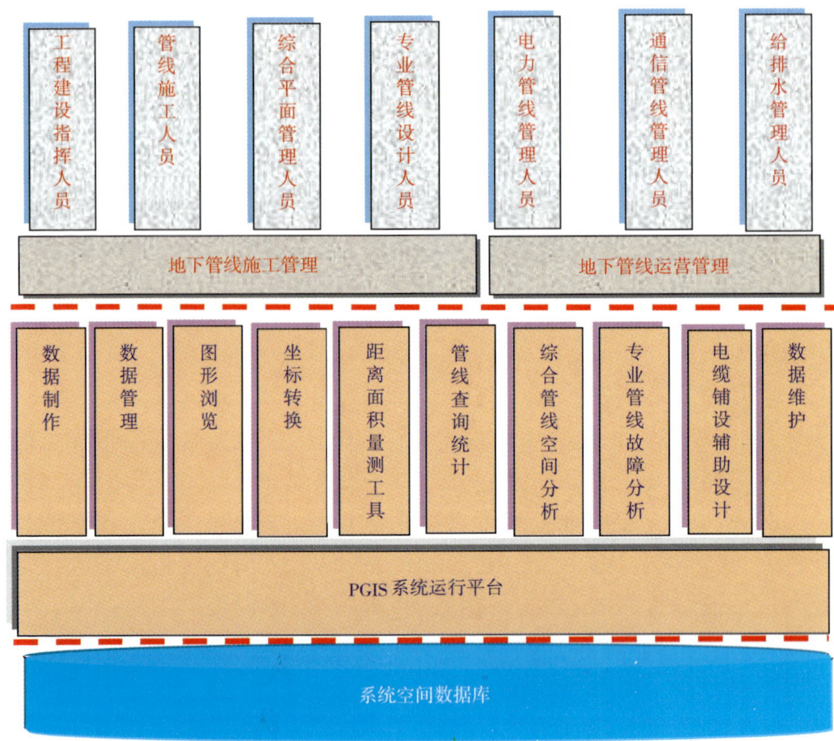

图 2-10-31　地下管线综合信息管理系统

(2)属性查询:根据管线的特征属性,如编号、材质、类型、埋设标高等查询管线的地理位置分布。

(3)电缆查询:包括对电力电缆、电话电缆、视频电缆和其他控制电缆的查询。通过电缆编号,可以查询电缆的走向和经过的电缆井号。为用户提供电缆的铺设信息、与设施设备连接信息以及故障查询分析信息等。

(4)接口查询:用于查询各类管线在各建设工期之间的连接点位置,能在图上直接标注接口位置的管线和井号。

(5)垂直距离查询:查询相交管线之间在交点处的垂直净距,了解管线之间的碰撞冲突情况,能以标注和表格数据两种形式提供空间数据。

(6)纵横切面分析:查看某一段管线起点和终点的埋设标高、坡度、管径和空间分布情况。

(7)电力管线故障分析:可以查询故障电缆的上游、下游以及影响范围等。当某段管线(电缆)发生故障或者进行线路检修时,系统可以分析出受

该管线(电缆)影响的范围和受影响的设施,为事故辅助决策提供快速信息支持。

(8)给水管线故障分析:当发生爆管或者管线检修时,系统能快速确定需要关闭的阀门数量及其所在位置,并显示关闭这些阀门时所影响到范围。

(9)雨水(污水)管线故障分析:可以通过分析管线上、下游方向来显示雨水(污水)流向,并分析某段管线发生堵塞时其影响的范围和面积。

(10)当计划铺设新的电缆时,只需要指定电缆的出发位置和到达位置,系统自动寻找优化路径进行铺设,并统计出所经过的人孔井号和所需电缆的长度。

(11)系统提供编辑工具,用于增加、修改、删除地下管线、电缆及其他设施。便于用户在施工或运营过程中进行数据维护,保持管线数据的现实性。系统提供三维立体显示系统,使查询更加直观。

第十一章　通信、船舶交通管理和导助航设计

第一节　有 线 通 信

港区有线通信的设计应符合交通行业标准《港口地区有线电话通信系统工程设计规范》(JTJ/T　343—96)的要求。

港区有线通信的主要设备是数字程控交换机。数字程控交换机在硬件上采用全模块化结构,具有高集成度、高可靠性、高功能、低成本的优点;采用高级语言,具有多种为数据交换和连接而设计的功能强大的系统软件。

一、数字程控交换机功能

1. 基本电话业务:

(1)数字程控交换机应具有本局呼叫、出局呼叫和入局呼叫接续的功能,包括与远端模块用户之间的呼叫功能。

(2)具备全自动直拨进网与端局选组接口的功能。

(3)具备国内长途、国际长途来去话业务的功能。

(4)能向用户提供110、119、120等特种服务呼叫业务。

(5)能向用户提供与公网移动用户和港区无线调度用户呼叫业务。

(6)能向维护操作人员提供维护操作呼叫业务。

2. 补充业务:具有缩位拨号、热线服务、呼出限制、转移呼叫、呼叫等待、截接服务、会议电话、遇忙回叫、三方通话、缺席用户服务、追查恶意呼叫、主叫号码显示和话音邮箱等功能。

3. 传真业务。

4. 数据业务。

二、容量

数字程控交换机的近期总量可按开通时装机数的140% ~160%确定。

总配线架容量应按交换机近期容量150% ~200%确定。交换机的功能与容量除应满足近期需要外,还应适当考虑发展的需要。

数字程控交换机的处理能力可用下式计算:

$$\mathrm{BHCA} = (A/T) \times 3600 \qquad (次)$$

式中:BHCA——处理机工作次数(次);

A——话务量(Erl);

T——每次呼叫的平均占用时间(s)。

三、中继方式及中继线计算

主要中继方式包括:

(1)市话局;

(2)其他港航单位交换机;

(3)港区移动通信站;

(4)海岸电台;

(5)卫星端站;

(6)海事卫星端站。

港区程控交换机中继线的数量应根据中继方式、忙时话务量和呼损指标等条件,查相应的爱尔兰计算表,求出中继线数及中继设备数量(图2-11-1)。

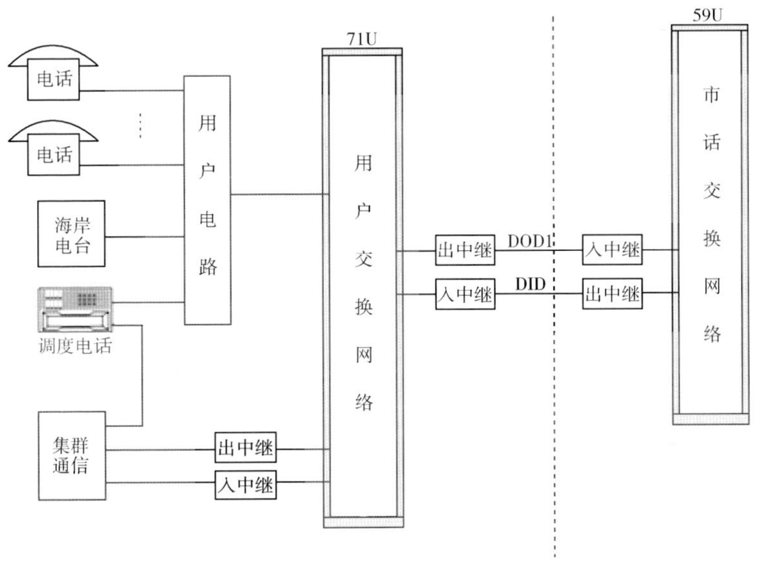

图2-11-1　港区通信中继方式

四、未来展望

由于通信技术的发展和我国通信业务的普及,各港区有线通信系统的建设正逐步走向社会化、专业化,利用地区电信局的技术力量和服务能力完成本港区有线通信的建设。这样不但可以节省人力资源,还可以节省投资。这是将来港区通信系统建设的发展趋势。

第二节 数字集群通信

一、数字集群通信概述

集群通信系统是移动通信系统的主要分支,它的发展经历了三个阶段,第一阶段是 20 世纪 50 ~ 60 年代的无线电对讲机方式,通信的双方或多方在约定的频点完成通话;70 ~ 80 年代使用单频道,单基地台的模拟通信系统;90 年代后出现数字集群通信系统。

自 2000 年后,我国积极推动数字集群通信的发展。信息产业部 2001 年 518 号文件通知:停止为 800MHz 模拟集群通信系统指配频率,加强对 800MHz 数字集群频率的使用规划和集中管理。

信息产业部 2002 年 387 号文件规定了信道配置方式,为各频道的使用进行了分配,对 800MHz 集群通信的使用市场进行定位,要以专业调度应用为主、共网为主、专网并存。

根据国家信息产业部电信管理局推行专网共用模式的原则,集装箱港区 800MHz 数字集群调度系统应首先立足于利用公网,这样可以避免重复建设,浪费资源。在公网覆盖不到的港区,可建小规模专网,以满足本港区移动通信的需要。

目前,我国上海港、宁波港、大连港、厦门港、深圳盐田港、香港都已建立了 800MHz 数字集群调度系统。

2001 年初,信息产业部批准 iDEN 和 TETRA 系统作为中国数字集群移动通信的两大行业标准,从而奠定了我国数字集群通信全面发展的基础和方向。TETRA 是欧洲电信标准协会 ETSI 制定的数字集群移动通信标准。采用时分多址(TDMA)技术,把一个 25kHz 带宽分为四个时隙(信道),为小区制覆盖方式,集调度、移动数传、移动电话和短信息功能于一体。与 iDEN 相比较,TETRA 在指挥调度方面功能更强大。

iDEN 是摩托罗拉公司拥有自主知识产权的数字集群体制，iDEN 是目前频谱利用率最高、应用最为广泛的数字集群系统。iDEN 主要工作在 800MHz 频段，也支持 900MHz 和 1500MHz 频段。iDEN 采用了先进的编码技术，将 25kHz 的标准带宽划分为六个时隙(信道)。iDEN 集移动电话、调度、分组数传和短信息功能于一体，在南、北美和亚洲已被广泛采纳。iDEN 系统目前没有单站系统，故投资金额相对较大。而 TETRA 系统在专用性能上优点比较突出，它不但能建立快速的调度语音呼叫功能，同时其数据呼叫功能能够在移动终端之间或移动终端与中心系统及数据库之间实现多种附加业务，如自动资源配置、自动车辆人员定位、图像与视频传输以及数据库查询等，相对比较适应于集装箱港口调度通信的需要。

二、系统构成

800MHz 数字集群通信系统采用单区单基站结构，由基站子系统、交换子系统、调度子系统、网管子系统以及无线终端设备等组成，如图 2-11-2 所示。其中，基站子系统包括无线收发信机、基站控制器、天馈线等。无线终端包括车载电话和手持电话两种。

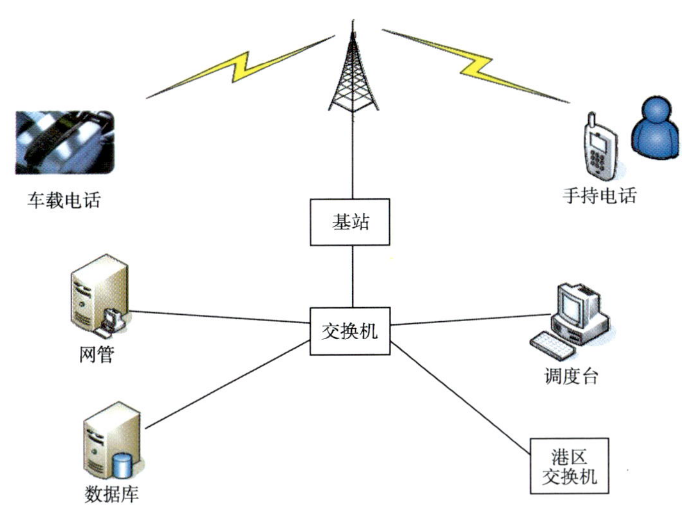

图 2-11-2 800MHz 数字集群通信系统结构

三、系统功能

1. 单呼

双向点对点通信连接，支持全双工和半双工。并支持主叫号码显示。

TETRA 系统支持直接信令单呼和摘挂机信令单呼两种方式。

2. 组呼

允许移动台用户、调度台与一组用户进行一对多的通信。用户只需用组呼选择旋钮选择一个组，就能听见组内通话，系统自动处理呼叫建立和释放。组呼可以在一个组内进行，也可以在多个组之间进行。组呼包括了广播组呼叫功能。

3. 优先组扫描

组扫描功能允许用户附着在多个组中，多个组设置扫描组的优先级，这样无论用户终端选择在哪个组位置上，都不会丢失来自其他组的呼叫。

4. 电话互联呼叫

移动用户和 PSTN/PABX 电话用户之间的呼叫，可以单呼也可以组呼。

第三节　甚高频海岸电台

甚高频（VHF）海岸电台是船岸通信的基本设施，是国家公用通信网和交通专用通信网的组成部分，是为船舶提供遇险安全通信和日常通信服务的一种简捷、有效、畅通及可靠的手段。

甚高频是指频率范围在 30 ~ 300MHz 之间的无线电波频段，传播距离主要是在视距范围内，即几十公里，而且具有天线较短便于移动、抗干扰性强的特点。水上移动业务使用的是 156 ~ 174MHz 频段。

一、基本功能

（1）甚高频海岸电台在其覆盖海域内全时值守船舶遇险和安全呼叫、发射收妥确认信号和转发遇险呼叫。

（2）配置数字选择呼叫（DSC）设备的甚高频海岸电台可接收报警信息和遇险呼叫的确认信号，并与船台进行遇险和安全通信。

（3）甚高频海岸电台在其覆盖海域内可与船舶电台进行日常无线电话通信和非话业务通信。其主要通信业务包括：DSC 遇险和安全呼叫业务、DSC 常规呼叫业务、遇险和安全电话通信业务、水上公众电话通信业务、航务电话通信业务和广播业务。

（4）甚高频海岸电台可自动和人工转接船岸用户双向无线电话。

（5）甚高频海岸电台还具有录音接口和通话计时功能。

二、设备配置

甚高频海岸电台可分为多址式电台(遥控台、受控台)和单址式电台。

单址式电台设备包括收发信机、天线共用器、天馈线、避雷器、天线塔杆、DSC 设备、有线无线转接装置、录音装置、计时装置、中间设备和电源设备等。

多址式电台应包括单址式电台的全部设备,还应包括遥控、监视、监测设备及传输设备等。多址式电台的传输线路可选用数字微波、音频电缆和光缆等方式。

三、通信频道

VHF 通信频道应包括呼叫及守听频道、船舶动态报告频道和系统工作频道。

第四节　船舶交通管理系统(VTS)

我国的 VTS 历经 20 多年的发展,从最初的单一雷达站发展到今天的 20 多个 VTS 中心众多的雷达站,不论是系统规模还是设备性能都处于世界较为先进的水平,取得了明显的社会效益和经济效益。船舶交通管理系统利用 GPS(DGPS)、雷达、VHF、AIS 等一体化的港区监控助航技术,对进出港船舶进行跟踪监控,对港区水域进行交通秩序管理与应急事故处理,保障港区水域船舶航行安全,预防重大海难事故发生,形成一个安全畅通、良好的通航环境。同时向进出港船舶提供交通服务信息,以提高船舶运输效率,开放并提高夜航、雾航能力。

一、VTS 服务

VTS 系统提供以下服务:

(1)信息服务:获得有关区域的基本信息,及时获得船上航行决策过程中所需的基本环境和交通情况。

(2)航行协助服务:促进或参与船上的航行决策制定过程,并监测其效果。

(3)交通组织服务:通过事先的规划和对运动目标的监测,在 VTS 区域内提供安全和有效的交通活动并防止产生危险局面。

(4)与联合服务和相邻 VTS 的合作:综合 VTS 的效能,协调信息收集、评估和数据传递。

二、系统功能

VTS 系统具有下列功能:

(1)监视所辖水域的船舶交通动态。

(2)监视锚泊动态。

(3)实施所辖水域船舶动态报告制。

(4)监视全港水域浮标移位。

(5)对违章船舶取证。

(6)向船舶提供助航信息。

(7)支持海上搜救行动。

(8)执行本水域交通控制和交通组织。

(9)向船舶发布航行通告,提供气象、水文、锚地及交通动态信息。

(10)船舶自动识别(AIS)。

三、系统构成

VTS 系统由下列部分构成:

1. 雷达系统

雷达系统包括雷达天线、雷达收发机、交通显示器、雷达跟踪器、雷达预处理器和视频、资料及话音记录器。

2. 船舶数据处理器

3. 无线通信系统(VHF)

无线通信系统包括天线、收发机、座席和有线/无线转接器。

4. 无线电话定位系统(VHF - DF)

无线电话定位系统包括天线、接收机和终端监视器。

5. CCTV 摄像机

6. AIS 系统

7. 有线通信

8. 其他辅助设备

辅助设备包括能见度仪、气象仪器和手持对讲机等(图 2-11-3)。

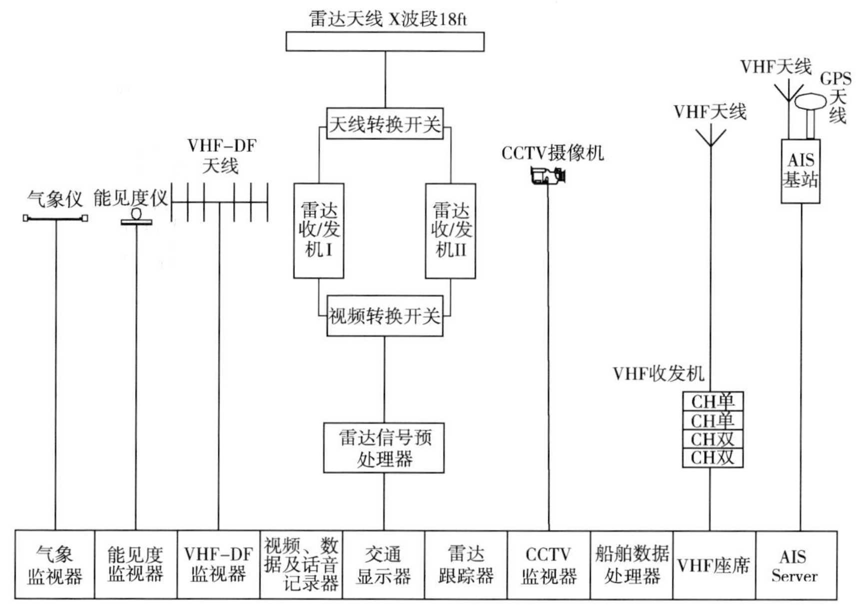

图 2-11-3 雷达站示意图

第五节 船舶自动识别系统(AIS)

在以往的海上船舶碰撞事故中,出现过多起由于 VHF 设备操作问题和语言交流上的问题,而不能及时了解对方船舶的信息和操船意图,最终导致碰撞事故发生。在限制水域或 VTS 作用区域,控制中心通过无线电话询问或由船舶用无线电话向控制中心报告而获得船舶的信息后,再用人工方式将船舶信息输入 VTS 监控系统以实现对船舶的跟踪管理。由于采用人工方式向系统输入信息,对于船舶来往密度较大的 VTS 作用区域的控制中心来说,不仅工作强度大,而且极易出现操作上的差错。为了进一步提高船舶安全航行的性能,有关机构和厂商不断进行用于自动获得船舶信息和航行状态技术的探索和研究。1999 年 IMO 的航行安全分委会 45 次会议最后确定了对 SOLAS 公约第五章的修订,通过了 ITU-R M. 1371-2 关于《海上 VHF 波段使用 TDMA 的船用自动识别系统(AIS)的技术特性》的决议案,并确定了航行于国际航线的 300 总吨以上船舶和公约国航行于国内航线的 500 总吨以上的船舶,将从 2002 年 7 月 1 日起到 2008 年 7 月 1 日分阶段执行配备 AIS 设备的规定。

为促进国际海事组织(IMO)关于船载航行系统增加船舶自动识别系统AIS的规定在中国的实施,中国海事局和各地海事局为推进AIS在中国航运界的应用作了大量的工作。专门组织专家学者研讨AIS相关事宜,组织编写出版了“国际航标信息”杂志AIS专刊。多次与国外公司合作开展AIS系统的技术交流和研讨活动。国内也先后开发了许多AIS相关产品,为推动AIS在我国的广泛应用起到重要作用。如大连某公司以自行研制的电子海图导航平台为核心,以C-map电子海图为基础,配备AIS设备,集成开发出新一代具有自主知识产权的《船用AIS导航系统》。并在“海洋岛”和“棒棰岛”轮上进行了实船测试。该系统已于2001年6月通过中国船级社(CCS)检验,并获得CCS的船用产品证书。

AIS系统的应用目的是自动识别并跟踪目标船舶,简化信息交换,为避免碰撞提供辅助信息并减少口头的强制船舶报告。

一、AIS系统功能

AIS系统具有下列功能:

(1)在ECS/ECDIS显示上实时跟踪所有配置AIS的船舶;

(2)实时显示位置(具有DGNSS精度)以及对地航速(SOG)和对地航向(COG);

(3)当转向操纵时,显示预计航迹;

(4)具有预计到达时间(ETA)的功能;

(5)记录航迹历史;

(6)通过SOTDMA数据链,从基站可以获得DGNSS修正;

(7)向其他船舶和VTS中心广播自身船舶的动态、静态和航行相关的数据;

(8)发射或接收来自VTS中心或其他船舶的短电文。

二、AIS的构成

AIS系统由下列部分构成:

1. 岸基AIS站

岸基AIS站是VHF无线电收发信机,它能将诸如识别码、船位、航向、航速、船舶长度、船型和货物信息等船舶信息传送给其他船舶和岸上的适当接收机。每座岸基AIS站由下列部分组成:

(1)VHF发射机;

(2)VHF 自组时分多址(SOTDMA)接收机;

(3)VHF 数字选呼(DSC)接收机;

(4)为时隙同步提供时间基准的 GNSS 接收机;

(5)与船载显示器相连的海上电子通信和传感器系统。

2. 船载 AIS 系统

船载 AIS 系统由下列部分组成:

(1)AIS 站;

(2)GPS;

(3)计算机和电子海图系统;

(4)电子海图显示和信息系统(ECS/ECDIS);

(5)GNSS 接收机;

(6)罗经。

三、系统工作特点和技术特点

AIS 系统可以在所有区域内自主和连续工作,具有符合 IMO 规定的独立界面和独立的移动编码。可以由交管监视中心指配工作模式,以便于主管部门控制数据传输的间隔和时隙。可以根据船舶或主管部门的问询进行数据的传输响应。

具有船-岸和船-船信息交换模式。

采用开放系统互联的工作模式(OSI),AIS 工作在两个专用的 VHF 无线电频率上,即 AISI(频道 87B) - 161.975MHz 和 AIS2(频道 88) - 162.025MHz。无线传输的带宽为 25kHz,采用 GMSK 调制方式,数据编码为不归零倒置(NRZY)方式,数据传输速率为 9600bps。

四、信息种类

1. 静态信息

静态信息主要包括 MMSI 移动服务识别码、IMO 编码、呼号和船名、船的长度和宽度、船的类型、定位天线在船上的位置及龙骨以上高度。

2. 动态信息

动态信息主要包括:

船位:通过连接至 AIS 的位置传感器自动更新。

国际协调时(UTC):通过连接至 AIS 的船舶主要位置传感器自动更新。

对地航向(COG):通过传感器计算对地航向,通过连接至 AIS 的船舶主要位置传感器自动更新。

对地航速(SOG):通过连接至 AIS 的位置传感器自动更新。

船首方向:通过连接至 AIS 的船首方向传感器自动更新。

航行状态:主机动力航行;锚泊;失去控制(NCU);操纵能力受到限制(RIATM);系泊;吃水受到限制;搁浅;进行捕捞;操纵在航。

转向速率(ROT):通过船舶转向传感器自动更新或者通过陀螺罗经获得。

3. 与航次相关的信息

船舶吃水:在航次开始时人工输入本航次的最大吃水,并根据需要更新。

危险品货物类型:DG 危险货物;HS 有害物质;MP 海洋污染物。

目的港和预计到达时间:在航次开始时人工输入并根据需要保持更新。

航线设计(转向点):在航次开始时人工输入,船长自行处理并根据需要更新。

船上人员:扩展电文,仅当船舶主动或单元被询问时发送。

与安全相关的短电文:自由格式的短电文人工输入,或标注具体地址或向所有船舶和岸站广播。

第六节 导助航设施

一、航标的功能和分类

航标是帮助船舶安全行驶的船舶之外的装置或系统。

航标按布置的水域分类,有海区航标和内河航标;按位置的可靠性分类,有固定航标和浮动航标;按工作原理分类,有视觉航标、无线电航标和音响航标。

视觉航标又称目视航标,是供直接目视观测的固定或者浮动的航标。视觉航标具有设备简单、维护方便、投资小、使用直观等优点,广泛设置于海区和内河,是一种最重要、最基本、数量最多的航标。视觉航标包括灯塔、灯桩、立标、灯浮标、浮标、灯船、系碇设备和导标等。视觉航标的识别特征包括形状、尺寸、高程、颜色、光强等。

无线电航标是指以无线电波传送信息,供船舶测定方位的助航设施。无线电航标包括无线电指向标、雷达应答器、雷达反射器、雷达指向标和卫

星导航等。

音响航标是指依靠产生的音响传递信息以引起航行人员注意其位置的航标。音响航标可分为空中音响航标和水中音响航标两种。

二、灯塔和立标

灯塔是位于临近海岸线的陆上或者在水中的显著建筑物。在灯塔附近配置有其他航标或音响航标。灯塔可以有人值守也可以是自动化设施。目前有人值守的很少,主要都是具有遥测或遥控功能的自动化设施。

立标是在陆上或水中的小型固定视觉标志。

1. 灯塔和立标的助航功能

(1)标示初见陆地的位置;

(2)标示碍航物或者危险物;

(3)指示航道或者可航水域的侧面界限;

(4)指示水道的转向点或者汇合点;

(5)标示分道通航(TSS)的入口;

(6)作为导标的一部分;

(7)标示某一区域;

(8)为航行者测定方位或者位置线(LOP)提供参考。

2. 灯塔的功能还可以包括:

(1)海岸监视或海岸警卫功能;

(2)VTS 功能;

(3)音响信号(雾号)站;

(4)收集气象和海洋数据;

(5)设置无线电和通信设备。

三、浮标

1. 浮标的功能

(1)标志可航水道的侧面界限;

(2)标志天然危险物和其他碍航物,如沉船;

(3)标志对航海者重要的水域特征;

(4)标志新的危险物。

2. 浮标的类型

(1)侧面标志结合“浮标习惯走向”使用,通常用于界限明显的航道;指示所航行水路的左侧和右侧。在航道的分岔处可用修改的侧面标志指示推荐航道；

(2)方位标志与航海罗经结合使用，指示航海者在何处可找到可航水域；

(3)孤立危险物标志指示范围不大的孤立危险物，其周围均有可航水域；

(4)安全水域标志指示周围都是可航水域，例如航道中线标；

(5)专用标志指示航海资料中涉及的有关区域或者特征；

(6) 灯船、船形灯浮属于大型浮标，除装有航标灯以外，也可安装雷达应答器、音响信号，在某些情况下还可安装无线电指向标。

四、导标

航道是港口的生命线，而航标则是船舶在航道上安全航行的重要保证。如果航道的航标系统不可靠，船舶的航行安全必然无法保障。根据交通部《水运工程导标设计规范》(JTJ 237—94)的规定，狭窄航道或人工航槽应设置导标，并配以必要的浮标。当设置导标有困难时，应设置浮标标出航道界限。

导标是由两座或以上的分立的建筑物组成，建筑物上装有标志或者灯器。当从航道中心线或直航段最深航路的轴线观察时，它们显成一直线。

在由两座建筑物组成的导标中，建筑物位于标定航道中心线的延长线上。后面建筑物必需比前面建筑物有较高的高程，以便能看到两个标志或灯光。

导标为船舶提供寻找船首向参考物，同时提供船舶横向航迹偏移量和偏移方向的视觉指示。

设计导标应综合考虑以下因素：

(1)航道选线方案；

(2)有关地理、水文和气象资料；

(3)附近高大构筑物和大型设备；

(4)附近背景情况等因素。

五、航标的设置

根据国家相关规范的要求，航标的设置要求如下：

(1)港口口门：在港口口门以设置灯塔、灯桩等固定航标为主，用于指

引船舶接近和进入港口。在海床不稳定、无条件设置固定标志的港口口门，应布设浮动航标。

(2)港池：在港池边线、船舶调头区布设的浮动航标，不应侵占可航水域。港池灯浮标的灯光应与近岸照明灯光有明显的区别，以便识别。

(3)锚地：候泊锚地、引航锚地、检疫和熏蒸锚地原则上只划定区域，不设浮动航标。为便于船舶识别及使用锚地，也可根据具体情况设置浮动航标。

(4)海上作业区：在因港口建设或其他海上作业而专门划定的海上作业区周围或靠近航道一侧设浮动航标，以标示工作范围或施工区域。

第十二章 专题研究

在设计过程中专题研究是提高设计水平和创新能力的重要环节。我院曾探索了多种类型的专题研究,收到了一定效果。本章选择的“综合型”和“未来型”两篇专题研究属两种端点:一篇是总结过去,一篇是着眼未来;前者顾及全面,后者只看一点。

第一节 外高桥现代集装箱港区规划与设计

摘要:上海港外高桥现代集装箱港区工程建设坚持可持续发展战略,创建了集装箱港区科学布置与港口高效运行的生产系统配置模式。港区的环境与景观体现了“自然、人与港口”和谐的主题。规划与设计的前瞻性和先进性,为港口运营不断适应集装箱运输的发展趋势奠定了基础。外高桥现代集装箱港区建设与投产运营,标志着我国自行设计建造集装箱码头的能力和水平达到了世界先进港口的水平。

一、工程概述

集装箱运输因为具有便捷、安全、低廉、高效的优越性,所以在世界交通运输中得到了迅猛发展。2005 年全球集装箱吞吐量排位前 100 位的港口共完成 3.23 亿 TEU,与 2004 年相比增加 10.6%,年净增 3088 万 TEU。其中增速最快的是上海港(24.3%),净增箱量 353.0 万 TEU,其次为深圳港(18.9%),净增箱量 257.7 万 TEU。在全球吞吐量增速、绝对增量数持续保持领先地位。全球集装箱港口吞吐量排名中上海港居第三位。

1994 年和 1996 年,中央两次提出要把上海建设成国际航运中心,这是一项重要的国家战略,建设航运中心的基础性条件是必须把上海港建设成国际集装箱枢纽港。1996 年上海港集装箱吞吐量为 197.1 万 TEU,与国际集装箱枢纽港差距较大。外高桥港区一期多用途码头于 1994 年开始运营,1998 年改造成为专业集装箱码头。自此上海港在外高桥港区开始了大规模建设集装箱码头的历程,至 2004 年底五期码头投入试运营,外高桥港区

已建有 15 座大型集装箱专业泊位。外高桥集装箱码头的建成推进了上海港集装箱吞吐量的快速增长，从而为推动上海港在世界集装箱吞吐量大港排行榜地位从 1998 年的第十位上升到第三位，发挥了关键性的作用。

上海港外高桥港区发展建设序列与吞吐量、通过能力时空匹配见图2-12-1。

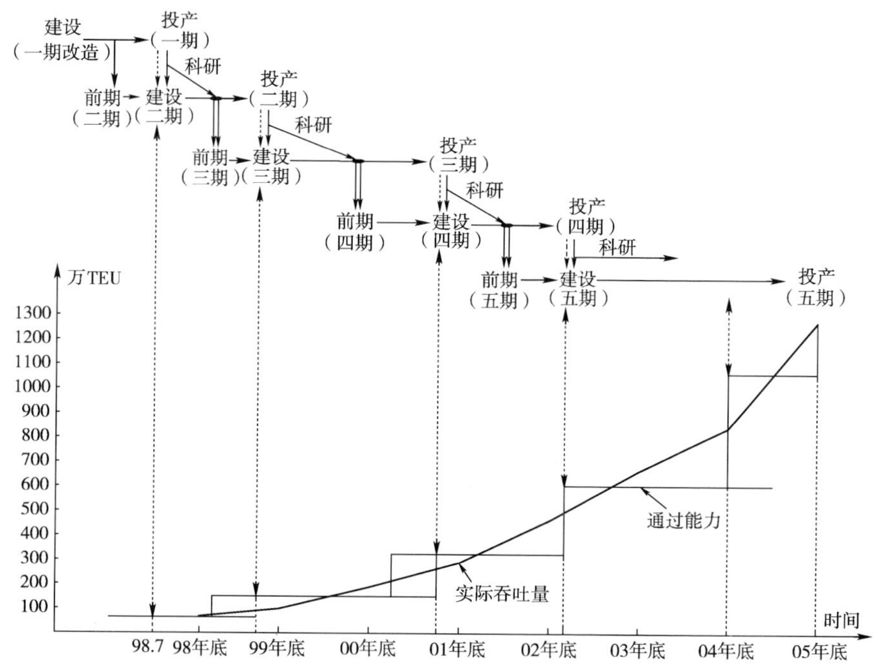

图 2-12-1　外高桥港区建设序列与吞吐量及通过能力的匹配

外高桥集装箱码头岸线总长 4825m，设计水深 12 ~ 14.2m，陆域面积 534 公顷，配有岸桥 57 台。外高桥集装箱码头基本情况见表 2-12-1。

新码头的陆续投产推动了上海港集装箱吞吐量的迅速提高，图 2-12-2 为外高桥集装箱码头完成的吞吐量与上海港集装箱总吞吐量的增长对比图。

港区建设遵循集约化程度高、规模化、大型化、多功能、多层次、结构合理的大港区的理念，至 2004 年 12 月，外高桥集装箱港区已形成 1000 万 TEU 量级的吞吐能力；依据本港区的区位和航线特点，可停靠目前运行的载箱量 8000TEU 量级的大型集装箱船舶；内河集装箱驳船在码头可直接转运；码头陆域纵深中有 400m 左右为港口物流园区用地，使港口物流活动在港内有机衔接，并将成为港口运营的组成部分。

上海外高桥集装箱码头基本情况 表 2-12-1

项　目		外一期(改造)	外二期	外三期	外四期	外五期
开工时间(年月)		1997.7	1997.9	1999.10	2000.3	2003.3
完工时间(年月)		1998.6	1999.8	2001.11	2003.1	2004.12
泊位数量(个)		3	3	2	4	3
泊位长度(m)		900	900	665	1250(+187)	1110(+190)
泊位水深(m)		-12.0	-13.2	-13.2	-14.2(-8.7)	-14.2(-4.5)
码头面宽度(m)		45	50	50	54.5+30	58+30
陆域纵深(m)		553	1200	1020	1200	1220
引桥	数量(座)	4	4	3	4	4
	宽度(m)	14×3 座 15×1 座	20×2 座 15×2 座	20×3 座	20×3 座 25×1 座	20×3 座 25×1 座
	总长(m)		242	422	820	1084
平面箱位(只)		6434	14554	7746	16528	19083
陆域面积(万 m^2)		50	102.13	63.86	155	163
其中堆场(万 m^2)		21	49	26	55	76
绿化(万 m^2)			17.5	13.3	31	40
岸桥数量(台)		10	19		14	14
场桥数(台)		36	61		48	48

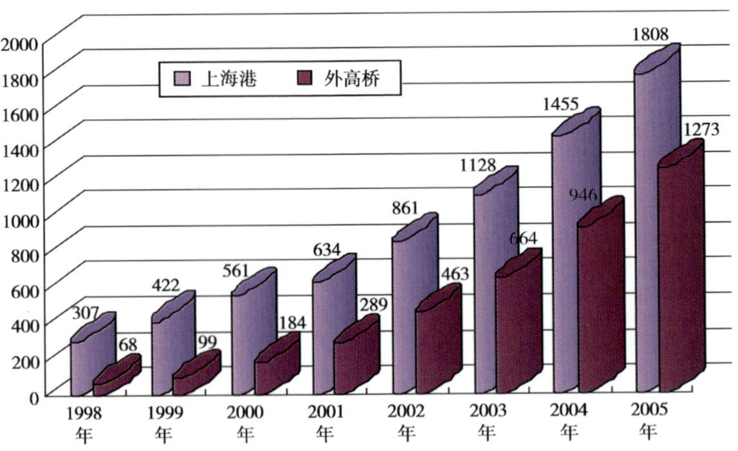

图 2-12-2　上海港及外高桥集装箱吞吐量增长趋势（万 TEU）

港口作为集装箱运输网络系统的关键节点，集装箱码头成为发展的核心点。上海港外高桥港区已经形成1000万TEU量级的吞吐能力，作为一个港区位居全球首位。

二、港区规划与设计的主要特点

1. 港区规划设计的前瞻性和先进性

上海地处长江入海口，是长江中下游及长江三角洲地区与国际市场物资流通的必经之道，具有得天独厚的区位优势。但是，上海港的发展始终面临如何整合岸线资源并解决航道水深条件问题。外高桥集装箱港区的规划同样不可避开这样的问题。在外高桥集装箱港区的设计中，超前的设计理念恰如其分地把握了问题的关键所在，依托具有经济活力和发展潜力的外高桥保税区及浦东新区，根据上海城市和腹地经济的需求，规划具有适度规模的码头设施，确保了未来港区的功能地位。

外高桥集装箱港区的规划设计在理念上使上海港走出黄浦江，在长江口兴建港口，体现了规划的有序性和可持续发展性。现代航运业具有的船舶大型化和货物集装箱化的走势，使黄浦江老港区已难以适应形势发展的需要。虽然外高桥港区仍然受长江口航道水深的制约，大型船舶进出港受到限制，但随着长江口深水航道一期工程的成功实施，在二期和三期工程完工后，外高桥港区进港航道的水深条件必将得到较大改善。外高桥集装箱港区的建设，代表上海港建设的重点已经从黄浦江转移到了长江口，并开始向近海拓展。

港区规划的前瞻性主要反映在：

(1)市场经济条件下，依托具有经济活力和发展潜力的外高桥保税区及浦东新区，确保外高桥集装箱港区的本地货源。2003年，保税区为外高桥港区提供了近30%的箱源；

(2)外高桥集装箱港区的规划体现了利用长江水资源优势，整合发展区域间运输经济的观点。为了更有效地为长江三角洲地区服务，制定了规模适度、功能被替代的可能性较小、与环境相协调的港区规划方案。上海港的集装箱总量中外省市箱源约为51%，而很大部分需要通过内河运输。

(3)港区规划设计的超前意识使上海港的发展在时间上形成有序发展的格局，在空间上形成了功能互补的黄浦江老港区、外高桥集装箱港区和洋山港区三个主要港区。这种前瞻性的规划设计既避免了建设过多同级别港区引起恶性竞争的后果，也没有不顾经济发展现状盲目追求建设大码头而造成投资浪费。这种恰如其分的层次定位和目标合理的功能定位,使外高桥集装箱港区在洋山港区建设后仍然具有竞争力而不是被替代。

(4)港区规划与环境、景观相协调;较好地解决了河口港的港池泥沙回淤问题。体现了可持续发展的理念。

外高桥集装箱港区的先进性反映在港区建设时机和建设规模及时地适应上海城市经济发展对上海港运输的现实需要。外高桥集装箱港区时空发展有序,并不断加强港口功能,它所具有的先进性使其成为现代港口规划的典范,具体表现在以下几个方面:

(1)合理的平面布局、工艺系统设计及恰当的设备选型和配置为高效率的港口生产奠定了基础。实际运营表明,外高桥集装箱港区可以满足现有各种集装箱船舶的挂靠要求。港区船时效率较高,在两个高潮间(不超过10h)单船最大装卸量达到4000TEU的能力。在上港集箱外高桥码头(二期、三期),2003年9月18日装卸"地中海露依莎"集装箱班轮,共完成装卸集装箱3642箱,用10.25h,创造了船时量355.32箱的世界纪录;2004年6月17日,装卸"新宁波"轮,用9.75h,共完成装卸5160箱,又创船时量529.23箱的新世界纪录。桥吊最高台时量为81.85箱/h。

(2)港区总平面布置和港口物流系统设计以及港口设施的优化配置。在总体布局上,港区的适度分散既缓解了港区集疏运系统的压力,也从总体发展上,体现了逐步向外海过渡的规划思路。港口工艺配置和设备规划方面,以信息化技术为支撑的外高桥集装箱港区在实际运营中大大提高了港区实际通过能力。实际吞吐量超过核定通过能力最高达85.2%,这反映了基于合理的港区规划与先进的物流系统的港口经营水平。根据外高桥港区二、三期2002年1月~2004年6月和四期2003年1月~2004年6月船舶在港停泊时间统计,各吨级船舶平均在港停泊天数一般均在0.2~0.4天左右,最长未超过0.5天。长江口的潮汐类型属于正规半日浅海潮,因此,通过港区合理的平面布置和物流系统优化设计及港口设施的最佳匹配,保证了船舶在两个相邻高潮位之间完成装卸作业。

(3)港区腹地范围的不断扩大。根据上海海关近4年半外高桥港区的进出关统计资料,外高桥港区进出口集装箱箱源变化情况如表2-12-2所示,可见300公里之内是外高桥港区进出口集装箱的主要箱源地。随着外高桥集装箱港区的建设,各箱源地的生成量不断扩大。2000年至2004年,腹地单位面积为外高桥港区生成1200TEU的区域范围不断扩大。可看出外高桥港区腹地随着港口建设而不断拓展的趋势。通过发挥其区位优势、

成本优势和航线优势，形成了具有国际集装箱枢纽港特征的枢纽辐射式(Hub-and-Spoke)运输模式，为港区未来的进一步发展奠定了基础。

外高桥港区腹地进出口集装箱量的历年数值

单位：万 TEU　表 2-12-2

与外高桥港区距离	2000 年	2001 年	2002 年	2003 年	2004 年上半年
上海市区	99.9	142.9	190.1	276.4	189.6
300(km)	120.4	154.0	224.5	318.0	213.3
500(km)	9.7	12.7	18.6	25.6	14.8
1000(km)	11.1	15.0	20.8	26.8	18.0
1500(km)	14.3	19.7	26.6	32.8	22.6
2000(km)	3.5	6.1	8.2	10.8	6.5
其他	0.3	0.4	0.5	1.3	0.6

(4)港区规划设计的先进性带来了一流的设施、完善的服务，从而吸引更多的轮船公司进驻上海港，提高航线和航班密度，增强外高桥集装箱港区的综合竞争实力，也吸引了大批跨国公司和物流企业在上海发展临港加工和保税物流。

(5)港区规划设计以"自然、人与港口"的和谐为主题，树立了面向未来的环保型港口新理念。利用陆域资源丰富的特点，在港口作业区内建设港口绿地，既可以改善港区的生产环境、也为创造亲水性交流空间并形成具有独特风情的城市滨水景观奠定了基础。

2. 全新的现代集装箱港区功能横断面布置模式

外高桥集装箱港区从二期工程建设开始，开发了全新的现代集装箱港区功能横断面布置模式，见图 2-12-3。

其核心设计内容主要包括：

(1)港区规划设计以建设第三代港口为目标，在港区平面布置上，采用大纵深的规划方法，为进一步拓展港口物流服务活动布置了充足的空间，同时也为延长港口产业链创造了基础性条件。

(2)港区规划设计充分体现了"自然、人与港口"和谐的主题，配置 100 万平方米的港区绿地，从港口环境视角，提供了和谐、健康、高品质多样化的工作空间；从经济视角，外高桥集装箱港区象征着生机、无污染、可持续发展，丰富了港口气质。

(3)港区规划布置具有最经济、高效率的特点，提供了适应大小船只作业、内河驳船转运的码头前沿作业地带，其中以外四期和外五期之间的长江驳船作业港区最具特色(图 2-12-4)。

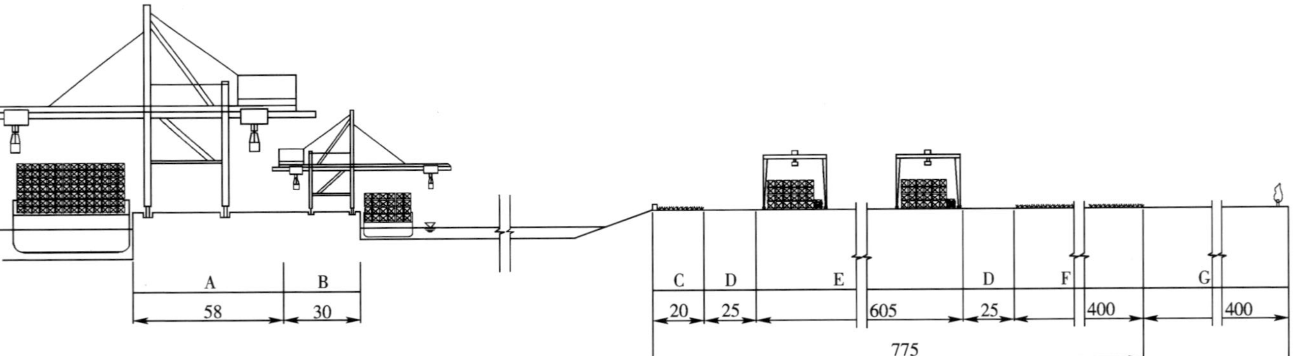

代号	名称、功能	参数及说明
A	码头前沿作业地带	停船吨级：载箱量 250 ~ 7200TEU；泊位组岸线900m, 通过能力 210 ~ 240 万 TEU/a • 泊位组（32.2~35 万 TEU/100m 岸线）
B	内河驳船码头前沿地带	停船吨级：载箱量 36 ~ 250TEU; 岸线 180 ~ 200m, 通过能力 10 ~ 12 万 TEU/a
C	防洪通道、绿地、岸坡减负带	多种功能集合，一地三用
D	港内道路	港内主干道宽度 15 ~ 30m
E	集装箱堆场	泊位组 900m 岸线、15200 平面箱位，通过能力 290~320 万 TEU/a
F	绿地、公共地下管网	一地两用
G	辅建区、港口物流园区	

图 2-12-3　全新的现代集装箱码头功能横断面布置模式

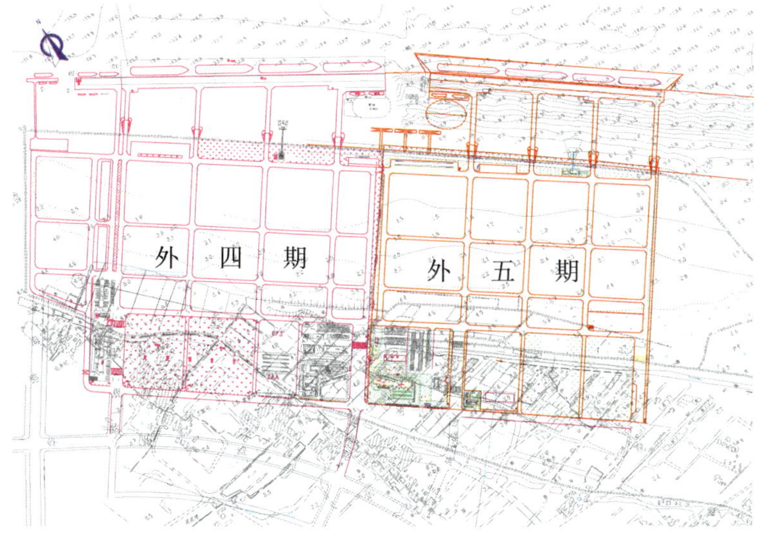

图 2-12-4　外四期、外五期平面布置图

(4)港区规划布置了充足的集装箱堆场,以外四期为例,在 1248m 码头岸线范围内,布置了 16528 个 20 英尺平面箱位的堆场,通过能力可达 370 ~ 410 万 TEU/a · 泊位组。

(5)港区规划设计合理划分和布置了港口功能分区,通过建设协调的交通组织,使分区之间以及分区与港口预留的物流园区之间交通通畅,便于衔接,通过信息化技术支撑,实现了全封闭式信息化港区作业。

集装箱运输的规模经济效果促进了船舶大型化的发展。集装箱港口逐步形成了枢纽港、干线港与支线港的格局。枢纽港的"集聚效应"带来了"航班多—箱多—航班更多—箱更多"的良性循环,枢纽港地位一旦形成,就难以动摇且数量有限。因此,以建设国际航运中心集装箱枢纽港为目标的外高桥集装箱港区,必须以第三代资源配置型港口为发展方向,发展港口物流,拓展港口功能。规划 1200m 的陆域纵深,为港口物流服务活动布置了充足的空间,为延长港口产业链创造了基础性条件。

3. 科学布置与全新的集装箱生产系统能力不平衡配置模式

外高桥集装箱港区创建了"通过能力 1000 万 TEU 量级集装箱港区的科学布置与港口高效率运行的生产系统能力不平衡配置模式",其核心内容为:

(1)选择船舶不误潮时作为港口高效率运行的控制节点。外高桥集装箱港区的规划设计一改以往以港口吞吐量为控制指标的规划方法,根据外高桥港区的潮汐特征，以及国际集装箱船舶大型化的趋势，设计了船时效率达国际先进水平的港口作业系统，系统能力设计以 100% 发挥码头装卸能力为基准，与各系统通过能力相匹配，即：

$$P_{信息} > P_{集疏} > P_{堆场} > P_{码头}$$

不等式可最大限度降低港口生产随机性对码头装卸效率的影响，有利于保证大型集装箱船不误潮时。通常对于载箱量 6000TEU 的集装箱船，其每天的费用达到 10 万美元/船 · 天左右，因此，确保船舶不误潮时对于外高桥港区具有十分重要的意义。

(2)保持岸滩深槽稳定，港池内基本上无维护性疏浚量，为保证港口高效率运行奠定了基础。通过充分论证而确定的外高桥各港区的港址，目前港池挖泥量在 10 万 m^3/年左右，对于河口港，基本属于港池不需要维护性疏浚的港口。

(3)科学地开发了水域、岸线、陆域资源，为港区可持续发展创造了适度空间条件，优选码头前沿位置；有机疏散泊位组，减少了与港区周边冲突；填滩造地，保证了足够的陆域纵深，形成了人工环境与自然环境相和谐的港区。

(4)港城融合，港区扩展时空发展有序，依据河口自然条件和城市发展规划，有机地将泊位组规划为一、二、三、四、五期，分布在高桥嘴和五号沟地区，并随运量增长有序建设。形成 15 个大型泊位，通过能力达 1000 万 TEU 量级。

(5)港口和港口物流的发展，要求港区与城市经济更加高度结合，港区与城市的互动关系更加突出。目前，外高桥集装箱港区的发展为保税区与临港工业吸引外资创造了必要条件，同时也为上海城市发展做出了巨大贡献。

4. 外高桥集装箱港区的选址特点

(1)摆脱了在黄浦江建码头的格局，有机地疏散泊位组，为上海港向外海发展奠定了良好的基础，减少了与港区周边的冲突，确保集疏运系统的畅通。

(2)与外高桥保税区直接相连，港城融合，依据河口自然条件和城市发展规划，建设第三代港口。

(3)港址处河床发育稳定，港池回淤少，基本上无维护性疏浚量，与挖入式方案相比较，其选址与平面布置是成功的。

(4)通航条件可以满足第三、第四代集装箱船，同时兼顾超大型集装箱

船，适应国际枢纽港的主流船型。

从选址上分析，外高桥集装箱港区的最大突破在于改变了过去在黄浦江内建码头的布局格式，在位于浦东新区高桥镇北侧的长江口南岸建设一、二、三期工程；在浦东新区高东镇北侧的五号沟地区建设四、五期工程。港区陆上与上海市中心相距约25km，距长江入海口7km；北靠长江口主航道，与长兴岛隔江相望，毗邻外高桥保税区。港区所占土地大部分在长江大堤外滩地上，滩地高程0～+2m之间。码头前沿自然水深-10m左右，与规划岸线一致，稍加疏浚，就可供第四代集装箱船停靠。由于长兴岛的天然屏障作用，码头前沿波浪较小，年作业天数可达315天以上。港区装卸生产的环境条件日趋成熟，是上海和长江三角洲理想的港区建设选址。

2004年4月5日，上海外高桥保税物流园区正式封关运行，标志着外高桥保税区向自由贸易区迈出了关键一步。外高桥保税区，规划面积$10km^2$，是我国建立最早、规模最大、实力最强的保税区。2003年，外高桥保税区集装箱吞吐量202万标箱，为外高桥港区提供了近30%的箱量，实现增加值323亿元、进出口总额209亿美元、税收收入225亿元，分别占全国15个保税区的43%、40%和45%。外高桥集装箱港区与外高桥保税区直接相连，使上海港建设第三代港口成为可能。在1992年的联合国贸易和发展会议上对第三代港口表述为，作为国际海陆间物流通道的重要枢纽和节点，区域性乃至国际性的商务中心以及区域性的信息中心，以适应工业化大生产和国际贸易的日益增长，综合物流迅猛发展。相对而言，第一代港口以单一的货物装卸为特征，第二代港口以临港工业为特征，成为工业原材料和产成品的进出海通道。目前，国际上许多大型港口都在向第三代港口发展，建设全球货物贸易集散中心和综合物流服务基地。许多发达国家已把港口作为发展物流的突破口，通过港口物流的发展带动临港加工业的发展，并辐射周边地区，带动进出口贸易，而这些反过来又促进港口物流的发展，实现良性循环。传统港口物流实现的是“港到港”，而现代物流要求的是“门到门”服务。这就要求构筑与港口物流业发展配套的现代综合运输网络与腹地市场体系，进一步拓展港口物流业务。外高桥港区在选址中与上海市最具有活力的浦东新区、保税区为邻，临港工业带和港口基础设施已具备相当规模，有利于建设第三代港口。与区域经济的紧密结合，为港区的进一步发展创造了有利条件。

港池回淤是河口港选址的关键要素之一，外高桥集装箱港区设计对码头前沿线的位置进行了深入地分析研究，同时委托工程科研机构进行了多方案模型试验研究，进一步证实设计推荐的码头前沿线位置和走向的合理性。与挖入式港池方案相比优势明显，作为河口港，其选址和平面布置是成功的，为保证港口高效率运行奠定了基础。

上海港通海航道有长江口和杭州湾两条。外高桥处于长江口南岸，港口基础设施中的主要问题是长江口通海航道水深不足，最浅处维护水深为 -7m，大型船舶须候潮进出港。正在实施的长江口深水航道治理工程将使航道水深由 -7m 提高到 -12.5m。根据统计资料，航道可满足第三、第四代集装箱船航行要求，同时兼顾超大型集装箱船。2004 年 7 月 9 日当时世界上最大的集装箱船（拥有 8500TEU 箱位的“中海亚洲”号）从外高桥集装箱港区启航，投入远东至美洲的首航。

外高桥集装箱港区的分散组团式布局，将泊位组分为五期建设，根据有序发展的原则，使各港区由一定的时间空间和城市功能空间相隔离，并通过便捷的道路交通系统紧密联系。外高桥港区的一期～五期工程在岸线资源使用上，符合深水深用的原则，功能互补，并使港口资源得到全面整合。各港区发挥各自优势，取得了明显的集聚效应和规模效应，各期的集疏运体系互不干扰。

5. 港区的环境与景观

港区规划提出了面向未来环保型港口的新理念，体现了“自然、人与港口”和谐的主题。以 101.8 万 m^2 的港口绿地作为港口区域的有机组成，汇同港口后方的临港工业区和保税区等创立了先进的以绿地为纽带的环保型港口模式。

环保型港口的规划设计，从港口环境的视角，以谋求可持续发展为目标，积极吸引环境管理设施的扩充、管理基准的强化及其他环保型港口设施，在港口开发的同时推进环保对策，反映和谐、健康、高品质多样化工作空间。港区的规划设计具有环境基础设施完善、环境保护措施得力、自然资源可持续利用、生态系统良性循环的特征，体现人与自然和谐的生态环境的先进理念。从经济视角象征生机、无污染、可持续发展，丰富了港口的气质。

外高桥集装箱港区在扩大港口建设规模、提高港口建设速度的同时，很好地保护了工程周边的海域环境和生态环境，使工程建设与环境保护相互兼顾、相互统一，步入良性发展的轨道。从泥沙回淤来看，各港区的维护挖方量在 10 万 m^3/年左右，由此可以看出，港口的建设对于河川的稳定没有造成破坏。

港口作为景观带土地利用的一部分，对沿岸景观有较大影响。在外高

桥集装箱港区具有宏大规模的码头、集装箱堆场、起重吊车，构成壮观的静态景观，而来往的货轮和集卡则是流动的风景线。港区规划的景观效果主要反映在以下方面：

(1)港区选址远离城市中心区，对周围环境影响较小，港区空间上形成了一种强烈的开阔与聚集、简洁与繁复的对比效果，使港区成为上海城市空间中天然与人工相融合的曲调构成。

(2)港区的空间格局依据岛屿、水面、土地利用条件、堆场及主要设施的色彩控制，形成了良好的水平面、城市天际线、岸线、滨水景观轮廓线，景观层次丰富。

(3)港区分散布局，规模结构合理，保留足够的生活岸线，为上海城市提供了多功能、多层次的游憩空间；为开发城市丰富的旅游资源及满足市民亲水、近水的本性保留了足够的开放空间。

6. 港区平面布置的特点

港区的平面布置，开发了"全新的现代集装箱港区功能横断面布置模式"，展现了当前与未来发展的协调一致，体现了资源有效利用的理念，为延长港口产业链创造了基础性条件。港区的规划设计，保持了岸滩的稳定，填海造地、防洪防潮，使港区的布局更加适合集装箱发展的趋势。

(1)港区设计对码头面宽度进行了充分的论证，并不断地加以改进和完善。根据集装箱船型现状及远期发展预测，分析了泊位作业线的近、远期配置、码头车流组织及集装箱高效化发展趋势等因素。基于各期的具体适应船型和工艺流程，确定码头面宽度从 45m 到 58 + 30m 不等。外四期和外五期在码头平面布置时，对水转水的作业码头采用在大码头内侧加宽 30m 的方案，在国内同类码头中具有独创性和示范性。

(2)外高桥集装箱港区作为江海联运、水水中转等集疏运网络的节点，在四、五期规划中，根据水水中转的特点，规划设计了长 180 ~ 200m，码头前沿宽度为 30m 的长江内支线泊位。该泊位使外高桥集装箱港区以高效率、低成本的服务通过江海联运，使货物可直达武汉、重庆等地，并沟通长江、京杭大运河，直接覆盖整个华东及经济发达的长江流域。作为长江内河航运的水水中转，外高桥集装箱港区的作用非常重要，成为缩短运输时间，降低运输成本的重要方式。

(3)在陆域纵深方面，港区规划充分考虑现代集装箱运输的特点，既满足远期预测集装箱吞吐量，也考虑了港区的可持续发展。二期港区堆场平面箱位 14554 只，陆域纵深 1200m，三期港区陆域堆场平面箱位 7746 只，陆域纵深1020m,四期港区陆域堆场平面箱位16528只,陆域纵深1230m,不仅能满足远期港口集装箱运量,还可最大限度的满足集装箱运输其他业务的发展需要。在最大限度地保证现在、未来港区作业的生产用地要求的基础上,港区内预留了充足的用地,为发展港口物流提供了空间资源,奠定了港区不断延伸发展的基础。这种全新的现代集装箱港区平面布置,以外高桥二期工程为代表,成为国内乃至国际首创。

(4)港区陆域平面布置的特点,主要体现在港区堆场的布局与港区内交通组织的协调,与集装箱装卸过程所涉及的各个功能相协调。在平面规划中将港区划分为8个功能明确的分区,条块划分合理,功能分区有利于港内交通组织。

从现代物流设施规划的角度,港区功能区划与平面布局,符合系统布置设计方法。港区的平面布局可分为两部分内容,即功能区的位置确定和功能设施的布置。功能区的位置确定,根据集装箱港口生产的外界环境和内部要素,将港口陆域划分为码头和堆场装卸作业区、集装箱货运站作业区、生产辅助区和管理服务区,简化了港口作业的流程交叉,可有效地利用设备和空间,并为后续发展留有余地;在功能设施的布置方面,以港口集装箱搬运系统设计为核心,在综合利用港口资源方面,通过合理地设计港区作业系统,使码头前沿装卸与后方堆场作业紧密衔接,并在设施规划中能够适应变动与满足未来需要。港区平面布置区域功能明确,条块分划合理,确保了码头作业的高效性。

港区平面布局的合理性在港口生产中有充分的反映。从统计数据中分析,到港船舶以载重量1000~2999吨级的数量最多,约占总船数的40%~50%,仅完成集装箱装卸总量的8%~14%;而30000~49999吨级的船舶约占总船数的11%~12%,完成集装箱装卸总量达34%。这实质上构成了一个典型的国际集装箱枢纽港运输的枢纽辐射模式,即大型集装箱船在枢纽港之间进行干线运输,而小型集装箱船进行快速频繁的支线运输。在这种运输模式下,港区堆场的合理布局及其与港区内交通组织的协调、与集装箱装卸过程所涉及的各个功能相协调显得尤为重要。这种港口运输模式对枢纽港区的规划要求是,不再以总体完成通过能力为指标,即港口总的吞吐能力不能作为规划的控制性指标,而是以提高船时效率、缩短船舶在港时间为目标,由此完成集装箱支线运输与干线运输的有效对接,从而建立起畅通、安全、便捷的集装箱运输体系。

7. 先进的工艺系统设计

集装箱码头工艺系统的先进性应主要体现在当港口生产需求超过设计能力时，通过增加装卸设备数量、合理安排船期、提高生产管理水平，能使港口的生产能力得到进一步提高。

为使港区总平面布置和装卸工艺系统的设计更趋合理，也使设计中的适当超前考虑有所依据，在外高桥四期、五期工程设计中采用了当今先进的计算机动态仿真技术，对设计方案进行了充分的分析论证。

集装箱码头装卸工艺系统一般由装卸船作业、堆场作业和水平运输三部分组成。根据不同的组合，目前世界上集装箱码头装卸工艺系统应用较典型的有 5 种：轮胎龙门起重机系统、轨道龙门起重机系统、混合系统、跨运车系统和自动导向车系统。

轮胎龙门起重机系统是国内集装箱码头用得最多的工艺系统。码头前沿采用岸边集装箱起重机，水平运输采用集装箱拖挂车，堆场作业采用轮胎龙门起重机。

轮胎龙门起重机具有装卸效率高、操作简单、作业面大、故障率低、堆场面积利用率高的优点。此种工艺系统在管理、使用、维修和保养等方面都积累了比较成熟的经验。香港、新加坡等亚洲大型集装箱港口也均采用此系统。

综合分析并结合上海港对轮胎吊系统多年积累的管、用、养、修的成熟经验，外高桥港区选用轮胎龙门起重机系统即：岸边集装箱起重机－牵引车挂车－轮胎龙门起重机方案。

岸边集装箱起重机有单小车和双小车之分，国外少数集装箱码头采用了双小车岸边集装箱起重机。外高桥港区均采用单小车岸桥，根据船舶大型化的发展趋势，岸桥外伸距和吊具下起重量逐步增大，五期工程设计从提高单机装卸船效率、提高船时效率出发，选用机型以安全、可靠、技术先进的双 61 机型为主，即吊具下起重量 61t、外伸距 61m。同时为了寻求效率更高的岸边集装箱起重机，与设备制造商合作开发了吊具下起重量 80t 的单小车双吊具、可同时装卸 2 个 40 英尺集装箱或 4 个 20 英尺集装箱的最新型高效岸边集装箱起重机，探索进一步提高装卸效率的新工艺。

轮胎龙门起重机，一般选用跨距 23.47m、吊具下起重量 40t 的通用型集装箱轮胎龙门起重机。针对集装箱单箱总重超重现象较多的情况，四期工程选用了 2 台吊具下起重量 50t 的轮胎龙门起重机，五期工程选用了 2 台吊具下起重量 60t 的轮胎龙门起重机。同时五期工程选用了高效、防摇性能好的 8 绳轮胎龙门起重机。

三、港区规划的示范作用

外高桥集装箱港区规划的示范意义在于:以可持续发展的观点、规模经济的观点,整合港口岸线资源,制定港口规划。从区域经济上,把上海城市经济以及长江三角洲腹地的经济发展与外高桥集装箱港区的规划相结合,形成了港口与城市、港口与区域经济的良好的互动关系。根据港区的资源特点,创造了在长江内筑港的大码头面宽度,实行水水转运的新模式,对优化长江内河运输与远洋运输的运输链具有鲜明的示范作用。

港区规划在港口功能的科学定位方面,对于我国其他港口具有示范作用。外高桥集装箱港区的规划设计,在时间序列上拓展了上海港口的发展空间,现阶段作为上海国际航运中心的核心港区,承担上海港集装箱运输的重任;随着洋山港区的投入运营,外高桥集装箱港区在新的发展阶段以主要为长江流域服务的核心港区为特色。外高桥集装箱港区与黄浦江老港区和洋山港区在功能上的互补性,缓解了众多港口面临的同质港口之间的恶性竞争。

四、外高桥集装箱港区的发展优势

1. 区位优势

当前经济全球化发展迅猛,中国正在成为吸引外资的一块沃土,以信息化、网络化、科技化为基石的现代物流重要性日益体现,通过区港联动使外高桥集装箱港区具有毗邻上海最具活力的保税区、浦东新区的区位优势。

区港联动政策,即外高桥保税区与外高桥集装箱港区的联动,是指保税区与临近的港区合作,在港区划出部分区域作为保税区(不包含码头泊位),实行保税区政策,简化相关手续,方便货物在港区和境内外之间快速流动。通过设立连接保税区和港区的上海外高桥保税物流园区,充分发挥保税区的政策优势和港区的区位优势,重点发展仓储和物流产业,进一步拓展"国际中转、国际配送、国际采购和国际转口贸易"四大功能,促进上海港航、仓储和物流产业的联动发展。

上海外高桥保税物流园区是促进国际港航产业与现代物流产业联动发展的先行先试示范区,突出货物境内外快速流动、保税区港区运营一体化和提高海关监管效能三大重点,设定国际中转、国际配送、国际采购和转口贸易四大功能。上海外高桥保税物流园区开发面积 1.03km^2(不含码头泊位),连接外高桥集装箱港区,是外高桥保税区 10km^2 的组成部分,是上海

市“十五”计划重点规划的三大物流园区之一，它的建成有助于保税区与港口在产业规划、产业布局和产业联动等方面功能整合，促进国际中转业务的发展，极大地推动上海国际航运中心建设，拉动整个“长三角”地区的经济发展，进一步发展保税区仓储物流，是我国保税区向国际自由贸易区(自由港)转型的积极探索。

外高桥集装箱港区的区位优势还体现在其有效地衔接上游长江干线的20多个港口和下游紧邻的长江口主航道。2003年，上海港集装箱吞吐量达到1128万箱，跃居世界集装箱第三大港，上海国际航运中心的地位日渐凸显。2005年全港集装箱吞吐量为1808万TEU，外高桥港区的吞吐量为1272.5万TEU，占70.4%。

外高桥集装箱港区所具有的依托沿海、长江黄金水道的区位优势，为发展港口物流服务链的前端环节奠定了基础，有利于开拓近海运输和内河省际运输业务。外高桥集装箱港区的建立使上海港口的腹地延伸至内陆。上海港有80%的集装箱运输是通过公路运输方式完成的，长江内支线运输的发展很大程度上缓解了港口运输给上海公路运输系统带来的压力，并且长江内支线经由外高桥集装箱港区有效连接国际远洋航线，构筑了完善的国际运输链服务网络。从上海港远洋航线的航班数量变化趋势看，美东、美西以及地中海航线方向的航班数量增长较快，欧洲航线增长平稳；外高桥集装箱港区的建设与各航线的航班数量同步增长，具有较高的相关性；同时上海港内支线和近洋航线同步快速增长，使上海港初步具有辐射范围增加的国际枢纽港基本特征。

上海周边的东京、横滨、神户、釜山、光阳等港口都在为相同的目的而与上海港激烈竞争。与这些港口相比，上海港最大的优势莫过于长江三角洲及长江流域腹地内不断增长的箱源，这是其他港口望尘莫及的，也是外高桥集装箱港区的区位优势的支撑基础。以韩国的釜山港为例，上海港和釜山港差距拉大的原因主要在于中国经济的快速发展使得其出口货物剧增，因而带动了货物吞吐量的上升。此外，随着中国开通和欧洲以及美国的远洋运输直航后，以前需要在釜山港中转的货物能直接被运到/运出中国。外高桥集装箱港区的区位优势加大了上海国际航运中心对外辐射能力，提高了上海港的国际竞争实力。上海口岸的集装箱很大部分需要通过内河运输。在上海口岸的出口集装箱中，本市和外省市箱源之比约为49:51，货源主要来自苏锡常及杭嘉湖等城市。

2. 成本优势

外高桥集装箱港区毗邻保税区、浦东新区，具有运输成本方面的优势。外高桥集装箱港区在发展物流业方面具有特殊的成本优势。一方面，外高桥集装箱港区是具有国际一流水平的、规模在1000万TEU量级的现代集装箱专业港区，2004年集装箱吞吐量近1000万标准箱，2005年达到1272.5万TEU，为港口物流业发展提供了畅通的物流通道；另一方面，外高桥集装箱港区与外高桥保税区直接相连，通过加强港区与保税区的合作，发挥港区航运资源优势和保税区功能、政策优势，有利于促进物流业的快速健康发展。临近港口的保税区、浦东新区货源为外高桥集装箱港区提供充足的适箱货源，外高桥集装箱港区也保证了保税区和浦东新区内的产业具有较低的运输成本，使保税区和浦东新区能够以港口设施为基础，扶持、培育和引进一批知名物流企业，如世界著名班轮公司马士基在上海外高桥投资建立物流中心，逐步形成港口物流产业群，令外高桥集装箱港区初步具有第三代港口的特征。通过港区一体化的政策，使保税区与外高桥集装箱港区通过专用通道联系，提高了港口的物流效率，节省了转站运输成本。

外高桥集装箱港区发达的内支线运输也是其运输成本优势的有力支撑。目前，上海港的内支线数量已超过630条，外高桥集装箱港区的货源市场主要以上海为中心，包括浙江、江苏和福建等几个省份。内支线运输具有运量大污染小的特点。上海内河航道经整治后，一天之内基本上可到达长江三角洲苏南、浙北的大多数重要城市，并且不影响上海市中心的交通。水运比公路运输来说具有独特的成本优势，例如，德国内河运输成本为铁路的1/3、公路的1/5。通常海运能保证美国到中国任何港口的运费相差无几，可以看出，在海运成本相同的情况下，腹地的集疏运成本对于港口而言显得尤为重要。外高桥集装箱港区的内支线运输成本优势明显，长江三角洲内河运输成本仅为公路的1/3。随着内河航道整治后通航等级的提高以及船舶的大型化、标准化，外高桥集装箱港区的内支线运输成本优势将进一步显现。

3. 航线优势

随着外高桥集装箱港区的分期建设，上海港的远洋航线、近洋航线以及内支线都发生了巨大的变化。统计表明，伴随着外高桥港区的建设，外高桥港区的航线不断增加，2002年增设了非洲、美加西、美欧线、西非和美国等5条航线；2003年新设了马尼拉（菲律宾）、南美西岸、日本、欧洲和内贸线等5条航线；2004年上半年又新开设博斯普鲁士、黑海、红海和环球航线等4条航线。目前外高桥集装箱港区具有高频率、高辐射的特征，形成紧密而广

泛的航线优势。从航线位置上看，港区位于国际干线的末端，根据2003年外高桥集装箱港区的统计数据分析，规划的12.5m水深主航道，可以确保外高桥集装箱港区靠泊满载吃水14～14.5m、实际吃水10～12m的集装箱船，即5000TEU到6000TEU的船舶。事实上，全球最大的集装箱船“中海亚洲”成功靠泊外高桥集装箱港区的事实说明了该港区在未来仍然可以继续发挥着枢纽港区的作用。

五、与同类码头的比较

1. 码头基本参数比较

随着集装箱船舶的大型化，目前世界各主要集装箱枢纽港均采取措施迎接这一挑战，集装箱码头向着深水和大型的方向发展。目前世界最大型集装箱船舶总长度超过340m，世界主要集装箱港口的码头单泊位岸线长度均已超过300m，外高桥码头单泊位岸线长度为300～350m，已经达到世界先进港口的水平，15个专业化集装箱泊位，均能满足国际干线班轮的靠泊要求。

陆域纵深尺度是反映港口适应快速发展、拓展功能与推进环保对策的前瞻性的重要尺度。欧美等国港口土地资源相对丰富，欧洲主要港口的集装箱码头纵深一般是在500～700m之间，单泊位陆域面积在15～26公顷之间；北美主要港口的集装箱码头纵深更长一些，一般在750～1200m之间，单泊位陆域面积大多在30公顷以上。

与欧美国家相比，亚洲主要港口的陆域资源普遍有限，早期建设的集装箱泊位纵深大多不超过400m，例如香港港、新加坡港、高雄港，以及深圳港的蛇口与赤湾集装箱码头，单泊位陆域面积在10公顷左右。

为适应集装箱船舶的大型化发展及平均装卸箱量的增加，近年来亚洲主要港口新建的集装箱码头面积也有所扩大，深圳盐田港区新建泊位的陆域纵深超过500m，单泊位陆域面积达20公顷以上；韩国釜山神仙台码头陆域纵深近750m，单泊位陆域面积达26公顷；上海港外高桥四期及五期码头陆域纵深更达到了1250m，单泊位陆域面积达45公顷；已超过欧洲和北美国家的水平。

水深条件也是集装箱码头的重要参数。香港、新加坡、盐田等港为天然深水良港，自然水深均超过14m，经过简单疏浚，航道及泊位水深达到或超过15m，能够满足目前最大集装箱船舶全天候靠泊的要求，欧美地区港口最大水深基本也都在14m以上，能够满足6000TEU船舶正常进出。

外高桥集装箱码头泊位设计水深达 14.2m，但由于长江口航道正在治理，目前最浅水深仅为 10.0m，大型集装箱班轮需乘潮进出，港口水深条件与其他主要国际集装箱港口相比存在一定差距。

2. 码头设施比较

从单泊位配备岸桥台数来看，欧美人力成本相对较高，码头装卸桥配备较少，欧洲港口的单泊位配备岸桥在 2 ~ 3 台之间，北美港口单泊位配备一般仅有 2 台岸桥；而亚洲主要港口的配备相对较多，单泊位的岸桥配备一般为 3 ~4 台，盐田港三期单泊位配备岸桥已超过 4 台。外四期外五期的单泊位岸桥配备已达到 4 台，根据生产发展需要，未来岸桥配备将继续有所增加。

目前，世界主要集装箱港口均配备有先进的集装箱装卸桥，很多集装箱码头配备的岸桥外伸距超过 55m，可以满足 22 列排位的集装箱船接卸要求。外高桥四、五期配备岸桥的外伸距达到 61m，起重量达到 61t，是世界上外伸距最大的岸桥之一，可以满足目前乃至未来更大集装箱船舶的装卸要求。

3. 生产效率比较

由于欧美等国码头资源相对富裕，因此其机械效率普遍不高，岸桥作业效率一般为 25 ~28move/h。亚洲主要集装箱港口吞吐量增长迅速，而岸线资源较为紧张，港口生产十分繁忙，其岸桥作业效率很高，香港葵涌 HIT 码头岸桥作业效率平均为 34move/h，深圳盐田港区在 32move/h 左右，赤湾港区 30 ~32move/h，蛇口港区也在 25move/h 以上。外高桥码头的单机平均效率超过 28move/h，已达到国际先进水平行列，略低于香港、盐田和赤湾港。

社会集卡在港回转时间（进大门到出大门时间）是世界主要集装箱港口考核运营效率的主要指标之一。尽管世界各主要港口的陆域及道路条件存在差异，但是集卡在港回转时间一般均控制在 25 ~30min/次之内。2004 年外高桥码头集卡在港平均回转时间达到 18min/次，已远远高于国际先进港口的效率水平。

4. 泊位能力比较

由于港口自然条件与需求发展速度上的差异，欧美港口的能力普遍较为富裕，欧洲港口单泊位实际吞吐量一般不超过 40 万 TEU/年，北美港口不超过 30 万 TEU/年，2003 年深圳盐田港区单泊位实际完成的集装箱吞吐量创造了 100 万 TEU/年的最高记录；香港葵涌码头平均单泊位集装箱吞吐量

为 65 万 TEU/年左右;亚洲主要集装箱港口的单泊位吞吐量一般均在 50 ~ 65 万 TEU/年之间。外高桥二、三期集装箱码头 2005 年的单泊位实际完成吞吐量为 97.38 万 TEU/年,单泊位完成量已达到或超过国际先进水平。

另以每百米岸线的吞吐量作比较,亚洲港口的每百米岸线吞吐量普遍较高,一般在 16 ~ 22 万 TEU 之间,而欧美港口则为 5 ~ 11 万 TEU。外高桥二、三期集装箱港区百米岸线的吞吐量最高,2005 年达到了 31.1 万 TEU。

六、结语

目前,在上海外高桥地区已建设了一 ~ 五期工程 15 个大型泊位的现代化集装箱码头群,每期工程的平均建设周期为两年。在此期间,上海港的集装箱吞吐量从 1998 年的 306 万 TEU 上升到 2005 年的 1808 万 TEU,平均每年增加 215 万 TEU。外高桥港区充分发挥其优势,为缓解上海港集装箱装卸能力不足起到很大的作用。工程建设中采用的集成创新技术,使工程投资、质量和工期都得到了有效控制,投产后生产营运良好,不仅创造了显著的企业效益,而且还对上海港集装箱运输的发展和上海国际航运中心的建设起到了积极的促进作用。

外高桥集装箱码头的建设带动了相关产业的发展,推动了船舶代理、仓储、货运代理、集疏运等与港口业务相关的经济活动,促进了就业,具有显著的社会效益。

外高桥现代集装箱码头建设中的技术创新,提升了我国港口集装箱码头筑港技术的水准,标志着我国自行设计建造集装箱码头的能力和水平达到了世界先进水平。

第二节　集装箱码头柔性靠泊的马尔可夫过程与码头通过能力研究

随着集装箱海洋运输的飞速发展,集装箱船舶的船型种类不断增加,最新的大型集装箱船舶长度大约是第一代集装箱船舶长度的二倍。在许多港口,各航线的船型种类很多,船长差别很大。为了缓解船舶在港时间过长的压力,提高码头吞吐能力,有些码头,尤其是顺岸式码头,正尝试采用柔性靠泊方式制定靠泊计划,即根据船舶长度和码头岸线长度安排靠泊,从而提高码头利用率。这种靠泊方式打破了按泊位靠泊的传统模式,是码头装卸管理的一个新发展。但这种靠泊方式也给广大技术人员和管理者提出了新问题，如泊位利用率怎么确定、泊位年通过能力或码头年通过能力怎么计算等问题。这就需要对这些问题做深入的理论研究和分析。

在柔性靠泊的实际操作中，调度员除了考虑船长和码头岸线空余长度外，还要考虑船舶的重要程度、已等待时间长短等其他综合复杂的因素。这是一个多因素智能决策问题。但如果从另一个角度来看，码头上停靠的船舶数量的变化过程是一个随机过程。过去，许多学者用随机过程理论研究过码头问题，比如，用排队论确定泊位数[9]、岸边设备等。这些文献都把码头泊位数作为固定不变的参量；而柔性靠泊却突破了泊位的观念——码头岸边停靠的船舶数量不受设计泊位数的限制。因此，柔性靠泊问题需要从新的角度来研究。马尔可夫过程是分析系统状态离散变化过程的有效工具。以下就从这个角度来研究码头柔性靠泊问题。

一、固定靠泊与柔性靠泊

1. 固定式靠泊方式

目前，我国大多数集装箱码头都是根据前沿岸壁线的长度划分为几个固定的泊位，根据船公司先前提供的信息预先编制好靠泊计划。集疏运公司根据堆场计划把出口集装箱送到相应的前方堆场堆存，当集装箱船舶到来时，根据制定好的船舶计划安排靠泊。固定式靠泊就是泊位有几个就停靠几艘船，泊位数与最多停靠的船舶数量相等。

泊位数量与码头的岸线长度可由《海港总平面设计规范》中规定的公式进行计算，根据规范，船舶间富余长度 d 按表 2-12-3 选取。连续多个船舶靠泊时（图 2-12-5），允许交叉带缆和出现压缆现象，故泊位的岸线长度：

端部分配的岸线长度： $L_b = L + 1.5d$

中部分配的岸线长度： $L_b = L + d$

式中：L——设计船长（m）。

整个岸线的长度为 $\sum L_b$。

码头泊位长度与富余长度 表 2-12-3

L(m)	<40	41 ~ 85	86 ~ 150	151 ~ 200	201 ~ 230	>230
d(m)	5	8 ~ 10	12 ~ 15	18 ~ 20	22 ~ 25	30

在码头设计过程中，泊位的数量确定后，则岸线长度也就确定下来。船舶靠泊计划依据码头的泊位数制定，船舶到达后根据预先制定的靠泊计划进行靠泊。在实际操作中，到港的船型多种多样，船长变化范围大，超过设计的泊位长度或小于设计的泊位长度的船舶都很多，到港的船舶长度可以

看作一个随机分布的变量。图 2-12-6 是某码头一年半时间内到船数量的船舶长度分布直方图。显然，以固定泊位为基础的船舶计划来处理到港船舶长度随机的变化是不适宜的。这种靠泊计划的最大缺点就是浪费岸线的长度。码头资源的浪费降低了集装箱码头的作业效率，延长了船舶在港时间。

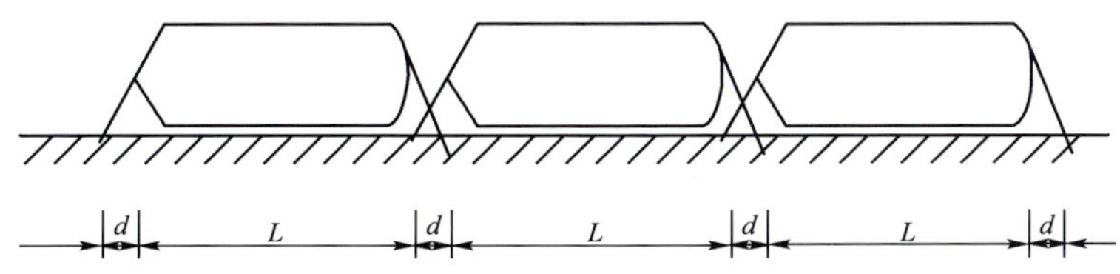

图 2-12-5 多艘船舶靠泊时的岸线长度

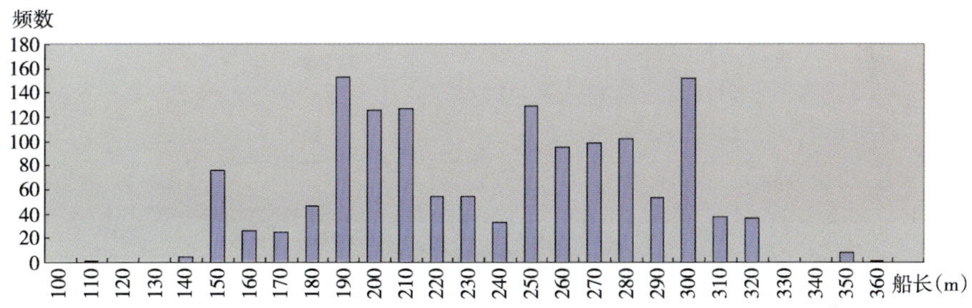

图 2-12-6 某码头到船频数与船舶长度分布图

2. 柔性靠泊方式

固定靠泊方式会导致集装箱码头某些设备的闲置，影响集装箱码头的整体作业效率，从而给码头造成不必要的经济损失。因此，许多专业化集装箱码头开始尝试以柔性靠泊的方式安排船舶作业计划，即根据船舶长度为其分配一定的岸线长度，不再固定泊位。船舶作业时，这段岸线及其前方的区域相当于一个泊位，这样原先设计的泊位就没有了明显的区分。这种靠泊方式可以使码头停靠的船舶数量超过原来划分的固定泊位数，最大限度地利用码头岸线长度，从而总体上缩短了船舶在港时间。如图 2-12-7 所示，码头在设计时，其泊位数为 3，但可以根据实际情况，在安全操作的限制

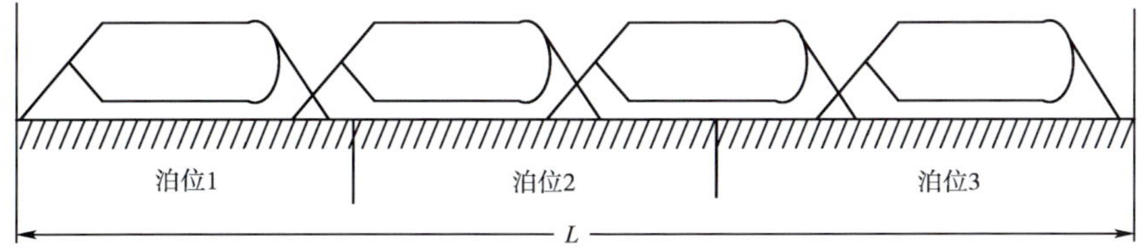

图 2-12-7 三个固定泊位的柔性靠泊

下，以柔性靠泊的方式安排4艘船舶同时停靠。

同时，靠泊作业的船多了，为码头前沿装卸设备的合理配置和调度留下更大的活动空间。柔性靠泊不仅充分利用了码头岸线长度，而且提高了码头设备的利用率，缩短了到港船舶的在港等待时间，从而赢得了更多的客户和经济效益。当然，柔性靠泊的方式带来的问题就是如何评价码头的通过能力，这不是简单的计算或经验能解释清楚的。

二、固定靠泊的排队论分析方法

在离散事件动态系统（DEDS）的建模与分析方法中，排队理论是形成较早和应用较广的方法之一。对DEDS的早期研究就是从研究服务系统的排队现象和排队网络开始的，其特点是可以考虑实际DEDS问题中不可避免的随机因素，并从统计平均的角度来分析DEDS的过程性能[24]。

将到港的船舶作为顾客，泊位作为服务台，码头前沿是一个服务中心，则其为多服务台的排队模型，即M/M/c模型。拥有c个泊位的码头系统，如果满足如下的归一化条件和参数条件[24]：

$$\sum_{n=0}^{\infty} p_n = 1 \text{ 和 } \rho = (\lambda / c\mu) < 1$$

式中，n为码头停靠的船舶数；λ为输入船舶流的平均速率；μ为装卸每艘船舶的平均服务速率；p_n为船舶数的稳态概率分布。

则

$$p_0 = \left[\sum_{n=0}^{c-1} \frac{r^n}{n!} + \frac{cr^c}{c!\ (c-r)}\right]^{-1},\ p_n = \begin{cases} \frac{r^n}{n!} p_0, n \leqslant c \\ \frac{r^n}{n^{n-c} c!} p_0, n > c \end{cases}$$

式中，$r = \lambda / \mu$；

可得：

系统中船舶稳态平均队长：$L_q = \left[\frac{(\lambda/\mu)^c \lambda\mu}{(c-1)!\ (c\mu-\lambda)^2}\right] p_0$

系统中船舶稳态平均等待时间：$W_q = \left[\frac{(\lambda/\mu)^c \mu}{(c-1)!\ (c\mu-\lambda)^2}\right] p_0$

系统中船舶稳态平均停留时间：$W = \left[\frac{(\lambda/\mu)^c \mu}{(c-1)!\ (c\mu-\lambda)^2}\right] p_0 + \frac{1}{\mu}$

系统中稳态平均船舶数：$L = \left[\frac{(\lambda/\mu)^c \lambda\mu}{(c-1)!\ (c\mu-\lambda)^2}\right] p_0 + \frac{\lambda}{\mu}$

码头泊位的平均利用率：$\Delta = \lambda / c\mu$

在统计期(T)内，通过码头系统的船舶数量：$M = \lambda T$

从上述看，在得到统计参数 λ、μ 后，通过上述公式计算出码头系统的各性能参数。此时，服务台数量 c 为恒定不变的常数。然而，对于柔性靠泊的码头，服务台的数量 c 是变量，即随着时间的变化在不断的变化，因此上述公式不适用。如果要揭示柔性靠泊的规律，就必须另寻途径。

三、马尔可夫过程基础

如果把码头岸边看作一个泊位系统，系统的状态就是岸边停靠的船舶数量。系统状态随时间的变化过程就是一个马尔可夫过程。

1. 马尔可夫链

马尔可夫过程：若随机过程 $\{X(t), t \in T\}$ 对任意的正整数 n 及 $t_1 < t_2 < \cdots < t_n \in T$，其条件分布满足[24]

$$P\{X(t_n) = X_n | X(t_1) = X_1, \cdots, X(t_{n-1}) = X_{n-1}\}$$
$$= P\{X(t_n) = X_n | X(t_{n-1}) = X_{n-1}\}$$

则称 $\{X(t), t \in T\}$ 为马尔可夫过程。

马尔可夫链是时间、状态都离散的马尔可夫过程。

马尔可夫链的概念：设有随机过程 $\{X_n, n \in T\}$，若对于任意的整数 $n \in T$ 和任意的 $i_0, i_1, \cdots, i_{n+1} \in I$，条件概率满足

$$P\{X_{n+1} = i_{n+1} | X_0 = i_0, X_1 = i_1, \cdots, X_n = i_n\} = P\{X_{n+1} = i_{n+1} | X_n = i_n\}$$

则称 $\{X_n, n \in T\}$ 为时间、状态离散的马尔可夫过程，常称为马尔可夫链。

2. 马尔可夫链的转移概率、初始概率、绝对概率

定义条件概率

$$P_{ij}(n) = P\{X_{n+1} = j | X_n = i\}$$

为马尔可夫链 $\{X_n, n \in T\}$ 的转移概率，其中 $i, j \in I$。它表示在 n 时刻系统处于状态 i 的条件下，在时刻 $n+1$，系统转移到状态 j 的概率。

若对于任意的 $i, j \in I$，马尔可夫链 $\{X_n, n \in T\}$ 的转移概率 $p_{ij}(n)$ 与 n 无关，则称马尔可夫链是齐次的，记 $p_{ij}(n)$ 为 p_{ij}

而由系统中各种可能状态的转移概率 p_{ij} 构成的矩阵

$$P = (\mathrm{p}_{ij}) = \begin{Bmatrix} p_{11} & p_{12} & \cdots & p_{1n} & \cdots \\ p_{21} & p_{22} & \cdots & p_{2n} & \cdots \\ \cdots & \cdots & \cdots & \cdots & \cdots \end{Bmatrix}$$

称为系统状态的转移概率矩阵。它具有以下性质：

(1) $p_{ij} \geqslant 0, i, j \in I$

(2) $\sum_{j \in I} p_{ij} = 1, i \in I$

对于马尔可夫链 $\{X_n, n \in T\}$，分别称

$$p_j = p\{X_0 = j\} \text{ 和 } p_j(n) = P\{X_n = j\} \quad (j \in I)$$

为马尔可夫链的初始概率和绝对概率，并有以下定理：

设 $\{X_n, n \in T\}$ 为马尔可夫链，则对任意的 i_0 和 $i_1, \cdots, i_{n+1} \in I$ 和 $n \geqslant 1$，有

$$P\{X_1 = i_1, \cdots, X_n = i_n\} = \sum_{i \in I} p_i p_{ii_1} \cdots p_{i_{n-1} i_n}$$

也就是说马尔可夫链的有限维分布完全由它的初始概率和转移概率决定，即只要知道初始概率和转移概率，就可以描述马尔可夫链的统计特性。n 步转移概率也由此决定[24]。

3. 马尔可夫链的状态

马尔可夫链有一个状态空间 $I = \{0, 1, 2, \cdots\}$，对于码头系统就是码头上停泊的船舶数量。根据马尔可夫过程理论，码头上没有船舶停泊，即状态 0 为反射壁。码头停泊最多船舶数时的状态也为反射壁。马尔可夫链的状态中，有些状态是“暂时”出现的（即最多有有限次到达这种状态），有些状态是“永恒”出现的（即无限多次到达这种状态）。

定义 若存在整数 $n \geqslant 1$，使 $p_{ij}^{(n)}$，则称状态 i 可到达状态 j，记作 $i \rightarrow j$。若对于一切 n 都有 $p_{ij}^{(n)} = 0$，则称状态 i 不能到达状态 j，记作 $i \rightarrow j$；若 $i \rightarrow j$，$j \rightarrow i$，则称状态 i、j 互通，记作 $i \leftrightarrow j$。

值得注意的是，从状态 i 可到达状态 j，它们不一定是互通的。

定理 1 若 $i \rightarrow k, k \rightarrow j$，则 $i \rightarrow j$。

定理 2 互通关系具有下列性质：

(1) 对称性 若 $i \leftrightarrow j$，则 $j \leftrightarrow i$；

(2) 传递性 若 $i \leftrightarrow k, k \leftrightarrow j$，则 $i \leftrightarrow j$。

显然，码头系统的状态都是互通的。

4. 渐进性质与平稳分布

在生产实际中，不管一个系统的初始状态如何，当影响系统的条件变化不太大时，经过一段时间后，系统将处于这种平衡状态。此后系统的宏观状态不在随时间变化。或者说，系统处于某种状态的概率，与很远的过去处于什么状态无关。描述这种系统的概率特性，需要利用 $p_{ij}^{(n)}$ 的渐进性质和平稳分布概念。

(1) $p_{ij}^{(n)}$ 的渐进性质

马尔可夫链的遍历性定义如下：

若对于一切 $i,j\in I$，极限

$$\lim_{n\to\infty} p_{ij}^{(n)} = p_j > 0$$

存在，则称马尔可夫链具有遍历性。这种马尔可夫链又叫遍历链。

马尔可夫链的遍历性说明，不论从哪个状态出发，经过充分大的转移步数后，达到状态 j 的概率接近于正常数 p_j。

(2)平稳分布

定义　称概率分布 $\{\pi_j, j\in I\}$ 为马尔可夫链的平稳分布，若它满足

$$\begin{cases} \pi_j = \sum\limits_{i\in I} \pi_i p_{ij} \\ \sum\limits_{j\in I} \pi_j = 1, \pi_j \geqslant 0 \end{cases}$$

对于不可约非周期马尔可夫链，若所有状态是正常返的，则该马尔可夫链存在平稳分布，且平稳分布就是极限分布。若所有状态是非常返的，或所有状态是零常返的，则不存在平稳分布。

5. 生灭过程

生灭过程是一种特殊的马尔可夫链。生灭过程的状态转移概率 $p_{ij}(t)$ 的性质有

$$p_{ii+1}(t) = \lambda_i t + o(t), \lambda_i > 0$$
$$p_{ii-1}(t) = \mu_i t + o(t), \mu_i > 0$$
$$p_{ii}(t) = 1 - (\lambda_i + \mu_i)t + o(t)$$
$$p_{ij}(t) = o(t), |i-j| \geqslant 2$$

其中 λ_i 为出生率，μ_i 为死亡率，$o(t)$ 表示高阶无穷小，i,j 表示状态。

泊位上的船舶数量变化过程可以看作一个生灭过程，船舶数量的变化有三种可能：(1)由状态 $i\to i+1$，即增加一条船；(2)由状态 $i\to i-1$，即减少一条船；(3) $i\to i$，船的数量不变。用马尔可夫链研究柔性靠泊问题的关键是确定状态转移概率，即确定当泊位上停泊的船舶数量为 i 时，下一步变成 $i+1$ 或 $i-1$ 或不变的概率。泊位系统状态转移概率矩阵 P 如下：

$$P = (p_{ij}) = \begin{bmatrix} p_{00} & p_{01} & 0 & 0 & 0 & 0 & 0 \\ p_{10} & p_{11} & p_{12} & 0 & 0 & 0 & 0 \\ 0 & p_{21} & p_{22} & p_{23} & 0 & 0 & 0 \\ 0 & 0 & \cdots & \cdots & \cdots & \cdots & 0 \\ 0 & 0 & 0 & 0 & P_{n-1n-2} & P_{n-1n-1} & P_{n-1n} \\ 0 & 0 & 0 & 0 & 0 & P_{nn-1} & p_{nn} \end{bmatrix}$$

四、码头通过能力仿真

分析柔性靠泊的随机过程，是为了研究采用柔性靠泊策略码头的通过能力。码头前沿的装卸过程涉及到岸边集装箱起重机数量、生产效率、调度策略、船舶在港的装卸箱分布等多方面的因素。因此，仅凭泊位系统的生灭过程统计特性不足以直接计算码头通过能力，这样必须考虑其他的随机因素。集装箱码头装卸系统是一个复杂的离散事件动态系统。分析这样的复杂系统，计算机仿真是最佳的方法。

以某顺岸式集装箱码头为例，岸线长度为 1565m，17 台岸边起重机，虽然有 5 个固定的大船泊位，在实际操作中却是进行柔性靠泊的。根据过去两年的统计数据[25]，以 50min 为时间间隔对其进行统计分析，则其为一个生灭过程。由记录的数据可知，同时停靠在泊位上的船舶数量最多为 8 艘；进一步数据处理，可得出泊位状态的转移概率矩阵：

泊位状态　0　1　2　3　4　5　6　7　8

$$p=(p_{ij})=\begin{bmatrix} 0.65 & 0.35 & 0 & 0 & 0 & 0 & 0 & 0 & 0 \\ 0.15 & 0.50 & 0.35 & 0 & 0 & 0 & 0 & 0 & 0 \\ 0 & 0.16 & 0.52 & 0.32 & 0 & 0 & 0 & 0 & 0 \\ 0 & 0 & 0.18 & 0.55 & 0.27 & 0 & 0 & 0 & 0 \\ 0 & 0 & 0 & 0.20 & 0.65 & 0.15 & 0 & 0 & 0 \\ 0 & 0 & 0 & 0 & 0.20 & 0.70 & 0.10 & 0 & 0 \\ 0 & 0 & 0 & 0 & 0 & 0.29 & 0.63 & 0.08 & 0 \\ 0 & 0 & 0 & 0 & 0 & 0 & 0.40 & 0.55 & 0.05 \\ 0 & 0 & 0 & 0 & 0 & 0 & 0 & 0.45 & 0.55 \end{bmatrix}$$

根据上述理论，由上面的泊位状态转移概率矩阵可得出泊位系统的稳态概率分布 π_j

$$\pi=(\pi_0,\pi_1,\pi_2,\pi_3,\pi_4,\pi_5,\pi_6,\pi_7,\pi_8)$$

$$\pi=(0.024,0.055,0.119,0.211,0.285,0.213,0.073,0.018,0.002)$$

该泊位停靠 3、4、5 艘船的概率接近，停靠 4 艘船的概率最大，为28.5%。而停靠 8 艘船的概率很小，只有 0.2%。超过 5 艘船的概率为9.3%。

图 2-12-8 是该码头柔性靠泊生灭过程仿真流程框图。仿真模型是在离散事件动态系统专用仿真软件 witness 下开发的。仿真模型还包括：船舶装卸箱量生成、岸边集装箱起重机作业安排、水平运输、码头装卸过程性能

参数统计等多个模块[26]。

以上面提到的集装箱码头营运统计资料为例做仿真试验。仿真试验的时间长度为330天,码头24h工作。经过10次仿真试验统计的平均数据见表2-12-4。

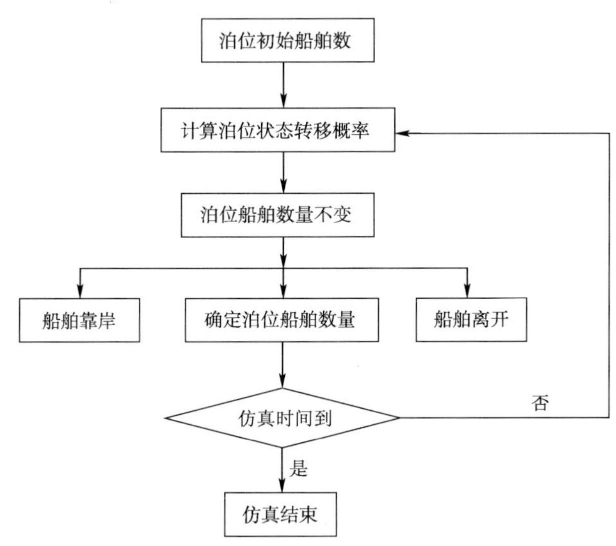

图2-12-8 集装箱码头柔性靠泊生灭过程仿真流程图

柔性靠泊方式的集装箱码头通过能力仿真试验 表2-12-4

试验次数	完成装卸船舶数量	船舶在泊时间(h)	岸边起重机利用率(年平均)	吞吐量(万TEU)	岸线吞吐量(TEU/m)
1	1694	16.08	63.52	318	2032
2	1689	16.43	63.95	319	2038
3	1723	16.03	65.60	326	2083
4	1731	15.88	65.65	327	2089
5	1691	16.19	64.02	319	2038
6	1699	16.71	64.58	322	2058
7	1714	16.18	64.98	324	2070
8	1734	16.02	66.20	328	2096
9	1707	16.10	64.83	323	2064
10	1677	15.80	62.89	317	2026
平均	1705.9	16.14	64.22	322.3	2059

由于泊位状态转移概率矩阵是两年数据统计的结果,故用码头两年平均吞吐量做比较。此集装箱码头两年平均吞吐量为 320.5 万 TEU,仿真结果 322.3 万 TEU 与实际基本相符,反映了实际情况。由于码头的柔性靠泊,使得按泊位计算吞吐量不合适;所以,按码头每米岸线的年吞吐量统计,平均为 2059TEU/m。

五、结论

基于马尔可夫过程理论,结合集装箱港口实际,分析了柔性靠泊的生灭过程,计算了泊位系统状态转移概率和稳态分布概率。基于泊位生灭过程的统计特性以及码头、船舶的其他统计数据,建立了柔性靠泊通过能力的仿真分析模型,通过仿真试验,验证了方法的正确性。由此得出结论:集装箱码头船舶状态马尔可夫过程转移矩阵与计算机仿真技术结合可以正确估计集装箱码头柔性靠泊的通过能力。这一结论对今后码头设计和管理提供了科学依据。

回顾与展望

1982 年在天津港三港池建成我国沿海港口第一个集装箱泊位，码头长度 380m，泊位水深 -12.0m，陆域纵深 400m，可停靠载箱量 1500 TEU 的第二代集装箱船，码头前沿配置 2 台装卸桥、堆场配置 3 台轮胎式龙门起重机，设计通过能力 10×10^4TEU/泊位·a。

2005 年底我国港口中已建成集装箱泊位 175 个，主要集装箱干线港泊位组码头长度 900 ~ 1600m，泊位水深 -15.0 ~ -17.5m，陆域纵深 600 ~ 1200m，可停靠目前在航载箱量 8000 TEU 量级的超大型集装箱船，码头前沿每 100m 左右配置一台装卸桥，堆场一般配置轮胎式龙门起重机，数量为装卸桥数量的 3 倍左右。设计通过能力 60×10^4 TEU/泊位·a 的量级。

我国集装箱码头历经 23 年的发展，在规划理念与思路、总体设计、设计手段、数字智能化生产管理、建设项目管理等方面，都发生了巨大地变化，特别是近 10 余年尤为显著。探索应用“集成创新”的理念，提高现代集装箱码头规划、设计、建设的综合水平，是我院多年不懈地努力的目标。

“集成创新”正是随着科学技术的迅猛发展和市场需要的快速变化而逐渐演变形成的一种创新模式，它通过技术集成、知识集成和组织管理集成过程不断升级，把当今世界的许多新知识、新技术、新工艺、新设备、新材料创造性地集成起来，在体系中各要素的结合过程中，注入创造性的思维，适应生产发展需要、达到经济效益目标和环境保护要求，实现高品质、高效发展。直观而言，从 1982 年一个集装箱泊位通过能力为 10×10^4TEU/泊位·a，到 2005 年一个集装箱泊位通过能力超过 80×10^4 TEU/泊位·a，一定意义上就是新技术、新知识、新管理理念应用于现代集装箱码头建设，使得新技术与集装箱码头建设集成融合，并在此过程实现创新。可见，“集成创新”作为思路早已出现，问题在于设计者应该更主动、更自觉地运用“集成创新”的理念，推动我国现代集装箱码头综合水平的不断提高。

近 10 余年在沿海港口我院共完成集装箱码头设计并投产的泊位有 66 个，占我国总集装箱泊位 175 个的 37.7%，其中 2/3 以上位于我国八大集装箱干线港中的 5 个港口。在探索应用“集成创新”理念实践中，我们对集装箱船舶大型化带来的大顺岸、大水深、大纵深、大吊具、大通道进行探索与深入思考，也对港口布局形态、定位、经济发展格局、综合运输网络体系的协调统一，进行过研究，更对大物流、大体系、大中转、数字化、一体化运输带来的变化进行研究与应用。我们曾思考过的问题中有五个问题值得提一下：一是集装箱码头陆域大纵深问题；二是国际集装箱枢纽港的枢纽辐射模式问题；三是集装箱港区生产系统能力匹配问题；四是集装箱港区智能化管理控制系统；五是项目财务评价基准收益率选择问题。

一、集装箱码头陆域大纵深问题

1. 集装箱发展

集装箱运输因为具有便捷、安全、低价、高效的优越性，加之适应不同货种的专用集装箱近年来又有不同程度的发展，所以集装箱运输在世界交通运输系统中必将得到进一步发展，特别是国际集装箱运输网络。

2. 集装箱是经济资源

从经济学的角度集装箱可视为经济资源，集装箱箱源国际流动是跨国公司寻求生产最低成本和降低经营成本的全球生产组织的物流表现形态。跨国公司这种全球性生产组织的生产流程，促使生产零部件、中间产品和组装加工的物流增加，上述物流流程是通过国际贸易方式并通过港口实现的。因此箱源流动本身成为一种经济资源（加工贸易、组装贸易、金融、商业等），可视为发展港口经济、港口为物流链和提供交通枢纽相应服务的经济资源。2003 年上海口岸加工贸易额、组装贸易额达 758.3 亿美元，占上海口岸进出口总额的 39%。从“时空效应”理论分析，港口是经济资源落户的优选地，把握此商机将会为社会和港口创造新的利润。港口创造空间条件，是促进掌握经济资源相关各方在港口互动的先决条件。

3. 港口物流园区（经贸园区）布设的必要性

纵观世界港口发展趋势，在 20 世纪 90 年代初联合国贸发会提出第三代港口功能以来，港口以物流中心为载体，发展集国际商品、资本、信息、技术等集散于一身的资源配置型港口，成为地区国际贸易综合物流中心的作用不断发展。与此同时，港口作为海运运输转运点作用相对减弱，作为组织外贸的战略要点作用日益增强，成为国际贸易综合运输中心，影响和带动区域经济和工业发展。构建物流全程服务“平台”是实现港口成为国际贸易综合物流中心、国际贸易综合运输中心的重要措施，港口物流园区是“平台”的基础设施之一，是资源配置枢纽载体之一，为国际商流与国际物流互

动提供条件。在港内创造一定的空间条件布置港口物流园区,为经济资源以不同方式落户港区创造有利条件,逐步成为港区生产的组成部分。

顺便提一下,联合国贸发会于1999年推测未来的"第四代港口"其生产特性是物流整合。

4. 面向未来的生态型港口新理念

落实以人为本,树立全面、协调、可持续发展的科学发展观,在港口总平面布置中体现"自然、人与港口"和谐的主题,试图布置以绿地为纽带的生态型港口模式(上海港外高桥港区功能横断面布置模式是探索方案之一)。配置绿地,从港口环境的视角反映和谐、健康、高品质、多样化的工作空间;从经济视角,象征生机、无污染、可持续发展,丰富了港口气质。

集装箱港区的景观空间格局应该可以充分利用港址海岸地貌特征、植被、水面、土地利用条件和大型设施色彩控制,形成景观层次丰富的水面、城市天际线、岸线、船、滨水景观轮廓,反映出开阔与聚集、简单与繁复、静与动的具有强烈对比效果的港区。集装箱港区有条件成为环境协调、景色壮观、气势恢弘的海滨景区,为港口城市提供独特的自然与人工相溶合的景观,同时满足人们工作过程中审美心理需要和视觉享受。

生态型港口理念体现港口规划随时代前进作进一步内涵的开拓,在展现港口生产功能的同时,更要定位"以人为本"的高度,用超越的视野,有深度的港口空间布置:生产高效率的同时完美自身和精神升华。

综上思考,陆域大纵深布置,更多地着眼于适应、推动集装箱码头未来的可能发展和多部门合作"集成创新"。陆域大纵深可能成为提高集装箱港区综合竞争力的一个重要元素。

二、国际集装箱枢纽港运输的枢纽辐射模式

挂靠国际集装箱枢纽港的船舶运行特点是大型集装箱在干线港之间进行干线运输,而挂靠的小型集装箱船进行快速频繁的支线运输和喂给运输,即所谓的枢纽港运输的枢纽辐射模式。2003~2004年上海港外高桥港区运行已开始反映出这种模型的雏形;来自支线和喂给港点的载量小于550TEU集装箱船占到港船舶总数76%,但完成箱量仅占总箱量16.4%,载箱量8000TEU量级的超大型集装箱船占到港船舶总数的0.2%,完成装卸量占总箱量2%左右,设计能较好适应这种生产运行特点,依据现行规范设计还须辅助研究下述问题。

1. 设计船型组

选用通常标准设计船型的同时选用设计船型组，并以此作为完善泊位组岸线长度的设计依据。设计船型组特点就是根据港口营运特点，将船型区分为远洋、近洋、内支线三类船型组别，分析其到港频率，为营运过程提供使用岸线的动态调整组合。

2. 泊位组

集装箱码头岸线长度通常 3 ~ 4 个连续泊位组成泊位组，泊位长度一般根据标准船型确定泊位尺度。为使设计更贴近码头实际营运，应该研究泊位组长度，根据设计船型组的停靠组合对标准泊位长度进行适度调整。

集装箱码头建设已普遍采用连续的多泊位的布置形式。到港集装箱船尺度大小不一，但也遵循一定的分布规律，按固定泊位的设计方法，很难顾及到在运营中大小船型同时靠泊作业的生产需求。因此，有可能影响码头岸线长度的合理设计与有效利用。在干线港口实际运营中，为提高码头岸线使用率、设备使用率和缩短船舶在港时间，经常出现靠泊作业的船舶数多于泊位数，反映出大型泊位亦停泊支线小船作业，而不是按固定泊位作业的管理模式，靠泊作业船数有时多于设计泊位数。

到港集装箱船型（船舶长度）可以视为一个随机分布变量，如果设想码头岸线为一个泊位系统，系统状态是靠泊作业船舶数量，系统状态随时间变化过程就是一个马尔可夫过程。通过确定泊位状态（停船数量）的转移概率、稳态概率分布和仿真试验相结合的研究框架，试图探讨研究一定分布的大小船型组靠泊作业时，确定合理的泊位组长度、岸线利用率和通过能力计算的设计方法，使设计更加贴近生产实际，这方面的工作我院正在开始进行（参阅第二篇第十二章第二节）。

三、集装箱港区生产系统能力匹配

集装箱港区陆域生产系统包括码头装卸作业系统（$P_{码头}$）、堆场作业系统（$P_{堆场}$）、集疏运作业系统（$P_{集疏}$）和信息与商务系统（$P_{信息}$）。在港区生产能力设计中，与完成总吞吐能力同等重要的控制性指标，是船时效率、船舶在港时间。大型集装箱船在港时间一般不宜超过 10 ~ 12h，因此提高码头装卸作业系统能力 $P_{码头}$ 是关键因素。选择高效双箱装卸桥、配备与组织多条装卸作业线（7 ~ 9 条），在设计管理信息系统时紧密结合“工艺管理创新”，与管理单位互动可以取得一定效果。基于运用智能化模糊控制理论的实时生产指挥系统，可提高装船作业重箱上、重箱下的比例，在同样吊次下提高了装卸箱效率，集装箱卡车重车来重车归，以降低空驶率，实施全场

动态调度，提高了多台装卸桥同时作业率，充分利用设备资源，提高了作业效率，使静态设计与动态管理相结合，保证经常性生产效率，单机达到 35 ~ 40 自然箱，船时效率一般在 240 自然箱左右。

为提高船时效率，系统能力设计以 100% 发挥码头作业能力 $P_{码头}$ 作为各系统间的能力匹配原则，即

$$P_{信息} > P_{集疏} > P_{堆场} > P_{码头}$$

不等式可最大限度降低港口生产随机性对码头装卸效率的影响。我院还在摸索建立并不断完善“集装箱码头工艺系统基本特征数据库”，该数据库包含船舶到港规律、车辆进出大门规律、船舶在港作业规律、装卸作业设备效率、岸线使用规律、堆场水平运输和自然环境条件等大量实测统计数据和离散事件的数学描述。通过建立仿真模型分析，试图研究上述不等式数量化方法及可能区间，由于问题复杂性、个案性，结合工作实践还需一定的积累。

现阶段，我们在初步统计分析的基础上，形成各生产系统能力匹配关系，可选择：

$$P(1.5P_{码头})_{信息} > P(1.2P_{码头})_{集疏} > P(1.15P_{码头})_{堆场} > P_{码头}$$

不等式数量化数值是概念性的、探索性的。

四、集装箱港区智能化管理控制系统

我国港口在集装箱港区智能化管理控制系统领域，已迈出了可喜的一步，无线调度系统、智能大门系统、设备远程监控系统、冷藏集装箱远程监控系统、无线数字集群系统、GPS 系统等均已处于较先进水平。这些系统的应用，在有效提升港口作业效率、降低运输成本、简化商务过程、改善通关环境和服务一体化水平等方面均发挥了关键作用。

可以肯定，港区港航业务智能化设计水平，在很大程度上决定了港口的现代化生产和管理水平。古老的土木工程技术与现代信息技术有效结合与集成，必将焕发勃勃生机。因此，我院把此系统设计视为提高设计水平的重要环节之一。寻求适应我国集装箱港区实际的智能管理控制系统，是“集成创新”的重要领域，也是我院的努力方向。

五、项目财务评价的基准收益率选择问题

基准收益率是某一行业或部门进行项目投资时应达到的最低收益率标准，是进行财务评价的动态分析和选择方案的重要依据，国家通过制定行业

的基准收益率,作为辅助的投资调控的手段之一。

改革开放以来,集装箱码头建设是投资主体多元化较早、较多的港口项目,各投资方在投资前期工作中,希望知道针对自身投资项目应达到的最低收益率水平和项目的盈利水平。因此集装箱码头前期工作可考虑补充研究这种需要。

从融资与投资管理分析,项目应达到的最低收益率应由融资成本加上投资风险补偿两部分组成,作为探讨研究,可考虑项目基准收益率 i_c 的表达式:

$$i_c = i_d(1-t)\frac{D}{D+E} + i_E\frac{D}{E+D} + i_r$$

式中:i_d——债务资本成本;

D——债务资本额或债务资本额占总资本额的百分比;

t——所得税率;

i_E——权益资本成本;

E——权益资本额或权益资本额占总资本的百分比;

i_r——风险补偿报酬率,与项目风险程度有关。

i_d 通常考虑筹资的贷款利率,将 i_E 视为股本资本成本是一种方法,此时可参照资本资产定价模型:

$$i_E = i_f + \beta_E(i_m - i_f)$$

式中:i_f——无风险投资收益率;

i_m——资本市场平均投资收益率;

β——项目风险校正系数。

i_m 可参照资本市场行业市盈率,国际港口行业上市公司市盈率一般在 15~20 之间,i_f 选用国库券利率,β 可参照发达国家数据结合项目具体市场环境分析选取。按照上述方法,对我国个别集装箱码头进行分析,项目基准收益率 i_c 高于我们目前常采用的 8%。

上述财务分析是探讨性的,仅仅反映我院在设计集装箱码头过程中,在不断思考如何完善项目财务评价内容,使之更符合我国市场经济发展的需要。

参 考 文 献

[1] 海港总平面设计规范.(JTJ 211—99)(包括局部修订).北京:人民交通出版社,1999
[2] 沿海港口集装箱码头通过能力测算方法(送审稿)
[3] 中华人民共和国交通部.2005 年全国交通统计资料汇编.北京:人民交通出版社
[4] 中华人民共和国交通部.2005 年中国航运发展报告. 北京:人民交通出版社,2006
[5] 2005 年全国沿海港口码头综合通过能力核查报告(送审稿)
[6] 邱文昌,施纪昌.海上货物运输.北京:人民交通出版社
[7]《集装箱码头、船舶及装卸桥等级划分研究》课题组.集装箱码头、船舶及装卸桥等级划分研究(送审稿).2003 年 10 月
[8] 赵一飞.航运与物流管理.上海:上海交通大学出版社,2004
[9] 洪承礼.港口规划与布置(第二版).北京:人民交通出版社,1999
[10] 交通部基建管理司.水运工程技术四十年.北京:人民交通出版社,1996
[11] 严恺.海岸工程.北京:海洋出版社,2002
[12] 交通部第一航务工程勘察设计院.海港工程设计手册.北京:人民交通出版社,2001
[13] 王海平.港口发展战略与规划.天津:天津人民出版社,2005
[14] 王海平.中国集装箱运输发展.北京:人民交通出版社,2003
[15] 邹俊善.现代港口经济学.北京:人民交通出版社,1997
[16] 骆温平.第三方物流理论、操作与案例.上海:上海社会科学院出版社,2001
[17] 张志明.基于经济全球化背景下我国沿海港口规划建设新特点.水运工程,2004.12
[18] 蒋国仁. 岸边集装箱起重机. 武汉:湖北科学技术出版社,2001
[19] 中国港湾建设公司. 英国规范《海工建筑物》(中译本)

[20] 日本港湾协会.港湾的设施的技术上的基准.解说.平成11年(1999)

[21] 奎恩著.刘宝仁,范加仑译.海港工程设计与施工.北京:人民交通出版社,1980

[22] [苏]T.H 斯称诺夫.吴德镇译.港口与港口建筑物.北京:人民交通出版社,1984

[23] 中华人民共和国交通部.中国2001~2005港口建设

[24] 申鼎煊.随机过程.武汉:华中科技大学出版社.1990

[25] 胡强.集装箱码头物流系统性能分析与仿真.武汉理工大学硕士研究生论文,2005

[26] 周强,肖矫矫.基于witness的集装箱码头装卸系统仿真模型,中国水运,2005(2):76-79

[27] M. B. Duinkerken, J. J. M. Evers, J. A. Ottjes. Improving Quay Transport on Automated Container Terminals. Proceedings of the IASTED International Conference Applied Simulation and Modelling (ASM 2002). June 2002. Crete [IASTED]. ISBN 0-88986-334-2

[28] H. P. M. Veeke, J. A. Ottjes. A Generic Simulation Model for Systems of Container Terminals Proceedings of the 16th European Simulation Multiconference (ESM 2002). June 2002. Darmstadt [SCS]. ISBN 90-77039-07-4